DIREITO EMPRESARIAL
BRASILEIRO

FALÊNCIA E RECUPERAÇÃO DE EMPRESAS

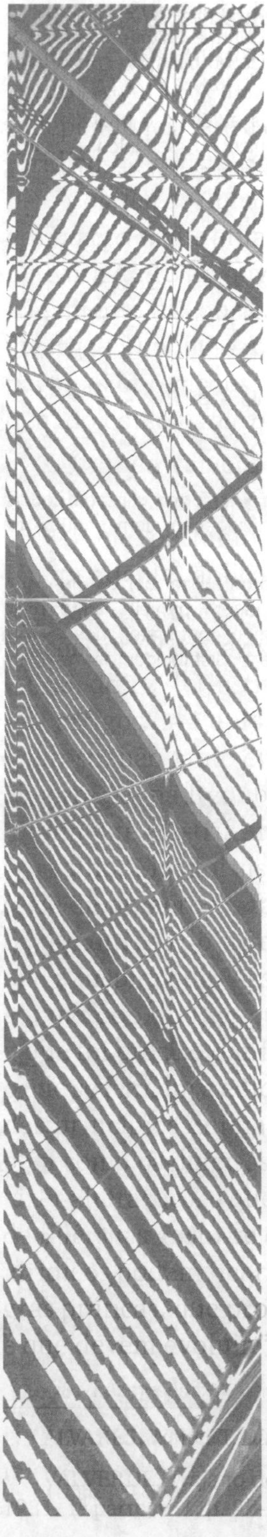

GLADSTON
MAMEDE

DIREITO EMPRESARIAL
BRASILEIRO

FALÊNCIA E RECUPERAÇÃO DE EMPRESAS

9ª
edição
Revista e
Atualizada

gen | atlas

  Impresso no Brasil – *Printed in Brazil*

- Direitos exclusivos para o Brasil na língua portuguesa
  Copyright © 2018 by
  EDITORA ATLAS LTDA.
  Uma editora integrante do GEN | Grupo Editorial Nacional
  Rua Conselheiro Nébias, 1384 – Campos Elíseos – 01203-904 – São Paulo – SP
  Tel.: (11) 5080-0770 / (21) 3543-0770
  faleconosco@grupogen.com.br / www.grupogen.com.br

- Capa: Danilo Oliveira

- Fechamento desta edição: 23.10.2017

- DADOS INTERNACIONAIS DE CATALOGAÇÃO NA PUBLICAÇÃO (CIP)
  (CÂMARA BRASILEIRA DO LIVRO, SP, BRASIL)

Mamede, Gladston

Direito empresarial brasileiro: falência e recuperação de empresas / Gladston Mamede. – 9. ed. rev. e atual. – São Paulo: Atlas, 2018.

Inclui Bibliografia.
ISBN 978-85-97-01408-2

1. Brasil. [Lei de falências (2005)]. 2. Falência - Brasil. 3. Sociedades comerciais - Recuperação - Brasil. 4. Direito empresarial -Brasil. I. Título.

17-45324 CDU: 347.736(81)

Aos meus pais,
Antônio e Elma Mamede,
e aos meus filhos,
Filipe, Roberta e Fernanda Mamede.
A vida é um dom, um tempo, um momento
que o Amado nos deu para a Contribuição
não por ou para nós. Mas pela Vida.
Deus os abençoe e lhes dê boa sorte.

A minha esposa,
Eduarda Cotta Mamede.
"Eu tenho tanto pra te falar
Mas com palavras não sei dizer
Como é grande o meu amor por você
E não há nada pra comparar
Para poder lhe explicar
Como é grande o meu amor por você
Nem mesmo o céu
Nem as estrelas
Nem mesmo o mar e o infinito
Não é maior que o meu amor
Nem mais bonito
Me desespero a procurar
Alguma forma de lhe falar
Como é grande o meu amor por você
Nunca se esqueça nem um segundo
Que eu tenho o amor maior do mundo
Como é grande o meu amor por você."
(Roberto Carlos)

Deus nos dê, a toda a humanidade,
Paz, Luz e Sabedoria,
Amor, Felicidade e Saúde.

o que (não) é uma empresa, ou seja, uma *atividade econômica organizada para a produção ou circulação de bens ou de serviços*. Isso para não falar em atividades que, embora empreendidas sob a forma de empresa, mas que, por serem titularizadas por cooperativas, obrigatoriamente sociedades simples, segundo o artigo 982, parágrafo único, não são juridicamente consideradas tais: são empresas de fato, mas não são empresas de direito. Por isso, creio que, afora o caso contemplado pelo artigo [illegible] da Lei 11.101/05, não é possível a decretação de falência de cooperativa, devendo recorrer-se à insolvência civil.

Também [illegible] as empresas que não se submetem ao regime da Lei de Falência e Recuperação de Empresas, tendo sua insolvência regida por norma especial. São elas: empresas públicas e sociedades de economia mista; instituições financeiras públicas ou privadas; cooperativas de crédito, consórcios, entidades de previdência complementar, sociedades operadoras de plano de assistência à saúde, sociedades seguradoras, sociedades de capitalização e outras entidades legalmente equiparadas às anteriores.

1.1 Empresas públicas e sociedades de economia mista

Segundo o artigo 2º, I, da Lei 11.101/05, estão excluídas de seu regime a empresa pública e a sociedade de economia mista, pessoas que compõem a Administração Pública indireta. Empresa pública é a entidade dotada de personalidade jurídica de direito privado, com criação autorizada por lei e com patrimônio próprio, cujo capital social é integralmente detido pela União, pelos Estados, pelo Distrito Federal ou pelos Municípios (artigo 3º da Lei 13.303/16). Segundo o parágrafo único do mesmo dispositivo, desde que a maioria do capital votante permaneça em propriedade da União, do Estado, do Distrito Federal ou do Município, será admitida, no capital de empresa pública, a participação de outras pessoas jurídicas de direito público interno, bem como de entidades da administração indireta da União, dos Estados, do Distrito Federal e dos Municípios. Sociedade de economia mista, por seu turno, é a entidade dotada de personalidade jurídica de direito privado, com criação autorizada por lei, sob a forma de sociedade anônima, cujas ações com direito a voto pertençam em sua maioria à União, aos Estados, ao Distrito Federal, aos Municípios ou a entidade da administração indireta (artigo 4º da Lei 13.303/16). A tais entidades aplicam-se as normas do Direito Administrativo, no qual se definem regras específicas sobre o pagamento de dívidas dos entes públicos, inclusive da Administração Pública Indireta.

1.2 Instituições financeiras, cooperativas de crédito, consórcios e entidades de previdência complementar

A Lei 11.101/05 também não se aplica a: (1) *instituições financeiras* públicas ou privadas; (2) *cooperativas de crédito*; (3) *consórcios*; e (4) *entidades de previdência complementar*. São instituições financeiras as pessoas jurídicas públicas ou

Trabalhos do Autor

Livros

1. *Manual prático do inquilino*. Belo Horizonte: Edição dos Autores, 1994. 68 p. (em coautoria com Renato Barbosa Dias).
2. *Contrato de locação em shopping center*: abusos e ilegalidades. Belo Horizonte: Del Rey, 2000. 173 p.
3. *O trabalho acadêmico em direito*: monografias, dissertações e teses. Belo Horizonte: Mandamentos, 2001. 192 p.
4. *Direito do turismo*: legislação específica aplicada. São Paulo: Atlas, 2002. 152 p.
5. *IPVA*: imposto sobre a propriedade de veículos automotores. São Paulo: Revista dos Tribunais, 2002. 183 p.
6. *Fundamentos da legislação do advogado*: para o curso de ética profissional e o exame da OAB. São Paulo: Atlas, 2002. 174 p.
7. *Agências, viagens e excursões*: regras jurídicas, problemas e soluções. São Paulo: Manole, 2003. 178 p.
8. *Código Civil comentado*: penhor, hipoteca e anticrese: artigos 1.419 a 1.510. São Paulo: Atlas, 2003. v. 14, 490 p. (Coleção coordenada por Álvaro Villaça Azevedo).
9. *Férias frustradas*: manual de autoajuda para o turista. São Paulo: Abril, 2003. 98 p.
10. *Direito do consumidor no turismo*. São Paulo: Atlas, 2004. 198 p.
11. *Manual de direito para administração hoteleira*: incluindo análise dos problemas e dúvidas jurídicas, situações estranhas e as soluções previstas no Direito. 2. ed. São Paulo: Atlas, 2004. 200 p.
12. *Comentários ao Estatuto Nacional da Microempresa e da Empresa de Pequeno Porte*. São Paulo: Atlas, 2007. 445 p. (em coautoria com Hugo de Brito Machado Segundo, Irene Patrícia Nohara, Sergio Pinto Martins).
13. *Semiologia do Direito*: tópicos para um debate referenciado pela animalidade e pela cultura. 3. ed. São Paulo: Atlas, 2009. 280 p.
14. *Mais de 500 questões de Ética Profissional para passar no Exame de Ordem*. São Paulo: Atlas, 2013. 377 p.
15. *Entenda a Sociedade Limitada e Enriqueça com seu(s) Sócio(s)*. São Paulo: Atlas, 2014. 167 p. (em coautoria com Eduarda Cotta Mamede).
16. *Divórcio, Dissolução e Fraude na Partilha dos Bens*: simulações empresariais e societárias. 4. ed. São Paulo: Atlas, 2014. 181 p. (em coautoria com Eduarda Cotta Mamede)
17. *Empresas familiares*: o papel do advogado na administração, sucessão e prevenção de conflitos entre sócios. 2. ed. São Paulo: Atlas, 2014. 204 p. (em coautoria com Eduarda Cotta Mamede)
18. *A advocacia e a Ordem dos Advogados do Brasil*. 6. ed. São Paulo: Atlas, 2014. 324 p.

19. *Blindagem patrimonial e planejamento jurídico*. 5. ed. São Paulo: Atlas, 2015. 176p (em coautoria com Eduarda Cotta Mamede)
20. *Direito empresarial brasileiro:* volume 5: teoria geral dos contratos. 2. ed. São Paulo: Atlas, 2014. 463 p.
21. *Planejamento Sucessório: introdução à arquitetura estratégica – patrimonial e empresarial – com vistas à sucessão* causa mortis. São Paulo: Atlas, 2015. 175 p (em coautoria com Eduarda Cotta Mamede)
22. *Direito empresarial brasileiro*: volume 1: empresa e atuação empresarial. 9. ed. São Paulo: Atlas, 2016. 440 p.
23. *Direito empresarial brasileiro*: volume 2: sociedades simples e empresárias. 8. ed. São Paulo: Atlas, 2016. 521 p.
24. *Direito empresarial brasileiro*: volume 3: títulos de crédito. 9. ed. São Paulo: Atlas, 2016. 378 p.
25. *Direito empresarial brasileiro:* volume 4: falência e recuperação de empresas. 8. ed. São Paulo: Atlas, 2016. 464 p.
26. *Manual de direito empresarial.* 11. ed. São Paulo: Atlas, 2017. 512 p.
27. *Holding Familiar e suas Vantagens*: planejamento jurídico e econômico do patrimônio e da sucessão familiar. 9. ed. São Paulo: Atlas, 2017. 218 p. (em coautoria com Eduarda Cotta Mamede)
28. *Manual de Redação de Contratos Sociais, Estatutos e Acordos de Sócios*. 4. ed. São Paulo: Atlas, 2017. 544 p. (em coautoria com Eduarda Cotta Mamede)

Livros de ficção

1. *Enfim*. São Paulo: Salta, 2014. 138 p.
2. *Inferno Verde*. São Paulo: Longarina, 2016. 130 p.
3. *Eu matei JK*. São Paulo: Longarina, 2016. 154 p.
4. *Uísque, por favor*. São Paulo: Longarina, 2017. 285 p.
5. *Pique-Esconde*: tanto vivo ou morto faz. São Paulo: Longarina, 2017.

Coordenação de obras

1. *Responsabilidade Civil Contemporânea*: em homenagem a Sílvio de Salvo Venosa. São Paulo: Atlas, 2011. 766 p. (em conjunto com Otavio Luiz Rodrigues Junior e Maria Vital da Rocha).
2. *Direito da Arte*. São Paulo: Atlas, 2015. 449 p (em conjunto com Otavio Luiz Rodrigues Junior e Marcílio Toscano Franca Filho).

Publicações digitais

1. A advocacia e a Ordem dos Advogados do Brasil. In: *Unisíntese*. Porto Alegre: Síntese: Sonopress, 1999. CD-ROM.
2. *A execução no STJ*: dicionário de jurisprudência. Disponível em: <http://www.pandectas.com.br/execucao>.
3. Coleção Direito Empresarial Brasileiro: material de apoio. São Paulo: Atlas: Kitmais, 2008. CD-ROM.

Capítulos em livros

1. O princípio da eficácia universal do direito do consumidor e a parametrização hermenêutica para o setor turístico. In MORATO, Antônio Carlos; NERI, Paulo de Tarso (organizadores). *20 anos do Código de Defesa do Consumidor*: estudos em homenagem ao Professor José Geraldo Brito Filomeno. São Paulo: Atlas, 2010; p. 383-394.
2. O Código Civil e o Direito Empresarial: análise crítica. In VENOSA, Sílvio de Salvo; GAGLIARDI, Rafael Villar; NASSER, Paulo Magalhães (coordenadores). 10 anos do Código Civil: desafios e perspectivas. São Paulo: Atlas, 2012; p. 484-503.

Artigos em revistas acadêmicas

1. Eidos: a ideia de justiça em Platão. *Revista de Julgados do Tribunal de Alçada de Minas Gerais*, Belo Horizonte, v. 42, p. 43-50, abr./jun. 1990.
2. As normas não escritas no direito brasileiro: estudo do direito de trânsito. *Revista Jurídica Mineira*, nº 80, p. 261-274, maio/jun. 1991.

3. Ermächtigung: proposta de leitura da hermenêutica na teoria pura do direito. *Revista de Informação Legislativa*, Brasília, nº 109, p. 223-234, jan./mar. 1991.
4. A incidência da correção monetária nos mútuos rurais segundo o Tribunal de Alçada de Minas Gerais como estudo hermenêutico jurídico. *Revista Jurídica Mineira*, Belo Horizonte, nº 85/86, p. 261-274, maio/jun. 1991.
5. Gramática translinguística do processo. *Revista de Processo*, São Paulo, nº 63, p. 164-173, jul./set. 1991.
6. Gramática translinguística do processo. *Revista de Informação Legislativa*, Brasília, nº 113, p. 447-460, jan./mar. 1992.
7. Trasímaco: a sofística grega conceitua a justiça. *Revista Jurídica Mineira*, Belo Horizonte, nº 97, p. 65-72, set./out. 1992.
8. Aplicabilidade da multa por embargos de declaração protelatórios no âmbito do juízo de admissibilidade dos recursos excepcionais. *Revista de Julgados do Tribunal de Alçada de Minas Gerais*, Belo Horizonte, v. 53, p. 27-42, out./nov. 1993.
9. Direito e jurística. *Revista da Amagis*, Belo Horizonte, nº XXIII, p. 167-178, jun. 1994.
10. Em defesa da terceirização. *LTr* – Suplemento Trabalhista, São Paulo, nº 136, p. 757-759, 1994.
11. Neoliberalismo e desadministrativização. *Revista de Informação Legislativa*, Brasília, nº 127, p. 151-159, jul./set. 1995.
12. Da teoria à prática no direito. *Revista Acadêmica do Curso de Direito da Unimontes*, Montes Claros, nº 1, p. 12-17, 1996.
13. A incidência de ICMS sobre o serviço de transporte internacional de cargas. *Revista Jurídica da Procuradoria Geral da Fazenda Estadual*, Belo Horizonte, nº 18, p. 29-33, abr./maio/jun. 1996.
14. Regime especial de controle e fiscalização. *Eficaz* – Boletim Tributário, Belo Horizonte, nº 5/97, p. 3-6, 4ª semana jun. 97.
15. Hipocrisia: o mito da cidadania no Brasil. *Revista do Curso de Direito da Universidade Estadual de Montes Claros*, Montes Claros, nº 16, p. 23-49, 2º semestre 1997.
16. Hipocrisia: o mito da cidadania no Brasil. *Revista de Informação Legislativa*, Brasília, nº 134, p. 219-229, abr./jun. 1997.
17. Ações contra a Fazenda Estadual: foro competente. *Eficaz* – Boletim Tributário, Belo Horizonte, nº 5/98, notas e comentário, p. 1-4, 2ª semana fev. 98.
18. Da teoria à prática no direito. *Revista Jurídica Unijus*, Uberaba: Ministério Público do Estado de Minas Gerais: Universidade de Uberaba, nº 1, p. 67-73, 1998.
19. Texto, significação, sociedade e justiça. *Breviário*, Passos: Faculdade de Direito/UEMG: Centro de Memória de Passos, nº 2, p. 47-62, 1998.
20. Huitzilopochti: criar, recriar, trair e esquartejar (o humano universo da significação). *Caderno de Filosofia e Ciências Humanas*, Belo Horizonte: Departamento de Filosofia e Ciências Humanas da Faculdade de Ciências Humanas e Letras (FAHL) – Unicentro Newton Paiva, ano 6, nº 11, p. 91-98, out. 1998.
21. Da teoria à prática no direito. *Revista do Curso de Direito da UNIVALE*, Governador Valadares, nº 2, p. 55-68, 1998.
22. Huitzilopochti: criar, recriar, trair e esquartejar (o humano universo da significação). *Revista do Curso de Direito da Faculdade de Ciências Humanas (Fumec)*, Porto Alegre: Síntese, nº 1, p. 45-54, 1999.
23. A ordem natural (e a cultural) da desigualdade. *Plural*, Belo Horizonte: Faculdade de Ciências Humanas (Fumec), nº 12, p. 40-50, out. 1999.
24. Ampla liberdade de imprensa: o direito de informar e de opinar pela mídia impressa e eletrônica. *Revista de Informação Legislativa*, Brasília, nº 144, p. 55-69, out./dez. 1999.
25. Cobrança de ICMS sobre fornecimento de energia elétrica em contratos de demanda reservada. *Revista Jurídica da Procuradoria Geral da Fazenda Estadual*, Belo Horizonte, nº 32, p. 27-32, out./dez. 1998.
26. Reflexões sobre a ética. *Oficina*, Belo Horizonte: Faculdade de Ciências Humanas (Fumec), nº 10, p. 33-42, out. 1999.
27. A ordem natural (e a cultural) da desigualdade. *Revista da Faculdade de Direito do Oeste de Minas (Fadom)*, Belo Horizonte: Del Rey, nº 9, p. 55-80, 1º trimestre 2000.
28. A supremacia das verdades manufaturadas. *Revista do Curso de Direito da Faculdade de Ciências Humanas (Fumec)*, Porto Alegre: Síntese, nº 2, p. 97-106, 2000.

29. A supremacia das verdades manufaturadas. *Caderno de Filosofia e Ciências Humanas*, Belo Horizonte: Departamento de Filosofia e Ciências Humanas da Faculdade de Ciências Humanas e Letras (FAHL) – Unicentro Newton Paiva, ano 8, nº 14, p. 92-96, abr. 2000.
30. Direito e razão: entre a biologia e a psicologia. *Plural*, Belo Horizonte: Faculdade de Ciências Humanas (Fumec), nº 13, p. 64-75, mar. 2000.
31. *Shopping centers*: a imposição econômica de um varejo de massa e suas consequências jurídicas. *Vanguarda Econômica*, Belo Horizonte: Curso de Ciências Econômicas da Faculdade de Ciências Sociais Aplicadas – FACISA do Unicentro Newton Paiva, nº 8, p. 57-80, set. 2000.
32. A base de cálculo do IPVA. *Revista Dialética de Direito Tributário*, São Paulo, nº 70, p. 72-86, jul. 2001.
33. Novas rotinas para a administração das serventias judiciais. *Jurisprudência Mineira*, Belo Horizonte: Tribunal de Justiça do Estado de Minas Gerais, ano 51, v. 154, p. 47-68, out./dez. 2000.
34. Cobrança de ICMS sobre fornecimento de energia elétrica em contratos de demanda reservada. *Revista do Curso de Direito da Faculdade de Ciências Humanas (Fumec)*, Porto Alegre: Síntese, nº 3, p. 129-138, 2001.
35. A missão do advogado. *Revista do Curso de Direito da Universidade Estadual de Montes Claros*, Montes Claros, nº 22, p. 33-44, 2º semestre 2000.
36. O terror pelo avesso: mídia e preconceito. *Revista Mediação*, Belo Horizonte: Centro Universitário Fumec, ano 1, nº 1, p. 29-43, out. 2001.
37. A alíquota no imposto sobre a propriedade de veículos automotores. *Revista de Informação Legislativa*, Brasília, nº151, p. 191-206, jul./set. 2001. (em coautoria com Eduarda Cotta Mamede).
38. O instituto da inviolabilidade jurídica. *Revista de Estudos e Informações*, Belo Horizonte: Justiça Militar do Estado de Minas Gerais, nº 9, p. 26-35, mar. 2002.
39. O terror pelo avesso: mídia e preconceito. *Revista do Curso de Direito da Universidade Estadual de Montes Claros*, Montes Claros, nº 23, p. 89-100, 1º semestre 2001.
40. Cobrança de IPTU sobre túmulos e similares. *Revista do Curso de Direito da Faculdade de Ciências Humanas (Fumec)*, Porto Alegre: Síntese, nº 4, p. 135-146, 2002.
41. Agentes e agências de viagem e turismo. *Revista da Faculdade de Direito do Oeste de Minas (Fadom)*, Divinópolis, nº 12, p. 15-31, 1º trimestre 2002.
42. Defensor de seres humanos, da justiça e do direito. *Revista de Estudos e Informações*, Belo Horizonte: Justiça Militar do Estado de Minas Gerais, nº 12, p. 39-46, nov. 2003.
43. Teoria geral do direito empresarial segundo o novo Código Civil brasileiro. *Revista da OAB Ceará*, Fortaleza, ano 30/31, nº 8/9, p. 142-154, jul./dez. 2002, jan./jun. 2003.
44. Alcance judicial dos poderes resultantes do endosso-mandato. *Revista Magister de Direito Civil e Processual Civil*, Porto Alegre, v. 1, p. 92-106, jul./ago. 2004.
45. Letra de crédito imobiliário e cédula de crédito imobiliário segundo a Lei nº 10.931, de 2 de agosto de 2004. *Revista Magister de Direito Empresarial, Concorrencial e do Consumidor*. Porto Alegre, v. 1, p. 47-63, fev./mar. 2005.
46. Cobrança de IPTU sobre túmulos e similares. *Opinião Jurídica*, Fortaleza: Faculdade Christus, ano 2, nº 4, p. 106-119, 2º semestre 2004.
47. Venda direta de veículos pelos fabricantes: ilegalidade da concorrência vertical entre concedente e rede concessionária. *Opinião Jurídica*. Fortaleza: Faculdade Christus, nº 6, ano III, p. 47-91, 2005.2.
48. O novo processo de abertura e fechamento de empresas. *Revista Magister de Direito Empresarial, Concorrencial e do Consumidor*. Porto Alegre, v. 13, p. 68-87, fev./mar. 2007.
49. Abertura e encerramento de contas bancárias. *Revista Magister de Direito Empresarial, Concorrencial e do Consumidor*. Porto Alegre, v. 15, p. 5-30, jun./jul. 2007.
50. Uma nova base para o Direito Contratual. *Advocatus*. Recife: Escola Superior de Advocacia Professor Ruy Antunes da OAB/PE, nº 4, ano 3, p. 42-50, junho 2010.

Nota do Autor

Eu dirigia meu carro, indo para Montes Claros – a *Princesa do Norte Mineiro* –, quando um pequeno pássaro marrom, que iria apenas me cruzar, mudou de direção, acertou o capô e atingiu o para-brisa. Morreu ali, naquele instante, à minha frente. Fiquei marcado por sua morte, mais do que pela morte do lagarto verde que, por mais que tentasse desviar, atropelei um dia depois, quando voltava. No dia em que morreu o pássaro marrom, as cores que circulavam o carro cinza-escuro já me haviam espancado: um dourado avermelhado num canto do céu, onde o sol ia terminando seu expediente, no lado direito do mundo, de onde eu vinha; um cinza-azulado de noite chegando e chuva ameaçando, do lado esquerdo, para onde ia. E um tapete esgarçado de árvores retorcidas do cerrado brasileiro, onde se pode andar para caçar gabirobas. Minas é feita de dobras verdes, em tons variados.

Botei a morte do pássaro numa carta que foi para a Inglaterra, onde o sertanista Sérvio Pontes Ribeiro, amigo querido, cuidava de seu doutoramento em Ciências Biológicas, estudando insetos. Um tempo depois, numa carta sobre papel azul, ele me respondia: "*Curioso como nossa existência pode perturbar as outras. Tropeçamos em vidas que morrem, enquanto erramos tentando coexistir*". A solidão dos estudos na terra distante o tornava um pouco amargo, mas sempre lúcido. A coexistência necessária é um desafio que, para os humanos em sociedade, assume – ou deveria assumir – o contorno ético. Mas essa excelência tornou-se esforço de poucos, o que desgraça um pouco mais (e sempre um pouco mais) a vida de milhões de pessoas.

Nem se diga que foi apenas a morte que me horrorizou. Não a tenho, em si, como algo ruim, motor de tristeza, melancolia e pessimismo. Que nada! A morte é o limite necessário. E o limite dá forma à existência: observe um desenho de Amilcar de Castro, o papel branco marcado pelo nanquim negro: a tinta é o limite e a forma, o começo e o fim e, no seu percurso, faz-se – e pode-se fazer – arte: a construção do belo. Por isso, Amilcar, vez ou outra, colore os espaços formados pelas linhas deixadas no papel, como momentos de minha vida colorem-na, por vezes suavemente, em tons pastel, por vezes apaixonadamente, em cores fortes, marcantes.

Seres humanos são estranhos: a paixão pode tornar suas vidas absolutamente toleráveis em qualquer lugar; pena é que as paixões normalmente passam, como qualquer outro estado biológico. Sim, pois paixão não é mais do que um transbordamento bioquímico, determinado psicossomaticamente. Daria até para criar um "coquetel da paixão": dopamina, norepinefrina, feniletilamina, endorfinas, oxitocina. Mas um dia passa; quase sempre passa. Quase sempre, já que uma instabilidade qualquer pode funcionar como um fator de motivação constante dessa produção e descarga de substâncias bioquímicas. Somos vencidos por tais furores angustiantes, tais vazios sufocantes que carcomem o peito; esses males que são terrivelmente agradáveis, viciantes, e que se resumem sob o nome de paixão, fazendo tudo o mais perder qualquer sentido que não seja a inclemente libação passional. Então dói. Já reparou que a paixão dói? E sufoca, também. Pois é: esta dor e sufoco (esta sensação de ter o peito a ponto de estourar por estar completamente repleto de um vazio enorme) são o resultado da ação dessas substâncias sobre órgãos sensíveis como o coração e os pulmões. Para além da paixão, o amor, que não é físico: transcende a biologia: amor se sente com a alma, não com o corpo.

Levo, ainda, um certo jeito de viver o mundo e degustar-lhe detalhes aprazíveis, de esmiuçar-lhe felicidades que devoro com um apetite de cão largado. Afinal, esforço-me por ser pessoa dessas que não se esquivam de cunhar, para aquém dos sentidos, um mundo de miúdas maravilhas, prática um tanto em desuso nesses dias e, enfim, em todos os tempos. Sempre quis ser feliz. Por vezes me pergunto se não estamos "apegados" demais para sermos felizes. É. Pergunto-me se a paz (a paz interior, que não deixa de ser outro mito de difícil concretização) não seria um requisito para a felicidade. Paz como requisito de harmonia (de interação com a vida e suas variações, seus altos e baixos, sua simplicidade: há muito se deixou de perceber que a vida – e que viver – é simples). Se não estamos em paz conosco mesmos (como nas incontáveis vezes em que o nosso desejo joga a nossa atenção para o terrível universo do "se"), se não estamos integrados com a nossa vida, com as circunstâncias dos nossos incontáveis momentos, como poderemos estar plena e verdadeiramente satisfeitos e felizes?

Mas esta felicidade, marcada por tantas posturas interiores não usuais, conflita, certamente, com o modo de vida concretizado em nosso tempo. Estamos excessivamente ocupados para podermos prestar atenção em detalhes – e a vida, assim, não consegue ser sequer bonita. Passamos tantas vezes na frente de um velho prédio – arquitetado com carinho, construído com dedicação –, e nem nos damos conta de que ele é muito bonito. Está ali, simplesmente, compondo a rua onde se passa (apressado ou não). Será que existe quem acredite realmente ser possível dedicar-se, tijolo por tijolo, à construção dos dias, observando a magnitude de cada instante? Ou seguiremos perdendo o tempo para não corrermos o risco de perdermos tempo? E quem ganha tempo, o que faz com ele? Dizem que o mundo está louco. Mas nós também somos partes do mundo (a parte consciente do mundo); não estaríamos todos nós loucos? Ou loucos continuarão sendo aqueles que procuram viver harmoniosamente? Queria encontrar, dentro dos meus olhos, a paz (sei que ela está lá, por vezes eu a vejo, vejo-a em mim e, logo, ela se derrama pela paisagem, vista ou pensada). Eu sei que é difícil, mas sempre tentei. Eu sei que errei muito, mas continuo tentando. Quem sabe eu não vou conseguir – ainda que daqui a muito? *Você pode tentar milhares de vezes*: a porta sempre estará aberta, dizem os sufis.

Tem umas coisas tolas que a gente faz e repete e faz de novo e torna a repetir, num sem-fim de vida-toda que é, no mínimo, tolo. A gente sai catando as coisas nos lugares errados, como quem procura diamantes, mas não os reconhece brutos e, assim, quando os tem nas mãos, por maiores que sejam, os lança fora como se cascalhos fossem, insistindo num garimpo de brilhantes lapidados. Entre as luas de Saturno, o planeta dos múltiplos anéis, há cavernas escuras nas quais se escondem os tesouros que foram desprezados por aqueles que os encontraram, mas não os reconheceram, apesar de todo o brilho que tinham. Entre essas cavernas, centenas de milhares de pessoas vagueiam com os olhos cerrados, dizendo a si mesmas e aos outros que são cegas. Lamuriam-se, reclamam, esperam pela sorte de encontrar uma varinha de condão que lhes tire da desgraça em que vivem, enquanto passam os dias tecendo mentiras convincentes para contar a si mesmas. Pois vou lhe dizer, meu amigo, minha amiga; se você encontrou a varinha de condão, não tenha dúvida: aponte-a para si mesmo. Não perca seu tempo disparando-a contra o mundo, nem sobre os outros, que de nada adiantará. Será inútil. A mágica, é preciso saber, é algo absolutamente humano e, portanto, está restrita ao universo que é unicamente humano: a mente e a alma (o coração). Mágicos são aqueles que percebem a magia que colore a vida, e não aqueles que pretendem submeter tudo à sua vontade arbitrária, à sua varinha. Essa pretensão de plenipotência é própria dos vilões, dos tiranos, daqueles que espalham dor e sofrimento entre todos, inclusive sobre si mesmos. São amargos e querem acumular poder sobre terceiros. As pessoas doces sabem que o verdadeiro poder é exercido sobre si mesmas: "quem conhece a si mesmo, conhece o seu senhor".

Não queira transformar nada que não seja a si mesmo, nem queira fazer isso ou aquilo acontecer: o grande acontecimento é a sua transformação, não a transformação do mundo. Aliás, o mundo não se transformará se cada pessoa não o fizer. Transformando o contexto não se transforma a essência. A transformação deve dar-se na essência. E que sejam os contextos encarados e vividos de uma outra forma, até para que sejam mudados por uma nova essência, por um novo trabalho. Magia é algo que acontece aquém dos olhos, não além. Os verdadeiros mágicos veem a magia onde ela está: eles a percebem. A magia é uma forma de percepção, uma forma de compreender a realidade e compreender-se na realidade:

ver o que comumente não se dá o trabalho de ver, sentir o que comumente não se sente. O mágico é aquele que se encanta; encantamento é uma forma de percepção da magia.

Não estou contando segredos, estou repetindo o que há muito já vem sendo dito nos diálogos surdos. Essa é a ladainha insuportável das palavras gastas que a ninguém mais interessam. Seguimos, insensíveis, esperando pela intervenção sobrenatural, nas filas das loterias, nas mesas dos botequins, no olhar perdido pela janela ou roubado pela televisão. Seguimos nossa condenação de gado que primeiro se ordenha e depois se abate. Pior: seguimos nos corrompendo, bem aos poucos, desejando a plenipotência dos poderes mágicos, sem perceber a corrupção de caráter que lhes é implícita: arrastar a tudo e todos, submetendo-os, como objetos, à minha vontade: eu tenho o poder. Magia egoística, opaca, ruça, a implicar imposição sobre outros destinos. Como os tiranos, como os ditadores.

Encontrou a lâmpada mágica? O que pedir? Peça sabedoria, peça para ter paz, peça para ter luz. Peça para ser feliz, peça amor e saúde. Vai pedir muito dinheiro? E se você for absolutamente infeliz, apesar de ter uma fortuna insuperável? Quer todo o dinheiro do mundo? E o que valerá o seu dinheiro se ninguém mais tiver dinheiro? Gostará mesmo de ser um abastado num mundo de miseráveis? Vai pedir mulheres ou homens? E se você não as(os) amar nem for por elas(eles) amado? E se os tiver, mas eles o desprezarem, se tiverem asco, aversão por você? Valerá a pena tê-los ou tê-las, simplesmente por ter? O pior, meu amigo, é que você tem a lâmpada mágica e nunca percebeu. Basta lustrá-la bem, deixá-la brilhar, para resolver os problemas causados por seus desejos. Esta lâmpada é o Coração. Lustre-o e verá surgir os seus gênios, os seus demônios, os seus anjos. Encare-os. Dialogue com eles. Conheça-os. São inevitavelmente seus companheiros e, com você, caminham a mesma trilha. Decida, definitivamente, ser feliz.

Tudo sempre parece uma questão de fé. E eu, no fim das contas, acabo crendo. De resto, é sempre preciso ter cuidado, pois a nossa existência pode perturbar outras; e coexistir é mais do que necessário; é meio para manifestação de excelência.

Com Deus,
Com Carinho,

Gladston Mamede

Para sugestões, críticas e comentários, fale com o autor: mamede@pandectas.com.br.

Sumário

1

Insolvência

1 O RISCO DE EMPREENDER

A insolvência, a incapacidade de adimplir as obrigações, é normalmente objeto da ampla repreensão social. Palavras como *insolvente*, *falido*, *quebrado* estão marcadas por um valor negativo, vexatório, intimamente ligado à ideia de *caloteiro*, *criminoso*, *fraudador*, *desonesto*, *trapincola*, entre outros. A insolvência é por muitos considerada um motivo de desonra e infâmia, um estado análogo ao crime, uma nódoa indelével na história de uma pessoa. É uma tendência antiga, que tem em seu histórico até sustentação jurídica, como na prática de considerar infames os falidos (*fallit sunt infames et infamissimi*).[1] Toda essa incompreensão e agressividade derivam da impressão geral de que o insolvente chegou a esse estado porque quis, por ser desonesto. Otavio Luiz Rodrigues Junior, jurista do Crato, no Ceará, lembra duas passagens fenomenais da literatura mundial, nas quais se aborda a repugnância que se tem pelo falido. Em primeiro lugar, *O mercador de Veneza*, de William Shakespeare, onde a personagem Shulock diz de um falido: "Esse é outro mau companheiro de negócios que arranjei: um falido, um pródigo, que mal ousa mostrar a cabeça no Rialto; um mendigo que antes se apresentava tão vaidoso no mercado; ele que tome cuidado com aquela letra." Na letra em questão, o mercador oferecia como garantia de pagamento um pedaço de seu próprio coração. Outro momento memorável da literatura mundial é *O Conde de Monte Cristo*, de Alexandre Dumas, no qual se lê que a personagem Morrel descobre-se

[1] BARRETO, Cunha. Depósito elisivo do estado falimentar. *Revista Forense*, Rio de Janeiro, ano 35, v. 75, jul./set. 1938, p. 106-107.

falida ao saber que naufragara o navio que trazia suas mercadorias, com perda total da carga. Decide, então, matar-se e, diante da oposição do filho, convence-o de que a morte é o único caminho que lhe resta:

> "Se eu viver, tudo está perdido; se eu viver, o interesse muda-se em dúvida, a compaixão transforma-se em encarniçamento; se eu viver, serei apenas um homem que faltou à sua palavra, que não cumpriu as suas obrigações; *não passo dum falido*! Se, pelo contrário, morrer (pensa bem nisto, Maximiliano), o meu cadáver é o dum homem de bem, mas desgraçado. Se vivo, os meus melhores amigos abandonarão a minha casa; se morro, Marselha toda me acompanhará à minha última morada. Se vivo, tens tu vergonha do meu nome; se morro, ergues a cabeça e dizes: 'Sou filho daquele que se matou, porque, pela primeira vez, foi obrigado a faltar à sua palavra.'"[2]

É claro que a insolvência pode resultar de atos dolosos, de desonestidade; o devedor pode, sim, ter desejado passar os credores para trás. Também pode resultar de *culpa grave*, fruto da desídia extrema para com os negócios, imprudência exagerada na sua condução, abusos no direito de administração, em desproveito da segurança alheia etc. Isso ocorre e, infelizmente, não é raro. Mas é fraude, não é regra geral da falência; aliás, não há fraude na quebra dos personagens de *O mercador de Veneza* e de *O Conde de Monte Cristo*. O fracasso é um elemento intrínseco à iniciativa: há, em toda ação humana, uma esperança de sucesso e um risco, mesmo não considerado, de fracasso. Ser humano é conviver, mesmo inconscientemente, com riscos. Risco pelo que se faz e, mesmo, pelo que não se faz. Risco que segue com aquele que parte, mas que não abandona aquele que fica. Viver é estar submetido ao risco, o que não é bom, nem ruim: é apenas próprio da existência e deve ser compreendido como tal. Isso, mesmo quando o risco – que é a probabilidade do insucesso, do dano – se converte no infausto. Mesmo as empreitadas das quais ninguém duvida.

No âmbito do mercado, essa realidade é ainda mais perceptível. Segundo Bernard Shaw, "cada um de nós pode se ver atirado amanhã, pelos acasos do comércio, na classe pequena mas crescente dos milionários".[3] Todavia, os *acasos do comércio* também podem destruir riquezas. Os *acasos* (a fortuna, como se dizia na antiguidade) tanto podem enriquecer, quanto podem empobrecer. Daí se falar que "o risco é a outra face de uma moeda cujo rosto mais agradável e atraente é o lucro [...]. Estão todos buscando uma espécie de sonho empresarial e comercial impos-

---

[2] Apud RODRIGUES JUNIOR, Otavio Luiz. *Revisão judicial dos contratos*: autonomia da vontade e teoria da imprevisão. São Paulo: Atlas, 2002. p. 25-31.

[3] SHAW, George Bernard. *Socialismo para milionários*. Tradução de Paulo Rónai. Rio de Janeiro: Ediouro, [s.d.]. p. 55 (inverti a ordem do texto).

sível, que é a certeza de que cada decisão tomada é a decisão certa".[4] No entanto, esse espaço de certeza infelizmente não existe. Toda empreitada humana e, mais ainda, toda empresa implicam a possibilidade do erro, do fracasso, do insucesso.

O tratamento da insolvência e do insolvente (o que inclui o falido) não prescinde dessa constatação, a recomendar mais compaixão do que escárnio. Todavia, poucos se mostram capazes de perceber o drama que está por trás da insolvência, a humilhação a que se submete o insolvente, o falido, sua baixa estima, seu sentimento de fracasso. Pelo contrário, a sociedade repugna o fracasso e culpa o insolvente como se fosse um criminoso.

2 OBRIGAÇÃO E SOLUÇÃO

Há muito, o ser humano apropriou-se do futuro, trazendo-o para o presente para vivê-lo e utilizá-lo por antecipação. Um bom exemplo do que acabo de afirmar é o conceito de crédito/dívida: a ideia de que se *está obrigado a algo* e a faculdade de exigir o cumprimento de uma obrigação. Em certo momento da evolução histórica da humanidade, abandonou-se o imediatismo nas relações negociais, revelado na constituição de ajustes de execução imediata: o ato jurídico é acordado e imediatamente executado, como no escambo, a troca de bens. Passou-se, então, a aceitar um hiato temporal entre o estabelecimento do ajuste, da relação jurídica, e a sua execução; a ideia e a prática do ato jurídico de execução diferida implica a ideia e a prática do crédito. No entanto, o desenvolvimento material das comunidades humanas deve muito a essa presentificação do futuro: multiplicam-se as alternativas de produção de resultados econômicos. Aceita-se que uma parte do ajuste realize de imediato a prestação que lhe é devida, remetendo-se para o futuro (a prazo, termo ou condição) a prestação devida pela outra.

Dentro dessa ideia e prática, o conceito de obrigação ganha relevância social, pois afirma uma relação que não se dá no plano do *ser*, das coisas que se têm por havidas, mas no plano do *dever ser*, das coisas que se têm por haver, segundo expectativa e proteção jurídicas.[5] As pessoas – sujeitos institucionalizados de direitos e deveres – passam a ser compreendidas como credores e/ou devedores de prestações que, se têm existência jurídica, não têm, ainda, existência histórica; espera-se que se realizem, que se implementem, por cumprimento voluntário da previsão normativa – legal e/ou voluntária (ato jurídico unilateral ou plurilateral:

---

[4] MARCONDES, Pyr. Apresentação. In: NUNES, Gilson; HAIGH, David. *Marca*: valor do intangível, medindo e gerenciando seu valor econômico. São Paulo: Atlas, 2003.

[5] Conferir KELSEN, Hans. *Teoria pura do direito*. Tradução de João Baptista Machado. 2. ed. São Paulo: Martins Fontes, 1987. p. 4 e seguintes; MAMEDE, Gladston. *Semiologia do direito*: tópicos para um debate referenciado pela animalidade e pela cultura. 2. ed. Porto Alegre: Síntese, 2000. p. 117 e seguintes.

contrato). Para a possibilidade de inadimplemento, conta-se com a coercitividade estatal, que, no plano específico do Direito Privado, afirma-se basicamente sob a forma da execução forçada, fruto da intervenção judiciária na relação privada, garantindo-lhe não só a validade, mas a eficácia.

As obrigações civis – as relações jurídicas de crédito/débito – nascem tendo por destino a sua solução, nascem para ser solvidas. Como já definira o Direito Romano, a obrigação é um vínculo de direito por imposição do qual somos obrigados a solver algo a alguém (*obligatio est vinculum iuris quo necessitate adstringimur alicuius solvendae rei*). A relação obrigacional, em sentido estrito, vincula polos, partes, umas obrigadas às outras. *Obligamentum* traduz-se por laço; *obligatura* é ligadura, atadura, o elo entre dois pontos, dois lados ou partes. Assim, Cícero se refere a *obligare vulnus* para referir-se aos pontos que se dão numa ferida para fechá-la; Tácito fala em *obligare venas*, para descrever o estancamento do sangue pela costura que se faz na veia que foi cortada, reatando-a. Em sentido oposto, a palavra *solver* vem do latim *solvere*, que traz a ideia de *desunir*, *desatar*, *romper* e, mesmo, de *dar fim*, *morte*; *solvere nudum*, diz Horácio, para referir-se ao desatar de um cinto, ao passo que Cícero fala em *solvere aliquem legibus*, referindo-se ao ato de desobrigar alguém de cumprir a lei.[6] *Obrigar* e *solver*, *obrigação* e *solução*, são, portanto, antônimos ou, preferindo-se, pares conceituais complementares.

Nem sempre, todavia, a obrigação jurídica encontra a solução que dela se espera comumente, qual seja, a satisfação do crédito – ou, *mutatis mutandis*, o adimplemento do débito correspondente. O inadimplemento da obrigação torna a relação jurídica conflituosa: o credor desejando receber o que lhe é devido, o devedor se negando a fazê-lo voluntariamente. Essa controvérsia, se não encontra uma solução negocial, demanda a intervenção do Estado pela via da atuação judiciária, para o que se faz necessário o manejo da ação, direito público subjetivo outorgado aos cidadãos, segundo a garantia anotada no artigo 5º, XXXV, da Constituição da República, e qualificada pelos incisos LIII e LV do mesmo artigo. Para a execução de seu direito ao crédito pela via judicial, a parte (o credor) tem a seu favor todos os bens do devedor, segundo previsão do artigo 391 do Código Civil.

3 PRINCÍPIO GERAL DA SOLVABILIDADE JURÍDICA

Um princípio elementar que orienta o Direito é o de que as obrigações – legais ou convencionais – devem ser voluntariamente cumpridas, ou o Estado deverá aplicar as consequências jurídicas previstas para o descumprimento, exercendo seu poder de coerção. No plano das relações jurídicas econômicas (faculdades com expressão pecuniária), a ideia de cumprimento das obrigações leva à afirmação

[6] SARAIVA, P. R. dos Santos. *Dicionário latino-português*. 11. ed. Rio de Janeiro: Belo Horizonte: Garnier, 2000. p. 1111-1112.

de uma necessária solvabilidade do patrimônio do devedor: é preciso haver bens e direitos em valor suficiente para permitir o pagamento das obrigações (as dívidas), no momento em que estejam vencidas. Ora, como visto no volume 1 desta coleção, a ideia de patrimônio afirma-se à sombra do artigo 91 do Código Civil: a universalidade jurídica que inclui o complexo de relações jurídicas de uma pessoa, dotadas de valor econômico: o que se tem e o que se deve, isto é, os direitos (as faculdades) e os deveres (as obrigações), conversíveis em pecúnia. Patrimônio, portanto, não no sentido utilizado coloquialmente, no qual a palavra traduz apenas os bens e créditos da pessoa; esse é o chamado *patrimônio bruto*; fala-se, ainda, em *patrimônio positivo*, *patrimônio ativo* ou simplesmente *ativo*: os direitos de que o titular pode exigir respeito e cumprimento. Mas também compõem a universalidade jurídica (o patrimônio) as relações jurídicas nas quais a pessoa ocupa a posição de devedor, estando obrigada a saldá-las; é o *patrimônio negativo*, também chamado de *patrimônio passivo* ou apenas *passivo*. Facilmente se percebe que o encontro entre o patrimônio ativo e o patrimônio passivo permite chegar a um valor, qual seja, o *patrimônio líquido* da pessoa.

Emerge do artigo 391, interpretado em conjunto com esse artigo 91, ambos do Código Civil, o *princípio geral da solvabilidade jurídica*, uma regra simples segundo a qual para adimplemento das obrigações de uma pessoa respondem todos os seus bens e créditos: as faculdades compensam-se com as obrigações. Trata-se de regra geral, comportando exceções específicas, como os bens de família, as verbas alimentares etc. Mas são situações raras. Na maior parte das vezes, como resultado de uma execução judicial, na qual o credor peça ao Judiciário para efetivar o seu crédito em face do inadimplemento voluntário do devedor, a atuação do Estado não se fará sobre a pessoa do devedor, mas sobre os seus bens: quaisquer bens (coisas ou direitos pessoais de caráter patrimonial, com expressão econômica), tantos quantos bastem à satisfação do crédito, submetendo-se, dessa maneira, à: (1) constrição; (2) praça (hasta pública); e (3) arrematação e/ou adjudicação. É o caminho processual da satisfação coativa das obrigações que não mereceram adimplemento voluntário. Todo o *patrimônio econômico* (não o *patrimônio moral*), indistintamente e no limite de suas forças (nos limites do *patrimônio bruto* ou *patrimônio ativo*), responde por cada obrigação e por todas elas (*patrimônio passivo* ou *patrimônio negativo*), ressalvados direitos que eventualmente se alojem em separado do patrimônio jurídico.

Sobre o *patrimônio moral*, lembre-se que a consagração dos direitos da personalidade implicou a percepção de faculdades e obrigações *intransmissíveis e irrenunciáveis, não podendo o seu exercício sofrer limitação voluntária*, a teor do artigo 11 do Código Civil. Assim, composto de faculdades morais e/ou econômicas, o patrimônio assume a condição de elemento indelevelmente ligado à existência da pessoa (um atributo da personalidade, inclusive das pessoas jurídicas, segundo o art. 52 do novo Código Civil). Já o disse: uma criança recém-nascida, da família mais pobre, que vive no lugar mais miserável do mundo, é titular de um patrimônio, no mínimo com conteúdo moral: ninguém lhe pode tirar (nem ela mesma, quando for absolutamente capaz): os direitos personalíssimos físicos (a vida, o corpo – em sua totalidade e em suas partes, eventualmente seu cadáver –, sua imagem ou efígie, seu tom de voz etc.), os direitos personalíssimos psíquicos (sua integridade psicológica, sua integridade emocional, sua intimidade, sua liberdade de crença religiosa, filosófica e política, como exemplos), e seus direitos personalíssimos morais (seu nome, sua honra, sua privacidade, suas criações intelectuais, entre outras). Cuida-se de uma afirmação, no plano do Direito Civil, de uma regra de inclusão geral: todo ser humano é sujeito de direitos e deveres, é pessoa, para o Direito Brasileiro, não importando quem seja ou onde esteja; é sempre titular de um patrimônio que não lhe pode ser retirado. Tem-se, portanto, que os artigos 91 e 391 do Código Civil referem-se apenas ao patrimônio econômico, nunca ao patrimônio moral.[7]

Obviamente, o princípio geral da solvabilidade jurídica pressupõe que o patrimônio positivo (o ativo) da pessoa tenha capacidade econômica de suportar as obrigações constantes de seu patrimônio negativo (seu passivo). Essa capacidade pode ser traduzida pelo termo *solvabilidade*: a qualidade patrimonial específica de ter meios para o adimplemento, voluntário ou forçado, das obrigações existentes contra si. A questão é complexa, transcendendo a mera investigação matemática do valor do patrimônio líquido. Para além das dificuldades óbvias de dar preço aos bens (coisas e direitos), a inclusão da pessoa no âmbito da sociedade dá ao problema um contorno ainda mais interessante, no qual algumas variáveis influenciam fortemente a solvabilidade. A primeira delas é a própria confiabilidade da pessoa, sua imagem econômica, permitindo-lhe gerar crédito. Muitos trabalham altamente endividados, com patrimônio líquido negativo, mas são solventes: conseguem adimplir suas obrigações em dia, preservando a confiança dos demais. Também a liquidez do patrimônio é fator que não pode ser deixado em segundo plano: há pessoas cujo patrimônio líquido é positivo – e significativamente positivo –, mas que não conseguem transformá-lo em pecúnia tempestivamente, tornando-se inadimplentes e, assim, perdendo sua solvabilidade. De nada adianta ter um patrimônio ativo de R$ 1.000.000,00 e não conseguir pagar uma obrigação de R$ 10.000,00.

A sociedade e o Direito pressupõem a solvabilidade de todas as pessoas e, enquanto essa pressuposição se mantém, as situações de inadimplemento obrigacional são resolvidas como meros conflitos individuais (uma resistência ao adimplemento), levando-se a uma exigência do crédito por meio de um procedimento individual: a execução judicial. Mas há situações nas quais se pressupõe que não haja solvabilidade, ou seja, que o patrimônio econômico ativo da pessoa não

7 MAMEDE, Gladston. *Código Civil comentado*: penhor, hipoteca e anticrese: artigos 1.419 a 1.510. São Paulo: Atlas, 2003. v. 14, p. 35.

seja suficiente para fazer frente ao conjunto de suas obrigações (seu patrimônio passivo). Afirma-se, então, que a pessoa está *insolvente*: ela *não é capaz de solver*.

4 EXECUÇÃO COLETIVA

Ao longo do processo de evolução histórica do Direito, percebeu-se cedo que a insolvência criava um desafio jurídico e econômico: sobre o patrimônio de um mesmo devedor concorrem as pretensões de diversos credores, sem que todos possam ser satisfeitos. Nesse caso, não funciona o modelo da execução individual, o que implicaria ter alguns credores plenamente satisfeitos, em prejuízo dos demais, que nada receberiam, já que as dívidas excedem o montante dos bens do devedor. É preciso *ordenar* a apuração do patrimônio ativo do insolvente (o *quantum* total de seus bens), levantar corretamente o seu patrimônio passivo (o valor efetivo de suas dívidas) e, enfim, distribuir o montante arrecadado com a alienação dos bens, segundo dois critérios distintos: (1º) o interesse público em que certos créditos, por sua natureza, sejam satisfeitos preferencialmente, em desproveito de outros que, por sua natureza, têm menor relevância social e econômica; e (2º) garantir que todos os credores, titulares de faculdades de mesma natureza, sejam tratados em igualdade de condições, opção jurídica que se identifica com o princípio da *par conditio creditorum*, ou seja, princípio do tratamento dos credores em igualdade de condições.

Para realizar esses objetivos, submeteu-se o patrimônio do insolvente a uma execução coletiva, ou seja, a um procedimento no qual concorrem todos os credores. O *concurso de credores* é a via e o mecanismo pelos quais se pode solucionar o conflito multifacetado resultante da insolvência, que tem de um lado os interesses dos credores *versus* os interesses do devedor, ao passo que, de outro lado, opõem-se os interesses dos próprios credores entre si, cada qual desejoso de ver-se pago e, via de consequência, encontrando em igual pretensão de outrem um obstáculo para tanto. Estabelecido o concurso, não apenas todas as dívidas do devedor são submetidas ao Estado; também todos os seus direitos (bens e créditos) veem-se arrecadados pelo Estado, que assumirá a função de os realizar em dinheiro (aliená-los), formando um fundo comum, utilizado no pagamento dos credores.

Para tanto, faz-se imprescindível a declaração de insolvência (civil ou empresária, essa última também chamada de falência). Como destacou o Ministro Humberto Gomes de Barros, quando o Superior Tribunal de Justiça examinou o Recurso Especial 435.111/SP, "a discussão em torno do direito de preferência pressupõe a insolvência do devedor comum". Sem a declaração de insolvência (incluindo a figura da falência), segue-se a regra geral das execuções individuais (mesmo que movidas por credores em litisconsórcio), cada qual pretendendo a expropriação de bens do devedor a fim de satisfazer o direito do credor. Justamente por isso, o Superior Tribunal de Justiça, no caso citado, recusou a alegação do segundo credor de que teria direito de preferência sobre os valores já penhorados, anteriormente, por outrem. Somente com a decretação da insolvência, tal preferência se afirmaria. Como se verá na sequência, com a declaração de insolvência civil ou empresária, findam-se as iniciativas individuais, independentes e dispersas, extrajudiciais ou judiciais, relativas ao patrimônio do insolvente, que passa ao controle do Estado, a bem dos interesses públicos e privados envolvidos.

Essa execução coletiva está submetida a regimes procedimentais diversos. *Falência* é a execução coletiva do empresário ou sociedade empresária insolvente; seus elementos caracterizadores e seu rito estão definidos na Lei 11.101/05, a chamada Lei de Falência e Recuperação de Empresas. Já a insolvência civil é a execução coletiva judicial das pessoas naturais que não sejam empresárias, associações, fundações e sociedades simples. Processa-se seguindo o Código de Processo Civil. São regimes jurídicos diversos, que se definem em função das pessoas (*ex personae*), afirmados a partir do reconhecimento (1) de que há interesses jurídicos, sociais e econômicos diversos, bem como (2) de que tais pessoas cumprem funções socioeconômicas distintas. Com efeito, todos os que lidam com a prática jurídica sabem, em primeiro lugar, que a chamada *insolvência civil*, a insolvência de não empresários, é muito rara, ao passo que a *insolvência empresária* (*falência*) é habitual, constante e em número expressivo.

O risco de insolvência dos *não empresários* é, em fato, muito menor que o risco de falência de empresários e sociedades empresárias, submetidos que estão ao humor do mercado, nem sempre cordial. Apenas isso já seria suficiente para afirmar a necessidade de um procedimento concursal específico para a insolvência empresária. Ademais, não se pode jamais descurar do papel desempenhado pela empresa na sociedade, ou seja, sua função social. A empresa é bem jurídico cuja proteção se justifica não apenas em função dos interesses de seus sócios, mas de seus empregados, fornecedores, consumidores, investidores, do próprio Estado e, enfim, da sociedade que, mesmo indiretamente, se beneficia de suas atividades. Essas particularidades justificam a previsão, inclusive, de um regime alternativo à falência, que é a recuperação de empresas, que também será objeto de análise.

5 HISTÓRICO

O adimplemento das obrigações públicas e privadas, na antiguidade, parece ter merecido uma solução uniforme no sentido de que o devedor garante, com sua vida ou liberdade, o pagamento de suas dívidas. Nas Leis de *Hamurabi*, por exemplo, essa prática fica clara em alguns dispositivos, como do 115º ao 118º, nos quais é tratado o oferecimento de pessoas como garantias de dívidas; um pouco antes, o 54º dispositivo já falava na venda [como escravo] daquele que, condenado a pagar pelos prejuízos decorrentes de ato ilícito [inundação de campo alheio], fruto da negligência na fortificação do dique de seu campo, não pode indenizar o grão perdido. Na Grécia, sabe-se, tinha-se a prisão do devedor insolvente; Sólon terminou com tais práticas em Atenas, mas seguiram sendo executadas em outras *póleis*.[8] Em Roma, quando do estabelecimento das XII Tábuas (cerca de 450 a. C.) o adimplemento das obrigações era garantido não pelo patrimônio do devedor, mas por sua pessoa, ou seja, por sua liberdade e vida. É o que fica claro da Tábua III, aqui apresentada na versão de Ortolan, com tradução de Sílvio Meira:

> "*De Rebus Creditus* [Dos Créditos]
>
> I. Para o pagamento de uma dívida confessada, ou de uma condenação, que o devedor tenha um prazo de 30 dias.
>
> II. Passado o prazo, que se faça contra ele a *manus iniectio* (*pôr a mão*, portanto, apreensão) e que seja levado perante o magistrado.
>
> III. Se o devedor não paga e ninguém se apresenta como *vindex* (garantidor da dívida), que o credor o conduza a sua casa, encadeando-o por meio de correias ou ferros nos pés, pesando pelo máximo quinze libras ou menos se assim o quiser o credor.
>
> IV. Que ele, se quiser, viva às suas próprias expensas; se não quiser, que o credor que o tem preso lhe forneça cada dia uma libra de farinha, ou mais, se assim o quiser.
>
> V. Se não há conciliação, que o devedor fique preso por 60 dias, durante os quais será conduzido em três dias de feira ao *comitium*, onde se proclamará, em altas vozes, o valor da dívida.
>
> VI. Se são muitos os credores é permitido, depois do terceiro dia de feira, dividir o corpo do devedor em tantos pedaços quantos sejam os credores, não importando cortar mais ou menos [*Tertiis nundinis partis secanto; plus minusve secuerint, ne fraude esto*]; se os credores preferirem, poderão vender o devedor [como escravo] a um estrangeiro, além do Tibre [*trans Tiberium*]."[9]

A insolvência, portanto, era hipótese de *capitis diminutio maxima*, ou seja, do maior decaimento de condição social, perdendo o devedor seu *status* político (*status civitatis*) de cidadão, sua liberdade e, até, a sua vida. Foi no Direito Pretoriano, diz Álvares, que se desenvolveu a ideia de que a insolvência poderia resolver-se limitando-se ao patrimônio do devedor. A pujança do Direito Romano, aliás, deve muito ao papel realçado exercido pelos pretores, como ensina Pereira, que detinham um poder em muito superior à *iurisdictio* dos juízes contemporâneos, já que lhes cabia a faculdade de publicar editos (*edicta*), nos quais faziam constar as fórmulas para os pleitos e as condições para a concessão dos pedidos, podendo proteger

---

8 ÁLVARES, Walter T. *Direito falimentar*. 2. ed. São Paulo: Sugestões Literárias, 1968. p. 37.

9 Apud LIMA, João Batista de Souza. *As mais antigas normas de Direito*. 2. ed. Rio de Janeiro: Forense, 1983. p. 646-647 e 56-57.

direitos que não estavam contemplados no Direito escrito (*ius scriptum*), corrigir disposições anotadas em normas legais e, até, insurgir-se contra elas. São esses editos que formaram o chamado *Direito Pretoriano*, também chamado de *Direito Honorário* (*ius honorarium*), cuja força estava justamente na temporariedade do mandato do pretor: um ano. Um novo pretor (*praetor*), assumindo a função, podia ou não repetir os editos de seu antecessor (*pars translatitia*, a parte das normas que era repetida, ratificada, sendo trasladada de um *edictum* a outro), além de criar os seus próprios (*pars nova*, a parte com fórmulas inovadoras). O sistema permite uma atualização constante do direito que, envelhecendo, é alterado pelo próximo pretor, que também pode corrigir alterações excessivamente ousadas.[10]

Compreende-se, portanto, como a posição jurisprudencial reiteradamente assumida pelos pretores acabou por influenciar a edição da *Lex Poetelia Papiria*, abolindo a *manus iniectio*, e autorizando os credores apenas a entrar na posse dos bens com o decreto judicial da insolvência, procedimento designado de *missio in possessionem* (ou *missio in bona*). Só na última época do Direito Romano passou-se à prática da *cessio bonorum* (introduzida pela *Lex Iulia*), isto é, o devedor insolvente entrega todos os seus bens para repartição igualitária entre os credores.[11] A *venditio bonorum* acarretava para o insolvente a infâmia (*infamia*), nota desabonadora, desonrosa, que o acompanhava até que todos os credores estivessem pagos.[12]

Na Idade Média, ensina Octávio Mendes, começa a desenvolver-se nas repúblicas italianas de Gênova, Florença e Veneza uma divisão no tratamento jurídico da insolvência, percebendo-se que a *quebra* do comerciante tinha particularidades e merecia tratamento distinto; nascia, então, o instituto da falência, como procedimento específico para cuidar da insolvência comercial, que agora evoluiu para insolvência empresarial. Luiz XIV inspira-se nessas normas e práticas (*usus*) para introduzir na França, em 1673, uma ordenança específica para o comércio. No entanto, somente a legislação napoleônica deu ao tema um tratamento disciplinar específico, distinguindo a insolvência civil da insolvência empresarial. Foi esta legislação que influenciou, no Brasil, a edição do Código Comercial de 1850.[13]

No Direito Português, a insolvência já era objeto de tratamento no século XV, quando as Ordenações Afonsinas repetiam a mecânica da *cessio bonorum*, reconhecendo, ademais, a figura da moratória (*inducias moratórias*); essa solução é repetida pelas Ordenações Manuelinas. Já as Ordenações Filipinas (século XVI) tomam a insolvência por seu aspecto penal, dela cuidando em minúcias no Livro

---

10 PEREIRA, Caio Mário da Silva. *Lesão nos contratos*. 6. ed. Rio de Janeiro: Forense, 1994. p. 5-7.

11 ÁLVARES, Walter T. *Direito falimentar*. 2. ed. São Paulo: Sugestões Literárias, 1968. p. 36-37; REQUIÃO, Rubens. *Curso de direito falimentar*. 13. ed. São Paulo: Saraiva, 1989. v. 1, p. 6.

12 MENDES, Octavio. *Fallencias e concordatas*: de acordo com o Decreto 5.746, de 9 de dezembro de 1929. São Paulo: Saraiva, 1930. p. 2.

13 MENDES, Octavio. *Fallencias e concordatas*: de acordo com o Decreto 5.746, de 9 de dezembro de 1929. São Paulo: Saraiva, 1930. p. 2-3.

V, título LXVI, considerando que o falido fraudulentamente não era um criminoso comum e atribuindo-lhe a condição especial de *públicos ladrões*. Posteriormente, alguns Alvarás Reais, do século XVIII, aplicados tanto no período colonial e, após a independência, até a edição do Código Comercial de 1850, registravam estruturas jurídico-estatais para cuidar da insolvência comercial: uma *Junta que solicita o Bem-Comum do Comércio*, ao lado de um *Juiz Conservador do Comércio* e um *Fiscal de Comércio*, que atuavam na defesa dos interesses reais e dos credores. Destaca-se o Alvará de 13 de novembro de 1756, no qual se previam quatro situações de não pagamento das obrigações comerciais: (1) impontualidade – falta de pagamento em dia; (2) ponto – parada total de pagamento; (3) quebra – impossibilidade de pagar as obrigações; e (4) bancarrota – quebra fraudulenta, sendo o falido condenado como *público ladrão*.[14]

Miranda Valverde, em 1931, dizia que o instituto da falência atravessara no Brasil três fases importantes, a principiar pela publicação do Código Comercial de 1850 – ele, portanto, não considera os momentos anteriores, quando, já Estado independente, aplicava-se aqui a legislação lusitana. É a fase influenciada pela legislação francesa, merecendo algumas alterações, justificadas por algumas situações urgentes, a exemplo dos Decretos 3.308 e 3.309, de 1864, 3.516, de 1865, 3.065, de 1879 (instituindo a figura da *concordata por abandono*, que foi inscrita nos artigos 844 e 845 do Código Comercial). O processo, todavia, era lento e oneroso, não tanto em função da lei, mas da execução que se lhe dava. Essa fase encerra-se, na República, com a edição do Decreto 917, em 1890, modificando totalmente a estrutura legislativa da falência, em projeto redigido por Carlos de Carvalho. Mas foi sistema que caiu em descrédito, segundo Valverde, por uma série de numerosos fatores, entre os quais a autonomia excessiva dos credores e o falseamento do sistema na aplicação da lei, quando se cancelavam os princípios que a inspiravam. Assim, em 1902, veio a Lei 859, que conservou o pensamento e o método do Decreto 917/1890, fazendo algumas alterações. Fracassou, com o que foi preciso dar fim a essa segunda fase, segundo a recordação de Valverde, o que se fez com a edição da Lei 2.024/1908, que seria uma síntese bem formulada dos princípios animadores do Decreto 917/1890, expurgados os seus defeitos, bem como os defeitos da Lei 859/1902; mas foi preciso, com o passar do tempo, fazer alterações, o que justificou o Decreto 5.746/1929. Destaca o autor: "Uma lei de falências gasta-se depressa no atrito permanente com a fraude. Os princípios jurídicos podem ficar, resistir, porque a sua aplicação não os esgota nunca. As regras práticas, que procuram impedir o nascimento e desenvolvimento da fraude, é que devem evoluir."[15]

---

14 ÁLVARES, Walter T. *Direito falimentar*. 2. ed. São Paulo: Sugestões Literárias, 1968. p. 16, 38-40.

15 VALVERDE, Trajano de Miranda. *A falência no direito brasileiro*. Rio de Janeiro: Freitas Bastos, 1931. 1ª parte, v. 1, p. 25-28.

Por ocasião da Ditadura Vargas, encomendou-se a um grupo de juristas a elaboração de um anteprojeto para uma nova Lei de Falências: Noé Azevedo, Joaquim Cantuo Mendes de Almeida, Silvio Marcondes, Filadelfo Azevedo, Hahnemann Guimarães e Luís Lopes Coelho. O trabalho por eles desenvolvido culminou com a edição do Decreto-lei 7.661/45, que reforçou os poderes do magistrado, diminuiu o poder dos credores – abolindo a assembleia que os reunia para deliberar sobre assuntos do procedimento falimentar – e transformou a concordata (preventiva ou suspensiva) num benefício, em lugar de um acordo de vontades. Já na década de 70, percebeu-se a necessidade de reformas; os debates então iniciados, todavia, só surtiriam efeito muitos anos depois, com a edição da Lei 7.274/84.[16]

O lance final dessa evolução foi a apresentação ao Congresso Nacional, em 1993, de um projeto de lei de uma nova regulamentação jurídica para a falência, o que, após muitas discussões, culminou com a edição da Lei 11.101/05, que neste livro se estudará.

16 REQUIÃO, Rubens. *Curso de direito falimentar*. 13. ed. São Paulo: Saraiva, 1989. v. 1, p. 21-22.

2

Insolvência Empresária

1 REGIME JURÍDICO PARA A INSOLVÊNCIA EMPRESÁRIA

As especificidades da atividade empresarial e sua dimensão, designadamente o amplo conjunto de relações jurídicas que são geradas pelo exercício da empresa, justificam submeter a insolvência empresária a um regime próprio, distinto da insolvência civil. Para empresários e sociedades empresárias foram constituídos norma e procedimento específicos para solução de sua insolvência, estatuídos na Lei 11.101/05, a Lei de Falência e Recuperação de Empresas. Essa norma se dirige a todos os que se amoldam à definição do artigo 966 do Código Civil. Note-se que, embora o artigo 967 do Código Civil afirme ser obrigatória a inscrição do empresário no Registro Público de Empresas Mercantis, o artigo 96, VIII, da Lei 11.101/05, permite a decretação da falência do empresário que cancelou sua inscrição, com extinção da firma individual, quando haja prova de exercício posterior ao ato registrado, isto é, quando, apesar de a empresa ter sido extinta de direito, tenha sido mantida de fato.

De qualquer sorte, a possibilidade de que *um empresário de fato* (não inscrito) tenha a sua falência decretada desafia o intérprete/aplicador. O Código Comercial de 1850 e Decreto-lei 7.661/45, adotando a teoria objetiva, assimilavam com facilidade a ideia do *comerciante de fato*; bastava exercer qualquer das atividades listadas no Regulamento 737/1850. Assim, o artigo 3º do Decreto-lei 7.661/45 dizia poder ser declarada a falência dos que, embora expressamente proibidos, *exercessem o comércio*. A mesma facilidade não se encontra com a Teoria da Empresa, desempenhando papel fundamental a declaração inerente ao Registro Mercantil. É o que se passa com o bodegueiro que registra sua firma individual e passa à exploração pessoal e individual de sua bodega, seu boteco. Pelo registro se diz que o *Bar do Zé* é uma empresa, ou seja, uma *atividade econômica organizada para a produção ou circulação de bens ou de serviços*. Isso para não falar em atividades que são desempenhadas sob a forma de empresa, mas que, por serem titularizadas por cooperativas, obrigatoriamente sociedades simples, segundo o artigo 982, parágrafo único, não são juridicamente consideradas tais: são empresas de fato, mas não são empresas de direito. Por isso, creio que, afora o caso contemplado no artigo 96, VIII, da Lei 11.101/05, não é possível a decretação de falência de *empresários de fato*, devendo recorrer-se à insolvência civil.

Em contraste, há empresas que não se submetem ao regime da Lei de Falência e Recuperação de Empresas, tendo sua insolvência regida por norma específica. São elas: empresas públicas e sociedades de economia mista; instituições financeiras públicas ou privadas, cooperativas de crédito, consórcios, entidades de previdência complementar, sociedades operadoras de plano de assistência à saúde, sociedades seguradoras, sociedades de capitalização e outras entidades legalmente equiparadas às anteriores.

1.1 Empresas públicas e sociedades de economia mista

Segundo o artigo 2º, I, da Lei 11.101/05, estão excluídas de seu regime a empresa pública e a sociedade de economia mista, pessoas que compõem Administração Pública indireta. Empresa pública é a entidade dotada de personalidade jurídica de direito privado, com criação autorizada por lei e com patrimônio próprio, cujo capital social é integralmente detido pela União, pelos Estados, pelo Distrito Federal ou pelos Municípios (artigo 3º da Lei 13.303/16). Segundo o parágrafo único do mesmo dispositivo, desde que a maioria do capital votante permaneça em propriedade da União, do Estado, do Distrito Federal ou do Município, será admitida, no capital da empresa pública, a participação de outras pessoas jurídicas de direito público interno, bem como de entidades da administração indireta da União, dos Estados, do Distrito Federal e dos Municípios. Sociedade de economia mista, por seu turno, é a entidade dotada de personalidade jurídica de direito privado, com criação autorizada por lei, sob a forma de sociedade anônima, cujas ações com direito a voto pertençam em sua maioria à União, aos Estados, ao Distrito Federal, aos Municípios ou a entidade da administração indireta (artigo 4º da Lei 13.303/16). A tais entidades aplicam-se as normas do Direito Administrativo, no qual se definem regras específicas sobre o pagamento de dívidas dos entes públicos, inclusive da Administração Pública Indireta.

1.2 Instituições financeiras, cooperativas de crédito, consórcios e entidades de previdência complementar

A Lei 11.101/05 também não se aplica a: (1) *instituições financeiras* públicas ou privadas; (2) *cooperativas de crédito*; (3) *consórcios*; e (4) *entidades de previdência complementar*. São instituições financeiras as pessoas jurídicas públicas ou privadas que tenham como atividade principal ou acessória a intermediação ou aplicação de recursos financeiros próprios ou de terceiros, em moeda nacional ou estrangeira, autorizadas pelo Banco Central do Brasil ou por Decreto do Poder Executivo a funcionar no Território Nacional (artigo 10, § 2º, da Lei 8.870/94). Podem também ser definidas como pessoas jurídicas públicas ou privadas que tenham como atividade principal ou acessória a coleta, intermediação ou aplicação de recursos financeiros próprios ou de terceiros, em moeda nacional ou estrangeira, e a custódia de valor de propriedade de terceiros, somente podendo funcionar no País mediante prévia autorização do Banco Central do Brasil ou decreto do Poder Executivo quando forem estrangeiras (artigos 17 e 18 da Lei 4.595/64).

As *cooperativas de crédito*, por seu turno, são sociedades cooperativas, regendo--se, portanto, pela Lei 5.768/71, além dos artigos 1.093 a 1.096 do Código Civil. Como sociedades que são, têm finalidade econômica; mas como cooperativas, não têm finalidade lucrativa, ou seja, o superávit de sua atividade não caracteriza lucro, não sendo, portanto, distribuído como dividendo para os seus sócios. São instituições financeiras em função de seu objeto social, submetendo-se às normas da Lei 4.595/64, que dispõe sobre a política e as instituições monetárias, bancárias e creditícias, bem como as normas regulamentares expedidas pelo Conselho Monetário Nacional e pelo Banco Central do Brasil.

Consórcios é a reunião de pessoas naturais e jurídicas em grupo, com prazo de duração e número de cotas previamente determinados, promovida por administradora de consórcio, com a finalidade de propiciar a seus integrantes, de forma isonômica, a aquisição de bens ou serviços, por meio de autofinanciamento (artigo 2º da Lei 11.795/08). Grupo de consórcio é uma sociedade não personificada constituída por consorciados para tais fins, representado por sua administradora, em caráter irrevogável e irretratável, ativa ou passivamente, em juízo ou fora dele, na defesa dos direitos e interesses coletivamente considerados e para a execução do contrato de participação em grupo de consórcio, por adesão (artigo 3º). A administradora de consórcios é a pessoa jurídica prestadora de serviços com objeto social principal voltado à administração de grupos de consórcio, constituída sob a forma de sociedade limitada ou sociedade anônima (artigo 5º).

Às instituições financeiras públicas ou privadas, cooperativas de crédito, administradoras de consórcio (artigo 7º, VII, 39 e 40 da Lei 11.795/08) e entidades de previdência complementar (artigos 47 a 56 e 62 da Lei Complementar 109/2001) aplica-se a Lei 6.024/74, que dispõe sobre a intervenção e a liquidação extrajudicial de instituições financeiras, e dá outras providências. Note-se que o artigo 34 da Lei 6.024/74 prevê aplicarem-se à liquidação extrajudicial, no que couberem e não colidirem com os preceitos daquela lei específica, as disposições da Lei de Falências; o dispositivo faz remissão ao Decreto-lei 7.661/45, mas deve ser lido de forma atualizada, com a substituição deste pela Lei 11.101/05. Essa norma tem plena validade, em face do que estipula o artigo 197 da Lei 11.101/05, segundo o qual, enquanto não for aprovada lei específica que substitua a Lei

6.024/74, mantém-se a aplicação subsidiária da Lei de Falência e Recuperação de Empresas. Isso, inclusive, no alusivo à determinação inscrita no artigo 19 da Lei 6.024/74, a prever que a liquidação extrajudicial de instituições financeiras cessa com a decretação da falência da entidade, hipótese na qual a questão passa à competência do juízo falimentar.

1.3 Sociedades operadoras de plano de assistência à saúde

A Lei de Falência e Recuperação de Empresas também não se aplica às *sociedades operadoras de plano de assistência à saúde*. Prevê a Lei 9.656/98 (que dispõe sobre os planos e seguros privados de assistência à saúde) submeterem-se às suas normas as pessoas jurídicas de direito privado que operam planos de assistência à saúde, sem prejuízo do cumprimento da legislação específica que rege a sua atividade. Os artigos 23 e 24 da mesma Lei 9.656/98 estabelecem que as operadoras de planos privados de assistência à saúde não podem requerer recuperação (a lei ainda fala em *concordata*) e não estão sujeitas a falência ou insolvência civil, mas tão somente ao regime de liquidação extrajudicial. Já a Lei 9.661/00, que criou a Agência Nacional de Saúde (ANS), traz em seu artigo 4º, XXXIV, a previsão de competir àquela Agência proceder à liquidação extrajudicial e autorizar o liquidante a requerer a falência ou insolvência civil das operadoras de planos privados de assistência à saúde; o inciso XXXV atribui-lhe, ademais, o poder para determinar ou promover a alienação da carteira de planos privados de assistência à saúde das operadoras. Complete-se com o inciso do mesmo artigo 4º, XLI, estabelecendo competir à ANS fixar as normas para constituição, organização, funcionamento e fiscalização das operadoras de produtos, incluindo liquidação extrajudicial e procedimentos de recuperação financeira das operadoras.

A sujeição das *sociedades operadoras de plano de assistência à saúde* à falência, segundo o § 1º do artigo 23 da Lei 9.656/98, está condicionada à verificação de uma das seguintes hipóteses: (1) o ativo da massa liquidanda não for suficiente para o pagamento de pelo menos a metade dos créditos quirografários; (2) o ativo realizável da massa liquidanda (ou seja, todo ativo que possa ser convertido em moeda corrente em prazo compatível para o pagamento das despesas administrativas e operacionais da massa liquidanda) não for suficiente, sequer, para o pagamento das despesas administrativas e operacionais inerentes ao regular processamento da liquidação extrajudicial; ou (3) nas hipóteses de fundados indícios de condutas previstas nos artigos 186 a 189 do Decreto-lei 7.661/45; tais artigos, todavia, estão revogados pela Lei 11.101/05, devendo interpretar-se o número 3 como fundados indícios de conduta tipificada como crime falimentar, conforme artigo 168 e seguintes da Lei de Falência e Recuperação de Empresas.

À vista do relatório do liquidante extrajudicial, e em se verificando qualquer uma das três hipóteses citadas, a ANS poderá autorizá-lo a requerer a falência ou insolvência civil da operadora. A distribuição do requerimento produzirá imediatamente os seguintes efeitos: (1) a manutenção da suspensão dos prazos judiciais em relação à massa liquidanda; (2) a suspensão dos procedimentos administrativos de liquidação extrajudicial, salvo os relativos à guarda e à proteção dos bens e imóveis da massa; em fato, a ANS pode, no período compreendido entre a distribuição do requerimento e a decretação da falência ou insolvência civil, apoiar a proteção dos bens móveis e imóveis da massa liquidanda; (3) a manutenção da indisponibilidade dos bens dos administradores, gerentes, conselheiros e assemelhados, até posterior determinação judicial; e (4) a prevenção do juízo que emitir o primeiro despacho em relação ao pedido de conversão do regime. O liquidante enviará ao juízo prevento o rol das ações judiciais em curso, cujo andamento ficará suspenso até que o juiz competente nomeie o síndico da massa falida ou o liquidante da massa insolvente. Ademais, por força do artigo 24 da Lei 9.656/98, sempre que detectadas nas operadoras sujeitas à disciplina daquela lei insuficiência das garantias do equilíbrio financeiro, anormalidades econômico-financeiras ou administrativas graves que coloquem em risco a continuidade ou a qualidade do atendimento à saúde, a ANS poderá determinar a alienação da carteira, o regime de direção fiscal ou técnica, por prazo não superior a 365 dias, ou a liquidação extrajudicial, conforme a gravidade do caso.

1.4 Sociedade seguradora e sociedade de capitalização

O artigo 94 do Decreto-lei 73/66 (dispõe sobre o Sistema Nacional de Seguros Privados, regula as operações de seguros e resseguros e dá outras providências) estabelece que a cessação das operações das sociedades seguradoras poderá ser voluntária, por deliberação dos sócios em assembleia geral, ou compulsória, por ato do Ministro da Indústria e do Comércio, nos termos do decreto-lei. Nos casos de cessação compulsória das operações da sociedade seguradora, entre outras hipóteses, ocorrerá, segundo o artigo 96, nos casos em que acumular obrigações vultosas devidas ao Instituto de Resseguros do Brasil (IRB), a juízo do Ministro da Indústria e do Comércio, e configurar a insolvência econômico-financeira. Em qualquer hipótese, a liquidação voluntária ou compulsória das sociedades seguradoras será processada pela Superintendência de Seguros Privados (Susep), segundo previsão do artigo 97 do mesmo Decreto-lei 73/66.

Por outro lado, o Decreto-lei 261/67 dispõe, sem seu artigo 1º, que todas as operações das sociedades de capitalização ficam subordinadas às suas disposições. Consideram-se sociedades de capitalização as que tiverem por objetivo fornecer ao público, de acordo com planos aprovados pelo Governo Federal, a constituição de um capital mínimo perfeitamente determinado em cada plano, e pago em moeda corrente em um prazo máximo indicado no mesmo plano, à pessoa que possuir um título segundo cláusulas e regras aprovadas e mencionadas no próprio título. As sociedades de capitalização, diz o artigo 4º do Decreto-lei 261/67, estão sujeitas a disposições idênticas às estabelecidas nos seguintes artigos do Decreto-lei 73, de 21 de novembro de 1966, e, quando for o caso, seus incisos, alíneas e parágrafos: 7º, 25 a 31, 74 a 77, 84, 87 a 111, 113, 114, 116 a 121.

Recorde-se, para arrematar, que o artigo 197 da Lei 11.101/05 prevê que será essa lei aplicada subsidiariamente, no que couber, enquanto não seja aprovada uma lei específica alterando o regime previsto no Decreto-lei 73/66.

1.5 Outras entidades legalmente equiparadas às anteriores

A expressão *outras entidades legalmente equiparadas às anteriores* cumpre, no dispositivo, a função de abrir o conteúdo e, assim, o alcance da disposição. A lei, por tal via, deixa claro não ser sua pretensão definir, *numerus clausus*, quais são tais entidades; o alcance das exceções será definido pelas legislações específicas – reguladoras do Sistema Financeiro Nacional, do Sistema Nacional de Seguros Privados etc. – e sua interpretação doutrinária e jurisprudencial.

1.6 Exploração de serviços aéreos e infraestrutura aeronáutica

O artigo 199 da Lei 11.101/05 derrogou o artigo 187 do Código Brasileiro de Aeronáutica (Lei 7.565/86), razão pela qual as empresas de *serviços aéreos de qualquer natureza ou de infraestrutura aeronáutica* podem ajuizar pedidos de recuperação judicial ou, mesmo, de homologação de recuperação extrajudicial. Não é só. O mesmo artigo 199, no seu parágrafo único, previu que, na recuperação judicial e na falência dessas sociedades, em nenhuma hipótese ficará suspenso o exercício de direitos derivados de contratos de arrendamento mercantil de aeronaves ou de suas partes. No mesmo sentido, o artigo 6º-A do Decreto-lei 911/69 (incluído pela Lei 13.043/14), segundo o qual o pedido de recuperação judicial ou extrajudicial pelo devedor não impede a distribuição e a busca e apreensão do bem.

Portanto, tais negócios serão cumpridos como tenham sido acordados, sendo lícito ao arrendante obter a restituição de sua aeronave ou de partes dela. Trata-se, portanto, de exceção à regra inscrita no artigo 6º da Lei 11.101/05, bem como a seu artigo 49, § 3º. No entanto, se o magistrado concluir que a manutenção do bem nas mãos da empresa devedora é essencial para a preservação da empresa, nos termos do artigo 47 da Lei 11.101/05, poderá excepcionar tal regra e, indeferindo a busca e apreensão do bem, mantê-lo na empresa recuperanda.

2 CÂMARAS OU PRESTADORAS DE SERVIÇOS DE COMPENSAÇÃO E DE LIQUIDAÇÃO FINANCEIRA

As disposições da Lei 11.101/05 não afetam, nos termos do seu artigo 193, as obrigações assumidas no âmbito das câmaras ou prestadoras de serviços de compensação e de liquidação financeira, que serão ultimadas e liquidadas pela câmara ou prestador de serviços, na forma de seus regulamentos, independentemente da concessão da recuperação judicial da empresa, da homologação da recuperação extrajudicial e, mesmo, da decretação da falência. É a Lei 10.214/01, que dispõe sobre a atuação das *câmaras de compensação* e dos *prestadores de serviços de compensação e de liquidação*, no âmbito do *sistema de pagamentos brasileiros*. Esse sistema, segundo o seu artigo 2º, compreende as entidades, os sistemas e os procedimentos relacionados com a transferência de fundos e de outros ativos financeiros, ou com o processamento, a compensação e a liquidação de pagamentos em qualquer de suas formas. Além do serviço de compensação de cheques e outros papéis, o sistema será também integrado, na forma de autorização concedida às respectivas câmaras ou prestadores de serviços de compensação e de liquidação, pelo Banco Central do Brasil ou pela Comissão de Valores Mobiliários, em suas áreas de competência, pelos seguintes sistemas:

1. de compensação e liquidação de ordens eletrônicas de débito e de crédito;
2. de transferência de fundos e de outros ativos financeiros;
3. de compensação e de liquidação de operações com títulos e valores mobiliários;
4. de compensação e de liquidação de operações realizadas em bolsas de mercadorias e de futuros; e
5. outros, inclusive envolvendo operações com derivativos financeiros, cujas câmaras ou prestadores de serviços tenham sido autorizados na forma acima exposta.

Portanto, o Sistema de Pagamentos Brasileiro (SPB) constitui-se a partir de um amplo complexo integrado para a realização de negócios que envolvam pagamentos entre pessoas, incluindo instituições financeiras e empresas, atuando sob a supervisão do Banco Central do Brasil. Foi constituído para minimizar os riscos inerentes às atividades de compensação e liquidação de pagamentos e ativos financeiros, certo que tais operações, dependendo de seu volume, podem oferecer riscos ao mercado e, mais, à economia brasileira, mormente considerando o recurso à transferência eletrônica de valores monetários.

Justamente por isso, o artigo 4º prevê que, nos sistemas em que o volume e a natureza dos negócios, a critério do Banco Central do Brasil, forem capazes de oferecer risco à solidez e ao normal funcionamento do sistema financeiro, as câmaras e os prestadores de serviços de compensação e de liquidação assumirão, sem prejuízo de obrigações decorrentes de lei, regulamento ou contrato, em relação a cada participante, a posição de parte contratante, para fins de liquidação das obrigações, realizada por intermédio da câmara ou prestador de serviços. Para tanto, esses sistemas deverão contar com mecanismos e salvaguardas que permitam às câmaras e aos prestadores de serviços de compensação e de liquidação assegurar a certeza da liquidação das operações neles compensadas e liquidadas. Esses mecanismos e as salvaguardas compreendem, dentre outros, dispositivos de segurança adequados e regras de controle de riscos, de contingências, de compartilhamento de perdas entre os participantes e de execução direta de posições em custódia, de contratos e de garantias aportadas pelos participantes. Como se não bastasse, prevê o artigo 5º, as câmaras e os prestadores de serviços de compensação e de liquidação responsáveis por um ou mais ambientes sistemicamente importantes deverão, obedecida a regulamentação baixada pelo Banco Central do Brasil, separar patrimônio especial, formado por bens e direitos necessários a garantir exclusivamente o cumprimento das obrigações existentes em cada um dos sistemas que estiverem operando. Esses bens e direitos integrantes do patrimônio especial, bem como seus frutos e rendimentos, não se comunicarão com o patrimônio geral ou outros patrimônios especiais da mesma câmara ou prestador de serviços de compensação e de liquidação, e não poderão ser utilizados para realizar ou garantir o cumprimento de qualquer obrigação assumida pela câmara ou prestador de serviços de compensação e de liquidação em sistema estranho àquele ao qual se vinculam.

Para a preservação desse patrimônio especial e da garantia por ele representada, os bens e direitos que o integram, bem como aqueles oferecidos em garantia pelos participantes, são impenhoráveis, e não poderão ser objeto de arresto, sequestro, busca e apreensão ou qualquer outro ato de constrição judicial, exceto para o cumprimento das obrigações assumidas pela própria câmara ou prestador de serviços de compensação e de liquidação na qualidade de parte contratante, conforme previsão do artigo 6º da Lei 10.214/01. Consequentemente, os regimes de insolvência civil, recuperação de empresa, intervenção, falência ou liquidação extrajudicial, a que seja submetido qualquer participante, não afetarão o adimplemento de suas obrigações, assumidas no âmbito das câmaras ou prestadores de serviços de compensação e de liquidação, que serão ultimadas e liquidadas pela câmara ou prestador de serviços, na forma de seus regulamentos, conforme previsão do artigo 7º.

Compreende-se, assim, o artigo 194 da Lei 11.101/05 quando afirma que o produto da realização das garantias prestadas pelo participante das câmaras ou prestadores de serviços de compensação e de liquidação financeira submetidos aos regimes de que trata aquela lei, assim como os títulos, valores mobiliários e quaisquer outros de seus ativos objetos de compensação ou liquidação, serão destinados à liquidação das obrigações assumidas no âmbito das câmaras ou prestadoras de serviços. É a mesma disposição, aliás, que traz o parágrafo único do artigo 7º da Lei 10.214/01.

3 COMPETÊNCIA PARA PROCESSAMENTO

A decretação de falência é ato judicial para o qual é competente o juízo do local do *principal estabelecimento* do empresário ou sociedade empresária (o artigo 3º da Lei 11.101/05). A competência é a mesma quando se trate de deferir pedido de recuperação judicial da empresa ou, mesmo, para homologar o plano de sua recuperação extrajudicial. Em se tratando de empresa que tenha sede fora do Brasil, essa competência é a do juiz do local da filial brasileira. Trata-se de competência em razão do lugar, normalmente compreendida como competência relativa, podendo ser arguida por meio de exceção, prorrogando-se se o réu não opuser exceção declinatória do foro e de juízo, no caso e prazo legais. No entanto, a Segunda Seção do Superior Tribunal de Justiça, julgando o Conflito de Competência 37.736/SP, afirmou que a competência do juízo falimentar é absoluta, asseverando não se tratar de competência que se define em função do local, mas em função da matéria (*sic*). O precedente foi extraído ainda no contexto do Decreto-lei 7.661/45, mas de todo aplicável à Lei 11.101/05, já que não houve alteração na regência da matéria entre ambas as normas.

Será proveitoso examinar o acórdão desse Conflito de Competência 37.736/SP. O Juízo da 39ª Vara Cível do Foro Central de São Paulo (SP), suscitante, e o Juízo da 4ª Vara Cível de Manaus (AM), suscitado, deram-se por competentes para julgar e processar pedidos de concordata preventiva e de falência da *Sharp S/A Equipamentos Eletrônicos* e da *Sharp do Brasil S/A Indústria de Equipamentos Eletrônicos*. Note-se que, ainda no ano de 2000, a *Sharp S/A Equipamentos Eletrônicos*, sediada em São Paulo (SP), e a *Sharp do Brasil S/A Indústria de Equipamentos Eletrônicos*, sediada em Manaus (AM), ingressaram com ação, perante o Juízo de Direito da 39ª Vara Cível do Foro Central de São Paulo – SP, com pedido de concordata preventiva, cujo processamento fora determinado ainda naquele ano. Em 2002, o *Laboratório de Análises Clínicas Dr. Costa Curta* propôs ação, perante o Juízo de Direito da 4ª Vara Cível de Manaus (AM), com pedido de declaração de falência da *Sharp do Brasil S/A Indústria de Equipamentos Eletrônicos*, julgado procedente, tendo o juízo estendido os efeitos dessa falência às sociedades *Sharp S/A Equipamentos Eletrônicos e Sid Informática S/A*.

A relatora do feito, Ministra Nancy Andrighi, reconheceu que o *principal estabelecimento* das sociedades empresárias envolvidas no presente conflito de competência seria a cidade de Manaus (AM): "os elementos existentes no processo não deixam dúvidas de que é Manaus a cidade onde se situa o '*centro das atividades*' das sociedades empresárias envolvidas no presente conflito. Urge relevar o fato de que determinada sociedade empresária, para conseguir benefícios fiscais compreendidos no âmbito da denominada Zona Franca, deve ter sua atividade centralizada no Estado do Amazonas. Assim, a atividade produtiva das empresas em exame e a maior parte do correlato patrimônio encontravam-se em Manaus. Registre-se que a Lei Estadual nº 1.939/89, dentre outras, exige que a sociedade empresária mantenha a sua '*administração, inclusive a contabilidade, no Estado de Amazonas*' (artigo 19, VII), o que ocorre na espécie no tocante à Sharp do Brasil S/A Indústria de Equipamentos Eletrônicos. Outrossim, é em Manaus, por exemplo, onde se encontra o parque industrial das sociedades empresárias em exame, razão de existência dessas. Por conseguinte, Manaus abarca também a maioria dos trabalhadores das referidas sociedades".

A julgadora, então, examinou o argumento suscitado pelo Juízo de Direito da 39ª Vara Cível do Foro Central de São Paulo – SP, que afirmara ser competente para o julgamento das ações ora em discussão em decorrência de a propositura da anterior ação com pedido de concordata preventiva ter acarretado a sua prevenção para o julgamento do posterior pedido de falência. A Ministra Nancy Andrighi respondeu que "a competência do juízo falimentar é absoluta, motivo pelo qual não há de se falar nessa prevenção de juízo incompetente. Conforme já observado pelo Exmo. Ministro Costa Leite no julgamento do Conflito de Competência 21.775/DF, em hipótese semelhante, *só se poderia falar em prevenção no mesmo território*". A Ministra concluiu impor-se "anular os atos decisórios praticados pelo Juízo de Direito da 39ª Vara Cível do Foro Central de São Paulo – SP, absolutamente incompetente. Constatado que a falência foi declarada pelo Juízo de Direito da 4ª Vara Cível de Manaus – AM enquanto processada a concordata em outro juízo, e ainda que o título quirografário que embasou o pedido de falência era anterior ao deferimento da concordata, por economia e celeridade processuais, impõe-se reconhecer desde logo também a nulidade da sentença que declarou a falência".

Esse posicionamento vitorioso, todavia, não obteve a adesão do Ministro Antônio de Pádua Ribeiro, que ficou vencido no julgamento. Em seu voto, destacou o julgador que, "conforme se verifica dos autos, a *Sharp S/A Equipamentos Eletrônicos* e a *Sharp do Brasil S/A Indústria de Equipamentos Eletrônicos* impetraram pedido de concordata preventiva em 24 de março de 2000, cujo processamento foi deferido em 28 de agosto de 2000. Segundo afirma o suscitante, a referida decisão foi aceita pelos credores em geral, que não opuseram resistência. [...] No caso dos autos, o deferimento do pedido de concordata preventiva não sofreu qualquer impugnação. Portanto, transitou em julgado. Entendeu a eminente Relatora deste conflito que os atos praticados pelo Juízo de Direito da 39ª Vara Cível do Foro Central de São Paulo não eram de sua competência, daí não poder se falar em prevenção para o posterior pedido de falência. Ocorre que o pedido de concordata foi deferido pelo Juízo de São Paulo e transitou em julgado ante a ausência de qualquer recurso a decisão que o acolheu. Assim, o deferimento do processamento da concordata produziu e continua produzindo todos os efeitos legais até ser desconstituído. É de se salientar que, ainda que se reconheça proferida a decisão por juiz incompetente, o que não me parece, *in casu*, como adiante se verá, os atos por ele praticados devem ser considerados válidos até serem desconstituídos pela via própria".

A essa altura do julgado, o Ministro Antônio de Pádua Ribeiro teceu algumas considerações sobre a matéria de fato do conflito, ou seja, qual seria o *principal estabelecimento* das empresas em questão. Trata-se de matéria pertinente ao próximo tópico, razão pela qual importa conhecer suas ponderações: "No caso dos autos, a questão reside fundamentalmente em saber-se onde está o *corpo vivo*, o centro vital das principais atividades comerciais do devedor, se em Manaus, onde está localizado o parque industrial das empresas em exame, ou em São Paulo, local onde está o comando e a administração delas. [...] Tenho para mim que o centro vital das principais atividades comerciais da Sharp, *a sede ou núcleo dos negócios em sua palpitante vivência material*, é em São Paulo, local de decisões da empresa, o centro comercial dos negócios, onde é feita a captação de recursos financeiros e o fechamento dos contratos. É lá onde estão fixados os membros da Diretoria da empresa, especialmente da empresa *holding*, e onde se concentra o maior volume de negócios." Independentemente desse aspecto fático específico, o Ministro retornou à questão da prevenção: "com o pedido de concordata deferido em agosto de 2000, e já em andamento, com incidentes decididos, foi comunicado àquele Juízo que a falência da Sharp do Brasil tinha sido decretada em 14 de fevereiro de 2002, portanto um ano e meio depois. [...] Nesse contexto, após examinar os autos e meditar sobre as questões suscitadas, convenci-me de que se deve declarar competente o Juízo de Direito da Comarca de São Paulo, que já deferiu o pedido de concordata preventiva e poderá melhor apreciar o pedido de falência".

O Ministro Sálvio de Figueiredo Teixeira aderiu à posição da relatora, destacando, de início, que "os critérios de fixação da competência, em nosso sistema, além da competência em razão das pessoas, segundo a doutrina, são três. O primeiro, objetivo, em razão da natureza da causa e do valor; o segundo, o funcional ou hierárquico; e o terceiro, o territorial. Chama a atenção nos pareceres e memoriais que nos foram encaminhados as longas considerações em torno das competências absoluta e relativa. Sabemos que a competência absoluta reside – além da competência em razão da pessoa, que está na Constituição – nos critérios em razão da natureza da causa, na competência funcional e por exceção, em algumas hipóteses, também na competência territorial [...]. A matéria é importante no caso, porque influi na questão de saber se há ou não preclusão em face da decisão que houve em São Paulo na cautelar. O Ministro Antônio de Pádua Ribeiro acentuou, com muita ênfase, que aquela decisão não poderia ser alterada posteriormente, porque se tratava de competência a respeito da qual já havia preclusão. Se estivermos diante de competência relativa, realmente assim o é; mas se estivermos em face de competência absoluta, não, pois, quando se trata de competência absoluta, há regras na legislação que dizem que o juiz tem obrigação – não só o poder – de reconhecer essa incompetência, de ofício, e encaminhar os autos a quem for competente.

Eventual falha nesse tema é dotada de tamanha gravidade que o legislador, nas hipóteses de ação rescisória, colocou também essa regra no artigo 485 do Código de Processo Civil [artigo 966 do novo Código de Processo Civil, editado em 2015]. Nem a coisa julgada ficou fora. Em um prazo de dois anos, pode-se alegar que a decisão foi proferida em juízo absolutamente incompetente. O argumento, como se vê, reforça a importância da competência absoluta". Nesse contexto, o Ministro Sálvio de Figueiredo Teixeira reconheceu que "o tema da competência é realmente complexo. Quando se trata de competência territorial, por exemplo, que é relativa, o artigo 95 [artigo 47 do novo Código de Processo Civil, editado em 2015] excepcionou. E há outras hipóteses de exceção, como ocorre na distinção entre foro e juízo. Em uma comarca como Belo Horizonte, temos a competência de foro, ou seja, a sua circunscrição territorial, e temos também varas com competência absoluta, a exemplo das varas de falência, fazenda pública, família etc. Em se tratando de falência, o legislador, por opção, diz que essa competência é absoluta".

Aderindo a tal posição, o Ministro Ari Pargendler também afirmou que o foro do juízo universal "constitui espécie de competência absoluta, em que qualquer desvio pode ser declarado de ofício e alegado em qualquer tempo e grau de jurisdição", o que resultaria de norma ora disposta no artigo 64, § 1º, do novo Código de Processo Civil. "Logo, seja o que for que se tenha decidido a respeito, deve ser corrigido enquanto não ultimado o processo, circunstância que afasta a preclusão."

Essas posições, embora autorizadas pelo *status* da Corte, são estranhas, já que não há qualquer norma jurídica que afirme que a competência para o julgamento dos pedidos de falência, de recuperação judicial de empresa ou de homologação de recuperação extrajudicial seja absoluta. Nem o artigo 7º do Decreto-lei 7.661/45, nem o artigo 3º da Lei 11.101/05 falam em competência absoluta; falam na competência do *juízo do local*, ou seja, competência *ex ratione loci*, que é hipótese de competência relativa. Em relação à falência, somente é absoluta a competência da Justiça Comum Estadual (*juízo*), bem como, dentro de um mesmo *foro*, a competência da vara ou varas eventualmente especializadas, segundo a respectiva Lei de Organização Judiciária. Pior é pretender afirmar uma competência absoluta tendo por referência um elemento tão instável como a definição de qual seja o principal estabelecimento do devedor, o que, aliás, ficou bem claro no precedente transcrito. A bem da verdade, a afirmação desta competência absoluta justifica-se apenas como solução para um problema processual específico: a possibilidade de conluio e fraude processual: desejando fugir de determinado juízo ou preferindo determinado juízo, o empresário ou sociedade empresária providenciaria quem apresentasse o pedido de falência em determinado foro; não havendo oferecimento de exceção, haveria prorrogação daquela competência. Com a decretação da falência, os demais credores viriam ao feito quando já decidida a questão da competência, sendo assim lesados. Eis por que se interpreta a expressão *juízo do local* como tradutora de uma competência absoluta, permitindo-se, assim, que os credores, chegando ao processado, possam ainda impugnar o juízo, utilizando-se, inclusive, da possibilidade de recolocar a matéria para decisão do magistrado – se dela não conheceu de ofício – e, mesmo após a sentença decretando a falência, fazê-la ser revista por instância superior. A afirmação de competência absoluta, portanto, atende à hermenêutica estritamente teleológica, mesmo considerando os esforços que se podem fazer para, criando uma distinção entre *foro do local* e *juízo do local*, afirmar que esta última traduziria competência absoluta. De qualquer sorte, essa percepção recomenda particular cuidado do julgador para as hipóteses de dúvidas fundadas sobre qual seja o principal estabelecimento, como no Conflito de Competência 37.736/SP; igualmente, como visto naquele precedente, para as hipóteses em que, em função de recuperação de empresa já deferida ou homologada, tem-se posterior pedido de falência.

3.1 Principal estabelecimento

A pluralidade de domicílios não serve ao juízo universal: todas as ações contra o devedor devem se enfeixar na falência ou na recuperação da empresa. Atendem-se, assim, interesses diversos, a começar pelo empresário ou sociedade empresária, passando por seus trabalhadores, pelo Estado (União, Estados e/ou Distrito Federal e Municípios) e por uma gama variada de credores. A definição de um juízo certo, afastando a pluralidade domicilial, busca encontrar um lugar que melhor sirva a todos os direitos e interesses em jogo. Impressiona o artigo 3º da Lei de Falência e Recuperação de Empresa por determinar a competência do juízo do local do principal estabelecimento do empresário ou sociedade empresária, repetindo a solução adotada anteriormente pelo Decreto-lei 7.661/45. É norma que chama atenção, já que despreza o conceito de sede (artigos 46, I, 968, IV, e 997, II, do Código Civil). Portanto, mesmo um *estabelecimento secundário*, na dicção do artigo 969 do Código Civil, poderá ser a referência para determinar a competência para a jurisdição concursal.

A opção pelo *principal estabelecimento* tem por objetivo evitar manobras ou, mesmo, a distorções diversas, afastando o juízo concursal do local do comum das operações empresariais. Em fato, por razões fiscais, administrativas ou mesmo de outra natureza, à sede pode não corresponder o núcleo efetivo do maior volume de operações negociais e, assim, o local referencial da maioria das relações jurídicas empresariais. Não se trata, porém, do *maior estabelecimento*, nem do *mais notório*, nem do *núcleo pensante da empresa*. Não há uma relação direta entre *principal estabelecimento* e qualquer tipo de atividade entre as diversas da empresa: administração, produção, venda, prestação de serviço etc.; numa empresa, o principal estabelecimento pode dedicar-se à administração, noutra, pode dedicar-se à venda, noutra, à produção. Não há uma fórmula para determiná-lo. Em cada caso, cabe ao Judiciário identificar qual é o estabelecimento que tem predominância sobre a estrutura empresarial. É esse o *estabelecimento principal*. Obviamente, pode ser mesmo a sede, o que é muito comum.

É preciso debruçar-se sobre a estrutura da empresa (*perspectiva estática*) e, simultaneamente, sobre a atividade empresarial efetivamente verificada (*perspectiva dinâmica*) para identificar qual estabelecimento tem a predominância no âmbito das atividades da empresa, definindo o juízo daquela localidade como o competente para a recuperação ou a falência da empresa. Nessa investigação, é preciso não perder de vista a finalidade da regra, ou seja, é preciso considerar que o juízo universal atrai para si todos os que mantêm relações positivas ou negativas com o empresário ou sociedade empresária (credores e devedores). Não se pode deixar de investigar em qual localidade o maior volume dessas relações foi estabelecido ou foi domiciliado (foro de eleição), por livre e consciente convenção das partes. Obviamente, o conceito de maior volume oferece novo desafio: não se identifica, *a priori*, com maior *número*, nem com maior *valor*. Sua identificação se faz *a posteriori*, ou seja, a partir dos elementos do caso em concreto. Nessa toada, as dúvidas são frequentes, podendo resultar até da contraposição dos critérios. É um exemplo o Conflito de Competência 37.736/SP, versando sobre a competência para o juízo concursal da *Sharp S/A Equipamentos Eletrônicos* e da *Sharp do Brasil S/A Indústria de Equipamentos Eletrônicos*, transcrito acima.

Note-se, alfim, que o legislador presume que empresas têm um estabelecimento principal, predominando sobre os demais. Se há dúvida, deve-se preferir a sede. Em se tratando de grupo de empresas ou empresas coligadas, havendo mais de um estabelecimento que, na estrutura e na atividade empresarial, rivalizem-se na predominância sobre a empresa, deve-se concluir que todos correspondem à previsão legal de estabelecimento principal. Essa predominância esparsa de diversos estabelecimentos, situados em localidades diversas, implica ser a definição da competência resolvida pela regra processual da prevenção: entre os juízos dos estabelecimentos que se rivalizem na predominância na empresa, será competente aquele que primeiro conhecer do pedido para instauração do juízo universal: pedido de falência, pedido de recuperação judicial da empresa ou pedido de homologação de recuperação extrajudicial da empresa.

4 PARTICIPAÇÃO DO MINISTÉRIO PÚBLICO

O veto do Presidente da República ao artigo 4º do projeto de lei que resultou na Lei 11.101/05 afastou a previsão de que o representante do Ministério Público interviria em todos os atos dos processos de recuperação judicial e de falência, regra que reproduzia o Decreto-lei 7.661/45. A Presidência entendeu que isso sobrecarregaria a instituição e reduziria sua importância institucional, sendo, assim, contrário ao interesse público. Assim, diz a Mensagem de Veto: "o Ministério Público é comunicado a respeito dos principais atos processuais e nestes terá a possibilidade de intervir. Por isso, é estreme de dúvidas que o representante da instituição poderá requerer, quando de sua intimação inicial, a intimação dos demais atos do processo, de modo que possa intervir sempre que entender necessário e cabível. A mesma providência poderá ser adotada pelo *parquet* nos processos em que a massa falida seja parte". Ademais, foi dito que o Ministério Público ainda tem a possibilidade genérica de intervir em qualquer processo, no qual entenda haver interesse público, e, neste processo específico, requerer o que entender de direito.

Fica claro, portanto, que o veto presidencial não afasta o Ministério Público do juízo concursal, cuide-se de falência ou de recuperação de empresa. Evita, apenas, o seu atrelamento absoluto a todo o procedimento, ou seja, a cada mínima fase e a cada desdobramento, incluindo as ações propostas pela massa falida ou contra esta. Assim, a participação do Ministério Público será obrigatória:

- artigo 8º: impugnação contra a relação de credores;
- artigo 19: pedido de exclusão, outra classificação ou a retificação de qualquer crédito;
- artigo 22, § 4º: intimação sobre o relatório a respeito das causas e circunstâncias que conduziram à situação de a falência apontar responsabilidade penal de qualquer dos envolvidos;
- artigo 30, § 2º: permite ao representante do Ministério Público requerer ao juiz a substituição do administrador judicial ou dos membros do Comitê nomeados em desobediência aos preceitos da Lei de Falências;
- artigo 52, V: decisão deferindo o processamento da recuperação judicial, pela qual o juiz ordenará a intimação do Ministério Público e a comunicação por carta às Fazendas Públicas Federal e de todos os Estados e Municípios em que o devedor tiver estabelecimento;
- artigo 59, § 2º: faculta-lhe interpor agravo contra a decisão que conceder a recuperação judicial; este agravo mantém-se por força do artigo 1.015, XIII, do vigente Código de Processo Civil;
- artigo 99, XIII: determina que a sentença que decretar a falência do devedor mande intimar o representante do Ministério Público;
- artigo 104, VI: prevê que a decretação da falência impõe ao falido o dever de prestar as informações reclamadas pelo juiz, administrador judicial, credor ou Ministério Público sobre circunstâncias e fatos que interessem à falência;
- artigo 132: faculta-lhe propor ação revocatória contra atos praticados com a intenção de prejudicar credores, provando-se o conluio fraudulento entre o devedor e o terceiro que com ele contratar e o efetivo prejuízo sofrido pela massa falida;

- artigo 142, § 3º: em qualquer modalidade de alienação de bens do ativo da massa falida, o Ministério Público será intimado pessoalmente, sob pena de nulidade;
- artigo 143: faculta-lhe impugnar a alienação de bens do ativo da massa falida;
- artigo 154: prevê sua intimação para tomar conhecimento das contas apresentadas pelo administrador judicial, quando concluída a realização de todo o ativo e distribuído o produto entre os credores, devendo sobre ela emitir parecer, favorável ou não; e
- artigo 187: promoção de ações penais contra crimes previstos na Lei de Falências.

O Ministério Público, no juízo concursal, não atua como parte, mas como interveniente, fiscalizando o cumprimento da lei, bem como o interesse público. O mesmo se diga das ações propostas pela massa ou contra essa; a massa, em tais ações, é representada pelo administrador judicial, *ex vi* do artigo 22, III, *n*, da própria Lei de Falência e Recuperação de Empresas. Mas atenção: dependendo do ambiente judicial da ação, a regra aplica-se alcançando o Ministério Público Federal (composto por Procuradores da República) e Ministério Público do Trabalho (composto por Procuradores do Trabalho).

3

Disposições Comuns à Recuperação Judicial e à Falência

1 OBRIGAÇÕES EXIGÍVEIS NA RECUPERAÇÃO JUDICIAL OU NA FALÊNCIA

Diante da recuperação judicial ou da falência, as obrigações civis do empresário ou sociedade empresária são atraídas para o juízo universal. Abandona-se o individualismo das relações diáticas, ou seja, relações jurídicas duais ou bilaterais (credor/devedor), para que seja estabelecido um foro comum, submetendo os interesses e direitos individuais aos interesses coletivos. Não mais se pode falar em cumprimento voluntário das obrigações do empresário ou sociedade empresária, nem na faculdade de executá-las individualmente. No juízo universal da falência ou da recuperação judicial, as relações jurídicas da empresa não são mais consideradas como unidades esparsas, mas como parte de um patrimônio, isto é, de uma coletividade de direitos e deveres. O desafio é dar solução a esse complexo de relações jurídicas dotadas de valor econômico. Portanto, a submissão obrigatória do patrimônio do insolvente ao concurso de credores não se limita ao empresário ou sociedade empresária, mas alcança todos aqueles que com ele mantêm relações jurídicas, sejam seus credores ou devedores. A eficácia da intervenção estatal depende dessa submissão, permitindo não só harmonizar os direitos e interesses dos terceiros em relação ao empresário ou sociedade empresária, mas igualmente os direitos e interesses dos terceiros entre si.

Com a formação do juízo universal, o Judiciário ordenará as relações jurídicas, o que envolve não apenas a classificação dos créditos segundo a preferência legal para o seu pagamento, mas igualmente a exclusão de obrigações jurídicas cujo pagamento a lei considera incompatível com a crise econômico-financeira da empresa. É o que se estudará, agora.

Destaque-se, alfim, que Superior Tribunal de Justiça, julgando o Recurso Especial 1.333.349/SP, sob a sistemática dos recursos repetitivos, assentou que: "A recuperação judicial do devedor principal não impede o prosseguimento das execuções nem induz suspensão ou extinção de ações ajuizadas contra terceiros devedores solidários ou coobrigados em geral, por garantia cambial, real ou fidejussória, pois não se lhes aplicam a suspensão prevista nos arts. 6º, *caput*, e 52, inciso III, ou a novação a que se refere o art. 59, *caput*, por força do que dispõe o art. 49, § 1º, todos da Lei nº 11.101/2005." Esse entendimento foi confirmado pela Súmula 581/STJ.

1.1 Obrigações a título gratuito

Na recuperação judicial ou na falência, não são exigíveis do devedor as obrigações a título gratuito, por força do artigo 5º, I, da Lei 11.101/05. Nas obrigações a título gratuito não se verifica uma reciprocidade nos ônus negociais, ou seja, ao crédito não correspondeu uma contraprestação. Há unilateralidade no dever de prestar; uma das partes apenas se beneficia do ajuste, não havendo uma obrigação a ser realizada por si, por decorrência direta (*nexo de causalidade*: uma obrigação tem por causa a outra) e de forma recíproca (*nexo de reciprocidade*). É o que se tem na doação e na cessão gratuita. A distribuição de ônus e bônus em face da situação de insolvência real ou potencial da empresa exige o afastamento dessas obrigações, certo que tais credores não experimentaram ônus que fossem recíprocos às faculdades que titularizam.

A disposição não se limita à doação ou cessão gratuita. A expressão *obrigações a título gratuito* tem tradução mais ampla. O rol de obrigações a título gratuito é muito vasto: promessa de recompensa, comodato, mútuo sem juros; somem-se todos os contratos que tenham sido ajustados sob forma gratuita (*não onerosa*): depósito não remunerado, o mandato não remunerado, prestação de serviços gratuita. O estudo da abrangência da previsão, ademais, implica realçar a existência de alterações entre o que agora se lê no artigo 5º, I, da Lei 11.101/05 e o que se lia no artigo 23, parágrafo único, I, do Decreto-lei 7.661/45. A norma anterior estabelecia que as obrigações a título gratuito não podiam ser reclamadas na *falência*, não estendendo tal previsão à figura da *concordata*, figura agora substituída pela recuperação de empresa. A norma atual nitidamente ampliou o raio de incidência da previsão, referindo-se não só à *falência*, mas igualmente à *recuperação judicial da empresa*, embora não tenha incluído a *recuperação extrajudicial*; portanto, a homologação da recuperação extrajudicial da empresa não desobriga o devedor das prestações devidas a título gratuito. Afasta-se, por óbvio, a hipótese de seu credor ter aderido ao acordo e concordado com a extinção daquela obrigação, caso em que seu ato se interpretará como renúncia ao direito, ato válido, quando possível, ou seja, quando se trate de direito disponível, e quando seu autor o enuncie de forma livre e consciente.

De outra face, o artigo 23, parágrafo único, do Decreto-lei 7.661/45 afirmava que as obrigações a título gratuito *não podiam ser reclamadas na falência*, ao passo que o artigo 5º, *caput*, da Lei 11.101/05 prevê *não serem exigíveis* na falência e na recuperação judicial. Como a falência normalmente termina com a extinção da atividade negocial, essa inexigibilidade se prolonga no tempo. O desafio é interpretá-la na recuperação judicial, na qual a empresa é preservada, lembrando-se que o legislador falou em *inexigibilidade*, mas não em *extinção*. Compreender essa *inexigibilidade* como temporária, até a conclusão do plano de recuperação judicial da empresa, implica atentar contra a ideia de recuperação: concluída a execução do plano de recuperação, o empresário ou sociedade empresária veria seu passivo, recém-sanado, acrescer-se das obrigações gratuitas que podem ser mesmo vultosas, como ocorre com os *programas de milhagem* das companhias aéreas que, por serem incentivos, por serem brindes, encaixam-se na definição de obrigação a título gratuito: são bônus sem ônus, não havendo nexos de causalidade e reciprocidade com uma contraprestação, compreendendo-se como obrigações a título gratuito.

Diante desse quadro, parece-me que a frase *não são exigíveis do devedor*, inscrita no *caput* do artigo 5º da Lei 11.101/05, interpreta-se não como *suspensão da exigibilidade*, mas como *extinção da exigibilidade* em relação ao empresário ou sociedade empresária. Apenas em relação a ele; se há coobrigados ou garantes, deles se poderá exigir, o que explica o fato de o legislador não ter previsto extinção. Se não há coobrigados ou garantes, a *inexigibilidade* resultará em extinção da obrigação.

Dessa regra devem ser excluídas as obrigações gratuitas que não tenham repercussão sobre o patrimônio ativo do devedor, dizendo respeito exclusivamente à pessoa do empresário ou sociedade empresária. É o que se passa com o contrato por meio do qual o empresário assumiu a condição de depositário de determinado bem (em sentido estrito e não como condição e obrigação acessórias a contrato de alienação fiduciária, por exemplo), razão pela qual não se desonera dos deveres correspondentes, podendo, inclusive, ser condenado à prisão civil pela infidelidade. Outro exemplo é a permissão gratuita para o uso de seu nome e/ou imagem em campanhas publicitárias ou afins, desde que não haja fraude no negócio. Obviamente, em se tratando da falência da sociedade empresária, a extinção da pessoa jurídica, ao término da liquidação, implicará a extinção concomitante de todas as relações jurídicas até então conservadas, alcançando mesmo essas, sem onerosidade econômica para a massa.

Em oposição, na recuperação da empresa não se extinguem as obrigações a título gratuito do empresário ou sociedade empresária que não tenham onerosidade econômica, não afetando o direito dos demais credores. Assim, se o empresário ou sociedade empresária obrigou-se a ceder gratuitamente o uso de seu nome, o nome do estabelecimento ou marca de produto/serviço a terceiro, a exemplo de uma associação beneficiente, para fins de campanha publicitária, não poderá pretender-se desonerado de respeitar tal obrigação com a constituição do juízo concursal, simplesmente por ser gratuita. Obviamente, o Judiciário pode, em cada caso, avaliar a existência, ou não, de repercussão/onerosidade econômica para, assim, decidir sobre a manutenção, ou não, da exigibilidade, evitando fraudes à Lei 11.101/05.

O ponto mais polêmico sobre a previsão de inexigibilidade das obrigações a título gratuito são garantias prestadas em favor de terceiros, como fiança, aval, penhor e hipoteca. O oferecimento de garantia pessoal (fiança ou aval) ou real (penhor ou hipoteca) a favor de terceiro constitui, sobre o patrimônio do empresário ou sociedade empresária, uma obrigação a título gratuito, o que implica reconhecer sua inexigibilidade na recuperação judicial e na falência. Essa inexigibilidade prejudica os direitos do credor, originário ou sucessor, sendo indiferente tratar-se de cessão de crédito ou endosso.

Um último ponto merece pesquisa: os contratos não onerosos em que se tenham estipulado encargos. Em fato, o encargo não se interpreta como contraprestação, justamente por não se verificarem os nexos de causalidade e reciprocidade; a obrigação principal e o encargo, em fato, não são vantagens recíprocas, não ocupam o mesmo nível na relação contratual. O encargo é apenas um ônus acessório, que não mantém proporcionalidade com o benefício concedido à pessoa. Assim, parece-me, a *obrigação a título gratuito* que foi constituída com vinculação a encargo não foge à previsão de inexigibilidade anotada no artigo 5º, I, da Lei 11.101/05.

Isso, obviamente, não permite simplesmente desconsiderar a existência do encargo e seus efeitos sobre o patrimônio do empresário ou sociedade empresária. Isso fica claro nas situações em que seja ele, o devedor, beneficiário da obrigação gratuita (vale dizer, seu credor), quando o credor do encargo terá, sim, a faculdade de discutir judicialmente a manutenção ou revogação do benefício em face do eventual descumprimento do encargo ou, tendo esse natureza creditícia, vier o respectivo crédito a ser habilitado no juízo concursal. *Mutatis mutandis*, se a obrigação a título gratuito foi considerada inexigível, aplicado o artigo 5º, I, da Lei 11.101/05, criar-se-ia uma lesão no patrimônio daquele que, perdendo a faculdade de exigir o cumprimento da obrigação, já houvesse se desonerado – já houvesse adimplido – do encargo que lhe foi imposto, mormente quando esse tivesse caráter econômico, a caracterizar o enriquecimento sem causa do empresário ou sociedade empresária. Justamente por isso, poderá o credor desposado do direito que foi considerado inexigível, por caracterizar obrigação a título gratuito, mover ação para exigir a restituição do indevidamente auferido, aplicados os artigos 884 a 886 do Código Civil.

1.2 Despesas

As despesas judiciais e extrajudiciais que os credores fizerem para tomar parte na recuperação judicial ou na falência, salvo as custas judiciais decorrentes de litígio com o devedor, também não são exigíveis do empresário ou sociedade empresária. No plano judicial, as despesas abrangem não só as custas dos atos do processo, como também a indenização de viagem, diária de testemunha e remuneração do assistente técnico. Sobre as despesas extrajudiciais, destacam-se não só as despesas com protesto do título, mas também todas as demais que tenham sido necessárias *para tomar parte na recuperação judicial ou na falência*.

A Lei 11.101/05, no entanto, excepciona *as custas judiciais decorrentes de litígio com o devedor*. Refere-se às ações em que se demanda quantia ilíquida, visando à declaração ou constituição do crédito a ser habilitado, incluindo a hipótese de condenação, devidamente tratadas pelo artigo 6º, § 1º, da Lei de Falência e Recuperação de Empresas. Por exemplo, as custas judiciais de ação de indenização, na qual se logrou a condenação do empresário ou sociedade empresária à reparação de danos. *Mutatis mutandis*, incluem-se também as custas judiciais devidas pelas ações movidas pelo empresário ou sociedade empresária, julgadas improcedentes, a exemplo dos preparos recursais.

No que diz respeito aos honorários advocatícios, tem-se, em primeiro lugar, a Lei 8.906/94, cujo artigo 22 prevê que *a prestação de serviço profissional assegura aos inscritos na OAB o direito aos honorários convencionados, aos fixados por arbitramento judicial e aos de sucumbência*. O artigo 5º, II, da Lei de Falência e Recuperação de Empresas, portanto, cria uma exceção a esta regra: o advogado que representa o interesse de credores, dos sócios ou de terceiros interessados no processo de falência ou de recuperação judicial da empresa não faz jus a honorários sucumbenciais, embora conserve seu direito aos honorários convencionados com seu cliente. Em se tratando de ações em que se demanda quantia ilíquida, visando à declaração ou constituição do crédito a ser habilitado, parece-me que a expressão *as custas judiciais decorrentes de litígio com o devedor*, disposta no referido artigo 5º, II, da Lei 11.101/05, abrange os honorários advocatícios sucumbenciais, restabelecendo a ampla vigência do artigo 22 da Lei 8.906/94 e dos dispositivos que lhe são correlatos: o artigo 23, segundo o qual os honorários incluídos na condenação, por arbitramento ou sucumbência, pertencem ao advogado, tendo este direito autônomo para executar a sentença nesta parte, além do artigo 24, a prever que a decisão judicial que fixar ou arbitrar honorários e o contrato escrito que os estipular são títulos executivos e constituem crédito privilegiado na falência, concordata, concurso de credores, insolvência civil e liquidação extrajudicial.

No âmbito do Código Civil, tem-se previsão da incidência de honorários nos artigos 389, 395 404, 418 e 450. Trata-se de inovação, criando uma *sucumbência extrajudicial* ou *sucumbência moratória*: a inadimplência da pessoa no cumprimento de obrigação implica o pagamento de verbas acessórias, a exemplo dos juros moratórios, entre as quais se incluem honorários advocatícios extrajudiciais, obviamente sempre que, para a satisfação do crédito, tenha sido necessária a atuação do profissional. Todavia, compreendendo-se a atuação do profissional do Direito nessa fase pré-processual da trajetória creditícia, de sua criação ao adimplemento, fica claro que tais honorários incluem-se no conceito de *despesas que os credores fizerem para tomar parte na recuperação judicial ou na falência*; são despesas extrajudiciais, mas são despesas de formação do crédito que se apresenta ao *concursus creditorum*, justificando a submissão à regra excepcionadora do artigo

5º, II, da Lei 11.101/05, não sendo exigíveis na falência ou recuperação judicial da empresa, embora possam ser exigidos de eventuais coobrigados.

1.2.1 Justiça gratuita

Sabe-se ser "firme a jurisprudência do Superior Tribunal de Justiça no sentido de que mesmo em favor das pessoas jurídicas é possível a concessão do benefício da justiça gratuita, nos termos da Lei 1.060/50" (Recurso Especial 603.137/MG). Essa concessão, contudo, faz-se apenas em situações excepcionais, como reconheceu a mesma Quinta Turma daquela Alta Corte quando julgou o Recurso Especial 550.003/RS: "O benefício da justiça gratuita à pessoa jurídica somente é concedido em circunstâncias especialíssimas e quando devidamente demonstrada a situação de miserabilidade jurídica." Na mesma direção apontou a Corte Especial do mesmo Tribunal, julgando os Embargos de Divergência no Recurso Especial 653.287/RS: "Se provar que não tem condições de arcar com as despesas do processo, a pessoa jurídica, independentemente de seu objeto social, pode obter o benefício da justiça gratuita. Embargos de divergência conhecidos e providos." Seguem-se incontáveis outros precedentes de mesmo teor.

Nesta senda, parece-me que as situações de crise econômico-financeira que justificam a decretação da falência ou o deferimento do processamento da recuperação judicial amoldam-se confortavelmente à excepcionalidade que justifica a concessão dos benefícios da gratuidade. Nunca é demais destacar tratarem-se de situação de insolvência (real ou potencial), ou seja, de patrimônio líquido presumivelmente negativo, insuficiente para saldar as obrigações, o que levará muitos credores a não serem satisfeitos. Comumente, procura-se aferir a existência ou não de miserabilidade no patrimônio bruto de uma pessoa: o que ela tem. Assim, quem tem R$ 100.000.000,00 estaria em melhores condições do que aquele que tem R$ 10.000,00. É um engano. Se quem tem R$ 100.000.000,00 deve R$ 180.000.000,00, sua situação econômica é muito pior do que aquele que, tendo R$ 10.000,00, nada deve. A miserabilidade, ou a necessidade econômica, é inerente à insolvência.

Nesses precisos termos, parece-me que o deferimento do benefício da gratuidade judiciária é uma necessidade a partir do momento em que deferida a recuperação judicial da empresa ou da decretação da falência do empresário ou da sociedade empresária. Lamenta-se que a Lei 11.101/05 não tenha trazido expressamente uma tal previsão; mas a aplicação da Lei 1.060/50 e do artigo 5º, LXXIV, da Constituição da República aponta para a necessidade de se deferir a gratuidade judiciária à massa falida e, na recuperação de empresa, ao empresário ou à sociedade empresária, quando não for hipótese de, pelo baixo valor de seus ativos, garantir-lhe assistência judiciária, o que implicará mesmo dar-lhe defensor (público ou dativo). Isso para todos os processos em que litigue, incluindo demandas ilíquidas ainda não resolvidas até o deferimento do processamento da recuperação judicial ou a decretação da falência, impugnações de crédito etc. É no mínimo paradoxal considerar o insolvente capaz de suportar os ônus do processo; seria preciso não ser insolvente, por certo, para poder suportá-los.

1.3 Pensões alimentícias

O artigo 5º da Lei 11.101/05 mostra uma evolução em relação ao artigo 23, parágrafo único, do Decreto-lei 7.661/45: a norma revogada disciplinava que as *prestações alimentícias* não podiam ser reclamadas na falência, disposição que não encontra similar no novo diploma. Na nova lei, portanto, as pensões alimentícias, vencidas e vincendas, são exigíveis. A regra alcança o expressivo número de empresários (firmas individuais) existentes no país, pessoas que podem estar obrigadas a alimentar parentes e ex-cônjuges, protegendo incapazes e idosos, pessoas que são comumente beneficiárias de pensionamentos alimentícios.

Somente as prestações alimentícias devidas pelo empresário são exigíveis na falência; não as prestações devidas pelo sócio da sociedade empresária falida ou em recuperação judicial, certo que as obrigações da sociedade são distintas das obrigações de seus sócios. Mesmo na sociedade unipessoal – nas hipóteses reduzidas em que o Direito Brasileiro a contempla –, o único sócio é uma pessoa, a sociedade é outra, por decorrência lógica. Justamente por isso, o crédito alimentar contra o sócio, ainda que majoritário (e, mesmo, amplamente majoritário), não pode ser habilitado na falência da sociedade empresária, não sendo ali exigível.

Na hipótese contemplada pelo artigo 81 da Lei 11.101/05, segundo o qual a decisão que decreta a falência da sociedade com sócios ilimitadamente responsáveis também acarreta a falência destes, que ficam sujeitos aos mesmos efeitos jurídicos produzidos em relação à sociedade falida, os credores de prestações alimentares concorrerão, no patrimônio do alimentante, pelas verbas que lhes são devidas; não concorrerão, todavia, no patrimônio da sociedade, mantida aqui a distinção entre as pessoas.

2 SUSPENSÃO DA PRESCRIÇÃO

Segundo o artigo 189 do Código Civil, violado o direito, nasce para o titular a pretensão, a qual se extingue, pela prescrição, nos prazos a que aludem os artigos 205 e 206 daquela lei. Com a prescrição, o titular de um direito perde a faculdade de lhe dar eficácia, recorrendo ao Judiciário para pedi-lo, o que, em muitas oportunidades, implica a própria perda do direito. No entanto, por força do artigo 6º da Lei 11.101/05, a decretação da falência ou o deferimento do processamento da recuperação judicial suspende o curso da prescrição em face do devedor. A norma se harmoniza com a previsão de que, igualmente, suspendem-se o curso das ações contra o devedor e, mesmo, a possibilidade de aforamento de novas ações, como se estudará a seguir. Evita-se, assim, que os credores sejam prejudicados com o decurso do tempo, vendo perecer o seu crédito sem poder exercer o direito público subjetivo de agir judicialmente para o seu exercício.

Observe-se que o legislador nada falou sobre a decadência, criando uma dificuldade em face do artigo 207 do Código Civil, segundo o qual, salvo disposição legal em contrário, não se aplicam à decadência as normas que impedem, suspendem ou interrompem a prescrição. O silêncio da Lei 11.101/05 conduz à preservação do curso da decadência e, por decorrência necessária, deve-se compreender como possível o ajuizamento de ações em face do devedor quando se trate de direito sujeito à decadência.

Em face do artigo 6º da Lei 11.101/05, o *curso da prescrição* somente é suspenso *em face do devedor*, a prescrição de direitos de terceiros sobre o empresário ou sociedade empresária. Portanto, não está suspenso o curso da prescrição dos direitos do empresário ou sociedade empresária em face de terceiros (seus devedores), lembrando-se de que, na falência, tais créditos têm por finalidade específica satisfazer aos credores em concurso. Aliás, parece-me que a suspensão do curso da prescrição dos direitos do falido em face de terceiros seria medida salutar, preservando-se o interesse da coletividade de credores e, mesmo, os interesses públicos, mormente considerando a possibilidade de preservação da empresa pela sua alienação (1) com a venda de seus estabelecimentos em bloco; ou (2) com a venda de suas filiais ou unidades produtivas isoladamente, como permitido pelo artigo 140, I e II, da Lei 11.101/05. O legislador, contudo, não adotou tal posição.

A suspensão da prescrição não se confunde com interrupção de prescrição. O curso é apenas sobrestado temporariamente, voltando a ter curso quando finda a causa suspensiva, retomando-se a contagem do ponto em que parou. Assim, se faltavam dois dias para o término do prazo prescricional, voltando a correr o prazo, a prescrição se verificará em dois dias. Se já havia transcorrido metade do prazo prescricional, finda a causa suspensiva, retoma-se a contagem da outra metade. No âmbito da falência, o prazo prescricional relativo às obrigações do falido recomeça a correr a partir do dia em que transitar em julgado a sentença do encerramento da falência; fica claro, assim, que a suspensão da prescrição durará todo o processo falimentar, de sua decretação ao encerramento. Se o crédito não for satisfeito, no todo ou em parte, o prazo prescricional voltará a correr quando transitar em julgado a sentença de encerramento da falência. Na recuperação judicial, como se verá na sequência, a não aprovação do plano de recuperação implica decretação da falência e, com ela, a submissão da pretensão individual ao juízo concursal da massa.

3 SUSPENSÃO DE AÇÕES E EXECUÇÕES

Para permitir a efetiva constituição do juízo universal, para o qual devem ser atraídas todas as pretensões de credores sobre o patrimônio do empresário ou sociedade empresária, o artigo 6º da Lei 11.101/05 prevê que a decretação da falência ou o deferimento do processamento da recuperação judicial suspende o curso de todas as ações e execuções em face do devedor, inclusive aquelas dos credores particulares do sócio solidário. Provocado pelo Recurso Especial 1.116.328/RN, o Superior Tribunal de Justiça assim se manifestou: "(1) A decisão que defere o processamento do pedido de recuperação judicial tem como um de seus efeitos a suspensão das ações e execuções individuais contra o devedor que, dessa forma, pode desfrutar de maior tranquilidade para a elaboração de seu plano de recuperação, alcançando o fôlego necessário para atingir o objetivo de reorganização da empresa (artigo 6º, § 4º, c/c artigo 52, III, da Lei 11.101/05). (2) Nessa linha, para alcançar esse desiderato, é ônus do devedor informar a determinação de suspensão dessas ações ao juízo perante o qual elas estão tramitando, no momento em que deferido o processamento da recuperação, o qual é o termo *a quo* da contagem do prazo de duração do sobrestamento (artigo 6º, § 4º, da LFR), que pode ser ampliado pelo juízo da recuperação, em conformidade com as especificidades de cada situação." Esse dever, diz o acórdão, resulta do que dispõe o artigo 52, § 3º, da Lei 11.101/05.

Impede-se, assim, que os credores que têm feitos em estágio mais avançado tenham vantagens sobre aqueles que os têm em estágio inicial e, mesmo, sobre os que ainda não ajuizaram suas demandas. Com a decretação da falência ou o deferimento do processamento da recuperação judicial, todas essas pretensões se enfeixarão num procedimento único, submetidas ao juízo universal, permitindo dar uma solução que atenda à pluralidade de interesses, segundo os interesses públicos expressos na lei.

Essa previsão é distinta do que constava do artigo 24 do Decreto-lei 7.661/45, antes de mais nada por alcançar a recuperação judicial, não se limitando à falência. Com efeito, tanto a faculdade objeto da ação pode ser alterada pelo plano de recuperação quanto, havendo bem penhorado na execução, pode vir a ser usado, pelo mesmo plano, para a solução da crise. Não é só. O artigo 24, § 1º, do Decreto-lei 7.661/45 previa que, achando-se os bens já em praça, com dia definitivo para arrematação, fixado por editais, seria realizada sua alienação, entrando o produto para a massa; e, se os bens já estivessem arrematados, somente entraria para a massa a sobra, depois de pago o exequente. Não há tal previsão na Lei 11.101/05. Ainda que os bens já estejam em praça, com dia definitivo para arrematação, fixado por editais, pode não ser interessante para o juízo universal a sua alienação, por exemplo, quando se escolha a alienação em bloco de toda a empresa, como se estudará. Portanto, com a suspensão das ações, suspendem-se mesmo as praças marcadas, salvo se o contrário for deliberado no juízo universal. Aliás, harmônico com esse entendimento tem-se, especificamente no âmbito da falência, o artigo 99, V e VI, da Lei 11.101/05, segundo o qual a sentença que decretar a falência do devedor, dentre outras determinações, ordenará a suspensão de todas as ações ou execuções contra o falido, ressalvadas as hipóteses previstas nos §§ 1º e 2º do artigo 6º daquela lei (e que serão estudadas a seguir), além de proibir a prática de qualquer ato de disposição ou oneração de bens do falido, submetendo-os preliminarmente à autorização judicial e do Comitê, se houver, ressalvados os bens cuja venda faça parte das atividades normais do devedor se autorizada a continuação provisória da empresa.

Não foi outra a posição adotada pelo Superior Tribunal de Justiça diante do Agravo Regimental no Conflito de Competência 128.267/SP: "(1) O Superior Tribunal de Justiça já decidiu que no caso de deferimento da recuperação judicial a competência de outros juízos se limita à apuração dos respectivos créditos, sendo vedada a prática de qualquer ato que comprometa o patrimônio da empresa em recuperação. (2) A jurisprudência está sedimentada no sentido da impossibilidade de o arresto e seus consequentes atos de execução incidirem sobre os bens da empresa em recuperação judicial." Destaque-se que, no caso, o Tribunal estadual suspendera os efeitos da decisão homologatória do plano de recuperação e determinou a discussão de novo plano, argumentando o credor, beneficiário do arresto, que não seria justo suportar o ônus do tempo processual até a apresentação e aprovação de novo plano. Argumentou, ademais, ter oferecido caução idônea que permitiria ressarcir eventuais prejuízos causados à sociedade recuperanda. A Corte não acolheu tais teses, ressaltando que "eventual validade da caução prestada pela ora agravante poderá ser submetida ao conhecimento do juízo da recuperação judicial, que poderá decidir de maneira a melhor compor os interesses dos diversos atores envolvidos."

Some-se o que decidiu o Superior Tribunal de Justiça quando debruçou-se sobre o Conflito de Competência 122.712/GO: "se promovida a adjudicação do bem penhorado em execução individual, em data posterior ao deferimento da recuperação judicial, o ato fica desfeito em razão da competência universal do Juízo falimentar. Precedentes". No corpo do acórdão, esclareceu-se: "Esta Corte já firmou o entendimento no sentido de que o marco temporal definidor da competência do Juízo de recuperação judicial, em casos tais, é a data em que promovida a adjudicação dos bens da recuperanda". Nesta direção os Embargos Declaratórios nos Embargos Declaratórios no Agravo Regimental no Conflito de Competência 105.345/DF: "(1) Se a adjudicação é pretendida antes do deferimento da recuperação judicial, não há mais falar em crédito trabalhista líquido a ser habilitado na recuperação, e sim em crédito, total ou parcialmente, adimplido pelo devedor antes da instauração do procedimento de soerguimento da empresa. (2) No caso dos autos, a adjudicação do bem imóvel objeto da lide não só foi requerida como também deferida antes de concedido o pedido de recuperação, cujo processamento somente foi determinado posteriormente. Assim, na esteira dos precedentes desta egrégia Corte, o Juízo trabalhista é o competente para ultimar os atos relativos à adjudicação."

Se os bens já tiverem sido arrematados ao tempo da declaração da falência, excetuada a hipótese de o administrador judicial ter qualquer óbice ao procedimento, embargando-o, não há falar em desconstituição da praça realizada. Mas, por força do artigo 108, § 3º, da Lei 11.101/05, o produto entrará para a massa, cumprindo ao juiz deprecar, a requerimento do administrador judicial, às autoridades competentes, determinando sua entrega. É uma solução bem diversa da adotada pelo Decreto-lei 7.661/45. No entanto, se já fora expedido o alvará para o levantamento do valor que cabia ao exequente no produto da praça, não mais há falar em aplicação do artigo 108, § 3º; o processo de execução deverá ser considerado extinto e, se o valor apurado com a venda dos bens constritos for superior ao crédito, a sobra será remetida ao juízo universal; se o valor for inferior, o exequente irá habilitar na falência seu crédito restante (o valor não coberto pelo produto da praça).

Como disposto pelo artigo 314 do novo Código de Processo Civil, durante a suspensão é defeso praticar qualquer ato processual; isso, porém, diz o artigo, não impede que o juiz determine a realização de atos urgentes, a fim de evitar dano irreparável. Essa determinação de atos urgentes não é estranha às hipóteses de falência ou recuperação judicial de empresa, embora deva aplicar-se de forma diversa; em fato, a suspensão, aqui, deve-se à constituição do juízo universal que, como já dito, exerce *vis atractiva* (força de atração). Portanto, o pedido para que se pratiquem tais atos urgentes, inclusive medidas cautelares, deverá ser formulado no juízo da falência ou recuperação judicial de empresa, não no juízo em que o feito tinha trâmite, a essa altura já incompetente para o exame da matéria.

Por fim, lembre-se de que a Quarta Turma do Superior Tribunal de Justiça, em face do Agravo Interno em Recurso Especial 790.736/RS, decidiu que suspensão de ações e execuções não alcança o processamento de recurso especial. "É importante salientar que a lei nada menciona sobre suspensão das ações e execuções em sede de recurso especial, pois o recurso visa apenas permitir a revisão ou reexame da decisão recorrida, não sendo, em geral, a sede de prática de atos expropriatórios".

3.1 Demandas por quantias ilíquidas

Justamente por fundar-se a regra na preservação de condições para a constituição de eficácia do concurso de credores, o § 1º do artigo 6º da Lei 11.101/05 admite que tenha prosseguimento, no juízo no qual estiver se processando, a *ação que demandar quantia ilíquida*. O dispositivo refere-se às ações nas quais se discute a existência ou não de um direito ou crédito contra o devedor, bem como àquelas em que se busca dar liquidez a esse direito ou crédito, ou seja, em que se busca definir a sua exata extensão, sua qualidade e quantidade. Assim, terá prosseguimento a ação na qual se esteja pedindo a condenação da empresa a indenizar; por exemplo, a vítima de um acidente de trânsito envolvendo veículo da empresa. Igualmente, uma ação de cobrança na qual se discuta a existência, ou não, da obrigação de pagar e, ademais, o seu valor. Tais ações têm por finalidade verificar e/ou dar forma e qualidade eventual a créditos que, assim, poderiam ser habilitados na recuperação judicial ou na falência.

Note-se que tais ações têm prosseguimento no juízo no qual estiverem se processando, não sendo atraídas para o procedimento coletivo antes da formação do título judicial; assim, somente com o julgamento final, formando-se o título executivo, o crédito será atraído ao juízo universal. Também se incluem as ações nas quais créditos contra o devedor tenham se tornado objeto de litígio. Esse entendimento já fora esposado pela Terceira Turma do Superior Tribunal de Justiça, quando julgou o Recurso Especial 442.885/MT, afirmando que os embargos do devedor oferecidos na execução de cédula de crédito, bem como a ação revisional do débito por ela representado, "por terem sido propostos pelo falido, e não por seus credores, [...] deverão prosseguir regularmente (não ficam suspensos) perante o juízo de origem, substituindo-se o polo ativo pelo síndico da massa falida".

Em alguns casos, o *juízo no qual estiver se processando a ação* será uma justiça especializada. Assim, as causas em que a União, entidade autárquica ou empresa pública federal forem interessadas, na condição de autoras, rés, assistentes ou oponentes, respeitado o artigo 109, I, da Constituição da República, têm a competência para seu processamento e julgamento definida para a Justiça Federal. Na mesma linha, por força do artigo 114 da mesma Lei Fundamental, com a redação dada pela Emenda Constitucional 45/04, tramitarão na Justiça do Trabalho as causas referidas nos incisos daquele dispositivo, designadamente as ações oriundas da relação de trabalho, ações sobre representação sindical (a exemplo de discussão sobre cobrança de contribuição sindical), as ações de indenização por dano moral ou patrimonial, decorrentes da relação de trabalho, ações relativas às penalidades administrativas impostas pelos órgãos de fiscalização das relações de trabalho, entre outras.

Note-se que é permitido pleitear, perante o administrador judicial, habilitação, exclusão ou modificação dos créditos em discussão, mas o processamento das ações se dará no órgão judiciário especializado até a apuração do respectivo crédito, que será inscrito no quadro-geral de credores pelo valor determinado em sentença. Essa regra está estabelecida no artigo 6º, § 2º, da Lei 11.101/05 que, todavia, fala somente em créditos derivados da relação de trabalho e ações de natureza trabalhista; sua extensão às causas submetidas à Justiça Federal, neste contexto, deriva de imposição constitucional: artigo 109, I. Apenas o pagamento do crédito se fará no juízo concursal; toda a discussão sobre sua existência ou não, legitimidade ativa e passiva, seu valor ou, mesmo, sua natureza jurídica, deve ser cuidada na Justiça especializada. Justamente por isso, se há uma impugnação a crédito habilitado, essa deverá ser autuada no juízo concursal, mas, em seguida, remetida para a Justiça especializada, pois caberá a essa processá-la e julgá-la.

De qualquer sorte, é preciso estar atento para o fato de que com a decretação da falência – e não com o deferimento do processamento da recuperação judicial – também serão suspensas as ações nas quais se discute a existência ou não de um direito ou crédito contra o devedor, bem como aquelas em que se busca dar liquidez a esse direito ou crédito, tenham trâmite na Justiça Comum, tenham trâmite em Justiça Especializada. O contrário poderia surgir de uma leitura desatenta do artigo 6º da Lei 11.101/05, já que ele afirma, como regra geral, a suspensão do curso de todas as ações e execuções em face do devedor, com a decretação da falência ou o deferimento do processamento da recuperação judicial, ao passo que o seu § 1º excepciona as ações em que se demandar quantia ilíquida, que terão prosseguimento no juízo no qual estiverem sendo processadas. Entretanto, a suspensão dessas ações, quando houver decretação da falência, não é o resultado de previsão específica, disposta na Lei de Falência e Recuperação de Empresas, mas de norma geral, disposta no Código de Processo Civil.

Especificamente no que diz respeito à falência, devem-se recordar os artigos 75 e 76, parágrafo único, da Lei 11.101/05, afirmando que sua decretação implica o afastamento do devedor de suas atividades, sendo que todas as ações terão prosseguimento com o administrador judicial, que deverá ser intimado para representar a massa falida, sob pena de nulidade do processo. Aplicam-se os artigos 76 e 313 do novo Código de Processo Civil, referindo-se à perda da capacidade processual da parte ou do seu representante: o juiz suspenderá o processo e marcará prazo razoável para que o administrador judicial assuma a condução do feito, representado por advogado que venha a nomear. Durante a suspensão é defeso praticar qualquer ato processual; todavia, o juiz poderá determinar a realização de atos urgentes, a fim de evitar dano irreparável (artigo 314 do novo Código de Processo Civil). Se o empresário ou sociedade empresária mantiver-se indevidamente na condução do feito, o processo poderá ser declarado nulo a partir da decretação da falência.

Nessa toada, é de todo exigível do empresário ou administrador da sociedade empresária, diante da decretação da falência, providenciar a pronta comunicação do fato aos juízes dos processos em curso, permitindo-lhes suspender os feitos e determinar a intimação do administrador judicial para assumir a representação da massa falida, conforme estipulação dos artigos 22, III, *c*, e 76, parágrafo único, ambos da Lei 11.101/05. Trata-se, no mínimo, de obrigação derivada do princípio da boa-fé processual, caracterizando ato ilícito a abstenção de fazê-lo, respondendo o administrador pelos danos – inclusive danos processuais – que acarretar.

3.2 Reserva de valores

O juízo em que tramita ação que demanda quantia ilíquida (Justiça comum ou especializada) pode determinar a reserva da importância que *estimar* devida na recuperação judicial ou na falência, evitando ser o credor prejudicado; sem tal segurança, o processo poderia revelar-se inútil pela simples probabilidade de ser ineficaz: acabaria por deferir o que não teria mais valia para a parte, impossibilitada de execução. Essa reserva independe do julgamento da demanda; é medida acautelatória que preserva a isonomia entre titulares de créditos de mesmo nível de classificação. Com o trânsito em julgado da decisão favorável, o crédito será incluído na classe própria, pagando-

-se o credor com os valores reservados. No caso de não ser o direito reconhecido, no todo ou em parte, os recursos depositados serão objeto de rateio suplementar entre os credores remanescentes (artigo 149, § 1º, da Lei 11.101/05).

O pedido de reserva pode ser feito nos próprios autos em que se demanda a quantia ilíquida, não exigindo processo cautelar autônomo. Seu deferimento se faz por simples decisão interlocutória, não caracterizando pré-julgamento sobre o mérito. O artigo 6º, § 3º, da Lei 11.101/05 não autoriza, contudo, seja a medida tomada de ofício; é medida, portanto, que não prescinde da provocação pelo interessado. O deferimento da reserva deverá ser fundamentado (artigo 93, IX, da Constituição da República), demonstrando a plausibilidade (verossimilhança) da tese invocada contra o empresário ou sociedade empresária, justificando intervir no direito dos demais credores do concurso. Não é preciso demonstrar perigo na demora (*periculum in mora*), característica implícita ao procedimento de execução concursal, certo que, excluído dos primeiros rateios, o credor teria menor probabilidade de receber qualquer valor. O juiz também deverá fundamentar, satisfatoriamente, a estimativa de valor que considera plausível para o direito que ainda está sendo discutido. Essa fundamentação é essencial, pois define o valor que será retirado da repartição entre os credores já habilitados para, assim, preservar os direitos e interesses daqueles que, somente com o provimento jurisdicional de conhecimento, terão afirmados seus créditos.

Por fim, cabe uma observação: não obstante a Lei 11.101/05 fale que o juiz poderá *determinar* a reserva de importância, melhor que a solicite, salvo quando se tratar de tribunal superior, com predominância hierárquica sobre o juízo da falência ou recuperação judicial. É um detalhe que preserva a urbanidade que deve orientar as relações entre colegas na função jurisdicional.

3.3 Suspensão na recuperação judicial

Na recuperação judicial, a suspensão da prescrição e das ações e execuções em face do empresário ou sociedade empresária tem particularidades jurídicas. Para evitar abusos, o artigo 6º, § 4º, da Lei 11.101/05 limita tal suspensão, na recuperação judicial, a 180 dias, prazo que é contado do deferimento do processamento da recuperação. Esse prazo tem finalidade dupla: por um lado, permite a formulação do plano de recuperação e sua submissão à assembleia de credores; por outro, evita abusos que possam lesar os direitos dos credores. Assim, após o decurso do prazo, não tendo havido aprovação do plano, nem estando este em discussão pela assembleia de credores, será decretada a falência do empresário ou sociedade empresária.

Esteja-se atento para o fato de que a suspensão da prescrição e do direito de ação é medida de natureza material: suspende-se um direito material a bem do desenvolvimento do processo (o juízo universal). Portanto, não há falar em aplicação do artigo 219 do novo Código de Processo Civil, que prevê que a contagem dos prazos em dias deve-se levar em conta apenas os dias úteis. Pelo contrário, o que se tem é visivelmente uma moratória temporária: um lapso de 180 dias para que se possa organizar a recuperação judicial. Cabe ao recuperando, dentro deste prazo, dar andamento ao processo e obter a aprovação do plano, salvo suspensões deferidas judicialmente que se justifiquem pelo alongamento das discussões havidas na assembleia geral de credores, entre outros fatores extraordinários que possam se verificar. Voltarei ao tema adiante.

A Primeira Seção do Superior Tribunal de Justiça, examinando o Conflito de Competência 79.170/SP, afirmou que se deve interpretar o artigo 6º da Lei 11.101/05 de modo sistemático com seus demais preceitos, especialmente à luz do princípio da preservação da empresa, insculpido no artigo 47 do mesmo diploma; "o destino do patrimônio da empresa em processo de recuperação judicial não pode ser atingido por decisões prolatadas por juízo diverso daquele da Recuperação, sob pena de prejudicar o funcionamento do estabelecimento, comprometendo o sucesso de seu plano de recuperação, ainda que ultrapassado o prazo legal de suspensão constante do § 4º do artigo 6º, da Lei 11.101/05, sob pena de violar o princípio da continuidade da empresa". A decisão harmoniza-se com o julgamento do Conflito de Competência 88.661/SP: "Aprovado o plano de recuperação judicial, os créditos serão satisfeitos de acordo com as condições ali estipuladas. Nesse contexto, mostra-se incabível o prosseguimento das execuções individuais."

No mesmo sentido, tem-se o julgamento do Conflito de Competência 73.380/SP: "uma vez aprovado e homologado o plano, não se faz plausível a retomada das execuções individuais após o mero decurso do prazo legal de 180 dias; a consequência previsível e natural do restabelecimento das execuções, com penhoras sobre o faturamento e sobre os bens móveis e imóveis da empresa em recuperação implica em não cumprimento do plano, seguido de inevitável decretação da falência que, uma vez operada, resultará novamente na atração de todos os créditos e na suspensão das execuções individuais, sem benefício algum para quem quer que seja".

Diante deste quadro, forçoso será reconhecer que, mais do que ser interpretado em consonância com o artigo 47 da Lei 11.101/05, o § 4º do seu artigo 6º deve ser interpretado de forma combinada com os seus artigos 52, § 4º, 53, *caput*, 56, § 4º, 57 e 59. Assim, a suspensão por 180 dias prepara a empresa para o juízo universal, seja ele recuperatório ou falimentar. Com o deferimento do processamento da recuperação judicial, três hipóteses se colocam: (1) desistência aprovada pela assembleia geral de credores (artigo 52, § 4º), prosseguindo as ações ou execuções individuais; (2) falência, pela não apresentação tempestiva do plano de recuperação (artigo 53, *caput*) ou por sua rejeição pela assembleia geral de credores (artigo 56, § 4º), não havendo falar em prosseguimento das ações ou execuções individuais, atraídas que estarão pelo juízo falimentar; (3) concessão da recuperação judicial (artigo 57), hipótese em que somente voltarão a ter curso as ações e execuções relativas a direitos que não tenham sido objeto do plano de recuperação judicial (artigo 59).

Consequentemente, ainda que o plano de recuperação não tenha sido aprovado no prazo de 180 dias, por estar em discussão na assembleia geral ou por questões intestinas do juízo recuperatório, não haverá a retomada das ações e execuções individuais. Essas pretensões individuais ficarão dependentes de uma definição do juízo da recuperação judicial. Foi assim que o Superior Tribunal de Justiça decidiu o Agravo Regimental no Conflito de Competência 130.138/GO: "(1) A jurisprudência do Superior Tribunal de Justiça é firme no sentido de que, ultrapassada a fase de acertamento e liquidação dos créditos trabalhistas, cuja competência é da Justiça do Trabalho, os valores apurados deverão ser habilitados nos autos da falência ou da recuperação judicial para posterior pagamento (Lei 11.101/05). (2) O entendimento desta Corte preconiza que, via de regra, deferido o processamento ou, posteriormente, aprovado o plano de recuperação judicial, é incabível a retomada automática das execuções individuais, mesmo após decorrido o prazo de 180 dias previsto no art. 6º, § 4º, da Lei 11.101/05."

3.4 Execuções fiscais

A regra de suspensão das ações contra o empresário ou sociedade empresária, disposta no artigo 6º da Lei 11.101/05, não alcança as execuções de natureza fiscal, quando se trate de recuperação judicial, prevê o § 7º do mesmo artigo, ressalvada a concessão de parcelamento nos termos do Código Tributário Nacional e da legislação ordinária específica. O parcelamento de débitos fiscais, por força do artigo 151, VI, do Código Tributário Nacional, suspende a exigibilidade do crédito tributário, sendo concedido, segundo o artigo 155-A, na forma e condições estabelecidas em lei específica. Não se trata, portanto, de medida que possa ser determinada pelo juiz da recuperação judicial, mas que deverá ser pleiteada pelo empresário ou sociedade empresária junto à autoridade fazendária, com base em legislação especial que disponha sobre as condições de parcelamento dos créditos tributários, editada segundo a conveniência da Administração Pública.

O artigo 187 do Código Tributário Nacional, alterado pela Lei Complementar 118/05, estabelece que a cobrança judicial do crédito tributário não é sujeita a concurso de credores, portanto, falência, recuperação judicial ou extrajudicial de empresa, insolvência civil, intervenção e liquidação extrajudicial e, mesmo, inventário ou arrolamento. A regra aplica-se indistintamente às Fazendas Federal, Estaduais, Distrital e Municipais, com o que as execuções fiscais manterão seu trâmite em apartado, sendo que, em se tratando de execução movida pela União, esse trâmite se fará na Justiça Federal, por força do artigo 109, I, da Constituição da República. No âmbito específico da falência, no entanto, essa regra não permite à Fazenda desconhecer o juízo universal e o concurso de credores. Pra começar, a decretação da falência suspende os processos de execução fiscal e respectivos embargos até a substituição do empresário ou administrador societário pelo administrador judicial da massa falida (artigo 75 da Lei 11.101/05), que poderá mesmo constituir seu próprio advogado, substituindo aquele que, até então, atuava no feito. Desconhecer a necessidade de substituição processual determinaria nulidade dos atos praticados.

Ademais, a Fazenda não pode desrespeitar a classificação de créditos inscrita no artigo 83 da Lei 11.101/05, havendo créditos que devem ser satisfeitos antes dos seus, como se estudará no Capítulo 19 deste livro: créditos acidentários, créditos trabalhistas (até o limite de 150 salários mínimos) e créditos com garantia real, até o limite do valor do bem gravado. A Corte Especial do Superior Tribunal de Justiça, no Recurso Especial 118.148/RS, e, posteriormente, a Primeira Seção, nos Embargos de Divergência no Recurso Especial 444.964/RS, pacificaram entendimento de que a preferência do crédito trabalhista há de subsistir quer a execução fiscal tenha sido aparelhada antes, quer depois da decretação da falência. Assim, "mesmo já aparelhada a execução fiscal com penhora, uma vez decretada a falência da empresa executada, sem embargo do prosseguimento da execução singular, o produto da alienação deve ser remetido ao juízo falimentar, para que ali seja entregue aos credores, observada a ordem de preferência legal".

A previsão de que a cobrança do crédito tributário não está sujeita a concurso de credores, nem a habilitação em falência ou recuperação de empresas, não traduz, de forma alguma, uma independência da Fazenda em relação ao *concursus creditorum*, agindo como se nada houvesse ocorrido. Pelo contrário, o patrimônio empresarial está vinculado ao juízo universal, inclusive em face ao princípio da preservação da empresa. Assim, (1) caso já tenha havido praça na execução fiscal, mas não tenha havido pagamento à Fazenda, não poderá ela pretender ser paga antes de se verificar se aqueles valores não serão necessários para satisfazer aos créditos que têm preferência sobre o crédito tributário; (2) caso haja bem constrito, ainda não praceado, seu destino dependerá das deliberações tomadas no juízo universal, independentemente de haver ou não praça devidamente marcada; não pode a Fazenda pretender a venda do bem, desconhecendo que ele pode ser vital para a solução adotada no juízo concursal, a exemplo do trespasse ou arrendamento de estabelecimento, inclusive à sociedade constituída pelos próprios empregados (artigo 50, VII, da Lei 11.101/05), usufruto da empresa (artigo 50, XIII, da Lei 11.101/05), alienação da empresa, com a venda de seus estabelecimentos em bloco (artigo 140, I, da Lei 11.101/05), e alienação da empresa, com a venda de suas filiais ou unidades produtivas isoladamente (artigo 140, II, da Lei 11.101/05).

O próprio Código Tributário Federal, em seu artigo 133, aponta para tal solução. Segundo essa norma, a pessoa natural ou jurídica de direito privado que adquirir de outra, por qualquer título, fundo de comércio ou estabelecimento comercial, industrial ou profissional, e continuar a respectiva exploração, sob a mesma ou outra razão social ou sob firma ou nome individual, responde pelos tributos, relativos ao fundo ou estabelecimento adquirido, devidos até a data do ato; mas seu § 1º expressamente excepciona a hipótese de alienação judicial em processo de falência e de filial ou unidade produtiva isolada, em processo de recuperação judicial, com as ressalvas do § 2º. Indubitavelmente, mesmo a norma tributária, em sua especificidade, reconhece não só a validade, mas também o valor jurídico, social e econômico das alternativas de realização do ativo, com preservação das atividades empresárias, dispostas na Lei 11.101/05. A Fazenda, se não por esta última norma, mas no mínimo por respeito ao Código Tributário Nacional, não pode simplesmente desconhecer a existência deste novo paradigma e atuar contra ele em nome de uma pretensa independência do juízo universal.

Cuidando do Agravo Regimental no Agravo Regimental no Conflito de Competência 119.970/RS, o Superior Tribunal de Justiça decidiu que "(1) As execuções fiscais ajuizadas em face da empresa em recuperação judicial não se suspenderão em virtude do deferimento do processamento da recuperação judicial, ou seja, a concessão da recuperação judicial para a empresa em crise econômico-financeira não tem qualquer influência na cobrança judicial dos tributos por ela devidos. (2) Embora a execução fiscal, em si, não se suspenda, são vedados atos judiciais que reduzam o patrimônio da empresa em recuperação judicial, enquanto for mantida essa condição. Isso porque a interpretação literal do art. 6º, § 7º, da Lei 11.101/05 inibiria o cumprimento do plano de recuperação judicial previamente aprovado e homologado, tendo em vista o prosseguimento dos atos de constrição do patrimônio da empresa em dificuldades financeiras."

3.5 Ações sem efeitos patrimoniais econômicos

O juízo universal é foro para a discussão da situação patrimonial-econômica do empresário ou sociedade empresária. A falência constitui mesmo uma liquidação judicial de devedor insolvente, repartindo o ativo, nos limites de sua força, respeitadas as disposições legais que definem classes de crédito e, mesmo, créditos extraconcursais. A universalidade do juízo em que se processam falência ou recuperação judicial da empresa não é assim ampla ao ponto de atrair demandas que não tenham expressão econômica direta. Exemplifica-o a ação de nunciação de obra nova, pedindo seja suspensa construção que pode criar danos ao vizinho. Demandas que não tenham conteúdo econômico direto não compõem o juízo universal e, assim, não são alcançadas pela regra da suspensão de prescrição e ações prevista no artigo 6º da Lei 11.101/05. Só haverá suspensão, na falência, para a substituição do empresário ou administrador societário pelo administrador judicial da massa. Na recuperação judicial, as demandas prosseguirão, lembrando que o empresário ou administrador judicial não é afastado das atividades empresárias. De qualquer sorte, sendo o empresário ou sociedade empresária vencidos nesses feitos, irão se constituir créditos processuais – custas, despesas e honorários de sucumbência –, que, assim, serão atraídos pelo juízo universal.

3.6 Ações ainda não ajuizadas

Com a decretação da falência ou o deferimento do processamento da recuperação judicial, os titulares de pretensões jurídicas contra o empresário ou sociedade empresária, que ainda não tenham ajuizado suas demandas, são afetados de forma distinta. Com a decretação da falência, ações ou execuções para recebimento de créditos não mais podem ser aforadas; seus titulares deverão habilitar o seu crédito na falência. Na recuperação judicial de empresa, o artigo 6º, § 4º, da Lei 11.101/05, limita tal suspensão: em hipótese nenhuma excederá o prazo improrrogável de 180 dias (corridos, reitero o que disse anteriormente) contado do deferimento do processamento da recuperação, restabelecendo-se, após o decurso do prazo, o direito dos credores de iniciar ou continuar suas ações e execuções, independentemente de pronunciamento judicial. Essa afirmação legal, contudo, esbarra no entendimento jurisprudencial, estudado na seção 3.3, de que a solução será aquela disciplinada pelo plano, se aprovado, ou a falência.

As pretensões sujeitas a decadência, viu-se, não são alcançadas pelo artigo 6º da Lei 11.101/05, que fala exclusivamente em sucumbência. Assim, sua inércia conduzirá à caducidade do direito, sendo preciso aforar as respectivas ações. Atente-se, ademais, para o fato de que, na falência (e não na recuperação judicial de empresa), tais ações, a exemplo das que venham a ser aforadas tendo por objeto quantia ilíquida, deverão ser aforadas não mais contra o empresário ou sociedade empresária, mas contra a respectiva massa falida.

A mesma solução será de aplicar-se para as ações que não tenham por objeto créditos, nem efeitos patrimoniais econômicos diretos, bem como para as execuções fiscais que, como visto, não experimentam a *vis atractiva* do juízo concursal: seu aforamento é possível, mas deverão ser dirigidas contra a massa falida. Aliás, diz o § 6º do artigo 6º da Lei 11.101/05 que, independentemente da verificação periódica perante os cartórios de distribuição, as ações que venham a ser propostas contra o empresário ou sociedade empresária submetidos a juízo universal deverão ser comunicadas ao juízo da falência ou da recuperação judicial, tanto pelo juiz competente, quando do recebimento da petição inicial, quanto pelo próprio empresário ou pelo administrador da sociedade empresária, imediatamente após o recebimento da citação.

No que diz respeito às ações ou execuções a serem propostas pelo devedor, duas situações distintas se colocam, conforme se tenha falência ou recuperação judicial da empresa. Afastado que está de suas atividades pela decretação da falência, por força do artigo 75 da Lei 11.101/05, o empresário ou o administrador da sociedade empresária não poderá ajuizar ações ou execuções, mesmo que o prazo prescricional ou decadencial esteja por vencer. As ações deverão ser propostas pela massa falida, representada pelo seu administrador judicial, o que define contra esse um dever imediato de diligência: tão logo assuma sua função, deve verificar a eventual existência de direitos que estejam ameaçados pela proximidade do fim de prazo prescricional ou decadencial, providenciando imediatamente a sua postulação judicial. Também caberá ao administrador judicial, representando a massa falida, propor qualquer outra ação que se mostre necessária, ordinárias, cautelares, execuções ou procedimentos especiais. No deferimento do processamento da recuperação judicial da empresa, o empresário ou administrador da sociedade empresária não é afastado de suas atividades, cabendo-lhe o ajuizamento das ações e execuções, lembrando não haver suspensão do curso de prazos prescricionais e decadenciais contra si, nem suspensão das ações que esteja movendo ou da faculdade de ajuizar novas demandas, tenham ou não pretensão econômica.

3.7 Relações jurídicas posteriores

O artigo 6º, *caput* e parágrafos, da Lei 11.101/05, visa às relações jurídicas anteriores ao deferimento do pedido de recuperação judicial e à decretação da falência. É norma voltada para o passado. Nesse sentido, aliás, aponta o artigo 150 da Lei 11.101/05: as despesas com a continuação provisória das atividades do falido, quando autorizada pelo magistrado, conforme texto do artigo 99, XI, da mesma lei, serão pagas pelo administrador judicial com os recursos disponíveis em caixa; some-se o artigo 84 da Lei 11.101/05, que define como créditos extraconcursais as obrigações resultantes de atos jurídicos válidos praticados após a decretação da falência.

Em se tratando de pedido de recuperação judicial, a ocorrência de fatos jurídicos novos é inevitável, já que a empresa se mantém ativa. Assim, o artigo 67 da Lei 11.101/05 estabelece que os créditos decorrentes de obrigações contraídas pelo devedor durante a recuperação judicial, inclusive aqueles relativos a despesas com fornecedores de bens ou serviços e contratos de mútuo, serão considerados extraconcursais, em caso de decretação de falência. Sobre essas relações posteriores não há falar em suspensão de ações e execuções; se a constituição da obrigação (e não apenas o seu vencimento), líquida ou não, é posterior, o credor poderá, sim, recorrer ao Judiciário por meio de ação autônoma, independentemente do juízo universal da recuperação, ao qual somente será atraída na hipótese de falência.

4 PREVENÇÃO DE JURISDIÇÃO

A distribuição do pedido de falência ou de recuperação judicial, por força do § 8º do artigo 6º da Lei 11.101/05, previne a jurisdição para qualquer outro pedido de recuperação judicial ou de falência, relativo ao mesmo devedor. Para tanto, é preciso que a distribuição se faça em juízo com competência para o exame da questão, como examinado na seção 2 do Capítulo 2. Somente há falar em prevenção do juízo para o qual foi primeiro distribuído um pedido de falência ou de recuperação judicial se esse juízo atende ao artigo 3º da Lei 11.101/05. Se não atende, não haverá prevenção. Assim, se no âmbito do foro do principal estabelecimento há mais de uma vara com competência para processar e julgar pedidos de falência e recuperação judicial de empresas, a distribuição do primeiro pedido previne aquela vara. Se há mais de um estabelecimento que apresente características que permitam defini-lo como principal, a distribuição, em um deles, do pedido de falência ou de recuperação judicial, previne a jurisdição.

Parece-me, todavia, não haver uma prevenção *ad aeternum* daquele juízo. Uma empresa que, em 2006, teve distribuído um pedido de falência contra si para a 1ª Vara Empresarial de Belo Horizonte, julgado improcedente meses depois, não estará vinculada para sempre a tal juízo. Aliás, pode ocorrer que em 2006 fossem apenas três varas e, em 2016, já fossem oito. Ademais, o principal estabelecimento do empresário ou sociedade empresária pode ser outro, tempos depois. Creio que a regra disposta no artigo 6º, § 8º, da Lei 11.101/05 interpreta-se restritivamente: a prevenção dura até o trânsito em julgado do primeiro pedido – sendo indiferente tratar-se de falência ou recuperação de empresa – e de todos os demais pedidos que, distribuídos posteriormente, por prevenção, sejam processados naquele juízo. Com o trânsito em julgado da última decisão, extinguindo-se a última ação em curso, não há mais falar em prevenção daquele juízo. Um novo pedido de falência ou de recuperação judicial será, destarte, submetido à distribuição livre e, uma vez mais, será definida nova prevenção, durante enquanto houver, naquele juízo, ações pedindo falência ou recuperação de empresa.

A regra de prevenção estatuída no artigo 6º, § 8º, da Lei 11.101/05 não se limita à primeira instância, alcançando mesmo recursos, tornando preventos a mesma turma, câmara e relator no Tribunal de Justiça e, na eventualidade de interposição de recurso especial e/ou extraordinário, a mesma turma e relator no Superior Tribunal de Justiça e Supremo Tribunal Federal. Isso, para todos os processos que tenham trâmite no juízo prevento, até que se finde a prevenção. A regra, todavia, não alcança as ações em que se discute a existência ou não de um direito ou crédito contra o devedor, bem como aquelas em que se busca dar liquidez a esse direito ou crédito, além das execuções fiscais e ações sem repercussão patrimonial, já que não estão submetidas ao juízo universal. Para todas essas, se aplicarão as regras ordinárias de distribuição, em todas as instâncias.

5 DESCONSIDERAÇÃO DA PERSONALIDADE JURÍDICA E A *VIS ATRACTIVA* DO JUÍZO UNIVERSAL

A desconsideração da responsabilidade civil no juízo falimentar será estudada na seção 7 do Capítulo 14, à qual remeto o leitor. Por ora, importa tratar do tema tendo por referência a *vis atractiva* (força de atração) do juízo universal, recuperatório ou falimentar, incluindo a previsão de suspensão das ações e execuções individuais, assunto estudado neste capítulo. Em fato, viu-se que um dos efeitos da decisão que defere o processamento do pedido de recuperação judicial (artigo 52, III, da Lei 11.101/05) e da sentença que decreta a falência (artigo 99, V, da Lei 11.101/05) é a suspensão de todas as ações ou execuções contra os credores, consideradas as exceções legais (artigo 6º, § 1º, da Lei 11.101/05).

Neste sentido, decidiu a Segunda Seção do Superior Tribunal de Justiça, julgando o Conflito de Competência 90.504/SP: "há de prevalecer, na recuperação judicial, a universalidade, sob pena de frustração do plano aprovado pela assembleia de credores, ainda que o crédito seja trabalhista". Dessa forma, recusou-se o entendimento do juízo trabalhista de que "os créditos de natureza trabalhista, ainda que habilitados no procedimento recuperatório, devem ser, de logo, executados, fora do plano de recuperação da empresa, ou seja, continuam as ações trabalhistas os seus trâmites normais". Não é precedente único. Examinando o Conflito de Competência 88.661/SP, a Segunda Seção do Superior Tribunal de Justiça pontificou que, "aprovado o plano de recuperação judicial, os créditos serão satisfeitos de acordo com as condições ali estipuladas. Nesse contexto, mostra-se incabível o prosseguimento das execuções individuais".

No entanto, o Juízo Universal, falimentar ou recuperatório, quando diz respeito a uma sociedade empresária, não atrai para si as pretensões que digam respeito a (1) seus sócios e, até, (2) outras sociedades, ainda que componham o mesmo grupo econômico. No processo falimentar, essa atração somente ocorrerá por ato formal do Juízo, desconsiderando a personalidade jurídica para estender os efeitos da falência aos sócios ou a outras sociedades, o que é possível, como estudado no Capítulo 9 do volume 2 desta coleção. No juízo recuperatório, o pedido de recuperação judicial definirá a abrangência da medida: referindo-se ao grupo econômico, a *vis atractiva* dirá respeito a todas as relações patrimoniais das sociedades componentes; em oposição, se a pretensão disser respeito a apenas uma sociedade, os demais membros do grupo econômico estarão excluídos do juízo universal recuperatório.

Nesse contexto, ganha relevância o tema da desconsideração da personalidade jurídica, quando levada a cabo por juízos individuais, ou seja, por juízos outros que não o universal. Havendo desconsideração da personalidade jurídica nesses feitos, as medidas decorrentes serão estranhas ao juízo falimentar ou recuperatório, apenas alcançando-o indiretamente: a satisfação do crédito pelo sócio, administrador ou terceiro, bem como por outra sociedade (coligada, parte do mesmo grupo etc.), terá por único efeito retirar o respectivo crédito do quadro de credores da sociedade falida ou recuperanda.

Assim, diante do Conflito de Competência 94.439/MT, a Segunda Seção do Superior Tribunal de Justiça asseverou: "Não se configura conflito de competência suscitado pela pessoa jurídica quando constrito bem de sócio da empresa em recuperação judicial, à qual foi aplicada, na Justiça Especializada, a desconsideração da personalidade jurídica. Precedentes." Cita-se ainda, da mesma Seção, o acórdão que decidiu o Agravo Regimental no Conflito de Competência: "O juízo da execução trabalhista deve observar a competência exclusiva e absoluta do juízo falimentar quando o exequente perseguir patrimônio da massa falida (arrecadado ou a arrecadar). Esse fato não o impede, porém, de autorizar, nas hipóteses legais, constrições sobre bens estranhos à massa como são, de ordinário, os bens dos sócios de responsabilidade limitada. Essa regra vale especialmente quando tais sócios são demandados, em nome próprio, juntamente com a falida, na reclamação trabalhista, e contra eles é direcionada a pretensão do exequente. Nessa situação, a suspensão automática decorrente da decretação da falência não atinge todas as partes reclamadas/executadas. Atinge apenas a falida. A lide trabalhista permanece em curso em relação aos demais reclamados/executados (sócios), já que foram demandados em nome próprio. Se a execução trabalhista promovida contra sociedade falida foi redirecionada para atingir bens dos sócios, não há conflito de competência entre a Justiça especializada e o juízo falimentar – eis que o patrimônio da falida quedou-se livre de constrição. Precedentes. Não cabe conflito de competência quando o sócio de responsabilidade limitada da falida pretende apenas livrar seu patrimônio pessoal de medidas constritivas determinadas pelo juízo trabalhista, ainda que sob o pretexto de preservar a igualdade entre os credores habilitados na falência."

No que diz respeito a outras sociedades do mesmo grupo econômico, no julgamento do Agravo Regimental no Conflito de Competência 86.594/SP, a Segunda Seção do Superior Tribunal de Justiça decidiu que, "se os ativos da empresa pertencente ao mesmo grupo econômico não estão abrangidos pelo plano de recuperação judicial da controladora, não há como concluir pela competência do juízo da recuperação para decidir acerca de sua destinação". No corpo do acórdão, lê-se que, diante da aprovação do plano de recuperação da empresa, firmou-se a competência do juízo recuperatório, tendo o próprio Superior Tribunal de Justiça determinado a abstenção de medidas que viessem a atingir o patrimônio ou negócios jurídicos da sociedade. Diante desse quadro, os juízos trabalhistas passaram a redirecionar as execuções para as demais sociedades que foram reconhecidas como pertencentes ao grupo econômico da sociedade em recuperação, utilizando-se, para tanto, do instituto da desconsideração da personalidade jurídica. As sociedades alcançadas por tais medidas judiciais recorreram ao Superior Tribunal de Justiça, argumentando que seus bens poderiam ser chamados a responder pelos débitos da sociedade em recuperação, razão pela qual deveriam também estar submetidos ao juízo universal. A tese foi rechaçada, ressaltando que, mesmo vindo a ser decretada a falência da sociedade em recuperação, "somente integrarão a massa falida os haveres apurados na forma estabelecida no contrato social da agravante (artigo 123), não havendo que se cogitar da utilização de todos os seus ativos, como quer fazer crer".

Julgando o Agravo Regimental no Conflito de Competência 123.861/SP, o Superior Tribunal de Justiça também enfrentou a hipótese de uma execução trabalhista "redirecionada contra sociedade [do mesmo grupo econômico] que não está em recuperação", decidindo que "o processamento da execução de sentença trabalhista em relação à sociedade com personalidade jurídica distinta daquela que adentrou a fase de recuperação ou logrou a quebra – ainda que do mesmo Grupo Econômico –, e que não está em processo de reorganização ou submetida a concurso universal disciplinados na Lei 11.101/05, não viola o juízo atrativo da falência, não se verificando, assim, conflito entre os juízos suscitados. Precedentes específicos desta Corte". No corpo do acórdão, lê-se "o processamento das ações trabalhistas até a apuração do respectivo crédito na justiça especializada para após habilitá-lo, o credor, perante o administrador judicial," retira do juízo do trabalho a competência para a excussão da dívida (artigo 6º, *caput* e § 2º, da Lei 11.101/05), hipótese que não alcança "os redirecionamentos a terceiros pertencentes ao mesmo grupo econômico"; a inexistência de conflito decorre do fato de que "os patrimônios são díspares, não se estendendo a atração do juízo em que tramita a recuperação sobre as ações que se voltam ao patrimônio de sociedades que não estão sob o regime de soerguimento". No mesmo sentido, foram citados diversos outros julgados, entre os quais: Agravo Regimental no Conflito de Competência 121.487/MT, Conflito de Competência 115.272/SP, Agravo Regimental no Conflito de Competência 106.879/MG, Agravo Regimental no Conflito de Competência 108.975/PE e Conflito de Competência 58.196/RJ.

4

Administrador Judicial

1 EFETIVAÇÃO DE ATOS

A efetivação dos atos da falência e da recuperação judicial pressupõe a prática de atos trabalhosos que, por seu volume e complexidade, não devem ser praticados pelo próprio juiz. Para auxiliá-lo, criou-se a função do administrador judicial, escolhido pelo juiz, que o nomeará na sentença que decretar a falência (artigo 99, IX, da Lei 11.101/05) ou no mesmo ato em que deferir o procedimento da recuperação judicial (artigo 52, I). Essa escolha deverá respeitar os critérios (artigo 21): profissional idôneo, preferencialmente advogado, economista, administrador de empresas ou contador, embora também aceite a figura da pessoa jurídica especializada.

Não mais se prefere um comerciante, *entre os maiores credores*, como fazia o Decreto-lei 7.661/45, conduzindo à escolha de pessoa sem conhecimento suficiente para um procedimento técnico-jurídico. A Lei 11.101/05 opta por profissional tecnicamente idôneo para o desempenho da função, sendo pessoa da confiança do juiz. Na definição das qualidades do administrador judicial, três elementos chamam a atenção e merecem exame: (1) idoneidade para o desempenho da função; (2) a preferência por advogado, economista, administrador de empresas ou contador; e (3) a possibilidade de escolha de pessoa jurídica para administrar a falência ou recuperação judicial da empresa.

Ouça-se o que disse o Superior Tribunal de Justiça no acórdão que solucionou o Recurso Especial 1.163.143/SP: "O administrador judicial cujos atos são submetidos à fiscalização do juiz – este orientado, em especial, pelos princípios da celeridade e da economia processual – e do comitê de credores, ao qual cumpre zelar pelo bom andamento do processo e pelo cumprimento da lei (art. 27, alínea "b"), investe-se, no ato de sua nomeação, de uma série de prerrogativas e deveres, sujeitando-se às formalidades e prazos prescritos na LRE, sob pena de desobediência e, até mesmo, de destituição de suas funções (art. 23). Equivale dizer que o administrador judicial e demais interessados, principalmente credores, sem apego à índole simples ou complexa da recuperação judicial ou da falência, devem buscar a prevalência, em todos os estágios procedimentais, de expedientes mais céleres e econômicos que, consentâneos com as normas de regência, possam legitimar o devido deslinde desses especiais processos."

2 IDONEIDADE

Em primeiro lugar, o administrador judicial deverá ser um *profissional idôneo*. *Idôneo* é o que é apropriado, adequado, conveniente, capaz, suficiente, merecedor. Idoneidade profissional, portanto, é capacidade e adequação profissional, conveniência e suficiência para o desempenho da função. Essa constatação leva, de imediato, à exclusão da *idoneidade financeira*, outrora listada no artigo 60 do Decreto-lei 7.661/45, já que tal qualificação não torna a pessoa mais capaz, adequada ou merecedora para o desempenho da administração judicial. É idoneidade técnica e moral. A moral, assim como o Direito, é uma referência que guarda relações com o tempo e o lugar, havendo profundas distinções quando considerados épocas e/ou lugares distintos. Mas, afora situações limites, as sociedades tendem a compreender, com maior ou menor precisão, o que se entende por negativo, mal, condenável e viciado, em oposição ao que se considera bom, digno e virtuoso. No que tange ao administrador judicial, há um conjunto de virtudes morais mínimas dele esperadas, sem as quais não se pode aceitar que desempenhe a função. É preciso ter em vista a finalidade da investigação (o desempenho da função de administrador judicial) e reconhecer que os próprios valores morais são contestáveis e que a moral é evolutiva, embora haja um núcleo comumente aceitável.

Há uma referência moral que é própria do Direito Empresarial, cuidando daqueles que estão impedidos de ser empresários ou administradores societários (artigo 1.011, § 1º, do Código Civil), não devendo ser aceitos como administradores: condenados a pena que vede, ainda que temporariamente, o acesso a cargos públicos ou por crime falimentar, de prevaricação, peita ou suborno, concussão, peculato, crimes contra a economia popular, contra o Sistema Financeiro Nacional, contra as normas de defesa da concorrência, contra as relações de consumo, a fé pública ou a propriedade, enquanto perdurarem os efeitos da condenação. Somem-se os impedimentos dispostos em lei especial: magistrados, membros do Ministério Público e militares. De resto, a própria Lei 11.101/05 lista uma hipótese objetiva de ausência de idoneidade moral. O artigo 30 veda o exercício das funções de administrador judicial a quem, nos últimos cinco anos, no exercício do cargo de administrador judicial ou de membro do Comitê em falência ou recuperação judicial anterior, foi destituído, deixou de prestar contas dentro dos prazos legais ou teve a prestação de contas desaprovada.

Para além da falta de idoneidade moral, o § 1º do artigo 30 da Lei 11.101/05 lista hipóteses de impedimento. De acordo com esse dispositivo, está impedido de exercer a função de administrador judicial quem tiver relação de parentesco ou afinidade até o 3º grau com o devedor, seus administradores, controladores ou representantes legais ou deles for amigo, inimigo ou dependente. Essas relações de parentesco, afinidade, amizade, inimizade ou dependência serão melhor estudadas quando do estudo, no Capítulo 5, do comitê de credores, para o qual vige a mesma regra.

3 PREFERÊNCIA POR ADVOGADO, ECONOMISTA, ADMINISTRADOR DE EMPRESAS OU CONTADOR

O administrador judicial ainda deverá ter idoneidade técnica para a função, ou seja, capacidade técnica para o desempenho dos atos que a lei lhe atribui, o que não se confunde, em nada, com o exercício das funções de empresário ou comerciante. Por isso o artigo 21, *caput*, da Lei 11.101/05 afirma que a escolha deverá recair preferencialmente em advogado, economista, administrador de empresas ou contador. Não se trata, porém, de uma imposição, mas apenas de uma sugestão, já que a norma usa o termo *preferencialmente*. Não há, sequer, uma preferência em sentido estrito, a implicar que, havendo na localidade profissional de qualquer uma daquelas áreas, o juiz estará obrigado a escolhê-lo e, somente se não houver ninguém que exiba uma daquelas qualificações, poderá escolher quem não as tenha. Apenas se considerou que tais profissionais, pela formação que em tese tiveram, estariam mais aptos ao exercício das funções de administrador judicial. No caso concreto, pode ser bem diferente.

Em algumas circunstâncias, todavia, essa preferência deve ser considerada com mais rigor, tendo em vista o princípio da economia processual, conforme previsão do artigo 75, parágrafo único, da Lei 11.101/05. Na falência de empresas de pequeno porte, a nomeação de um advogado para desempenhar a função de síndico oferece a grande vantagem de permitir a cumulação da representação civil da massa falida com a sua representação processual (em situação análoga à *advocacia em causa própria*), dispensando a contratação de advogado para auxiliar o administrador, o que pode elevar as despesas da massa, créditos extraconcursais que são, segundo previsão do artigo 84, I, da Lei 11.101/05. Trata-se de uma vantagem que não pode ser desconsiderada pelo Judiciário, a quem cumpre a preservação de todos os direitos e interesses que se enfeixam no juízo universal.

4 PESSOA JURÍDICA

A Lei 11.101/05 permite que uma pessoa jurídica seja nomeada para a administração judicial da falência ou da recuperação judicial. O legislador usou a expressão *pessoa jurídica especializada*, e não *sociedade especializada*, deixando claro que podem ser nomeadas sociedades, associações e fundações, desde que mostre capacidade para enfrentar os desafios da administração judicial da falência ou recuperação judicial. No que toca às sociedades, não houve limitação de natureza (simples ou empresária), nem de tipo societário: sociedades em nome coletivo, em comandita simples, limitadas, anônimas ou, até, cooperativas. Apenas devem ser pessoas jurídicas com existência regular e revelar especialização para o desempenho da atividade, requisito que será atendido sempre que seu objeto social seja afim às áreas que o *caput* do artigo 21 lista como preferenciais para o desempenho da função: advocacia, economia, administração de empresas (incluindo objetos afins, como consultoria, assessoria etc.) e contabilidade. Isso implica reconhecer que mesmo as sociedades de advogados podem, sim, ser nomeadas para o desempenho da função, já que se trata de ato de advocacia, atendendo aos requisitos da Lei 8.906/94.[1]

Por fim, sabe-se que as pessoas jurídicas podem ser nacionais ou estrangeiras, o que se afere por sua sede e pela legislação que foi seguida para a sua constituição – e não pela nacionalidade de seus membros ou pela origem do dinheiro empregado para a formação de seu capital social ou fundos sociais. Observando atentamente a Lei 11.101/05, bem como o Código Civil, não se vê norma que exija que a pessoa jurídica nomeada para desempenhar a função de administrador judicial seja nacional, isto é, que tenha sede no Brasil e tenha sido constituída segundo as leis brasileiras; em oposição, não há vedação, nas normas gerais, para que pessoa jurídica estrangeira, devidamente autorizada a funcionar no Brasil (quando necessário), desempenhe tal função. Assim, é possível a nomeação para a administração judicial de uma falência ou recuperação de empresa de pessoa jurídica estrangeira – vale dizer, constituída com base em legislação estrangeira e com sede no exterior e apenas filial, sucursal ou agência no Brasil. Também não há qualquer limitação sobre a nacionalidade dos bens, fundos sociais ou capital social, nem quanto à nacionalidade dos associados ou sócios.

Se o administrador judicial nomeado for pessoa jurídica, estabelece o parágrafo único do artigo 21 da Lei 11.101/05 que será declarado, no termo de compromisso de bem e fielmente desempenhar o cargo, que deve ser assinado logo após a nomeação, o nome de profissional (uma pessoa natural, portanto) responsável pela condução do processo de falência ou de recuperação judicial, que não poderá ser substituído sem autorização do juiz. Esse profissional não deve ser considerado o administrador judicial, mas o responsável pela administração judicial, atuando em nome da pessoa

1 Conferir MAMEDE, Gladston. *A advocacia e a Ordem dos Advogados do Brasil*. 3. ed. São Paulo: Atlas, 2008.

jurídica responsável, e assumindo, solidariamente àquela, a responsabilidade pelos atos de administração que venham a ser praticados comissiva ou omissivamente. Pode ser um sócio ou um associado da pessoa jurídica, da mesma forma que pode ser apenas seu empregado, o que é indiferente. Mas é pessoa que deve atender aos requisitos do *caput* do citado artigo 21, o que inclui, por certo, idoneidade moral e técnica para o desempenho da função, nos termos acima estudados.

5 POSSE, SUBSTITUIÇÃO, DESTITUIÇÃO E RESPONSABILIDADE

A escolha do administrador judicial não é ato que exija fundamentação, já que não há controvérsia jurídica. Logo após a nomeação, o escolhido será intimado pessoalmente para, em 48 horas, assinar, na sede do juízo, o termo de compromisso de bem e fielmente desempenhar o cargo e assumir todas as responsabilidades a ele inerentes (artigo 33 da Lei 11.101/05). O ato de posse na função e a assunção da competência e dos poderes de administração judicial estão diretamente vinculados à assinatura tempestiva do termo de compromisso, ato que, dessa maneira, assume condição análoga a um *termo de posse* na função. O juiz nomeará outro administrador judicial se não for assinado o termo de compromisso no prazo legal de 48 horas, contado da intimação pessoal da nomeação (artigo 34).

Verificado que a nomeação do administrador judicial desobedeceu aos preceitos da Lei 11.101/05, o empresário, o administrador da sociedade empresária, qualquer credor ou o Ministério Público poderá requerer sua substituição ao juiz (artigo 30, § 2º). O pedido de substituição dirige-se contra a nomeação do administrador, não contra a sua atuação. Em se tratando de pessoa jurídica, o pedido poderá impugnar tanto sua escolha, quanto a escolha da pessoa natural indicada como responsável para a condução do processo, assim como ambos, pelas mesmas razões ou por razões distintas. Aliás, a substituição do profissional indicado pela pessoa jurídica para a condução do processo pode ser determinada, de ofício, pelo magistrado, antes da assinatura do termo de compromisso.

Recebendo o pedido de substituição, o juiz o decidirá em 24 horas (§ 3º); aqui, sim, tem-se uma questão controversa, razão pela qual esta decisão deverá ser fundamentada, sendo impugnável por meio de agravo. Esse agravo não é alcançado pela limitação do artigo 1.015 do Código de Processo Civil e deve ser compreendido como alcançado pelo seu inciso XIII. Pensar o contrário seria permitir que uma eventual revisão futura invalidasse todos os atos praticados pelo administrador judicial, incluindo alienações, com prejuízos inconcebíveis para a segurança jurídica. Embora a lei não o preveja, é direito do impugnante requerer a produção de provas para provar seus argumentos, não se limitando a documentos. Esse requerimento deverá ser apreciado e, se for deferido, abrir-se-á uma *instrução sumária* para a produção da prova deferida: testemunhas, ofício a autoridades etc.

Ao longo do processo, o juiz poderá determinar a *destituição* do administrador judicial, de ofício ou a requerimento fundamentado de qualquer interessado. A destituição decorre da desobediência aos preceitos legais, descumprimento de deveres, omissão, negligência ou prática de ato lesivo às atividades do devedor ou a terceiros. Em se tratando de pessoa jurídica, o magistrado poderá destituí-la da função de administrador ou simplesmente determinar a substituição do profissional indicado como responsável perante o juízo, se tal medida for suficiente. No ato de destituição, o juiz nomeará um novo administrador judicial.

A decisão que determina ou indefere a substituição (artigo 30, § 2º) ou a destituição (artigo 31) do administrador encerra questão processual relevante, caracterizando-se, portanto, como interlocutórias, a exigir fundamentação, ainda que sucinta. A decisão que indefere o pedido de substituição ou de destituição pode ser objeto de agravo, interposto pelo devedor, por qualquer credor ou pelo Ministério Público, mesmo não sendo o autor do pedido de substituição ou destituição, já que a decisão afeta a tese exposta no pedido e esta, por seu turno, afeta todos, não apenas aquele que a formulou. Contudo, ninguém tem legitimidade para pedir a manutenção do administrador judicial, já que é pessoa da confiança do juiz. Uma vez mais, acredito que o agravo, nessa hipótese, não é alcançado pela limitação do artigo 1.015 do Código de Processo Civil e deve ser compreendido como alcançado pelo seu inciso XIII.

O administrador judicial não pode recorrer da decisão que o substituiu ou o destituiu já que não tem direito à função, nem é parte do processo; é auxiliar que deve merecer a confiança do juiz. No entanto, para além do afastamento da função, o ato de destituição tem por efeito vedar o exercício das funções de administrador judicial por cinco anos (artigo 30 da Lei 11.101/05). Portanto, os fundamentos da destituição podem, sim, constituir uma ilegalidade ou abuso de autoridade, lesando direito do destituído, já que o impediriam de ser nomeado administrador em outros feitos. A solução é o oferecimento de mandado de segurança pelo administrador judicial destituído, cujo pedido será apenas para desconstituir a fundamentação desabonadora e o impedimento para nomeação futura, ainda que não possa haver pretensão de retornar à função.

Se a destituição se deu em processo de falência, o administrador judicial substituído prestará contas no prazo de 10 dias, listando todos os atos praticados, com documentos comprobatórios. Esse material será autuado em autos apartados, apensados aos autos da falência (artigo 154 da Lei 11.101/05). Recebendo as contas, o juiz ordenará a publicação de aviso de que foram entregues e se encontram à disposição dos interessados, que poderão impugná-las no prazo de 10 dias. Essa publicação será feita preferencialmente na imprensa oficial e, se o devedor ou a massa falida comportar, em jornal ou revista de circulação regional ou nacional, bem como em quaisquer outros periódicos que circulem em todo o país (artigo 191 da Lei 11.101/05). A publicação conterá a epígrafe "recuperação judicial de", "recuperação extrajudicial de" ou "falência de". Ao fim dos 10 dias, realizadas as diligências necessárias à apuração dos fatos, o juiz intimará o Ministério Público para manifestar-se no prazo de cinco dias, findo o qual o administrador judicial será ouvido se houver impugnação ou parecer contrário do Ministério Público. Cumpridas todas essas providências, o juiz julgará as contas por sentença. Se as contas forem rejeitadas, o juiz fixará responsabilidades, podendo determinar a indisponibilidade ou o sequestro de bens; a sentença servirá como título executivo para indenização da massa. Com efeito, por previsão do artigo 32 da Lei 11.101/05, o administrador judicial responde pelos prejuízos causados à massa falida, ao devedor ou aos credores por dolo ou culpa. Dessa sentença cabe apelação.

6 COMPETÊNCIA

O administrador judicial atua sob a fiscalização do juiz e do Comitê de Credores, órgão que será estudado adiante. O artigo 22 da Lei 11.101/05 define atos para os quais lhe são atribuídos competência e poder, distribuídos em três grandes grupos: (1) competência comum à recuperação judicial e falência; (2) competência específica para a recuperação judicial; e (3) competência específica para a falência. Esse rol não é exaustivo; ao longo da lei são listados outros deveres e competências que, aliás, podem decorrer de outras leis e até da moral (a reserva normativa da sociedade). Ademais, o administrador judicial que seja profissional de determinada classe (advocacia, economia, administração de empresas e contabilidade) também está obrigado a respeitar as normas profissionais (deontológicas) respectivas; por exemplo, o advogado deverá respeitar o Estatuto da Advocacia e da Ordem dos Advogados, o Regulamento da Advocacia, o Código de Ética e Disciplina e os provimentos do Conselho Federal da OAB.[2]

6.1 Competência comum à falência e recuperação judicial

Os atos que o administrador tem competência e poder para executar tanto na recuperação judicial, quanto na falência, estão listados pelo artigo 22, I, da Lei 11.101/05:

(a) *Enviar correspondência aos credores, comunicando a data do pedido de recuperação judicial ou da decretação da falência, a natureza, o valor e a classificação dada ao crédito*. Essa comunicação se fará àqueles que constem da relação de credores apresentada pelo empresário ou administrador da sociedade empresária devedora. Na *recuperação judicial*, por força do artigo 51, III, a petição inicial deverá ser instruída com a relação nominal completa dos credores, inclusive aqueles por obrigação de fazer ou de dar, com a indicação do endereço de cada um, a natureza, a classificação e o valor atualizado do crédito, discriminando sua origem, o regime dos respectivos vencimentos e a indicação dos registros contábeis de cada transação pendente. A sentença que decretar a *falência* ordenará ao falido que apresente, no prazo máxi-

2 Conferir MAMEDE, Gladston. *A advocacia e a Ordem dos Advogados do Brasil.* 3. ed. São Paulo: Atlas, 2008.

mo de cinco dias, relação nominal dos credores, indicando endereço, importância, natureza e classificação dos respectivos créditos, se esta já não se encontrar nos autos, sob pena de desobediência. Em se tratando de *pedido de autofalência*, o artigo 105, II, exige que se faça acompanhar da relação nominal dos credores, indicando endereço, importância, natureza e classificação dos respectivos créditos.

Acredito que o administrador deve ainda enviar correspondência a todos os trabalhadores, haja ou não relação de emprego considerando que são credores potenciais do empresário ou sociedade empresária. Na recuperação judicial, a inicial deve fazer-se acompanhar de relação integral dos empregados, em que constem as respectivas funções, salários, indenizações e outras parcelas a que têm direito, com o correspondente mês de competência, e a discriminação dos valores pendentes de pagamento (artigo 51, IV, da Lei 11.101/05). Na falência, não há exigência específica, mas será proveitoso exigir que o falido apresente relação com todas as informações que permitam a adequada proteção dos créditos laborais, no mínimo por se tratar igualmente de credores, e, assim, serem alcançados pela generalidade dos textos inscritos nos artigos 99, III, e 105, II, da Lei 11.101/05.

(b) *Fornecer informações aos credores.* O administrador é responsável pela condução e fiscalização dos procedimentos administrativos do juízo universal, empreitada que envolve os interesses de muitos. Todos os interessados têm o direito de serem adequadamente informados sobre todos os detalhes do processo, realizando o princípio da informação que, no Direito contemporâneo, é compreendido como corolário dos princípios da probidade e da boa-fé que devem orientar a prática de todos os atos jurídicos, materiais ou instrumentais. A afirmação desses princípios é uma evolução jurídica rica, segundo a qual o Direito deve funcionar para a sociedade (princípio da função social do Direito). O *princípio da informação* aplica-se a todas as partes do processado e em todas as suas fases, o que, no âmbito do juízo universal, alcança o empresário ou administrador da sociedade empresária, sócios, credores e administrador judicial, como ficará claro na disposição inscrita na alínea *d* desse mesmo artigo 22, I, da Lei de Falência e Recuperação de Empresas.

A negligência ou desídia no cumprimento do dever de informar, tanto quanto o dolo em omitir informação relevante, são atos ilícitos, caracterizando causa eficaz para a destituição e, mesmo, para a responsabilização civil, havendo danos. Mesmo a culpa, friso, pois se trata de um dever e não seria legítimo pretender que o interessado suportasse os prejuízos da desinformação, ao simples argumento de que não houve a intenção deliberada de omitir a informação por parte de quem estava legalmente obrigado a prestá-la. A lei não determina só o fornecimento de informações, mas exige presteza; também caracteriza ato ilícito e descumprimento de obrigação inerente à função de administrador judicial a demora injustificada para atender o pedido de informação.

Note-se que o artigo 22, I, *b*, da Lei 11.101/05, usa a expressão *credores interessados*, embora pudesse ter se referido apenas a *credores*. Há, portanto, uma limitação de legitimidade no pedido de informação. Só terá direito à informação o credor que tiver interesse jurídico na mesma, podendo/devendo o administrador judicial negar-se, fundamentadamente, a fornecer informações a quem nelas não tenha interesse jurídico. O conceito de *interesse jurídico*, aqui, é fundamental, pois deve manter-se distinto do mero *interesse econômico, interesse empresarial*. Veja: um credor tem interesse em informação sobre a realização do ativo ou distribuição do produto no pagamento dos credores; mas não tem interesse jurídico para pedir informações sobre tecnologia (*know-how*) utilizada na empresa. Seria absurdo pensar-se que, com o estabelecimento do juízo universal, o princípio do sigilo empresarial fosse derrogado, o que tornaria vantajoso comprar créditos apenas para ter acesso a informações secretas: procedimentos, fórmulas, estratégias etc.

(c) *Dar extratos dos livros do devedor.* Empresários e sociedades empresárias estão obrigados, na forma do artigo 1.179 e seguintes do Código Civil, a manter escrituração regular, guardando-a e conservando-a, bem como a documentação respectiva e a correspondência da empresa. O artigo 226 do Código Civil afirma sua validade como meio de prova, ainda que com cautelas: provam contra o empresário ou sociedade empresarial por eles responsáveis, já que são documentos produzidos em seu nome e a seu mando, caracterizando declaração livre e consciente, obrigando o declarante (artigo 219 do Código Civil); o artigo 417 do novo Código de Processo Civil repete essa regra, mas admite demonstração, por outras provas lícitas, que os lançamentos não correspondem à verdade dos fatos. A escrituração também prova a favor do empresário, se não há vício extrínseco ou intrínseco e se os lançamentos sejam confirmados por outros subsídios (artigo 226 do Código Civil), embora se deva atentar para o fato de serem declarações unilaterais.

Cabe ao administrador judicial dar extratos dos livros do devedor, que merecerão fé de ofício, a fim de servirem de fundamento nas habilitações e impugnações de créditos. *Extrato* é um excerto, uma informação específica que se extrai da escrituração, sem avançar sobre outros lançamentos, preservando o sigilo da escrituração. Aliás, o ato exige atenção para o sigilo da escrituração contábil, mormente no âmbito da recuperação judicial; os extratos só podem ser concedidos na medida do interesse do requerente. A Lei 11.101/05 concedeu a tais extratos fé de ofício, ou seja, presunção de veracidade, como os documentos públicos; trata-se, todavia, de presunção relativa (*iuris tantum*), comportando prova em contrário.

(d) *Exigir dos credores, do devedor ou seus administradores quaisquer informações.* O princípio da informação, aqui, é afirmado pelo seu revés, dando ao administrador um instrumento para a realização de seus atos. Se o empresário ou administradores da sociedade empresária não prestarem as informações, serão apenados: na recuperação judicial, serão afastados da administração da empresa (artigo 64, V, da Lei 11.101/05); na falência, a negativa caracterizará crime de desobediência (artigo 104, VI e parágrafo único). Embora o legislador tenha usado o adjetivo quaisquer, obviamente é legítima a recusa quando a exigência seja ilegal, incluindo o abuso de direito. Mas a recusa deve ser fundamentada, tornando controversa a matéria e, assim, afeta à decisão pelo Judiciário.

A recusa pura e simples em atender ao pedido de informações leva à aplicação do § 2º do artigo 22 da Lei 11.101/05: o administrador judicial requererá ao juiz a intimação do credor, empresário ou administrador judicial, para comparecer à sede do juízo, sob pena de desobediência, oportunidade em que os interrogará na presença do administrador judicial, tomando seus depoimentos por escrito. Melhor será, contudo, se o juiz primeiro intimar a pessoa, assinalando prazo para apresentar a afirmação, advertindo-a das consequências do § 2º do artigo 22 da Lei 11.101/05; a mesma intimação decorrerá de eventual indeferimento da petição com recusa fundamentada ao pedido do administrador, acima referida.

De outra face, é faculdade do juiz, verificando que a pretensão do administrador judicial é ilícita, abusiva ou, quiçá, desnecessária e injustificada, indeferir, de ofício, o requerimento por ele formulado. Poderá, igualmente, determinar que o administrador judicial explique as razões pelas quais pretende tal informação para, assim, deliberar se defere ou não a intimação do requerido para comparecimento em juízo, sob pena de desobediência.

(e) *Elaborar a relação de credores*. Com a constituição do juízo universal, o administrador judicial realizará uma verificação dos débitos contra o empresário ou sociedade empresária, com base nos seus livros contábeis e documentos comerciais e fiscais, além dos documentos que lhe forem apresentados pelos credores. Para tal verificação, o administrador judicial poderá contar com o auxílio de profissionais ou empresas especializadas. Com base nas informações e documentos colhidos, cumpre ao administrador judicial elaborar uma relação de credores, que fará publicar, em edital que, ademais, indicará o local, o horário e o prazo comum em que qualquer credor, o devedor ou seus sócios ou o Ministério Público terão acesso aos documentos que fundamentaram a elaboração dessa relação. Esse edital deverá ser publicado em 45 dias, contados do fim do prazo para apresentação de habilitações ou divergências aos créditos relacionados. A publicação será feita preferencialmente na imprensa oficial e, se o devedor ou a massa falida comportar, em jornal ou revista de circulação regional ou nacional, bem como em quaisquer outros periódicos que circulem em todo o país. É o que determina o artigo 191 da Lei 11.101/05, demandando que a publicação contenha a epígrafe "recuperação judicial de", "recuperação extrajudicial de" ou "falência de".

(f) *Consolidar o quadro-geral de credores*. O administrador judicial será responsável pela consolidação do quadro-geral de credores, a ser homologado pelo juiz. Esse quadro toma por base a relação dos credores, referida na letra anterior, e leva em conta as decisões proferidas nas impugnações feitas, como se estudará no Capítulo 6. O quadro-geral, assinado pelo juiz e pelo administrador judicial, mencionará a importância e a classificação de cada crédito na data do requerimento da recuperação judicial ou da decretação da falência, será juntado aos autos e publicado no órgão oficial, no prazo de cinco dias, contado da data da sentença que houver julgado as impugnações.

(g) *Requerer a convocação da assembleia geral de credores*. A assembleia geral de credores é órgão auxiliar do juízo universal, como se estudará adiante, no Capítulo 5. Compete ao administrador judicial requerer ao juiz a convocação da assembleia geral de credores, o que será feito nos casos previstos em lei, quando entender necessária sua ouvida para a tomada de decisões.

(h) *Contratar auxiliares*. O artigo 22, I, *h*, da Lei 11.101/05 dá ao administrador judicial a competência para contratar, mediante autorização judicial, profissionais ou empresas especializadas para auxiliá-lo no exercício de suas funções: advocacia, contabilidade, auditoria etc. O número e a especialidade dos profissionais definem-se caso a caso, conforme a necessidade verificada. Os valores da remuneração dos auxiliares do administrador judicial serão fixados pelo juiz, que considerará a complexidade dos trabalhos a serem executados e os valores praticados no mercado para o desempenho de atividades semelhantes.

(i) *Manifestar-se no processo*. Compete ao administrador judicial, tanto na falência, quanto na recuperação de empresas, manifestar-se nos casos previstos em lei, ou sempre que o juiz assim lhe determinar. Por *lhe competir* entenda-se ser sua faculdade (direito) e sua obrigação (dever), simultaneamente: ele pode e deve fazê-lo. As hipóteses anotadas na própria Lei 11.101/05 são muitas:

- Manifestar-se sobre o pedido de habilitação, exclusão ou modificação de créditos derivados de ações por quantia ilíquida que corram em outros juízos (artigo 6º, § 2º).
- Emitir parecer sobre os créditos que tenham sido impugnados, após a contestação dos respectivos credores e a manifestação do devedor e do Comitê de Credores (artigo 12, parágrafo único).
- Pedir a exclusão, outra classificação ou a retificação de qualquer crédito, até o encerramento da recuperação judicial ou da falência, se descobertos falsidade, dolo, simulação, fraude, erro essencial ou documentos ignorados na época do julgamento do crédito ou da inclusão no quadro-geral de credores (artigo 19, *caput*).
- Requerer a falência no caso de descumprimento de obrigação assumida no plano de recuperação (artigo 22, II, *b*).
- Apresentar ao juiz relatório mensal das atividades do devedor na recuperação judicial (artigo 22, II, *c*).
- Apresentar relatório sobre a execução do plano de recuperação, cumpridas as obrigações dele constantes que tenham vencido em até dois anos após a concessão do benefício, permitindo seja proferida a sentença de encerramento do procedimento (artigos 22, II, *d*, e 61 a 63).
- Apresentar relatório sobre as causas e circunstâncias que conduziram à situação de falência, no qual apontará a responsabilidade civil e penal dos envolvidos (artigo 22, III, *e*).

- Requerer ao juiz a venda antecipada de bens perecíveis, deterioráveis ou sujeitos a considerável desvalorização ou de conservação arriscada ou dispendiosa (artigo 22, III, *j*, e 133).
- Requerer medidas e diligências necessárias para o cumprimento da lei, proteção da massa e à eficiência da administração (artigo 22, III, *o*).
- Apresentar ao juiz, até o 10º dia do mês seguinte ao vencido, conta demonstrativa da administração, especificando, com clareza, a receita e a despesa (artigo 22, III, *p*).
- Requerer ao juiz a intimação de credor, do empresário ou do administrador da sociedade empresária para que compareçam à sede do juízo, sob pena de desobediência, e ali sejam interrogados e seus depoimentos tomados por escrito, quando tenham se recusado a prestar informações que lhes tenham sido pedidas (artigo 22, I, *d*, e § 2º).
- Opinar sobre a necessidade de o devedor aumentar despesas ou contratar empregados, quando o plano de recuperação da empresa listar autorização do juiz como requisito para tanto (artigo 71, IV).
- Requerer ao juiz que o estabelecimento seja lacrado, sempre que houver risco para a execução da etapa de arrecadação ou para a preservação dos bens da massa falida ou dos interesses dos credores (artigo 109).
- Elaborar e juntar aos autos da falência o auto de arrecadação, composto pelo inventário e pelo respectivo laudo de avaliação dos bens (artigo 110).
- Solicitar ao comitê de credores autorização para alugar ou celebrar outro contrato referente aos bens da massa falida, com o objetivo de produzir renda para a massa falida (artigo 114).
- Manifestar-se, na falência, sobre a conveniência do cumprimento de contratos bilaterais, se houver redução ou se evitar o aumento do passivo da massa falida ou for necessário à manutenção e preservação de seus ativos, mediante autorização do Comitê (artigo 117).
- Manifestar-se, na falência, sobre a conveniência do cumprimento de contratos unilaterais (artigo 118).
- Opinar sobre a alienação do ativo em qualquer das modalidades anotadas no artigo 142 ou requerer a adoção de modalidade diversa. Se tal modalidade não for aprovada pela assembleia geral, o administrador se manifestará (artigo 145, § 3º) para posterior deliberação judicial.
- Apresentar suas contas quando, na falência, estiver concluída a realização de todo o ativo, e distribuído o produto entre os credores (artigo 154). Se houver qualquer impugnação, o administrador será ouvido sobre ela.

- Apresentar o relatório final da falência no prazo de 10 dias, contado do julgamento das suas contas, indicando o valor do ativo e o do produto de sua realização, o valor do passivo e o dos pagamentos feitos aos credores, e especificando justificadamente as responsabilidades com que continuará o falido.
- Oferecer ação penal privada subsidiária da pública, observado o prazo decadencial de seis meses, se, decorrido o prazo que lhe compete, o Ministério Público não houver oferecido denúncia.

6.2 Competência específica à recuperação judicial

No inciso II do mesmo artigo 22 da Lei 11.101/05 listam-se os atos que o administrador pode e deve praticar na recuperação judicial, especificamente. O exercício de tais poderes/deveres também se faz sob a fiscalização do juiz e do comitê de credores.

(a) *Fiscalizar as atividades do devedor e o cumprimento do plano de recuperação judicial.* Na recuperação judicial de empresas, o empresário recuperando ou administrador da sociedade empresária recuperanda não são afastados da atividade, salvo situações excepcionais (artigo 64 da Lei 11.101/05). O administrador judicial atua não como um realizador, mas como um mediador entre credores, o empresário ou sociedade empresária e o juiz. Em relação ao empresário ou sociedade empresária em recuperação, não lhe cabe atuar na empresa, mas acompanhar as atividades empresárias, velando pelo cumprimento do que se estabeleceu como plano para o restabelecimento das boas condições financeiras e econômicas.

(b) *Requerer a falência no caso de descumprimento de obrigação assumida no plano de recuperação.* A concessão da recuperação judicial é um benefício de Direito Empresarial, submetendo a empresa a um regime extraordinário, aprovado por devedor, trabalhadores e outros credores; um acordo coletivo homologado pelo Judiciário. O cumprimento desse acordo é *conditio sine qua non* para a manutenção do benefício empresarial concedido, o que justifica a atuação fiscalizadora do administrador judicial. Se há descumprimento da obrigação assumida, rompe-se o acordo coletivo que levou à concessão da recuperação, razão pela qual o descumprimento de obrigação prevista no plano, durante o período de dois anos, contados da decisão concessiva da recuperação, acarreta a convolação da recuperação em falência (artigos 61, § 1º, e 73, IV, da Lei 11.101/05).

O administrador judicial tem legitimidade para esse pedido de falência, mesmo sem ser credor do empresário ou sociedade empresária (artigo 22, II, *b*). O pedido, nesse contexto, é uma faculdade/obrigação (poder/dever) inerente à função desempenhada; é um múnus do administrador fazê-lo, ao contrário do credor, que pode transigir com o descumprimento de obrigação que lhe favorece.

Mas, se a obrigação favorece diretamente a credor que aceita a mora (transige), não poderá fazê-lo, já que é faculdade do credor transigir.

A outorga legal de uma legitimidade ativa para o pedido de falência implica, por decorrência, igual poder para recorrer da decisão que negue a decretação da falência. Em sentido contrário, é preciso realçar que o legislador não concedeu ao administrador poder para resistir ao pedido de convolação da recuperação em falência, o que implica não ter, igualmente, legitimidade para recorrer contra a sentença que decreta a quebra do empresário ou sociedade empresária. Poderá, sim, opinar sobre o pedido de convolação, incluindo a faculdade de exarar seu parecer pelo indeferimento do pedido; mas tem-se aqui mero exercício do *direito de manifestação*.

(c) *Apresentar relatório mensal das atividades do devedor, que será juntado aos autos*. Obviamente, por relatório de atividades não se tem uma reprodução do livro Diário, nem mesmo um resumo do mesmo, o que implicaria desrespeitar o princípio do sigilo da escrituração. O relatório deve construir-se tendo por referência os interesses específicos do juízo universal, ou seja, abalizando-se pelo interesse legítimo dos credores no desenvolvimento das atividades do devedor. Dispensam-se, destarte, (1) informações sobre aspectos estranhos à situação econômico-financeira da empresa, como a substituição de um vendedor por outro ou a pintura da loja; (2) informações sobre aspectos cotidianos, comuns, que simplesmente reflitam a rotina da empresa, como compra de insumos, operações habituais, promoções anuais (liquidações habituais), desde que não se verifiquem elementos extraordinários; e (3) informações que atentem contra o princípio do sigilo empresarial, o que não se limita à já afastada transcrição do livro Diário, alcançando também informações sobre estratégias mercadológicas, desenvolvimento de novos produtos etc.

O relatório mensal das atividades do devedor, a ser apresentado pelo administrador judicial, conterá um resumo das informações que tenham pertinência direta com a situação de recuperando. São exemplos de tais informações: (1) cumprimento, ou não, das obrigações constantes do plano de recuperação da empresa e que tiveram vencimento naquele período, incluindo informação sobre eventuais atrasos e suas causas; (2) contratação de novas obrigações, designadamente quando se verifique um incremento do passivo da empresa; (3) adimplemento ou não de obrigações que, tendo sido contraídas após a concessão da recuperação de empresa, não constavam do respectivo plano; (4) recolhimento de tributos; (5) contratação ou demissão anormal de pessoal; (6) ações propostas pelo e contra o empresário ou sociedade empresária, principalmente aquelas que possam ter grande impacto sobre sua situação econômico-financeira. O relatório deverá destacar, ademais, quaisquer elementos anormais na atividade empresária, principalmente aqueles que possam enfraquecer o patrimônio, em desproveito dos credores: alienação desordenada de bens do ativo, remoção de bens ou documentos para lugares incertos, transferências financeiras etc.

(d) *Apresentar relatório sobre a execução do plano de recuperação*. Após dois anos da decisão concessiva da recuperação judicial, o administrador judicial será intimado para apresentar, em 15 dias, um relatório circunstanciado versando sobre a execução do plano de recuperação pelo devedor (artigo 63, III). Tal relatório deverá ater-se, exclusivamente, aos aspectos relacionados ao plano de recuperação: os elementos que foram arrolados neste, a forma como foram cumpridos no biênio, as obrigações que, eventualmente, tenham tido seu adimplemento antecipado, as obrigações que ainda faltam adimplir, as condições atuais da empresa e as probabilidades de superação da crise econômico-financeira que justificou o pedido de recuperação. De posse dessas informações, se o empresário ou sociedade empresária houver cumprido com as obrigações previstas no plano, o juiz decretará por sentença o encerramento da recuperação judicial (artigos 61, *caput*, e 63 da Lei 11.101/05).

6.3 Competência específica à falência

Cumpre, agora, examinar qual é a competência do administrador judicial especificamente na falência, atos que se praticam sob fiscalização do juiz e do comitê de credores, reitero.

(a) *Avisar o lugar e hora para exame de livros e documentos do falido*. Com a falência, os credores passam a ter acesso à escrituração contábil do empresário ou sociedade empresária. Cumpre ao administrador regular tal exame, definindo o lugar e hora em que, diariamente, se poderá exercitar o direito, devendo, após fixá-los, avisar os credores, servindo-se, para tanto, do órgão oficial. O exame da escrituração, quando se tenha a decretação da falência do empresário ou sociedade empresária, é amplo, como analisado no volume 1 desta coleção. Os livros mercantis – também chamados de livros empresariais ou comerciais – não estão mais acobertados pela incidência plena do princípio do sigilo da escrituração empresarial. Ademais, os credores têm interesse numa ampla investigação dos registros contábeis pelos credores, aferindo as causas da insolvência empresária, a regularidade de créditos listados/habilitados e, mesmo, eventual prática de atos ilícitos, como fraudes.

Embora a questão pareça simples, é preciso reconhecer haver pontos controversos, que devem merecer viva atenção do jurista. Preocupa-me sobremaneira o chamado ativo intangível da empresa, ou seja, o conjunto dos valores imateriais que formam a excelência empresarial e que têm grande relevância nas disputas de mercado. A atenção a este aspecto conduz à percepção de que, em alguns casos excepcionais, os credores não devem ter acesso a toda a documentação do empresário ou sociedade empresária que teve sua falência decretada. Lançamentos e documentos que tragam informações estratégicas devem ser preservados, mormente considerada a possibilidade de realização do ativo com a alienação de toda a empresa ou de unidades produtivas (artigo 140 da Lei 11.101/05).

Cumpre ao Judiciário – e apenas a ele – determinar que um ou alguns documentos do falido tenham o seu sigilo preservado, o que poderá ser feito a partir de pedido formulado pelo empresário, administrador ou sócio da sociedade empresária, pelo administrador judicial, pelo Ministério Público e, mesmo, por qualquer dos credores, explicitando as razões pelas quais pretende aquele sigilo. Parece-me, mesmo, ser faculdade do juiz determinar, *ex officio*, que certos documentos sejam excluídos do amplo exame pelos credores, considerando o interesse maior de amplo atendimento dos credores e de preservação da empresa, por sua cessão, em bloco, a terceiro. De qualquer sorte, a decisão que determina a preservação do sigilo de certos documentos, mesmo que tomada de ofício, resolve questão controversa. É decisão interlocutória que deve estar fundamentada e pode ser recorrida.

(b) *Examinar a escrituração do devedor*. O administrador judicial tem o poder e a obrigação de examinar a escrituração do empresário ou sociedade empresária cuja falência foi decretada. A decretação da falência impõe ao falido a obrigação de depositar em cartório, no ato de assinatura do termo de comparecimento, os seus livros obrigatórios, a fim de serem entregues ao administrador judicial, depois de encerrados por termos assinados pelo juiz (artigo 104, II, da Lei 11.101/05); também deverão ser entregues ao administrador judicial, sem demora, todos os bens, *livros, papéis e documentos*, indicando-lhe, para serem arrecadados, os bens que porventura estejam em poder de terceiros. Em se tratando de pedido de autofalência, a petição inicial deverá vir acompanhada dos livros obrigatórios e documentos contábeis que lhe forem exigidos por lei (artigo 105, V). Não é só. Ato contínuo à assinatura do termo de compromisso, o administrador judicial efetuará a arrecadação dos bens e documentos do falido (artigo 108), elaborando e assinando um auto de arrecadação em que serão mencionados os livros obrigatórios e os auxiliares ou facultativos do devedor, designando-se o estado em que se acham, número e denominação de cada um, páginas escrituradas, data do início da escrituração e do último lançamento e se os livros obrigatórios estão revestidos das formalidades legais (artigo 110).

Examinar a escrituração, no sentido do artigo 22, III, *b*, não é dar *uma olhada*, mas perscrutar, investigar, aferir-lhe a forma e o conteúdo, buscando determinar se a condução da empresa se fez por forma regular ou não e, até, se foram praticados atos que possam ser qualificados como ilícitos civis ou penais. Serve, ainda, para o artigo 7º da Lei 11.101/05, que determina ao administrador judicial verificar os créditos contra o devedor, com base nos seus livros contábeis e documentos comerciais e fiscais e nos documentos que lhe forem apresentados pelos credores, podendo contar com o auxílio de profissionais ou empresas especializadas. É preciso, portanto, que se faça exame atento e responsável, respondendo o administrador judicial por comportamento doloso e, mesmo, desidioso na condução dessa função. Realce-se que o artigo 104, IX, da Lei 11.101/05, obriga o empresário ou administrador da sociedade empresária, diante da decretação da falência, a assistir ao levantamento, à verificação do balanço e ao exame dos livros, no que remarca a importância do procedimento para o juízo concursal.

(c) *Relacionar os processos e assumir a representação judicial da massa falida.* Com a falência, já o disse, o empresário ou administrador da sociedade empresária é afastado de suas atividades. Esse afastamento implica, viu-se no Capítulo 3, a perda da capacidade para a representação civil e processual do que, com a decretação, foi transformado de empresa em massa falida. O administrador judicial assumirá, dessa maneira, a representação judicial da massa falida, o que justifica, viu-se, a suspensão dos feitos já em andamento, mesmo quando não sejam alcançados pela força atrativa do juízo universal, a exemplo das ações sem efeito patrimonial econômico.

Essa representação civil da massa falida não é ilimitada, não se comparando ao exercício das próprias faculdades pelo empresário, nem à representação da sociedade empresária por seu administrador, que conhece apenas os limites do que se encontra disposto na lei e no contrato ou estatuto social. Na falência, o administrador judicial não poderá, sem autorização judicial, transigir sobre obrigações e direitos da massa falida e conceder abatimento de dívidas, ainda que sejam consideradas de difícil recebimento (artigo 22, § 3º, da Lei 11.101/05). O administrador, diante da possibilidade de um acordo judicial ou extrajudicial, deve submeter a questão ao juízo que, antes de dar ou não autorização para a sua realização, deverá intimar o comitê de credores e o empresário ou o administrador e sócios da sociedade empresária para se manifestar, no prazo comum de dois dias. Colhidas tais manifestações expressas, ou interpretando o silêncio (vale dizer, o decurso *in albis* do prazo para se manifestar) como anuência, o juiz decidirá se concederá ou não a autorização. Como tal autorização tem efeitos sobre os direitos e interesses de todos os envolvidos no concurso de credores, parece-me inequívoco envolver questão controversa, salvo aprovação pela assembleia de credores (a quem a Lei 11.101/05 dá efetivos poderes de transigência – conferir, a propósito, o seu artigo 35, II, *d*). Cuida-se, portanto, de decisão interlocutória, que deve apresentar fundamentação, sendo recorrível.

Note-se que, mais do que assumir a representação judicial da massa falida, o administrador deve relacionar os processos em que está atuando, ou seja, deve apresentar um relatório inicial, listando as ações já em curso, bem como de comunicar ao juízo todas as ações que venham a ser propostas pela massa falida e contra a massa falida.

(d) *Receber e abrir a correspondência dirigida ao devedor*. O artigo 22, III, *d*, da Lei 11.101/05 atribui ao administrador judicial a competência para receber e abrir a correspondência dirigida ao devedor, entregando a ele o que não for assunto de interesse da massa. A norma merece redobrado cuidado, pois o artigo 5º, XII, da Constituição da República prevê ser inviolável o sigilo da correspondência e das comunicações telegráficas, de dados e das comunicações telefônicas, salvo, no último caso, por ordem judicial, nas hipóteses e formas que a lei estabelecer para fins de investigação criminal ou instrução processual penal. Com efeito, a violação da comunicação seria, inevitavelmente, violação da privacidade (do espaço privado) e da intimidade de cada pessoa.

O respeito ao artigo 5º, XII, da Constituição da República implica dar interpretação muito restrita ao dispositivo agora estudado, evitando ferir a garantia fundamental. Em primeiro lugar, em se tratando de empresário (pessoa natural), não poderá o síndico receber ou abrir correspondência que lhe seja dirigida, em hipótese alguma. A correspondência tem por destinatário uma pessoa natural e, por força do já citado artigo 5º, XII, da Constituição da República, somente essa pessoa pode abri-la, não sendo possível, sequer, exigir-se que o administrador esteja ao seu lado para fiscalizar ou conferir o conteúdo da missiva. Nem se invoque o Direito de Execução Penal, que tem ressalvas a tal garantia, pois são adotadas em relação a presos de determinada periculosidade, situação distinta da falência.

Já na falência de sociedade empresária, muda-se o quadro. A sociedade empresária é representada por seu administrador ou administradores, conforme o contrato social ou estatuto social; mas, com a decretação da falência, são eles afastados, sendo substituídos justamente pelo administrador judicial, que passa à representação da massa falida, como visto acima. Portanto, a correspondência que siga para a sociedade empresarial pode, nesta hipótese, ser aberta pelo administrador judicial. Frise-se, porém, que apenas a correspondência dirigida à sociedade empresária, por seu nome empresarial, título de estabelecimento, marca ou outro elemento de identificação. Se há identificação de sócio, administrador ou funcionário, o administrador deverá entregar a correspondência a esse, como a recebeu: lacrada. Isso inclui a hipótese de correspondências dirigidas à sociedade empresária, mas aos cuidados de alguém, como no exemplo:

À

CC – Enxovais Ltda.

A/C Sr. Caio Júlio Cesar

(e) *Apresentar relatórios sobre as causas e circunstâncias que conduziram à situação de falência*. Com a assinatura do termo de compromisso pelo administrador judicial, começa a contagem de um prazo de 40 dias para que ele verifique a situação econômico-financeira da empresa, inclusive pretérita, tomando por base os livros contábeis e documentos comerciais e fiscais do devedor e os documentos que lhe forem apresentados pelos credores. Se esse prazo não se mostrar suficiente, diante da complexidade da situação ou do volume de trabalho requerido, o administrador poderá requerer ao juiz uma prorrogação por igual período. Dessa investigação, o administrador deverá extrair e apresentar ao juízo um relatório sobre as causas e circunstâncias que conduziram à situação de falência, no qual apontará a responsabilidade civil e penal dos envolvidos.

O *relatório sobre causas e circunstâncias da falência* (também chamado de *exposição circunstanciada* ou *relatório circunstanciado*) deve expor ao juiz as causas da falência, o procedimento do devedor, antes e depois da sentença, e outras informações detalhadas a respeito da conduta do devedor e de outros responsáveis, se houver, por atos que possam constituir crime relacionado com a recuperação judicial ou com a falência, ou outro delito conexo a estes (artigo 186 da Lei 11.101/05). Ademais, tal exposição será instruída com laudo do contador encarregado do exame da escrituração do devedor. Embora o artigo 186 tenha se referido apenas a *atos que possam constituir crime*, o relatório circunstanciado tem, a bem da verdade, uma dimensão maior, como fica claro do artigo 22, III, *e*, servindo também para a apuração de ilícitos civis que possam determinar a responsabilização do empresário, administrador societário, sócio ou terceiro, bem como indicando eventuais fraudes que deem margem à anulação de ato jurídico ou à declaração de sua nulidade, incluindo simulações. Particular atenção se deve ter para as hipóteses que justifiquem a desconsideração da personalidade jurídica (artigo 50 do Código Civil).

Se o relatório circunstanciado apontar responsabilidade penal de qualquer dos envolvidos, o Ministério Público será intimado para tomar conhecimento de seu teor e, assim, avaliar se oferecerá, ou não, a denúncia criminal contra o seu autor. Destaque-se, bem a propósito, que os crimes previstos na Lei de Falência e Recuperação de Empresas são de ação penal pública incondicionada, embora, decorrido o prazo para oferecimento da denúncia, sem que o Ministério Público o faça, qualquer credor habilitado ou o administrador judicial poderá oferecer ação penal privada subsidiária da pública, observado o prazo decadencial de seis meses. Por outro ângulo, no que se refere aos ilícitos civis, fraudes, simulações e, mesmo, verificação de condições para a desconsideração da personalidade jurídica, o próprio administrador judicial detém legitimidade para agir juridicamente contra elas, movendo ações de indenização ou outras que se mostrem necessárias, ou mesmo pedindo ao juiz da falência que desconsidere a personalidade jurídica da sociedade empresária, para determinar responsabilidade de sócio, administradores ou terceiros.

(f) *Arrecadar bens e documentos do devedor*. O administrador tem o poder e o dever de arrecadar os bens e documentos do devedor falido. Desde a decretação da falência o devedor perde o direito de administrar os seus bens ou deles dispor, embora conserve o poder de fiscalizar a administração da falência, requerer as providências necessárias para a conservação de seus direitos ou dos bens arrecadados (artigo 103 da Lei 11.101/05). Por isso, a decretação da falência impõe ao falido o dever de entregar, sem demora, todos os bens, livros, papéis e documentos ao administrador judicial, indicando-lhe, para serem arrecadados, os bens que porventura tenha em poder de terceiros (artigo 104, V). A arrecadação dos bens e documentos será efetuada pelo administrador judicial (o falido pode acompanhá-la), ato contínuo à assinatura do termo de compromisso, requerendo ao juiz, para esses fins, as medidas necessárias (artigo 108). Os bens arrecadados ficarão sob a guarda do administrador judicial ou de pessoa por ele escolhida, sob responsabilidade daquele, podendo o falido ou qualquer de seus representantes ser nomeado depositário dos bens. Só não serão arrecadados os bens absolutamente impenhoráveis. Havendo risco para a execução da etapa de arrecadação ou para a preservação dos bens da massa falida ou dos interesses dos credores, o administrador poderá determinar que o estabelecimento seja lacrado.

O administrador judicial deverá elaborar o *auto de arrecadação*, que é composto pelo inventário e pelo respectivo laudo de avaliação dos bens (conferir alínea seguinte), sendo assinado pelo administrador judicial, pelo falido ou seus representantes e por outras pessoas que auxiliarem ou presenciarem o ato (artigo 110). No inventário, serão referidos e, sempre que possível, individualizados, (1) os livros obrigatórios e os auxiliares ou facultativos do devedor, designando-se o estado em que se acham, número e denominação de cada um, páginas escrituradas, data do início da escrituração e do último lançamento e se os livros obrigatórios estão revestidos das formalidades legais; (2) dinheiro, papéis, títulos de crédito, documentos e outros bens da massa falida; (3) os bens da massa falida em poder de terceiro, a título de guarda, depósito, penhor ou retenção; (4) os bens indicados como propriedade de terceiros ou reclamados por estes, mencionando-se essa circunstância. Em relação aos bens imóveis, o administrador judicial, no prazo de 15 (quinze) dias e após a sua arrecadação, exibirá as certidões de registro, extraídas posteriormente à decretação da falência, com todas as indicações que nele constarem.

(g) *Avaliar os bens arrecadados*. Uma vez arrecadados os bens do empresário ou sociedade empresária que teve sua falência decretada, compete ao administrador judicial avaliá-los. A lei deu-lhe poder para atribuir valores aos bens. Essa atribuição levará em conta o valor venal, isto é, um valor médio de mercado, valor pelo qual seriam correntemente vendidos. Essa avaliação, diz o artigo 108, *caput*, da Lei 11.101/05, será feita separadamente ou em bloco, conforme as particularidades de cada caso, reconhecendo que alguns bens podem ser avaliados em lotes, a exemplo de mercadorias, peças de reposição, mobiliário usado de escritório (cadeiras, mesas etc.). Ainda que haja avaliação em bloco, o bem objeto de garantia real será também avaliado separadamente, uma vez que o artigo 83, § 1º, da Lei de Falência e Recuperação de Empresa prevê que o credor com garantia real receberá como valor do bem objeto de garantia real a importância efetivamente arrecadada com sua venda, ou, no caso de alienação em bloco, o valor de avaliação do bem individualmente considerado. O falido poderá acompanhar a arrecadação e a avaliação. Como visto há pouco, o *laudo de avaliação dos bens* comporá, junto com o inventário, o *auto de arrecadação*, que será assinado pelo administrador judicial, pelo falido ou seus representantes e por outras pessoas que auxiliarem ou presenciarem o ato.

(h) *Contratar avaliadores*. Caso o administrador entenda não ter condições técnicas para avaliar os bens arrecadados, poderá pedir autorização judicial para contratar avaliadores para executarem essa tarefa. Nessa contratação dará preferência para avaliadores oficiais, ou seja, aqueles que desempenhem comumente essa função para o Estado (artigo 22, III, *h*, da Lei 11.101/05). Note-se que o artigo 110, § 1º, prevê que, não sendo possível a avaliação dos bens no ato da arrecadação, o administrador judicial requererá ao juiz a concessão de prazo para apresentação do laudo de avaliação, que não poderá exceder 30 dias, contados da apresentação do auto de arrecadação. Não há, contudo, relação direta entre o artigo 22, III, *h*, e o artigo 110, § 1º. Assim, têm-se quatro hipóteses: (1) o administrador judicial reconhece-se capaz de fazer a avaliação e efetivamente a faz, concomitantemente à arrecadação; (2) o administrador judicial não se julga capaz de fazer a avaliação e, mesmo antes da arrecadação, contrata avaliador, com autorização do juiz, concluindo num único ato a arrecadação e a avaliação dos bens arrecadados; (3) o administrador considera não ser possível avaliar os bens no ato da arrecadação, requerendo ao juiz prazo não superior a 30 dias para que ele mesmo faça a avaliação; e (4) o administrador considera não ser capaz de fazer a avaliação dos bens arrecadados, nem considera que tal avaliação possa ser feita no ato da arrecadação, requerendo ao juiz autorização para contratar um avaliador e prazo não superior a 30 dias para que o avaliador contratado elabore o laudo de avaliação.

(i) *Realizar o ativo*. A falência é uma *liquidação judicial* de devedor insolvente e o administrador judicial é o liquidante, a quem compete praticar os atos necessários à realização do ativo e ao pagamento dos credores. *Realizar o ativo* é expressão que traduz a transformação de bens em pecúnia, em dinheiro, permitindo pagar aos credores de acordo com o valor de seu crédito e a respectiva classe (artigo 83 da Lei 11.101/05). Como se estudará adiante, a realização do ativo é regulada pelo artigo 139 e seguintes.

(j) *Requerimento de venda antecipada*. O administrador judicial é responsável pela preservação dos direitos e interesses da coletividade envolvida no processo de falência, ou seja, credores, empresário falido ou sócios da sociedade empresária falida, administrador societário, trabalhadores, terceiros e, mesmo, a sociedade em geral. É uma atividade que exige particular atenção e cuidado para que seja realizada de forma a evitar prejuízos para todos esses interesses legítimos. Os incisos *j* e *l* (primeira parte) do artigo 22, III, da Lei 11.101/05, dão uma boa dimensão do que estou falando. O primeiro atribui ao administrador judicial a competência, o poder e mesmo a obrigação de requerer ao juiz a venda antecipada de bens perecíveis, deterioráveis ou sujeitos a considerável desvalorização ou de conservação arriscada ou dispendiosa. Em fato, o artigo 113 prevê que os tais bens (*perecíveis, deterioráveis, sujeitos à considerável desvalorização ou que sejam de conservação arriscada ou dispendiosa*) poderão ser vendidos antecipadamente, após a arrecadação e a avaliação, mediante autorização judicial, ouvidos o comitê de credores e o falido no prazo de 48 horas.

O artigo 22, III, *j*, da Lei 11.101/05, quando diz competir ao administrador judicial requerer ao juiz a venda antecipada dos bens que estejam naquelas situações, atribui-lhe a obrigação de manter o controle sobre os bens arrecadados, verificando constantemente sua condição e atentando para que não pereçam, não se deteriorem, não se desvalorizem consideravelmente, bem como observando aqueles que tenham conservação arriscada ou dispendiosa. Manter esse cuidado é um dever inerente, próprio, do administrador judicial, expressando sua função no processo de falência: administrar a massa para otimizar a realização do ativo, respeitando os princípios norteadores do processo falimentar e os interesses das partes. Assim, responde por sua desídia, vale dizer, pelo comportamento omissivo, quando crie prejuízo para a massa; o exemplo claro é do administrador judicial da falência de uma distribuidora de remédios que, ao arrecadar os bens, não atenta para a validade dos itens do estoque, permitindo que lotes inteiros de medicamentos ultrapassem sua data de validade, perdendo completamente o seu valor. Não só a desídia (forma de negligência, que é) determinaria o dever de indenizar. Obviamente, o administrador judicial responderá pelo comportamento doloso (querer que haja perecimento, deterioração ou desvalorização), assim como responderá por sua imprudência, nomeadamente quando mantenha bens de conservação arriscada, e esses venham a sofrer danos, ou bens de conservação dispendiosa, determinando prejuízos para a massa.

(l) *Atos conservatórios e executórios de direitos e créditos*. Compete ao administrador o exercício do direito de ação a favor da massa falida, sendo, portanto, sua obrigação e sua faculdade praticar todos os atos conservatórios de direitos e ações, diligenciar a cobrança de dívidas e dar a respectiva quitação. Os atos conservatórios encartam-se, como visto há pouco, no dever de velar pela preservação dos interesses da massa, extrajudicial e judicialmente, havendo para tanto diversos instrumentos, sendo exemplo: protesto judicial, protesto cambial, habilitação de crédito (a favor da massa) em outro juízo universal, ou seja, em falência, recuperação de empresa, liquidação extrajudicial ou insolvência, manejo de interditos possessórios, ação de busca e apreensão de bens (inclusive aqueles alienados fiduciariamente), ações cautelares etc. Some-se uma ampla gama de providências administrativas, como pedido de prorrogação do prazo de vigência de direito sobre marca, pagamento de retribuição anual devida ao INPI pela emissão de carta de patente, entre tantos outros.

Para além desses atos conservatórios, cumpre ao administrador praticar atos executórios, ou seja, atos voltados à realização dos créditos que a massa falida tenha a seu favor, o que poderá ser feito extrajudicialmente, por cobrança, outorgando a lei competência para que o administrador, recebendo o valor devido, dê a respectiva quitação ao devedor, o que por certo inclui, em se tratando de título de crédito, a devolução da cártula, com quitação no verso, atendendo aos princípios da cartularidade e da literalidade. No plano judicial, o administrador judicial poderá mover, em nome da massa falida, ações de cobrança, monitórias e execuções para recebimento de valores devidos à massa.

(m) *Remição de bens apenhados, penhorados ou legalmente retidos*. O verbo *remir* traduz a ideia de liberar, libertar, servindo ao Direito Privado pelo sentido de liberar um bem do ônus que o vincula a determinada obrigação jurídica, o que se pode fazer pagando a dívida, arrematando o bem em venda concursal (leilão, hasta), obtendo a substituição da garantia etc. O substantivo do verbo *remir* é a *remição*: ato de liberação de um bem do ônus jurídico que pesa sobre a relação de domínio ou posse que lhe corresponde, quando ele está empenhado (ônus: penhor), hipotecado (ônus: hipoteca), dado em anticrese (ônus: anticrese), penhorado (ônus: penhora em processo de execução) ou retido (ônus: direito de retenção ou *ius retentionis*). Pode haver remição em todos esses casos. É preciso não confundir com *remissão*, que é o perdão da dívida pelo seu credor. O artigo 22, III, *m*, da Lei 11.101/05, portanto, refere-se à remição de bem pertencente à massa, o que poderá ser feito pelo administrador judicial, mediante autorização judicial. A possibilidade é interessante principalmente em razão do princípio da indivisibilidade da garantia real (no artigo 1.419 do Código Civil)[3], em razão do qual um bem de elevado valor pode garantir dívida muito inferior, recomendando a remição.

A norma também desperta interesse pela expressa referência à remição de *bens penhorados*. De acordo com o artigo 826 do novo Código de Processo Civil, antes de arrematados ou adjudicados os bens, pode o devedor, a todo tempo, remir a execução, pagando ou consignando a importância da dívida, mais juros, custas e honorários advocatícios. A hipótese se amolda com perfeição à faculdade do administrador judicial remir, em benefício da massa, os bens penhorados. Contudo, as execuções são atraídas pelo concurso de credores, com exceção das fiscais, razão pela qual as penhoras existentes em execução em andamento irão se submeter ao juízo universal. Assim, a referência à remição de bens penhorados não se justificaria, exceto considerando leilão feito com bem constrito em execução fiscal, quando não se tenha encetada a tentativa de negociação em bloco de todos os estabelecimentos, grupo de estabelecimentos ou estabelecimento, modalidade preferencial de realização do ativo, segundo a Lei 11.101/05, alcançando mesmo a Fazenda e seus interesses, que não podem se fazer mesquinhos e imediatos quando o legislador considera o princípio da preservação da empresa, ao qual está ela igualmente submetida.

(n) *Representação judicial da massa falida*. Compete ao administrador judicial representar a massa falida em juízo, contratando, se necessário, advogado, cujos honorários serão previamente ajustados e aprovados pelo comitê de credores.

---

3 Conferir MAMEDE, Gladston. *Código Civil comentado*: penhor, hipoteca e anticrese: artigos 1.419 a 1.510. São Paulo: Atlas, 2003. v. 14.

O tema já foi bem explorado nos momentos anteriores deste mesmo capítulo, tornando despicienda a mera reiteração do que já foi dito. Friso, porém, que toda a representação da massa falida está sob a responsabilidade do administrador judicial, incluindo processos que não tenham reflexos patrimoniais diretos. O administrador judicial não é um mero alienador e pagador, mas assume a obrigação do gerenciamento de todo o complexo de ações processuais (como a representação em juízo) e não processuais (como o controle de bens armazenados até a sua venda, controle de prazos de validade etc.) da massa falida.

(o) *Requerimento de medidas e diligências necessárias*. O administrador judicial pode e deve requerer todas as medidas e diligências que forem necessárias para o cumprimento da Lei de Falência e Recuperação de Empresas, além daquelas que se fazem necessárias para a proteção da massa ou a eficiência da administração. Não apenas medidas listadas na própria lei, estudadas na seção 6.1 deste Capítulo, mas mesmo outras, conforme as necessidades dadas em concreto de cumprir a legislação, proteger a massa falida e garantir a eficiência de sua administração.

(p) *Apresentar conta demonstrativa da administração*. Até o 10º dia do mês seguinte ao vencido, o administrador judicial deverá apresentar ao juiz, para juntada aos autos, uma conta demonstrativa da administração. Nessa conta, deverá ser especificada, com clareza, a receita auferida pela massa no período e, em contrapartida, a despesa (artigo 22, III, *p*, da Lei 11.101/05). Por receita tem-se o total dos ingressos de pecúnia (dinheiro) para a massa falida, fruto de contratos diversos (locação, cessão de marca, arrendamento de estabelecimento empresarial) e alienação de seus bens (realização do ativo). Essa compreensão de receita, a incluir a própria desconstituição do patrimônio, tem por fundamento a liquidação da empresa, rompendo com o princípio da continuidade, estudado no volume 1 desta coleção.

Corolário dessa afirmação, o conceito de *despesa*, no dispositivo, deve ser compreendido como expressão dos pagamentos efetuados aos credores, além dos custos da massa falida (ou *despesas da massa*) com sua própria existência e funcionamento (artigo 84 da Lei 11.101/05): (1) remunerações devidas ao administrador judicial e seus auxiliares e créditos derivados da legislação do trabalho ou decorrentes de acidentes de trabalho relativos a serviços prestados após a decretação da falência; (2) quantias fornecidas à massa pelos credores; (3) despesas com arrecadação, administração, realização do ativo e distribuição do seu produto, bem como custas do processo de falência; (4) custas judiciais relativas às ações e execuções em que a massa falida tenha sido vencida; e (5) obrigações resultantes de atos jurídicos válidos praticados durante a recuperação judicial, ou após a decretação da falência, e tributos relativos a fatos geradores ocorridos após a decretação da falência.

(q) *Entregar ao seu substituto todos os bens e documentos da massa em seu poder, sob pena de responsabilidade*. Se o administrador é destituído ou substituído, deverá transferir a seu substituto todos os bens arrecadados, bem como todos os documentos da massa e demais elementos necessários para a condução do processo. O novo administrador judicial poderá pedir a busca e apreensão de bens ou documentos que tenham sido indevidamente retidos por seu antecessor, assim como poderá ajuizar ação de indenização fundada nos danos sofridos com essa retenção, além de outros prejuízos que o comportamento doloso, culposo ou abusivo do antecessor tenha causado à massa.

(r) *Prestar contas*. Quando o administrador findar o seu trabalho, seja ao fim do processo de falência, seja quando for substituído ou renunciar à função, terá 10 dias para prestar suas contas, acompanhadas dos documentos comprobatórios, que serão autuadas em apartado, havendo publicação de aviso de que foram entregues e se encontram à disposição dos interessados, que poderão impugná-las no prazo de 10 dias, após o qual serão ouvidos o Ministério Público e, após, o próprio administrador, prestador das contas, seguindo-se sentença. Essa sentença, se rejeitar as contas do administrador judicial, fixará suas responsabilidades, poderá determinar a indisponibilidade ou o sequestro de bens e servirá como título executivo para indenização da massa, conforme estipulação do artigo 154, também da Lei 11.101/05. Dessa sentença cabe apelação.

O administrador judicial que não apresentar, no prazo estabelecido, suas contas ou qualquer dos relatórios previstos na Lei de Falência e Recuperação de Empresas será intimado pessoalmente a fazê-lo no prazo de cinco dias, sob pena de desobediência. Decorrido esse prazo, o juiz destituirá o administrador judicial e nomeará substituto para elaborar relatórios ou organizar as contas, explicitando as responsabilidades de seu antecessor.

7 REMUNERAÇÃO

O trabalho realizado pelo administrador será remunerado, cabendo ao juiz fixar o valor e a forma de pagamento dessa remuneração, observados a capacidade de pagamento do devedor, o grau de complexidade do trabalho e os valores praticados no mercado para o desempenho de atividades semelhantes. No entanto, em qualquer hipótese, o total pago ao administrador judicial não excederá 5% do valor devido aos credores submetidos à recuperação judicial ou do valor de venda dos bens na falência (artigo 40 da Lei 11.101/05). Em se tratando de microempresas e empresas de pequeno porte, a remuneração do administrador judicial fica reduzida ao limite de 2%, por força do § 5º desse mesmo artigo 40 (incluído pela Lei Complementar nº 147/14).

Do montante devido ao administrador judicial, 40% devem ser reservados para pagamento após a apresentação e julgamento de suas contas, bem como do relatório final, indicando-se o valor do ativo e o do produto de sua realização, o valor do passivo e o dos pagamentos feitos aos credores, e especificando-se justificadamente as responsabilidades com que continuará o falido (artigo 40, § 2º).

Em se tratando de recuperação de empresa, caberá ao devedor arcar com as despesas relativas à remuneração do administrador judicial e das pessoas eventualmente contratadas para auxiliá-lo; na falência, a massa falida arcará com tais pagamentos.

O administrador judicial substituído será remunerado proporcionalmente ao trabalho realizado. No entanto, o artigo 24, § 3º, da Lei 11.101/05, cria ressalvas a esse direito à remuneração proporcional: se o administrador judicial renunciar sem relevante razão ou for destituído de suas funções por desídia, culpa, dolo ou descumprimento das obrigações fixadas na Lei de Falência e Recuperação de Empresas. Seriam estas as hipóteses em que não terá direito à remuneração. Também não terá direito à remuneração o administrador que tiver suas contas desaprovadas. A norma revela, por certo ângulo, inconstitucionalidade flagrante por desconsiderar os valores sociais do trabalho (artigo 1º, IV, primeira parte), por desrespeitar o direito à titularidade dos valores auferidos com o próprio trabalho (propriedade – ou, melhor, titularidade – de dinheiro) e sua função social (artigo 5º, XXII e XXIII), além de discrepar dos princípios que norteiam o artigo 7º da Carta Política. O ponto central do problema é: não se pode expropriar o trabalhador da remuneração pelo que trabalhou (e o administrador judicial realiza, sim, um trabalho no desempenho de sua função), sem que haja razão de Direito relevante, legítima, razoável, proporcional e, por que não dizer, justa. Para demonstrá-lo, examinei cada uma das hipóteses listadas nos §§ 3º e 4º do artigo 24 da Lei 11.101/05 como causas para a perda do direito à remuneração:

(1º) Renúncia sem relevante razão. Ao contrário do que pretendeu o legislador, o administrador judicial tem, sim, o direito de renunciar sem revelar os motivos que o levam a tanto. Não há licença constitucional para obrigá-lo a manter-se no exercício da função. Não se trata de um múnus público. Não há base constitucional para obrigar o administrador judicial a declarar os motivos de sua renúncia à função e, muito menos, para puni-lo com a perda do direito à remuneração pelo trabalho que desempenhou, na respectiva proporção. Igualmente, a liberdade de exercício de qualquer trabalho implica o direito de não exercê-lo. Assim, creio que a previsão é inconstitucional e o administrador judicial, mesmo renunciando à função sem expressar minimamente seus motivos, tem direito à remuneração proporcional pelo trabalho que realizou. Nunca é demais lembrar, para reforçar os argumentos, que se o juiz ou o representante do Ministério Público pedirem exoneração de seus cargos, mesmo sem relevante razão de Direito, terão direito a seus vencimentos proporcionais, pelo mesmo motivo que tem o administrador judicial. Ademais, haveria enriquecimento ilícito da massa caso não remunerasse o administrador judicial pelo trabalho que desempenhou.

(2º) Destituição por desídia, culpa, dolo ou descumprimento das obrigações fixadas na Lei. A simples destituição por desídia, culpa, dolo ou descumprimento de obrigações fixadas em lei não tem, *a priori*, o condão de afastar o direito à remuneração pelo trabalho desempenhado, exceto se, no caso concreto, a destituição se fez logo no início do processo e o administrador nada tenha feito, quadro no qual a ausência de remuneração se justificará pela ausência de trabalho. Parece-me que a norma estudada deva ser interpretada como a afirmação de um direito de retenção (*ius retentionis*), diretamente vinculado à pretensão de acionar o administrador judicial por danos decorrentes de seu comportamento. Esse direito de retenção, todavia, embora justifique a retenção inicial dos valores, somente poderia ser mantido caso o novo administrador judicial demonstrasse ao magistrado a provável existência de danos e assegurasse a imediata proposição de ação para a sua reparação, pedindo a manutenção da retenção, o que haveria de ser deferido em decisão fundamentada, obviamente passível de recurso. Fora dessa hipótese específica, não há como privar o administrador destituído da remuneração proporcional ao trabalho que realizou.

(3º) Desaprovação das contas. Pelo mesmo motivo acima, a desaprovação das contas não é, por si só, motivo para privar o administrador judicial da remuneração que lhe é devida no encerramento do juízo universal ou quando é substituído. Se as contas não são aprovadas por problemas formais que se apresentam passíveis de serem consertados pelo administrador, haverá retenção até que ele se desonere de tal obrigação. Se as contas não são aprovadas pela verificação de comportamento ilícito que determinou prejuízos para a massa, aplica-se a mesma regra de retenção há pouco abordada. Note-se que as contas podem não ter sido aprovadas por uma falha de R$ 10.000,00, quando o valor da remuneração devida pode ser de R$ 50.000,00, sendo absurdo pretender expropriar o administrador dessa diferença. Basta recordar que, se o valor for de R$ 10.000,00 e a remuneração que lhe é devida remontar a R$ 5.000, caberá a ele reparar a diferença – e apenas essa –, compensando no valor a indenizar a parcela remuneratória que lhe seria devida.

5

Manifestação e Representação dos Credores

1 CREDORES NO JUÍZO UNIVERSAL

A insolvência desfaz a normalidade das relações pessoais, frustrando a expectativa legítima dos credores de se verem satisfeitos. Por isso há quem prefira compreender o concurso de credores como uma *execução coletiva*: a coletividade dos credores executando, em processo único (o juízo universal), o patrimônio insuficiente do devedor comum. O juízo universal, assim, seria uma simples substituição da iniciativa individual, singular, por uma iniciativa coletiva, plural. Essa execução coletiva teria por fundamento a necessidade de tratar os credores em igualdade de condições: a *par conditio creditorum*, ou a paridade (igualdade) de condições entre os credores, já consagrada na tradição jurídica, embora submetida, como já dito, a uma valorização legal que determina sua organização em classes de acesso preferencial ao patrimônio, conforme a natureza de seu crédito.

Embora sem abandonar essa percepção de uma execução coletiva, o sistema instituído pela Lei 11.101/05 foi além, pois tomou os credores como expressão de uma coletividade (*universitas creditorum*) e não como uma mera pluralidade de individualidades estanques e isoladas. A diferença é enorme. Criando as figuras da *assembleia geral de credores* e do *comitê de credores*, a serem estudadas neste Capítulo, deu-se aos credores uma dimensão coletiva, unitária, limitando o arbítrio individual, que passa a depender de uma expressão conjunta dos interesses, evitando atuações egoístas. A assembleia e o comitê, nesta toada, são instâncias de coletivização dos interesses, das avaliações e das decisões, órgãos auxiliares do juízo universal que dão ao seu plano ativo (dos credores) efetiva dimensão coletiva, harmonizando a pluralidade nos ritos das deliberações comuns.

2 ASSEMBLEIA GERAL DE CREDORES

A assembleia geral de credores, como seu próprio rótulo diz, é órgão que congrega todos aqueles que têm créditos contra o empresário ou sociedade empresária, constituindo-se como instância auxiliar do juízo universal. Sua competência varia conforme a natureza do procedimento, de acordo com o artigo 35 da Lei 11.101/05. Assim, na *recuperação judicial da empresa*, a assembleia geral terá por atribuições deliberar sobre (1) aprovação, rejeição ou modificação do plano de recuperação judicial apresentado pelo devedor; (2) a constituição do Comitê de Credores, a escolha de seus membros e sua substituição; (3) aceitação ou recusa do pedido de desistência do devedor, quando já deferido o seu processamento; (4) o nome do gestor judicial, quando do afastamento do devedor; e (5) qualquer outra matéria que possa afetar os interesses dos credores.

Já no que se refere à falência, o inciso II do mesmo artigo 35 da Lei 11.101/05 atribui à assembleia geral de credores competência para deliberar sobre: (1) a constituição do Comitê de Credores, a escolha de seus membros e sua substituição; (2) a adoção de outras modalidades de realização do ativo, alternativas àquelas previstas no artigo 142 da Lei de Falência e Recuperação de Empresas, quais sejam: leilão, por lances orais, propostas fechadas ou pregão; (3) qualquer outra matéria que possa afetar os interesses dos credores. Não lhe é facultado, contudo, deliberar sobre a substituição do administrador judicial e a indicação do substituto, certo que o artigo 35 foi vetado pela Presidente da República, certo que o administrador judicial é um auxiliar de confiança do magistrado, devendo ser nomeado e destituído por esse.

A rigor, a assembleia deverá se realizar na sede da empresa. Situações diversas podem alterar essa localização, a principiar da mais simples: falta de espaço, a recomendar que se recorra a um auditório, salão ou espaço afim, ainda que na mesma localidade. Excepcionalmente, pode ser deferido, pelo Magistrado, a pedido do Administrador Judicial, a realização da assembleia em outra localidade; isso pode ocorrer quando não haja, na localidade, espaço adequado, bem como se há dificuldade de acesso e, até, situações específicas, como pressão excessiva de trabalhadores e da comunidade em geral, com risco à livre manifestação da vontade pelos credores.

Questão relevante diz respeito ao uso de mecanismos eletrônicos para o exercício do direito de participação e voto. De abertura, nenhuma dúvida há de que é lícito ao administrador judicial providenciar sistemas eletrônicos presenciais para o exercício do direito de voto, como controles (remotos ou não), urnas eletrônicas, computadores, entre outros. Desde que não paire dúvidas sobre o exercício do direito de voto, tais mecanismos são lícitos. Mais complexa é a questão do exercício a distância do direito de voto. A lei não o proíbe, razão pela qual, acredito, poderá o magistrado deferi-lo, desde que não haja qualquer dúvida sobre a votação. Mecanismo mais simples, contudo, é permitir que os credores constituam procuradores que, recebendo seus votos por Internet ou telefone, exerçam-no presencialmente.

2.1 Convocação e instalação

A assembleia geral de credores será convocada pelo juiz, de ofício, a requerimento do administrador judicial, ou do comitê de credores ou por credores que representem no mínimo 25% do valor total dos créditos de uma determinada classe (artigo 36 da Lei 11.101/05). Há uma hipótese na qual se admite que o requerimento de convocação da assembleia seja formulado por qualquer credor: deferido o processamento da recuperação judicial, *os credores* poderão, a qualquer tempo, requerer a convocação de assembleia geral para a constituição do comitê de credores de seus membros; a expressão *os credores*, colocada na previsão, não está vinculada à representação mínima do valor total dos créditos de uma classe (25%), razão pela qual deve ser interpretada como qualquer um dos credores, a permitir, portanto, que um único o faça, independentemente do valor de seu crédito (artigo 52, § 2º). O estudo do comitê de credores e suas funções, a ser concretizado na sequência deste capítulo, deixará claro o acerto desta posição, face ao papel fundamental desempenhado por aquele órgão no desenvolvimento do juízo universal.

A Lei 11.101/05 prevê casos em que a convocação da assembleia de credores é obrigatória: (1) na recuperação judicial de empresa, havendo objeção de qualquer credor ao plano de recuperação judicial, convoca-se a assembleia geral de credores para deliberar sobre o plano proposto (artigo 56); (2) na recuperação judicial de empresa, se afastado o empresário ou do administrador societário das atividades, cabendo-lhe deliberar sobre o nome do gestor judicial que assumirá a administração das atividades do devedor (artigo 65, *caput* e § 2º); e (3) a sentença que decretar a falência convocará a assembleia para constituir o comitê de credores, podendo ainda autorizar a manutenção do comitê eventualmente em funcionamento na recuperação judicial (artigo 99, XII).

A convocação da assembleia geral de credores se fará por edital publicado no órgão oficial e em jornais de grande circulação nas localidades da sede e filiais, com antecedência mínima de 15 dias (artigo 36 da Lei 11.101/05), contendo: (1) local, data e hora da assembleia em 1ª e em 2ª convocação, não podendo esta ser realizada menos de cinco dias depois da 1ª; (2) a ordem do dia (a pauta dos assuntos a serem discutidos e deliberados); (3) o local onde os credores poderão, se for o caso, obter cópia do plano de recuperação judicial a ser submetido à deliberação da assembleia. Cópia do aviso de convocação da assembleia deverá ser afixada de forma ostensiva na sede e filiais do devedor. As despesas com a convocação e a realização da assembleia geral correm por conta do devedor, na recuperação judicial, ou da massa, na falência, salvo se convocada em virtude de requerimento do comitê de credores que representem 25% ou mais do valor total dos créditos de uma determinada classe, caso em que eles custearão aquelas despesas. No entanto, se a convocação se justificou pela prática de ato ilícito, o autor do ato será responsável pelas despesas, sendo legítimo àqueles que a convocaram exigir indenização pelos gastos que tiveram.

A assembleia instalar-se-á, em primeira convocação, com a presença de credores titulares de mais da metade dos créditos de cada classe, computados pelo valor, e, em segunda convocação, com qualquer número, sendo presidida pelo administrador judicial, que designará um secretário dentre os credores presentes (artigo 37 da Lei 11.101/05). No entanto, em se tratando de deliberação sobre o afastamento do administrador judicial ou noutras deliberações em que haja incompatibilidade deste, a assembleia será presidida pelo credor presente que seja titular do maior crédito. Do ocorrido na assembleia, lavrar-se-á ata que conterá o nome dos presentes e as assinaturas do presidente, do devedor e de membros de cada uma das classes votantes, e que será entregue ao juiz, juntamente com a lista de presença, no prazo de 48 horas.

2.2 Participação e assistência

Não há previsão legal de sigilo dos atos do juízo universal; assim, às assembleias gerais deve-se aplicar a regra da publicidade que orienta os atos judiciais (artigo 189 do novo Código de Processo Civil). Se o Judiciário não decretar segredo de justiça, por exigência do interesse público, qualquer um pode fazer-se presente à assembleia de credores e assisti-la, não precisando, sequer, chegar no horário definido pelo edital para a sua instalação; mesmo os retardatários têm o direito de ingressar no ambiente de realização para assistir aos trabalhos que se realizam. É diferente para quem tomará parte da assembleia.

Para participar da assembleia, cada credor deverá assinar a lista de presença, que será encerrada no momento da instalação (artigo 37, § 3º, da Lei 11.101/05). A pontualidade, portanto, é requisito para participação na assembleia e, via de consequência, para debater e votar. O credor ou mandatário que chegue quando já encerrada a lista de presença e instalada a assembleia geral não terá direito de participação e votação, mas poderá assistir os trabalhos. A lista deve ser encerrada no horário previsto no edital para a instalação da assembleia. Não é lícito adiar o início para, assim, prorrogar o prazo para a chegada e assinatura *desse ou daquele* credor. Em oposição, em hipótese alguma, não é lícito encerrar a lista e instalar a assembleia antes do horário marcado para a sua realização na convocação, ainda que alcançado o *quorum* mínimo. Qualquer interessado tem o direito de chegar ao local marcado para a sua realização até o último segundo antes do horário constante do respectivo edital.

O credor poderá ser representado na assembleia geral por mandatário ou representante legal (artigo 37, § 4º, da Lei 11.101/05), desde que entregue ao administrador judicial, até 24 horas antes da data prevista no aviso de convocação, documento hábil que comprove seus poderes ou a indicação das folhas dos autos do processo em que se encontre o documento. Esse mandato não é especial, interpretando-se pelas regras comuns do direito, inclusive no que se refere à exigência de poderes especiais para determinados atos. Não se pode olvidar, porém, de que, na assembleia geral de credores, o mandatário exerce essencialmente um direito de voto que, destarte, não produz efeitos exclusivos sobre o patrimônio do mandante, mas sobre o patrimônio (direitos e, mesmo, interesses) da coletividade de credores. O voto em si não caracteriza transigência ou renúncia a direito, o que exigiria poderes especiais; assim, o exercício do voto deve ser compreendido como administração ordinária (artigo 661 do Código Civil). O que o mandatário não poderá fazer, sem poderes especiais, é renunciar ou transigir com direito exclusivo do mandante, considerado fora da respectiva classe.

Os sindicatos de trabalhadores poderão representar seus associados titulares de créditos derivados da legislação do trabalho ou decorrentes de acidente de trabalho que não comparecerem, pessoalmente ou por procurador, à assembleia (artigo 37, § 5º, da Lei 11.101/05). Para exercer essa prerrogativa, o sindicato deverá apresentar ao administrador judicial, até 10 dias antes da assembleia, a relação dos associados que pretende representar, e o trabalhador que conste da relação de mais de um sindicato deverá esclarecer, até 24 horas antes da assembleia, qual sindicato o representa, sob pena de não ser representado em assembleia por nenhum deles. A Presidência da República vetou a disposição que exigia que o sindicato comunicasse aos associados, por carta, que pretendia exercer a prerrogativa de representação na assembleia de credores.

2.3 Direito de voto

Na assembleia geral, o voto de cada credor será proporcional ao valor de seu crédito. Assim, se os créditos dos credores quirografários totalizam hipotéticos R$ 100.000,00, o credor de R$ 20.000,00 vota com peso 20 e o credor de R$ 500,00 vota com peso 0,5. Esses valores são definidos conforme o estado do juízo universal naquele momento: o que se tem, conforme os elementos e os cálculos até então possíveis, por (1) valor total do passivo; (2) valor total dos créditos em cada categoria, como se estudará abaixo; e (3) valor de cada crédito específico. Obviamente, a evolução do processo de recuperação judicial ou de falência determina alterações nesses valores, seja em virtude de novos elementos (novos documentos, novas habilitações etc.), seja em virtude do próprio desenrolar do processo: impugnações, reforma de decisões, pagamento de alguns credores, no todo ou em parte etc. Um exemplo desta mobilidade é oferecido pelo artigo 38, parágrafo único, da Lei 11.101/05, a prever que, na recuperação judicial, o crédito em moeda estrangeira, para fins exclusivos de votação em assembleia geral, será convertido para moeda nacional pelo câmbio da véspera da data de realização da assembleia; via de consequência, conforme o câmbio daquele dia, o respectivo credor terá voto com peso maior ou menor nas deliberações.

Essa regra da proporcionalidade é excepcionada em relação aos créditos derivados da legislação do trabalho ou decorrentes de acidentes de trabalho, que votam com a totalidade de seu crédito, independentemente do valor (artigo 41, § 1º, e 45, § 2º, da Lei 11.101/05): a cada um corresponde um voto, tenha direito a

R$ 300,00 ou a R$ 30.000,00. Evita-se, assim, que empregados com altos salários possam se sobrepor a dezenas de trabalhadores cujos baixos salários determinariam um esvaziamento quase completo de seu poder de deliberação.

Tratando-se de credor titular da posição de proprietário fiduciário de bens móveis ou imóveis, de arrendador mercantil, de proprietário ou promitente vendedor de imóvel cujos respectivos contratos contenham cláusula de irrevogabilidade ou irretratabilidade, inclusive em incorporações imobiliárias, ou de proprietário em contrato de venda com reserva de domínio, seu crédito não se submeterá aos efeitos da recuperação judicial e prevalecerão os direitos de propriedade sobre a coisa e as condições contratuais, observada a legislação respectiva, diz o artigo 49, § 3º, da Lei 11.101/05. Por isso, não terão direito a voto e não serão considerados para fins de verificação do *quorum* de instalação e de deliberação das assembleias de credores (artigo 39, § 1º). Também não será computada a importância entregue ao devedor, em moeda corrente nacional, decorrente de adiantamento a contrato de câmbio para exportação (artigo 75, §§ 3º e 4º, da Lei 4.728/65), desde que o prazo total da operação, inclusive eventuais prorrogações, não exceda o previsto nas normas específicas da autoridade competente, já que o artigo 86, II, da Lei 11.101/05 lhes garante o direito à restituição em dinheiro.

Terão direito a voto, na assembleia geral de credores (artigo 39 da Lei 11.101/05), as pessoas arroladas (1) no quadro geral de credores ou, na sua falta, (2) na relação de credores apresentada pelo administrador judicial, formulada com base nos livros contábeis e documentos comerciais e fiscais do devedor, nos documentos e informações que lhe forem apresentados pelos credores; se essa ainda não existir, (3) as pessoas constantes da relação apresentada pelo próprio devedor (a) na petição inicial de recuperação judicial (artigo 51, III e IV), (b) na relação nominal de credores apresentada pelo devedor em atenção à determinação constante da sentença que decretar a sua falência (artigo 99, III) ou (c) na relação nominal de credores apresentada pelo devedor em crise econômico-financeira, acompanhando o pedido de autofalência (artigo 105, II).

Nas três hipóteses, esse rol será acrescido das pessoas que estejam habilitadas na data da realização da assembleia ou que tenham créditos admitidos ou alterados por decisão judicial, inclusive as que tenham obtido reserva de importâncias, em virtude de pedidos retardatários de habilitação de créditos (artigo 39). Com efeito, na recuperação judicial, os titulares de créditos retardatários, excetuados os titulares de créditos derivados da relação de trabalho, não terão direito a voto nas deliberações da assembleia geral de credores (artigo 10 da Lei 11.101/05), regra que também se aplica ao processo de falência, salvo se, na data da realização da assembleia geral, já houver sido homologado o quadro geral de credores contendo o crédito retardatário.

No que diz respeito aos créditos impugnados, sem que ainda tenha havido julgamento, o artigo 39 da Lei 11.101/05 afirma terem direito de voto, para além das pessoas constantes das listas acima referidas, todos que estejam habilitados na data da realização da assembleia; e a habilitação é a postulação do crédito junto ao juízo universal (artigo 7º , § 1º), ou seja, o ato de simples apresentação da pretensão creditícia para tomar parte do concurso de credores. Portanto, a regra geral é a participação do crédito habilitado, ainda que impugnado. Essa regra geral, contudo, poderia dar margem a manobras que trabalhariam contra os interesses coletivos do procedimento; bastaria a qualquer credor supervalorizar seu crédito para ter, nas assembleias inaugurais, um poder maior de deliberação, destacado que os votos se tomam pela participação no total dos créditos. Justamente por isso, parece-me ser faculdade daquele que faz a impugnação do crédito pedir antecipação de tutela ao juiz, antecipação que pode traduzir exclusão ou redução do crédito, com efeitos sobre o direito de participação nas assembleias de credores. Se a impugnação já foi julgada, havendo agravo (artigo 1.015, I, do vigente Código de Processo Civil), aplica-se o artigo 17: seu efeito é meramente devolutivo, sendo que o relator poderá conceder-lhe efeito suspensivo, para fins de exercício de direito de voto em assembleia geral.

De qualquer sorte, é preciso não perder de vista o artigo 40 da Lei 11.101/05, quando afirma que não será deferido provimento liminar, de caráter cautelar ou antecipatório dos efeitos da tutela, para a suspensão ou adiamento da assembleia geral de credores em razão de pendência de discussão acerca da existência, da quantificação ou da classificação de créditos. A norma não afasta a possibilidade da discussão sobre a existência, a quantificação ou a classificação de créditos, mesmo em juízo cautelar ou antecipatório dos efeitos da tutela; apenas não permite que em tal juízo, e por tais razões, determine-se a suspensão ou adiamento da assembleia geral de credores. A suspensão ou adiamento da assembleia geral por outros motivos, que não existência, quantificação ou classificação de créditos, é possível, mesmo em juízo cautelar ou antecipatório dos efeitos da tutela, desde que presentes os elementos jurídicos para tanto. Note-se que o artigo 40 não proíbe a discussão acerca da existência, da quantificação ou da classificação de créditos, nem que tal matéria seja objeto de provimento liminar (cautelar ou antecipação de tutela), desde que a determinação não seja a suspensão ou adiamento da assembleia geral de credores; mas pode ter outro conteúdo, como determinar a exclusão do crédito (e do credor) da assembleia ou a sua manutenção na mesma, bem como para definir o valor com que ele votará, até a solução final da questão.

Na mesma toada, o artigo 39, § 2º, da Lei 11.101/05 prevê que as deliberações da assembleia geral não serão invalidadas em razão de posterior decisão judicial acerca da existência, quantificação ou classificação de créditos. A norma garante a eficácia do juízo universal, impedindo seja refém de marchas e contramarchas, afastando de sua finalidade. Assim, a norma deixa claro que a participação de credores e o seu peso na votação (seu crédito) se determina pelo estado em que esteja, naquele momento, a relação ou quadro de credores, por juízos definitivos ou provisórios. Quem no momento da assembleia era considerado credor quirografário de R$ 100.000,00, dela participará nessa classe e com votos em peso correspondente, não invalidando a assembleia determinar-se, posteriormente, que seu crédito era de R$ 50.000,00 ou de R$ 500.000,00, mesmo que seu voto tenha sido decisivo para a aprovação ou rejeição de alguma proposta.

Isso não quer dizer que a assembleia geral ou qualquer das deliberações ali tomadas não possa ser declarada nula ou anulada. A nulidade e a anulabilidade não são elementos estranhos à assembleia geral de credores e suas deliberações. Apenas se afastou das causas de nulidade ou anulabidade a existência, quantificação ou classificação de créditos. Outros motivos ainda podem atingi-la. Os exemplos são muitos, passando por vícios de convocação, erros nos procedimentos da própria deliberação, entre diversos outros. Para tais hipóteses, o artigo 39, § 3º, da Lei 11.101/05 prevê que ficam resguardados os direitos de terceiros de boa-fé, no caso de posterior invalidação de deliberação da assembleia, respondendo os credores que aprovarem a deliberação pelos prejuízos comprovados causados por dolo ou culpa.

2.4 Composição

A assembleia geral será composta por quatro *classes de credores* (artigo 41 da Lei 11.101/05): (1) titulares de créditos derivados da legislação do trabalho ou decorrentes de acidentes de trabalho; (2) titulares de créditos com garantia real; (3) titulares de créditos quirografários, com privilégio especial, com privilégio geral ou subordinados; e (4) titulares de créditos enquadrados como microempresa ou empresa de pequeno porte (incluído pela Lei Complementar nº 147/14).

Nas deliberações sobre o plano de recuperação judicial, a proposta deverá ser aprovada pela maioria simples dos credores presentes, independentemente do valor de seu crédito, no que diz respeito às classes de titulares de créditos derivados da legislação do trabalho ou decorrentes de acidentes de trabalho e de titulares de créditos enquadrados como microempresa ou empresa de pequeno porte (artigo 45, § 2º, com redação dada pela Lei Complementar nº 147/14).

Já os titulares de créditos com garantia real votam, nessa classe, até o limite do seu crédito e/ou do valor do bem gravado (o que for menor); se o seu crédito supera o valor do bem gravado, votarão com a classe dos quirografários pelo restante do valor de seu crédito, o que dá relevância à avaliação desses bens, a permitir o credor com garantia real impugnar o laudo de avaliação, no ponto específico em que deu valor ao bem que garante seu crédito ou, mesmo, nos pontos em que foram valorados os bens garantidores de crédito alheio, exigindo do magistrado pronunciamento fundamentado, em decisão interlocutória que poderá ser agravada. Para que esse direito seja efetivo, faz-se necessário reconhecer aos credores com garantia real o direito de terem acesso aos bens garantidores de créditos, seus ou alheios, inclusive com assistente técnico, para elaboração de parecer técnico auxiliar que será juntado aos autos.

A assembleia será instalada, em primeira convocação, com a presença de credores titulares de mais da metade dos créditos de cada classe, computados pelo valor, e, em segunda convocação, com qualquer número (artigo 37 da Lei 11.101/05). Ainda que estejam presentes credores que representem mais da metade dos créditos, a assembleia não será instalada, em primeira convocação, se faltar, a qualquer das classes, credores cujos créditos representem mais da metade do passivo daquela classe. Se houver 100% dos credores de créditos trabalhistas e 100% dos credores de créditos quirografários, a presença de credor ou credores que representem apenas 49% dos créditos com garantia real implica reconhecer a inexistência de *quorum* para instalação da assembleia em primeira convocação.

Nas deliberações da assembleia geral, será considerada aprovada a proposta que obtiver votos favoráveis de credores que representem mais da metade do valor total dos créditos presentes à assembleia geral (artigo 42 da Lei 11.101/05). Excepcionam-se dessa regra: (1) a composição do comitê de credores, pois, na escolha dos representantes de cada classe no comitê de credores, somente os respectivos membros poderão votar (artigo 44); (2) a deliberação sobre forma alternativa de realização do ativo, cuja aprovação dependerá do voto favorável de credores que representem 2/3 dos créditos presentes à assembleia (artigo 145); e (3) a aprovação, rejeição ou modificação do plano de recuperação judicial apresentado pelo devedor, no qual todas as classes de credores deverão aprovar a proposta (artigo 45), embora, nas classes de credores quirografários e de credores com garantia real (em cada uma), a proposta deva ser aprovada por credores que representem mais da metade do valor total dos créditos presentes à assembleia e, cumulativamente, pela maioria simples dos credores presentes. Na classe dos créditos advindos da legislação do trabalho e de acidentes do trabalho, a proposta deverá ser aprovada pela maioria simples dos credores presentes, independentemente do valor de seu crédito. De qualquer sorte, o credor não terá direito a voto e não será considerado para fins de verificação de *quorum* de deliberação se o plano de recuperação judicial não alterar o valor ou as condições originais de pagamento de seu crédito (artigo 45, § 3º).

Poderão participar da assembleia geral, sem ter direito a voto e não sendo considerados para fins de verificação do *quorum* de instalação e de deliberação (artigo 43 da Lei 11.101/05): (1) os sócios da sociedade empresária devedora; (2) representantes das sociedades coligadas, controladoras, controladas por tais entes; (3) representantes das sociedades que tenham sócio ou acionista com participação superior a 10% do capital social da sociedade empresária devedora; (4) representantes das sociedades em que a sociedade empresária devedora, ou algum de seus sócios, detenha participação superior a 10% do capital social; (5) cônjuge ou parente, consanguíneo ou afim, colateral até o 2º grau, ascendente ou descendente do empresário devedor, do administrador societário, do sócio controlador, de membro dos conselhos consultivo, fiscal ou semelhantes da sociedade devedora e a sociedade em que quaisquer dessas pessoas exerçam essas funções. *Participar*, aqui, não se traduz pela mera presença física, já que, como dito há pouco, as assembleias são públicas e qualquer um pode fazer-se presente e assistir ao que nelas se passa. *Participar* é mais do que estar presente; é tomar parte, embora sem direito a voto, podendo se manifestar: apresentar sugestões, ponderações, requerimentos, levantar questão de ordem, apontar irregularidades e nulidades, pedir registro em ata de determinados eventos, manifestações etc.

3 CREDORES MINORITÁRIOS, MAJORITÁRIOS E CONTROLADORES

A Lei 11.101/05 estabeleceu um modelo coletivista para a presença e atuação dos credores no juízo universal, criando para eles um contexto jurídico novo, qual seja, um espaço comum que deve ser compartilhado. Estabelece-se um plano comum, compartilhado por todos os credores, distinto do plano no qual cada credor mantém, isoladamente, uma relação jurídica com o devedor. É o que basta para definir um plano no qual os credores mantêm relações entre si (direitos e deveres), permitindo a aplicação analógica da Lei 6.404/76, além dos princípios gerais de Direito, como a obrigação de respeitar a boa-fé e os usos (artigo 113 do Código Civil), o dever genérico de não abusar das faculdades jurídicas, exercendo-as de forma que não se exceda manifestamente seu fim econômico ou social, além dos bons costumes (artigo 187 do Código Civil).

Seria ideal que os credores, reunidos em assembleia, revelassem uma predisposição para o trabalho em conjunto para o bom desenvolvimento do juízo universal, a bem de todos. Mas nem sempre, ou quase nunca, isso ocorre. O conflito é um direito do credor, mesmo no juízo universal. Mas há limites. Todos os credores têm o direito – não o dever – de participar das assembleias de credores. O legislador não definiu impedimentos. No entanto, é preciso reconhecer que, se o credor participa de deliberação assemblear que lhe diga respeito, atuando de forma abusiva – fazendo com que os seus interesses pessoais se sobreponham aos interesses da coletividade envolvida no juízo universal (coletividade essa, friso, que não se confunde com a *universitas creditorum*) –, do que resultam prejuízos para a empresa, a massa, qualquer outro credor e, até, a terceiros (a exemplo dos trabalhadores, do Estado etc.), deverá indenizá-los, segundo, uma vez mais, a combinação dos artigos 186 ou 187 com o artigo 927 do Código Civil, aqui amplamente aplicáveis. Somem-se deliberações que contrariem a lei e que, portanto, não se harmonizam com a mecânica da manifestação coletiva da vontade, o que, com mais justificação, torna os credores que a determinaram responsáveis, pessoal e ilimitadamente, pelos danos decorrentes; aliás, deve haver solidariedade na obrigação de responder por tais danos, aplicados os artigos 264 e seguintes do Código Civil. O administrador judicial, por seu turno, se não resistiu à deliberação ilegal (incluindo aquela que é abusiva), executando os atos correspondentes à deliberação ilícita, será pessoalmente responsável pelas consequências de seus atos, solidariamente aos credores que a aprovaram, salvo prova de coação irresistível.

Nesse contexto, será produtivo investigar duas situações específicas que podem se verificar na coletividade de credores reunidos em assembleia: a existência de um *credor majoritário* e, até, de um *credor controlador*. *Credores majoritários* são aqueles cujos créditos remontam a valores tais que lhes dão sensível predominância nas deliberações, em função do princípio que considera os votos em função da proporcionalidade do crédito em relação ao total do passivo. Podem ser chamados também de *credores predominantes*; refiro-me a eles no plural, pois a predominância, ao contrário do controle, não pressupõe posição isolada, mas apenas vantagem pessoal nas votações, submetendo levas de credores minoritários, tornados meros coadjuvantes nos debates e decisões.

Em oposição, tem *controle* aquele credor que é titular de créditos que lhe assegurem, de modo não eventual, a maioria dos votos nas deliberações da assembleia geral. O controle da assembleia de credores não pressupõe percentual mínimo de 50% do total do passivo, embora seja óbvio que qualquer um que detenha mais de metade dos créditos tem o poder de decidir as deliberações. Como as deliberações nas assembleias são tomadas por *maioria entre os presentes*, e muitos credores comumente não aparecem a tais eventos, o controle efetivo da assembleia ou de uma determinada classe pode ser conseguido com percentuais inferiores a 50% dos créditos. Assim, o credor controlador é aquele que tem, de fato e de direito, o poder de, sozinho, decidir qualquer deliberação colocada em votação, verificando-se ser sua a última palavra sobre o que é deliberado. Dessa forma, sua atuação influencia diretamente os direitos de terceiros, nomeadamente dos demais credores.

Aplica-se, analogicamente, a Lei 6.404/76 em face da natureza institucional das sociedades por ações, em que os problemas de controle revelam-se comuns e já foram devidamente assimilados pelo legislador. Contudo, mesmo sem tal analogia, percebe-se que a condição de credor majoritário ou de credor controlador implica direitos e deveres que decorrem dos princípios gerais do Direito Privado. Tendo sido constituída uma universalidade de credores, seus membros não podem agir de forma a prejudicar os demais, situação mais grave em relação àqueles que têm maior peso nas deliberações. Por isso, os credores majoritários e, quando existente, o credor controlador, estão obrigados a agir visando a permitir que o juízo universal realize sua função legal e social. Isso implica, inclusive, deveres e responsabilidades para com os demais credores, entre os quais a lealdade. Quando agem de forma desleal, abusiva, e, principalmente, ímproba, de má-fé e ilícita, os credores majoritários (aqueles que usaram seu poder para aprovação da medida) ou o credor controlador são pessoalmente responsáveis pelos danos econômicos ou morais que causaram, devendo indenizar os prejudicados, como o empresário ou a sociedade empresária, a massa, outro credor, trabalhadores ou até terceiro.

4 COMITÊ DE CREDORES

Para o acompanhamento cotidiano do juízo universal, criou-se um órgão de representação, o *comitê de credores* (artigo 26 da Lei 11.101/05), constituído por deliberação de qualquer das classes de credores na assembleia geral e composto por quatro membros: um representante indicado pela classe de credores trabalhistas, outro indicado pela classe de credores com direitos reais de garantia ou privilégios especiais, um indicado pela classe de credores quirografários e com privilégios gerais e, por fim, um indicado pela classe de credores representantes de microempresas e empresas de pequeno porte. Cada qual tem dois suplentes.

O comitê de credores terá um presidente, escolhido por seus três membros titulares, entre si. A função de membro do comitê de credores não é remunerada (artigo 29), embora nada impeça que os credores o façam por conta própria. As despesas realizadas pelos membros do comitê, para a realização de ato previsto na Lei de Falência e Recuperação de Empresas, se devidamente comprovadas e com a autorização do juiz, serão ressarcidas atendendo às disponibilidades de caixa.

A falta de indicação de representante por quaisquer das classes não prejudicará a constituição do comitê, que poderá funcionar com número inferior a esse. Todavia, mediante requerimento subscrito por credores que representem a maioria dos créditos de uma classe, independentemente da realização de assembleia, o juiz determinará (1) a nomeação do representante e dos suplentes da respectiva classe ainda não representada no comitê; ou (2) a substituição do representante ou dos suplentes da respectiva classe. O dispositivo, todavia, está mal posto, sendo de todo questionável a expressão *o juiz determinará a nomeação do representante e dos suplentes*; a bem da precisão, o juiz nomeará o representante e os suplentes que sejam indicados pelos credores daquela classe, seja em assembleia, seja por meio de requerimento subscrito por credores que representem a maioria dos créditos da classe. Detalhe: apenas para o requerimento escrito, apresentado independentemente da realização de assembleia, exige-se *a maioria dos créditos da classe*; se a escolha se der em assembleia, exige-se a maioria dos votos (tomados em proporção aos créditos) entre os credores da classe que estejam presentes, mesmo que não perfaçam *a maioria dos créditos da classe*. Portanto, o juiz nomeia, destitui e substitui o representante e/ou suplente do comitê a partir da deliberação dos credores da respectiva classe; os membros do comitê, em fato, não desempenham uma função de confiança do juiz, ao contrário do que se passa com o administrador judicial; desempenham, isso sim, uma função de confiança dos credores da respectiva classe. Contudo, o juiz pode, por decisão fundamentada, destituir qualquer um dos membros do comitê de credores, em razão da prática de atos ilícitos ou postura incompatível com a função, a partir de pedido formulado pelo administrador judicial, pelo Ministério Público ou por qualquer credor da respectiva classe.

Uma vez nomeados para o comitê, os representantes serão intimados pessoalmente para, em 48 horas, assinar, na sede do juízo, o termo de compromisso de bem e fielmente desempenhar o cargo e assumir todas as responsabilidades a ele inerentes (artigo 33 da Lei 11.101/05). Se não comparecer, não há falar em nomeação de outra pessoa pelo juiz (artigo 34), já que não se trata de função de sua confiança. Assim, a classe ficará sem representação. Justamente por isso, caso se verifique haver abuso no poder de voto daqueles que insistem em manter a nomeação de representante que não se interesse pelo desempenho da função, será lícito aos credores minoritários aforar ação de indenização por abuso de direito contra o credor controlador ou credores majoritários; essa ação, por dizer respeito ao que se passa no juízo universal, será distribuída por dependência àquele juízo. Trata-se, reconheço, de posição doutrinária ousada, mas que se justifica pela necessidade de coibição do abuso de deliberação, como no exemplo dado.

As atribuições do comitê de credores estão divididas em dois grandes grupos: atribuições na recuperação judicial e na falência e atribuições específicas na recuperação judicial (artigo 27 da Lei 11.101/05), sendo que, não havendo comitê de credores, caberá ao administrador judicial ou, na incompatibilidade deste, ao juiz exercer suas atribuições. É preciso estar atento ao fato de que tais atribuições são conferidas ao órgão, como um todo, mas igualmente a cada membro, isoladamente, impedindo-se, assim, que um membro possa impedir a boa atuação do órgão, o que poderia resultar de conluios entre classes e outras situações de má-fé. Quando se tratar de medidas que exijam a atuação do comitê, como órgão, e não de seus membros isoladamente considerados, as decisões serão tomadas por maioria, sendo consignadas em livro de atas, rubricado pelo juízo, que ficará à disposição do administrador judicial, dos credores e do devedor. Caso não seja possível a obtenção de maioria em deliberação do comitê, o impasse será resolvido pelo administrador judicial ou, na incompatibilidade deste, pelo juiz.

A atuação do comitê de credores e de cada um de seus membros, individualmente, é essencial para que o juízo universal atinja suas finalidades, designadamente na hipótese de falência. Não é lícito cercear sua atuação, seja impondo datas e horários (por exemplo, *uma vez por semana*) para sua atuação: exame de documentos, número de horas de trabalho (incluindo permanência nas dependências do estabelecimento da falida, quando necessário à sua atuação).

4.1 Atribuições comuns à recuperação judicial e à falência

(a) *Fiscalização das atividades do administrador judicial* e *exame de suas contas*. Cuida-se de atribuição que poderá e deverá ser desempenhada durante todo o procedimento, para a qual afirma-se a faculdade de ter acesso a todos os atos, a exemplo da arrecadação e avaliação de bens, devendo ser inequivocadamente comunicado de todos os atos que serão praticados, em tempo hábil a acompanhá-los. Podem, ademais, acompanhar de perto o que está sendo praticado e, mesmo, pedir esclarecimentos sobre os procedimentos adotados, além de sugerir a feitura de qualquer coisa, bem como recolher elementos, a partir de anotações e registros diversos (fotografias, gravações de áudio e vídeo), até em função da atribuição de comunicar ao juiz alguma violação dos direitos ou prejuízo aos interesses dos credores. Essa dimensão jurídica da fiscalização das atividades do administrador judicial, mesmo *in loco*, garante o direito de o membro do comitê fazer-se acompanhar de advogado e de outros auxiliares cuja presença possa ser útil ao ato em concreto, como contadores e outros técnicos e peritos. Ademais, a qualquer momento, o comitê ou qualquer de seus membros poderá examinar as contas do administrador, o que implica ter livre acesso aos respectivos documentos, além do poder de questioná-lo sobre qualquer movimento, valor, operação etc. Não se trata de direito restrito ao final do procedimento.

(b) *Zelar pelo bom andamento do processo e pelo cumprimento da lei*. Independentemente do interesse que todas as partes têm no respeito à lei, podendo peticionar pelo seu cumprimento e contra atos ou omissões em que seja desrespeitado, ao comitê de credores foram atribuídos o poder e o dever de zelar pelo bom andamento do processo e pelo cumprimento da lei. Trata-se, portanto, de atribuição concorrente com os demais partícipes do processo. Assim, devem os membros do comitê zelar pelo cumprimento da lei, num esforço constante de garantir a legalidade no juízo universal, além de zelar pelo seu bom andamento, ou seja, não apenas um andamento que atenda à lei, mas que se concretize de forma positiva, célere, econômica, otimizada.

(c) *Comunicar ao juiz, caso detecte violação dos direitos ou prejuízo aos interesses dos credores*. As atribuições de fiscalizar os atos do administrador judicial, examinar as suas contas, zelar pelo bom andamento do processo e pela devida aplicação da lei seriam estéreis se não lhe correspondesse um poder de reagir contra atos ilícitos ou inadequados. Assim, o comitê de credores, como um todo, ou mesmo cada um de seus membros, isoladamente, tem um poder de comunicação com o juiz. *Comunicar* inclui peticionar, dar a conhecer e noticiar. A regra, portanto, pressupõe acolhimento da comunicação, tenha ou não forma jurídica de peticionamento, tornando despiciendo que o comitê ou qualquer de seus membros se faça assessorar de advogado para o exercício de suas funções. Ainda que não seja observada a forma processual, o magistrado deve conhecer da comunicação e respondê-la, dando ciência ao administrador judicial e ao representante do Ministério Público.

Note-se, todavia, que o legislador não atribui ao comitê – e a cada um de seus membros – apenas uma competência e poder de vigília pela legalidade no processo; essa preocupação com a legalidade está explícita nas expressões *fiscalizar os atos do administrador judicial*, *examinar as suas contas*, *zelar pela devida aplicação da lei* e *violação de direitos*. Um juízo mais amplo do que o da legalidade se coloca como atribuição do comitê. As expressões *fiscalizar os atos do administrador judicial* (aqui tomada em sentido largo), *examinar as suas contas*, *zelar pelo bom andamento do processo* e *prejuízo aos interesses dos credores* deixam claro haver um juízo de adequabilidade que vence o mero juízo de legalidade. O comitê e seus membros devem comunicar – e devem ser respondidos – mesmo atos que, sendo legais, não se mostram em conformidade ao bom andamento do feito, não respeitando os princípios gerais como probidade, boa-fé, celeridade, economia e, mesmo, que se mostrem prejudiciais não diretamente aos direitos, mas aos interesses jurídicos dos credores.

(d) *Apurar e emitir parecer sobre quaisquer reclamações dos interessados*. O comitê representa a totalidade dos credores e cada um de seus membros representa uma classe de credores, pela qual foi escolhido e pode ser destituído. Por isso, suas atribuições compreendem-se como exercíveis no interesse dos credores representados, desde que nos limites da legalidade, da probidade e da boa-fé, considerando os fins maiores do juízo universal. Assim, para além das iniciativas tomadas de ofício, cumpre aos membros do comitê ouvir os credores em suas reclamações sobre quaisquer aspectos.

A lei utiliza deliberadamente o termo *reclamações* e não *petições*; o ato não precisa se revestir de requisitos processuais e, assim, qualquer comunicação na qual um interessado aponte problemas, desconfianças e inconformismo deve ser acolhida, apurada e objeto de parecer, podendo conduzir até a uma petição do órgão ao juízo. A reclamação dirigida ao comitê de credores não é ato processual, em sentido estrito, não precisando ser protocolizada nos autos, embora possa sê-lo. Mais do que isso, a lei fala em *reclamações dos interessados* e não *dos credores*; *interessados* tem alcance muito mais amplo, deixando claro, creio, que o comitê está obrigado a acatar reclamações de todos aqueles que tenham *interesse jurídico* no juízo universal, mesmo que não sejam *credores habilitados no juízo*, a exemplo da Fazenda Pública (que não está sujeita ao concurso de credores, segundo o artigo 187 do Código Tributário Nacional) ou, na recuperação judicial, credores por obrigações posteriores à concessão do benefício, entre outros.

(e) *Requerer ao juiz a convocação da assembleia geral de credores*. O comitê tem competência e poder para requerer ao juiz a convocação da assembleia geral de credores, nas hipóteses legais ou quando haja fundamento relevante para tanto, permitindo ao juízo deferir, ou não, o pedido. Afinal, a convocação e a instalação da assembleia é ato oneroso, implicando custos para o devedor e para os credores, designadamente aqueles que não tenham sede ou preposto residente na localidade em que tem trâmite o juízo universal. Assim, sempre que não se tratar de hipótese já anotada na lei, o requerimento de convocação da assembleia geral pelo comitê de credores deverá ser acompanhado das razões que justificam a sua instalação, facultando-se ao juiz, diante dos argumentos expendidos, deferir ou não o pedido, sendo que, na hipótese de recusa, a decisão deverá apresentar-se devidamente fundamentada, permitindo o exercício do direito de agravo. Como o vigente Código de Processo Civil não cuida desse tema específico, a convocação de assembleia geral de credores no âmbito do juízo concursal, a interposição de tal recurso deve ser compreendida como expressão do artigo 1.015, XIII, do Código de Processo Civil.

(f) *Manifestar-se nas hipóteses legais*. O artigo 27, I, *f*, da Lei 11.101/05 traz atribuição eminentemente processual: é um poder/dever do comitê de credores manifestar-se nas hipóteses definidas pela norma, quais sejam:

- apresentar ao juiz impugnação contra a relação de credores, apontando a ausência de qualquer crédito ou manifestando-se contra a legitimidade, importância ou classificação de crédito relacionado (artigo 8º);
- manifestar-se sobre as impugnações de crédito apresentadas (artigo 12);
- pedir exclusão, outra classificação ou retificação de qualquer crédito, nos casos de descoberta de falsidade, dolo, simulação, fraude, erro essencial ou, ainda, documentos ignorados na época do julgamento do crédito ou da inclusão no quadro geral de credores (artigo 19);
- aprovar os honorários propostos para o pagamento de advogado contratado para representar a massa falida em juízo (artigo 22, III, *n*);

- manifestar-se sobre pedido do administrador judicial para transigir sobre obrigações e direitos da massa falida ou conceder abatimento de dívidas, sejam ou não consideradas de difícil recebimento (artigo 22, § 3º);
- manifestar-se sobre pedido do devedor para alienar ou onerar bens ou direitos de seu ativo permanente, após a distribuição do pedido de recuperação judicial, sob a alegação de evidente utilidade (artigo 66); essa manifestação e a própria autorização judicial a que serve não são devidas se a alienação ou oneração do bem ou direito já estava previamente relacionada no plano de recuperação judicial;
- na hipótese de recuperação judicial de micro e pequenas empresas, manifestar-se sobre aumento de despesas ou contratação de empregados, se tal condição constava do plano especial deferido (artigo 71, IV);
- manifestar-se sobre pedido de restituição de bem arrecadado no processo de falência ou que se encontrava em poder do devedor na data da decretação da falência, valendo como contestação a manifestação contrária à restituição (artigo 87, § 1º);
- manifestar-se sobre pedido de disposição ou oneração de bens do falido, ressalvados os bens cuja venda faça parte das atividades normais do devedor se autorizada a continuação provisória da empresa (artigo 99, VI);
- manifestar-se sobre a aquisição ou adjudicação por credores, de forma individual ou coletiva, em razão dos custos e no interesse da massa falida, dos bens arrecadados, pelo valor da avaliação, atendida a regra de classificação e preferência entre eles (artigo 111);
- manifestar-se sobre a venda antecipada, após a arrecadação e a avaliação, dos bens perecíveis, deterioráveis, sujeitos a considerável desvalorização ou que sejam de conservação arriscada ou dispendiosa (artigo 113);
- autorizar o administrador judicial a alugar bens da massa falida ou celebrar outro contrato referente a eles, com o objetivo de produzir renda para a massa falida (artigo 114);
- autorizar o administrador judicial a cumprir contratos bilaterais, quando reduzam ou evitem o aumento do passivo da massa falida ou forem necessários à manutenção e preservação de seus ativos (artigo 117);
- autorizar o administrador judicial a dar cumprimento a contrato unilateral se esse fato reduzir ou evitar o aumento do passivo da massa falida ou for necessário à manutenção e preservação de seus ativos, realizando o pagamento da prestação pela qual está obrigada (artigo 118);
- manifestar-se sobre a restituição, pelo administrador judicial, da coisa móvel comprada pelo devedor com reserva de domínio do vendedor se resolver não continuar a execução do contrato, exigindo a devolução, nos termos do contrato, dos valores pagos (artigo 119, IV);
- manifestar-se sobre a modalidade a ser adotada para a alienação do ativo (artigo 142);

- requerer, fundamentadamente, modalidades de alienação judicial diversas das previstas no artigo 142 da Lei 11.101/05, havendo motivos justificados para tanto (artigo 144); e
- manifestar-se sobre proposta alternativa para a realização do ativo, quando não seja ela aprovada pela assembleia geral de credores, já que cabe ao juiz decidir a forma que será adotada (artigo 145, § 3º).

4.2 Atribuições específicas à recuperação judicial

O artigo 27, II, da Lei 11.101/05, define atribuições específicas para a recuperação judicial, quais sejam:

(a) *Fiscalizar a administração das atividades do devedor e relatá-las.* O comitê de credores, na recuperação de empresa, tem competência concorrente com o administrador judicial para fiscalizar as atividades do devedor (artigos 22, II, *a*, e 27, II, *a*, da Lei 11.101/05). Mas os dispositivos deixam claro tratar-se de competência distinta daquela do administrador, que tem competência e poder *fiscalizar as atividades do devedor*. O comitê de credores tem competência e poder apenas *fiscalizar a administração das atividades do devedor*. Assim, (1ª) o administrador judicial tem atribuição de atuar mais próximo do empresário ou administrador da sociedade empresária em recuperação judicial, fiscalizando-lhe as atividades, mesmo os atos cotidianos; é cargo de confiança do juiz, pressupondo-se, assim, que o seu acesso aos livros contábeis não ferirá o princípio do sigilo; ademais, é cargo técnico, não sendo ele um credor com interesse nos segredos da administração empresarial, ao contrário do que poderá se passar com os membros do comitê. Já o comitê fiscalizará a administração das atividades, ou seja, fará uma fiscalização do conjunto, sem acompanhamento próximo, direto. Não terá acesso aos livros contábeis, nem às estratégias empresárias; (2ª) o administrador fiscaliza diretamente a atuação do devedor, ou seja, do empresário ou sociedade empresária em recuperação judicial, ao passo que o comitê de credores fiscaliza o geral da administração, incluindo a atuação do próprio administrador judicial: o acompanhamento que ele efetivamente faz, ou não, do cotidiano da empresa.

Complementando o dever de fiscalizar a administração das atividades do devedor, o comitê deverá apresentar, a cada 30 dias, relatório da situação dessa administração. Esse relatório se resumirá aos aspectos que estiverem ao alcance do comitê de credores, não precisando ser tão minucioso quanto aquele que deverá ser apresentado pelo administrador judicial, estudado no Capítulo 4. O relatório é, também, oportunidade para que o comitê, ou seus membros em separado, façam constar ressalvas e, mesmo, observações sobre problemas que tenham detectado no plano, sugestões de medidas que poderiam otimizar a recuperação da empresa etc.

(b) *Fiscalizar a execução do plano de recuperação judicial.* Ao comitê de credores cabe fiscalizar a execução do plano de recuperação. Não se trata de acompanhamento genérico, mas, pelo contrário, verificação da execução de cada uma das fases e medidas previstas, a exemplo do pagamento dos créditos nas datas que foram marcadas e nos valores definidos, mutações societárias que tenham sido previstas para serem executadas em determinado prazo, transferência tempestiva do controle societário, bem como substituição total ou parcial dos administradores do devedor ou modificação de seus órgãos administrativos, se prometidos, aumento de capital social etc. Os atos que forem praticados e aqueles que, embora constantes do plano, não tenham sido praticados, deverão constar do relatório mensal do comitê.

(c) *Submeter ao juiz medidas de efeito patrimonial, se afastado o devedor da administração da empresa*. Normalmente, o empresário ou administrador societário é mantido à frente da empresa durante a sua recuperação judicial, diz o artigo 64 da Lei 11.101/05. Seus incisos listam situações que, se verificadas, determinarão o seu afastamento, sendo nomeado um gestor judicial, conforme deliberação da assembleia de credores. Nesse caso, cabe ao comitê de credores submeter à autorização do juiz a alienação de bens do ativo permanente, a constituição de ônus reais e outras garantias, bem como atos de endividamento necessários à continuação da atividade empresarial durante o período que antecede a aprovação do plano de recuperação judicial (artigo 27, II, *c*). Assim, protege-se o empresário ou sócios da sociedade empresária em face da atuação de um gestor que, embora tenha competência para praticar atos normais de condução da vida cotidiana da estrutura empresarial, não tem poderes para atuar sobre o seu patrimônio, mormente sobre seu ativo imobilizado (imóveis, maquinário etc.), embora medidas que afetem o patrimônio possam se mostrar necessárias. O gestor deverá negociar tais medidas com o comitê de credores, demonstrando a sua necessidade; convencido o comitê, este submeterá ao juiz o seu parecer favorável à operação que, no entanto, somente poderá ser realizada se merecer a autorização judicial. Note-se que tal atribuição está limitada *ao período que antecede a aprovação do plano de recuperação judicial*, como está explicitado na parte final do citado artigo 27, II, *c*.

Ainda que tal atribuição não tenha sido atribuída ao administrador judicial (artigo 22 da Lei 11.101/05), nem à assembleia geral (artigo 35), não me parece que o comitê de credores tenha competência exclusiva para autorizar a alienação de bens do ativo permanente, a constituição de ônus reais e outras garantias, bem como atos de endividamento necessários à continuação da atividade empresarial durante o período que antecede a aprovação do plano de recuperação judicial. Tal exegese daria ao comitê um poder de deliberação sem revisão, sem recurso, algo de que nem mesmo o juiz dispõe na recuperação judicial, submetido que está às instâncias superiores, segundo as regras do processo. Creio que também o administrador judicial pode fazê-lo, utilizando-se do poder geral de manifestar-se (artigo 22, I, *i*). A assembleia de credores com mais propriedade poderá deliberá-lo, lembrando que o comitê de credores a representa. Essa percepção da competência concorrente do administrador judicial e da assembleia geral permite dar solução à possibilidade de o problema verificar-se enquanto não se tenha comitê de credores ou, mesmo, antes da instalação da primeira assembleia de credores. De qualquer sorte, deve-se ter em destaque que a medida não será tomada sem autorização judiciária, e que esta somente será dada se ao juiz parecer ser a melhor medida para viabilizar a superação da situação de crise econômico-financeira do devedor, a fim de permitir a manutenção da fonte produtora, do emprego dos trabalhadores e dos interesses dos credores, promovendo, assim, a preservação da empresa (artigo 47 da Lei 11.101/05).

5 DISPOSIÇÕES COMUNS AO ADMINISTRADOR JUDICIAL E AO COMITÊ DE CREDORES

Há disposições, inscritas nos artigos 30 a 33 da Lei 11.101/05, que são comuns ao administrador judicial e aos membros do comitê de credores. É o que se passa, antes de mais nada, com a definição dos impedimentos: não poderá integrar o comitê ou exercer as funções de administrador judicial quem, nos últimos cinco anos, no exercício do cargo de administrador judicial ou de membro do comitê em falência ou recuperação judicial anterior, foi destituído, deixou de prestar contas dentro dos prazos legais ou teve a prestação de contas desaprovada. *Destituição*, aqui, é ato judicial e motivado em irregularidade ou ilegalidade praticada pela pessoa (artigo 31 da Lei 11.101/05). Não há falar em impedimento se o juiz destituiu imotivadamente o administrador judicial, não lhe imputando qualquer ato irregular ou ilegal. Também não haverá impedimento se o membro do comitê de credores foi substituído por força da mudança de composição nos créditos ou interesses dos credores. Em ambas as situações, não estão presentes os vícios desabonadores da pessoa que justificam o impedimento.

Ficará também impedido de integrar o comitê ou exercer a função de administrador judicial quem tiver relação de parentesco ou afinidade até o terceiro grau com o devedor, seus administradores, controladores ou representantes legais ou deles for amigo, inimigo ou dependente. O devedor, qualquer credor ou o Ministério Público poderá requerer ao juiz a substituição do administrador judicial ou dos membros do comitê nomeados em desobediência a tais preceitos, devendo o juiz decidir sobre esse requerimento no prazo de 24 horas (artigo 30, § 1º, da Lei 11.101/05). Não se fala em *amigo íntimo* ou *inimigo capital*. Bastará, portanto, haver simples amizade ou inimizade para que haja impedimento.

A interpretação da norma deve ser cuidadosa. O simples conhecido, e mesmo o colega, não são amigos; muitos dos que são intitulados amigos não passam de pessoas de convivência cordial; amizade pressupõe afeição, envolvimento, inclusão em círculo comum que, mesmo não sendo íntimo, supera a mera convivência, indo além. *Mutatis mutandis*, inimigo é o adversário, aquele que se opõe, mesmo que não o faça de modo visceral, capital; não é inimigo o mero concorrente ou aquele que não mostra muita simpatia pelo credor. Finalmente, é preciso atentar também para o conceito aberto de dependente (artigo 30, § 1º). Já no que se refere aos dependentes, a norma não se refere a parentes, já que o parágrafo cuida deles, especificamente. Cuida-se de dependência em sentido largo, incluindo empregados de outras empresas (não da empresa falida ou recuperada, já que um deles participará, obrigatoriamente, do comitê, representando os trabalhadores), pessoas beneficiadas de apoios financeiros (bolsas, pecúlios etc.), entre outras situações. A expressão é propositalmente genérica, feita para alcançar situações as mais variadas, afastando pessoas que não tenham isenção suficiente para o desempenho da função.

É faculdade do juiz destituir o administrador judicial ou o membro do comitê de credores (artigo 31 da Lei 11.101/05), de ofício ou deferindo requerimento fundamentado que seja formulado por qualquer interessado, verificando-se desobediência aos preceitos legais, descumprimento de deveres, omissão, negligência ou prática de ato lesivo às atividades do devedor ou a terceiros. Essa decisão deverá ser fundamentada, já que os fundamentos da destituição, se deletérios ao administrador, lhe trazem prejuízo real, já que não poderá integrar comitê de credores ou exercer as funções de administrador judicial por cinco anos (artigo 30). Embora não seja legítima a pretensão de retornar à função, é direito impugnar os fundamentos da destituição, afastando os efeitos sobre outros juízos universais. No alusivo ao membro do comitê de credores, se conta com a indicação da maioria dos credores de sua classe, é legítimo recorrer mesmo contra a destituição, pretendendo manter-se na função, já que não se tem aqui um cargo de confiança do juízo, mas um cargo de representação da classe de titulares de créditos. A reforma da decisão de restituição, nesse caso, determinará a manutenção no comitê, desde que não tenha havido indicação de outro representante pela maioria dos membros da respectiva classe.

No ato de destituição, o juiz nomeará novo administrador judicial ou convocará os suplentes para recompor o comitê de credores. Em se tratando de falência, o administrador judicial substituído prestará contas no prazo de 10 dias, como visto no Capítulo 4. De qualquer sorte, o administrador judicial e os membros do comitê responderão pelos prejuízos causados à massa falida, ao devedor ou aos credores por dolo ou culpa. Se na deliberação do comitê algum de seus membros foi vencido, deverá consignar sua discordância em ata para eximir-se dessa responsabilidade.

6 ACEITAÇÃO DE TERCEIROS INTERESSADOS

O reconhecimento da função social da empresa e a atenção aos princípios elencados no artigo 47 da Lei nº 11.101/05, permitem colocar um tema relevante: a possibilidade de que o juízo universal aceite a participação de terceiros, que não o devedor (empresário, Eireli ou sociedade empresária) e os credores submetidos ao juízo universal. Isso, tanto na falência, quanto na recuperação judicial.

A meu ver, essa aceitação encontra acolhida na legislação. Antes de mais nada, para que se atenda ao citado artigo 47 da Lei nº 11.101/05. Ademais, segundo o artigo 3º do vigente Código de Processo Civil, repetindo a Constituição da República, a lei não pode excluir da apreciação judicial ameaça ou lesão a direito e, como se verá adiante, esses interessados estariam presentes no feito para contribuir para com o juízo universal e evitar danos a seus interesses (individuais ou coletivos) e aos interesses públicos. Como se não bastasse, o próprio princípio inscrito no artigo 8º do mesmo Código Processual recomenda atenção para os casos que serão aqui apresentados.

Os terceiros a que me refiro não compõem uma lista única. Sua presença variará conforme a situação. Por exemplo, na falência ou recuperação judicial de uma montadora de veículos, deve-se reconhecer o interesse jurídico de sua cadeia de concessionárias, permitindo que um respectivo comitê participe dos trabalhos, auxiliando no diálogo para a formação da melhor solução. O mesmo se passará no juízo universal de um franqueador, em relação a seus franqueados, ou de uma sociedade que se dedique à administração de shopping centers, em relação a seus lojistas. Nas companhias abertas, bem como naquelas em que haja uma grande multiplicidade e variedade de sócios, pode-se aceitar a participação de um comitê de acionistas. Volto a dizer, são apenas exemplos. As situações se definem conforme o caso dado em concreto.

Aliás, os sócios, quotistas ou acionistas, constituem uma questão interessante no juízo universal. A rigor, o legislador não se preocupou com eles, refletindo uma premissa correta: o devedor é a sociedade e as relações *interna corporis* (entre os sócios) constituiriam outro universo. No entanto, a constituição de um dique de separação absoluta entre a dimensão societária e a dimensão concursal é artificial e perigosa, bastando recordar que, em se tratando de companhia aberta, as questões societárias têm impacto direto sobre o mercado de capitais, ambiente negocial de suma importância, como se estudou no volume 2 desta coleção. Não me parece, por exemplo, que o(s) acionista(s) controlador(es) possa(m) usar seu poder de controle para anuir com medidas postas no plano de recuperação que contrariem aquilo que constou da oferta pública de ações (OPA), salvo anuência dos minoritários. Portanto, é fundamental que, havendo uma representação da minoria, possa ela participar dos debates assembleares.

Há outro rol de interessados que deve ser compreendido, igualmente conforme as particularidades. Assim, o Ministério Público do Trabalho e/ou sindicatos (o que pode facilitar negociações relativas a direitos laborais), Agências Reguladoras, quando a atividade esteja a elas submetidas (Anatel, Aneel etc.) e, mesmo, a Fazendo Pública. Em alguns casos, pode ocorrer de o próprio ente público, Município, Estado ou União, desejar participar para colaborar com a solução. É pouco provável que a União o faça, mas não é raro que um Município tenha interesses colossais na boa destinação da atividade produtiva (empresa ou unidade produtiva autônoma) que seja vital para a preservação da economia local.

Essa aceitação não é um direito do peticionário, já que a Lei nº 11.101/05 não o prevê. Portanto, não basta pedir uma habilitação e esperar por um deferimento. É preciso demonstrar o interesse e pedir ao Judiciário a quem cabe, caso a caso, aferir se o terceiro poderá contribuir para a solução da crise econômico-financeira da empresa, trabalhando pela manutenção da fonte produtora, o trabalho dos atores envolvidos (trabalhadores, mas também fornecedores e parceiros negociais), promovendo a economia e o desenvolvimento que expressam a função social das atividades empresariais.

Veja que, no alusivo à Fazenda Nacional, o Superior Tribunal de Justiça, quando julgou o Recurso Especial 1.053.883/RJ, reconheceu sua "condição excepcional de terceiro interessado", ainda que "as execuções fiscais ajuizadas em face da empresa em crise econômico-financeira não sofram interferência em virtude do processamento da recuperação judicial." Para a Corte: "Existente, contudo, interesse da Fazenda Nacional em sustentar a imprescindibilidade de juntada de certidões de regularidade tributária para a homologação do Plano de Recuperação, admite-se o Recurso de Terceiro prejudicado por parte da Fazenda Nacional, devendo ser provido o recurso especial para que a necessidade, ou não, da juntada de aludida certidão seja enfrentada pelo Tribunal de origem." Foi o contrário do que tinha decidido o Tribunal de Justiça do Rio de Janeiro: "Ausência de interesse em recorrer ante a circunstância de que os créditos tributários não estão sujeitos à recuperação."

As mesmas bases usadas para esse acórdão poderiam ser usadas para reconhecer o direito de recurso por parte da Municipalidade, quando haja desrespeito a suas normas e atos (desapropriação, tombamento etc.), do Ministério Público do Trabalho, para defesa de interesses laborais coletivos etc. Agora, mais do que atuação processual, resistindo e recorrendo, importa reconhecer o mérito da participação nas discussões, ou seja, no diálogo processual (assemblear), na busca de soluções que preservem a empresa e os interesses coletivos e públicos.

Obviamente, é indispensável que o terceiro aceito se comporte coerentemente, não só em função do que comandam os artigos 5º e 6º do Código de Processo Civil vigente, mas igualmente considerando a excepcionalidade de sua presença. Se não o faz, poderá ser excluído do processo, por pedido formulado pelo administrador judicial, comitê de credores Ministério Público ou qualquer credor, senão de ofício, pelo magistrado. Julgando os Embargos Declaratórios no Recurso Especial 1.187.404/MT, o Superior Tribunal de Justiça, após afirmar que "o interesse processual é examinado para o caso concreto e não por simples receio da fixação de uma jurisprudência eventualmente contrária aos interesses econômicos da recorrente, para outros milhares de processos de que é parte" (EDcl no REsp. 753.159/MT, decidiu que "o Juízo de primeiro grau, em junho de 2009, homologou plano de recuperação judicial com a dispensa de certidões negativas, não tendo havido outra impugnação que não a do Banco do Brasil S/A. Vale dizer, não pode a União, somente agora em embargos declaratórios no recurso especial, insurgir-se contra providência determinada pelo Juízo da recuperação cinco anos atrás."

6

Verificação e Habilitação de Créditos

1 VERIFICAÇÃO DE CRÉDITOS

O juízo universal se constitui como uma arena de pretensões contrapostas. Para ali convergem os credores, tantos quantos haja (e, por vezes, são dezenas de milhares), todos ansiosos para receber o que julgam lhes ser devido. A solução do impasse criado pelo afluxo de tais pretensões sobre um patrimônio bruto insuficiente se faz por meio de dois procedimentos complementares: o levantamento preciso do ativo (bens e direitos) e o levantamento preciso do passivo, ou seja, a determinação de quem são efetivamente os credores, qual o valor e qual a natureza jurídica de seus créditos.

O Decreto-lei 7.661/45, editado em época de pacata atividade econômica e jurídica, optou por centralizar todo esse procedimento na pessoa do juiz. A falência, especificamente, era compreendida como um *enfeixamento de execuções individuais num procedimento coletivo de interesse público*, a exigir que o juiz se pronunciasse sobre cada uma das pretensões creditícias, individualmente, aceitando-a ou não. Assim, sobrecarregava-se a pessoa do juiz, apesar de o crédito comumente constituir direito disponível, permitindo aos credores não se preocuparem com a formação do quadro de obrigações da massa. Pior: para cada pretensão creditícia formava-se um incidente processual próprio, autuado em apartado, transformando os autos da falência numa matriz de linhada farta, de manuseio desagradável, próximo ao inviável.

Cunhada num ambiente econômico mais dinâmico, com um Judiciário assoberbado, a Lei 11.101/05 reformulou o procedimento de formação do quadro geral de credores. A falência não é mais compreendida como uma *execução coletiva de interesse público*, mas como uma *liquidação judicial*, na qual ao Judiciário cabe decidir eventuais conflitos entre os interessados: uma intervenção estatal a bem da garantia do princípio do tratamento dos credores em igualdade de condições (*par conditio creditorum*). Coerentemente, retirou-se do magistrado o ônus de substituir o devedor e os credores (interessados diretos), debruçando-se sobre cada uma das pretensões creditícias, investigando sua adequação, ou não, e pronunciando-se sobre sua aceitação ou rejeição. Para que essa nova postura judiciária seja possível, destaca-se a figura do administrador judicial, pessoa da confiança do magistrado. A ele cabem dois procedimentos de formulação do quadro geral de credores: (1) a verificação de créditos e (2) a habilitação de créditos. Apenas se há conflitos na formação do quadro, será a matéria levada ao conhecimento do magistrado, para merecer o seu pronunciamento (*iurisdictio*). É o que se passa com as impugnações de crédito que são pedidos dirigidos ao magistrado, formando uma ação incidental, como se verá.

Não se pode desprezar a importância da verificação de créditos, fase processual criada pelo artigo 7º, *caput*, da Lei 11.101/05, sem similaridade no Decreto-lei 7.661/45, que adotava apenas o procedimento de habilitação voluntária. A verificação de créditos é ato realizado pelo administrador judicial, podendo contar com o auxílio de profissionais ou empresas especializadas, tomando por base os livros contábeis e documentos comerciais e fiscais do devedor e os documentos que lhe forem apresentados pelos credores, bem como pelo devedor, entre os quais se destaca a *relação de credores* que lhe cabe formular e entregar. É ato posterior à decretação da falência ou ao deferimento do processamento da recuperação judicial, resultando do primeiro contato do administrador judicial com as contas do empresário ou sociedade empresária. Rompe-se, assim, com a exclusividade do sistema de habilitações voluntárias para instituir a figura do crédito arrolado *ex officio*, o que se faz por meio da verificação. Ao dizer que a verificação dos créditos *será realizada* pelo administrador judicial, o legislador instituiu uma obrigação jurídica, a exigir atuação dedicada e cuidadosa em sua realização, respondendo pelos danos que causar – seja ao devedor, seja a credor, seja a terceiro –, resultantes de comportamento doloso, culposo ou que revele abuso de direito.

Para a realização da verificação, o administrador judicial e os profissionais ou empresa especializada que o auxiliem examinarão não apenas os livros contábeis do empresário ou sociedade empresária, mas igualmente outros documentos comerciais e fiscais, investigando-os não apenas para aferir a existência de eventuais credores, além de aferir a real situação financeira da empresa, eventual prática de atos fraudatórios etc. A verificação assemelha-se à auditagem da empresa, servindo não apenas à formação do quadro de credores, mas aos demais aspectos investigados ao longo do processo, inclusive a pesquisa sobre eventual prática de ato criminoso, como a manutenção de contabilidade paralela, indução a erro, favorecimento de credores etc. Mais do que isso, de uma verificação bem feita, partindo da adequada contribuição do devedor (que a ela está obrigado, sob o risco mesmo de condenação criminal), pode-se chegar ao rápido e econômico encerramento do procedimento de aferição do patrimônio passivo, atendendo aos princípios da celeridade e da economia processuais.

Também nessa fase, os credores que constem da relação nominal apresentada pelo devedor (artigos 51, III, 99, *caput*, e 105, II, da Lei 11.101/05) receberão comunicação informando a data do pedido de recuperação judicial ou da decretação da falência, além da natureza, do valor e da classificação dada ao seu crédito. Evitam-se, assim, os riscos inerentes à convocação editalícia, assentada sobre uma ciência presumida dos interessados, além de dar maior celeridade e eficácia ao juízo universal. Trata-se de dever do administrador judicial (artigo 22, I, *a*); não providenciá-la é, portanto, ato ilícito, caracterizando descumprimento das funções de administração do juízo universal, podendo resultar o dever de indenizar, se decorre prejuízo econômico ou moral.

Se o administrador judicial tem dúvidas sobre o crédito ou créditos, pode usar-se da comunicação para requerer que o credor lhe remeta os documentos comprobatórios do crédito, utilizando-os para instruir um quadro geral de pretensos credores a que está obrigado à publicação. Aqueles que não atendem a tal requerimento veem-se excluídos do quadro, estando obrigados à habilitação. Se os documentos forem suficientes para demonstrar o crédito será ele inscrito no quadro, dispensando a habilitação. Não se trata, porém, de medida obrigatória para todos os casos e/ou todas as categorias de credores, mas de procedimento que se aplica conforme as particularidades do caso em concreto. Pode-se pedir a comprovação do crédito para mutuantes, por exemplo, mas dispensar os trabalhadores, cujos salários e outras verbas trabalhistas em atraso sejam óbvias, incontestáveis. Mesmo a celeridade e a economia processual o recomendam, certo que a única forma de um trabalhador provar *que não recebeu* é o Judiciário Trabalhista que, assim, seria entulhado por demandas desnecessárias.

Note-se, por fim, que as habilitações dos credores particulares do sócio ilimitadamente responsável processar-se-ão de acordo com as mesmas disposições que serão estudadas neste capítulo, por força do que prevê o artigo 20 da Lei de Falência e Recuperação de Empresas.

2 HABILITAÇÃO DE CRÉDITOS

Finda a verificação, será publicado um edital inaugural do juízo universal. Na recuperação judicial, o artigo 52, § 1º, da Lei 11.101/05, prevê que, deferindo o processamento do pedido de recuperação judicial, o juiz ordenará a expedição de edital, para publicação no órgão oficial, que incluirá (1) o resumo do pedido do devedor e da decisão que defere o processamento da recuperação judicial; (2) a relação nominal de credores, em que se discrimine o valor atualizado e a classificação de cada crédito; e (3) a advertência acerca dos prazos para habilitação dos créditos, bem como para que os credores apresentem objeção ao plano de recuperação judicial apresentado pelo devedor. Na falência, o artigo 99, parágrafo único, prevê que a decretação da falência se fará seguir da publicação de edital contendo a íntegra da decisão que decreta a falência e a relação de credores.

Essa publicação será feita preferencialmente na imprensa oficial e, se o devedor ou a massa falida comportar, em jornal ou revista de circulação regional ou nacional, bem como em quaisquer outros periódicos que circulem em todo o país. O artigo 191 determina que a publicação contenha a epígrafe “recuperação judicial de”, “recuperação extrajudicial de” ou “falência de”. No julgamento do Recurso Especial 1.163.143/SP, o Superior Tribunal de Justiça afirmou que “o termo inicial do prazo de 15 (quinze) dias para apresentar ao administrador judicial habilitações ou divergências é a data de publicação do edital (artigo 7º, § 1º, da Lei 11.101/05)”.

Aliás, no julgamento do mesmo Recurso Especial 1.163.143/SP, o Superior Tribunal de Justiça rejeitou a aplicação do artigo 236 do Código de Processo Civil (art. 272 do Novo Código de Processo Civil) para a publicação da relação de credores elaborada pelo administrador judicial; assim, não é preciso que essa publicação traga o nome dos causídicos constituídos por aqueles que habilitaram seu crédito. Para a Corte, “são de natureza administrativa os atos procedimentais a cargo do administrador judicial que, compreendidos na elaboração da relação de credores e publicação de edital (artigos 52, § 1º, ou 99, parágrafo único, da Lei 11.101/05), desenvolvem-se de acordo com as regras do artigo 7º, §§ 1º e 2º, da referida lei e objetivam consolidar a verificação de créditos a ser homologada pelo juízo da recuperação judicial ou falência”. Dessa maneira, “na fase de verificação de créditos e de apresentação de habilitações e divergências, dispensa-se a intimação dos patronos dos credores, mesmo já constituídos nos autos, ato processual que será indispensável a partir das impugnações (artigo 8º da Lei 11.101/05), quando se inicia a fase contenciosa, que requer a representação por advogado”. Para tanto, destacaram os julgadores que, “se o legislador não exigiu certa rotina processual na condução da recuperação judicial ou da falência, seja a divulgação da relação de credores em órgão oficial somente após a publicação da decisão que a determinou, seja a necessidade de intimação de advogado simultânea com a intimação por edital, ao intérprete da lei não cabe fazê-lo nem acrescentar requisitos por ela não previstos”.

De outra face, no mesmo julgamento (Recurso Especial 1.163.143/SP), o Superior Tribunal de Justiça estabeleceu a “veiculação, em órgão oficial, do edital antes da publicação da decisão que recomendou aquele ato” não determina “nenhum vício que dê ensejo à nulidade da publicação do edital contendo a relação de credores, muito menos do próprio edital”. Afinal, “se, de um lado, a Lei de Recuperação de Empresas e Falência é clara em prever que o juiz ordene a expedição do edital para publicidade, em órgão oficial, da relação nominal de credores (§ 1º, II, do artigo 52) e, após as habilitações e objeções, que o administrador judicial faça publicar o edital com nova relação (§ 2º do artigo 7º) para efeito da apresentação de impugnação (artigo 8º), de outro lado, não se extrai da sobredita lei nenhuma exigência ou menção de que a divulgação dos editais não possa concretizar-se e tenha a eficácia obstruída por simples dependência da publicação do ato judicial que a determinou".

A relação nominal de credores que constará do edital é resultado do trabalho de verificação de créditos. Contudo, os credores que não estiverem inseridos nessa relação poderão requerer, ao administrador judicial, a habilitação de seus créditos, no prazo de 15 dias, que será contado da publicação do edital. A *habilitação de crédito* é ato voluntário de pretender-se credor no juízo universal, apresentando os elementos que definem tal condição, bem como aqueles que a quantificam (o valor do crédito) e a qualificam além das respectivas provas. Aqueles que se pretendam credores do empresário ou sociedade empresária deverão apresentar suas habilitações. Ademais, no mesmo prazo, os credores poderão *apresentar as suas divergências quanto aos créditos até então relacionados* (artigo 7º, § 1º, da Lei 11.101/05). Não se trata de impugnação aos créditos alheios, como se estudará na sequência, mas de *divergência* sobre os créditos de que sejam, eles próprios, sujeitos ativos, discordando da natureza, classificação, valor atualizado ou regime dos respectivos vencimentos.

Se o administrador judicial verificar a ocorrência de qualquer problema que tenha prejudicado o exercício do direito dos credores à habilitação de seus créditos, bem como o direito dos interessados à apresentação de divergências aos créditos até então listados, deverá peticionar ao juiz a reabertura do prazo para habilitação, medida que o próprio juiz poderá tomar, de ofício, mormente reconhecendo que seu transcurso não leva à perda do direito à habilitação (artigo 10 da Lei 11.101/05), sendo lícita a habilitação tardia, embora mais trabalhosa, mesmo para o juízo.

Atenção: a habilitação não é uma postulação judicial, mas medida própria da administração do juízo universal. O destinatário do pedido de habilitação não é o juiz, mas o administrador judicial (artigo 7º, § 1º, da Lei 11.101/05), inovação que busca desafogar o Judiciário. Não se trata de uma petição inicial e não se inaugura incidente processual autuado em apartado, a merecer decisão judicial. Não é postulação judicial e não constitui ato privativo de advogado (artigo 1º da Lei 8.906/94), podendo ser formulada e assinada pelo próprio credor ou por seu procurador civil (administrador societário) ou mesmo por preposto que tenha poderes para tanto. Aliás, se o crédito não se tornar *coisa controversa*, pela apresentação de impugnação, o credor não necessitará de advogado no juízo universal, podendo participar das assembleias de credores e exercer outros direitos (como reclamar junto ao comitê de credores) sem carecer de representante processual. No entanto, a prática de atos processuais em sentido estrito, a exemplo da impugnação de crédito, caracteriza postulação judicial, exigindo representação por advogado.

Cabe ao edital indicar com precisão o lugar para o qual deverão ser encaminhados os pedidos de habilitação. Ainda que o destinatário da petição seja o administrador judicial, e não o juiz, nada impede que a estrutura administrativa judiciária (a *serventia judiciaria*) seja utilizada para o recebimento dos pedidos; a protocolização pode, sim, fazer-se por meio do protocolo comum e encaminhada à secretaria do juízo que, em lugar de fazer a petição conclusa ao magistrado, como usual, a encaminhará ao administrador judicial. Tais petições, de acordo com o artigo 9º, *caput*, da Lei 11.101/05, deverão conter:

(1) *O nome, o endereço do credor e o endereço em que receberá comunicação de qualquer ato do processo*; não se exige qualificação completa, como estado civil, profissão ou número de qualquer documento (inscrição no Cadastro de Pessoas Físicas – CPF ou no Cadastro Nacional de Pessoas Jurídicas – CNPJ), inscrição estadual ou municipal etc. Tais informações, todavia, poderão ser requeridas pelo juiz ou pelo administrador judicial, devendo ser prestadas pelo habilitante, no prazo assinalado.

(2) *O valor do crédito, atualizado até a data da decretação da falência ou do pedido de recuperação judicial, sua origem e classificação*. A habilitação quantificará e qualificará o crédito. Ademais, deverá dizer a *origem* do crédito, medida que evita fraudes, já que bastaria apresentar títulos de crédito não causais (cheques, letras de câmbio ou notas promissórias) para furtar-se a uma eventual impugnação do pretenso crédito, invocando os princípios da autonomia, independência e abstração cambiais. Eis por que acredito que a habilitação deverá narrar a situação de fato que deu origem ao crédito, o negócio por meio do qual o habilitante adquiriu a condição de credor do empresário ou sociedade empresária, ainda que se trate de uma operação meramente cambial, a exemplo do endosso.

Não é só. A necessidade de que a habilitação contenha a origem do crédito deve atender, igualmente, ao artigo 83, VII, da Lei 11.101/05, que define que os créditos oriundos de multas contratuais classificam-se após os quirografários, ou seja, que somente serão pagos quando estejam satisfeitos, integralmente, os credores dos níveis que lhes preferem, ou seja, somente se todos os créditos quirografários forem adimplidos. Tem-se, portanto, uma origem do valor do total que é habilitado, pressupondo a apresentação de um demonstrativo onde sejam esclarecidos o valor do principal e todos os elementos que foram acrescidos: correção monetária, juros remuneratórios, juros moratórios, multa etc. Como se verá adiante, sempre que a habilitação não contenha tais esclarecimentos, será legítimo ao administrador judicial pedir ao credor que os informe.

Os créditos serão *atualizados* até a data *da decretação da falência ou do pedido de recuperação judicial* (artigo 9º, II, da Lei 11.101/05). Essa atualização pode implicar majoração ou minoração do crédito; se há inadimplemento, haverá majoração, em conformidade com a lei e o contrato, a exemplo da incidência de juros remuneratórios e de correção monetária, quando cabíveis; se há vencimento antecipado, será imperioso ocorrer o abatimento proporcional dos juros (artigo

77 da Lei 11.101/05). A aplicação da regra, portanto, implicará a minoração do crédito se os juros estiverem embutidos no valor nominal da obrigação.

(3) *Os documentos comprobatórios do crédito e a indicação das demais provas a serem produzidas*. A habilitação não se faz apenas quando houver títulos judiciais ou extrajudiciais, líquidos, certos e exigíveis. Credores por quantias ilíquidas também podem se habilitar no juízo universal. Em qualquer dos casos, os credores deverão apresentar a habilitação, atendendo aos requisitos ora estudados, e apresentando os documentos que comprovem a existência, o valor e a qualidade do crédito cuja habilitação estão requerendo. Esses títulos e documentos que legitimam os créditos deverão ser exibidos no original; podem ser apresentados por cópias autenticadas, mas apenas se os originais estiverem juntados em outro processo (artigo 9º, parágrafo único, da Lei 11.101/05).

A habilitação poderá indicar as *demais provas a serem produzidas*, o que não se interpreta como necessidade indispensável de um começo de prova escrita, mas de forma coerente com os artigos 212 e seguintes do Código Civil, nomeadamente seu artigo 227, segundo o qual, salvo os casos expressos, a prova exclusivamente testemunhal só se admite nos negócios jurídicos cujo valor não ultrapasse o décuplo do maior salário mínimo vigente no país ao tempo em que foram celebrados, sendo ainda certo, na forma do parágrafo único do mesmo artigo, que a prova testemunhal é admissível como subsidiária ou complementar da prova por escrito, qualquer que seja o valor do negócio jurídico. Assim, se o crédito, ao tempo de sua constituição, tiver valor inferior ou igual ao décuplo do maior salário mínimo vigente no país, a habilitação poderá indicar apenas prova testemunhal. De resto, tenha-se firme que a expressão *demais provas* aponta para todos os meios lícitos, incluindo perícia, presunção, registros fonográficos etc.

(4) *A indicação da garantia prestada pelo devedor, se houver, e o respectivo instrumento*. A habilitação ainda indicará se o crédito tem, ou não, garantia específica, a exemplo de garantia real, e qual é essa garantia. Havendo garantia prestada pelo empresário ou sociedade empresária, a habilitação deverá ser acompanhada do respectivo instrumento de constituição da obrigação e da garantia. Note que a existência de gravame, sem o respectivo registro, impede que a garantia real seja oposta ao concurso de credores, classificando-se o credor como mero quirografário; evitam-se, assim, as fraudes, da mesma forma que se mantém intacto o princípio da publicidade que norteia a eficácia dos gravames em relação a terceiros, entre os quais se incluem, por certo, os demais credores.

(5) *A especificação do objeto da garantia que estiver na posse do credor*. Além de indicar a garantia de que seu crédito é beneficiário e apresentar o respectivo documento, o credor ainda deverá especificar *o objeto da garantia que estiver na sua posse*, o que não acontecerá, por exemplo, na hipoteca, bem como no penhor industrial ou rural (na hipótese de empresa rural), já que não há transferência

dos bens para o credor com garantia real, ao contrário do que ocorre no penhor civil e na anticrese.[1]

3 IMPUGNAÇÃO DAS HABILITAÇÕES

Considerando as informações colhidas nos procedimentos de *verificação de crédito* e as habilitações feitas, o administrador judicial tem um prazo de 45 dias, contado do fim do prazo para habilitações (artigo 7º, § 2º, da Lei 11.101/05) para publicar um edital contendo a relação de credores do empresário ou sociedade empresária. Essa publicação será feita preferencialmente na imprensa oficial e, se o devedor ou a massa falida comportar, em jornal ou revista de circulação regional ou nacional, bem como em quaisquer outros periódicos que circulem em todo o país, sob a epígrafe "recuperação judicial de", "recuperação extrajudicial de" ou "falência de" (artigo 191). Friso que a lista não se limita às habilitações feitas; a lei fala em *informações e documentos colhidos na forma do* caput *e do § 1º do artigo 7º*. Ora, o § 1º cuida das *habilitações* e o *caput* da *verificação de créditos*, deixando claro que também por essa via afirmam-se os créditos. Dessa maneira, simplifica-se o procedimento: credores cujo crédito já tenha sido arrolado durante a verificação não precisarão habilitar-se, dando celeridade ao procedimento. Também pode-se dispensar a habilitação, exigindo apenas a apresentação de documentos comprobatórios ou esclarecimentos.

É preciso atentar para a qualidade específica da *relação de credores* referida pelo artigo 7º, § 2º, da Lei 11.101/05, a ser publicada por meio de edital, distinguindo-a do *quadro geral de credores*, que será estudado adiante. Na sua elaboração, não cabe ao administrador construir juízo sobre a existência, o valor ou a classificação dos créditos habilitados, sequer sobre sua plausibilidade ou verossimilhança. A *relação de credores* não é um retrato do passivo da empresa, mas um retrato das pretensões sobre o ativo da empresa: a relação daqueles que pretendem direitos sobre o ativo, que se pretendem credores, bem como dos respectivos valores e classificações. Melhor seria chamá-la de *relação de pretensos credores* para traduzir-lhe o caráter provisório: um rol de pretensões e, nunca, uma efetiva relação de credores e créditos. Justamente por isso, o mesmo artigo 7º, § 2º, estabelece que o edital em que se publicar tal *relação de pretensos credores* deverá indicar o local, o horário e o prazo comum em que o comitê, qualquer credor, o devedor ou seus sócios ou o Ministério Público terão acesso aos documentos que fundamentaram a elaboração dessa relação, permitindo aferir sua adequação ou não à realidade.

Esse exame orientará os interessados sobre a conveniência ou não de impugnar *essa ou aquela* pretensão creditícia, o que deverá ser feito no prazo de 10 dias,

---

1 Conferir MAMEDE, Gladston. *Código civil comentado*: penhor, hipoteca e anticrese: artigos 1.419 a 1.510. São Paulo: Atlas, 2003. v. 14.

contado da publicação daquele edital (artigo 8º da Lei 11.101/05). A lei fala em *impugnação contra a relação de credores*, mas, a bem da precisão, impugnam-se créditos constantes da relação e não ela como um todo. Não só os créditos habilitados podem ser impugnados, mas também créditos lançados de ofício pelo administrador judicial, durante a verificação, questionando existência, legitimidade, importância e/ou classificação. Essa impugnação tem natureza jurídica análoga à dos embargos: é pedido incidente ao processo concursal, sem com ele se confundir e sem obstar o seu curso normal, merecendo autuação em apartado e procedimento próprio (artigo 8º, parágrafo único). A impugnação não se opõe ao juízo universal como um todo, mas a certa pretensão creditícia. O processo principal, à par da(s) impugnação(ões), segue seu próprio trâmite, embora podendo sofrer seus efeitos, incluindo quando resultem de juízo provisório acautelatório ou antecipatório de tutela.

A impugnação pode ser manejada para apontar *a ausência de qualquer crédito ou manifestando-se contra a legitimidade, importância ou classificação de crédito relacionado* (artigo 8º, *caput*). Trata-se de *impugnação para acréscimo* do passivo ou para requalificá-lo: não se pretende retirar um crédito ou diminuir o seu valor, mas (1) acrescentar um crédito, (2) aumentar o valor de um crédito relacionado ou (3) alterar sua classificação, fazendo constar ônus que não estavam na relação. Para ela, está legitimado apenas o credor, embora possa haver situações excepcionais, como o interesse do absolutamente incapaz, a permitir a intervenção do representante do Ministério Público. Como se verá adiante, o próprio legislador criou uma hipótese de *impugnação para acréscimo*, quando, no artigo 10, § 5º, da Lei 11.101/05, previu que as habilitações de crédito retardatárias, se apresentadas antes da homologação do quadro geral de credores, sejam recebidas como impugnação de crédito, recebendo o mesmo processamento.

Mais comuns são as *impugnações para decréscimo do passivo*, cujo objetivo e/ou efeito é diminuir o valor do patrimônio passivo do devedor, ou mesmo dele retirar ônus que sejam indevidos, a exemplo de garantias pignoratícias ou hipotecárias indevidas ou sem eficácia sobre terceiros. O legislador falou apenas em manifestar-se *contra a legitimidade, importância ou classificação de crédito relacionado*; é pouco. Mais do que se manifestar *contra a legitimidade* do habilitante, a impugnação poderá arguir toda uma gama de matérias prejudiciais, como a inexistência do crédito, defeito de representação, a exemplo da ausência de prova da outorga de poderes bastantes para pedir a habilitação, prescrição do direito, pagamento, confusão, remissão (perdão da dívida) ou outra forma de renúncia, ausência de requisito formal necessário, entre outras. São apenas exemplos. O leque de matérias preliminares ou de mérito é amplo, todas podendo ser invocadas por meio de impugnação, incluindo o principal do crédito, juros, multas, correção monetária, natureza etc.

Parece-me ser possível, igualmente, impugnar o crédito sob o argumento de que não se encontra suficiente e satisfatoriamente comprovado. A impugnação, nesse caso, não tem por fundamento central uma negativa do crédito, mas o direito à sua adequada comprovação: legitimidade do credor/representante, ausência de informação sobre a origem do crédito e como se formou o respectivo valor, entre outros. O fundamento imediato é a deficiência da comprovação e não a negativa do crédito em si, justificando-se como meio para forçar a instrução e, assim, permitir a avaliação sobre a regularidade, ou não, do crédito. Não se contesta o crédito, mas pedem-se *esclarecimentos sobre a pretensão*. Nessa hipótese, dois caminhos se afirmam possíveis, creio: (1) o habilitante concorda com o pedido e apresenta os elementos que foram questionados, julgando-se prejudicada a impugnação e deixando-se de atribuir ônus sucumbenciais; (2) o habilitante discorda do pedido, contestando-o, formando-se, assim, a relação jurídica controversa, na qual se terá um vencedor e um sucumbente. A vitória do impugnante, aliás, pode dar-se inclusive pela simples determinação de que o documento ou informação faltante seja apresentado, sem alterar o valor do crédito ou sua classificação, embora não se possa afastar a hipótese de os elementos trazidos aos autos implicarem uma revalorização ou reclassificação do crédito. Por seu turno, a vitória do impugnado dar-se-á pela afirmação de que sua habilitação está regular, sendo despiciendo o elemento ou elementos pedidos pela impugnação, devendo o impugnante suportar os ônus sucumbenciais.

3.1 Processamento

A impugnação é ato postulatório que exige capacidade processual, ou seja, deverá ser firmada por representante do Ministério Público ou por advogado. Ao contrário da habilitação, que é dirigida ao administrador judicial, a impugnação será dirigida ao juiz por meio de petição, atendendo aos pressupostos de constituição válida do processo. Será instruída com os documentos que tenha o impugnante, sendo-lhe lícito, ademais, indicar as provas que considera necessário produzir, incluindo testemunhas ou perícia. O impugnante deverá apresentar tantas impugnações quantos sejam os créditos impugnados, não sendo possível impugnar diversos créditos numa mesma petição, o que tumultuaria o feito. Serão constituídas, assim, tantas relações processuais quantos sejam os créditos impugnados, havendo autos em apartado para cada uma, com os documentos a ela correspondentes (o artigo 13 da Lei 11.101/05). No entanto, se um mesmo crédito merece várias impugnações, mesmo sendo diversos os impugnantes e as causas de pedir, serão autuadas em conjunto (artigo 13, parágrafo único), resolvendo-se num só procedimento. Cuida-se de litisconsórcio ativo *sui generis*, certo serem múltiplas as petições iniciais, com fundamentos próprios que podem ser iguais ou não. O impugnado deve responder a cada uma das matérias anotadas nas diversas impugnações contra si dirigidas, enfrentando todos os argumentos, ainda que o pedido tenha sido o mesmo.

Os credores cujos créditos forem impugnados serão intimados para contestar, no prazo de cinco dias, alegando toda a matéria de defesa, expondo as razões de fato e de direito, juntando os documentos que tiverem e indicando outras provas que reputem necessárias. Podem alegar matérias preliminares de mérito, como inépcia do pedido, coisa julgada, incapacidade da parte, defeito de representação etc. Ao impugnado aplica-se o artigo 341 do novo Código de Processo Civil, determinando-lhe manifestação precisa – isto é, ponto a ponto, argumento a argumento, sobre os fatos narrados na impugnação, presumindo-se verdadeiros os fatos não impugnados, salvo se não comportarem confissão, se a petição não estiver acompanhada do instrumento que a lei considerar da substância do ato, ou se estiverem em contradição com a defesa, considerada em seu conjunto. Essa *confissão ficta* exige redobrada cautela em sua aplicação; a ausência de contestação não implica, por si só, a procedência do pedido, mas mera *presunção de veracidade*, podendo ser elidida tanto pelos elementos que o habilitante já tenha juntado, quanto pela fragilidade das alegações e/ou provas apresentadas pelo impugnante ou impugnantes. Portanto, a ausência de contestação não exime o juiz de exame dos argumentos postos na impugnação, nem da obrigação de fundamentar o seu provimento, que poderá, inclusive, ser favorável ao habilitante/impugnado.

Transcorrido o prazo para contestação, serão intimados o devedor (empresário ou administrador da sociedade empresária), bem como o comitê de credores, se houver, para se manifestarem, no prazo comum de cinco dias, sobre a impugnação e a contestação (artigo 12 da Lei 11.101/05). Findo esse prazo, o administrador judicial será intimado pelo juiz para emitir parecer no prazo de cinco dias, devendo juntar à sua manifestação laudo elaborado pelo profissional ou empresa especializada, se for o caso, e todas as informações existentes nos livros fiscais e demais documentos do devedor acerca do crédito, constante ou não da relação de credores, objeto da impugnação. Mesmo se a impugnação tiver sido apresentada pelo próprio administrador judicial, essa intimação será necessária, permitindo-lhe conhecer dos argumentos expendidos pelo habilitante/impugnado, além das informações e pareceres eventualmente apresentados pelo devedor e pelo comitê de credores.

O *dever de juntar laudo elaborado pelo profissional ou empresa especializada* não constitui obrigação processual, mas atribuição administrativa do administrador judicial. Diga-se o mesmo da apresentação de *todas as informações existentes nos livros fiscais e demais documentos do devedor acerca do crédito objeto da impugnação*. Assim, a ausência de tais elementos não implica, de forma alguma, julgamento favorável ao habilitante/impugnado; poderá, quando muito, determinar a destituição do administrador, se demonstrada a desídia no exercício de suas atribuições e/ou prejuízo na defesa dos interesses e direitos da massa. De outra face, esse *laudo elaborado pelo profissional ou empresa especializada* não se confunde com prova pericial, sendo lícito às partes (impugnante e impugnado), mesmo ao próprio administrador judicial, requerer prova pericial que, se deferida, atenderá às regras do Código de Processo Civil.

Após a manifestação do administrador judicial – ou, mesmo quando transcorrido *in albis* o prazo para manifestar-se –, os autos serão conclusos ao juiz (artigo 15 da Lei 11.101/05), que (1) determinará a inclusão no *quadro geral de credores* das habilitações de créditos não impugnadas, no valor e na classificação constante da *relação de pretensos credores*; (2) julgará as impugnações que entender suficientemente esclarecidas pelas alegações e provas apresentadas pelas partes, mencionando, de cada crédito, o valor e a classificação; (3) fixará, em cada uma das restantes impugnações, os aspectos controvertidos e decidirá as questões processuais pendentes; e (4) determinará as provas a serem produzidas, designando audiência de instrução e julgamento, se necessário. Caso não haja impugnações, o juiz homologará, como *quadro geral de credores*, a *relação dos pretensos credores* constante do edital publicado pelo administrador judicial, sendo dispensada nova publicação (artigo 14).

Prevê-se, de plano, que o juiz determine a inclusão, no *quadro geral de credores*, das habilitações de créditos não impugnadas, no valor e na classificação constante da *relação de pretensos credores*. Essa determinação tem por fundamento o reconhecimento universal – isto é, por todos os envolvidos no juízos concursal – que tais pretensões creditícias estão conformes à realidade, embora seja possível, a qualquer momento, pedir a exclusão, outra classificação ou a retificação de qualquer crédito, nos casos de descoberta de falsidade, dolo, simulação, fraude, erro essencial ou, ainda, documentos ignorados, como se estudará adiante. Logo após, determinará a sequência do processo de falência ou recuperação judicial, enquanto, simultaneamente, se ocupará das impugnações apresentadas. Justamente por isso, determinará, para fins de rateio, a reserva de valor para satisfação do crédito impugnado (artigo 16). Se a impugnação for parcial, ou seja, se apenas se voltar contra parte do valor da habilitação, pretendendo ser menor, não impedirá o pagamento da parte incontroversa (artigo 16, parágrafo único).

Concomitantemente à sequência do juízo universal, o juiz se ocupará das impugnações. Em primeiro lugar, conhecerá diretamente do pedido, proferindo sua decisão, naquelas em que as questões postas por impugnante(s) e impugnado estejam suficientemente esclarecidas pelas alegações e provas apresentadas pelas partes. Nas impugnações em que não seja possível o *julgamento antecipado da lide*, o juiz fixará os aspectos controvertidos e decidirá as questões processuais pendentes, determinando as provas a serem produzidas e designando, se necessário, audiência de instrução e julgamento (artigo 15, III e IV). O legislador nada falou sobre conciliação; em fato, tais acordos não são da normalidade do juízo universal, embora não deixem de ser possíveis, desde que seja interessante para o concurso de credores, com autorização do juiz, ouvido o comitê de credores e o devedor (empresário, administrador societário e sócios). A autorização judicial deve ser dada em decisão fundamentada que poderá ser objeto de recurso pelos prejudicados.

Lembre-se aqui do que foi estudado no Capítulo 5 sobre o direito de voto nas assembleias gerais de credores daqueles que tiveram seus créditos impugnados, até o julgamento pelo juízo de primeiro grau. Como a impugnação não afasta o credor da assembleia geral (artigos 7º, § 1º, e 39 da Lei 11.101/05), são possíveis manobras para supervalorizar créditos a fim de obter um poder maior de deliberação na assembleia geral de credores. Justamente por isso, o juiz pode deferir antecipação de tutela, determinando, para os efeitos de participação nas assembleias de credores, a exclusão do crédito ou sua redução ao montante que se considera verossimilhante.

Finda a instrução, os autos serão conclusos para o juiz para que profira a sentença.

3.2 Recurso

Prevê o artigo 17 da Lei 11.101/05 caber agravo da decisão que julga a impugnação, no que é alcançado pelo artigo 1.015, XIII, do Código de Processo Civil. É uma previsão infeliz, em múltiplos aspectos. Essa decisão põe termo ao processo de impugnação e o recurso contra as decisões terminativas é a apelação. Pior é que normalmente se tem uma decisão de mérito, resolvendo o litígio e não apenas abordando questão interlocutória. Trata-se de sentença e, assim, o recurso cabível seria o de apelação, o que, aliás, é bizarramente reconhecido pelo próprio artigo 18 da Lei 11.101/05. Não há sequer motivo para conservar os autos no juízo concursal, já que a discussão passa a ter palco na instância revisora, ou seja, no Tribunal Estadual. Ainda assim, por se tratar de agravo, será preciso – salvo interpretação extensiva por parte do Judiciário – formar o respectivo instrumento; como a impugnação é um processo de conhecimento com decisão de mérito e podendo experimentar fase de instrução, o instrumento deverá ser formado com cópia de todas as peças, isto é, todas as folhas dos autos, excetuadas, eventualmente, repetições indevidas, devidamente certificadas pela serventia judiciária. Tem-se, assim, um absurdo e injustificado *bis in idem*, agredindo o princípio da economia processual e o princípio da instrumentalidade das formas. Formar-se-á, por instrumento, um verdadeiro *clone* dos autos do processo de impugnação, ao passo que aqueles autos de impugnação ficarão parados, sem movimentação, no juízo universal. Inútil e tolo, enfim.

Se o Legislativo não corrigir tal distorção, melhor será que os tribunais o façam, por exemplo, dispensando a formação de instrumento e determinando que subam os autos principais. Pode-se mesmo afirmar, com base no artigo 18 da Lei 11.101/05, tratar-se de sentença e, assim, recorrível pela via da apelação, reconhecendo que o artigo 17 hospeda um *erro legislativo material* ou, mesmo, uma disposição incompatível com o sistema processual brasileiro, no qual as sentenças são recorríveis por meio de apelação. Por fim, a simplificação também poderá recorrer da adoção de meio eletrônico para os autos (*virtualização processual*). Enquanto uma alternativa não se afirme por jurisprudência segura, será preciso atender ao comando legal, adotando todas as regras processuais dos agravos: prazo, local de interposição, conteúdo da petição recursal e da minuta com o respectivo arrazoado, elementos que devem constar do instrumento e todos os demais requisitos legais.

Recebido o agravo de instrumento no tribunal, o relator poderá conceder efeito suspensivo à decisão, inclusive para inscrever ou retirar o crédito do *quadro geral de credores* e modificar seu valor ou classificação, para fins de exercício de direito de voto em assembleia geral (artigo 17, parágrafo único, da Lei 11.101/05).

3.3 Habilitações tardias

O prazo para habilitação de créditos, viu-se, é de 15 dias contados da publicação do edital que convoca os credores para tanto (artigo 7º, § 1º, da Lei 11.101/05). Todavia, os credores que não apresentem tempestivamente seu pedido não perdem o direito à habilitação, nem ao recebimento de seus créditos. O artigo 10 da Lei 11.101/05 cuida dessas habilitações intempestivas, denominando-as *habilitações de crédito retardatárias*, prevendo a forma pela qual processam-se e as respectivas consequências, diferenciando duas hipóteses: (1) habilitações retardatárias que sejam feitas antes da homologação do quadro geral de credores e (2) habilitações retardatárias posteriores à homologação do quadro geral de credores.

De acordo com o § 5º do artigo 10 da Lei 11.101/05, as habilitações de crédito retardatárias, se apresentadas *antes da homologação do quadro geral de credores*, serão recebidas como impugnação e processadas na forma dos artigos 13 a 15. A norma é estranha, já que os artigos 13 a 15 têm lógica inversa: partem de um crédito para uma impugnação. De qualquer sorte, fica claro que essa habilitação tardia não será um simples procedimento perante o administrador judicial; será uma postulação judicial, exigindo a representação por advogado (artigo 1º, I, da Lei 8.906/94), dando origem a uma *ação incidental*, com natureza jurídica do *processo cognitivo*.

Justo por isso, a habilitação retardatária de crédito sujeita o credor ao recolhimento da respectiva taxa judiciária, ou seja, ao pagamento de custas processuais. Neste sentido, em face do Recurso Especial 512.406/SP, o Superior Tribunal de Justiça assim se pronunciou: "(1) Embora os artigos 82 e 98 da anterior Lei de Falências, que disciplinavam o procedimento de habilitação de créditos, não fizessem menção expressa ao recolhimento de custas processuais, pela leitura do artigo 23 do mesmo diploma legal constata-se que, em algumas situações, havia a necessidade de recolhimento. (2) A análise do artigo 98 da anterior Lei de Falências demonstra que, em razão da inércia do credor que não se habilitou no prazo determinado, toda máquina judiciária é novamente movimentada para o processamento da habilitação retardatária. (3) Confirmando o entendimento acima, a nova Lei de Falências e Recuperação de Empresas (Lei 11.101/05), em seu artigo 10, expressamente prevê que, na falência, os créditos retardatários perderão o direito a rateios eventualmente realizados e ficarão sujeitos ao pagamento de custas."

A petição inicial será dirigida ao juiz e será autuada em separado. Ao contrário da impugnação, não há um réu certo. A solução será aplicar de forma larga o artigo 8º da Lei 11.101/05, o que nos conduz a uma solução muito próxima à constante do artigo 98 do Decreto-lei 7.661/45: o juiz determinará a publicação de aviso para que o comitê, qualquer credor, o devedor ou seus sócios, ou o Ministério Público, examinem o pedido de habilitação retardatária e seus documentos, apresentando, se quiserem, contestação. Essa publicação se fará às expensas do habilitante, já que foi sua intempestividade a causa eficaz da despesa.

Na ausência de uma norma específica e expressa, o prazo para essa contestação, parece-me adequado aplicar o artigo 11 da Lei 11.101/05, que, para a hipótese de impugnação, assinala um prazo de cinco dias para contestar. No entanto, a habilitação de crédito tardia é uma postulação judicial que não se dirige contra ninguém em especial: uma ação incidental que não tem, *a priori*, um réu certo, embora possa um ou mais interessados apresentarem-se para contestá-la. Justamente por isso, não há falar em *revelia* e, muito menos, em *efeitos da revelia* ou *confissão ficta*. Mesmo se não houver contestação, o seu autor deverá fazer prova do direito alegado para que seja julgada procedente e, assim, seja o crédito inscrito no quadro geral de credores. É ônus que decorre do retardamento na habilitação e, em virtude desse retardamento, da necessidade de se recorrer a um obrigatório reconhecimento judicial do crédito, em procedimento específico.

Transcorrido o prazo para apresentação de eventuais contestações à habilitação retardatária, serão intimados pelo juiz o devedor e o comitê de credores, se houver, para se manifestarem em cinco dias, podendo indicar outras provas que se reputem necessárias (artigo 12 da Lei 11.101/05). Findo esse prazo, o administrador judicial será intimado para emitir parecer no prazo de cinco dias, devendo juntar à sua manifestação o laudo elaborado pelo profissional ou empresa especializada, se for o caso, e todas as informações existentes nos livros fiscais e demais documentos do devedor acerca do crédito. Os autos, então, serão conclusos ao juiz, que poderá julgar antecipadamente o feito, havendo condições para tanto, determinando a extinção do feito sem julgamento do mérito ou julgando o pedido procedente ou não. Não havendo elementos para o julgamento antecipado da lide, o juiz fixará os aspectos controvertidos, decidirá as questões processuais pendentes e determinará as provas a serem produzidas, designando audiência de instrução e julgamento, se necessário. Ao final da instrução, julgará a habilitação de crédito, decisão essa que, como visto, tem a absurda natureza jurídica de decisão interlocutória, sendo recorrível por agravo de instrumento (artigo 17 da Lei nº 11.101/05, combinado com o artigo 1.015, XIII, do Código de Processo Civil).

Quem não tiver habilitado seu crédito quando o quadro geral de credores for homologado poderá fazê-lo depois, requerendo ao juízo a retificação do quadro geral para inclusão do respectivo crédito (artigo 10, § 6º, da Lei 11.101/05). Trata-se de ação ordinária, na qual o autor, alegando-se credor, pedirá ao juiz sentença que (1) declare a existência de seu crédito ou (2) condene o devedor em importância que, destarte, constituirá crédito a habilitar. Em fato, a ação ordinária referida pelo legislador, para todos aqueles que tenham títulos executivos extrajudiciais, terá natureza declaratória: dirá da existência *ex tunc* do crédito e, mandando retificar o quadro geral de credores, nele incluirá o autor e seu crédito. Mas é possível que tenha natureza condenatória, como na ação em que se cobre valor incerto e/ou ilíquido, ou mesmo em que se discuta direito incerto e ainda inexigível, a exemplo da habilitação daquele que, vítima de ato ilícito, sofreu prejuízo em seu patrimônio, pressupondo a prova da existência do direito, sua quantificação e classificação, com validade *ex nunc*. De qualquer sorte, a mesma ação, tenha natureza declaratória ou condenatória, terá, como pedido subsidiário, o requerimento de retificação do quadro geral para inclusão do respectivo crédito. A falta desse pedido subsidiário, contudo, é defeito menor e não impede o reconhecimento do crédito do autor, se juridicamente devido, e a retificação do quadro geral de credores.

Em se tratando de recuperação judicial de empresa, os titulares de créditos retardatários, excetuados os titulares de créditos derivados da relação de trabalho, não terão direito a voto nas deliberações da assembleia geral de credores (artigo 10, § 1º, da Lei 11.101/05). Portanto, ingressam no juízo universal no estágio em que este estiver, não podendo se insurgir contra as deliberações anteriores, mesmo que seu crédito, pelo valor e respectiva classe, seja suficiente para alterá-las, excetuada a hipótese de ação anulatória ou declaratória de nulidade, fundada em defeito jurídico, a exemplo da existência de simulação. A afirmação de que os créditos retardatários *não terão direito a voto nas deliberações da assembleia geral de credores*, entretanto, deve ser lida com cautela: não terão o direito até que tenham sido judicialmente admitidos. Não há razão para suprimir-lhes ou cercear-lhes tal faculdade quando já tenha havido a inclusão no quadro geral de credores, por decisão de mérito ou mesmo antecipatória de tutela. Não se trata de ato ilícito, nem seria razoável ou proporcional tal punição.

A mesma regra aplica-se ao processo de falência, salvo se, na data da realização da assembleia geral, já houver sido homologado o quadro geral de credores contendo o crédito retardatário. Não é só. Na falência (artigo 10, § 3º, da Lei 11.101/05), (1) os créditos retardatários perderão o direito a rateios eventualmente realizados, (2) ficarão sujeitos ao pagamento de custas, além de (3) não se computarem os acessórios compreendidos entre o término do prazo e a data do pedido de habilitação. Em fato, os créditos retardatários ingressam no concurso de credores no estágio em que o procedimento estiver, não sendo legítimo ao seu titular pretender receber, nos rateios futuros, valor a maior, cobrindo a proporção já satisfeita nos demais créditos de sua classe. Participará dos rateios seguintes na mesma proporção que os demais credores da classe; somente se forem satisfeitos integralmente os créditos daquela classe, poderá ser pago pelos rateios perdidos, certo que a obrigação não estará extinta pelo simples retardamento. Terá, portanto, o direito de ser pago no valor faltante, antes que se passe ao pagamento dos credores da classe seguinte; aliás, o § 4º do artigo 10 permite ao credor que pede sua habilitação retardatária requerer a reserva de valor para satisfação de seu crédito.

Ainda por força do artigo 10, § 3º, viu-se, os créditos retardatários ficarão sujeitos ao pagamento de custas, medida que se justifica, como visto, pela própria natureza jurídica desse pedido de habilitação, que não é mero ato encartado na administração do juízo concursal, como o é a habilitação tempestiva, que se dirige ao administrador judicial. É postulação judicial, reitero, razão de ser da previsão de custas. Por outro lado, o legislador deixou claro que não se computam os acessórios compreendidos entre o término do prazo e a data do pedido de habilitação; é medida salutar, evitando-se que o retardatário beneficie-se indevidamente de sua ineficiência, transferindo para a massa falida os custos respectivos, como juros, multas etc.

4 QUADRO GERAL DE CREDORES

O administrador judicial será responsável pela consolidação do *quadro geral de credores* (artigo 18 da Lei 11.101/05). A respectiva elaboração partirá da relação de pretensos credores (artigo 7º, § 2º), elaborada a partir da verificação de crédito e das habilitações que tenham sido feitas. Partindo dessa relação, o administrador considerará as impugnações que tenham sido oferecidas, as decisões definitivas ou não (em antecipação de tutela ou em medida cautelar) proferidas, elaborando uma *proposta de quadro geral*, na qual serão mencionadas a importância e a classificação de cada crédito na data do requerimento da recuperação judicial ou da decretação da falência. Não é ainda o quadro geral de credores, friso, mas uma mera proposição que será submetida ao juiz, que poderá homologá-la, se a julgar correta; se não a considerar correta, o juiz determinará ao administrador que, em certo prazo, corrija a *proposta de quadro geral de credores*, reapresentando-a para homologação.

O legislador nada falou sobre a abertura de prazo, pelo juiz, para que o comitê de credores, o devedor, qualquer credor ou o representante do Ministério Público se manifestem sobre a *proposta de quadro geral de credores* apresentada pelo administrador judicial, no que andou mal; cuida-se de medida simples – abrir prazo comum para que os interessados se manifestem em cinco dias – e que atende aos princípios da celeridade e da economia processual, no mínimo por evitarem que erros de fácil correção possam dar origem a recursos para a instância superior. Melhor parece-me, neste contexto, que o magistrado tome tal precaução: abrir prazo comum para o exame e eventual apresentação de petições, manifestando-se sobre pretensos defeitos existentes na *proposta de quadro geral de credores* apresentada pelo administrador judicial, considerando tais manifestações para homologá-la, ou não.

Homologando o quadro geral de credores, o juiz e o administrador judicial o assinarão, sendo juntado aos autos e publicado no órgão oficial. Curiosamente, o artigo 18, parágrafo único, afirma que o quadro geral de credores *será juntado aos autos e publicado no órgão oficial, no prazo de cinco dias, contado da data da sentença que houver julgado as impugnações*. Delírio legislativo, apenas. Não há uma só decisão para todas as impugnações; são autos diversos, com trâmite próprio e decisões em momentos variados, conforme a necessidade de cada relação jurídica. Esse prazo, creio, conta-se da decisão que determina a inclusão no quadro geral de credores das habilitações de crédito não impugnadas, no valor constante da relação dos pretensos credores (artigo 15, I). No entanto, melhor será se, então, o juiz já tenha decidido as impugnações que comportem julgamento antecipado da lide, permitindo sejam elas incluídas, ou não, no quadro geral de credores. Cuida-se de decisão interlocutória, já que não dá fim ao processo, apenas resolve questão incidental que orienta o prosseguimento do feito. É recorrível por agravo de instrumento.

5 RETIFICAÇÃO DO QUADRO GERAL DE CREDORES

Até o encerramento da recuperação judicial ou da falência, é faculdade do administrador judicial, do comitê, de qualquer credor ou do representante do Ministério Público pedir a exclusão, outra classificação ou a retificação de qualquer crédito, nos casos de descoberta de falsidade, dolo, simulação, fraude, erro essencial ou, ainda, documentos ignorados na época do julgamento do crédito ou da inclusão no quadro geral de credores, observado, no que couber, o procedimento ordinário (ou seja, o processo comum) previsto no Código de Processo Civil (artigo 19 da Lei 11.101/05). A disposição, equivocadamente, olvidou-se do empresário, administrador da sociedade empresária ou mesmo sócio; contudo, o artigo 8º, *caput*, dá legitimidade a tais pessoas para impugnar as habilitações de crédito, comportando interpretação extensiva para sanar a falha do artigo 19.

A previsão de que será seguido o *procedimento ordinário* (ou seja, o processo comum) *previsto no Código de Processo Civil, no que couber*, é absurda por desconhecer a distinção entre (1) créditos reconhecidos por sentença; e (2) créditos não reconhecidos por sentença, ou seja, aqueles cujo pedido de habilitação não foi impugnado e, destarte, não foram objeto de sentença judicial transitada em julgado. A relevância dessa distinção está inscrita no artigo 5º, XXXVI, da Constituição da República, prevendo que a lei não prejudicará a coisa julgada. Ora, haverá sentença transitada em julgado nas hipóteses de (1) créditos impugnados que tenham sido julgados pelo juízo da falência ou recuperação judicial da empresa; (2) créditos reconhecidos em ações que tenham tido curso em outro juízo, tendo que, em todos esses casos, enfrentar de forma técnica o problema da coisa julgada. E a forma técnica de a enfrentar é por meio de ação rescisória, ainda que por força das disposições da Lei 11.101/05, com contornos especiais. Portanto, fica claro que a aplicação do artigo 19 conduz a duas ações distintas, que serão examinarei em apartado.

Se o crédito para o qual se pede *exclusão, outra classificação ou a retificação* não foi objeto de sentença, no próprio juízo falimentar ou em outro juízo, não há falar em incidência da garantia inscrita no artigo 5º, XXXVI, da Constituição da República; não houve sentença que se pronunciasse especificamente sobre o crédito cuja habilitação se pediu, havendo homologação sem que houvesse coisa controversa (*res controversa*). Basta recordar que, na ausência de impugnação sequer se faz necessária fundamentação sobre cada um dos créditos constantes do quadro geral de credores homologado (artigo 18 da Lei 11.101/05). Assim, torna-se possível aplicar a solução simplificada inscrita no artigo 19: ação pelo rito ordinário do Código de Processo Civil (processo de conhecimento), tendo por *fundamento* necessário a descoberta de falsidade, dolo, simulação, fraude, erro essencial ou, ainda, documentos ignorados na época da inclusão no quadro geral de credores e, tendo por *pedido* necessário a exclusão, outra classificação ou a retificação do crédito.

Essa ação poderá ser ajuizada, reitero, pelo administrador judicial, o comitê, qualquer credor ou o representante do Ministério Público, bem como pelo empresário, administrador societário ou sócio, sendo dirigida contra o titular do crédito cuja exclusão, reclassificação ou retificação é pedida. O próprio juízo universal é competente para examiná-la, com exclusividade (artigo 19, § 1º). Trata-se de feito autônomo, mas incidental, correndo de forma independente ao juízo universal, mas apenso ao mesmo. Havendo apelação contra a sentença que o resolva, será desapensado e remetido à instância superior, voltando a ser apensado quando retorne. O trâmite dessa ação não obsta o curso normal do juízo universal; mas o pagamento ao titular do crédito atingido pela ação somente poderá ser realizado mediante a prestação de caução no mesmo valor do crédito questionado (artigo 19, § 2º). Se o credor, réu naquela ação, não puder prestar tal caução, o valor que lhe seria devido no rateio deverá ficar depositado em conta própria, à disposição do juízo, até final solução do litígio.

Em oposição, se há crédito reconhecido por sentença transitada em julgado, três hipóteses diversas se colocam: (1) sentenças proferidas pelo próprio juízo universal, resultantes de impugnação de crédito ou de habilitação retardatária; (2) sentenças proferidas pela Justiça Comum em outro juízo que não o universal, fruto da aplicação do artigo 6º, § 1º, da Lei 11.101/05, estudado no Capítulo 3; e (3) sentenças proferidas pelas justiças especializadas (Justiça do Trabalho ou Justiça Federal), no exercício de sua competência constitucionalmente prevista, como também estudado no Capítulo 3. Em todos esses casos, a existência de sentença transitada em julgado implicará a necessidade de manejo de ação rescisória que deverá ser proposta não no juízo singular, mas no tribunal, como prevê o Código de Processo Civil. Mas é preciso distinguir a (1) ação rescisória de crédito admitido em juízo universal da (2) ação rescisória de sentença. Ambas têm a mesma regência genérica, mas regências específicas distintas, embora a existência de uma em nada prejudica a existência da outra, podendo o interessado escolher se manejará, conforme o caso, uma ou outra. No plano da regência geral, parece-me aplicarem-se as normas sobre competência colegiada (dos tribunais) para o exame da pretensão, os requisitos da petição inicial, inclusive no que diz respeito ao depósito da importância previsto no artigo 968 do novo Código de Processo Civil, as hipóteses de indeferimento da inicial e o procedimento. Em contraste, têm regência específica os seguintes aspectos:

(1) *Legitimidade ativa*: a ação rescisória de crédito admitido em juízo universal poderá ter por autores o administrador judicial, o comitê, qualquer credor ou o representante do Ministério Público, bem como o empresário, administrador societário ou sócio; já a ação rescisória de sentença proposta com base no novo

Código de Processo Civil tem no seu artigo 967 o rol dos ativamente legitimados para propô-la.

(2) *Causa de pedir* (fundamento): a ação rescisória de crédito admitido em juízo universal poderá ser proposta nos casos de descoberta de falsidade, dolo, simulação, fraude, erro essencial ou, ainda, documentos ignorados na época do julgamento do crédito (artigo 19, *caput*, da Lei 11.101/05). Já a ação rescisória comum poderá ser proposta quando: (1) se verificar que foi dada por prevaricação, concussão ou corrupção do juiz; (2) proferida por juiz impedido ou absolutamente incompetente; (3) resultar de dolo da parte vencedora em detrimento da parte vencida, ou de colusão entre as partes, a fim de fraudar a lei; (4) ofender a coisa julgada; (5) violar literal disposição de lei; (6) se fundar em prova cuja falsidade tenha sido apurada em processo criminal ou seja provada na própria ação rescisória; (7) depois da sentença, o autor obtiver documento novo, cuja existência ignorava, ou de que não pôde fazer uso, capaz, por si só, de lhe assegurar pronunciamento favorável; (8) houver fundamento para invalidar confissão, desistência ou transação, em que se baseou a sentença; (9) fundada em erro de fato, resultante de atos ou de documentos da causa; são as hipóteses listadas no artigo 966 do novo Código de Processo Civil.

(3) *Prazo decadencial*: a ação rescisória de crédito admitido em juízo universal poderá ser proposta até o encerramento da recuperação judicial ou da falência (artigo 19, *caput*, da Lei 11.101/05). Já a ação rescisória comum poderá ser proposta em dois anos, contados do trânsito em julgado da decisão rescindenda (artigo 975 do novo Código de Processo Civil).

A competência para o exame da ação rescisória, seja ela rescisória de crédito admitido em juízo universal, seja rescisória comum, é o juízo em que se processou o feito e em que se proferiu a decisão final, podendo ser, na Justiça Comum, o tribunal (e a câmara, se ainda preventa) que reviu a decisão proferida na impugnação ou habilitação retardatária, ou, na hipótese de ação em que se demandou quantia ilíquida, o respectivo tribunal revisor (e, uma vez mais, a respectiva câmara, se houve recurso e, mantidos os julgadores, está ainda preventa para o exame da controvérsia); mas poderá ser o Tribunal Regional Federal, se foi sentença proferida pela Justiça Federal (sem recurso especial conhecido pelo Superior Tribunal de Justiça, o que poderia alterar a competência), bem como o Tribunal Regional do Trabalho, se foi sentença proferida pela Justiça Federal (também aqui, sem recurso de revista conhecido pela instância imediatamente acima, o Tribunal Superior do Trabalho). O oferecimento da ação rescisória em tais juízos, distintos do juízo universal, não prescinde da comunicação feita nos autos da falência ou recuperação judicial, devidamente acompanhada de cópia da exordial e certidão do ajuizamento do feito, para que se aplique o § 2º do artigo 19 da Lei 11.101/05 que, como visto, estipula que o pagamento ao titular do crédito atingido pela ação rescisória proposta somente poderá ser realizado mediante a prestação de caução no mesmo valor do crédito questionado.

7

Introdução à Recuperação Judicial de Empresas

1 PRESERVAÇÃO DA EMPRESA

Uma das metanormas que orienta o Direito Empresarial, viu-se no primeiro volume desta coleção, é o princípio da preservação da empresa, cujos alicerces estão fincados no reconhecimento da sua função social. Por isso, a crise econômico-financeira da empresa é tratada juridicamente como um desafio passível de recuperação, ainda que se cuide de atividade privada, regida por regime jurídico privado. Como se só não bastasse, a previsão de um regime jurídico para a recuperação da empresa decorre, igualmente, da percepção dos amplos riscos a que estão submetidas as atividades econômicas e seu amplo número de relações negociais, para além de sua exposição ao mercado e seus revezes constantes. Compreende-se, assim, o instituto jurídico da recuperação de empresa, disposto na Lei 11.101/05, sob duas formas: recuperação judicial e recuperação extrajudicial. O legislador reconhece que crises são inerentes à empresa, podendo resultar do processo de mundialização, do envelhecimento da estrutura produtiva material (maquinário, instrumental) ou imaterial (procedimentos de administração, logística etc.), entre outros fatores. Não se encaixa facilmente em análises maniqueístas (*bom pagador* ou *mau pagador*, *honesto* ou *desonesto*), embora haja situações em que seja fácil averiguar que a crise decorre da prática de atos ilícitos.

A recuperação judicial de empresas tem por objetivo viabilizar a superação da situação de crise econômico-financeira do devedor, a fim de permitir a manutenção da fonte produtora, do emprego dos trabalhadores e dos interesses dos credores, promovendo, assim, a preservação da empresa, sua função social e o estímulo à atividade econômica (artigo 47 da Lei 11.101/05). Essa definição legal positiva os *princípios da função social da empresa* e *da preservação da empresa*: a recuperação visa a promover (1) a preservação da empresa, (2) sua função social e (3) o estímulo à atividade econômica (atendendo ao cânone constitucional inscrito no artigo 3º, II e III, que definem como objetivos fundamentais da República Federativa do Brasil garantir o desenvolvimento nacional e erradicar a pobreza e a marginalização e reduzir as desigualdades sociais e regionais).

De outra face, o artigo 47 expressamente lista como finalidades da recuperação da empresa a manutenção (1) da fonte produtora, (2) do emprego dos trabalhadores e (3) dos interesses dos credores. Tiago Fantini, em aulas e debates, chama a atenção para o fato de que essas três referências foram dispostas em ordem de grandeza e prioridade. A observação é adequada. O primeiro fim visado foi a preservação da fonte produtora, isto é, da empresa. A preservação dos empregos dos trabalhadores, assim como a atenção aos interesses dos credores, compreendem-se como grandezas de segunda e terceira ordem, respectivamente. Aliás, não poderia haver preservação de postos de trabalho se a fonte produtora (a empresa) não fosse preservada. Nesse sentido decidiu a Segunda Seção do Superior Tribunal de Justiça, diante do Agravo Regimental no Conflito de Competência 86.594/SP: "A recuperação judicial tem como finalidade precípua o soerguimento da empresa mediante o cumprimento do plano de recuperação, salvaguardando a atividade econômica e os empregos que ela gera, além de garantir, em última *ratio*, a satisfação dos credores."

Mas a empresa (*a fonte produtora*) não se confunde com empresário ou sociedade empresária. Os interesses do empresário ou da sociedade empresária devedora não estão sequer contemplados pelo artigo 47 da Lei 11.101/05. Embora a recuperação da empresa possa atender aos interesses e direitos patrimoniais do devedor ou da sociedade empresária, não é essa a finalidade da recuperação judicial da empresa: não se defere a recuperação para proteger o empresário ou a sociedade empresária (nem os sócios e administradores desta). A recuperação judicial pode concretizar-se até em desproveito do devedor, que pode ser apartado da empresa, a bem da manutenção desta.

2 POSSIBILIDADE JURÍDICA

A recuperação judicial é instituto, medida e procedimento que se defere apenas em favor de empresas, ou seja, que somente pode ser requerida por empresários ou sociedades empresárias. Essa restrição se deve à manutenção – a meu ver injustificada – de uma distinção entre as atividades negociais, diferenciadas entre simples e empresárias, por vezes em função de determinação legal, recordando-se que as cooperativas são sempre sociedades simples e as sociedades por ações são sempre sociedades empresárias. Acredito que essa distinção tenha raízes medievais, na distinção entre os espaços civis (o feudo) e os espaços mercantis (o burgo), tendo sido assimilada pelo sistema legislativo napoleônico (Código Civil dos Franceses, de

1804, e Código Comercial, de 1807) e infelizmente preservada no âmbito da Teoria da Empresa. Como disse no volume 1 desta coleção, melhor seria se evoluíssemos para uma unificação das atividades negociais sob uma mesma disciplina jurídica: um Direito da Atividade Negocial que poderia, sim, ser chamado de Direito Empresarial. Nesse cenário, todas as atividades negociais devidamente registradas poderiam obter o beneplácito da recuperação judicial. Não é, contudo, o que acontece atualmente.

O pedido de recuperação judicial só é possível quando se tenha uma empresa regularmente constituída. Não é juridicamente possível o pedido de recuperação judicial de atividades negociais conduzidas e titularizadas por trabalhador autônomo ou sociedade simples, incluindo a sociedade cooperativa. Ademais, é necessário exercício regular da atividade empresária há mais de dois anos. A Lei 12.873/13 incluiu um § 2º no artigo 48 estabelecendo que, em se tratando de exercício de atividade rural por pessoa jurídica, admite-se a comprovação deste prazo por meio da Declaração de Informações Econômico-fiscais da Pessoa Jurídica (DIPJ) que tenha sido entregue tempestivamente.

Para além desse prazo, o empresário, eireli ou sociedade empresária deverá atender, cumulativamente, aos seguintes requisitos (artigo 48 da Lei 11.101/05): (1) não ser falido e, se faliu, estejam declaradas extintas, por sentença transitada em julgado, as responsabilidades daí decorrentes; (2) não ter, há menos de cinco anos, obtido concessão de recuperação judicial; (3) não ter, há menos de cinco anos, obtido concessão de recuperação judicial com base no plano especial para Microempresas e Empresas de Pequeno Porte (redação dada pela Lei Complementar nº 147/14); e (4) não ter sido condenado ou não ter, como administrador ou sócio controlador, pessoa condenada por qualquer dos crimes previstos na Lei 11.101/05. Trata-se de condições da ação, traduzindo elementos de possibilidade jurídica do pedido. Não é possível, nem mesmo em tese, conceder recuperação judicial da empresa quando (1) não haja dois anos de atividade empresarial, (2) já esteja o empresário falido ou (3) quando não tenha transcorrido o prazo que deve mediar a concessão de uma recuperação e o pedido de outra.

De abertura, não basta ser empresário ou sociedade empresária, com registro regular na Junta Comercial, mas é preciso, em acréscimo, estar exercendo regularmente as atividades empresárias há mais de dois anos. Evita-se, assim, que a medida extraordinária seja banalizada, atendendo ao insucesso de empresas que, já em seu nascedouro, mostraram-se inviáveis ou pouco viáveis, chegando à crise econômico-financeira num par de anos. Note-se que o legislador não disse *estar inscrito no Registro do Comércio* há mais de dois anos, mas *exercer regularmente suas atividades* há mais de dois anos; o requisito, portanto, não é atendido pelo tempo de registro, mas pelo tempo de efetivo exercício da empresa, aferido nas escriturações e demonstrações contábeis, designadamente o livro Diário.

Esse entendimento, que manifestei já na primeira edição deste livro, em 2006, foi ratificado pelo Superior Tribunal de Justiça ao julgar o Recurso Especial 1.478.001/ES, no qual decidiu que a Lei 11.101/2005 "não exige somente a regularidade e atualidade no exercício da atividade, mas também o exercício pretérito por mais de dois anos. No caso em debate, conforme já referido, houve mudança não somente da forma de organização societária (de responsabilidade limitada para sociedade anônima), como também do objeto social. A atividade anteriormente exercida pela recorrente se extinguiu (comércio varejista de cosméticos, produtos de perfumaria e de higiene pessoal), iniciando-se novo empreendimento (portais, provedores de conteúdo e outros serviços de informação na internet e processamento de dados). Como se vê, houve completa alteração do tipo societário e do objeto social. Assim, a certidão padrão da Junta Comercial é incapaz de retratar a verdadeira evolução societária". Adiante, completaram os julgadores: "Apesar de a Lei realmente não impor explicitamente que a legitimidade para o pedido de recuperação dependa de que o empresário exerça, por mais de dois anos, a atividade empresarial no mesmo ramo ou similar, uma interpretação sistemática da Lei 11.101/2005 parece sinalizar nesse sentido. As determinações do art. 51, especialmente de seus incisos I e II, aliadas à regra do multicitado art. 48, só têm sentido se a exposição acerca das razões da crise econômico-financeira e as demonstrações contábeis exigidas forem referentes à atividade, à empresa mesma que se pretende recuperar. Não há boa justificativa para se exigir prazo de funcionamento e tanta documentação relativos a atividade que não mais se explore, na hipótese de mudança total de ramo, quando o pedido de processamento da recuperação judicial refere-se a uma nova atividade empresarial, a uma nova empresa, com base na qual será elaborado o plano de recuperação. [...] Assim, ainda que o empresário esteja atuando no mercado há muitos anos, a preocupação do legislador foi com a recuperação da atividade econômica, dada sua importância para a sociedade. Nesse sentido, para fazer jus ao esforço da recuperação, deve-se estar diante de uma atividade relevante, atual e experimentada, o que dificilmente se alcança com menos de dois anos de exercício. [...] Deve-se acrescentar, ainda, que seria estranho que pudesse o empresário ou a sociedade em dificuldade encerrar as atividades empresariais até então exploradas para dar início a outro ramo de negócio, totalmente diverso, solicitando recuperação judicial para essa nova investida. Traria, assim, na recuperação judicial o passivo acumulado em atividades anteriores, a ser superado pela proposta de recuperação com os novos empreendimentos, sem que pudessem os credores avaliar as perspectivas dos novos negócios desvinculados daqueles antigos".

Não se permite o pedido de recuperação judicial por quem teve a sua falência decretada; quando muito, permite-se que aquele que teve a sua falência pedida, no prazo da contestação, pleiteie sua recuperação judicial, como se afere do artigo 95 da Lei 11.101/05. Excetua-se a hipótese de, não obstante a decretação da falência, as responsabilidades decorrentes da quebra tenham sido declaradas extintas por sentença (artigo 48, I, da Lei 11.101/05); essa extinção está regulada no artigo 158, segundo o qual extinguem as obrigações do falido: (1) o pagamento de todos os créditos; (2) o pagamento, depois de realizado todo o ativo, de mais de 50% dos créditos quirografários, sendo facultado ao falido o depósito da quantia necessária para atingir essa porcentagem se para tanto não bastou a integral liquidação do ativo; (3) o decurso do prazo de cinco anos, contado do encerramento da falência, se o falido não tiver sido condenado por prática de crime previsto nesta Lei; (4) o decurso do prazo de 10 anos, contado do encerramento da falência, se o falido não tiver sido condenado por prática de crime previsto na Lei de Falência e Recuperação de Empresas.

Por fim, o pedido de recuperação judicial da empresa não é possível quando, há menos de cinco anos, o empresário ou sociedade empresária tenha obtido concessão de recuperação judicial; esse período sobe para oito anos se a recuperação judicial tiver por base o plano especial para Microempresas e Empresas de Pequeno Porte (artigos 70 a 72 da Lei 11.101/05). O prazo conta-se da *concessão de recuperação judicial*, ou seja, não do aforamento do pedido (artigo 51), nem do deferimento do seu processamento (artigo 52) ou da sentença que decreta o encerramento da recuperação judicial (artigo 63). Em fato, o legislador fala em *obtenção da concessão* (*... não ter* [...] *obtido concessão de recuperação judicial...*); assim, o prazo deverá ser contado da decisão concessiva da recuperação judicial (artigo 58). Mesmo que tenha havido interposição de agravo contra a decisão concessiva (artigo 59, § 2º), o prazo será contado do deferimento; o recurso, posteriormente desprovido, não pode prejudicar o empresário ou sociedade empresária, lembrando-se que, sendo provido o agravo, haveria indeferimento da recuperação judicial e, consequentemente, decretação da falência do devedor. Essa posição é reforçada pelo artigo 61 que, ao fixar em dois anos o prazo no qual o devedor se manterá em recuperação judicial, toma como *dies a quo* para a sua contagem *a concessão da recuperação judicial*; também aqui não haveria razão para estender esse período em função da interposição de agravo e, eventualmente, de outros recursos (agravo regimental, recurso especial e/ou recurso extraordinário).

No que diz respeito especificamente ao período de oito anos (artigo 48, III) entre a concessão de recuperação judicial que tenha por base o plano especial para microempresas e empresas de pequeno porte e a possibilidade jurídica de novo pedido de recuperação judicial, é preciso destacar que esse período toma por base exclusivamente o fato de ter havido concessão de recuperação judicial com fundamento no plano especial para microempresas e empresas de pequeno porte. Se a microempresa ou empresa de pequeno porte teve concedida recuperação judicial ordinária, com base no artigo 47 e seguintes da Lei 11.101/05, o prazo será de cinco anos; e, após decorrido esse prazo, poderá ser pedida novamente a recuperação, seja com base em plano ordinário, seja em plano especial, indistintamente. Também é indiferente para a aplicação da regra do artigo 48, III, o fato de se ter mantido o *status* de microempresa ou empresa de pequeno porte, ou de ter havido alteração no mesmo.

Por fim, somente é possível o pedido de recuperação judicial quando o empresário não tiver sido condenado por qualquer dos crimes previstos na Lei de Falência e Recuperação de Empresas; em se tratando de sociedade empresária, o pedido de recuperação somente será possível quando a pessoa jurídica não tenha administrador ou sócio controlador que tenha sido condenado por qualquer daqueles crimes. Atente-se para o artigo 5º, LVII, da Constituição da República, que define como garantia fundamental que ninguém será considerado culpado até o trânsito em julgado de sentença penal condenatória. Assim, será preciso condenação transitada em julgar para tornar impossível o pedido recuperação judicial. Se a condenação está submetida a recurso, mesmo sem efeito suspensivo, como os recursos especial e extraordinário, ainda não haverá, em sentido estrito, segundo o cânone constitucional, uma condenação, devendo-se afastar a limitação inscrita no artigo 48, IV. O trânsito em julgado da sentença condenatória, após o ajuizamento do pedido de recuperação judicial, não tem o condão de prejudicar o processamento do feito judicial, certo que a regra inscrita no artigo 48, IV, refere-se expressamente ao *requerimento* da recuperação [*poderá requerer*] e não ao seu processamento ou deferimento.

É preciso considerar, ainda, o artigo 181 da Lei 11.101/05, afirmando serem efeitos da condenação por crime previsto naquela lei (1) a inabilitação para o exercício de atividade empresarial; (2) o impedimento para o exercício de cargo ou função em conselho de administração, diretoria ou gerência das sociedades sujeitas àquela lei; e (3) a impossibilidade de gerir empresa por mandato ou por gestão de negócio. No entanto, esclarece o artigo 181, esses efeitos não são automáticos, devendo ser motivadamente declarados na sentença, e perdurarão até cinco anos após a extinção da punibilidade, podendo, contudo, cessar antes pela reabilitação penal. Essa regra do § 1º do artigo 181, todavia, não alcança o artigo 48, IV: a impossibilidade de requerer a recuperação judicial quando haja condenação por qualquer dos crimes previstos na Lei 11.101/05 não exige que haja declaração motivada na sentença penal condenatória. Afinal, essa exigência não consta do artigo 181, nem do artigo 48, IV. Aplica-se, portanto, o *princípio hermenêutico da especialidade normativa*: a previsão do artigo 48, IV, é requisito específico para a proposição de recuperação judicial, não precisando ser condenação acessória disposta na condenação criminal.

Não se esqueça, aqui, da figura da *reabilitação penal*, prevista nos artigos 93 a 95 do Código Penal e que alcança qualquer condenação em qualquer tipo penal e assegura ao condenado o sigilo dos registros sobre seu processo e condenação. Pode ser requerida quando decorridos dois anos do dia em que for extinta, de qualquer modo, a pena ou terminar a sua execução, para o que se deve computar tanto o período de prova da suspensão quanto o do livramento condicional, período em que o requerente deve ter residido no país, além de dar efetivas mostras de bom comportamento público e privado, além de ter ressarcido os danos causados por seu ato, ou comprovado a impossibilidade absoluta de fazê-lo, ou apresentado prova da renúncia da vítima ao direito de ser indenizada, ou mesmo novação da dívida. Assim, não se aplica o artigo 48, IV, da Lei 11.101/05 quando, apesar da existência de condenação por qualquer dos crimes previstos naquela mesma lei, o empresário, administrador ou sócio controlador já houver sido penalmente reabilitado.

No alusivo à previsão de que a sociedade empresária não pode pedir recuperação judicial quando tenha, como administrador ou sócio controlador, pessoa condenada por qualquer crime previsto na Lei 11.101/05 (artigo 48, IV), não se distingue entre administrador que seja sócio ou que não seja sócio, aplicando-se a regra indistintamente a ambos. A condição de administrador ou de sócio controlador será apurada no momento do requerimento do pedido de recuperação judicial; não impede o pedido o fato de ter havido, no passado, administrador ou sócio controlador que tenha sido condenado por qualquer crime previsto na Lei 11.101/05. No entanto, o Judiciário deve estar atento para fraudes e simulações, como substituições de administrador ou transferência de quotas ou ações feitas de última hora, com o nítido objetivo de adequar-se ao artigo 48, IV. Tal ato deverá ser considerado nulo por objetivar fraudar a lei ou por simulação (artigos 166, VI, e 167 do Código Civil), a permitir, inclusive, decisão *ex officio* (artigo 168, parágrafo único).

De outra face, lembre-se que é considerado *sócio controlador* quem é titular de direitos de sócio que lhe assegurem, de modo permanente, a maioria dos votos nas deliberações sociais e o poder de eleger a maioria dos administradores da companhia (artigo 116 da Lei 6.404/76). O controle não pressupõe percentual mínimo do capital social, embora seja óbvio que mais da metade do capital votante garante o controle. No entanto, em companhias abertas cujas ações estejam dispersas pelo mercado, percentuais inferiores a 50% determinam situação de controle. Se o controle da sociedade é mantido por pessoa jurídica, parece-me indispensável investigar sua composição societária, não podendo haver, no controle da controladora, um condenado por crime previsto na Lei 11.101/05. Esses arranjos são facilmente maquinados, por vezes criando-se níveis diversos de pessoas jurídicas, umas controlando as outras, fazendo-se perder, entre elas, aquele que efetivamente tem o controle de uma ou mais sociedades.

Já no que se refere ao acordo de votos, formalizado ou não (artigo 118 da Lei 6.404/76), será preciso investigar de cada caso em concreto. Em função do acordo estabelecido entre os sócios quotistas ou acionistas, um sócio minoritário (com menos de 10% do capital votante) poderá deter, efetivamente, o controle da sociedade, votando não apenas com suas quotas ou ações, mas com as quotas ou ações dos demais acordantes ou, mesmo, exercendo um amplo poder de veto nas deliberações daqueles. Será indispensável, via de consequência, investigar o que se passa em cada caso para, assim, chegar a uma conclusão sobre o atendimento, ou não, a requisito subjetivo inscrito no artigo 48, IV, da Lei 11.101/05.

3 LEGITIMIDADE JURÍDICA

Está ativamente legitimado para pedir a recuperação judicial o empresário (firma individual) ou sociedade empresária, representada por seu administrador societário. Havendo gerente, ou seja, segundo a definição do artigo 1.172 do Código Civil, *um preposto permanente no exercício da empresa, na sede desta, ou em sucursal, filial ou agência*, não terá ele legitimidade para formular o pedido, excetuada a hipótese de lhe terem sido outorgados poderes especiais e expressos para tanto, por meio de procuração escrita, caso em que haverá representação civil convencional: a manifestação de vontade pelo representante, nos limites de seus poderes, produz efeitos em relação ao representado (artigo 116 do Código Civil). Se o empresário (firma individual) padece de incapacidade civil, havendo autorização judicial para continuidade da empresa (artigo 974 do Código Civil), a legitimidade para pedir a recuperação judicial da empresa será de seu representante, sendo absoluta a incapacidade, ou do próprio empresário, assistido pelo tutor ou curador, se relativa.

No que diz respeito ao administrador societário, é preciso atentar para o princípio da especialidade (artigos 47, 116 e 1.015, parágrafo único, do Código Civil): o ato do administrador somente vincula a sociedade empresária se exercido nos limites dos poderes que lhe foram conferidos pelo ato constitutivo ou outorgados pelos sócios, em reunião ou assembleia que atenda aos requisitos – inclusive de percentual mínimo para aprovação, conforme estipulação legal ou do contrato ou estatuto social. Assim, nas *sociedades empresárias contratuais* (sociedade em nome coletivo, sociedade em comandita simples e sociedade limitada), aplica-se o *caput* do artigo 1.015 do Código Civil: se o contrato social expressamente concede ao administrador o poder para pedir a recuperação judicial da empresa, poderá ele exercê-lo livremente, ainda que respondendo pelos danos civis decorrentes de dolo, culpa ou abuso de direito (artigos 186, 187, 927 e 1.016 do Código Civil).

Se o contrato social não atribui tal competência e poder ao administrador, ele deverá obter a aprovação dos quotistas. Na sociedade limitada, o artigo 1.071 do Código Civil deixa-o expresso, devendo ser interpretado em conjunto com o artigo 1.072, § 4º, que permite, se houver urgência, o requerimento da recuperação judicial pelo administrador ou administradores, se houver autorização de titulares de mais da metade do capital social. Nas sociedades por ações, o artigo 122, IX, da Lei 6.404/76, prevê competir privativamente à assembleia geral autorizar os administradores a pedir a recuperação judicial da empresa. A previsão de competência privativa traduz impossibilidade de prévia delegação, por meio de cláusula no Estatuto Social. O parágrafo único do mesmo artigo 122, no entanto, faculta seja formulado o pedido de recuperação judicial pelos administradores, em caso de urgência, com apenas a concordância do acionista controlador, se houver, convocando-se imediatamente a assembleia geral, para manifestar-se sobre a matéria.

Segundo o artigo 48, § 1º, da Lei 11.101/05, se morre o empresário, a recuperação poderá ser requerida pelo cônjuge sobrevivente, por seus herdeiros ou pelo inventariante; se morre o sócio majoritário, a recuperação poderá ser requerida pelo sócio remanescente. São hipóteses de legitimidade ativa extraordinária, fundadas no evento morte, fugindo à regra geral inscrita no *caput* do artigo (legitimidade ativa ordinária), evitando prejuízo para a empresa (a fonte produtora, os empregados que ali têm seus empregos e, mesmo, os direitos e interesses dos credores, ainda que em terceiro plano). Cônjuge sobrevivente, herdeiros ou inventariante não são empresários ou, se o são, não titularizam, regularmente, a empresa para a qual pedem a recuperação judicial, mesmo quando haja o herdeiro universal. A condição de titular da empresa é formal, pressupondo regularidade no Registro Mercantil. Não é o que se passa com a morte do sócio majoritário, já que é a sociedade a titular da empresa; no entanto, faltariam poderes ao sócio ou sócios minoritários; assim, até que se resolva a sucessão da quota ou quotas do sócio majoritário, a lei atribui um poder extraordinário para os sócios minoritários.

Note-se, porém, que o texto do parágrafo único deve ser interpretado em conjunto com o restante do artigo. Assim, ainda que se permita que a recuperação judicial seja pedida pelo cônjuge sobrevivente, por seus herdeiros ou pelo inventariante, bem como pelo sócio remanescente, na hipótese de falecimento do sócio majoritário, não se cria uma exceção aos demais requisitos do *caput* e dos incisos do artigo 48 da Lei 11.101/05. Será preciso haver atividade empresária regular por mais de dois anos, além de serem atendidos os requisitos dos incisos I a IV daquele artigo 48, concomitantemente: (1) o empresário falecido não ser falido e, se faliu, que estejam declaradas extintas, por sentença transitada em julgado, as responsabilidades daí decorrentes; (2) não ter o empresário falecido ou a sociedade empresária obtido recuperação judicial há menos de cinco anos ou, em se tratando de recuperação judicial que tenha por base o plano especial para Microempresas e Empresas de Pequeno Porte, previsto nos artigos 70 a 72 da Lei 11.101/05, há menos de oito anos; e (3) não ter sido condenado por crime previsto na Lei 11.101/05 o empresário falecido (nunca o cônjuge, os herdeiros ou o inventariante), o sócio majoritário falecido ou o administrador da sociedade empresária.

3.1 Legitimidade passiva: créditos e credores alcançados

Embora haja um autor, empresário ou sociedade empresária, não há réu ou réus. Não se pede a recuperação judicial contra alguém, mas a favor da empresa. Os credores não são réus. Mais que isso, por se tratar de juízo coletivo, há uma pluralidade de pessoas ocupando um dos polos da relação: a universalidade dos credores. Embora não sejam réus, há falar em legitimidade passiva, reconhecendo haver pessoas que se sujeitam ao pedido, sendo atraídas para o processo e alcançadas por seus efeitos, ainda que não se habilitem para o mesmo. Se deferida a recuperação judicial da empresa, os termos da respectiva decisão interlocutória não poderão ser recusados pelos credores (artigos 58 e 59 da Lei 11.101/05), deixando essa sujeição e, assim, a legitimação passiva para o processo.

A sujeição dos créditos ao pedido e ao processo de recuperação de empresa se faz, *a priori*, segundo o contorno original da relação jurídica: valor, tempo e modo de vencimento/adimplemento, local de pagamento etc. Alcança, também, os elementos acessórios, como os encargos: multa, juros remuneratórios e moratórios, correção monetária, entre outros. No entanto, em conformidade com o plano de recuperação que seja aprovado, tais créditos podem sofrer alterações, em seus elementos principais e/ou acessórios; mesmo a natureza da relação jurídica mantida entre credor e devedor pode ser alterada.

Submetem-se à recuperação judicial da empresa todos os créditos existentes na data do pedido, ainda que não vencidos (artigo 49 da Lei 11.101/05). É uma definição suficientemente ampla, genérica e geral, mas que não alcança os créditos tributários, já que o artigo 187 do Código Tributário Nacional estabelece que a cobrança judicial do crédito tributário não é sujeita a concurso de credores, regra que se aplica indistintamente às Fazendas Federal, Estaduais, Distrital e Municipais. A dívida tributária da empresa se resolve por via própria, qual seja, o parcelamento de débitos fiscais, medida que não pode ser determinada pelo juiz da recuperação judicial, mas que deverá ser pleiteada pelo empresário ou sociedade empresária junto à autoridade fazendária, com base em legislação especial. Para além dos créditos fiscais, todos os demais estão sujeitos à recuperação judicial, incluindo créditos trabalhistas e créditos com garantia real, sendo indiferente já estarem vencidas ou não, bem como serem certas ou incertas, líquidas ou não.

Essa submissão está limitada à relação jurídica mantida entre o credor e o empresário ou sociedade empresária em recuperação judicial. Se na relação jurídica creditícia há coobrigados, fiadores e obrigados de regresso, os credores do devedor em recuperação judicial conservam seus direitos e privilégios contra esses. Assim, se o crédito estiver representado por um título de crédito – por exemplo, cheque ou cédula de crédito – do qual conste aval, o credor ainda poderá executá-lo contra o avalista, mesmo que habilitando seu crédito no juízo universal. Diga-se o mesmo em relação a outros coobrigados e pessoas que estejam obrigadas, em regresso, ao pagamento do crédito, a exemplo da companhia seguradora em relação ao direito de indenização por dano, quando objeto de contrato de seguro, ou quando, em relação ao dever de indenizar pela evicção, haja coobrigado anterior (artigo 456, *caput*, do Código Civil).

Neste sentido, a Segunda Seção do Superior Tribunal de Justiça, julgando o Recurso Especial 1.333.349/SP, sob a sistemática dos recursos repetitivos, assentou: “A recuperação judicial do devedor principal não impede o prosseguimento das execuções nem induz suspensão ou extinção de ações ajuizadas contra terceiros devedores solidários ou coobrigados em geral, por garantia cambial, real ou fidejussória, pois não se lhes aplicam a suspensão prevista nos artigos 6º, *caput*, e 52, inciso III, ou a novação a que se refere o artigo 59, *caput*, por força do que dispõe o artigo 49, § 1º, todos da Lei n. 11.101/2005”. Esse entendimento foi confirmado pela Súmula 581/STJ.

O conceito de *coobrigados, fiadores e obrigados de regresso*, inscrito no artigo 49, § 1º, da Lei 11.101/05, não alcança os sócios ilimitadamente responsáveis, ou seja, os sócios que são subsidiariamente responsáveis pelas obrigações sociais: os sócios da sociedade empresária em nome coletivo, os sócios comanditados da sociedade empresária em comandita simples e os sócios diretores da sociedade em comandita por ações. Em fato, prevendo o artigo 81 da Lei 11.101/05 que a decisão que decreta a falência da sociedade com sócios ilimitadamente responsáveis também acarreta a falência destes, afastar tais pessoas dos efeitos da recuperação judicial seria tornar inócua a medida: demandados, os sócios se tornariam insolventes e, destarte, a empresa seria liquidada por vias transversas, ou seja, a partir da insolvência de seus sócios. Ademais, o entendimento em contrário teria por efeito imediato simplesmente impedir que as sociedades em que haja sócios ilimitadamente responsáveis pudessem utilizar-se do benefício, obrigando-os a antecipar os efeitos de sua responsabilidade subsidiária que, a rigor, afirma-se sucessivamente, ou seja, apenas quando a sociedade não tem possibilidade – incluindo, aqui, as vantagens e benefícios legais, como a recuperação – para fazer frente a seus compromissos. A riqueza pessoal do sócio ilimitadamente responsável não pode ser empecilho para que a sociedade da qual é membro, e que enfrenta crise econômico-financeira, peça e obtenha o benefício da recuperação judicial. A recuperação judicial não é benefício que se conceda apenas a sociedades em que haja limite de responsabilidade. A capacidade do sócio ilimitadamente responsável de solver, com seu patrimônio pessoal, o passivo da sociedade em crise econômico-financeira não impede a sociedade de pedir a recuperação judicial, nem o obriga a antecipar sua responsabilidade subsidiária.

Nos demais casos, a autonomia das relações jurídicas vinculadas ao crédito sujeito à recuperação judicial, haja vinculação por acessoriedade (como na garantia fidejussória) ou vinculação por colateralidade (como na solidariedade passiva), tem por efeito não beneficiar o terceiro (coobrigado, fiador ou obrigado de regresso) com eventual alteração produzida pelo plano de recuperação judicial aprovado (artigo 58 da Lei 11.101/05), incluindo redução do valor do crédito ou mudança no modo ou tempo de adimplemento. O credor conservará integral seu direito contra o coobrigado, fiador ou obrigado de regresso, ainda que a concessão da recuperação judicial tenha por efeito novar os créditos em relação ao empresário ou sociedade empresária (artigo 59). Se o plano aprovado prevê a redução em 30% do valor dos créditos, o credor só poderá exigir os 70% restantes do empresário ou sociedade empresária, mas conservará o direito de cobrar 100% dos coobrigados, fiadores ou obrigados de regresso. Se o plano previu alongamento de seis meses no prazo de vencimento do crédito, o direito de cobrança e execução contra coobrigados, fiadores ou obrigados de regresso se fará conforme o tempo original da obrigação.

Não há comunicação dos benefícios da decisão concessiva da recuperação judicial da empresa, mesmo – reitero – em face da previsão de novação das relações jurídicas (artigo 59 da Lei 11.101/05). Os benefícios da decisão concessiva da recuperação judicial da empresa devem ser compreendidos como subjetivos (dizem respeito ao sujeito: a pessoa do empresário ou sociedade empresária) e não como objetivos, já que não dizem respeito à obrigação em si, que se conserva com o contorno original no que se refere a coobrigados, fiadores ou obrigados de regresso.

Na solução da controvérsia inserida no Agravo Regimental nos Embargos de Divergência em Recurso Especial 1.095.352/SP, afirmou-se: "Ambas as Turmas que compõem a Terceira Seção do Superior Tribunal de Justiça possuem entendimento de que o deferimento do pedido de processamento de recuperação judicial à empresa coexecutada não autoriza a suspensão da execução em relação a seus avalistas, por força da autonomia da obrigação cambiária." No corpo do acórdão, foi esclarecido que "o aval, por se tratar de obrigação cambiária autônoma, ao avalista não socorre a suspensão das ações ajuizadas em desfavor do avalizado que teve a recuperação judicial deferida, sendo certo que sua obrigação, em face dos credores da empresa, deve ser preservada". No mesmo sentido, o Agravo Regimental no Conflito de Competência 116.173/AL: "O art. 49, § 1º, da Lei 11.101/05, prevê que os credores do devedor em recuperação judicial conservam seus direitos e privilégios contra os coobrigados, fiadores e obrigados de regresso. A obrigação que decorre do aval é autônoma, não tendo a sua eficácia suspensa pelo deferimento da recuperação judicial da sociedade garantida. Precedentes."

Cito, por fim, o Agravo Regimental nos Embargos Declaratórios no Recurso Especial 1.280.036/SP: "(1) Conforme o disposto art. 6º da Lei 11.101/05, o deferimento de recuperação judicial à empresa coexecutada não tem o condão de suspender a execução em relação a seus avalistas, a exceção do sócio com responsabilidade ilimitada e solidária. (2) O Aval é ato dotado de autonomia substancial em que se garante o pagamento do título de crédito em favor do devedor principal ou de um coobrigado, isto é, é uma garantia autônoma e solidária. Assim, não sendo possível o credor exercer seu direito contra o avalizado, no caso a empresa em recuperação judicial, tal fato não compromete a obrigação do avalista, que subsiste integralmente. (3) As deliberações constantes do plano de recuperação judicial, ainda que aprovados por sentença transitada em julgado, não podem afastar as consequências decorrentes das disposições legais, no caso, o art. 49, § 1º, da Lei 11.101/05, o qual prevê que *os credores do devedor em recuperação judicial conservam seus direitos e privilégios contra os coobrigados, fiadores e obrigados de regresso*."

Não se trata, contudo, de uma licença legal para a cobrança em dobro do crédito; se o credor recebe do coobrigado, fiador ou obrigado de regresso, não terá mais direito em relação ao empresário ou sociedade empresária em recuperação. Se houve recebimento parcial do coobrigado, a diferença faltante ainda será devida pelo devedor recuperando, aplicadas as regras, proporções ou outros critérios constantes do plano de recuperação aprovado. *Mutatis mutandis*, se o credor satisfaz seu crédito na recuperação judicial, ainda que em parte, deverá descontar o valor já recebido do montante global do crédito, podendo exigir apenas a diferença *em aberto* do coobrigado, fiador ou obrigado de regresso.

O plano de recuperação judicial aprovado pode não se limitar a conceder prazos ou condições especiais para pagamento das obrigações vencidas ou vincendas, nem abatimento (desconto) sobre o valor global do crédito. Assim, o direito do credor pode sofrer transmudações de natureza jurídica; pode haver trespasse de estabelecimento empresarial, arrendamento do mesmo, constituição de sociedade de credores, entre outras medidas cujo efeito imediato seria a extinção, por completo, da relação creditícia, transformando-a em relação jurídica de outra natureza. Nessa hipótese, não haverá falar em conservação de direitos e privilégios contra coobrigados, fiadores e obrigados de regresso. Em fato, a extinção da relação jurídica, nesses casos, se dá como resultado da transformação de sua natureza jurídica; o crédito deixa de existir por ter-se transformado em direito de outra natureza, o que equivale ao pagamento. Não se trata, portanto, de medida que tenha meros efeitos subjetivos (limitados às pessoas do credor e do devedor principal), mas tem natureza e efeitos objetivos: diz respeito ao próprio objeto da relação jurídica, alcançando, consequentemente, os terceiros que estavam vinculados à relação jurídica original, extinta com a transformação. Mas se há sobra nessa transformação, isto é, se a transformação se fez preceder de uma redução do crédito, manter-se-á a previsão de autonomia das obrigações de terceiros, embora limitadas ao valor daquele abatimento ou desconto, ou seja, limitadas à sobra do crédito original.

Embora o legislador não tenha dado solução expressa para a questão, parece-me inequívoco que o pedido de recuperação judicial da empresa e o processo dele decorrente sujeitam apenas os titulares das relações jurídicas estabelecidas até então, não alcançando as relações jurídicas novas, que venham a ser estabelecidas, originariamente, após o aforamento da petição inicial. Essa solução funda-se, antes de mais nada, no texto do artigo 51, III e IV, da Lei 11.101/05, que determina que a petição inicial de recuperação de empresa seja instruída com a relação nominal completa dos credores, inclusive aqueles por obrigações de fazer e de dar, além de relação integral dos empregados (credores por obrigações trabalhistas). Ademais, o entendimento de serem alcançadas as relações posteriores ao pedido de recuperação judicial criaria insegurança no mercado, afugentando parceiros comerciais que, temendo os efeitos do plano de recuperação sobre os negócios que ainda viriam a ser estabelecidos, poderiam simplesmente inflacioná-los (temendo aplicação de descontos), exigir redobradas garantias reais ou fidejussórias ou, simplesmente, negarem-se a estabelecer novos negócios com o empresário ou sociedade empresária, até que aprovado o plano de recuperação e concedido, por decisão judicial, o benefício, estabilizando o alcance de seu conteúdo.

Referi-me às relações jurídicas estabelecidas até então, havendo que se considerar a eventualidade de contratos de trato sucessivo, ou seja, negócios que se dilargam no tempo, compreendendo uma sucessão de prestações e contraprestações, a exemplo do que se tem na prestação de serviços de telefonia: a cada mês, a operadora de telefonia apresenta a conta pelos serviços prestados no mês anterior, mantendo a prestação do serviço pelo mês seguinte, até que qualquer das partes denuncie o contrato, inclusive em face do inadimplemento do usuário. Também o contrato de trabalho apresenta-se, comumente, sob a forma de negócio de trato sucessivo, obviamente submetido às particularidades da teoria e da legislação trabalhistas. A relação jurídica que se apresente sob a forma de negócio de trato sucessivo, estendendo-se ao longo do tempo em prestações e contraprestações, será alcançada como um todo (passado, presente e futuro) pela pretensão de recuperação judicial da empresa, do que é atestado o artigo 50, VIII, da Lei 11.101/05, que prevê como meio de recuperação a redução salarial e a redução de jornada.

Obviamente, não haveria razão para sujeitar aos efeitos da recuperação judicial apenas o *continuum* da relação jurídica de natureza trabalhista, alcançando seus momentos futuros, não o fazendo com as relações jurídicas cíveis e empresárias (inclusive financeiras); uma tal interpretação atentaria contra o artigo 1º, IV, da Constituição da República, que lista o valor do trabalho como fundamento do Estado Democrático de Direito, além de simplesmente desconsiderar a integralidade do artigo 6º da mesma Lei Maior, que dá particular proteção às relações jurídicas do trabalho, como, aliás, não o faz com relações jurídicas de outra natureza, salvo as relações jurídicas tributárias, *ex vi* dos artigos 145 a 169 da Carta.

Por fim, existindo crédito garantido por penhor sobre títulos de crédito, direitos creditórios, aplicações financeiras ou valores mobiliários tem-se uma questão interessante. O artigo 1.451 do Código Civil permite que sejam objeto de penhor *direitos, suscetíveis de cessão, sobre coisas móveis*; já o artigo 1.453 contempla a figura do *penhor de crédito*, ou seja, permite que a garantia pignoratícia sejam créditos, o que não se confunde com a figura similar, porém distinta, do penhor de títulos de crédito (*alias dicta* caução de títulos de crédito), contemplado nos seus artigos 1.458 e 1.460.[1] O desafio oferecido pela garantia pignoratícia representada por créditos ou direitos é a possibilidade de vencimento destes durante o período do processamento do pedido de recuperação da empresa, período em que, como já visto no Capítulo 3, estão suspensas as ações contra o devedor.

Por isso, o artigo 49, § 5º, da Lei 11.101/05, prevê que poderão ser substituídas ou renovadas as garantias liquidadas ou vencidas durante a recuperação judicial e, enquanto não renovadas ou substituídas, o valor eventualmente recebido em pagamento das garantias permanecerá em conta vinculada durante o período de suspensão. Tal regra interpreta-se em conjunto com o artigo 1.455 do Código Civil, segundo o qual deverá o credor pignoratício cobrar o crédito empenhado, assim que se torne exigível, sendo que, se este consistir numa prestação pecuniária, depositará a importância recebida. Assim, havendo pedido de recuperação judicial da empresa, o depósito não se fará *de acordo com o devedor pignoratício* (artigo 1.455 do Código Civil), mas junto ao juízo universal (artigo 49, § 5º, da Lei 11.101/05), permanecendo em conta vinculada durante o período de suspensão.

3.2 Exceções

Como visto, os créditos de natureza fiscal não estão sujeitos a concurso de credores (artigo 187 do Código Tributário Nacional), incluindo a recuperação judicial

1 Conferir MAMEDE, Gladston. *Código civil comentado*: penhor, hipoteca e anticrese: artigos 1.419 a 1.510. São Paulo: Atlas, 2003.

de empresa. Há outras situações nas quais créditos de natureza cível também não se submetem aos efeitos da recuperação judicial. Também não se sujeitará aos efeitos da recuperação judicial:

(1) a importância entregue ao devedor, em moeda corrente nacional, decorrente de adiantamento a contrato de câmbio para exportação (artigo 75, §§ 3º e 4º, da Lei nº 4.728/65), desde que o prazo total da operação, inclusive eventuais prorrogações, não exceda o previsto nas normas específicas da autoridade competente (artigo 49, § 4º, da Lei 11.101/05);

(2) o credor titular da posição de proprietário fiduciário de bens móveis ou imóveis, de arrendador mercantil, de proprietário ou promitente vendedor de imóvel cujos respectivos contratos contenham cláusula de irrevogabilidade ou irretratabilidade, inclusive em incorporações imobiliárias, ou de proprietário em contrato de venda com reserva de domínio (artigo 49, § 3º). Esse crédito não se submeterá aos efeitos da recuperação judicial e prevalecerão os direitos de propriedade sobre a coisa e as condições contratuais, observada a legislação respectiva, não se permitindo, contudo, durante o prazo de suspensão das ações contra o devedor, que haja venda ou retirada do estabelecimento do devedor dos bens de capital essenciais a sua atividade empresarial.

Em primeiro lugar, o legislador se refere ao proprietário fiduciário de bens móveis ou imóveis; considera-se fiduciária a propriedade resolúvel de coisa infungível que o devedor, com escopo de garantia, transfere ao credor (artigo 1.361 do Código Civil). Essa transferência da propriedade para garantir o pagamento do crédito é chamada de *alienação fiduciária* ou *alienação fiduciária em garantia*, e o domínio dela decorrente é qualificado como resolúvel (*propriedade resolúvel*) pois, uma vez ocorrendo o adimplemento da obrigação à qual estava vinculada a propriedade fiduciária, será essa transferida para o devedor. Um exemplo corriqueiro é a entrega de bens em consórcio, quando ainda há parcelas (*mensalidades*) a serem pagas: habitualmente, o bem adquirido com a carta de crédito fica na propriedade fiduciária da administradora de consórcio e, somente com o término dos pagamentos, é transferido para o consorciado. Outro exemplo comum são as cédulas de crédito com cláusula de alienação fiduciária de bens do patrimônio do próprio devedor para garantir o pagamento do mútuo.

Note-se que o artigo 1.361 do Código Civil fala apenas em propriedade resolúvel de *coisa móvel infungível*, mas o artigo 49, § 3º, da Lei 11.101/05 contempla, igualmente, a figura da propriedade fiduciária de coisa imóvel. Devem-se ainda incluir hipóteses ainda mais ousadas, como a *cessão fiduciária* de direitos sobre coisas móveis, bem como de títulos de crédito. Separe-se a *alienação fiduciária em garantia de coisa fungível* (artigo 66-B da Lei 4.728/65), figura de dificílima operacionalização, face às próprias características determinadoras da fungibilidade, como analisado no volume 3 desta coleção.

Na mesma direção, destaque-se, tem-se o artigo 6º-A do Decreto-lei 911/69 (incluído pela Lei 13.043/14), segundo o qual o pedido de recuperação judicial ou extrajudicial pelo devedor não impede a distribuição e a busca e apreensão do bem. No entanto, acredito, não se deverá admitir que a via da propriedade resolúvel se constitua em verdadeiro empecilho à aplicação da Lei 11.101/05, vencendo a determinação do seu artigo 47. Isso poderá acontecer sempre que se tenha alienação fiduciária de elementos essenciais da empresa, como estoque, insumos e até a cessão fiduciária de recebíveis futuros, ou seja, quando o financiamento tenha por garantia o faturamento que a empresa obterá no futuro. Tal operação, a bem da precisão, *aliena o caixa* da empresa e, assim, torna inviável sua recuperação judicial, em desproveito de todos os demais credores, incluindo os trabalhadores.

Pior, infelizmente é forçoso reconhecer, quando se observa a evolução das práticas bancárias, haver na operação de cessão de recebíveis, visivelmente, uma fraude à lei, na medida em que o negócio tem a estrutura de um financiamento com garantia real (penhor), juridicamente declarado como alienação fiduciária, para usar do artigo 49, § 3º, e fugir ao gradiente inscrito no artigo 83, I e II, ambos da Lei 11.101/05.

No entanto, em sentido contrário, o Superior Tribunal de Justiça, diante do Agravo Regimental no Recurso Especial 1.181.533/MT, realçou que, "interpretando o art. 49, § 3º, da Lei 11.101/05, a jurisprudência entende que os créditos decorrentes de arrendamento mercantil ou com garantia fiduciária – inclusive os resultantes de cessão fiduciária – não se sujeitam aos efeitos da recuperação judicial". No mesmo sentido, o julgamento do Recurso Especial 1.202.918/SP: "A alienação fiduciária de coisa fungível e a cessão fiduciária de direitos sobre coisas móveis, bem como de títulos de crédito, possuem a natureza jurídica de propriedade fiduciária, não se sujeitando aos efeitos da recuperação judicial, nos termos do art. 49, § 3º, da Lei 11.101/05." Some-se o Recurso Especial 1.263.500/ES: "Em face da regra do art. 49, § 3º da Lei 11.101/05, não se submetem aos efeitos da recuperação judicial os créditos garantidos por cessão fiduciária." Neste último precedente, adotou-se o entendimento de que "o Juízo da recuperação não deve embaraçar a satisfação dos mencionados créditos, salvo na hipótese de retirada de bens de capital (categoria na qual o dinheiro não se enquadra) essenciais ao funcionamento da empresa".

O contrato de arrendamento mercantil (*leasing*) também faz com que estejam na empresa bens de outrem, o arrendante. No arrendamento mercantil tem-se um misto de locação e compra financiada do bem: com a contratação, a instituição financeira arrendante adquire o bem – que, portanto, é seu – e transfere a sua posse e uso para o arrendatário, mediante contraprestação previamente ajustada. Ao final do período contratado, o arrendatário poderá optar entre (1) devolver o bem à instituição financeira arrendante ou (2) adquirir o bem, havendo ajustes que ainda contemplam a possibilidade de (3) prorrogar (renovar) o arrendamento mercantil. Assim, embora o bem esteja no âmbito do complexo organizado que é a empresa, sendo empregado nas atividades empresariais, o empresário ou sociedade empresária não é seu proprietário.

Igualmente não se submete aos efeitos da recuperação judicial o proprietário ou promitente vendedor de imóvel cujos respectivos contratos contenham cláusula de irrevogabilidade ou irretratabilidade, inclusive em incorporações imobiliárias, ou do proprietário em contrato de venda com reserva de domínio. A expressão *proprietário ou promitente vendedor de imóvel* nos conduz a contratos de compra e venda de imóveis ou de promessa de compra e venda de imóvel, inclusive em incorporações imobiliárias, nos quais reste débito do empresário ou sociedade empresária que pede a recuperação da empresa. Pela regra geral, o crédito decorrente de tais negócios seria submetido ao juízo universal mas, aqui também, o credor tem a vantagem jurídica de conservar-se proprietário do bem, razão pela qual foi incluído na exceção do § 3º do artigo 49 da Lei 11.101/05. O mesmo ocorre no caso do proprietário em contrato de venda com reserva de domínio, certo que, de acordo com o artigo 521 do Código Civil, na venda de coisa móvel pode o vendedor reservar para si a propriedade, até que o preço esteja integralmente pago.

A Lei 13.288/16, dispondo sobre os contratos de integração, bem como regulando as obrigações e responsabilidades nas relações contratuais entre produtores integrados e integradores, estabeleceu que, sobrevindo pedido de recuperação judicial ou decretação da falência da integradora, poderá o produtor rural integrado (1) pleitear a restituição dos bens desenvolvidos até o valor de seu crédito ou (2) requerer a habilitação de seus créditos com privilégio especial sobre os bens desenvolvidos (artigo 13).

Em todos esses casos, todavia, é necessário preservar o direito de propriedade, sem desconsiderar sua função social (artigo 5º, XXII e XXIII, da Constituição da República e parágrafos do artigo 1.228 do Código Civil), além da função social do contrato (artigo 421 do Código Civil). Antes de mais nada, os proprietários e titulares beneficiados pela exceção inscrita no artigo 49, § 3º, da Lei 11.101/05 não podem vender ou retirar seus bens do estabelecimento do empresário ou sociedade empresária, durante o período de 180 dias de suspensão do curso de todas as ações e execuções. Essa vedação, todavia, está limitada aos *bens de capital essenciais* a sua atividade empresarial. Não alcança outros bens. Ora, *bens de capital* são bens cuja finalidade específica é a produção, por meio de sua utilização, de vantagens econômicas. Visam a utilização na atividade empresária e não a mera especulação ou conservação. Portanto, maquinário, instrumental e todos os outros bens que, na empresa, servem à realização ao seu objeto social. Dessa maneira, não está vedada a venda ou retirada de bens que não tenham tal qualidade, ou seja, bens cuja manutenção não é essencial para a atividade empresária. Trata-se de critério que não prescinde, em hipótese alguma, da investigação do caso concreto. Bens que poderiam ser qualificados como *de mero deleite* ou *de luxo* podem ser essenciais em determinadas empresas, designadamente aquelas que trabalham justamente com isso, oferecendo luxo ao mercado; é o caso da limusine que é empregada pela empresa de transporte em serviços para noivos, artistas etc.

4 INTERESSE PROCESSUAL

Por fim, torna-se inevitável enfrentar a questão do interesse de agir. Como se sabe, a constituição da relação processual pressupõe não apenas que o pedido seja possível e que seja formulado por parte legítima e contra parte legítima; é preciso, igualmente, que o autor tenha interesse processual, ou seja, que o provimento judicial que pretende lhe seja efetivamente necessário em face da existência de lesão ou ameaça a direito (artigo 5º, XXXV, da Constituição da República). Em face da Lei 11.101/05, esse interesse de agir só pode ser definido por via transversa, já que o legislador não lhe deu tratamento específico.

Apuram-se do artigo 47 da Lei 11.101/05 os requisitos para a caracterização do interesse de agir, pedindo a recuperação judicial de empresa. O empresário ou sociedade empresária tem interesse jurídico para pedir a recuperação judicial sempre que sua empresa enfrente crise econômico-financeira que efetivamente possa conduzir à insolvência empresária e, com ela, à extinção da fonte produtora e do emprego dos trabalhadores, além de atentar contra os interesses dos credores. Não há, todavia, uma definição objetiva do que seja essa *crise econômico-financeira*, na medida em que os elementos que a caracterizam podem variar de caso a caso. Por exemplo, uma empresa que tenha ativo muito superior ao passivo, mas que enfrente uma situação de extrema iliquidez (tem bens, mas não consegue aliená-los com a rapidez necessária para saldar suas obrigações), está em crise econômico-financeira; não é razoável pretender que os bens sejam vendidos por valores irrisórios apenas para fazer frente a obrigações vencidas ou por vencer; daí ser-lhe lícito recorrer à recuperação judicial para superar a falta de liquidez. Apura-se em cada caso, conforme suas particularidades, o interesse de agir, ou seja, a existência de *crise econômico-financeira*.

Embora seja certo que a ausência das demais condições da ação (legitimidade de parte e possibilidade jurídica do pedido), nos contornos estudados nos itens anteriores deste capítulo, conduza à extinção da ação, sem julgamento do mérito, não há solução legal para a hipótese de aforamento do pedido de recuperação judicial sem que haja interesse jurídico no pedido, ou seja, sem que a empresa esteja, efetivamente, passando por uma crise econômico-financeira que a possa conduzir a uma situação de insolvência. Nas três primeiras edições deste livro, sustentei a possibilidade de o juiz extinguir o feito sem julgamento do mérito, a pedido ou de ofício, se demonstrada a inexistência efetiva de uma *crise econômico-financeira* que pudesse conduzir a um estado de insolvência empresária. Não é mais o que me parece. Com efeito, examinando melhor a Lei 11.101/05, verifiquei que o artigo 35, I, *f*, atribui à Assembleia Geral, na recuperação judicial, o deliberar sobre qualquer outra matéria que possa afetar o interesse dos credores. Parece-me, portanto, que a matéria deva ser, ela também, deliberada pela Assembleia Geral de Credores.

8

Pedido de Recuperação Judicial de Empresas

1 PETIÇÃO INICIAL

O processo de recuperação judicial de empresa principia com uma petição formulada pelo empresário ou pela sociedade empresária. Essa petição indicará o juízo a que é dirigida, o nome do autor do pedido (empresário ou sociedade empresária) e sua qualificação, o fato (a alegação de que a empresa enfrenta uma crise econômico-financeira), o pedido de recuperação judicial e o valor da causa (artigo 319 do novo Código de Processo Civil). A petição inicial pode requerer as medidas previstas em lei como próprias da recuperação judicial (conferir o artigo 52 da Lei 11.101/05); mas não me parece seja isso um requisito essencial e que, assim, permita o indeferimento da exordial. Essas medidas são as seguintes: (1) deferimento do processamento do pedido de recuperação judicial, (2) nomeação de administrador judicial, (3) decisão determinando a dispensa da apresentação de certidões negativas para o exercício das atividades empresárias, (4) decisão determinando a suspensão de todas as ações ou execuções contra o devedor, (5) intimação do Ministério Público, (6) comunicação por carta à Fazenda Pública Federal e de todos os Estados e Municípios em que o devedor tiver estabelecimentos, (7) expedição de edital com resumo do pedido, relação nominal de credores e advertência dos prazos para habilitação de crédito. A ausência de tais pedidos, creio, não prejudica em nada a pretensão, na medida em que decorrem diretamente de previsão legal; via de consequência, basta o pedido genérico de concessão da recuperação judicial para que o próprio juiz, recebendo a exordial e verificando estarem presentes as condições da ação, adote tais medidas, no que apenas atenderá ao comando inscrito no artigo 52 da Lei 11.101/05.

A petição inicial de recuperação judicial será instruída, por determinação do artigo 51 da Lei 11.101/05, com os seguintes documentos:

1. a exposição das causas concretas da situação patrimonial do devedor e das razões da crise econômico-financeira;
2. as demonstrações contábeis relativas aos três últimos exercícios sociais e as levantadas especialmente para instruir o pedido, confeccionadas com estrita observância da legislação societária aplicável e compostas obrigatoriamente de:
   a) balanço patrimonial;
   b) demonstração de resultados acumulados;
   c) demonstração do resultado desde o último exercício social;
   d) relatório gerencial de fluxo de caixa e de sua projeção;
3. a relação nominal completa dos credores, inclusive aqueles por obrigação de fazer ou de dar, com a indicação do endereço de cada um, a natureza, a classificação e o valor atualizado do crédito, discriminando sua origem, o regime dos respectivos vencimentos e a indicação dos registros contábeis de cada transação pendente;
4. a relação integral dos empregados, em que constem as respectivas funções, salários, indenizações e outras parcelas a que têm direito, com o correspondente mês de competência e a discriminação dos valores pendentes de pagamento;
5. certidão de regularidade do devedor no Registro Público de Empresas, o ato constitutivo atualizado e as atas de nomeação dos atuais administradores;
6. a relação dos bens particulares dos sócios controladores e dos administradores do devedor;
7. os extratos atualizados das contas bancárias do devedor e de suas eventuais aplicações financeiras de qualquer modalidade, inclusive em fundos de investimento ou em bolsas de valores, emitidos pelas respectivas instituições financeiras;
8. certidões dos cartórios de protestos situados na comarca do domicílio ou sede do devedor e naquelas onde possui filial;
9. a relação, subscrita pelo devedor, de todas as ações judiciais em que este figure como parte, inclusive as de natureza trabalhista, com a estimativa dos respectivos valores demandados.

1.1 Exposição das causas concretas da situação patrimonial do devedor e das razões da crise econômico-financeira

A *exposição das causas concretas da situação patrimonial do devedor e das razões da crise econômico-financeira* nada mais é do que um memorial no qual são expostos os motivadores da situação de crise por que passa a empresa. Narra-se o histórico dos problemas que foram vividos pela empresa e que, paulatina ou repentinamente, conduziram-na à crise econômico-financeira. Viu por bem o legislador determinar que tal exposição se faça em documento autônomo; contudo, sua colocação no corpo da exordial deve ser tida como válida, aplicando-se o princípio da instrumentalidade das formas.

A elaboração da exposição *das causas concretas da situação patrimonial do devedor e das razões da crise econômico-financeira* exige particular atenção e cuidado por parte do advogado, certo que tal documento será utilizado não apenas para aferir o interesse de agir, mas também orientará o Ministério Público e o administrador judicial na aferição de eventual prática de ilícito civil ou penal. O legislador não exigiu que tal relatório seja elaborado pelo empresário ou administrador da sociedade empresária. Assim, se elaborado e assinado por advogado ou outro profissional, a vinculação cível do empresário, do administrador societário ou do controlador da sociedade empresária pressupõe a outorga de poderes especiais para a confissão. Ademais, mesmo quando haja procuração com tais poderes especiais para confessar, não se pode aproveitar o conteúdo do relatório para fins penais, já que a confissão penal é – e deve ser – ato personalíssimo, que somente se permite ao próprio acusado.

De outra face, ainda que a exposição seja assinada pelo empresário ou administrador da sociedade empresária, não se pode considerá-la confissão penal quando não se apresente como ato consciente de afirmar a prática de determinado ato que a lei tipifique como criminoso. Em fato, tais narrativas, pela própria dificuldade de redação, podem conter passagens de interpretação equivocada ou dúbia, em nada compatíveis com a seriedade que deve nortear uma confissão penal, designadamente pelo uso inconsciente de termos que poderiam tornar típica a conduta.

1.2 Demonstrações contábeis

Também deverão ser juntadas, com a inicial, as *demonstrações contábeis* relativas aos três últimos exercícios sociais e as levantadas especialmente para instruir o pedido, confeccionadas com estrita observância da legislação societária aplicável e compostas obrigatoriamente de: (a) os balanços patrimoniais dos últimos três anos; (b) as demonstrações de resultados acumulados dos últimos três anos; (c) a demonstração do resultado desde o último exercício social; e (d) um relatório gerencial do fluxo de caixa nos últimos três anos e de sua projeção. Tais documentos deverão ser elaborados e assinados por contador ou técnico em contabilidade devidamente registrado junto ao Conselho Regional de Contabilidade.

Como se sabe, por força do artigo 1.179 do Código Civil, empresários e sociedades estão obrigados a seguir um sistema de contabilidade, mecanizado ou não, com base na escrituração uniforme de seus livros, em correspondência com a documentação respectiva, e a levantar anualmente o balanço patrimonial e o de resultado econômico. Essa escrituração registra o histórico econômico da empresa e de seu desenvolvimento, permitindo a compreensão dos fenômenos por ela vividos: ingressos e saída de valores e bens, natureza jurídica dessas operações, lucros ou prejuízos, origem e aplicação de recursos, entre muitos outros aspectos, como estudado no volume 1 desta coleção.

1.2.1 Balanço patrimonial

O *balanço patrimonial* deve exprimir, com fidelidade e clareza, a situação real da empresa e, atendidas as peculiaridades desta, bem como as disposições das leis especiais, indicará, distintamente, o ativo e o passivo (artigo 1.188 do Código Civil e artigo 178 da Lei 6.404/76), nos seguintes grupos: (a) ativo circulante; (b) ativo realizável a longo prazo; (c) ativo permanente, dividido em investimentos, ativo imobilizado e ativo diferido. No passivo, as contas serão classificadas nos seguintes grupos: (a) passivo circulante; (b) passivo exigível a longo prazo; (c) resultados de exercícios futuros; (d) patrimônio líquido, dividido em capital social, reservas de capital, reservas de reavaliação, reservas de lucros e lucros ou prejuízos acumulados. O tema foi cuidadosamente tratado no volume 1 desta coleção.

Como o balanço é documento contábil de produção obrigatória, o empresário ou sociedade empresária apresentará os balanços relativos aos últimos três exercícios, tenham sido publicados ou não; se a sociedade produz balanços em períodos inferiores a um ano civil, deverá juntar todos aqueles que foram produzidos nos últimos três anos e não apenas os três últimos balanços, sob pena de não atender à *mens legis*.

1.2.2 Demonstração de resultados acumulados

Por *demonstração de resultados acumulados*, expressão usada pelo artigo 51, II, *c*, da Lei 11.101/05, interpreta-se a *demonstração do resultado do exercício* (DRE), relatório contábil que está disciplinado no artigo 187 da Lei 6.404/76. Essa confusão terminológica, aliás, encontra-se no Código Civil (artigos 1.179 e 1.189). O artigo 187 da Lei 6.404/76 define a *demonstração do resultado do exercício* (DRE) como resumo ordenado das despesas e receitas durante o exercício, permitindo compreender como se formou o resultado (prejuízo ou lucro) ao longo daquele período. Como visto no volume 1 desta coleção, a demonstração do resultado do exercício, de uma forma simples, é o encontro da receita com a despesa, permitindo identificar o lucro (ao qual se dará uma destinação específica, como distribuição de *dividendos* aos sócios ou acionistas sobre o capital que investiram – representado pelas quotas ou ações que titularizam – ou o reinvestimento na empresa, aumentando o seu capital registrado) ou o *prejuízo do exercício*.

Encarada com maior precisão, todavia, a demonstração do resultado do exercício leva em conta elementos mais detalhados, refletindo detalhadamente a formação do resultado empresarial (lucro ou prejuízo), por meio de distinções no *desembolso* e nas *contas a pagar*. A distinção é saudável, pois permite avaliar a rentabilidade da empresa, compreendendo melhor como efetua os seus gastos, distinguindo *custos* de *despesas operacionais*, entre outros elementos. É documento contábil de produção obrigatória, devendo ser apresentados os que foram produzidos nos últimos três anos, tenham sido publicados ou não, resumam-se a três ou superem esse número, na hipótese de sociedades que façam inventário e balanço em períodos inferiores a um ano civil.

1.2.3 Demonstração do resultado desde o último exercício

A *demonstração do resultado desde o último exercício social*, exigida pelo artigo 51, II, *c*, da Lei 11.101/05, é relatório contábil produzido especificamente para instruir o pedido; ainda assim, deve ser elaborada e assinada por contabilista registrado no Conselho Regional de Contabilidade. Trata-se apenas de uma demonstração *parcial* do resultado do exercício, principiando do primeiro dia do exercício em curso e findando-se *próximo* à data de protocolização do pedido de recuperação judicial. Friso: *próximo*; não é necessário, nem seria exequível e razoável que tal demonstração tivesse como *dies ad quem* a data da petição inicial ou, muito menos, a data de sua protocolização. Será razoável que o relatório tenha por termo final qualquer data nas últimas semanas, embora não me pareça razoável superar os 30 dias. Note-se que a elaboração dessa *demonstração parcial do resultado do exercício* não exige seja feito um inventário patrimonial, o que preserva o sigilo que é recomendável guardar antes da formulação do pedido de recuperação judicial, evitando assustar o mercado e precipitar medidas que podem simplesmente agravar a crise econômico-financeira por que passa a empresa.

1.2.4 Relatório gerencial de fluxo de caixa e de sua projeção

O *relatório gerencial do fluxo de caixa e de sua projeção* é denominado, pelo artigo 188, I, da Lei 6.404/76, de *demonstração dos fluxos de caixa* e deve indicar as alterações ocorridas, durante o exercício, no saldo de caixa e equivalentes de caixa, segregando-se essas alterações em, no mínimo, três fluxos: (1) operações, (2) financiamentos e (3) investimentos. Portanto, relaciona o dinheiro *encaixado* na empresa (que ingressa no caixa), identificando sua origem, bem como o dinheiro que é *desencaixado* (que sai do caixa), identificando sua destinação: pagamentos, salários, tributos, dividendos etc. O fluxo de caixa, portanto, é o movimento de recebimentos e desembolsos da empresa; assim, a *demonstração dos fluxos de caixa* permite compreender a capacidade ou incapacidade da empresa de gerar receita que supere a despesa. Trata-se de informação vital para compreender a situação financeira da empresa e a viabilidade de sua recuperação: distribuição de dividendos, elevada folha de pagamento, custo excessivo, carga tributária elevada etc. Daí a exigência de que refira-se aos três últimos exercícios sociais. Serve tanto aos credores, quanto a terceiros eventualmente interessados na aquisição de filiais ou unidades produtivas isoladas.

1.2.5 Documentos de escrituração contábil e demais relatórios auxiliares

Independentemente da apresentação dessas demonstrações contábeis, os documentos de escrituração contábil e demais relatórios auxiliares, na forma e no suporte previstos em lei, *permanecerão à disposição* do juízo, do administrador judicial e, mediante autorização judicial, de qualquer interessado (artigo 51, § 1º, da Lei 11.101/05). Portanto, não precisam ser juntados: a petição inicial não será acompanhada nem dos originais, nem de cópias dos documentos de escrituração contábil e demais relatórios auxiliares, o que constituiria entrave à continuidade da empresa, além de atentar contra o princípio do sigilo da escrituração. Também não é necessário que o empresário ou sociedade empresária deposite em juízo os seus documentos de escrituração contábil e demais relatórios auxiliares, como fica claro da leitura do artigo 51, § 3º, da Lei 11.101/05, que prevê que o juiz *poderá* determinar o depósito em cartório de tais documentos. Esse depósito, portanto, não é a regra geral, mas uma hipótese excepcional, carecendo de decisão específica do juízo, decisão essa que, por sua gravidade e por seus impactos, deve apresentar-se fundamentada (artigo 93, IX, da Constituição da República).

A previsão de ficarem à disposição do juízo os *documentos de escrituração contábil e demais relatórios auxiliares* (artigo 51, § 1º) alcança não só o livro Diário, mas todos os livros obrigatórios e facultativos que o empresário ou sociedade empresária tenha optado por manter, tendo-os levado a registro. A lista é vasta; por exemplo, o *Livro de Atas da Administração*, obrigatório para as sociedades anônimas (artigos 100 e 149 da Lei 6.404/76); *Livro de Atas da Assembleia Geral*, também obrigatório para as sociedades anônimas (artigo 100, IV, da Lei 6.404/76) e para as sociedades limitadas que tenham mais de 10 sócios (artigo 1.075 do Código Civil); *Livro de Registro de Duplicatas*, obrigatório quando adotado regime de vendas ou prestação de serviços com extração de fatura e a emissão de correspondente duplicata (artigo 19 da Lei 5.474/68); entre tantos outros.

Particular atenção se deve ter ao princípio do sigilo da escrituração contábil que não é afastado – não se torna inaplicável – pelo pedido de recuperação judicial, pela decisão que defere o seu processamento, pela necessidade de aprovação do plano de recuperação (face à objeção de qualquer credor, na forma do artigo 55 da Lei 11.101/05), nem pela decisão concessiva da recuperação judicial da empresa. Obviamente, para que sejam cumpridos os fins legais – designadamente a verificação da prática de crime previsto na Lei 11.101/05 –, é facultado o amplo exame dos livros contáveis pelo juízo e pelo administrador judicial. No entanto, o exame pelo Ministério Público e, principalmente, o exame por *qualquer interessado* (expressão constante do citado artigo 51, § 1º, da Lei 11.101/05, *in fine*) deve ser excepcional e raro, exigindo, para a autorização judicial, decisão fundamentada que deve ser publicada e cuja execução deve aguardar eventual interposição de agravo e o exame, pela Corte *ad quem*, de pedido de efeito suspensivo, respondendo o magistrado, disciplinarmente, pelo ato de autorização e exibição *incontinenti* da escrituração, sem aguardar eventual exercício do direito ao duplo grau de jurisdição, por se tratar de ato abusivo.

O magistrado responderá civilmente, ademais, pelo mesmo ato, caso o empresário ou sociedade empresária demonstrem que do acesso às suas informações contábeis resultou prejuízo econômico ou moral, a exemplo do que ocorreria se o interessado descobrisse fornecedores ou clientes com os quais o devedor mantém relações vantajosas, passando a usar tais informações para concorrer com ele e, assim, reduzir a vantagem de mercado que detinha legitimamente.

1.2.6 Microempresas e empresas de pequeno porte

No que diz respeito às *microempresas e empresas de pequeno porte*, o artigo 51 da Lei 11.101/05, em seu § 2º, excepciona a regra inscrita no inciso II, permitindo-lhes apresentar livros e escrituração contábil simplificados nos termos da legislação específica, sendo que, também em relação a esses, o juiz poderá determinar o depósito em cartório dos respectivos documentos (artigo 51, § 3º). Atende-se, assim, a meta de tratamento favorecido, diferenciado e simplificado às micro e pequenas empresas (artigo 970 do Código Civil, artigos 170, IX, e 179 da Constituição da República). Note-se que o artigo 1.179, § 2º, do Código Civil dispensa o pequeno empresário da escrituração do livro Diário; mas o artigo 68 da Lei Complementar 123/06, estudada especificamente no capítulo 6, item 2 do volume 1 desta coleção, define o pequeno empresário como "o empresário individual caracterizado como microempresa na forma desta Lei Complementar que aufira receita bruta anual de até R$ 81.000,00". Assim, parece-me que as demais microempresas e empresas de pequeno porte estão obrigados a atender ao *caput* do artigo 1.179 do Código Civil e, assim, manter livro Diário, nele lançando o balanço patrimonial e as demais demonstrações financeiras demandadas em lei.

1.3 Relação nominal de credores

A petição ainda se fará acompanhar de uma relação dos credores, em que o empresário ou sociedade empresária especificará, em detalhes, todas as suas obrigações jurídicas, inclusive as de fazer ou de dar. Essa relação, em função do que consta do artigo 51, III, da Lei 11.101/05, se organizará tendo por entrada o nome de cada um dos credores (fala-se em *relação nominal*); não se relacionam, portanto, as obrigações e, em cada uma, o respectivo titular. Portanto, serão listados os credores, correspondendo a cada qual uma ou mais relações jurídicas, uma ou mais obrigações jurídicas, que serão detalhadas. É obrigação do empresário ou sociedade empresária indicar o nome de cada credor, seja pessoa natural, seja pessoa jurídica, em modo suficiente a permitir a sua identificação, ainda que omitidos elementos que desconheça. Não se faz necessário qualificar o credor (nacionalidade, profissão, estado civil etc.), nem apresentar dados cadastrais, como número no Cadastro de Pessoas Físicas (CPF), número da Carteira de Identidade, número no Cadastro Nacional de Pessoas Jurídicas (CNPJ) ou número da inscrição estadual ou municipal. Todavia, o que abunda, não falta [*quod abundat non noscet*].

Todos os credores deverão constar dessa relação, independentemente de se tratar de obrigação comercial ou não, obrigação de pagar, de dar coisa certa ou coisa incerta, e mesmo obrigação de fazer. Obviamente, é preciso que se trate de obrigações patrimoniais-econômicas e, como tal, passíveis de serem, no mínimo, convertidas em valor pecuniário. Obrigações morais, entre outras não passíveis de merecerem expressão econômica, não são alcançadas pela recuperação e, assim, não devem constar da listagem. Mais do que isso, no caso de empresários (ou seja, de pessoas naturais), somente se poderão relacionar os credores e os créditos que digam respeito à empresa; nunca os créditos particulares do empresário, não advindos de relações jurídicas mantidas no exercício da empresa, a exemplo de pensões alimentícias, aluguel do imóvel residencial, entre outros, ainda que tais despesas sejam relacionáveis na hipótese de falência, como se verá.

A relação nominal de credores deverá listar cada crédito se houver credor com mais de um crédito, proveniente de relações jurídicas diversas, especificando sua natureza, classificação e valor atualizado do crédito, além de discriminar sua origem, o regime dos respectivos vencimentos e a indicação dos registros contábeis de cada transação pendente. A classificação se fará tendo em vista o gradiente constante do artigo 83 da Lei 11.101/05: crédito derivado de acidente do trabalho, crédito com garantia real, crédito com privilégio especial etc. Isso, obviamente, segundo a avaliação do devedor, o que não vincula o juízo. A expressão *do valor atualizado do crédito* pressupõe a existência prévia de tal definição; não é função do devedor arbitrar um valor para as obrigações que não o tenham, como obrigação de fazer ou dar certa coisa, salvo se têm um valor de referência, como preço de tabela etc. Do contrário, deverá apenas listar o credor e descrever a prestação a que tem direito.

Ainda assim, a relação deverá trazer apenas relações jurídicas certas. Para as relações jurídicas incertas, duas hipóteses se colocam: (1) se não há sequer litígio entre as partes, o crédito potencial, que o autor do pedido de recuperação judicial não reconhece como devido (por exemplo, danos advindos de acidente de trânsito cuja culpa não pretenda ser sua), simplesmente não será relacionado; (2) se já há, entre as partes, uma demanda judicial para discutir o direito, o litígio constará da *relação de ações judiciais* (artigo 51, IX, da Lei 11.101/05), documento que também deve instruir a inicial. Se em tais feitos há parcela incontroversa, o devedor fará constar esse valor da relação nominal de credores; é recomendável, embora não exigido pelo legislador, fazer menção, em nota explicativa (*nota de pé de página* ou *nota final*), à existência da demanda, com remissão à relação de ações judiciais.

Realce-se ser obrigação discriminar a origem de cada crédito, narrando o negócio jurídico do qual se originou. Não há falar em aplicação do princípio da autonomia das cambiais nesses sítios, sendo indispensável narrar o negócio fundamental, permitindo que administrador judicial, representante do Ministério Público ou demais credores o impugnem, por exemplo, afastando situações de confusão patrimonial, como no uso de títulos emitidos pela sociedade empresária em negócios que digam respeito a sócio ou administrador. Além da origem, também deverão ser informados o regime de vencimentos e, respeitado o princípio de que a escrituração é o histórico da atividade empresária e a prova dos atos por ela vividos, os registros contábeis de cada transação pendente.

1.4 Relação nominal de empregados

O autor do pedido de recuperação judicial ainda deverá apresentar a relação integral de seus empregados, ou seja, daqueles com quem mantém contrato de trabalho, nos moldes da Consolidação das Leis do Trabalho. Não se incluem aqueles que atuem na empresa ou para a empresa por contratos de direito privado, já que não são *empregados*, em sentido estrito; assim, os trabalhadores autônomos, os representantes comerciais etc. Também não serão relacionados empregados de empresas terceirizatárias que atuem na empresa por força de contratos de terceirização. Obviamente, poderão recorrer ao Judiciário do Trabalho aqueles que se julguem empregados, embora sem assinatura na respectiva carteira. Nesse caso, o juiz do Trabalho poderá, em provimento acautelatório ou antecipação de tutela, determinar ao juízo da recuperação judicial a inclusão do reclamante na relação de empregados, bem como a reserva da importância que estimar ser-lhe devida.

A relação dos empregados, a exemplo da relação de credores, será nominal, devendo informar, além do nome completo do trabalhador, a respectiva função, o salário e valores pendentes de pagamento. Não se exige, também aqui, qualificação (nacionalidade, estado civil), nem documentos de identificação (número no Cadastro de Pessoas Físicas – CPF ou número da Carteira de Identidade). O legislador não exigiu que da relação constasse o endereço, contando com os registros existentes. De qualquer sorte, é medida que apenas facilita o juízo recuperatório.

1.5 Documentos do registro no comércio

Deverão ser apresentados documentos que demonstrem terem sido atendidos os requisitos de, no momento do pedido, exercer regularmente a atividade há mais de dois anos (artigos 48 e 51, V, da Lei 11.101/05): certidão de regularidade no Registro Público de Empresas, emitida pela Junta Comercial. Se sociedade empresária, ainda deverão ser apresentados o ato constitutivo atualizado (contrato ou estatuto social) e as atas de nomeação dos atuais administradores. É fundamental que o ato constitutivo e as alterações nele produzidas sejam apresentados em versão fornecida pela própria Junta Comercial, que tem fé pública. Por outro lado, só deverá apresentar atas de nomeação dos atuais administradores a sociedade em que sua nomeação se faça por instrumento apartado; se a sociedade nomeou seu(s) administrador(es) por meio de cláusula do contrato social, bastará a apresentação deste e de suas alterações, nos moldes acima vistos. O mesmo ocorrerá com a sociedade em comandita por ações, já que os diretores ou gerentes, neste tipo societário, são nomeados, sem limite de tempo, no estatuto da sociedade (artigo 282, § 1º, da Lei 6.404/76).

Havendo nomeação dos administradores pelo ato constitutivo, bastará a sua apresentação. Não sendo assim, a sociedade limitada deverá juntar o *termo de posse no livro de atas da administração* (artigo 1.062 do Código Civil). A sociedade anônima deverá juntar os documentos relativos à diretoria e ao conselho de administração, já que compartilham os desígnios da companhia. Assim, virão aos autos os termos de posse no livro de atas do conselho de administração ou da diretoria, conforme o caso (artigo 149 da Lei 6.404/76).

1.6 Relação dos bens particulares dos sócios controladores e dos administradores do devedor

O artigo 51, VI, da Lei 11.101/05 demanda que a petição inicial de recuperação de empresa seja instruída com a *relação dos bens particulares dos sócios controladores e dos administradores do devedor*. Trata-se de previsão estranha, já que rompe com o princípio da distinção entre a pessoa jurídica de Direito Privado e a pessoa de seus membros: sócios, administradores e membros de conselhos (fiscal, consultivo etc.). São colorários desse princípio: (1) A personalidade jurídica da pessoa jurídica é distinta da personalidade jurídica de seus membros. (2) O patrimônio da pessoa jurídica é distinto do patrimônio jurídico de seus membros. Quem se relaciona com um membro não está, *a priori*, relacionando-se com a pessoa jurídica; *mutatis mutandis*, quem mantém relação jurídica com a pessoa jurídica não está se relacionando com um, algum ou todos os seus membros. (3) A existência da pessoa jurídica é independente da existência da pessoa de seus membros; assim, a extinção da pessoa jurídica não conduz à extinção de seus sócios ou associados (se, igualmente, pessoas jurídicas), na mesma toada que a morte de um, algum ou todos os sócios ou associados, pessoas naturais, ainda que haja comoriência, assim como a extinção de um, algum ou todos os membros, pessoas jurídicas, também não conduz à extinção obrigatória da pessoa jurídica de que são sócios ou associados. O artigo 51, VI, rompe completamente com tais princípios elementares do direito societário e associativo, criando uma confusão entre personalidades e patrimônios distintos.

Como se só não bastasse, o artigo 51, VI, da Lei 11.101/05 é inconstitucional, desrespeitando garantias fundamentais. O artigo 5º, X e XII, da Constituição prevê ser inviolável a intimidade e a vida privada das pessoas, bem como o *sigilo dos dados*. Ora, é inviolável aquilo para o qual não há via, ou seja, o que é inacessível. Trata-se de uma proteção maior, por isso de foro constitucional, sendo excepcionado apenas em situações especialíssimas.[1] Não é o que se passa no caso estudado. É razoável e proporcional exigir a disponibilização das informações sobre o patrimônio da empresa cuja recuperação judicial se pretende, seu balanço patrimonial e seus demonstrativos financeiros devem instruir a petição inicial, assim como exposição das causas que levaram à crise econômico-financeira, relação de credores e empregados. Em oposição, como os sócios não se confundem com a sociedade, não se pode violar sua vida privada, a intimidade e seus dados pessoais. Ademais, cria-se uma situação indigna, atentando contra o artigo 1º, III, da mesma Constituição da República. Afinal, o pedido de recuperação judicial teria por efeito direto a permissão de uma devassa na vida do sócio controlador e dos administradores societários; no contexto histórico e social da alta criminalidade em que vivemos, retiraria-lhes a segurança, atraindo a ambição dos que fazem da prática de tipos penais a sua atividade econômica.

Nem se argumente que tal relação seria útil para a hipótese de comportamentos fraudatórios, de confusão patrimonial, permitindo uma eficaz desconstituição da personalidade jurídica. Ora, no plano penal, ninguém pode ser considerado culpado até o trânsito em julgado de sentença penal condenatória (artigo 5º, LVII, da Constituição da República); esse *princípio de presunção de inocência* seria desfigurado pela presunção da prática de atos que justificassem a desconsideração da personalidade jurídica ou a apreensão de bens particulares de sócios e admi-

---

[1] Sobre o instituto da inviolabilidade, conferir MAMEDE, Gladston. *A Advocacia e a Ordem dos Advogados do Brasil*. 3. ed. São Paulo: Atlas, 2008. Cap. 2.

nistradores. Some-se a garantia de contraditório e ampla defesa, com os meios e recursos a ela inerentes, aos litigantes, em processo judicial ou administrativo, e aos acusados em geral (inciso LIV e LV); ora, ainda que venham a se verificar elementos justificadores da desconsideração da personalidade jurídica, será preciso atender ao devido processo legal, emitindo decisão devidamente fundamentada. Não há espaço para uma presunção de fraude que, assim, sustentaria a obrigação imposta pelo artigo 51, VI, da Lei 11.101/05.

Nem a timidez, nem o delírio socorrem o Direito: uma provoca o atraso; o outro, a revolução. Sem dúvida, há situações em que é preciso ser conservador, como há situações em que é preciso rebelar-se. Mas, ao contrário do que se pensa, essas são exceções e não a regra; mais enganam do que salvam, mais ferem do que conduzem à redenção. Evoluir, cadenciadamente, é um caminho mais seguro.

1.7 Extratos de contas bancárias e aplicações financeiras

A petição inicial deve vir instruída com extratos atualizados das contas bancárias do devedor e de suas eventuais aplicações financeiras de qualquer modalidade, inclusive em fundos de investimento ou em bolsas de valores, emitidos pelas respectivas instituições financeiras (artigo 51, VII). A lei é expressa: extrato e não apenas saldo. O extrato é mais do que a situação de momento; é um histórico de movimentações, permitindo compreender como se chegou até o saldo que se tem ou tinha em determinado momento. Mas não se definiu o período que deverá ser compreendido pelos extratos apresentados; fala-se apenas em *extratos atualizados*, expressão que apenas resolve parte do problema: o *dies ad quem* do extrato deverá ser próximo ao dia em que foi protocolizado o pedido de recuperação judicial da empresa. Nada se fala sobre o *dies a quo*, sobre o marco inicial do extrato a ser apresentado.

Uma solução para colmatar essa lacuna é usar analogicamente o artigo 51, II, da Lei 11.101/05: os três últimos exercícios sociais. Parece-me desarrazoado, certo que os relatórios pedidos pelo inciso II não são tão extensos e minuciosos quanto os extratos bancários; em grandes empresas, vastos autos de processo seriam formados apenas para esses extratos. Pode-se também analogicamente o artigo 51, II, *c*: extratos cobririam todo o exercício em que o pedido é feito, de seu início até a época em que protocolizada a inicial, o que simplificaria a satisfação do requisito. Pessoalmente, prefiro recorrer aos usos como referência hermenêutica: habitualmente, os extratos referem-se a períodos de 30 dias, parecendo-me melhor ter-se tal período como regra geral, permitindo-se ao Juízo, mediante decisão fundamentada, *ex officio* ou a pedido do administrador judicial, do representante do Ministério Público ou de qualquer credor, antecipar o *dies a quo*, exigindo apresentação de extratos relativos a períodos anteriores àqueles que já foram objeto de comprovação junto com a petição inicial.

1.8 Certidões dos cartórios de protestos

A inexistência de protesto não é requisito para o deferimento do processamento da recuperação judicial, nem para o seu indeferimento. Mesmo assim, a petição inicial deverá apresentar, ainda, certidões dos cartórios de protestos situados na comarca do domicílio ou sede do devedor e naquelas onde possui filial: certidões negativas, afirmando a inexistência de protestos, ou mesmo positivas, indicando a existência de protesto ou protestos, o que será indiferente. O objetivo não é comprovar a inexistência de protestos, mas dar uma visão mais exata da situação financeira da empresa, narrando o montante de obrigações já protestadas.

Deverão ser apresentadas certidões dos cartórios de protestos situados na comarca do domicílio ou sede do devedor e naquelas onde possui filial, sejam positivas ou negativas. Filial, no caso, interpreta-se como *estabelecimento secundário*, a incluir a agência e a sucursal. Não inclui, porém, *postos de atendimento* que sejam meras extensões de estabelecimento secundário, montados para funcionamento eventual (temporário) ou, até, permanente, já que não se trata, em sentido estrito, de filiais, agências ou sucursais: postos de venda, *stands* etc.

Em atenção ao princípio da boa-fé processual, deverão ser também apresentadas as certidões de cartórios de protestos de outras comarcas, sempre que o devedor saiba da existência do protesto naquela localidade, ainda que não se trate da comarca do domicílio do empresário ou da sede da sociedade empresária, nem comarca onde possua filial. É também medida que atende ao princípio da informação, ao dever de informar, de instruir, agravada pela percepção de que (1) a existência de protestos, em qualquer valor, não obsta a pretensão recuperatória; e (2) o devedor está obrigado, pelo artigo 51, I, da Lei 11.101/05, a expor a sua situação patrimonial, assim como, pelo inciso III do mesmo artigo, obrigado a relacionar todos os seus credores, discriminando suas características, inclusive *regime do respectivo vencimento*.

1.9 Relação de ações judiciais

A petição inicial será acompanhada de relação, subscrita pelo devedor, de todas as ações judiciais em que figure como parte, inclusive as de natureza trabalhista, com a estimativa dos respectivos valores demandados (artigo 51, IX, da Lei 11.101/05). Trata-se apenas de relação, não sendo necessário juntar certidões ou cópias de petições (inicial, contestação etc.) ou decisões (sentença ou acórdãos), se já existentes. A expressão *todas as ações* inclui todas as ações, não importa a natureza jurídica do processo – de conhecimento, executório, cautelar ou especial – ou a natureza jurídica do provimento pedido – condenatório, declaratório (positivo ou negativo) ou constitutivo. Também é indiferente se têm curso no Judiciário Comum, em Juizado Especial, na Justiça Federal ou na Justiça do

Trabalho, se o objeto tem, ou não, reflexo econômico direto, se o empresário ou sociedade empresária é autor ou réu ou interveniente, se a demanda já tem ou não sentença ou acórdão, se está pendente de recurso ou se, transitada em julgado, já está em fase de execução.

Infelizmente, o legislador olvidou-se da jurisdição privada, ou seja, dos litígios que estejam submetidos a procedimento de arbitragem, já em andamento. Nada impede que o empresário ou sociedade empresária, cumprindo com os deveres de boa-fé e de informação, faça listar também esses feitos privados; a tanto, porém, não está obrigado.

A relação de todas as ações deverá apresentar-se completa e minuciosa, o que fica claro da combinação dos incisos I, III ou IV e IX do artigo 51 da Lei 11.101/05. Portanto, dever-se-á indicar (1) o número do feito; (2) o órgão judiciário a que está submetido, com precisão: vara, comarca e Justiça Respectiva (Comum, esclarecendo qual unidade da Federação, Federal ou Trabalhista); (3) autor, réu e, existindo, terceiro interveniente; (4) informações sobre a demanda: tipo de processo (conhecimento, execução, cautelar ou especial), tipo de provimento pedido (condenatório, constitutivo ou declaratório, podendo ser especificado o tipo de ação, havendo *nomen iuris*, a exemplo de ação pauliana, ação de indenização, ação de nunciação de obra nova etc.) e objeto do pedido; (5) valor atribuído à causa e, na forma do inciso IX, ora estudado, o valor demandado, se distinto daquele; (6) fase em que está, explicitando, se já há sentença ou acórdão, qual o seu conteúdo. Por fim, deverá estar assinada pelo empresário ou o administrador da sociedade empresária.

2 PROCESSAMENTO DO PEDIDO

Recebendo a petição inicial de recuperação judicial da empresa, o juiz poderá indeferi-la nas hipóteses listadas pelo Código de Processo Civil, como inépcia da inicial, ilegitimidade de parte, carência de interesse processual, impossibilidade jurídica do pedido. Também deveria ser indeferida a petição que não estivesse instruída com os documentos indispensáveis à propositura da ação, remetendo ao artigo 51 da Lei 11.101/05, há pouco estudado. No entanto, em atenção ao princípio da instrumentalidade das formas, creio ser recomendável que o magistrado apenas indique os documentos faltantes, ou aqueles que considera não atender aos requisitos legais, por estarem incompletos ou por não preencherem os requisitos formais, assinalando prazo razoável para que a parte os complete.

Estando em termos a documentação exigida no artigo 51 da Lei 11.101/05, o juiz deferirá o processamento da recuperação judicial e, no mesmo ato: (1) nomeará o administrador judicial, obedecendo às regras inscritas no artigo 22 da Lei 11.101/05 (Capítulo 4 deste livro); (2) determinará a dispensa da apresentação de certidões negativas para que o devedor exerça suas atividades, exceto para contratação com o Poder Público ou para recebimento de benefícios ou incentivos fiscais ou creditícios; (3) ordenará a suspensão de todas as ações ou execuções contra o devedor; (4) determinará ao devedor a apresentação de contas demonstrativas mensais enquanto perdurar a recuperação judicial, sob pena de destituição de seus administradores; e (5) ordenará a intimação do Ministério Público e a comunicação por carta às Fazendas Públicas Federal e de todos os Estados e Municípios em que o devedor tiver estabelecimento.

A dispensa da apresentação de certidões negativas tem por função única permitir o prosseguimento das atividades ordinárias do peticionário, razão pela qual não traduz uma faculdade, mas uma obrigação do juiz. O artigo 52, II, da Lei 11.101/05, ao prever que no mesmo ato em que deferir o processamento da recuperação judicial o juiz *determinará a dispensa da apresentação de certidões negativas para que o devedor exerça sua atividades*, lista uma obrigação judicial: tal determinação é efeito decorrente, necessário, da decisão de deferimento, não podendo deixar de constar do ato judicial. No entanto, teria sido mais simples prever que a dispensa da apresentação de certidões negativas para o exercício das atividades empresárias fosse efeito decorrente da decisão que defere o processamento do pedido de recuperação judicial. Essa interpretação, aliás, deve prevalecer sempre que a decisão se mostre silente sobre o tema e não tenha havido a interposição dos cabíveis embargos declaratórios, aplicado o *princípio da instrumentalidade das formas*. Assim, a dispensa se comprova com a simples prova de que o processamento da recuperação judicial foi deferido, bastando certidão da serventia judiciária.

A dispensa de tais certidões não pode ser usada para contratação com o Poder Público ou para recebimento de benefícios ou incentivos fiscais ou creditícios (artigo 52, II). Tem efeitos limitados a outras situações, como a pretensão da Administração Pública de interditar o estabelecimento ou de impedir o seu funcionamento regular, a vedação para transferência de bens, se prevista no plano de recuperação judicial aprovado etc. O artigo 52, II, em sua parte final, manda observar o artigo 69 da mesma lei, segundo o qual o devedor sujeito ao procedimento de recuperação judicial deverá acrescer, em todos os atos, contratos e documentos que venham a firmar, a expressão "em Recuperação Judicial", após o nome empresarial. Portanto, embora dispensado da apresentação das certidões negativas, o empresário deverá, nos atos para os quais se faça necessária a apresentação das referidas certidões, apresentar-se como empresa *em recuperação judicial*.

A decisão também deverá determinar a suspensão de todas as ações ou execuções contra o devedor; não se trata de uma faculdade atribuída ao juiz que, assim, poderia deferi-la ou não. Trata-se, isso sim, de um dever de ofício. A decisão que deferir o processamento do pedido de recuperação judicial da empresa *ordenará* aquela suspensão, como efeito decorrente, necessário. Se não o fizer, mesmo que tal pedido não tenha constado da exordial, serão cabíveis embargos declaratórios para que a omissão seja sanada. De qualquer sorte, mesmo que a decisão se mostre silente sobre o tema e não tenha havido a interposição dos cabíveis embargos declaratórios, a suspensão deve ser compreendida como efeito da decisão, bastando a simples prova de que o processamento da recuperação judicial foi deferido, por meio de certidão da serventia judiciária. As ações e execuções que forem suspensas permanecerão no juízo onde se processam. Caberá ao devedor comunicar a suspensão aos juízos competentes (artigo 52, § 3º, da Lei 11.101/05). Caso os respectivos créditos não sejam objeto de qualquer alteração constante do plano de recuperação judicial aprovado, voltarão a ter trâmite regular após decorrido o prazo improrrogável de 180 dias.

A suspensão não alcança todas as ações, como visto na seção 3 do Capítulo 3 deste livro. Há ações que prosseguirão no respectivo juízo, a exemplo daquelas nas quais se demandam *quantias ilíquidas*, ou, a bem da precisão, ações nas quais se discute a existência ou não de um direito ou crédito contra o devedor, bem como aquelas em que se busca dar liquidez a esse direito ou crédito, ou seja, em que se busca definir a sua exata extensão, sua qualidade e quantidade. O artigo 52, III, da Lei 11.101/05, excetua, ainda, as ações movidas pelo credor titular da posição de proprietário fiduciário de bens móveis ou imóveis, de arrendador mercantil, de proprietário ou promitente vendedor de imóvel cujos respectivos contratos contenham cláusula de irrevogabilidade ou irretratabilidade, inclusive em incorporações imobiliárias, ou de proprietário em contrato de venda com reserva de domínio, já que seu crédito não se submete aos efeitos da recuperação judicial, prevalendo os direitos de propriedade sobre a coisa e as condições contratuais, observada a legislação respectiva. Isso, frise-se, sem que se permita, contudo, que, durante o prazo de suspensão determinado pela decisão que defere o processamento do pedido recuperatório, haja venda ou retirada do estabelecimento do devedor dos bens de capital essenciais a sua atividade empresarial, como já estudado. Também está excetuada a ação que tenha por objeto a importância entregue ao devedor, em moeda corrente nacional, decorrente de adiantamento a contrato de câmbio para exportação, na forma do artigo 75, §§ 3º e 4º, da Lei 4.728/65, desde que o prazo total da operação, inclusive eventuais prorrogações, não exceda o previsto nas normas específicas da autoridade competente.

A decisão deferitória do processamento do pedido de recuperação judicial, ademais, determinará ao devedor a apresentação de contas demonstrativas mensais enquanto perdurar a recuperação judicial, sob pena de destituição de seus administradores. Essas *contas demonstrativas mensais* não foram objeto de definição por parte do legislador. De abertura, tais contas não se confundem com as anotações do livro Diário, o que implicaria desrespeitar o sigilo escritural e empresarial. Mas a recuperação judicial da empresa é benesse excepcional, o que justifica cautela com a condução e gestão da empresa, o que justifica a sujeição do empresário ou sociedade empresária ao dever de relatar como a atividade negocial está sendo conduzida.

Dessa maneira, creio que as *contas demonstrativas mensais* devem estruturar-se sob a forma de balancete mensal, indicando a receita bruta do período, destacando a sua origem, entre atos próprios da empresa (venda de bens ou prestação de serviços) e atos próprios da recuperação judicial já deferida (por exemplo: capitalização da empresa, aumento de capital, venda de bens do ativo, venda de filial ou de unidade produtiva isolada etc.), bem como as despesas, entre custo dos bens ou serviços, impostos, despesas operacionais e, mesmo, pagamento de credores, conforme o plano de recuperação judicial, quando já deferido. Cabe ao administrador judicial aferir a veracidade de tais dados, já que tem amplo acesso aos livros contábeis e outros documentos de escrituração do devedor e está, ele mesmo, obrigado à apresentação de um *relatório mensal das atividades do devedor* (artigo 22, II, *c*, da Lei 11.101/05).

Por fim, a decisão ordenará a intimação pessoal do Ministério Público e a comunicação, por carta, às Fazendas Públicas da União, de todos os Estados e Municípios em que o devedor tiver estabelecimento. A ausência de intimação do Ministério Público não é, por si só, causa de nulidade do feito, o que prejudicaria devedor e credores; mas caracteriza ato ilícito do magistrado, do qual pode resultar a nulidade se há prejuízos efetivos. O formalismo, aqui, cede à essência: de nada adianta retornar o processo à fase em que o Ministério Público não foi, embora devesse ser, intimado para, após intimá-lo regularmente, descobrir que nada tem a requerer ou obstar. O mesmo se diga em relação à comunicação às Fazendas Públicas. De qualquer sorte, não se pode desconhecer que a ordem de tal intimação e comunicação é obrigação determinada em lei (*obligatio ex vi legis*), cujo desrespeito caracteriza infração disciplinar, pela qual deve responder o magistrado, embora, excetuando-se a existência de dolo, seja falha menor, a recomendar mera advertência. Se houve a ordem, mas não houve o cumprimento por parte da serventia, a solução será a mesma: nulidade, se houve prejuízo concreto e, independentemente deste, caracterização de falha no cumprimento do dever, com solução no âmbito do Direito Disciplinar.

Ainda em virtude da decisão que deferir o processamento do pedido de recuperação judicial, o juiz ordenará a expedição de um edital, para publicação no órgão oficial (artigo 52, § 1º, da Lei 11.101/05), o que poderá ser feito na própria decisão deferitória do processamento ou em despacho de mero expediente lançado na sequência, embora não deva haver longo hiato temporal entre ambas, o que prejudicaria o interesse tanto do devedor quanto dos credores. Desse edital de abertura do procedimento de recuperação judicial constarão (artigo 52, § 1º, da Lei 11.101/05) (1) o resumo do pedido do devedor e da decisão que defere o processamento da recuperação judicial; (2) a relação nominal de credores, em que se discrimine o valor atualizado e a classificação de cada crédito; e (3) a advertência acerca do prazo para habilitação dos créditos e, se até então já houve apresentação do plano de recuperação judicial (designadamente, na eventualidade de ter sido apresentado com a inicial), advertência sobre prazo para que os credores apresentem objeção a tal plano.

Já a partir do momento em que deferido o processamento da recuperação judicial, os credores poderão, a qualquer tempo, requerer a convocação de assembleia geral para a constituição do Comitê de Credores ou substituição de seus membros, observadas as regras que foram estudadas no Capítulo 5 deste livro. De outra face, a partir do deferimento do processamento o devedor não poderá desistir do pedido de recuperação judicial, salvo se obtiver aprovação da desistência na assembleia geral de credores.

9

Plano de Recuperação Judicial e seu Processamento

1 APRESENTAÇÃO DO PLANO DE RECUPERAÇÃO JUDICIAL

No prazo improrrogável de 60 dias, contado da publicação da decisão que deferir o processamento do pedido recuperatório, o empresário ou sociedade empresária deverá apresentar o plano de recuperação (artigo 53 da Lei 11.101/05). Este é um prazo processual e, portanto, aplica-se o artigo 219 do novo Código de Processo Civil, devendo ser computados somente os dias úteis. No entanto, é preciso redobrada atenção por parte do recuperando para o uso integral desse prazo, considerando que a suspensão do curso da prescrição e de todas as ações e execuções em face do devedor, prevista no artigo 6º, está limitada a 180 dias corridos, como se demonstrou no capítulo 3: é prazo material e não processual. Assim, uma apresentação tardia pode implicar a retomada das ações e execuções, antes que o plano seja aprovado pela assembleia geral de credores.

O plano de recuperação é o elemento mais importante da recuperação judicial da empresa: o projeto de superação da crise econômico-financeira enfrentada pela organização, o caminho que o devedor propõe aos credores para sair da situação caótica, deficitária, e chegar a um estado saudável da atividade negocial. Esse plano deverá conter (artigo 53 da Lei nº 11.101/05): (1) discriminação pormenorizada dos meios de recuperação a serem empregados e seu resumo; (2) demonstração de sua viabilidade econômica; e (3) laudo econômico-financeiro e de avaliação dos bens e ativos do devedor, subscrito por profissional legalmente habilitado ou empresa especializada.

A discriminação do meio ou meios a serem adotados é o cerne do plano de recuperação, vale dizer, é a sua parte essencial, seu elemento mais importante. Não atende ao artigo 53, I, a simples menção ou mera nomeação do meio ou meios que são propostos para a superação da crise econômico-financeira da empresa. O dispositivo exige *discriminação pormenorizada*, ou seja, não apenas apontar, mas explicar o que se pretende, minuciosamente, aclarando os detalhes e a mecânica de sua operação. Essa *discriminação pormenorizada* completa-se com *demonstração da viabilidade econômica da proposta de plano de recuperação* (artigo 53, II), que é uma projeção das medidas, apontando os pontos positivos do plano, exibindo suas virtudes e, assim, provando que se pode, por aquela via, chegar à superação da crise econômico-financeira da empresa.

Facilmente se percebe que, para atender aos requisitos da Lei 11.101/05, o plano de recuperação deverá se mostrar líquido, vale dizer, com prestações determinadas ou determináveis. O plano recuperacional que não é preciso na definição dos valores a serem pagos e dos prazos para a efetivação, não é determinado, nem determinável, não sendo lícito (artigo 104, II, do Código Civil). O plano proposto e, mesmo, aquele que venha ser aprovado pela assembleia de credores, deve atender ao princípios jurídicos, inclusive socialidade, eticidade e moralidade (artigos 421 e 422 do Código Civil): deve equilibrar interesses de credores e devedor, mostrando-se proporcional em relação a todos os créditos, salvo renúncia por seus titulares.

Por fim, o plano deverá ser acompanhado de um *laudo econômico-financeiro e de avaliação dos bens e ativos do devedor*, subscrito por profissional legalmente habilitado ou empresa especializada, permitindo aos credores compreenderem a situação patrimonial do devedor e, destarte, a garantia patrimonial das obrigações da empresa. Compõe-se de duas partes: (1) *laudo econômico-financeiro*; e (2) *laudo de avaliação dos bens e ativos do devedor*. No *laudo econômico-financeiro*, o avaliador considerará o ativo (bens, direitos e créditos) e o passivo (obrigações), examinando os resultados econômicos da empresa, suas receitas e suas despesas qualitativamente abordadas, seu fluxo de caixa e outros fatores relevantes para compreender a crise e os caminhos para a sua superação. Em oposição, o *laudo de avaliação dos bens e ativos do devedor* apenas deve apresentar um retrato do ativo, discriminando-o: bens imóveis, bens móveis, direitos (marcas, patentes, *software* etc.), créditos. Ao contrário do que se passa com a escrituração contábil, tais bens e direitos não serão avaliados por seus valores históricos, mas por seus valores de mercado, segundo a fiel e prudente valoração do *expert*. Aliás, papel fundamental desempenha o autor de tais laudos, razão pela qual o legislador exigiu fosse *subscrito por profissional legalmente habilitado ou empresa especializada*.

2 MEIOS DE RECUPERAÇÃO JUDICIAL DA EMPRESA

São amplos os meios que podem ser utilizados para a recuperação judicial da empresa, bastando haver concordância entre o devedor (empresário ou sociedade empresária) e a maioria de seus credores, na forma que se estudará. Não há limitação ao abatimento no valor das dívidas e/ou dilação do prazo para pagamento, embora seja possível prever essa solução. Nesse sentido, o artigo 50 da Lei 11.101/05, quando lista meios de recuperação judicial, adverte, já em seu *caput*, tratar-se de relação meramente exemplificativa, podendo ser adotados outros meios, desde que logrem a concordância entre o devedor e a assembleia de credores. Aliás, é possível combinar meios para, assim, chegar a um modelo que atenda aos diversos direitos e interesses. Ainda assim, será proveitoso examinar as sugestões do artigo 50 da Lei 11.101/05, a principiar pela possibilidade de concessão de prazos ou mesmo de condições especiais para pagamento das obrigações vencidas ou vincendas, o que inclui a possibilidade de concessão de abatimentos.

Supondo que a crise econômico-financeira deve-se a uma inadequação de estrutura, sugerem-se cisão, incorporação, fusão ou transformação de sociedade, constituição de subsidiária integral ou cessão de quotas ou ações, inclusive a alteração do controle societário, respeitados os direitos dos sócios (artigo 50, II e III). Assim, por exemplo, pode-se decidir pela transformação de uma sociedade limitada em sociedade anônima. Empresas que concentrem operações diversas podem ser cindidas para criar uma pessoa jurídica para cada operação empresarial, sendo possível alienar o controle societário de uma ou mais dessas partes, com venda ou dação em pagamento. Pode-se também disciplinar a troca de sócios (o que exigirá a anuência de cessionário e cedente), inclusive por meio de leilão de quotas ou ações, reembolsando os sócios, no todo ou em parte (conforme acordado), pelo valor contábil ou nominal de seus títulos societários, e utilizando-se eventual valor obtido a maior (*superfluum*) como receita não operacional na contabilidade.

A recuperação da empresa se concretiza pela substituição total ou parcial dos administradores do devedor ou modificação de seus órgãos administrativos, num programa de reengenharia da estrutura decisória da empresa, tornando-a mais ágil, mais técnica, mais competente. Em empresas familiares, nas quais a crise econômico-financeira se mostre como resultado da pouca habilidade das novas gerações para a condução dos negócios, pode-se estabelecer a administração profissional, afastando-se os sócios do cotidiano da empresa, mas conservando seus direitos societários (inclusive participação nos lucros). É possível, ademais, conceder aos credores direito de eleição em separado de administradores e poder de veto em relação às matérias que o plano especificar (artigo 50, V, da Lei 11.101/05). Essencialmente, é preciso que a proposição se mostre razoável, proporcional, justificável, (1) em seu estabelecimento e (2) em sua manutenção e, até, (3) em sua abolição, vale dizer, na extinção de sua validade. Assim, a concessão de poder de eleição em separado dos administradores ou, mesmo, do poder de veto, não pode ser indefinida, prolongando-se mesmo após a superação da crise e pagamento dos credores; é medida essencialmente excepcional e transitória.

Uma alternativa é o estabelecimento de administração compartilhada (artigo 50, XIV), ou seja, de uma estrutura decisória na qual se combine a vontade do empresário ou dos sócios da sociedade empresária (destacado o sócio controlador) com a manifestação dos credores (todos, alguns ou um único: o credor majoritário), ou mesmo de determinada classe de credores, como os trabalhadores. Assim, ter-se-á uma gestão empresarial que combina múltiplas posições, concretizando-se em conformidade com o que foi acordado pelas partes. Outro caminho é o aumento do capital social (artigo 50, VI), o que pode ser feito por meio de aportes dos próprios sócios ou, mesmo, pela aceitação de novos sócios, medida que pode ser combinada, obviamente, com a mudança do controle societário: o capital seria aumentado em valor que permitiria a um terceiro, subscrevendo-o e integralizando-o, tornar-se o novo sócio controlador da sociedade. Esse novo sócio ou novos sócios podem ser, inclusive, credores, a quem as quotas ou ações sejam cedidas em pagamento dos respectivos créditos, saldando-os.

Também pode haver venda parcial dos bens empresariais, a exemplo de imóveis, marca, maquinários etc., sua dação em pagamento aos credores ou mesmo a concessão de usufruto da empresa (artigo 50, XIII). Some-se o trespasse (transferência) de um ou mais estabelecimentos ou mesmo o seu arrendamento. Note-se, contudo, que a alienação de bem que seja objeto de garantia real, a supressão da garantia ou sua substituição por outra garantia somente serão admitidas mediante aprovação expressa do credor titular da respectiva garantia. Sem essa anuência expressa, pode haver a alienação, mas o alienatário receberá o bem gravado com a garantia real em razão do direito de sequela que beneficia o credor hipotecário ou pignoratício.[1]

Note-se que, no julgamento do Recurso Especial 1.532.943/MT, o Superior Tribunal de Justiça entendeu que a correta interpretação dos artigos 50, § 1º, e 59 da Lei nº 11.101/05 é a que reconhece a possibilidade de supressão das garantias reais, ou mesmo sua substituição por outra garantia (de natureza, qualidade ou mesmo valor inferior), se isso constar do plano de recuperação devidamente aprovado pela assembleia geral de credores (o que implica aprovação da classe dos credores com garantia real, recorde-se). Portanto, a regra do artigo 50, § 1º, por tal interpretação, não diz respeito a uma exclusiva anuência individual, mas traduziria a possibilidade de uma anuência coletiva, feita pela maioria dos credores com garantia real presentes na assembleia de aprovação do plano, desde que respeitado o quórum mínimo. Noutras palavras, também tal anuência estaria submetido ao princípio majoritário, ainda que em duplo grau: da assembleia de credores e da classe dos credores com garantia real. No caso, o plano foi aprovado por todas as classes, inclusive pelos credores com garantia real que estavam presentes e que representavam 82,82% do valor total dos créditos desta classe. Restou vencido o Ministro Otávio Noronha.

Nas palavras da Alta Corte: "Inadequado, pois, restringir a supressão das garantias reais e fidejussórias, tal como previsto no plano de recuperação judicial aprovado pela assembleia geral, somente aos credores que tenham votado favoravelmente nesse sentido, conferindo tratamento diferenciado aos demais credores da mesma classe, em manifesta contrariedade à deliberação majoritária." No caso, "Por ocasião da deliberação do plano de recuperação apresentado, credores, representados por sua respectiva classe, e devedora procedem às tratativas negociais destinadas a adequar os interesses contrapostos, bem avaliando em que extensão de esforços e renúncias estariam dispostos

---

1 Conferir MAMEDE, Gladston. *Código civil comentado*: penhor, hipoteca e anticrese: artigos 1.419 a 1.510. São Paulo: Atlas, 2003.

a suportar, no intento de reduzir os prejuízos que se avizinham (sob a perspectiva dos credores), bem como de permitir a reestruturação da empresa em crise (sob o enfoque da devedora). E, de modo a permitir que os credores ostentem adequada representação, seja para instauração da assembleia geral, seja para a aprovação do plano de recuperação judicial, a lei de regência estabelece, nos artigos 37 e 45, o respectivo quórum mínimo." Portanto, "a supressão das garantias real e fidejussórias restou estampada expressamente no plano de recuperação judicial, que contou com a aprovação dos credores devidamente representados pelas respectivas classes (providência, portanto, que converge, numa ponderação de valores, com os interesses destes majoritariamente), o que importa, reflexamente, na observância do § 1º do art. 50 da Lei nº 11.101/2005, e, principalmente, na vinculação de todos os credores, indistintamente."

O plano pode prever a constituição de sociedade de credores para receber bens ou complexos organizados de bens do devedor (artigo 50, X), incluindo sociedade constituída só pelos empregados. Também pode-se constituir uma *sociedade de propósito específico* para adjudicar, em pagamento dos créditos, os ativos do devedor (artigo 50, XVI). A sociedade de propósito específico (SPE), derivada da *special purpose company*, é pessoa jurídica constituída exclusivamente para titularizar determinada estrutura de bens e/ou atividade econômica; lembre-se que o artigo 981, parágrafo único, do Código Civil permite que o contrato de sociedade tenha por objeto um só negócio. Sua vantagem é justamente a limitação rígida do objeto social, limitação essa que será definida no plano de recuperação judicial aprovado. A própria estrutura organizada de bens e atividade econômica organizada pode ser objeto do plano de recuperação judicial, prevendo a sua transferência a outrem ou, mesmo, para sociedade (empresária ou cooperativa) de empregados, sociedade empresária de credores (o que pode incluir os empregados), podendo ou não apresentar-se como sociedade de propósito específico.

A Lei 11.101/05 ainda sugere meios de recuperação judicial voltados para a composição do passivo da empresa, ou seja, ao perfil de suas dívidas. Admite-se o alongamento, pela simples emissão de valores mobiliários, como debêntures, novação de dívidas do passivo, com ou sem constituição de garantia própria ou de terceiro (artigo 50, IX), ou equalização de encargos financeiros relativos a débitos de qualquer natureza, tendo como termo inicial a data da distribuição do pedido de recuperação judicial (artigo 50, XII), aplicando-se inclusive aos contratos de crédito rural, sem prejuízo do disposto em legislação específica. O § 2º do mesmo artigo 50, no entanto, prevê uma limitação ao poder deliberativo da assembleia de credores: nos créditos em moeda estrangeira, a variação cambial será conservada como parâmetro de indexação da correspondente obrigação e só poderá ser afastada se o credor titular do respectivo crédito aprovar expressamente previsão diversa no plano de recuperação judicial.

Mesmo as obrigações e relações jurídicas de natureza trabalhista são passíveis de negociação no âmbito do processo de recuperação de empresa, incluindo a *redução salarial*, *compensação de horários* e *redução da jornada*, condicionadas ao estabelecimento de acordo ou convenção coletiva (artigo 50, VIII), lembrando-se que a irredutibilidade do salário é norma constitucional, ressalvada a possibilidade de redução por meio de convenção ou acordo coletivo (artigo 7º, VI). Destaque-se que a previsão de que a recuperação judicial pode concretizar-se por meio de *redução salarial*, *compensação de horários* e *redução da jornada* não se interpreta conjuntamente, ou seja, não é necessário que a *redução salarial* corresponda a uma *redução da jornada*; a *redução da jornada* pode concretizar-se sem *compensação de horários* etc.

Como se afere da lista de sugestões constantes do artigo 50 da Lei 11.101/05, bem como da expressa previsão de que tais medidas são implementáveis, *dentre outras*, um amplo espaço negocial foi aberto nos processos de recuperação judicial de empresa, ampliando as oportunidades e as responsabilidades de advogados, administradores, negociadores, administrador judicial etc. Em fato, a manutenção da fonte produtora, do emprego dos trabalhadores e dos interesses dos credores pode concretizar-se pelas formas mais diversas. É possível, por exemplo, alienar os imóveis, ou destiná-los à formação de fundos imobiliários, com constituição concomitante de locação sobre os mesmos; o maquinário pode ser alienado a instituição financeira e, concomitantemente, tornar-se objeto de arrendamento mercantil, permitindo a manutenção da atividade empresária. Podem-se alienar ou arrendar determinadas operações empresariais, como certas linhas de produção, ou mesmo aceitar a participação de terceiros, em consórcio, em sua concretização. É preciso competência e criatividade, além de compreensão mútua, para que o plano de recuperação seja adequadamente composto, aprovado e implementado, atendendo aos múltiplos direitos e interesses envolvidos.

2.1 Vedações: proteção a trabalhadores e pensionistas

O artigo 54 da Lei 11.101/05 limita o alcance do plano de recuperação judicial e, assim, da definição de estratégias para a recuperação dos meios para a superação da crise econômico-financeira da empresa. Essa limitação tem por finalidade proteger os direitos e os interesses dos *trabalhadores* do devedor, alcançando, assim, os créditos (1) derivados da legislação do trabalho ou (2) decorrentes de acidentes de trabalho, desde que vencidos até a data do pedido de recuperação judicial. Cuida-se, portanto, de uma intervenção normativa que atende tanto à dignidade humana, quanto ao valor social do trabalho (artigo 1º, III e IV, da Constituição da República), na estreita relação que mantém com os direitos sociais, inscritos no artigo 6º da Carta Política.

O plano de recuperação judicial não poderá prever prazo superior a um ano para pagamento dos créditos derivados da legislação do trabalho ou decorrentes de acidentes de trabalho vencidos até a data do pedido de recuperação judicial. O plano não poderá, ainda, prever prazo superior a 30 dias para o pagamento, até o limite de cinco salários mínimos por trabalhador, dos créditos de natureza estritamente salarial vencidos nos três meses anteriores ao pedido de recuperação judicial. A interpretação da norma, contudo, recomenda cautela. Em primeiro lugar, é preciso reconhecer que alguma confusão jurídica pode resultar dos termos *trabalho* e *trabalhador*. A ideia de trabalho (*ação humana realizadora*) encontra expressão em regimes jurídicos diversos, a incluir tanto o voluntariado (trabalho prestado graciosamente) à relação de emprego (relação submetida à Consolidação das Leis do Trabalho), passando pelo contrato de prestação de serviço (trabalho autônomo, em relação jurídica submetida ao Código Civil e, eventualmente, ao Código de Defesa do Consumidor). Do artigo 54, primeira parte, fica claro que se trata especificamente das relações de emprego: *créditos derivados da legislação do trabalho*.

O mesmo não se deve dizer em relação à expressão *créditos decorrentes de acidentes de trabalho*. O dever de indenizar danos advindos de sinistro laboral não se limita aos empregados, alcançando outros trabalhadores, ainda que autônomos. Fica claro, consequentemente, que o *crédito decorrente de acidente de trabalho* não se constitui apenas nas situações submetidas à *legislação do trabalho*, isto é, às relações reguladas pela Consolidação das Leis do Trabalho. Haverá *crédito decorrente de acidente de trabalho* mesmo quando o acidentado prestava seu serviço em relação jurídica autônoma e, mesmo, por meio de intermediário, a exemplo do contrato empresarial de terceirização, do qual cuidei no volume 1 desta coleção. Basta que tenha havido condenação do empresário ou sociedade empresária a indenizar os danos decorrentes do infausto.

Visto isto, é preciso atentar para o fato de que o artigo 54 não veda a dilação do pagamento dos créditos derivados da legislação do trabalho ou decorrentes de acidentes de trabalho vencidos até a data do pedido de recuperação judicial. Apenas não permite que se proponha prazo superior a um ano para o seu pagamento. O plano pode prever, portanto, que tais créditos serão pagos em 12 parcelas mensais, pagas até o quinto dia útil de cada mês, assim como pode prever que tal saldo em aberto será pago em duas parcelas semestrais, como exemplos. Outras proposições poderão ser feitas, desde que não atentem contra a limitação inscrita no artigo 54 e, ademais, acomodem-se ao restante da legislação. De outra face, a regra só se aplica aos valores devidos *até a data do pedido de recuperação judicial*. Não alcança valores que venham a vencer depois da data do pedido de recuperação judicial, que poderão compor o plano de recuperação judicial, desde que atendidas as limitações legais. São exemplos a redução salarial, compensação de horários e redução da jornada (artigo 50, VIII), como se viu.

O plano também não poderá prever prazo superior a 30 dias para o pagamento de créditos de natureza estritamente salarial, vencidos nos três meses anteriores ao pedido de recuperação judicial, até o limite de cinco salários mínimos por trabalhador (artigo 54, parágrafo único). Preserva-se, assim, a dignidade daqueles que, trabalhando na empresa, precisam sustentar-se e às suas famílias. O atraso no pagamento de salários tem efeitos nefastos sobre a vida das pessoas. A referência a *créditos de natureza estritamente salarial* compreende-se em oposição à ideia de *remuneração total do empregado* que, como se sabe, pode compreender acréscimos; o que o dispositivo faz é excluir verbas que, embora caracterizando *crédito derivado da legislação do trabalho*, na forma do *caput*, não tenham natureza *estritamente salarial*, como gratificações, adicional de férias etc. Para o legislador, essas verbas acessórias não traduzem a mesma urgência que justifica a limitação legal de não haver previsão de prazo de pagamento superior a 30 dias.

A referência a *créditos de natureza estritamente salarial*, contudo, remete apenas aos trabalhadores, olvidando-se dos pensionistas por acidentes do trabalho. O problema de tal interpretação meramente gramatical é que seu resultado é uma ignomínia assustadora. Basta lembrar que o empregado, mesmo sem o salário, pode prestar serviços a terceiros (reempregar-se, *fazer bicos*, *biscates*) e, assim, prover um mínimo para a sua família. O acidentado, invariavelmente, não pode fazê-lo ou tem capacidade muito reduzida para tanto; o dependente, por seu turno, pode ser uma criança ou um velho e, com mais razão, não encontraria forma de se sustentar e, mais, de cuidar de sua formação. Portanto, a interpretação restritiva (gramatical) deve ser recusada, corrigindo a imperfeição do texto por meio de uma *exegese integrativa*. Não há uma oposição igual nos pensionamentos; a pensão tem *natureza estritamente alimentar*, justificando a vedação de se prever prazo superior a 30 dias para o pagamento dos créditos vencidos nos três meses anteriores ao pedido de recuperação judicial. Aliás, a percepção da relevância da proteção aos créditos de *natureza estritamente alimentar* recomenda atenção aos pensionamentos que não sejam *decorrentes de acidentes do trabalho*. Justamente por isso, parece-me que o artigo 54, *caput* e parágrafo único, é aplicável a créditos alimentares de outra natureza, em conformidade com os fundamentos que expedirei na seção 2.1.1 do Capítulo 19 deste livro, ao qual remeto o leitor.

3 PROCEDIMENTO DE RECUPERAÇÃO JUDICIAL

Recebendo o plano de recuperação apresentado pelo devedor, o juiz ordenará a publicação de um edital, tendo por epígrafe "recuperação judicial de", contendo aviso aos credores sobre tal recebimento e fixando prazo para a manifestação de eventuais objeções contra a proposta. Essa publicação será feita pela imprensa oficial e, se o devedor tiver condições econômico-financeiras para tanto, em jornal ou revista de circulação regional ou nacional, bem como em quaisquer outros periódicos que circulem em todo o país (artigo 191 da Lei 11.101/05). O artigo 53 fala em *publicação de edital contendo aviso aos credores sobre o recebimento do plano de recuperação*; não exige (1) publicação do plano de recuperação, da demonstração de viabilidade econômica, nem do laudo econômico-financeiro e de avaliação de bens e ativos do devedor, assim como não exige (2) intimação pessoal dos credores ou comunicação pelo correio sobre o recebimento do plano ou sobre o prazo para apresentação de eventuais objeções.

A determinação de *edital contendo aviso aos credores* sequer caracteriza intimação; os credores não são tomados como partes de um processo judicial, mesmo se estiverem representados por advogado. Aliás, sequer precisam ser representados por advogados para participar da assembleia de credores. Portanto, do edital não será necessário constar, como destinatários, os nomes dos credores e de seus advogados, não lhes beneficiando, neste particular, o Código de Processo Civil. Cria-se para todos os credores, portanto, um dever de acompanhamento constante do *Diário Oficial* como forma de tomar conhecimento do recebimento do plano de recuperação judicial.

Qualquer credor poderá manifestar ao juiz sua objeção ao plano de recuperação judicial, tornando-o *res controversa*. Se ninguém o faz, presume-se ter sido aceito por todos os credores, permitindo o deferimento do plano de recuperação judicial. O prazo para a apresentação de objeções é de 30 dias (artigo 55 da Lei 11.101/05), contado da publicação da relação de pretensos credores (prevista no § 2º do art. 7º). Caso, na data da publicação desta relação, não tenha sido publicado o aviso aos credores do recebimento do plano de recuperação judicial, o prazo de 30 dias para a apresentação de objeções se contará da publicação deste prazo. A regra é um pouco confusa, na medida em que são previstos dois marcos iniciais distintos para a contagem do trintídio. Justifica-se pela existência de duas possibilidades bem distintas: se o plano de recuperação judicial é apresentado antes das habilitações de créditos – por exemplo, se vem junto com a exordial ou logo após esta –, a ausência de publicação da relação daqueles que são pretendidos como credores implicaria um cerceamento do seu direito de objetarem-se ao plano de recuperação proposto.

Portanto, só com a publicação daquela relação haverá condições de determinar quem pode oferecer a objeção ao plano; se a apresentação do plano a antecedeu, o juiz cumprirá com o artigo 53, parágrafo único, da Lei 11.101/05, mandando publicar *edital contendo aviso aos credores sobre o recebimento do plano de recuperação*, mas fará constar deste a advertência de que o prazo de 30 dias para eventual apresentação de objeções começará a correr da publicação da relação dos que são pretendidos como credores, quando esta ocorrer (e independentemente de nova advertência, posta no corpo desta segunda publicação). Os credores e os interessados poderão, até, ter acesso ao plano de recuperação judicial (discriminação pormenorizada dos meios de recuperação a serem empregados, demonstração de sua viabilidade e laudo econômico-financeiro e de avaliação de bens e ativos do devedor), mas o prazo para oferecimento de objeções somente começará a correr quando publicada a relação dos credores verificados e habilitados.

Em contraste, a concessão, pelo artigo 53 da Lei 11.101/05, de 60 dias para que o devedor apresente o plano de recuperação, contados da publicação da decisão que deferir o processamento da recuperação judicial, pode conduzir à situação na qual não tenha havido, ainda, oferecimento do plano quando da publicação da relação dos credores verificados e habilitados. Neste caso, o prazo para apresentação de objeções correrá da publicação do *edital contendo aviso aos credores sobre o recebimento do plano de recuperação*, o que constará de seu termo.

Obviamente, o direito de objetar-se ao plano de recuperação apresentado pelo devedor implica, como faculdade cogente, o direito de examinar os autos, designadamente os documentos que acompanharam a inicial da ação pedindo a recuperação judicial da empresa e os documentos que instruíram o plano (discriminação pormenorizada dos meios de recuperação a serem empregados, demonstração de sua viabilidade e laudo econômico-financeiro e de avaliação de bens e ativos do devedor). Todos esses documentos deverão estar à disposição dos credores, que poderão examiná-los pessoalmente, poderão ser examinados por prepostos ou representantes (incluindo advogados, independentemente da apresentação de procuração), lembrando-se que os autos são públicos, não havendo, em regra, atribuição do *status* de segredo de justiça. Mais: poderão fazer apontamentos e, mesmo, fotocopiar ou *escanear* os documentos. Como se não bastasse, desde que respeitado o prazo máximo para a apresentação da objeção, poderão requerer informações ao administrador judicial, que as deverá fornecer com presteza (artigo 22, I, *b*, da Lei 11.101/05), ainda que demandem exigir do devedor que as responda (artigo 22, I, *d*).

Havendo objeção de qualquer credor ao plano de recuperação judicial, o juiz convocará a assembleia geral de credores para deliberar sobre ele (artigo 56 da Lei 11.101/05); se nessa assembleia o plano vier a ser rejeitado, o juiz decretará a falência do devedor (artigo 56, § 4°). A objeção não é, creio, direito que possa ser exercido de forma arbitrária, o que tornaria a recuperação judicial uma exceção a diversos princípios jurídicos que devem pautar o comportamento (comissivo ou omissivo) das pessoas, mesmo no Direito Privado. Com efeito, a boa-fé e a probidade são balizas obrigatórias para os atos jurídicos (artigos 113, 187 e 422 do Código Civil). Ademais, é preciso que o ato atenda à função social da faculdade jurídica (artigo 421 do Código Civil). Assim, não há um poder arbitrário de objeção. Antes de mais nada, é necessário haver interesse jurídico, direto ou indireto, isto é, é preciso que o plano afete direito do credor ou, no mínimo, torne provável que, de sua execução, resulte prejuízo para o credor, como menor chance de ver seu crédito adimplido. Não tem legitimidade para se opor o credor que não é afetado em nada. Entender o contrário seria prestigiar a temeridade.

Dessa maneira, parece-me ser possível ao devedor, diante da objeção apresentada por credor que não é direta ou indiretamente afetado pelo plano de recuperação judicial, arguir a ausência de interesse para a objeção, forçando o juiz a se pronunciar sobre a mesma, em decisão interlocutória devidamente fundamentada, passível de recurso. Melhor seria, todavia, se o próprio magistrado, recebendo as objeções, delas desse ciência (*vista*) ao devedor, permitindo-lhe impugná-las, ou seja, torná-las *res controversa* (ainda que incidental), já que revelam potencialmente a qualidade de lesão ou ameaça a direito (artigo 5º, XXXV, da Constituição da República), obtendo pronunciamento judiciário a seu respeito, dele podendo recorrer, segundo as regras que balizam o devido processo legal, com os meios e recursos inerentes à ampla defesa (artigo 5º, LV, também da Constituição da República).

Por outro lado, a previsão inscrita no artigo 187 do Código Civil de constituir ato ilícito o exercício de um direito excedendo manifestamente os limites impostos pelo seu fim econômico ou social, pela boa-fé ou pelos bons costumes, conduz a uma outra necessidade que, no entanto, não foi explicitada pelo legislador: a objeção ao plano de recuperação judicial é ato que não prescinde de fundamentação, ou seja, que exige do credor a exposição dos motivos, das razões pelas quais se opõe ao plano que foi apresentado. Não me parece razoável pretender-se que o credor apresente uma singela petição dizendo "*oponho-me ao plano de recuperação judicial*" e, com ela, determine todo um procedimento dispendioso, com efeitos não só sobre o devedor, mas também sobre todos os outros credores que se verão arrastados à assembleia geral, por vezes assumindo os custos de locomoção (credores situados em outras praças), contratação de representantes etc. Entender bastar a simples objeção desfundamentada seria, ademais, desrespeitar a *mens legis* do artigo 53, *caput* e incisos, da Lei 11.101/05, que exige que o plano tenha os meios de recuperação propostos discriminados e, ademais, que sua viabilidade econômica seja demonstrada. Obviamente, as razões de objeção não precisam ser ato que combata a demonstração da viabilidade econômica do plano, podendo simplesmente colocar aspectos que digam respeito exclusivamente ao credor, como a onerosidade da proposta para si e outros de sua classe, sua iniquidade etc. O juiz, por seu turno, não poderá pronunciar-se sobre o mérito das razões de objeção, ainda que deva indeferir toda objeção que não se apresente fundamentada ou cuja fundamentação não seja minimamente razoável ou proporcional, rompendo com os princípios da probidade e da boa-fé, por exemplo.

4 ASSEMBLEIA GERAL DELIBERATIVA SOBRE O PLANO DE RECUPERAÇÃO

Havendo objeção ao plano de recuperação judicial, o juiz convocará a assembleia geral de credores para deliberar sobre o plano de recuperação. Sua realização deverá ser marcada em data, local e horário adequados para permitir a participação do maior número de credores, sendo que a data designada não poderá exceder 150 dias contados do deferimento do processamento da recuperação judicial (artigo 56, § 1º, da Lei nº 11.101/05). A meu ver, trata-se de prazo processual e, assim, incide o artigo 219 do novo Código de Processo Civil, a prever que na contagem só se computam os dias úteis. Uma vez mais, é preciso redobrada cautela para o desafio oferecido pelo artigo 6º, *caput* e § 4º; o prazo de suspensão dos direitos ali previstos constitui prazo material e, portanto, contado em dias corridos. Se os agentes processuais utilizarem integralmente dos prazos processuais, poderão simplesmente perder o benefício da moratória temporal que lhes ofereceu o artigo 6º, *caput* e § 4º, da Lei nº 11.101/05.

A convocação se fará por edital publicado no órgão oficial e em jornais de grande circulação nas localidades da sede e das filiais do devedor, com antecedência mínima de 15 dias (artigo 36). Ademais, cópia do aviso de convocação da assembleia deverá ser afixada de forma ostensiva na sede e filiais do devedor. Esse edital deverá informar (1) local, data e hora da assembleia em 1ª e em 2ª convocação, não podendo esta ser realizada menos de cinco dias depois da 1ª;

(2) a ordem do dia (a pauta dos assuntos a serem discutidos e deliberados); (3) o local onde os credores poderão, se for o caso, obter cópia do plano de recuperação judicial a ser submetido à deliberação da assembleia.

Ao administrador judicial cumpre a organização da assembleia geral de credores, além de competir-lhe a presidência dos trabalhos (artigo 37), devendo designar um secretário dentre os credores presentes, a quem competirá lavrar ata do que ocorrer na assembleia, ata esta que deverá trazer o nome dos presentes e as assinaturas do presidente, do devedor e de membros de cada uma das classes votantes, devendo ser entregue ao juiz, juntamente com a lista de presença, no prazo de 48 horas após o encerramento da assembleia. A assembleia será instalada, em primeira convocação, com a presença de credores titulares de mais da metade dos créditos de cada classe, computados pelo valor, e, em segunda convocação, com qualquer número.

Para participar da assembleia, cada credor deverá assinar a lista de presença, que será encerrada no momento da instalação; aqueles que chegarem após o encerramento da lista e concomitante início dos trabalhos, embora possam assistir aos trabalhos, não se considerarão participantes, ou seja, não terão direito de votar, nem poderão exercer as faculdades que lhes sejam conexas, como o debate do mérito das questões. Reitero, porém, que o texto do artigo 37, § 3º, da Lei 11.101/05 deve ser interpretado e aplicado com redobrado cuidado, não sendo uma licença para a prática de abusos: a lista de presença deve ser encerrada *no momento da instalação*; o hiato entre o encerramento da lista de presença e a instalação da assembleia geral constitui, indubitavelmente, ato ilícito, considerando-se que a lista é encerrada para dar início aos trabalhos. Havendo encerramento antes da instalação imediata, criando um tempo vago entre os dois atos (encerrar a lista e instalar), cerceia-se o direito de participação e voto, determinando a anulabilidade da assembleia geral, ficando claro que o encerramento teve por único móvel não permitir a participação de outras pessoas, o que não é lícito fazer. Reitero, ademais, que o encerramento da lista e instalação da assembleia não pode, em hipótese alguma, dar-se antes de horário marcado para a sua realização na convocação, ainda que alcançado o *quorum* mínimo. Qualquer credor e, mesmo, qualquer interessado na assembleia tem o direito de chegar ao local marcado para a sua realização até o último segundo antes do horário constante do respectivo edital.

Se o credor se faz presente por meio de representante, incluindo o trabalhador por seu sindicato, não se faz necessária a outorga de poderes especiais. Na assembleia geral de credores, o mandatário exerce essencialmente um direito de voto que não produz efeitos exclusivos sobre o patrimônio do mandante, mas sobre o patrimônio (direitos e, mesmo, interesses) da coletividade de credores. O voto em si, portanto, não caracteriza transigência ou renúncia a direito, o que exigiria poderes especiais; o exercício do direito de voto na assembleia de credores, portanto, deve ser compreendido como administração ordinária. O que o mandatário não poderá fazer, sem poderes especiais, é renunciar ou transigir com direito exclusivo do mandatário, ou seja, direito individual e não da coletividade de credores daquela classe. Assim, não poderá, sem poderes especiais, renunciar à garantia real sobre determinado bem; à hipoteca sobre um prédio ou sobre alguma lavra, por exemplo.

Matéria que merece particular atenção diz respeito ao conflito de interesses ou abuso de voto na representação. Também a representação na Assembleia Geral de Credores deve atender aos princípios da eticidade, moralidade e socialidade. Não se admite que o uso da procuração seja feito para lesar a lei, aí incluído o direito de terceiros, como determinado(s) credor(es). Seria o caso absurdo, por exemplo, da compra de créditos, com ou sem deságio, pela própria devedora, sócios ou terceiros a ela ligados, com a finalidade de determinar uma vantagem na votação assemblear. Isso vai além da finalidade jurídica, econômica e social do instituto jurídico, devendo ser considerado como ato ilícito.

Os credores que não têm os seus votos alcançados pela recuperação judicial, embora possam assistir à assembleia geral, não têm ali direito de voz ou de voto, exceto para arguir questão de ordem, quando o plano ou as alterações a ele propostas impliquem cerceamento de seus direitos. É o que ocorreria, por exemplo, se o credor fiduciário percebesse que o plano ou a alteração proposta ao plano implicassem transferência a terceiro do bem que é de sua propriedade, o que não é lícito fazer. Particular atenção merecem as Fazendas Públicas. Embora não sejam diretamente afetadas pela recuperação judicial (artigo 187 do Código Tributário Nacional), a segurança de seu crédito poderá, sim, ser afetada pelo que seja aprovado na assembleia geral de credores, mormente considerando que a alienação judicial de bens, estabelecimentos e unidades produtivas do devedor se faz sem que haja sucessão nos débitos fiscais. Assim, embora não possam votar, parece-me que os representantes da Fazenda podem apontar a abusividade de determinadas medidas e, mesmo, insurgirem-se judicialmente contra elas, caso o plano seja aprovado.

Por fim, reitero a ponderação feita também no Capítulo 5, no sentido de que o processo de recuperação judicial de empresa não está, em regra, protegido por segredo de justiça, razão pela qual às assembleias gerais deve-se aplicar a regra da publicidade que orienta os atos judiciais, conforme se afere do artigo 189 do novo Código de Processo Civil. Portanto, qualquer pessoa, seja ou não um credor, tenha ou não interesse direto sobre o plano de recuperação, pode fazer-se presente à assembleia de credores e assisti-la, excetuada a hipótese de ter o Judiciário, com base no inciso I desse mesmo artigo 189, decretado segredo de justiça do processo, por exigência do interesse público. Essa possibilidade não exige, sequer, respeito ao horário definido pelo edital para a sua instalação; mesmo os retardatários têm o direito de ingressar no ambiente de realização para assistir aos trabalhos que se realizam.

4.1 Deliberação e votação

A assembleia geral convocada para deliberar sobre o plano de recuperação judicial não precisa ser uma reunião de única votação, na qual se questiona quem é favorável e quem é contra a aprovação. A própria Lei 11.101/05 deixa claro que o plano poderá sofrer alterações na assembleia geral, desde que haja expressa concordância do devedor e em termos que não impliquem diminuição dos direitos exclusivamente dos credores ausentes (artigo 56, § 3º). O poder de deliberação sobre o plano inclui a faculdade de discutir, debater e, enfim, votar. Justamente por isso, a assembleia pode até ser suspensa para, assim, permitir que a análise e a reconstrução do plano seja mais adequada, merecendo a concordância das partes: credores e devedor.

Instalada a assembleia e resolvidos eventuais incidentes que tenham sido arguidos (questões de ordem), passa-se para a fase de deliberação. É lícito realizar votações preliminares para aferir, a cada passo, a possibilidade ou não de devedor e credores, por suas classes, chegarem a um acordo. Assim, pode-se realizar uma primeira votação para aferir se o plano de recuperação é imediatamente aprovado, vencendo assim as objeções que foram apresentadas. Se a proposta de plano de recuperação merecer voto favorável da maioria dos credores presentes em cada uma das classes, o plano será considerado aprovado, encerrando-se a assembleia. Isto lembrando-se que nas classes de credores quirografários e de credores com garantia real, em cada uma, a proposta deverá ser aprovada por credores que representem mais da metade do valor total dos créditos presentes à assembleia e, cumulativamente, pela maioria simples dos credores presentes. Na classe dos créditos advindos da legislação do trabalho e de acidentes do trabalho, a proposta deverá ser aprovada pela maioria simples dos credores presentes, independentemente do valor de seu crédito.

Se o plano de recuperação judicial da empresa não for aprovado nesta primeira votação, é obrigação do administrador judicial registrar o resultado na ata da assembleia geral (inclusive para os efeitos do artigo 58, § 1º, da Lei 11.101/05) e permitir o estabelecimento de negociações entre as partes, na busca de uma proposta que atenda a credores e devedor. Por óbvio, embora não tenha direito de voto, o devedor (empresário ou administrador societário) ou seu representante com poderes especiais, suficientes para determinar a alteração do plano de recuperação judicial, tem direito de voz, de manifestação. Na medida em que novas proposições sejam feitas, outras votações podem ser realizadas, encerrando-se a assembleia se, em qualquer delas, atingir-se o *quorum* de aprovação ou prosseguindo-se nos debates, sempre que possível, quando não seja alcançado. Somente o impasse, a ausência de alternativas viáveis deve conduzir a uma votação final, recusando a empresa, em definitivo, a alternativa da recuperação judicial e, com isso, legando-a à falência.

Essencialmente, a assembleia geral para deliberação sobre o plano de recuperação judicial da empresa é – e deve ser – um espaço de negociação entre o devedor e os credores, o que fica extremamente claro da leitura do artigo 50 da Lei 11.101/05, a proliferarem meios os mais diversos como alternativas para a superação da crise econômico-financeira da empresa. Na busca de atender os objetivos listados no artigo 47, pode-se mesmo deliberar a suspensão da assembleia para que as deliberações continuem em outra data, ou constituir um grupo de trabalho, composto por devedor e credores, para afinar uma proposta que possa melhor atender as partes. Basta, para tanto, que tal suspensão seja proposta à assembleia geral e por ela aprovada, definindo-se o dia em que os trabalhos serão retomados, com apresentação da proposta elaborada pelo grupo ou grupos de trabalho. Suspensão, insisto, e não interrupção da assembleia; não haverá, portanto, nova assembleia, mas apenas continuidade da assembleia suspensa, do ponto em que parou, dela podendo participar apenas aqueles que assinaram a respectiva lista de presença, quando da abertura dos trabalhos no primeiro dia.

Lembre-se, porém, de que o plano de recuperação judicial somente poderá sofrer alterações na assembleia geral se o devedor, por si (o empresário ou o administrador societário com poderes bastantes para tanto) ou por seu representante ou representantes (igualmente com poderes bastantes para isso), expressamente concordar (artigo 56, § 3º, da Lei 11.101/05). É um direito do devedor recusar a alteração (qualquer alteração ou, especificamente, aquela alteração) e, até, preferir a falência a uma recuperação judicial que não atenda a seus interesses; não está obrigado, por exemplo, a aceitar a alteração do controle societário ou a concessão aos credores do direito de eleição em separado de administradores e de poder de veto em relação a determinadas matérias. Não é só. O plano de recuperação judicial alterado, para que seja válido, não poderá implicar diminuição dos direitos exclusivamente dos credores ausentes, o que caracterizaria, por óbvio, abuso de direito, ato ilícito que o legislador vetou no artigo 56, § 3º, da Lei 11.101/05.

Alfim, reitero aqui as considerações feitas no item 3 do Capítulo 5 sobre o exercício do direito de voto nas assembleias gerais de credores. A criação da figura da assembleia geral tem por razão de ser a superação de um modelo individualista e o estabelecimento de um modelo coletivista, num contexto jurídico novo. A característica essencial deste modelo coletivista é retirar poder do Estado – do Judiciário, mais precisamente – e outorgá-lo a um fórum composto por devedor (empresário ou sociedade empresária) e seus credores, que passam a compartilhar um mesmo ambiente jurídico, em casos e em configurações diversos: por vezes, os credores são divididos em classes, por vezes, não; em algumas oportunidades, o devedor deve anuir com a deliberação (a exemplo do que se assiste na proposição e alteração do plano de recuperação judicial), em outras, não. Aquilo que for aprovado pela maioria, desde que lícito, vincula aos demais, incluindo aqueles que votaram de forma diversa, bem como aqueles que não votaram. É o princípio majoritário: respeitada a forma legal (nomeadamente o procedimento) e os limites legais, cabe à maioria, em conjunto com o devedor, decidir sobre conveniência disso ou daquilo, não sendo lícito ao Judiciário rever o mérito do que foi decidido por considerar que *assim ou assado* seria melhor. Todavia, reitero, o direito de participação, voz e voto nas assembleias não é absoluto, o que, de resto, ocorre com as demais faculdades jurídicas: exercem-se em determinados limites, deixando de serem atos lícitos, para se tornarem atos ilícitos, quando vencidos tais limites. Como já dissera o poeta latino Horácio, em sua *Sátira*, "*est modus in rebus, sunt certi denique fines*" [há uma justa medida em todas as coisas; existem, afinal, certos limites].

O voto é um direito, mas, para exercê-lo, o credor está igualmente obrigado a certos deveres, entre os quais o de não fazê-lo de forma abusiva, o que caracterizará ato ilícito, do qual resulta o dever de indenizar os prejuízos experimentados por terceiros, aplicados os artigos 186, 187 e 927 do Código Civil, servindo, ademais, como norma de aplicação analógica a Lei 6.404/76, além dos princípios gerais de Direito, entre os quais o princípio da boa-fé, o princípio da probidade e o princípio da função social dos atos jurídicos. Aferindo-se, portanto, ter havido exercício abusivo do direito de voto, fazendo com que os interesses pessoais do credor votante se sobreponham aos interesses da coletividade dos credores, estará caracterizada a obrigação de indenizar o prejudicado: o empresário, os sócios (quotistas ou acionistas) da sociedade empresária, a massa falida, qualquer outro credor, os trabalhadores, o Estado etc.

Decidiu o Superior Tribunal de Justiça: "Afigura-se absolutamente possível que o Poder Judiciário, sem imiscuir-se na análise da viabilidade econômica da empresa em crise, promova controle de legalidade do plano de recuperação judicial que, em si, em nada contemporiza a soberania da assembleia geral de credores. A atribuição de cada qual não se confunde. À assembleia geral de credores compete analisar, a um só tempo, a viabilidade econômica da empresa, assim como da consecução da proposta apresentada. Ao Poder Judiciário, por sua vez, incumbe velar pela validade das manifestações expendidas, e, naturalmente, preservar os efeitos legais das normas que se revelarem cogentes." (Recurso Especial 1.532.943/MT).

Um ponto interessante diz respeito ao alcance do poder de deliberação. A assembleia pode dispor sobre créditos e sobre relações jurídicas que envolvam os credores e o devedor/recuperando. Não lhe é lícito ir além para alcançar terceiros, positiva ou negativamente. Relações que sejam estranhas ao universo dessa coletividade deliberativa e creditícia, não podem ser alteradas, a exemplo de obrigações contratuais sem efeito econômico imediato (incluindo cláusulas de arbitragem), obrigações de devedores solidários etc.

4.2 Resultados da deliberação

A Lei 11.101/05 atribuiu um poder soberano à assembleia geral para aprovar o plano de recuperação (desde que o seu conteúdo seja jurídico, ou seja, que seja constitucional e legal), ou para rejeitá-lo. Assim, caso não haja declaração da nulidade da assembleia ou sua anulação, se o plano de recuperação judicial for rejeitado pela assembleia geral de credores o juiz decretará a falência do devedor. Assim, para a declaração da falência do empresário ou sociedade empresária, basta que o plano de recuperação (repito: em sua forma original ou com alterações aceitas pelo devedor) não mereça voto favorável da maioria dos credores que representem mais da metade do valor total dos créditos presentes à assembleia, nas classes de credores quirografários e de credores com garantia real, em cada uma, bem como, cumulativamente, aprovação pela maioria simples dos credores presentes, contados por cabeça, em cada uma daquelas classes, critério extensível à classe dos créditos advindos da legislação do trabalho e de acidentes do trabalho.

A falência é consequência legal da rejeição, ressalvado um só caso: por força do artigo 58, § 1º, da Lei 11.101/05, o juiz poderá conceder a recuperação judicial com base em plano que não obteve aprovação na forma acima estudada, desde que, na mesma assembleia, tenha obtido, de forma cumulativa: (1) o voto favorável de credores que representem mais da metade do valor de todos os créditos presentes à assembleia, independentemente de classes; (2) a aprovação de duas das classes de credores ou, caso haja somente duas classes com credores votantes, a aprovação de pelo menos uma delas; e (3) na classe que o houver rejeitado, o voto favorável de mais de um terço dos credores, computado na forma acima, ou seja, por cabeça, na classe dos créditos advindos da legislação do trabalho e de acidentes do trabalho, e cumulativamente por cabeça e pelo valor do crédito nas classes de credores quirografários e de credores com garantia real, em cada uma. Ademais, a recuperação judicial somente poderá ser concedida com base neste *quorum* especial se o plano não implicar tratamento diferenciado entre os credores da classe que o houver rejeitado (artigo 58, § 2º).

A partir da análise do Recurso Especial 1.388.051/GO, o Superior Tribunal de Justiça alumiou a questão: "Submete-se a controle jurisdicional a análise do preenchimento das condições prévias à concessão da recuperação judicial e das exigências legais relativas à elaboração e à aprovação do plano. Inteligência do artigo 58, *caput*, da Lei 11.101/05." Assim, "a proposta de recuperação apresentada pelo devedor – por disposição expressa constante dos artigos 45, § 1º, e 58, *caput*, da Lei 11.101/05 – deve ser aprovada, na classe dos credores com garantia real, pela maioria simples daqueles que comparecerem à assembleia. Não sendo aprovado o plano na forma estipulada nos precitados artigos, a Lei 11.101/05, em seu art. 58, § 1º, prevê a possibilidade de a recuperação ser concedida mediante a verificação de um *quorum* alternativo. A viabilização dessa hipótese, todavia, exige que o plano não implique concessão de tratamento diferenciado aos credores – integrantes de uma mesma classe – que tenham rejeitado a proposta (artigo 58, § 2º, da LFRE)."

Este *quorum* especial de aprovação pode ser aferido em qualquer das votações, preliminares ou finais. Assim, se foi atingido o *quorum* especial de aprovação numa votação preliminar (a primeira ou qualquer das seguintes), mas prosseguiu-se nos trabalhos sem que se obtivesse a aprovação pelo *quorum* comum, a recuperação poderá ser concedida tendo por base a respectiva votação preliminar e o plano que nela foi objeto do escrutínio. Daí a importância de todas as votações havidas na assembleia geral terem seus resultados registrados na respectiva ata, permitindo a aplicação dessa norma especial.

Afora essa licença extraordinária, não se outorgou ao juiz qualquer poder de, contrariando a deliberação majoritária dos credores, conceder a recuperação judicial do empresário ou sociedade empresária. A recuperação judicial é um acordo coletivo, cabendo ao Judiciário controlar essa transação judicial coletiva e, enfim, homologá-la, se não há vícios, ou seja, se não atenta contra a Constituição da República, aos princípios jurídicos e às leis vigentes no país. Ainda que haja aprovação por ampla maioria ou, quiçá, aprovação pela unanimidade dos credores, faz-se possível um controle de constitucionalidade e legalidade que poderá fazer-se a partir da provocação de qualquer interessado, aí incluído o Ministério Público e até terceiros afetados pelas disposições, a exemplo da Fazenda Pública.

Esse controle poderá fazer-se pelo próprio magistrado, assim como poderá resultar de recurso. Isso inclui abusos de direito, como o tratamento prejudicial a determinado credor ou classe de credores, sem a respectiva anuência (o que caracterizaria transação judicial). Se a ilegalidade estiver restrita a determinada(s) cláusula(s) do plano, bastará a anulação destas, mantendo a concessão da recuperação judicial e, assim, a validade e efetividade das demais deliberações. Deve ser a situação mais comum. Em oposição, é possível que, excepcionalmente, o vício localize-se na essência do plano, hipótese em que poderá haver anulação integral, devolvendo-se à assembleia a oportunidade para deliberar outro, sob pena de decretação da falência.

4.3 Certidão negativa de débitos fiscais

Ao cabo, não se perca de vista a previsão de que o juiz pode condicionar a concessão da recuperação à apresentação de certidões negativas de débitos tributários (artigos 151, 205, 206 do Código Tributário Nacional). Isso deveria ocorrer após a juntada aos autos do plano aprovado pela assembleia geral de credores ou se decorrido *in albis* o prazo para a apresentação de objeções ao plano pelos credores. Contudo, a previsão legal que condiciona a apresentação de certidões fiscais negativas como requisito para a homologação do plano de recuperação judicial da empresa torna-se um forte elemento de inviabilização do benefício recuperatório. Com efeito, excluídas do juízo universal, as Fazendas Municipais, Estaduais, Distrital e Federal podem simplesmente colocar a perder todo o esforço para encontrar uma fórmula hábil a permitir a superação da crise econômico-financeira da empresa.

Por isso, parece-me que tal exigência deve ser afastada por revelar-se incompatível com a própria dinâmica traçada para a recuperação: já que a Fazenda Pública não é diretamente afetada pelo juízo universal, não participando de qualquer das classes que compõem a assembleia de credores, a exigência da certidão negativa constitui exercício ilegítimo (não razoável e desproporcional) de poder de oposição, como se constituísse credor com poder absoluto de voto, o que não se coaduna com os novos princípios que orientam o juízo universal. Ademais, seus créditos não são afetados, certo que o artigo 187 do Código Tributário Nacional estabelece que a cobrança judicial do crédito tributário não é sujeita a concurso de credores, com o que as execuções fiscais mantêm seu trâmite em apartado.

Não foi diferente a posição adotada pelo Superior Tribunal de Justiça, quando sua Corte Especial julgou o Recurso Especial 1.187.404/MT: "(1) O artigo 47 serve como um norte a guiar a operacionalidade da recuperação judicial, sempre com vistas ao desígnio do instituto, que é 'viabilizar a superação da situação de crise econômico-financeira do devedor, a fim de permitir a manutenção da fonte produtora, do emprego dos trabalhadores e dos interesses dos credores, promovendo, assim, a preservação da empresa, sua função social e o estímulo à atividade econômica'. (2) O artigo 57 da Lei 11.101/05 e o artigo 191-A do Código Tributário Nacional devem ser interpretados à luz das novas diretrizes traçadas pelo legislador para as dívidas tributárias, com vistas, notadamente, à previsão legal de parcelamento do crédito tributário em benefício da empresa em recuperação, que é causa de suspensão da exigibilidade do tributo, nos termos do artigo 151, inciso VI, do Código Tributário Nacional. (3) O parcelamento tributário é direito da empresa em recuperação judicial que conduz a situação de regularidade fiscal, de modo que eventual descumprimento do que dispõe o artigo 57 da Lei 11.101/05 só pode ser atribuído, ao menos imediatamente e por ora, à ausência de legislação específica que discipline o parcelamento em sede de recuperação judicial, não constituindo ônus do contribuinte, enquanto se fizer inerte o legislador, a apresentação de certidões de regularidade fiscal para que lhe seja concedida a recuperação."

5 MICROEMPRESAS E EMPRESAS DE PEQUENO PORTE

A Lei 11.101/05 não descuidou das determinações constitucionais (artigos 170, IX, e 179) e legais (Lei Complementar 123/06 e artigo 970 do Código Civil) de tratamento diferenciado e favorecido para as micro e pequenas empresas. Assim, seus artigos 70 a 72 trazem regras específicas para a recuperação judicial de microempresas e empresas de pequeno porte, sejam empresários (*firmas individuais*), sejam sociedades empresárias (*firmas sociais*). A tais devedores é permitido apresentar *plano especial de recuperação judicial*, desde que afirmem sua intenção de fazê-lo na petição inicial da *ação recuperatória*. Não se trata, portanto, de uma obrigação, mas de uma faculdade: o empresário ou sociedade empresária que estejam devidamente registrados como microempresa ou empresa de pequeno porte podem optar pelo regime ordinário de recuperação ou pelo regime especial, opção esta que deverá ser feita na abertura do procedimento judicial, mais especificamente na petição inicial (artigo 70, § 1º). Portanto, deve haver expressa opção, na petição inicial, pelo regime especial; a simples condição de microempresas e empresas de pequeno porte não faz presumir que a recuperação judicial se fará por meio de plano especial, com o perdão da necessária reiteração.

Recorde-se que o artigo 52, § 4º, prevê que o devedor não poderá desistir do pedido de recuperação judicial *após o deferimento de seu processamento*, salvo se obtiver aprovação da desistência na assembleia geral de credores. O dispositivo fixa um marco procedimental específico para estabilização do pedido de recuperação judicial, qual seja, o deferimento pelo juízo do pedido acessório, expresso ou implícito, para que seja devidamente processado. Até esse ato decisório, que somente será tomado se estiver em termos a documentação legalmente exigida, o autor pode mesmo desistir de sua pretensão. Se pode desistir, pode também alterar e emendar, pois são medidas menos graves que a desistência: *qui potest maius, potest minus* [quem pode o mais, pode o menos] ou *cui licet quod est plus, licet utique quod est minus* [a quem é lícito o que é mais, é lícito também o que é menos]. Assim, até o deferimento do processamento do pedido de recuperação judicial, poderá transformar o pedido de recuperação judicial ordinário em recuperação por meio de plano especial para microempresa ou empresa de pequeno porte ou vice-versa, isto é, rejeitar a faculdade de utilizar-se de plano especial e recorrer ao procedimento ordinário.

Após ser deferido o processamento do pedido de recuperação judicial, não mais será possível alterar a opção pelo regime ordinário ou pelo regime especial, até mesmo porque, segundo o artigo 52, III, da Lei 11.101/05, neste ato de deferimento o juiz deverá ordenar *a suspensão de todas as ações ou execuções contra o devedor*, na forma estudada no Capítulo 3 deste livro. No entanto, como se lê no artigo 71, parágrafo único, o pedido de recuperação judicial com base em plano especial não acarreta a suspensão do curso da prescrição nem das ações e execuções por créditos não abrangidos pelo plano.

Havendo opção pelo regime facultado às microempresas e empresas de pequeno porte, o plano especial de recuperação judicial será apresentado no prazo improrrogável de 60 dias da publicação da decisão que deferir o processamento da recuperação judicial, sob pena de convolação em falência. É o mesmo prazo, portanto, do regime ordinário. Todavia, o plano deverá limitar-se às seguintes condições (artigo 71): (1) abrangerá todos os créditos existentes na data do pedido, ainda que não vencidos, excetuados os decorrentes de repasse de recursos oficiais, os fiscais e os relativos a credor titular da posição de proprietário fiduciário de bens móveis ou imóveis, de arrendador mercantil, de proprietário ou promitente vendedor de imóvel cujos respectivos contratos contenham cláusula de irrevogabilidade ou irretratabilidade, inclusive em incorporações imobiliárias, ou de proprietário em contrato de venda com reserva de domínio; também não serão abrangidos credores de importâncias entregues ao devedor, em moeda corrente nacional, decorrentes de adiantamento a contrato de câmbio para exportação, na forma do artigo 75, §§ 3º e 4º, da Lei 4.728/65, desde que o prazo total da operação, inclusive eventuais prorrogações, não exceda o previsto nas normas específicas da autoridade competente; (2) preverá parcelamento em até 36 (trinta e seis) parcelas mensais, iguais e sucessivas, acrescidas de juros equivalentes à taxa Sistema Especial de Liquidação e de Custódia – SELIC, podendo conter ainda a proposta de abatimento do valor das dívidas; (3) preverá o pagamento da primeira parcela no prazo máximo de 180 dias, contado da distribuição do pedido de recuperação judicial; (4) estabelecerá a necessidade de autorização do juiz, após ouvido o administrador judicial e o Comitê de Credores, para o devedor aumentar despesas ou contratar empregados.

No regime especial de recuperação judicial, os credores não atingidos pelo plano recuperatório não terão seus créditos habilitados no procedimento. Apenas aqueles que estão relacionados no plano de recuperação deverão se habilitar. Essa norma, inscrita no artigo 70, § 2º, da Lei 11.101/05, deve ser lida com cuidado, pois não se trata de uma autorização para que sejam discriminados credores em mesmas condições. Essa inclusão/exclusão já foi previamente definida pelo legislador: estão excluídos os créditos com garantia real e os créditos oriundos de relações de trabalho, além dos provenientes de acidente de trabalho. Assim, devem estar incluídos todos os créditos quirografários que, destarte, merecerão tratamento isonômico.

Não há convocação de assembleia de credores para deliberar sobre o plano especial; o artigo 72 da Lei 11.101/05 prevê simplesmente que o juiz concederá a recuperação judicial se atendidas as demais exigências daquela lei. É preciso atentar para a expressão *as demais exigências desta Lei*, pois aponta para uma inserção dos regimes ordinário e especial de recuperação judicial numa mesma base, ou seja, em pressupostos comuns, dos quais não se livra o micro e o pequeno empresário em virtude de tal condição específica. Assim, nos moldes já estudados, será necessário que o empresário ou sociedade empresária, mesmo na condição de micro ou de empresa de pequeno porte, exerça regularmente suas atividades há mais de dois anos; que não seja falido e, se o foi, estejam declaradas extintas, por sentença transitada em julgado, as responsabilidades daí decorrentes; que não tenha obtido concessão de recuperação judicial, há menos de cinco anos, se por plano ordinário, ou oito anos, se por plano especial; e que não tenha sido condenado ou não tenha, como administrador ou sócio controlador, pessoa condenada por qualquer dos crimes previstos na Lei 11.101/05.

Se não atender a tais requisitos, o juiz julgará improcedente o pedido e, em consequência, decretará a falência do devedor; é o que se extrai do parágrafo único do artigo 72 que, embora se refira a uma outra situação, a ser estudada a seguir, utiliza-se da frase *o juiz também julgará improcedente o pedido de recuperação judicial e decretará a falência do devedor*. Ora, (1) por técnica legislativa, cabe ao *caput* a regra e ao parágrafo os esclarecimentos ou ressalvas. No caso, colocou-se a procedência do pedido no *caput* e, em oposição, a improcedência do pedido no parágrafo único, que se interpreta, portanto, como uma só solução, uma só consequência para a hipótese versada, qual seja, a improcedência do pedido de recuperação: a decretação da falência. (2) Por interpretação gramatical, vê-se que o advérbio *também* e a conjunção *e* estão diretamente relacionados, a significar que se previu, para as duas hipóteses, o mesmo tratamento: a improcedência do pedido e a decretação da falência. (3) Por interpretação estrutural – e, mesmo, por estilística –, sabe-se que, se estivéssemos diante de duas consequências diversas para a mesma hipótese (a improcedência do pedido), tal ressalva deveria resultar clara do texto normativo, o que não ocorre. Não se veem no conjunto do artigo (*caput* e parágrafo único) duas consequências diversas, mas apenas uma: a falência.

Não se confunda, porém, improcedência, que é extinção do procedimento com julgamento do mérito, com a extinção do pedido sem julgamento do mérito. A falência é consequência apenas do julgamento da improcedência, ou seja, da extinção da ação de recuperação judicial com julgamento desfavorável do mérito do pedido. Havendo julgamento calcado em preliminares, como defeitos formais (falta de procuração ao advogado, irregularidade de representação civil etc.), a ação será simplesmente extinta sem o julgamento do mérito, aplicado o Código de Processo Civil. É neste contexto que se coloca a questão da interpretação conjunta dos artigos 51 e 70, § 1º, da Lei 11.101/05, questionando se o micro e pequeno empresário ou sociedade empresária estão obrigados a instruir a petição inicial com o balanço e demonstrações contábeis. A resposta positiva se impõe, nos termos da Lei Complementar 123/06, ressalvada a hipótese do pequeno empresário (firma individual com receita bruta anual até R$ 81.000,00), que não está obrigado a manter o livro Diário (artigo 1.179, § 2º, do Código Civil).

Qualquer um dos credores atingidos pelo plano de recuperação judicial poderá manifestar ao juiz sua objeção, devidamente fundamentada e com base em sua inadequação ao que foi estipulado em lei (não se tem, aqui, um amplo poder de objeção, como no regime ordinário). Aos credores que não foram atingidos pelo plano, falece tal poder. Essa objeção poderá ser apresentada no prazo de 30 dias contado da publicação da relação de credores resultante da verificação e habilitação de créditos; caso na data da publicação desta relação não tenha sido publicado o aviso do recebimento do plano de recuperação judicial, contar-se-á da publicação deste o prazo para as objeções. O juiz também julgará improcedente o pedido de recuperação judicial e decretará a falência do devedor se houver objeções e credores titulares de mais da metade de qualquer uma das quatro classes de créditos (conferir artigo 83), cada qual computada segundo a regra respectiva (artigo 45), conforme anteriormente estudado.

No alusivo às obrigações fiscais e previdenciárias, o artigo 68 da Lei 11.101/05 prevê que as Fazendas Públicas e o Instituto Nacional do Seguro Social – INSS poderão deferir, nos termos da legislação específica, parcelamento de seus créditos, em sede de recuperação judicial, de acordo com os parâmetros estabelecidos na Lei 5.172, de 25 de outubro de 1966 – Código Tributário Nacional. Para as microempresas e empresas de pequeno porte, por força do parágrafo único do mesmo artigo (incluído pela Lei Complementar nº 147/14), os prazos serão 20% superiores àqueles regularmente concedidos às demais empresas.

6 EMPRESAS CONCESSIONÁRIAS DE SERVIÇO PÚBLICO

Não cuidou o legislador do pedido de recuperação judicial pelo concessionário ou permissionário de serviço público. As hipóteses são muitas, podendo ser destacadas, para dar amostra da relevância do debate, a concessão de transporte municipal, concessão de transporte rodoviário intermunicipal ou interestadual, concessão de serviço público de transmissão de energia, concessão de exploração de rodovia, entre outras. De qualquer sorte, à míngua de vedação expressão, tem-se que as sociedades concessionárias ou permissionárias de serviço público podem, sim, requerer a recuperação – judicial ou extrajudicial – da empresa.

Todavia, incumbe ao poder concedente intervir na prestação do serviço, nos casos e condições previstos em lei, bem como extinguir a concessão, nos casos previstos em lei e na forma prevista no contrato, o que se justifica pela necessidade de o poder concedente cumprir suas obrigações de zelar pela boa qualidade do serviço (artigo 29, III, IV e VII, da Lei 8.987/95). Para tanto, pode fiscalizar não só a prestação do serviço, mas também a própria condição financeira da empresa concessionária, já que o artigo 30 da Lei 8.987/95 lhe outorga, no exercício da fiscalização, acesso aos dados relativos à administração, contabilidade, recursos técnicos, econômicos e financeiros da concessionária. Assim, sempre que se faça necessário *assegurar a adequação na prestação do serviço, bem como o fiel cumprimento das normas contratuais, regulamentares e legais pertinentes*, diz o artigo 32 daquela lei, *o poder concedente poderá intervir na concessão*, o que se fará por decreto do poder concedente, que conterá a designação do interventor, o prazo da intervenção e os objetivos e limites da medida. O artigo 34, por seu turno, prevê mesmo a possibilidade de haver extinção da concessão ao longo da intervenção, retornando ao poder concedente todos os bens reversíveis, direitos e privilégios transferidos ao concessionário conforme previsto no edital e estabelecido no contrato, segundo seu § 1º, com a imediata assunção do serviço pelo poder concedente, procedendo-se aos levantamentos, avaliações e liquidações necessários, diz o § 2º, inclusive a ocupação das instalações e a utilização, pelo poder concedente, de todos os bens reversíveis, caso em que o poder concedente, antecipando-se à extinção da concessão, procederá aos levantamentos e avaliações necessários à determinação dos montantes da indenização que será devida à concessionária, conforme o § 4º do artigo 34, combinado com os seus artigos 36 e 37.

De outra face, se a crise econômico-financeira determina inexecução total ou parcial do contrato de concessão, poderá ocorrer, a critério do poder concedente, a declaração de caducidade da concessão (artigo 38 da Lei 8.987/95), compreendida como alternativa à intervenção ou, mesmo, à simples aplicação das sanções contratuais. Essa declaração da caducidade da concessão deverá ser precedida da verificação da inadimplência da concessionária em processo administrativo, assegurado o direito de ampla defesa. Mas não será instaurado processo administrativo de inadimplência antes de comunicados à concessionária, detalhadamente, os descumprimentos, dando-lhe um prazo para corrigir as falhas e transgressões apontadas e para o enquadramento, nos termos contratuais (artigo 38, § 3º). Instaurado o processo administrativo e comprovada a inadimplência, a caducidade será declarada por decreto do poder concedente, independentemente de indenização prévia, calculada no decurso do processo (artigo 38, § 4º).

A existência desses instrumentos, todavia, não afasta a possibilidade de recurso à recuperação judicial ou extrajudicial da empresa, quando não haja norma específica que a vede, do que é exemplo o artigo 2º da Lei 11.101/05, no alusivo a empresa pública e sociedade de economia mista, instituição financeira pública ou privada etc. No entanto, mesmo a recuperação da empresa concessionária de serviços públicos conhecerá as limitações da Lei 8.987/95. Por exemplo, o plano de recuperação judicial somente poderá prever subconcessão se prevista no contrato de concessão e desde que expressamente autorizada pelo poder concedente, cuja outorga será sempre precedida de concorrência, sub-rogando-se o subconcessionário em todos os direitos e obrigações da subconcedente dentro dos limites da subconcessão (artigo 26 da Lei 8.987/95). Não é só. Se o plano de recuperação judicial previr a transferência de concessão ou do controle societário da concessionária, faz-se necessária prévia anuência do poder concedente, sendo que, para fins de obtenção dessa anuência, o pretendente deverá: (1) atender às exigências de capacidade técnica, idoneidade financeira e regularidade jurídica e fiscal necessárias à assunção do serviço; e (2) comprometer-se a cumprir todas as cláusulas do contrato em vigor (artigo 27 da Lei 8.987/95). A ausência dessa anuência prévia implica a caducidade da concessão. De outra face, não se pode esquecer que, por força do artigo 28 da Lei 8.987/95, o plano de recuperação pode oferecer em garantia de contratos de financiamento os direitos emergentes da concessão, até o limite que não comprometa a operacionalização e a continuidade da prestação do serviço.

6.1 Parceria público-privada

Resta examinar a contratação de parceria público-privada, ou seja, o contrato administrativo de concessão, na modalidade patrocinada ou administrativa; na *concessão patrocinada* é a concessão de serviços públicos ou de obras públicas, quando envolver, adicionalmente à tarifa cobrada dos usuários, contraprestação pecuniária do parceiro público ao parceiro privado; já *concessão administrativa* é o contrato de prestação de serviços de que a Administração Pública seja a usuária direta ou indireta, ainda que envolva execução de obra ou fornecimento e instalação de bens (artigo 2º da Lei 11.079/04). Em oposição, não constitui parceria público-privada a concessão comum, assim entendida a concessão de serviços públicos ou de obras públicas, quando não envolver contraprestação pecuniária do parceiro público ao parceiro privado (artigo 2º, § 3º).

Segundo o artigo 3º da Lei 11.079/04, as concessões administrativas regem-se por aquela lei, *aplicando-se-lhes adicionalmente o disposto nos artigos 21, 23, 25 e 27 a 39 da Lei 8.987/95*. Já *as concessões patrocinadas* regem-se pela Lei 11.079/04, *aplicando-se-lhes subsidiariamente o disposto na Lei 8.987/95 e nas leis que lhe são correlatas*. A questão até aí poderia indicar uma simples repetição dos argumentos há pouco expendidos, construídos sobre as normas inscritas na Lei 8.987/95. Todavia, o artigo 9º da Lei 11.079/04 estabelece que, antes da celebração do contrato, deverá ser constituída *sociedade de propósito específico*, incumbida de implantar e gerir o objeto da parceria. Portanto, a prestação em si do serviço público (assim como a implantação das instalações necessárias e seu gerenciamento) se fará por essa sociedade empresária constituída com o propósito específico (o que significa que este será seu único objeto social). Essa sociedade de propósito específico, prevê o § 2º deste artigo 9º, poderá assumir a forma de companhia aberta, com valores mobiliários admitidos a negociação no mercado, devendo, por força do § 4º, obedecer a padrões de governança corporativa e adotar contabilidade e demonstrações financeiras padronizadas, conforme regulamento.

Neste contexto, examinarei a pretensão de pedir a recuperação judicial justamente da sociedade de propósito específico constituída para implantar e gerir o objeto da parceria público-privada, certo que o pedido formulado por sócio, ainda que controlador, terá solução idêntica ao há pouco estudado. De abertura, não há empecilho legal para a recuperação judicial de sociedade de propósito específico constituída no âmbito de parceria público-privada, pois não constituem *empresa pública*, nem sociedade de economia mista, afastando o obstáculo inscrito no artigo 2º, I, da Lei 11.101/05.

No entanto, será preciso cautela com os meios de recuperação. Assim, o plano só pode prever a alienação do controle societário da empresa se o contrato de parceria público-privada o permitir. De acordo com o artigo 5º, § 2º, I e II, da Lei 11.079/04, tais contratos podem prever: (1) os requisitos e condições em que o parceiro público autorizará a transferência do controle da sociedade de propósito específico para os seus financiadores, com o objetivo de promover a sua reestruturação financeira e assegurar a continuidade da prestação dos serviços, não se aplicando *para este efeito* o previsto no inciso I do § 1º do artigo 27 da Lei 8.987/95 (*atender às exigências de capacidade técnica, idoneidade financeira e regularidade jurídica e fiscal necessárias à assunção do serviço*); (2) a possibilidade de emissão de empenho em nome dos financiadores do projeto em relação às obrigações pecuniárias da Administração Pública. Outra limitação está inscrita no § 4º do artigo 9º da Lei 11.079/04, a vedar à Administração Pública ser titular da maioria do capital votante dessas sociedades, excetuada eventual aquisição da maioria do capital votante da sociedade de propósito específico por instituição financeira controlada pelo Poder Público em caso de inadimplemento de contratos de financiamento.

10

Regime de Recuperação Judicial

1 EFEITOS DA RECUPERAÇÃO JUDICIAL

A condição de empresário ou sociedade empresária em regime de recuperação não é ordinária, comum. Por isso, tão logo seja deferido processamento do pedido de recuperação, em todos os atos, contratos e documentos firmados pelo recuperando, deverá ser acrescida, após o nome empresarial, a expressão "em Recuperação Judicial" (artigo 69 da Lei 11.101/05), cabendo ao juiz determinar ao registro público de empresas a anotação da recuperação judicial no registro correspondente. Essas providências devem ser imediatas, atendendo aos princípios jurídicos da informação e da publicidade. Ademais, aliás, os Registros Públicos de Empresas devem manter banco de dados público e gratuito, disponível na rede mundial de computadores, contendo a relação de todos os devedores falidos ou em recuperação judicial (artigo 196 da Lei 11.101/05). Responde pelos prejuízos experimentados por terceiros o administrador societário que omita, no emprego do nome empresarial, a expressão "em Recuperação Judicial" e a respectiva condição, ainda que aja com mera negligência, na medida em que retira do terceiro o direito, reconhecido pelo legislador, de saber da situação excepcional da empresa.

A partir da distribuição do pedido recuperatório, o devedor não poderá alienar ou onerar bens ou direitos de seu ativo permanente, salvo (1) aqueles previamente relacionados no plano de recuperação judicial, e (2) casos de evidente utilidade, reconhecida pelo juiz, depois de ouvido o comitê (artigo 66 da Lei 11.101/05). Em fato, todo o patrimônio econômico (não o patrimônio moral) de uma pessoa, indistintamente e no limite de suas forças (nos limites do *patrimônio bruto* ou *patrimônio ativo*), responde por cada obrigação e por todas elas (*patrimônio passivo* ou *patrimô-*

nio negativo). O enfraquecimento do ativo da empresa faz-se sempre em prejuízo dos credores, ou seja, dos titulares ativos das relações que compõem o respectivo passivo.

O juiz, contudo, pode reconhecer a utilidade na alienação ou oneração de bens ou direitos do ativo permanente do devedor, o que pode acontecer em incontáveis circunstâncias. O comitê apenas opina; o juiz decide, podendo acatar, ou não, a opinião do comitê. A decisão deve ser fundamentada, sendo agravável. Ademais, essa alienação deve ser circunstancial, ou seja, não pode ser abrangente ao ponto de furtar à assembleia geral de credores a faculdade de deliberar sobre a recuperação judicial ou, até, sobre a falência do devedor.

Atente-se para o fato de que a restrição à alienação de bens está limitada ao *ativo permanente*, isto é, bens e direitos que compõem o patrimônio da empresa com intenção de permanência, não se esperando imediata conversão em pecúnia (em dinheiro). Lembre-se, a propósito, que o ativo permanente divide-se em investimentos, ativo imobilizado e ativo deferido, a saber: (1) *Investimentos* são as participações permanentes em outras sociedades (ações ou quotas de sociedades empresárias que componham o patrimônio da empresa) e os direitos de qualquer natureza, não classificáveis no ativo circulante, e que não se destinem à manutenção da atividade da empresa, como imóveis que não sejam empregados na atividade empresarial – incluindo os destinados a aluguel –, marcas e patentes que não sejam empregadas nas atividades (apenas titularizadas pelo empresário e a sociedade empresária), títulos da dívida pública etc. (artigo 179, III, da Lei 6.404/76). (2) *Ativo imobilizado* – direitos que tenham por objeto bens destinados à manutenção das atividades da companhia e da empresa, ou exercidos com essa finalidade, inclusive os de propriedade industrial ou comercial (artigo 179, IV, da Lei 6.404/76). São contabilizados nesta conta a propriedade imóvel utilizada nas atividades empresariais, maquinário, ferramental, veículos etc.[1]

Não se impede a alienação dos bens do *ativo circulante* da empresa, ou seja, das disponibilidades, os direitos realizáveis no curso do exercício social subsequente e as aplicações de recursos em despesas do exercício seguinte (artigo 179, I, da Lei 6.404/76). Nesse grupo de contas são contabilizados o dinheiro disponível em caixa, os depósitos bancários, as aplicações financeiras de curto prazo, as dívidas e os títulos de crédito de recebimento imediato (por exemplo, duplicatas a receber, cheques pós-datados etc.) e os estoques (bens destinados à venda imediata). Nomeadamente, a empresa que se dedique ao comércio pode continuar vendendo os bens de seu ativo circulante, suas *mercadorias*, mesmo que sejam bens imóveis, como ocorreria com uma construtora ou uma imobiliária. Obviamente, será indispensável que os atos sejam concretizados com retidão, probidade e boa-fé, sem o que poderá haver afastamento do empresário ou administrador societário da condução dos negócios, como se estudará adiante, neste mesmo capítulo.

---

1 Conferir MAMEDE, Gladston. *Direito empresarial brasileiro*: empresa e atuação empresarial. 7. ed. São Paulo: Atlas, 2013. v. 1, Cap. 9, seção 9 (O Diário).

A aprovação do plano de recuperação judicial pela assembleia de credores determina uma alteração ainda mais significativa na situação jurídica que envolve a empresa (artigo 58 da Lei 11.101/05): a decisão concessiva, acatando a *vontade assemblear* (manifestada pela maioria dos credores, em assembleia especialmente convocada para esse fim, como se estudará no Capítulo 11), alterará completamente a situação jurídica da empresa, nos moldes que tenham sido desenhados e aprovados para sua recuperação. Não é pouco, bastando recordar os meios de recuperação sugeridos pelo legislador (artigo 50). Mas é indispensável que a deliberação da assembleia de credores amolde-se ao Direito vigente, ou seja, que seja constitucional e legal. A deliberação inconstitucional e/ou ilegal, inclusive em face de abuso de direito (artigo 187 do Código Civil) deve ser anulada, o que pode se fazer mesmo após decisão judicial que a homologue, decisão essa que poderá ser cassada.

A decisão judicial concessiva da recuperação judicial tem um assombroso poder de constituição (trata-se de *sentença constitutiva*, por excelência) de um cenário jurídico distinto em níveis (ou graus) diversos. A situação patrimonial do empresário ou sociedade empresária em recuperação judicial passará a corresponder à estrutura construída no respectivo plano recuperatório: de alterações mínimas a alterações radicais, com validade *ex nunc* (a partir de então), implicando novação dos créditos anteriores ao pedido e obrigando o devedor e todos os credores a ele sujeitos (artigo 59).

Isso afeta não só o devedor em recuperação, mas os credores, conforme o conteúdo do plano: se houve alteração nos prazos de vencimentos, nos valores dos créditos, nos encargos devidos, na titularidade passiva do crédito (na hipótese de mutação societária: cisão, incorporação ou fusão), nos contratos de trabalho, nas garantias etc., as relações jurídicas válidas passam a ser aquelas que correspondam ao conteúdo do plano de recuperação judicial, extintas as anteriores, novadas que foram. Essa novação dos créditos anteriores ao pedido manifesta-se, inclusive, pela substituição dos títulos representativos das relações jurídicas, quando tenham sido elas objeto de alteração promovida pelo plano de recuperação da empresa. Nesse sentido, a decisão que conceder a recuperação da empresa constituirá *título executivo judicial* (artigo 59 da Lei 11.101/05).

Julgando o Recurso Especial 1.260.301/DF, a Terceira Turma do Superior Tribunal de Justiça decidiu que, "uma vez homologado o plano de recuperação judicial, os órgãos competentes devem ser oficiados a providenciar a baixa dos protestos e a retirada, dos cadastros de inadimplentes, do nome da recuperanda e dos seus sócios, por débitos sujeitos ao referido plano, com a ressalva expressa de que essa providência será adotada sob a condição resolutiva de a devedora cumprir todas as obrigações previstas no acordo de recuperação."

De outra face, não se esqueça da Súmula 480 do Superior Tribunal de Justiça: O juízo da recuperação judicial não é competente para decidir sobre a constrição de bens não abrangidos pelo plano de recuperação da empresa. Portanto, fogem à jurisdição recuperatória bens de sócios (inclusive se há desconsideração da personalidade jurídica em outro processo), bens de sociedades coligadas, controladoras etc. Seu poder limita-se aos bens que componham o patrimônio da recuperanda. No que toca às obrigações para com as Fazendas Públicas e o Instituto Nacional do Seguro Social (INSS), o devedor deverá pleitear junto a tais órgãos, deles obtendo, ou não, nos termos da legislação específica, parcelamento de seus créditos, em sede de recuperação judicial, de acordo com os parâmetros estabelecidos no Código Tributário Nacional.

Obviamente, pode ocorrer de haver modificações nas condições havidas ao tempo da deliberação assemblear e da respectiva sentença homologatória. A economia, em nossos dias, tem-se mostrado um órgão vivo e dinâmico que experimenta variações abruptas e absolutas. Noutras palavras, pode ocorrer de o plano aprovado revelar-se insuficiente para a recuperação da empresa. Neste cenário, parece-me plenamente possível que a situação imprevista seja levada ao conhecimento do Judiciário, demonstrando a necessidade de serem efetuadas alterações no plano de recuperação aprovado. Considerando que a pretensão atende aos princípios que orientam a Lei 11.101/05, o magistrado poderá deferir a convocação da assembleia geral de credores para deliberar sobre a correção do plano de recuperação. Assim, pode-se deliberar, por exemplo, sobre a alienação de uma unidade produtiva, transferência de operações etc.

No julgamento do Recurso Especial 1.532.943/MT, o Superior Tribunal de Justiça entendeu que "a novação operada pela recuperação judicial guarda significativas particularidades, a distinguir, substancialmente, da novação civil, prevista nos artigos 364 e seguintes do Código Civil. Como é cediço, a 'extinção das obrigações', decorrente da homologação do plano de recuperação judicial encontra-se condicionada ao efetivo cumprimento de seus termos. Não implementada a aludida condição resolutiva, por expressa disposição legal, *os credores terão reconstituídos seus direitos e garantias nas condições originariamente contratadas* (art. 61, § 2º, da Lei nº 11.101/2005). [...] Portanto, **em regra,** a despeito da novação operada pela recuperação judicial, preservam-se as garantias, no que alude à possibilidade de seu titular exercer seus direitos contra terceiros garantidores e impor a manutenção das ações e execuções promovidas contra fiadores, avalistas ou coobrigados em geral, **a exceção do sócio com responsabilidade ilimitada e solidária** (§ 1º do artigo 49 da Lei nº 11.101/2005). E, especificamente sobre as garantias reais, estas somente poderão ser supridas ou substituídas, por ocasião de sua alienação, mediante expressa anuência do credor titular de tal garantia, nos termos do § 1º do artigo 50 da referida lei."

2 ALIENAÇÃO DE ESTABELECIMENTOS

O plano de recuperação judicial pode prever a alienação judicial de filiais ou de unidades produtivas isoladas do devedor. O patrimônio do empresário ou da sociedade empresária pode ser dividido em diversos estabelecimentos e, mesmo, compreender bens que não compõem qualquer estabelecimento, a exemplo de imóveis vagos, ações de outras empresas, títulos mobiliários etc. Aliás, como demonstrado no volume 1 desta coleção, o conceito de estabelecimento (artigo 1.142 do Código Civil) dá margem a uma dicotomia em seu emprego: é possível utilizá-lo para referir-se à totalidade da estrutura física, conceitual e humana da empresa, da mesma forma como é possível usá-lo para aludir a uma unidade em especial, destacada da totalidade da empresa e de seu respectivo estabelecimento. É o que se passa com o estabelecimento secundário, por exemplo. Coerentemente, é possível estabelecer negócios que considerem o estabelecimento nos dois níveis: em sua totalidade ou por uma de suas partes autônomas, sempre tomando por referência a identificação escritural.

Como parte do plano de recuperação da empresa pode ser determinada a *alienação de filiais ou de unidades produtivas isoladas* (artigo 60, *caput* e parágrafo único, da Lei 11.101/05), ou seja, a alienação de um ou mais *complexos organizados de bens* (*aspecto estático*), somada às atividades, aos procedimentos praticados utilizando aqueles bens (*aspecto dinâmico*). Aliás, a assembleia tem o poder de definir a extensão do *complexo organizado de bens* que será alienado e, com ele, dos contratos que serão transferidos ao arrematante. Situações diversas podem resultar desse poder, desde que não revelem abuso de direito (artigo 187 do Código Civil), que é ato ilícito mesmo se resultante de decisão assemblear. Imagine-se, só por exemplo, um hospital em crise econômico-financeira, para o qual seja aprovado um plano a prever alienação de todos os setores (exames clínicos, hemodiálise, setor cirúrgico, pediatria etc.) a sociedades diversas, mantendo a sociedade a propriedade do imóvel e a administração total do complexo, segundo regras previamente estabelecidas em escritura constitutiva. Eis por que é tão fascinante a ideia central da Lei 11.101/05; se interpretada e aplicada adequadamente, permite efetiva preservação da fonte produtora, do emprego dos trabalhadores e dos interesses dos credores.

Para a alienação judicial de filiais ou de unidades produtivas isoladas do devedor, o juiz ordenará a sua realização, ouvido o administrador judicial e atendendo à orientação do comitê de credores, se houver (artigo 60 da Lei 11.101/05), adotando uma das seguintes modalidades (artigo 142): (1) leilão, por lances orais; (2) propostas fechadas; ou (3) pregão. Mesmo sistema, portanto, que o adotado para a realização do ativo no processo de falência, e que será estudado com mais profundidade na sequência deste livro. Por ora, importa observar a distinção entre a recuperação e a falência, a determinar tratamento jurídico diverso para a alienação de bens do seu ativo, inclusive filiais ou unidades produtivas isoladas do devedor. Em fato, a falência é procedimento que tem por escopo afastar o empresário ou sociedade empresária de suas atividades, como afirma o artigo 75 da Lei 11.101/05, ainda que vise preservar e otimizar a utilização produtiva dos bens, ativos e recursos produtivos, inclusive os intangíveis da empresa. Esse procedimento, quando se trate de sociedade empresária, conduz à sua liquidação e, ao final, extinção. Já na recuperação judicial, não é esse o objetivo, como se estudou há pouco. Essa distinção elementar implica interpretação adequada para a alienação judicial de filiais ou de unidades produtivas isoladas de empresário ou sociedade empresária em recuperação judicial.

Um dos pontos em que esta distinção se mostra presente é o § 2º do artigo 142 da Lei 11.101/05, a prever que a alienação do ativo da empresa falida dar-se-á pelo maior valor oferecido, ainda que seja inferior ao valor de avaliação. Isso, indiferentemente de se tratar de qualquer das formas previstas no artigo 140 da Lei 11.101/05: (1) alienação da empresa, com a venda de seus estabelecimentos em bloco; (2) alienação da empresa, com a venda de suas filiais ou unidades produtivas isoladamente; (3) alienação em bloco dos bens que integram cada um dos estabelecimentos do devedor; ou (4) alienação dos bens individualmente considerados. Contudo, essa alienação pelo maior valor oferecido, ainda que seja inferior ao valor de avaliação, é própria da falência, em que a realização do ativo do empresário ou sociedade falida é procedimento necessário, incontornável, devendo os credores aceitar o valor que for obtido e se verem satisfeitos, ou não, nos limites do *quantum* total apurado. No âmbito da recuperação judicial da empresa, caberá ao plano determinar se será respeitada essa mesma solução, ou se a alienação – de bens isoladamente considerados, de filiais, de unidades produtivas isoladas ou mesmo de toda a empresa (venda dos estabelecimentos em bloco) – se fará com fixação de valor mínimo. Mais do que isso; é lícito ao plano fixar esse valor mínimo, que poderá ser igual ao valor de avaliação ou, até, inferior ou superior. Essa fixação é uma faculdade do plano, no qual, como se verá, ajustam-se a vontade do empresário ou sociedade empresária em recuperação e a vontade da coletividade de credores, expressada em assembleia.

Como o fundamento e o objetivo da recuperação judicial de empresa é, segundo o artigo 47 da Lei 11.101/05, a manutenção da fonte produtora, do emprego dos trabalhadores e dos interesses dos credores, promovendo, assim, a preservação da empresa, sua função social e o estímulo à atividade econômica, podem-se mesmo estatuir planos alternativos, isto é, planos que disponham uma medida para a recuperação (a exemplo da alienação de determinada ou determinadas filiais ou unidades produtivas da empresa recuperanda), por determinado valor mínimo, e, para a eventualidade de não se lograr sucesso nessa iniciativa, ou seja, para a hipótese de não se encontrar interessado na aquisição por aquele valor, que prevejam uma medida alternativa, evitando-se assim as desvantagens da falência, que prejudica a todos e desatende o princípio já reiteradamente citado do artigo 47 da Lei 11.101/05.

Anote-se que o Direito Brasileiro está evoluindo, a meu ver corretamente, para aceitar formas alternativas de alienação de bens (isolados, em grupo ou, mesmo, unidades produtivas autônomas por formas outras que não apenas essas, nomeadamente mecanismos não concorrenciais, desde que haja aprovação pela assembleia geral, sem que o Judiciário reconheça ilegalidade ou inconstitucionalidade no mecanismo, incluindo a aplicação dos princípios da probidade, boa-fé e função social das faculdades jurídicas. Isso, a meu ver, tanto na falência, quanto na recuperação de empresas. Com efeito, pode-se estar diante de complexos industriais, um ou mais, situação que pode recomendar a condução por vias alternativas, obviamente sob o controle do Poder Judiciário e a fiscalização pelos atores processuais: administrador judicial, comitê de credores e a assembleia geral de credores.

Imagine-se, por exemplo, uma grande corporação de alimentos que, como parte do plano de recuperação, decida alienar determinadas linhas de produtos e suas unidades produtivas; por exemplo, o setor de atomatados (purê de tomate, extrato de tomate, molhos prontos, ketchup etc.). Interessados diversos tendem a apresentar formas diversas para o negócio, tornando recomendável, em lugar de leilão, propostas fechadas ou pregão, uma negociação aberta que considere particularidades diversas: aporte de dinheiro, modo e tempo de pagamento, garantias de pagamento, assunção de passivo, preservação de empregos etc. É recomendável, acredito, que esse debate seja travado e que haja uma evolução neste sentido, por via legislativa ou jurisprudencial.

Esse entendimento, aliás, foi abraçado pelo Tribunal de Justiça de Minas Gerais quando julgou, por maioria de votos, o Agravo de Instrumento 1.0024.14.298866-6/008, da Comarca de Belo Horizonte: "Os artigos 60 e 142 da Lei nº 11.101/05, que determinam a venda de unidade produtiva isolada de empresa em recuperação judicial, devem ser interpretados de forma sistemática e finalística com o objetivo final do procedimento, que é assegurar a recuperação da empresa em crise, mormente quando se considera a natureza do negócio, de alta complexidade, e de grande importância econômica e social, tendo o negócio, ainda, sido aprovado por ampla maioria da assembleia de credores. 2 – Ausência de prova da impropriedade da venda para os interesses da recuperanda, ou de fraude, ou outro vício que maculasse o negócio. 3 – Recurso de agravo de instrumento negado". No caso, cuidava-se de uma unidade minerária, ou seja, direito minerário reconhecido pelo Departamento Nacional de Produção Mineral, com a respectiva planta.

Cito, ademais, precedente do Tribunal de Justiça do Rio de Janeiro, julgando o Agravo de Instrumento 00141306820158190000 RJ: "Conquanto, em sede falimentar, a lei expressamente admita, além das modalidades ordinárias de alienação do ativo (leilão, propostas fechadas e pregão), qualquer outra modalidade de realização do ativo, desde que aprovada pela assembleia-geral de credores (arts. 142 e 145, Lei nº 11.101/2005), o procedimento da recuperação judicial, na literalidade, consente apenas com a realização de hasta pública. Afinal, a obrigatoriedade da hasta visa a otimizar o procedimento e assegurar a recuperação da empresa em crise." Completa, em seguida: "Regra que, todavia, merece temperamento pontual à luz das peculiaridades excepcionais dos casos concretos e da exegese sistemática da lei de regência e do espírito do instituto da recuperação de empresas. Espécie que versa sobre negócio i) de aportes multimilionários, ii) com alto grau de complexidade, iii) sujeito a diversas concepções e reestruturações societárias prévias, iv) num ramo especializado que, na atual conjuntura político-econômica, se mostra desaquecido e até vulnerável, considerando-se, ainda, que v) a proposta foi aprovada por mais de 90% dos credores, com anuência do Administrador Judicial e do Ministério Público; daí que, *in casu*, nitidamente evidenciada a ausência de prejuízo aos credores ou aos devedores em virtude da falta de maior concorrência; máxime em se tratando de irresignação de modesto credor, em contraste com a anuência da maciça maioria."

2.1 Desoneração dos ativos alienados judicialmente

No volume 1 desta coleção, estudou-se o instituto do trespasse, ou seja, da transferência onerosa do estabelecimento empresarial, destacada a previsão anotada no artigo 1.146 do Código Civil de que o adquirente do estabelecimento responde pelo pagamento dos débitos anteriores à transferência. Essa regra reflete o instituto jurídico da *sucessão subjetiva*, vale dizer, sucessão de sujeito: há uma alteração na relação jurídica de titularidade do complexo organizado de bens, alteração na pessoa de seu titular: um sujeito (o alienatário, o adquirente) sucedendo a outro (o alienante). Como se trata da mesma relação jurídica, ainda que com outra pessoa no polo subjetivo ativo (de titular, de proprietário), há sucessão nas relações jurídicas acessórias: nos contratos que dizem respeito àquele complexo organizado de bens e atividades, bem como nas obrigações que lhe dizem respeito. O adquirente (*trespassatário*), destarte, passa a responder pelo pagamento dos débitos anteriores à transferência. Facilmente se percebe que a aplicação dessa regra inviabilizaria o trespasse de estabelecimento de empresa em crise econômico-financeira, certo que o adquirente assumiria o passivo do recuperando. Justamente por isso, o artigo 60, parágrafo único, da Lei 11.101/05 prevê que, havendo alienação judicial de filiais ou de unidades produtivas isoladas do empresário ou sociedade empresária em recuperação judicial, o objeto da alienação estará livre de qualquer ônus e não haverá sucessão do arrematante nas obrigações do devedor, inclusive as de natureza tributária.

O artigo 60, parágrafo único, da Lei 11.101/05 cria uma exceção legal ao princípio da sucessão jurídica subjetiva, válida para o juízo concursal. Essa sucessão é legítima, antes de mais nada, por resultar de um acordo judicial, proposto e aprovado em assembleia de credores, com a participação e anuência do devedor. Há efetiva transação em ambiente judicial. Como se não bastasse, a alienação é judicial e, portanto, corresponde a uma desapropriação estatal (feita pelo judiciário) e transferência judicial. Lembrem-se que essas alienações são comuns em qualquer processo de execução; no caso, em lugar de se alienarem bens isoladamente, aliena-se uma coletividade de bens: um complexo organizado de bens (estabelecimento) com as respectivas relações jurídicas. O adquirente faz uma aquisição judicial e, portanto, não *adquire passivo, apenas ativo*. Não se faz aquisição judicial de passivo.

Assim, à alienação judicial da filial ou unidade produtiva isolada corresponderá uma situação de interrupção na relação jurídica, por intervenção judicial; não é uma mesma relação jurídica, com alteração subjetiva e, via de consequência, sucessão subjetiva. Com o abandono do complexo organizado de bens ao Judiciário, para alienação, extingue-se a relação jurídica anterior e constitui-se uma nova relação jurídica. A arrematação, nesse contexto, tem natureza jurídica de aquisição originária do direito (da propriedade) e, assim, não há efetivamente falar em *sucessão do arrematante nas obrigações do devedor*. Infelizmente, desse acordo judicial não participa a Fazenda Pública, excluída que está do processo pelo artigo 187 do Código Tributário Nacional; mas submete-se a seus efeitos (artigo 60, parágrafo único, da Lei 11.101/05, e artigo 133, § 1º, II, do Código Tributário Nacional).

A aplicação do artigo 60, parágrafo único, da Lei 11.101/05 pressupõe que a transferência se faça por deliberação da assembleia de credores e, ademais, que se concretize em *ambiente judicial*, caracterizando *alienação judicial*. Não mais acredito, como sustentei nas primeiras edições deste livro, ser necessário concurso público (leilão, por lances orais, propostas fechadas ou pregão). Observando o que se passa, no Brasil e alhures, com grandes corporações, mudei minha compreensão. Grandes unidades produtivas nem sempre têm múltiplos interessados; por vezes, apenas um. Em outras oportunidades, a melhor estratégia é a transferência para sociedade de credores ou, mesmo, para sociedade (empresária ou cooperativa) de trabalhadores, em ambos os casos constituída especialmente para tal finalidade. Some-se a simples dação ou cessão em pagamento. Portanto, parece-me essencial que a alienação se faça em ambiente judicial: deliberada e fiscalizada pela assembleia geral de credores, supervisionada e fiscalizada pelo comitê de credores e pelo juiz, podendo merecer impugnações judiciais e, até, recursos examinados pelas instâncias judiciárias superiores.

Obviamente, a desoneração dos ativos alienados judicialmente, por ser situação jurídica muito atraente, pode ser utilizada para comportamentos fraudatórios. O próprio legislador o percebeu, razão pela qual estabeleceu, no artigo 141, § 1º, da Lei 11.101/05, regra que excepciona desta desoneração as hipóteses em que o arrematante seja (1) sócio da sociedade falida, ou sociedade controlada pelo falido, (2) parente, em linha reta ou colateral até o 4º grau, consanguíneo ou afim, do falido ou de sócio da sociedade falida; ou (3) identificado como agente do falido com o objetivo de fraudar a sucessão. Essa previsão será estudada em minúcias quando do exame da falência. De qualquer sorte, cumpre observar ser fundamental evitar situações de simulação e fraude, realçado o papel do Ministério Público na supervisão dos atos praticados no juízo universal.

3 DURAÇÃO DA RECUPERAÇÃO JUDICIAL

Proferida a decisão concessiva da recuperação judicial, o empresário ou sociedade empresária permanecerá sob supervisão judicial até que se cumpram todas as obrigações, previstas no plano, que vencerem até dois anos após a concessão da recuperação judicial (artigo 61 da Lei 11.101/05). Assim, o devedor permanecerá *judicialmente* em recuperação judicial de empresa por apenas dois anos, contado da decisão concessiva do benefício. Não há limite temporal para as relações jurídicas constantes do plano de recuperação judicial. O plano pode prever atos que se realizem após dois anos, realizando-se após a sentença de encerramento da recuperação judicial. Pode-se prever, por exemplo, que os créditos serão pagos em parcelas anuais durante 20 anos ou mais.

Quando o artigo 61 refere-se à *concessão da recuperação judicial* como marco inicial para a contagem do prazo dos dois anos do processo recuperatório, indica a decisão concessiva em si, emanada do juiz singular, e não o seu trânsito em julgado. A eventual interposição de recurso não prolonga a duração do processo recuperatório, lembrando-se caber agravo contra a decisão concessiva, que poderá ser interposto por qualquer credor e pelo Ministério Público (artigo 59, § 2º). Se o legislador assim o desejasse, teria explicitado esta particularidade, como, aliás, fê-lo nos artigos 48, I, 64, I, 82, § 1º, 90, parágrafo único, 91, entre outros, todos a referir-se expressamente ao trânsito em julgado do *decisum*.

Durante este biênio, o descumprimento de qualquer obrigação prevista no plano acarretará a convolação da recuperação em falência, como se estudará adiante. Isto não implicará prejuízo daqueles cujos créditos tenham sido alterados pelo plano de recuperação: uma vez decretada a falência, todos os credores alcançados pelo plano de recuperação judicial terão reconstituídos seus direitos e garantias nas condições originalmente contratadas, deduzidos os valores eventualmente pagos e ressalvados os atos validamente praticados no âmbito da recuperação judicial. Preserva-se, assim, a isonomia jurídica e econômica entre os credores que foram alcançados pelos termos do plano de recuperação e aqueles que não o foram.

Atente-se para o alcance potencial da frase *deduzidos os valores eventualmente pagos e ressalvados os atos validamente praticados no âmbito da recuperação judicial* (artigo 61, § 2º, da Lei 11.101/05). Uma interpretação mais simples limitaria sua aplicação às situações nas quais houve alteração nos prazos de vencimentos ou no valor do principal e/ou acessórios dos créditos contra o devedor recuperando. Esta exegese despreza a leitura dos meios de recuperação judicial sugeridos pelo artigo 50. É preciso considerar hipóteses nas quais os créditos (obrigações de pagar, de fazer etc.) se transformaram em faculdades diversas, como direitos sociais (distribuição de quotas da sociedade entre credores), concessão de direito de posse e/ou uso (incluindo usufruto), entre outras. Será fundamental, portanto, verificar-se se o plano de recuperação implicou transmutação de direitos para, então, aferir-se se houve, ou não, satisfação total ou parcial do crédito. Se houve satisfação meramente parcial, será preciso quantificar – tendo por referência o valor originário de crédito – qual a proporção que foi satisfeita para, então, aplicar-se a mesma proporção para a reconstituição de direitos e garantias nas condições originalmente contratadas.

Se o descumprimento de qualquer obrigação prevista no plano de recuperação judicial ocorrer após o biênio recuperatório, ou seja, se ocorrer após a sentença de encerramento do procedimento, o credor poderá requerer a execução específica do título judicial ou optar pelo pedido de falência (artigo 62 da Lei 11.101/05). Essa faculdade é apenas do titular da obrigação descumprida. Somente aquele ou aqueles que sejam credores da obrigação não adimplida, no tempo e modo constante do plano de recuperação, estão legitimados para a execução ou pedido de falência; os demais, em oposição, carecem do respectivo direito de ação. Afinal, é faculdade desse credor a *remissão da dívida* (ou seja, o seu perdão), a concessão de dilargamento do vencimento (conceder *dias de perdão*), a transação etc. Aliás, a falência pode simplesmente não lhe interessar. De qualquer sorte, a opção entre *requerer a execução específica ou a falência* é faculdade legal, não exigindo fundamentação. Sequer é necessário que sua obrigação ultrapasse o equivalente aos 40 salários mínimos ou que haja execução sem depósito ou penhora, nos termos do artigo 94, I e II, da Lei 11.101/05. A falência por descumprimento de obrigação assumida no plano de recuperação judicial tem previsão específica no artigo 94, III, *g*.

4 CONDUÇÃO DA ATIVIDADE EMPRESÁRIA

Durante o procedimento de recuperação judicial, o devedor atua sob a fiscalização do administrador judicial (artigo 22, II, *a*, da Lei 11.101/05), que tem poder e competência para auditar suas contas, inclusive com a ajuda de profissionais ou empresas especializadas, examinar-lhe a escrituração, pedir informações (artigos 7º, *caput*, e 22, I, *c*, *d* e *h*); o administrador, como estudado, vela pelo cumprimento do plano de recuperação judicial e pode requerer a falência no caso de descumprimento de obrigação nele assumida, devendo mesmo apresentar ao juiz, para juntada aos autos, relatório mensal das atividades do devedor (artigo 22, II, *b* e *c*). O devedor ainda tem sua atividade acompanhada pelo comitê de credores, que fiscaliza a administração das atividades do devedor, a atuação do administrador judicial e suas contas, bem como a execução do plano de recuperação judicial, podendo comunicar ao juiz a violação dos direitos ou prejuízo aos interesses dos credores (artigo 27, I, *a* e *c*, II, *b*).

Portanto, durante o procedimento de recuperação judicial, o devedor (firma individual) ou seu(s) administrador(es) (empresa individual de responsabilidade limitada ou sociedade empresária) serão mantidos na condução da atividade empresarial (artigo 64). O comitê de credores e o administrador judicial não têm poder de condução dos negócios, mas mero poder de fiscalização, voltado para evitar a prática de atos ruinosos, fraudulentos, enfim, atos que desrespeitem o objetivo da recuperação judicial, que é a manutenção da fonte produtora, do emprego dos trabalhadores e dos interesses dos credores. O mesmo artigo 64 da Lei 11.101/05, todavia, prevê hipóteses nas quais o devedor ou seus administradores serão afastados da condução da atividade empresarial. Assim, o empresário ou administrador societário será afastado quando:

1. houver sido condenado em sentença penal transitada em julgado por crime cometido em recuperação judicial ou falência anteriores ou por crime contra o patrimônio, a economia popular ou a ordem econômica previstos na legislação vigente;
2. houver indícios veementes de ter cometido crime previsto na Lei 11.101/05;
3. houver agido com dolo, simulação ou fraude contra os interesses de seus credores;
4. houver praticado qualquer das seguintes condutas:
   a) efetuar gastos pessoais manifestamente excessivos em relação a sua situação patrimonial;
   b) efetuar despesas injustificáveis por sua natureza ou vulto, em relação ao capital ou gênero do negócio, ao movimento das operações e a outras circunstâncias análogas;

c) descapitalizar injustificadamente a empresa ou realizar operações prejudiciais ao seu funcionamento regular;
d) simular ou omitir créditos ao apresentar, com a petição inicial da recuperação judicial, a relação nominal completa dos credores (prevista no inciso III do artigo 51 da Lei 11.101/05), sem relevante razão de direito ou amparo de decisão judicial;

5. negar-se a prestar informações solicitadas pelo administrador judicial ou pelos demais membros do comitê de credores;
6. tiver seu afastamento previsto no plano de recuperação judicial.

Este afastamento não se faz apenas após a concessão do benefício; já a partir da decisão que defere o processamento do pedido de recuperação judicial, poderá haver o afastamento do administrador se verificada qualquer das hipóteses citadas. Em fato, o artigo 64 da Lei 11.101/05 fala em *durante o procedimento de recuperação judicial* e não em *durante a execução do plano de recuperação judicial*. Não se toma como marco inicial o ajuizamento do pedido, já que pode haver desistência, o que tornaria inócua a pretensão de afastar o empresário ou administrador societário. Portanto, parece-me que a determinação de afastamento é possível a partir da decisão que defere o processamento da recuperação judicial (artigo 52), certo que, a partir dessa, a desistência só é possível se há aprovação pela assembleia geral de credores. Em oposição, com a sentença de encerramento da recuperação judicial, que será proferida decorridos dois anos da concessão do benefício (artigos 61 e 63), encerra-se o procedimento de recuperação, ainda que restem medidas previstas no plano de recuperação. Dessa maneira, não mais será possível o afastamento, mesmo verificando-se qualquer das hipóteses acima listadas (artigo 64). No entanto, é possível o pedido de falência, mesmo fundada na prática de atos falimentares (artigo 94, III).

Da forma como está redigido o artigo 64, garantindo a permanência na condução da atividade empresarial, mas excepcionando hipóteses em que *deverá haver* o afastamento, parece-me forçoso reconhecer bastar a verificação de fato que corresponda a qualquer das previsões listas para que dele decorra, *ex officio* ou a pedido de interessado, a decisão de destituição. Essa posição é reforçada pelo texto do parágrafo único do mesmo artigo 64, que fala categoricamente: *verificada qualquer das hipóteses do* caput *deste artigo, o juiz destituirá o administrador*. Destaque-se do período transcrito a frase *o juiz destituirá o administrador*; não se fala que *o juiz deferirá a destituição do administrador*, o que deixa claro que a medida pode ser tomada mesmo de ofício.

Todos os partícipes diretos do juízo universal têm legitimidade ativa para o pedido judicial de destituição, ou seja, o Ministério Público, o administrador judicial, o comitê de credores e qualquer credor. Também os trabalhadores, por si (um só ou um grupo de trabalhadores) ou representados por seus sindicatos, já que a recuperação judicial também objetiva preservar-lhes o emprego (artigo 47). Para além desses, também os sócios (quotistas e acionistas) têm igual interesse; afastados da condução da atividade negocial, seja pelo volume de sua participação, seja por outras questões, são eles vítimas diretas da prática de atos ruinosos pelo administrador societário. Estão igualmente legitimados para instruí-lo, com a apresentação de provas documentais ou, conforme o caso, pela realização de oitiva de testemunhas ou prova pericial. Esta instrução, por se tratar de questão incidental, se fará por meio de procedimento sumário de conhecimento (*sumario cognitio*), que será requerido ao juiz e por este deferido, ou não, em decisão devidamente fundamentada e passível de agravo.

Visto isto, passa-se ao exame, em separado, de cada uma das hipóteses listadas no artigo 64.

4.1 Condenação penal transitada em julgado

A condenação penal, transitada em julgado, pela prática de crime cometido em processo recuperatório judicial ou falência anteriores ou por crime contra o patrimônio, a economia popular ou a ordem econômica previstos na legislação vigente, é situação objetiva, para a qual não se licencia qualquer juízo de valor. Basta o trânsito em julgado da sentença condenatória para que haja a destituição do empresário ou administrador societário da condução dos negócios. Sequer há falar em aplicação analógica do artigo 181, § 1º, argumentando não serem automáticos tais efeitos do trânsito em julgado das sentenças penais condenatórias, a exigir sejam motivadamente declarados na sentença. Esta exigência limita-se às consequências listadas nos incisos do *caput* do artigo 181 (inabilitação para o exercício de atividade empresarial; impedimento para o exercício de cargo ou função em conselho de administração, diretoria ou gerência das sociedades sujeitas à Lei 11.101/05; e impossibilidade de gerir empresa por mandato ou por gestão de negócio).

A destituição do empresário ou do administrador societário, nesta hipótese, decorre de uma presunção de que a prática daqueles crimes é incompatível com a condução dos negócios empresariais em tempos de benefício recuperatório. Presunção jurídica absoluta (*iuris et de iure*), sem comportar prova em contrário: o legislador fez decorrer do trânsito em julgado da sentença condenatória, como efeito necessário, a destituição da administração da atividade negocial. Esta presunção, aliás, não está vinculada à crise econômico-financeira; assim, a prática de *crime contra o patrimônio, a economia popular ou a ordem econômica* não precisa estar relacionada com a crise que conduziu ao pedido recuperatório. Basta o fato em si da condenação, qualquer que tenha sido o contexto da prática do ato delituoso. O ato e a denúncia podem ser até anteriores à instauração do procedimento de recuperação judicial (o que fica claro da expressão *recuperação judicial ou falência anteriores*). Todavia, a legislação na qual se fundou a sentença deverá estar ainda vigente. Se a condenação, anterior ao pedido, fundou-se em legislação já revogada a este tempo, não há falar em destituição do empresário ou da sociedade empresária em face do princípio inscrito no artigo 5º, XL, da Constituição da República, determinando a retroatividade dos dispositivos penais que sejam mais benéficos aos réus, ou seja, a retroatividade da *lex mitius*. A Lei 11.101/05 reconhece tal princípio, referindo-se a crimes *previstos na legislação vigente*.

4.2 Indícios veementes de crime previsto na Lei 11.101/05

Se houver indícios veementes de ter o empresário ou o administrador societário cometido crime previsto na Lei 11.101/05, será ele destituído da condução da atividade empresarial. Não se tem aqui, portanto, uma situação objetiva, a exemplo do inciso anterior. Tem-se, isso sim, um provimento acautelatório, formado a partir da investigação de cenários que são verossimilhantes, apresentando risco provável aos interesses das partes envolvidas no procedimento. A ausência de decisão final no processo penal e, até, a possibilidade de não haver instrução criminal, criam uma dificuldade extra, própria dos juízos assecuratórios, tornando indispensável que o provimento cautelar seja tomado não sobre certezas, mas sobre situações aparentes, prováveis, verossimilhantes; não se exige que o magistrado demonstre que algo efetivamente ocorreu, mas apenas que demonstre a aparência de que tenha ocorrido (*fummus boni iuris*), o que, por si só, dá sustentação ao provimento judicial.

No artigo 64, II, da Lei 11.101/05, há duas situações de naturezas distintas que se complementam: uma penal, qual seja, a prática de crime definido na Lei 11.101/05, e uma cível: a destituição da condução da atividade empresarial. Em face da especificidade oferecida pelos crimes previstos na Lei 11.101/05, permite-se a antecipação dos efeitos civis da tutela penal, justificada pela preservação dos direitos e dos interesses da empresa (a preservação da fonte produtiva), dos trabalhadores (a preservação dos postos de emprego) e dos credores. Não se exige, portanto, que a decisão de destituição do empresário ou administrador societário, neste caso, demonstre a prática inequívoca de crime previsto na Lei 11.101/05, como que a antecipar o provimento judicial penal. O juiz apenas verificará se há indícios suficientes que demonstrem ter havido, aparentemente, tal prática, fundamentando com tais elementos o seu provimento. O cuidado que deve ter para tanto, portanto, é enorme, lembrando-se do texto do artigo 64, *caput*, da Lei 11.101/05, que erige em regra geral, em comportamento habitual, serem mantidos na condução da atividade empresarial, durante o procedimento de recuperação judicial, o devedor ou seus administradores.

4.3 Dolo, simulação ou fraude

A manutenção do empresário ou do administrador societário na condução da atividade empresarial faz-se na presunção de que sua intenção é a preservação da empresa e, com ela, a manutenção da fonte produtora, do emprego dos trabalhadores e dos interesses dos credores. Comprovado que agiu, mesmo antes do aforamento do pedido, ou que está agindo com dolo, simulação ou fraude contra os interesses de seus credores, seu afastamento é imperativo. São três situações dolo, simulação ou fraude (artigo 64, III). *Dolo* é a vontade deliberada e consciente de atingir determinado resultado ilícito, agindo contra os interesses dos credores. A vontade deliberada e consciente de praticar ato conforme a lei, ainda que contrário aos interesses dos credores, é ato lícito e, assim, exercício regular de Direito, não constituindo caso de afastamento do empresário ou administrador societário da condução da atividade empresarial. Frise-se tratar-se de dolo e ilícito civil; não é necessária ilicitude penal: mesmo que o ato ilícito doloso não seja definido como crime será possível deferir o afastamento.

Por seu turno, *simulatio* é imitação, fingimento, a aparência enganosa. Para que haja simulação, é preciso que o ato jurídico aparente determinado conteúdo e finalidade, ao passo que, em verdade, tenha finalidade diversa, ilícita. De acordo com o artigo 167 do Código Civil, haverá simulação nos negócios jurídicos quando: (1) aparentarem conferir ou transmitir direitos a pessoas diversas daquelas às quais realmente se conferem, ou transmitem; (2) contiverem declaração, confissão, condição ou cláusula não verdadeira; e (3) os instrumentos particulares forem antedatados, ou pós-datados.

Sublinhe-se a distinção entre *simulação* e *dissimulação* (artigo 167 do Código Civil). A marca característica da *dissimulação* jurídica, alçada à condição de variação conceitual da *simulação*, é o contexto fático, volitivo e jurídico do simulacro engendrado pela pessoa, no ato jurídico unilateral, ou pelas partes, nos negócios jurídicos. Em ambos os casos, tem-se a concretização de um ato (unilateral ou negocial) no qual a aparência não corresponde, no todo ou em parte, à realidade (ao que se passa ou ao que se pretende). Na dissimulação, entretanto, tem-se um simulacro que não revela, na intenção das partes, no contexto dos fatos ou no amplo sistema das normas jurídicas, fins contrários ao Direito, nem, em sentido amplo, aos costumes contratuais e à boa-fé (artigos 112, 113, 421 e 422 do Código Civil). São múltiplas as situações, algumas delas com alicerce legal. Se o empresário ou administrador societário emite um cheque com data futura (pós-datado) para pagamento de compra regular de insumos, cumprindo a dissimulação da cártula a simples função de dilargar o prazo de apresentação para permitir o cumprimento do ajuste de prazo para apresentação, o que é corriqueiro no mercado, não estará presente condição fática que justifica a destituição.

Tem-se, por fim, a figura da *fraude*, conceito que, além de não prescindir do dolo (da vontade consciente e deliberada de praticar ato ilícito), também implica ardil e pode envolver simulação. *Fraudatio* é a ação de enganar, em latim; *fraudare* é prejudicar por meio de um ardil, enganando. Essencialmente, embora a simulação seja um meio de fraudar, a fraude não se resume à simulação, podendo implicar outro tipo de ardil, outro tipo de comportamento. Um leque muito maior de possibilidades se colocam, algumas delas muito próximas da licitude; alguém que liste como bem que compõe o seu ativo patrimonial uma obra de arte pelo *valor da tabela do artista*, quando sabidamente tem um *valor de mercado inferior*, pode, de acordo com o contexto, estar fraudando suas contas.

Note-se que o legislador afirmou como hipótese de afastamento do empresário ou administrador societário haver: (1) agido com dolo, simulação ou fraude; (2) agido contra os interesses de seus credores. Portanto, a hipótese de incidência normativa exige a verificação simultânea de ambos os requisitos legais: (1) a ação que se qualifique como dolosa, simulada ou fraudulenta, nos termos há pouco estudados; e (2) a sua intenção, o seu objetivo, o seu fim, que deve prejudicar os credores. A simples verificação do desejo (*desideratum*), da intenção, não basta. Não basta querer (ter a intenção de) agir contra o interesse dos credores, assim como não basta falar, dizer, ou mesmo cogitar agir, contra os interesses dos credores. É preciso haver ação. Em contraste, não é preciso a verificação do resultado desejado para que se caracterize a ação e, com ela, a causa legal de destituição do administrador empresarial. Em fato, o legislador não previu o prejuízo dos credores como hipótese legal de afastamento da condução negocial, mas a ação, mesmo que não venha a se concretizar em face de elemento estranho à vontade do empresário ou administrador societário. A simples tentativa de prejudicar os credores já será suficiente para o afastamento.

Num segundo plano, coloca-se uma qualificadora teleológica da ação dolosa, simulada ou fraudadora. Não é qualquer ato doloso, não é qualquer simulação, nem qualquer fraude que dá azo ao afastamento do empresário ou administrador societário da condução da atividade negocial, mas apenas quando o ato tenha por objetivo prejudicar o interesse dos credores. A verificação de atos que caracterizem dolo, fraude ou simulação, quando não tenham por finalidade prejudicar credores, não autoriza a destituição dos administradores, já que não se encartam na previsão legal. De qualquer sorte, *credores*, aqui, é termo que se interpreta em sentido largo, a incluir tanto os trabalhadores, quanto os sócios – designadamente os sócios minoritários, os sócios afastados da administração –, já que mantêm, em relação ao patrimônio empresarial (ou aziendal, preferindo-se), direitos e interesses traduzíveis em pecúnia.

4.4 Comportamento incompatível

O empresário ou administrador societário que pede recuperação da empresa não está apenas obrigado a um comportamento lícito, atendendo às exigências legais. Está também obrigado a um comportamento honesto (probo) e de boa-fé, além de dever refletir um comedimento que seja moralmente condizente com a situação de crise econômico-financeira. Afinal, a constituição do juízo universal recuperatório implica ônus não apenas para si, mas também para terceiros, como trabalhadores, credores, o Estado e a sociedade em geral. Por isso, é preciso que se comporte de maneira compatível com a gravidade do regime a que está submetido, sem o que será afastado da condução da atividade negocial. A regra é sabidamente elástica, já que constitui norma disciplinar. Normas disciplinares têm alcance largo, não se fazendo necessária uma perfeita identificação entre o modelo descrito e o ato concretizado pelo submisso àquela ordem. Não há falar em *tipo disciplinar*, nem em necessidade de perfeita adequação entre um núcleo normativo (*tipo*) e o núcleo do fato.

Dessa maneira, não se exige, para o afastamento do empresário ou administrador societário da condução da atividade empresarial, uma perfeita identificação (isomorfia) entre norma (a estrutura do paradigma da previsão normativa) e fato (o núcleo do ato jurídico praticado, comissiva ou omissivamente, pelo administrador). No entanto, tomando a questão pelo ângulo oposto, não se pode deixar os indivíduos completa e absolutamente à mercê dos apetites dos disciplinadores, sem que haja uma definição prévia de balizas, de referências conceituais e axiológicas, de parâmetros que orientem previamente a atuação de cada inscrito. Consequentemente, embora não haja necessidade de perfeita adequação entre as hipóteses normativa (*in abstracto*) e fática (*in concreto*), como ocorre com o tipo penal, a interpretação extensiva não é ampla em moldes que permitam um distanciamento extremado das alíneas do artigo 64, IV, da Lei 11.101/05.

Note-se, porém, que a aplicação do artigo 64, IV, somente se faz até a sentença de encerramento da recuperação judicial. Desta forma, mesmo que existam efeitos da sentença que se prolonguem após tal sentença, a prática de qualquer dos comportamentos listados no dispositivo não implicará afastamento do empresário ou administrador societário da condução da atividade empresarial.

4.4.1 Gastos pessoais manifestamente excessivos

Será afastado da condução da atividade empresarial o empresário ou o(s) administrador(es) societário(s) que efetuar(em) gastos pessoais manifestamente excessivos em relação a sua situação patrimonial. Gastos pessoais são desembolsos feitos a bem da pessoa do administrador empresarial ou de outrem, seguindo o seu interesse pessoal: esposa, seus filhos, sócios ou até terceiros. Em tese, esse comportamento seria, indubitavelmente, incompatível com uma situação de crise econômico-financeira: ou (1) não há crise econômico-financeira, o que não justificaria todos os ônus que são transferidos para os credores e terceiros (a exemplo da suspensão de suas ações e execuções contra o devedor); ou (2) há crise econômico-financeira e o comportamento do administrador da empresa, efetuando gastos pessoais manifestamente excessivos, está agravando-a, o que também justifica a medida drástica de afastá-lo da condução dos negócios. Mas o dispositivo não é de interpretação fácil, o princípio da distinção de personalidades entre a sociedade e seus membros (sócios e administradores).

É preciso separar dois casos: (1) empresário (firma individual); e (2) sociedade empresária. Na sociedade empresária assiste-se a uma distinção de personalidade e, em face desta, uma distinção de patrimônios, entre sócios e pessoa jurídica. Na firma individual, tem-se uma única personalidade, como demonstrado no volume 1 desta coleção: é o empresário, pessoa natural, que tem seu registro na junta. Via de consequência, há um único patrimônio, titularizado pelo empresário, embora, por exigência legal, haja uma especialização do patrimônio empresarial, que constituirá uma unidade no universo patrimonial do empresário: essa unidade parte de um determinado capital investido (artigo 968, III, do Código Civil) e seu emprego e sua evolução devem ser devidamente historiados na escrituração contábil da empresa (artigo 1.179 do Código Civil). Mas todo o patrimônio ativo do empresário (o patrimônio especificado para o exercício da empresa e o restante de seus bens) garante o seu patrimônio passivo: as obrigações assumidas com o uso da firma individual e as demais. A crise econômico-financeira da empresa, neste contexto, é obrigatoriamente uma crise da pessoa do empresário e de seu patrimônio. A expressão *sua situação patrimonial*, neste contexto, interpreta-se como relativa ao empresário, em termos absolutos.

Já na sociedade empresária, a distinção de personalidade jurídica entre sócios e pessoa, e a correspondente distinção de patrimônios, impõe solução diversa. A expressão *sua situação patrimonial*, neste contexto, interpreta-se considerando essa distinção: há uma situação patrimonial da empresa e há situações patrimoniais dos sócios. Se há responsabilidade subsidiária do(s) sócio(s) pelas obrigações sociais, como na sociedade em nome coletivo, na sociedade em comandita simples (*sócios comanditados*) e na sociedade em comandita por ações (*sócios diretores*), embora a crise econômico-financeira da sociedade não implique, necessariamente, crise no patrimônio de tais sócios, seus bens garantem as obrigações sociais, caso o patrimônio da sociedade não seja suficiente para saldá-las, razão pela qual a falência da sociedade implicará simultânea falência dos sócios ilimitadamente responsáveis (artigo 81 da Lei 11.101/05). Por isso, faz-se necessário compreender a expressão *sua situação patrimonial*, a partir de uma exegese teleológica, como o conjunto formado pelo patrimônio da sociedade em recuperação judicial e os patrimônios dos sócios ilimitadamente responsáveis.

Assim, se o patrimônio dos sócios ilimitadamente responsáveis é suficiente para, malograda a pretensão de recuperação judicial, fazer frente ao passivo da sociedade e impedir a falência, os gastos que fizerem sem atentar para tal garantia de solvabilidade não podem, em hipótese alguma, dar margem à destituição. Ressalte-se que a riqueza do sócio ilimitadamente responsável (sua solvabilidade) não é empecilho para que a sociedade da qual é membro peça e obtenha o benefício da recuperação judicial. A recuperação judicial não é benefício que se conceda apenas a sociedades em que haja limite de responsabilidade ou, para as demais, quando a crise econômico-financeira desborde os limites da empresa e alcance os sócios subsidiariamente responsáveis. A capacidade do sócio ilimitadamente responsável de solver, com seu patrimônio pessoal, o passivo da sociedade em crise econômico-financeira não impede a sociedade de pedir a recuperação judicial, nem obriga aquele a antecipar os efeitos de sua responsabilidade subsidiária que, a rigor, afirma-se sucessivamente, ou seja, apenas quando o devedor principal não tem recursos – incluindo, aqui, as vantagens e benefícios legais, como a recuperação – para fazer frente a seus compromissos.

Nas sociedades em que haja limite de responsabilidade entre sócios e pessoa jurídica (sociedades limitada e anônima), bem com os sócios com responsabilidade limitada nas sociedades em comandita simples e por ações, a responsabilidade do sócio está limitada ao valor a ser integralizado de quotas (sociedades contratuais) ou ações (sociedades estatutárias). A frase *gastos pessoais manifestamente excessivos em relação a sua situação patrimonial* lê-se como gastos feitos pela sociedade e, aparentemente, para a sociedade, mas que beneficiem o administrador ou a outrem, segundo seu interesse pessoal. Também gastos do próprio sócio ou administrador que sejam incompatíveis com o seu patrimônio pessoal, tornando provável sejam resultado de confusão patrimonial e desvio de ativos, designadamente valores do caixa. Não se considera, nesta perspectiva, a situação patrimonial da sociedade empresária, mas do administrador societário ou do terceiro (sócio ou não) que, segundo se apura (demonstra-se e/ou comprova-se), estaria se beneficiando de tais gastos. Os *gastos manifestamente excessivos em relação à situação patrimonial* do administrador ou do terceiro beneficiário (mesmo outra pessoa jurídica: sociedade, fundação ou associação) são indícios fortes de prática de atos ilícitos, em desproveito dos credores.

Alfim, é preciso dar a atenção que merece o advérbio *manifestamente* na expressão *gastos manifestamente excessivos*. Para evitar abusos na destituição, exige-se que o excesso seja manifesto, vale dizer, que seja inquestionável, patente. É preciso que fujam ao normal, que extrapolem o razoável. Somente haverá *gastos manifestamente excessivos* quando, segundo a avaliação comum, ou seja, da maioria das pessoas, superam a proporção que se poderia aceitar. O advérbio, neste contexto, preserva o artigo 5º, XXII, da Constituição da República, que protege o direito de propriedade, incluindo a titularidade da empresa pelo empresário (firma individual) ou a titularidade de quotas ou ações, a partir das quais se faz a eleição do administrador societário.

4.4.2 Despesas injustificáveis

Será destituído da condução da atividade empresarial o administrador que efetuar despesas injustificáveis por sua natureza ou vulto, em relação ao capital ou gênero do negócio, ao movimento das operações e a outras circunstâncias análogas (artigo 64, IV, *b*, da Lei 11.101/05). Ao contrário da seção anterior, os gastos, aqui, são feitos com a própria empresa. Comumente, a empresa experimenta despesas diversas, em sentido largo, a principiar com aquelas necessárias para a sua constituição, passando por fornecedores, salários a pagar, empréstimos, impostos; também devem ser consideradas as *perdas* (mercadorias deterioradas, bens furtados, incêndios etc.), os *desgastes* e as *depreciações*. Há, inclusive, despesas que contribuirão para a formação do resultado de mais de um exercício social, como investimento no desenvolvimento de produtos, marcas, estratégias mercadológicas.

Receita e despesa são inerentes à empresa e, de resto, a qualquer entidade submetida a escrituração contábil. A existência pressupõe gastos, desembolsos; e estes, por seu turno, pressupõem uma receita correspondente, quando não se façam sobre fundos vultosos que vão depreciando-se com o tempo. Não há, portanto, na despesa em si qualquer ato incompatível com a manutenção do administrador à frente da atividade empresarial submetida à recuperação judicial. A destituição funda-se não na existência de despesas, mas sim na ausência de justificação para as mesmas: *despesas injustificáveis*, diz a lei. A justificação ou não da despesa, a decidir a manutenção ou o afastamento do empresário ou administrador societário à frente dos negócios da empresa em recuperação judicial, será aferida tendo por referência, num primeiro plano, (1) a natureza e (2) o vulto da despesa efetuada e, num segundo, considerando sua relação com (1) o capital empresarial, (2) o gênero do negócio, (3) o movimento das operações e (4) *outras circunstâncias análogas*.

É um modelo conceitual engenhoso e bem interessante. Com efeito, embora se considere absolutamente relevante ter em vista a natureza da despesa e/ou o seu vulto – o montante *que foi, está sendo* ou (pretende-se) *será desembolsado* –, afirma-se um segundo plano de referências qualificadoras, que devem orientar a decisão sobre o afastamento, ou não, do administrador da empresa em recuperação judicial. A despesa pode ser vultosa e justificável. A concessão de uma nova rota para uma companhia aérea em recuperação judicial implicará a necessidade de uma nova aeronave; um gasto vultoso, mas justificável. Uma empresa promotora de eventos artísticos poderá gastar com uísques raros, champanhas ou toalhas de linho etc. e outros bens e serviços conforme as exigências desvairadas de *pop-stars* contratados para espetáculos; gastos de natureza esdrúxula, mas justificável. Vulto e natureza, portanto, constituem apenas um plano referencial, que deve ser combinado com o segundo plano referencial, composto, como visto, por outras balizas: (1) o capital empresarial; (2) o gênero do negócio; (3) o movimento das operações; e (4) *outras circunstâncias análogas*.

O capital empresarial é baliza para o vulto da despesa. Há uma relação entre o valor do que se gasta e o montante do capital investido na empresa, exigindo haver uma proporcionalidade justificável entre ambos. Contudo, não me parece que o termo *capital do negócio* leia-se como *capital registrado*, ou seja, aquele que consta do registro do empresário e/ou do ato constitutivo da sociedade empresária. Pode haver desatualização monetária do capital registrado, no mínimo em virtude da determinação anotada no artigo 4º, parágrafo único, da Lei 9.249/95, que, como visto no volume 2 desta coleção, expressamente veda a correção monetária das demonstrações financeiras, inclusive para efeitos societários. Como se não bastasse, deve-se lembrar das reservas de capital que podem estar escrituradas na empresa e, mesmo, das reservas ocultas de capital, fruto de sobrevalor não escriturado do ativo, como estudado no volume 1 desta coleção. Assim, deve-se considerar o capital real, vale dizer, o valor que está efetivamente investido na empresa, distinto do capital registrado. Como se não bastasse, é preciso também ter em conta duas outras referências complementares da mesma norma, quais sejam, o *gênero do negócio* e o *movimento das operações*, sendo certo haver determinadas empresas que mantêm fluxo de caixa (receita e despesa) vultoso, apesar de demandarem baixo investimento.

O *gênero do negócio* é baliza que pode ser usada para temperar a relação entre o *vulto da despesa* e o *capital empresarial*, mas que serve também às investigações sobre a natureza da despesa. O paradigma é a pertinência entre o que se gasta e o *objeto da empresa*. Empresas são *finalísticas*, sendo constituídas para explorarem certo objeto (artigos 968, IV, e 997, II, do Código Civil, e artigo 2º, da Lei 6.404/76). A especialização é princípio intrínseco à empresa, não se admitindo uma atuação biscateira, desordenada, que delira de um tipo de negócio a outro, desbaratadamente. O objeto da empresa pode ser mais ou menos vasto, mas deverá ser previamente especificado e, a partir de tal definição, estará devidamente delimitado. Justamente por isso, o artigo 64, IV, *b*, da Lei 11.101/05, referindo-se à *natureza* da despesa e, como paradigma complementar, ao *gênero do negócio*, estabelece uma regra de pertinência entre as despesas que são efetuadas e o objeto previamente definido para a empresa. Obviamente, a regra pode ser excepcionada pela verificação de despesas não operacionais extraordinárias, desde que justificadas; por exemplo, uma epidemia justifica o pagamento da vacinação de trabalhadores e, mesmo, de familiares; também assim se afirma a função social da empresa.

O *movimento das operações*, por seu turno, pode ser tomado quantitativa e qualitativamente. No plano quantitativo, serve como referência à ideia de vulto da despesa, além da baliza do capital registrado, nos termos vistos há pouco. Permite, assim, considerar a despesa no âmbito do fluxo de caixa, ressaltando a importância deste relatório contábil para o procedimento de recuperação judicial. Em fato, há empresas que mantêm grande movimento de caixa, entre encaixe e desencaixe, entre receita e despesa, mesmo com baixo investimento, ou seja, com baixo capital registrado. A despesa vultosa e desproporcional ao capital registrado, neste contexto, pode ser facilmente explicada pelo movimento das operações. No plano qualitativo, o movimento das operações indica necessidades específicas, ou seja, despesas que se mostram necessárias segundo o histórico da atividade, seja para corrigir problemas passados, porque são gastos que se mostram indispensáveis em determinado ciclo, seja para fazer frente a determinados fatores que se apresentaram ao administrador.

Por fim, o legislador tomou o cuidado de incluir uma expressão que abre o alcance da norma, referindo-se a outras *circunstâncias análogas*. Foi medida sábia, evitando-se uma pretensão de tomar a previsão como tipificadora (qualidade que, já o disse, ela não tem), limitando indevidamente o poder de destituição do administrador de empresa, em prejuízo de credores, trabalhadores, demais sócios etc. A analogia, no caso, se faz em relação aos critérios precedentes: *capital empresarial*, *gênero do negócio* e *movimento das operações*. Ou seja, a analogia se faz obrigatoriamente por meio da consideração de aspectos que digam respeito às finanças da empresa e às atividades por meio das quais realiza o seu objeto e, assim, persegue sua finalidade de produção de sobrevalor (o que pressupõe capacidade anterior de saldar suas despesas). Não devem ser considerados elementos que fujam a tal parâmetro genérico. Assim, por exemplo, o comportamento sexual do administrador é fator indiferente; somem-se comportamento no âmbito da família, comportamento na comunidade local etc.

Note-se, para arrematar, que os dois conjuntos de referências interpretam-se conjuntamente. Da mesma forma que vulto e natureza devem ser examinados considerando *capital*, *gênero do negócio*, *movimento das operações* e *outras circunstâncias análogas*, este segundo grupo de balizas deve ser tomado observando o primeiro, ou seja, vulto e natureza. Um exemplo disso foi dado há pouco: a vacinação de trabalhadores e, mesmo, de seus familiares para sua prevenção contra uma epidemia que esteja varrendo a região pode não ser pertinente ao gênero do negócio, mas justifica-se por sua *natureza* e finalidade. Igualmente, é preciso considerar o vulto da despesa, mesmo quando não atenda ao gênero do negócio, ao movimento das operações e a outras circunstâncias análogas, sendo lícito afirmar a plena validade do princípio da insignificância em tais investigações. A compra de uma garrafa de vinho pode não atender ao gênero do negócio ou outras circunstâncias análogas, mas, por seu vulto (seu baixo valor), não será, por certo, motivo suficiente para a destituição do administrador da condução da atividade empresária.

4.4.3 Descapitalização injustificada da empresa

O capital, como visto há pouco, é o valor que se investiu na empresa: o empresário ou os sócios da – e na – sociedade empresária. Parte-se, conforme exigência dos artigos 968, III, e 997, III, do Código Civil, e artigo 5º da Lei 6.404/76, de um valor inicial que, ao longo da evolução da atividade negocial, poderá ser aumentado ou reduzido, o que se estudou nos volumes 1 e 2 desta coleção. Pressupõe-se que esse valor seja suficiente para a realização do objeto social e, assim, no exercício da empresa e após o pagamento das respectivas despesas, cumprir a finalidade legal da entidade mercantil, que é a produção de vantagens econômicas (lucro) apropriáveis pelo empresário ou distribuídas, como dividendos, aos sócios. As relações jurídicas das quais o empresário ou sociedade empresária é sujeito ativo (credor) ou passivo (devedor) em torno das quais têm no capital investido um elemento de partida. Justamente por isso, há um capital registrado, que passa a compor a escrituração da empresa desde o seu nascedouro, sendo historiado em sua evolução.

A preservação do capital empresarial, neste contexto, é elemento viabilizador da preservação da empresa. Basta recordar, como estudado no volume 1, que uma da metanormas que informam o capital empresário é o princípio jurídico da intangibilidade, a impedir que se lance mão indevidamente do capital, em prejuízo da continuidade da entidade produtiva. Por isso, no balanço o capital social é lançado na coluna do passivo, ou seja, a verificação do resultado do exercício (lucro ou prejuízo) deve fazer-se não apenas subtraindo o ativo do passivo, mas subtraindo-se também do ativo o valor do capital registrado, na expectativa de conservá-lo na atividade negocial. Atentar contra o capital é, portanto, atentar contra o princípio da continuidade da empresa, motivo pelo qual deverá ser afastado da condução dos negócios o administrador que descapitalizá-la injustificadamente ou realizar operações prejudiciais ao seu funcionamento regular.

A lei não modalizou a frase *descapitalizar injustificadamente a empresa*. Assim, o afastamento pode decorrer de atos realizados anteriormente ao ajuizamento do pedido de recuperação judicial, mas que tenham se revelado danosos à empresa, embora se deva ressalvar a hipótese de ter havido posterior recomposição do capital, a demonstrar seriedade e compromisso na condução da empresa. De outra face, é indispensável que a descaptalização seja *injustificada*. Se é justificada, não caracteriza ato que autorize o afastamento do empresário ou administrador societário; é o que se passará quando a descapitalização se fez necessária para pagamento de obrigações (trabalhistas, fiscais, civis etc.).

Por outro ângulo, a descapitalização injustificada pode ser regular, ou seja, realizada por meio de redução de capital devidamente escriturada e levada a registro, ou irregular, como aquela que decorre da falta de escrituração de perdas (furtos, créditos não saldados, sinistros diversos), depreciações e desgastes dos bens que compõem o ativo etc. Nestas hipóteses, o ativo se mostra excessivamente valorizado, com valor contábil a superar o valor real, prejudicando a preservação do capital escriturado; o resultado prático deste quadro é uma descapitalização da empresa, embora não aparente no seu balanço.

O artigo 64, IV, *c*, da Lei 11.101/05, ainda contempla como hipótese de afastamento do administrador a realização de *operações prejudiciais ao seu funcionamento regular*. A expressão legal poderia dar margem a amplas incursões hermenêuticas se não estivesse inscrita justamente na citada alínea *c*, onde mantém relações sintagmáticas com a expressão *descapitalização injustificada*. Uma limita a outra, por certo, deixando claro que somente deve ser considerada, como elemento justificador do afastamento do administrador, a realização de operações prejudiciais ao funcionamento regular da empresa que (1) tenham reflexo sobre o capital empresarial e, ademais, que (2) sejam injustificadas.

4.4.4 Simulação ou omissão de créditos

Será afastado da condução da atividade empresarial o administrador que *simular* ou *omitir créditos* ao apresentar, com a petição inicial da recuperação judicial, a relação nominal completa dos credores (artigo 51, III, da Lei 11.101/05), sem ter relevante razão de direito ou amparo de decisão judicial (artigo 64, IV, *d*). São duas situações distintas. *Simular créditos* é lançar na relação de credores obrigações inexistentes, no todo ou em parte: listar como credor quem não o é ou listar créditos superiores aos efetivamente devidos, beneficiando determinado credor. Também há simulação de crédito quando se tem uma alteração na qualidade do crédito, como na definição de crédito quirografário como se fosse crédito com garantia real ou, ainda, como se fosse crédito oriundo de relação de emprego (pretender, fraudulentamente, ser empregado um mero prestador de serviço). Em segundo lugar, tem-se a omissão de crédito, ou seja, o não relacionamento de quem tem uma faculdade contra o devedor.

Os verbos *simular* e *omitir* traduzem, no contexto do dispositivo legal examinado, comportamentos dolosos; pune-se o administrador porque teve a intenção de fraudar o procedimento recuperatório, simulando ou omitindo crédito. É o comportamento ardiloso que justifica a destituição. Se há ato culposo (negligência ou imprudência), não se justifica o afastamento do administrador. Em fato, a própria previsão de um detalhado procedimento de verificação, habilitação e impugnação de créditos deixa claro que a lista apresentada pelo empresário ou sociedade empresária será objeto de diversas contestações; a prática forense não discorda. Habilitações e impugnações multiplicam-se em cada processo, como se fossem de sua essência. Dessa maneira, uma interpretação radical e extremada da previsão anotada no artigo 64, IV, *d*, conduziria ao afastamento dos administradores de empresa em todos os pedidos de recuperação judicial, o que, por certo, não corresponde nem à intenção da lei.

Nesse sentido, o próprio dispositivo excepciona as inclusões indevidas e as omissões quando haja *relevante razão de direito* ou *amparo de decisão judicial*. O *amparo de decisão judicial* não oferece qualquer dificuldade: é obrigação de todos, inclusive do próprio Estado, acatar as decisões judiciárias. Justamente por isso, será extremamente grave relacionar ou não crédito em desobediência a decisão judicial, do que não cuidou expressamente o legislador, mas apura-se do próprio contexto da norma estudada. A falha, o erro justificável, caracteriza *relevante razão de direito*, por si só. Os preparativos para o aforamento do pedido de recuperação judicial são extenuantes, mormente em face das amplas exigências legais, sendo comuns falhas, no mínimo como afirmação da máxima latina *errare humanun est* [errar é humano]. Obviamente, outras *relevantes razões de direito* podem se apresentar.

A inclusão ou omissão do crédito pode derivar da consideração de precedentes experimentados pelo devedor, que, em circunstâncias anteriores similares, teve a dívida reconhecida ou não pelo Judiciário. Pode decorrer de teses jurídicas razoáveis que venham a ser sustentadas na impugnação ao crédito etc.

4.5 Negativa de informações

Como visto, é uma obrigação do empresário ou administrador societário prestar as informações que lhe sejam requeridas pelo juiz, pelo administrador judicial ou pelos membros do comitê de credores. Negando-se a prestar as informações solicitadas, poderá ser destituído da condução da atividade empresária. A exegese da norma deve ser cuidadosa. Para a destituição é indispensável que o órgão ou autoridade da qual emanou a disposição titularize competência jurídica e poder para requerer aquela informação, ou seja, que não haja na determinação um abuso de função, situação na qual a recusa se torna legítima. O juiz, certamente, tem um poder maior de questionamento, mas, ainda assim, passível de resistência legítima, pela via do recurso, à instância revisora. Administrador e comitê têm poder bem mais reduzido, mormente este último, sendo legítimo ao administrador empresarial submeter ao juízo o pedido de informação formulado se o considera injustificado.

Ademais, é preciso que a informação solicitada pelo magistrado, administrador judicial ou comitê de credores seja lícita, sem o que, uma vez mais, será lícito ao empresário ou administrador societário recusar-se a cumprir ordem manifestamente ilegal. Há incontáveis informações que não podem ser postas e, outras ainda, que comportam recusa legítima por parte do empresário; uma empresa jornalística não pode ser questionada sobre suas fontes, já que a Constituição expressamente preserva o sigilo das mesmas; não se podem pedir informações sobre a intimidade do administrador, tidas como invioláveis pela Constituição. Haverá recusa legítima e, destarte, não se poderá destituir o administrador da condução dos negócios da empresa. Por fim, é essencial o respeito aos requisitos processuais, a principiar da regular intimação pessoal para a prestação da informação, a definição de prazo para prestá-la ou insurgir-se contra o requerimento.

4.6 Previsão no plano recuperatório

Por fim, é possível que o afastamento seja previsto no plano de recuperação judicial (artigo 64, VI, da Lei 11.101/05). Trata-se de hipótese aplicável somente após a aprovação do plano de recuperação judicial e cujo contorno responderá às previsões anotadas naquele documento, inclusive em relação ao tempo de validade. Como o plano, para ser aprovado, pressupõe aprovação dos credores, por suas três classes, bem como anuência do devedor (por proposição ou por anuência às alterações propostas pela assembleia geral de credores), o afastamento do administrador, em tais casos, terá natureza de transação judicial válida e eficaz.

5 GESTOR JUDICIAL

Se o juiz destituir o empresário ou administrador societário da condução da atividade negocial (artigo 64 da Lei 11.101/05), sua substituição se fará *na forma prevista nos atos constitutivos do devedor ou do plano de recuperação judicial*, diz o parágrafo único do artigo 64. Contudo, o artigo 65 prevê que *o juiz convocará a assembleia geral de credores para deliberar sobre o nome do* gestor judicial *que assumirá a administração das atividades do devedor*. Há uma aparente antinomia entre os dispositivos. Acredito que, de forma imprecisa, a lei cuida de consequências diversas para situações diversas. Se o afastamento está previsto no plano de recuperação judicial, corresponderá à substituição *na forma prevista no plano de recuperação judicial*. Se não está previsto, o juiz poderá optar pela substituição *na forma prevista nos atos constitutivos do devedor*, se considerar que atende aos interesses do juízo universal. Do contrário, será inevitável recorrer a um *gestor judicial*. Dessa maneira, se o afastamento se fez para preservação, inclusive, dos interesses dos sócios que não exercem a administração, o juiz poderá recorrer aos atos constitutivos para determinar a substituição. No entanto, verificando que a atuação do administrador reflete a posição dos sócios, será recomendável convocar a assembleia geral de credores para deliberar sobre o nome de um gestor judicial que assumirá a administração das atividades do devedor.

O afastamento do empresário ou administrador societário deverá ser determinado em decisão interlocutória, tomada *ex officio* ou a partir de provocação de interessado. Havendo nos autos elementos suficientes – designadamente provas documentais – para o pronto afastamento, o juiz poderá decidi-lo de imediato, mesmo sem que seja ouvido o afastado, evitando que a demora em fazê-lo possa prejudicar a preservação da empresa e, com isso, a manutenção da fonte produtiva, dos empregos dos trabalhadores e interesses dos credores. Mas deverá, em seguida, ouvir o afastado e permitir-lhe fazer prova do contrário, ou seja, permitir-lhe demonstrar que eram regulares os seus atos na condução da atividade empresarial, retomando, assim, a administração da empresa. Com efeito, o afastamento do empresário ou sociedade empresária não é ato que preclui; é *medida de segurança processual* (ou *medida de urgência*) que, assim, pode ser concedida e revogada, mesmo pelo juiz de primeiro grau, conforme as particularidades verificadas no caso.

Em oposição, se diante do pedido de afastamento o juiz verifica não haver elementos suficientes para a pronta decisão, determinará a intimação do empresário ou administrador societário para que se pronuncie sobre o mesmo, e passará a uma cognição sumária (*sumario cognitio*), ou seja, uma fase incidental de instrução do feito, (1) assinalando às partes prazo para requerimento de provas, (2) deferindo as provas que julgar necessárias e indeferindo as demais e, por fim, (3) passando à respectiva produção, incluindo perícia e audiência para oitiva de testemunhas, se necessário. Concluída a cognição sumária, ouvirá o administrador judicial (que, no acompanhamento da atividade da empresa, tem, por certo, opinião abalizada sobre o que se passa) e decidirá pelo afastamento do administrador da empresa ou por sua conservação à frente da atividade negocial.

Também é possível haver indeferimento imediato do pedido de afastamento do empresário ou administrador societário se o juiz não verifica haver elementos mínimos que sustentem a pretensão. Se a cada pedido de afastamento do empresário ou administrador societário da condução dos negócios da empresa correspondesse uma cognição sumária, seriam inviabilizados o processo recuperatório e a própria atividade cotidiana do juízo. Portanto, o peticionário deverá apresentar elementos mínimos (demonstração, indícios ou provas) que convençam o Judiciário (o juiz ou a instância revisora) da juridicidade (*quaestio iuris*) e verossimilhança (*quaestio facti*) de seus argumentos. Se os argumentos não se mostrarem consistentes, seja em termos jurídicos, seja por um lastro mínimo nos fatos conhecidos, o pedido será indeferido de plano, respeitando-se, assim, o princípio da economia processual. Em qualquer das hipóteses, havendo deferimento ou indeferimento, de pronto ou após cognição sumária, a decisão é interlocutória, devendo apresentar-se devidamente fundamentada, expondo adequadamente os fundamentos de fato e de direito que a sustentam. Contra ela caberá agravo de instrumento.

A decisão que afastar o empresário ou administrador societário da condução da atividade empresária convocará a assembleia geral de credores para deliberar sobre o nome do gestor judicial que assumirá a administração das atividades do devedor, marcando-lhe data e local (artigo 65). A mesma decisão determinará que o administrador judicial exerça as funções de gestor enquanto a assembleia geral não deliberar sobre a escolha deste. Ao gestor judicial aplicam-se todas as normas sobre deveres, impedimentos e remuneração do administrador judicial, no que couberem (artigo 65). Assim, sua escolha deverá recair sobre profissional idôneo, embora não se lhe aplique a preferência por advogado, economista ou contador (artigo 21), já que se trata de *gestão de empresa* e não de administração judicial da recuperação. Melhor seria se a assembleia geral escolhesse um *administrador de empresa* ou pessoa jurídica especializada, mas o legislador não foi expresso neste sentido.

Quaisquer nomes podem ser apresentados pelo administrador judicial ou por qualquer credor. Os indicados – e aquele ao final escolhido – podem ser sócios da sociedade em recuperação judicial, ou não, podem ser credores, podem ser trabalhadores, podem ser terceiros. Sequer é preciso que o nome indicado seja de pessoa que tenha previamente aceitado o ônus, como fica claro da leitura do artigo 65, § 2º, da Lei 11.101/05, segundo o qual, na hipótese de o gestor indicado pela assembleia geral de credores recusar ou estar impedido de aceitar o encargo para gerir os negócios do devedor, o juiz convocará, no prazo de 72 horas, contado da recusa ou da declaração do impedimento nos autos, nova assembleia geral para escolher outro nome, conservando-se o administrador judicial na gestão da empresa.

O gestor deve ser pessoa idônea e que não esteja impedida para o exercício da função. No plano específico, contemplam-se os impedimentos legalmente previstos para o administrador judicial (artigo 30 da Lei 11.101/05): (1) os que estão impedidos de ser empresários ou administradores societários, (2) os que, nos últimos cinco anos, no exercício do cargo de administrador judicial ou de membro do comitê em falência ou recuperação judicial anterior, foram destituídos, deixaram de prestar contas dentro dos prazos legais ou tiveram a prestação de contas desaprovada e, finalmente, (3) quem tiver relação de parentesco ou afinidade até o 3º grau com o devedor, seus administradores, controladores ou representantes legais ou deles for amigo, inimigo ou dependente. No plano geral, devem ser considerados como impedidos para exercer a gestão da empresa todos aqueles que atentem contra os princípios norteadores do procedimento de recuperação judicial, ou seja, que atentem contra a ideia de preservação da empresa. É o que se passaria, por exemplo, com pessoas ligadas ao maior concorrente, por motivos elementares.

A assembleia geral, para a escolha do gestor judicial, vota unida, ou seja, sem qualquer distinção de classes: será eleito aquele que obtiver a maioria simples dos créditos presentes à assembleia geral, independentemente de se tratar de crédito quirografário, com garantia real ou trabalhista e acidentário. A ata da eleição será levada pelo administrador judicial, que é o presidente da assembleia geral, ao juiz que, verificando padecer de algum impedimento, indeferirá a nomeação, de ofício ou a pedido de qualquer interessado: administrador judicial, Ministério Público, qualquer credor, trabalhador, sindicato representativo de trabalhadores da empresa, sócio quotista ou acionista e, mesmo, do empresário ou administrador judiciário. Trata-se de pedido de *substituição* do gestor judicial (artigos 30, § 2º, e 65, *caput*), fundado na desatenção aos requisitos legais para nomeação, sendo que o juiz deverá proferir decisão a respeito em 24 horas (artigo 30, § 3º). Também é possível a qualquer interessado, ao longo da gestão, pedir a *destituição* do gestor judicial (artigo 31 e artigo 65, *caput*), fundado na desobediência à lei, descumprimento dos deveres, omissão, negligência ou prática de ato lesivo às atividades da empresa recuperanda, ao seu patrimônio, credores, trabalhadores, sócios ou mesmo terceiros.

O gestor judicial, logo que nomeado, será intimado pessoalmente para, em 48 horas, assinar, na sede do juízo, o termo de compromisso de bem e fielmente desempenhar o cargo e assumir todas as responsabilidades a ele inerentes; não o fazendo, o juiz convocará, como visto há pouco, outra assembleia geral para a escolha de outro gestor (artigos 33, 34 e 65, *caput*). O juiz fixará o valor e a forma de pagamento da remuneração do gestor judicial, observados a capacidade de pagamento do devedor, o grau de complexidade do trabalho e os valores praticados no mercado para o desempenho de atividades semelhantes. Caberá ao empresário ou sociedade empresária arcar com as despesas relativas à remuneração do gestor judicial. Como deve estar à frente da empresa no seu dia a dia, melhor será a fixação de valor mensal, não havendo falar em reserva de 40% do montante devido para pagamento após a conclusão do procedimento, certo tratar-se de regra específica do administrador judicial. Aliás, nunca é demais lembrar que o gestor trabalha sobre a fiscalização direta do administrador judicial, respondendo ambos pelos prejuízos causados, por dolo ou culpa, ao empresário ou sociedade empresária, credores, trabalhadores e terceiros (a exemplo do Fisco).

6 CONVOLAÇÃO DA RECUPERAÇÃO JUDICIAL EM FALÊNCIA

O procedimento de recuperação judicial da empresa poderá ser convolado em falência, ou seja, é possível ao juiz decretar a falência durante o processo de recuperação judicial (artigo 73 da Lei 11.101/05). Em primeiro lugar, a assembleia geral pode deliberar a falência do empresário ou sociedade empresária que ajuizou pedido de recuperação judicial, *na forma do artigo 42*, ou seja, desde que tal proposta seja formulada à assembleia e obtenha votos favoráveis de credores que representem mais da metade do valor total dos créditos presentes. Em segundo lugar, se o devedor não apresentar o plano de recuperação no prazo improrrogável de 60 dias da publicação da decisão que deferir o processamento da ação recuperatória (artigo 53). Some-se a hipótese de rejeição do plano de recuperação pela assembleia geral (artigo 56, § 4º).

Por fim, após a concessão da recuperação judicial por decisão judiciária, o juiz decretará a falência se houver descumprimento de obrigação assumida no plano (artigo 61, § 1º); a convolação, nesse último caso, será possível durante o período de dois anos, contados da decisão concessiva, findando com a sentença que põe termo à recuperação judicial. A aplicação da norma, nesse último caso, exige cautela para não ofender princípios jurídicos elementares. Com efeito, é preciso separar as obrigações que tenham titular certo, pois, nesses casos, em se tratando de direito disponível, a convolação da recuperação em falência exigirá pedido por ele formulado, já que lhe é lícito perdoar o devedor (remissão) ou conceder-lhe dias de perdão, isto é, não exigir de imediato o cumprimento da obrigação.

Foram listadas só hipóteses de convolação da recuperação judicial em falência, ou seja, de decretação da falência em virtude de fatos processuais verificados ao longo do processo de recuperação judicial. Para além dessas, a decretação da falência pode ter causa externa à recuperação, como deixa claro o parágrafo único do artigo 73 da Lei 11.101/05, segundo o qual pode haver a decretação da falência por inadimplemento de obrigação não sujeita à recuperação judicial, em conformidade com as previsões dos incisos I ou II do artigo 94, bem como decretação da falência decorrente da prática de ato previsto no inciso III do mesmo artigo, como se estudará adiante. Portanto, a concessão da recuperação judicial não impede a decretação da falência por motivos e fatos estranhos ao procedimento recuperatório.

Em qualquer hipótese (decretação da falência por fato estranho à recuperação judicial ou convolação da recuperação em falência), os atos de administração, endividamento, oneração ou alienação praticados durante a recuperação judicial presumem-se válidos, desde que realizados na forma da Lei 11.101/05, esclarece seu artigo 74. Não é só. Os créditos decorrentes de obrigações contraídas pelo devedor durante a recuperação judicial, inclusive aqueles relativos a despesas com fornecedores de bens ou serviços e contratos de mútuo, serão considerados extraconcursais, em caso de decretação de falência, devendo destacar que o seu pagamento respeitará, no que couber, a ordem de preferência dos credores que será estudada na sequência. Essa previsão está anotada no artigo 67, que também estipula que os créditos quirografários sujeitos à recuperação judicial pertencentes a fornecedores de bens ou serviços que continuarem a provê-los normalmente após o pedido de recuperação judicial terão privilégio geral de recebimento em caso de decretação de falência, no limite do valor dos bens ou serviços fornecidos durante o período da recuperação.

7 SENTENÇA DE ENCERRAMENTO

Cumpridas as obrigações vencidas no prazo de dois anos após a decisão concessiva da recuperação judicial, o juiz decretará por sentença o encerramento da recuperação judicial (artigo 63 da Lei 11.101/05). Na sentença, o juiz deverá determinar (1) o pagamento do saldo de honorários ao administrador judicial; (2) a apuração do saldo das custas judiciais a serem recolhidas; (3) a apresentação de relatório circunstanciado do administrador judicial, no prazo máximo de 15 dias, versando sobre a execução do plano de recuperação pelo devedor; (4) a dissolução do comitê de credores e a exoneração do administrador judicial; e (5) a comunicação ao Registro Público de Empresas para as providências cabíveis. O pagamento do saldo de honorários ao administrador judicial somente poderá ser quitado após a prestação de suas contas, no prazo de 30 dias, bem como sua aprovação, além da aprovação do relatório circunstanciado sobre a execução do plano de recuperação pelo devedor.

11
Recuperação Extrajudicial da Empresa

1 EXTRAJUDICIALIDADE

Indubitavelmente, com a vigência da Lei 11.101/05, a crise econômico-financeira de empresários ou sociedades empresárias assumiu contornos essencialmente privados, tornando-se assunto próprio de credores e devedor, menos do que assunto de Estado. Essa dimensão essencialmente privada da crise econômico-financeira está muito mais patente na recuperação da empresa do que na falência. Basta comparar a recuperação com a figura, o procedimento e os fundamentos da *concordata*, com o contorno que lhe dava o Decreto-lei 7.661/45. Em fato, a concordata assumia a condição de intervenção estatal nas relações privadas, que se concluía sem a participação ou anuência necessária dos credores: era um benefício que o Estado, por meio do Poder Judiciário, concedia àqueles que preenchessem os requisitos legais, devendo ser acatado pelos credores atingidos. Em oposição, a ordem legal vigente compreende a recuperação da empresa em bases diversas, tornando-a não um simples problema do Estado e do devedor que se resolvia. A crise econômico-financeira do devedor é tomada, agora, como um problema muito mais de credores e do devedor, sendo o Estado chamado para (1) aferir se estão presentes os requisitos legais para a concessão do benefício e (2) chancelar a posição a que chegarem as partes que, como visto anteriormente, devem *concordar* com a concessão do benefício, sem o que a falência se impõe como solução necessária para a solução da crise da empresa. Com razão, portanto, o empresarialista mineiro Moacyr Lobato quando destaca que o atual sistema aproxima-se muito mais da ideia de uma *concordata*, ou seja, de um procedimento que se constrói a partir da *concordância* entre credores e devedores.

Embora a intervenção do Estado, por meio do Poder Judiciário, possa ser medida otimizadora da reunião de credores para a obtenção de anuência sobre um plano para a recuperação da empresa, não se trata de via exclusiva, indispensável, incontornável. Em termos práticos, outros caminhos, extrajudiciais, poderiam ser percorridos, o que percebeu o legislador, criando para tanto um procedimento específico, qual seja, a recuperação extrajudicial da empresa em crise econômico-financeira, prevista nos artigos 161 a 167 da Lei 11.101/05, e que serão aqui estudados. Trata-se de mais uma expressão da compreensão da recuperação da empresa como um assunto privado ao qual o Estado é convocado apenas acessoriamente, para garantir estabilidade e executoriedade ao que for deliberado, bem como para assegurar que a dimensão coletiva, assemblear, da tomada de decisão, impeça que a vontade arbitrária, isolada, de um ou alguns possa atuar contra a dos demais e, principalmente, contra os princípios da preservação da empresa e de sua função social.

De outra face, importa observar que a aceitação da figura da recuperação judicial tem por grande mérito afastar a ilicitude da chamada *concordata branca*, ou seja, dos procedimentos mantidos pelo empresário ou sociedade empresária em crise econômico-financeira visando à sua superação pela negociação com os respectivos credores. Remarque-se, aqui, que o artigo 2º, II, do Decreto-lei 7.661/45, previa como fato caracterizador da falência convocar o devedor seus credores, todos ou alguns, e lhes propor dilação, remissão de crédito ou cessão de bens. Essa previsão retirava do empresário e da sociedade empresária uma importante e elementar estratégia de administração patrimonial, qual seja, a negociação com os credores. O gerenciamento de ativos e passivos é, em todo o mundo, uma realidade da administração de empresas, permitindo ao próprio mercado e, mais especificamente, às próprias partes, encontrarem soluções para seus problemas e desafios. Entre nós, era paradoxalmente um ato falimentar, o que felizmente não mais ocorre.

A afirmação da viabilidade jurídica da recuperação extrajudicial da empresa, mais do que uma alternativa de solução global da crise econômico-financeira da empresa, a alcançar toda uma classe de credores, como se estudará neste capítulo, é a afirmação da licitude, da viabilidade e da regularidade dos procedimentos negociais entre o devedor e seus credores, desde que não se concretize ato definido como falimentar, segundo a lista inscrita no artigo 94, III, da Lei 11.101/05, que será estudada no Capítulo 12 deste livro. Somente isso já seria suficiente para recomendar o aplauso à norma agora vigente. Nesta senda, é preciso ter em destaque a previsão inscrita no artigo 167 da Lei 11.101/05, segundo o qual as regras que cuidam da recuperação extrajudicial da empresa não implicam impossibilidade de realização de outras modalidades de acordo privado entre o devedor e seus credores.

2 REQUISITOS

Para que o empresário ou sociedade empresária possam obter a homologação da recuperação extrajudicial, será necessário preencher os requisitos do artigo 48 da Lei 11.101/05, como estipulado pelo seu artigo 161, *caput*. O texto da norma é equivocado, pois, ao dizer que o devedor que preencher aqueles requisitos *poderá propor e negociar com credores plano de recuperação extrajudicial*, pode dar a impressão de que a negociação de débitos com credores somente é lícita para aqueles que preencham os requisitos para o pedido recuperatório. Assim não é. A limitação inscrita na expressão *poderá propor e negociar com credores* está diretamente relacionada ao *plano de recuperação extrajudicial*. Quem não preencha os requisitos para a recuperação ainda *poderá propor e negociar com credores* formas alternativas para a solução de seus débitos, incluindo dilação (aumento dos prazos para pagamento), reparcelamento, descontos etc.

Os citados *requisitos do artigo 48 da Lei 11.101/05* são aqueles exigidos para o pedido de recuperação judicial, estudados no Capítulo 7 deste livro. Assim, a possibilidade jurídica, lembrando-se tratar de medida que só se defere a favor de empresas, ou seja, que somente pode ser requerida por empresários ou sociedades empresárias, excetuados os inscritos no artigo 2º da Lei 11.101/05. Ademais, como se trata de medida excepcional, considerados seu conteúdo e seus efeitos, será preciso atender a outros requisitos subjetivos, a limitar, igualmente, a possibilidade jurídica do pedido; fazem-se ainda necessários:

1. exercício regular da atividade empresária há mais de dois anos;
2. não ser falido e, se o foi, estejam declaradas extintas, por sentença transitada em julgado, as responsabilidades daí decorrentes;
3. não ter, há menos de oito anos, obtido concessão de recuperação judicial com base no plano especial para Microempresas e Empresas de Pequeno Porte; e
4. não ter sido condenado ou não ter, como administrador ou sócio controlador, pessoa condenada por qualquer dos crimes previstos na Lei de Falência e Recuperação de Empresas.

Tratam-se, todos esses requisitos, de condições da ação que traduzem elementos de possibilidade jurídica do pedido. Seu estudo, reitero, foi feito no Capítulo 7 deste livro, ao qual remeto o leitor. Destaque-se que o citado artigo 48 lista como requisito não ter obtido concessão de recuperação judicial há menos de cinco anos. No entanto, o artigo 161, § 3º, da mesma Lei 11.101/05 traz norma específica: o devedor não poderá requerer a homologação de plano extrajudicial, se estiver pendente pedido de recuperação judicial ou se houver obtido recuperação judicial ou homologação de outro plano de recuperação extrajudicial há menos de dois anos, por força do § 3º do seu artigo 161.

Para além da possibilidade jurídica do pedido de recuperação extrajudicial de empresa, o § 1º do artigo 161 da Lei 11.101/05 limita aqueles que podem ser submetidos a tal procedimento. Assim, não se aplicam as regras da recuperação extrajudicial da empresa a titulares de créditos de natureza tributária, derivados da legislação do trabalho ou decorrentes de acidente de trabalho. Também não serão alcançados os credores titulares das posições de proprietário fiduciário de bens móveis ou imóveis, de arrendador mercantil, de proprietário ou promitente vendedor de imóvel cujos respectivos contratos contenham cláusula de irrevogabilidade ou irretratabilidade, inclusive em incorporações imobiliárias, ou de proprietário em contrato de venda com reserva de domínio. Seus créditos não se submeterão aos efeitos da recuperação extrajudicial e prevalecerão os direitos de propriedade sobre a coisa e as condições contratuais, observada a legislação respectiva. Não é só. A recuperação extrajudicial também não atinge a importância entregue ao devedor, em moeda corrente nacional, decorrente de adiantamento a contrato de câmbio para exportação, na forma do artigo 75, §§ 3º e 4º, da Lei 4.728/65, desde que o prazo total da operação, inclusive eventuais prorrogações, não exceda o previsto nas normas específicas da autoridade competente.

3 RECUPERAÇÃO EXTRAJUDICIAL ORDINÁRIA

Embora o legislador não tenha utilizado a nomenclatura *recuperação extrajudicial ordinária* e *recuperação extrajudicial extraordinária*, o contraste entre o artigo 161 e o artigo 163 da Lei 11.101/05 recomenda esta distinção. Prevista nos artigos 161 e 162, a *recuperação extrajudicial ordinária* é medida que traduz adesão voluntária de todos os credores, produzindo efeito apenas entre os seus signatários. Já a *recuperação extrajudicial extraordinária*, de que cuida o artigo 163, como se verá a seguir, é medida que merece a adesão de, no mínimo, 3/5 de credores de uma mesma espécie, mas vinculando a minoria que a ele não aderiu. São situações bem distintas em suas bases e em suas implicações, merecendo cautela em sua abordagem, havendo que se reconhecer uma certa desordem no tratamento que o legislador deu ao tema. Passo, de imediato, ao estudo da *recuperação extrajudicial ordinária*.

Havendo negociado com seus credores uma alternativa para a solução da crise econômico-financeira que enfrenta, o devedor deverá elaborar um plano de recuperação extrajudicial, nele apondo a sua assinatura, bem como a assinatura de todos os credores que com ele anuíram. Esse plano, todavia, não poderá contemplar o pagamento antecipado de dívidas nem tratamento desfavorável aos credores que a ele não estejam sujeitos. Se o fizer, não poderá ser homologado; se o for, a sentença homologatória não terá validade perante terceiros que, não tendo sido cientificados do procedimento judicial, não podem ser atingidos por seus efeitos.

De posse do plano, devidamente assinado pelos acordantes, o devedor (empresário ou sociedade empresária) ajuizará o pedido de homologação do plano de recuperação extrajudicial. É o artigo 162 da Lei de Falência e Recuperação de Empresas que lhe faculta esse requerimento, afirmando que deverá juntar sua *justificativa* e o *documento que contenha seus termos e condições com as assinaturas dos credores que a ele aderiram*. O seu ajuizamento e, mesmo, o deferimento de seu processamento não acarretarão suspensão de direitos, ações ou execuções, nem a impossibilidade do pedido de decretação de falência pelos credores não sujeitos ao plano de recuperação extrajudicial, por força do artigo 161, § 4º, da Lei 11.101/05. Mas, em relação aos direitos, ações ou execuções por parte dos credores que estejam sujeitos, serão, sim, suspensos, da mesma forma que tais credores não poderão pedir a decretação da falência do devedor.

Uma vez distribuído o pedido de homologação, veda o § 5º do mesmo artigo 161 que os credores desistam da adesão ao plano. Somente se houver a anuência expressa dos demais signatários, incluindo o devedor e todos os demais credores, essa desistência será possível, caracterizando, portanto, um distrato ajustado entre todas as partes do acordo. Não há falar em contestação. O juiz receberá os autos e, verificando estarem presentes todos os requisitos, homologará a recuperação judicial. Poderá, igualmente, mandar emendar a inicial, caso haja nela algum defeito sanável, bem como requisitar a apresentação de documentos necessários para demonstrar a atenção aos requisitos legais. A sentença de homologação do plano de recuperação extrajudicial constituirá título executivo judicial.

O mais curioso no estudo da *recuperação extrajudicial ordinária* é observar tratar-se apenas de uma transação coletiva que merece, ao final, homologação judicial para, assim, permitir execução como título judicial, bem como recurso a meios excepcionais para superação da crise econômico-financeira, superando a simples concessão de descontos ou de dilação nos prazos ou termos de vencimento das obrigações.

4 RECUPERAÇÃO EXTRAJUDICIAL EXTRAORDINÁRIA

Uma pequena variação ao mecanismo de recuperação extrajudicial de créditos é prevista no artigo 163 da Lei 11.101/05: faculta-se ao empresário ou sociedade empresária requerer plano de recuperação extrajudicial assinado por credores que representem mais de 3/5 de todos os créditos de cada espécie por ele abrangidos, hipótese na qual a homologação do plano, se atendidos todos os requisitos para tanto, obrigará a todos os credores por ele abrangidos, mesmo aqueles que não tenham aderido ao acordo, apondo sua assinatura ao documento. Essa vinculação dos credores não aderentes traduz, uma vez mais, a valorização das deliberações coletivas sobre o arbítrio individual, impedindo que a recalcitrância de poucos possa impossibilitar a superação da crise econômico-financeira da empresa, com a qual a maioria absoluta anuiu. A essa modalidade chamo de *recuperação extrajudicial extraordinária*, destacando que não se trata de mera transação coletiva, mas de procedimento que transcende a homologação daquilo com que todos os signatários acordaram, alcançando mesmo terceiros, desde que atendidos os requisitos para tanto.

Fala o dispositivo em adesão voluntária de 3/5 de todos os créditos, *de cada espécie*, abrangidos pelo plano de recuperação extrajudicial. Esclarece o § 1º do artigo 163 da Lei 11.101/05 que por espécie tem as classes previstas nos incisos II, IV, V, VI e VIII do seu artigo 83, ou seja: (1) créditos com garantia real até o limite do valor do bem gravado; (2) créditos com privilégio especial; (3) créditos com privilégio geral; (4) créditos quirografários; e (5) créditos subordinados. Para a compreensão dessas categorias, remeto o leitor para o Capítulo 19, no qual todas essas classes serão devidamente estudadas, uma a uma. Portanto, para que o crédito vincule os credores não aderentes, será preciso haver adesão de 3/5 dos credores daquela classe, na dicção do artigo 83, ou daquela espécie, usada a terminologia do artigo 163. Isso, ainda que se trate de uma única pessoa.

No entanto, não serão considerados para fins de apuração desse percentual, estatui o § 2º do artigo 163, os créditos não incluídos no plano de recuperação extrajudicial, os quais não poderão ter seu valor ou condições originais de pagamento alteradas. A norma inspira algum cuidado. Em primeiro lugar, pela necessidade de reafirmação do óbvio: nunca é demais recordar que, por força do artigo 161, § 1º, da Lei de Falência e Recuperação de Empresas, os créditos trabalhistas e os tributários estão excluídos dos planos de recuperação extrajudicial. Em segundo lugar, por não se permitir arbítrio na definição de quais sejam, ou não, os créditos incluídos no plano de recuperação extrajudicial. Seria muito fácil o comportamento de má-fé daquele devedor que faz, arbitrariamente, a definição dos créditos incluídos para alcançar o percentual de 3/5 de adesão e, assim, forçar a vinculação dos outros 2/5, ou menos, que foram listados no plano. Um tal comportamento, todavia, caracterizaria fraude à lei, não podendo ser acatado pelo Judiciário, em hipótese alguma. A inclusão ou exclusão do plano se faz por classe e por natureza do crédito, não se admitindo, em hipótese alguma, tratamento diferenciado, discriminatório, não isonômico. Deve-se obrigatoriamente partir da totalidade dos créditos de uma classe (espécie), para, ali, aferir-se se se atingiu, ou não, a adesão voluntária por uma maioria de 3/5, no mínimo, única hipótese para homologação do plano de recuperação extrajudicial.

Não é só. Para fins exclusivos de apuração do percentual mínimo de 3/5 de adesão voluntária ao plano de recuperação extrajudicial, o § 3º, também do artigo 163, prevê que, havendo crédito em moeda estrangeira, será convertido para moeda nacional pelo câmbio da véspera da data de assinatura do plano; obviamente, o percentual será calculado levando-se em conta essa data de assinatura, sendo que posteriores desvalorizações cambiais, a implicar redução da expressão monetária nacional daquela obrigação, não poderão ser invocadas pelos não aderentes para pretender novo cálculo e, destarte, evitar a homologação do acordo. O Judiciário, no entanto, não deve chancelar a má-fé, não sendo razoável admitir seja o plano assinado em dia no qual a moeda estrangeira experimentou cotação muito acima da média; um tal artificialismo monetário não atende à *mens legis* do artigo 163, § 3º, I, da Lei 11.101/05. Por outro lado, o mesmo § 3º, em seu inciso II, exclui os créditos detidos por sócios do devedor, sociedades coligadas, controladoras, controladas ou as que tenham sócio ou acionista com participação superior a 10% do capital social do devedor ou em que o devedor ou algum de seus sócios detenham participação superior a 10% do capital social, bem como cônjuge ou parente, consanguíneo ou afim, colateral até o segundo grau, ascendente ou descendente do devedor, de administrador, do sócio controlador, de membro dos conselhos consultivo, fiscal ou semelhantes da sociedade devedora e a sociedade em que quaisquer dessas pessoas exerçam essas funções.

4.1 Plano de recuperação extrajudicial extraordinária

O plano poderá abranger a totalidade de uma ou mais espécies de créditos, diz o artigo 163, § 1º, ou grupo de credores de mesma natureza e sujeito a semelhantes condições de pagamento, e, uma vez homologado, obriga a todos os credores das espécies por ele abrangidas, exclusivamente em relação aos créditos constituídos até a data do pedido de homologação. Em hipótese alguma, todavia, poderá dar tratamento desigual a iguais, onerando a alguns ou beneficiando a outros de forma abusiva; não pode ser homologado, em hipótese alguma, o plano construído de forma dolosa, com o intuito fraudatório, de má-fé.

Não são apenas essas as limitações legais. Para que o plano de recuperação judicial possa, validamente, prever a alienação de bem objeto de garantia real, a supressão da garantia ou sua substituição somente será admitida mediante a aprovação expressa do credor titular da respectiva garantia, segundo previsão do § 4º do artigo 163 da Lei 11.101/05. Já o § 5º estatui que, nos créditos em moeda estrangeira, a variação cambial só poderá ser afastada se o credor titular do respectivo crédito aprovar expressamente previsão diversa no plano de recuperação extrajudicial. Por fim, se o plano de recuperação extrajudicial homologado envolver alienação judicial de filiais ou de unidades produtivas isoladas do devedor, sua efetivação observará, por estipulação do artigo 166, uma das modalidades de realização do ativo do devedor previstas no artigo 142 da mesma Lei de Falência e Recuperação de Empresas, ou seja, (1) leilão, por lances orais, (2) propostas fechadas ou (3) pregão. O estudo dessas modalidades será feito, com acuro, no Capítulo 20 deste livro, ao qual remeto o leitor.

O pedido de recuperação extrajudicial extraordinária deverá apresentar a justificação do devedor para o deferimento da medida, além de documento que contenha seus termos e condições, com as assinaturas dos credores que a ele aderiram. Ademais, para que o plano seja homologado pelo Judiciário, exige o § 6º do artigo 163 que o devedor também junte:

1. exposição da sua situação patrimonial;
2. as demonstrações contábeis relativas ao último exercício social e as levantadas especialmente para instruir o pedido, na forma do inciso II do artigo 51 da Lei 11.101/05, estudadas no Capítulo 8 deste livro; e
3. os documentos que comprovem os poderes dos subscritores para novar ou transigir, relação nominal completa dos credores, com a indicação do endereço de cada um, a natureza, a classificação e o valor atualizado do crédito, discriminando sua origem, o regime dos respectivos vencimentos e a indicação dos registros contábeis de cada transação pendente.

O plano de recuperação extrajudicial produz efeitos após sua homologação judicial, prevê o artigo 165 da Lei 11.101/05; todavia, é lícito que estabeleça a produção de efeitos anteriores à homologação, desde que exclusivamente em relação à modificação do valor ou da forma de pagamento dos credores signatários. Nesta hipótese, caso o plano seja posteriormente rejeitado pelo juiz, devolve-se aos credores signatários o direito de exigir seus créditos nas condições originais, deduzidos os valores efetivamente pagos.

5 HOMOLOGAÇÃO

Distribuído o pedido de homologação do plano de recuperação extrajudicial, ordinário (artigos 161 e 162) ou extraordinário (artigo 163), o juiz que o receber ordenará a publicação de edital no órgão oficial e em jornal de grande circulação nacional ou das localidades da sede e das filiais do devedor, convocando todos os credores do devedor para apresentação de suas impugnações ao plano de recuperação extrajudicial. Não bastará essa cientificação ficta, por meio do edital. Deverá o devedor comprovar, ainda, o envio de carta a todos os credores sujeitos ao plano, domiciliados ou sediados no país, no prazo do edital, informando a distribuição do pedido, as condições do plano e prazo para impugnação. Essa comprovação, demandada pelo § 1º do artigo 164, também da Lei 11.101/05, traduz-se na expedição de carta registrada com aviso de recebimento (AR), documento fornecido pela Empresa de Correios e Telégrafos (ECT), que será juntado aos autos.

Os credores terão, segundo previsão do § 2º do artigo 164, prazo de 30 dias, contado da publicação do edital, para objetarem-se ao plano, juntando a prova de seu crédito. Para opor-se, em sua manifestação, à homologação do plano, os credores somente poderão alegar:

1. não preenchimento do percentual mínimo previsto de 3/5 de todos os créditos de cada espécie abrangidos pelo plano de recuperação;

2. prática de quaisquer atos de falência, previstos no artigo 94, III, da Lei 11.101/05, e que serão estudados no Capítulo 12 deste livro, bem como prática de atos praticados com a intenção de prejudicar credores, em conluio fraudulento com terceiro que contrata com o devedor; e
3. descumprimento de qualquer outra exigência legal, incluindo os requisitos acima listados, além de requisitos processuais.

Se for apresentada alguma objeção, será aberta vista de cinco dias para que o devedor sobre ela se manifeste, findo o que os autos serão conclusos imediatamente ao juiz para apreciação de eventuais impugnações e decidirá, no prazo de cinco dias, assinalado pelo § 5º do artigo 164, acerca do plano de recuperação extrajudicial, homologando-o por sentença se entender que não implica prática de atos com a intenção de prejudicar credores, em conluio fraudulento com os devedores que aderiram ao plano, bem como que não há outras irregularidades que recomendem sua rejeição. Obviamente, fazendo-se necessária a instrução probatória, em lugar dessa pronta sentença, no prazo de cinco dias, o juiz dará início à instrução, deferindo as provas que julgar necessárias para a solução do litígio. Havendo prova de simulação de créditos ou vício de representação dos credores que subscreverem o plano, a sua homologação será indeferida.

Da sentença que homologa, bem como daquela que indefere o pedido de homologação do plano de recuperação extrajudicial, cabe apelação sem efeito suspensivo, como prevê o artigo 164, § 7º, da Lei 11.101/05. De qualquer sorte, é preciso estar atento para o fato de que o indeferimento do pedido de homologação de plano de recuperação extrajudicial não tem por consequência necessária a falência do empresário ou sociedade empresária, ao contrário do que se passa com a ação de recuperação judicial, nos termos do artigo 56, § 4º, da mesma lei. Aliás, segundo o § 8º do seu artigo 164, na hipótese de não homologação do plano o devedor poderá, cumpridas as formalidades, apresentar novo pedido de homologação de plano de recuperação extrajudicial.

Exceção a essa regra será a defesa fundada na prática de atos falimentares, na forma do artigo 164, § 3º, II, da Lei 11.101/05. Reconhecido que foram praticados atos falimentares – previstos, reitero, no artigo 94, III, da Lei 11.101/05, e estudados no Capítulo 12 deste livro –, a decisão que indefere a homologação da recuperação judicial deverá decretar a falência do devedor, sendo de todo inadmissível haver decisão, transitada em julgado, de que tenha sido praticado ato capitulado como presunção *iure et de iuris* de falência, sem que a quebra seja decretada como decorrência necessária.

12

Introdução à Falência

1 DISPOSIÇÕES GERAIS

A crise econômico-financeira da empresa pode não apresentar alternativa viável de superação. Resta, portanto, instaurar um procedimento de liquidação do patrimônio do empresário ou sociedade empresária insolvente, ou seja, realizar o seu patrimônio ativo e, com os valores apurados, saldar o patrimônio passivo, no que for possível. Como visto no Capítulo 2 deste livro, o procedimento de liquidação do empresário ou sociedade empresária insolvente é a *falência*. Durante os regimes falimentares anteriores, essa liquidação conduzia ao desfazimento da unidade do *fundo de comércio*: simplesmente alienavam-se os bens do falido, desconhecendo um possível sobrevalor havido na sua organização. O conceito de fundo de comércio, todavia, foi superado com o abandono, pelo vigente Código Civil, da Teoria do Ato de Comércio e a adoção da Teoria da Empresa. A ideia de *fonds de commerce* (fundos de comércio ou, como se preferiu no Brasil, fundo de comércio) surge no Direito Francês, sob o predomínio da Teoria do Ato de Comércio. Em oposição, o regime vigente trabalha com a ideia de empresa, reconhecendo a existência de um sobrevalor, resultado daquilo que o Direito Italiano chama de *avviamento* (aviamento), ou seja, vantagem de mercado (*goodwill of trade*, na doutrina anglo-saxônica), como estudado no volume 1 desta coleção.

Ora, compreendendo a empresa como algo mais do que simplesmente um conjunto de bens, a liquidação do patrimônio do falido pode fazer-se com a preservação da empresa, ou seja, alienação do somatório de estabelecimento (conjunto organizado de bens para o exercício da empresa) e atividade. Afinal, quem faliu foi o empresário ou a sociedade empresária, não a empresa, que é mero objeto (universalidade de fato e de direito, com existência dinâmica). Assim, a Lei 11.101/05 permite a preservação da empresa, apesar da insolvência do empresário ou sociedade empresária. Isso é possível pela transferência da empresa a outrem que, pagando por ela, manterá seu funcionamento, atendendo à sua função social. O ex-titular mantém falido e o valor da alienação ingressa para a massa. A liquidação do patrimônio empresarial não mais se confunde com a extinção da empresa. Isso é viável pois se transfere apenas do ativo, sem o respectivo passivo, que será mantido na massa falida.

Compreende-se, assim, o artigo 75 da Lei 11.101/05, quando prevê que a falência, ao promover o afastamento do devedor de suas atividades, visa preservar e otimizar a utilização produtiva dos bens, ativos e recursos produtivos, inclusive os intangíveis, da empresa. Sua função não é *desmontar* a empresa, mas afastar o devedor insolvente, mas é possível preservar a empresa. Confundir o empresário ou a sociedade empresária com a empresa é um erro crasso. A empresa é um ente despersonalizado que cumpre uma função social (princípio da função social da empresa) e que, portanto, deve ser preservada (princípio da preservação da empresa). Com o desmantelamento da estrutura produtiva, perdem todos, o que por si só justifica o novo sistema. Um erro repetido na história brasileira, privando o país e a sociedade de empresas importantes e estratégicas, desmontadas em procedimentos falimentares demorados e ineficazes.

2 PROCESSO FALIMENTAR

Falência é o procedimento pelo qual se declara a insolvência empresarial e se dá solução à mesma, liquidando o patrimônio ativo e saldando, nos limites da força deste, o patrimônio passivo do falido. Esse processo judiciário deve atender aos *princípios da celeridade* e da *economia processual* (artigo 75, parágrafo único, da Lei 11.101/05). Portanto, a demora no processo de falência é um mal em si, devendo ser evitado. O processo deve desenvolver-se rapidamente, sempre que possível e razoável, sem sacrificar a segurança das partes e a realização de suas finalidades constitucionais da *iurisdictio* (dizer o direito). Há prejuízos que decorrem apenas do prolongamento do feito. Com a constituição do juízo universal, a partir da decretação da falência, um vastíssimo conjunto de relações jurídicas passa a ter sua solução dependente do andamento do feito. Ademais, o tempo *corrói* os ativos empresariais de forma visível e incontestável, prejudicando todos os envolvidos: credores, devedor, trabalhadores e terceiros. E não é viável preservar a empresa se há demora na solução da falência. Quanto mais rapidamente se levar a leilão a empresa em bloco, as unidades produtivas isoladas ou os estabelecimentos, maior será o valor que se poderá obter por eles e, além disso, maior será a possibilidade de conservação da fonte de produção e dos postos de trabalho.

Neste contexto, sobreleva-se o *princípio da instrumentalidade das formas*. Essencialmente, o processo – considerado em abstrato (como norma e teoria) e em concreto (os atos que se praticam em cada caso) – deve ser compreendido como um meio para atingir determinado fim e, jamais, como um fim em si mesmo. Atos jurídicos justificam-se pelo proveito que deles se retira para a solução do concurso de credores. É obrigação do magistrado velar para que os atos sejam praticados de forma racional, evitando-se formalismos inúteis, mas respeitando os formalismos necessários; ter por referência o útil e o inútil, sem jamais desprezar a necessidade de segurança processual (mas sem extremá-la). O desrespeito à previsão legal processual, dessa forma, não deverá conduzir à declaração de nulidade sempre que se verifica que as finalidades e os princípios elementares do processo foram preservados, não havendo prejuízo para as partes, nem para a segurança do sistema. Tem ampla aplicação, portanto, o axioma gálio *pas de nullité sans grief* [não há nulidade sem gravame, sem prejuízo].

Seguindo essa senda, o artigo 79 da Lei 11.101/05 determina que os processos de falência e os seus incidentes preferem a todos os outros na ordem dos feitos, em qualquer instância. A regra se estende aos tribunais de segundo grau e, mesmo, no Supremo Tribunal Federal, no Superior Tribunal de Justiça e no Tribunal Superior do Trabalho (em relação às ações em que se demanda quantia ilíquida). Isto não apenas para apelações, mas também para agravos de instrumento e, até, para mandados de segurança que tenham por objeto ato praticado no juízo falimentar. Por isso, podem ser adotadas soluções heterodoxas que atendam a particularidades de certos processados. Assim, na falência de grandes empresas, com milhares de credores e grande impacto sobre a economia nacional, regional e local, pode-se nomear um juiz colaborador especializado que, atuando junto à vara na qual tramite o feito, tenha por função exclusiva conduzir aquele juízo universal, designando um corpo de serventuários para assessorá-lo nesta empreitada. Mas é fundamental respeitar os princípios da impessoalidade, não se admitindo o direcionamento da presidência do processo pela designação de determinado juiz, ainda que sob o rótulo de colaborador, atentando contra a indispensável isenção que deve orientar a atuação Judiciária e que, em boa medida, é garantida pela aleatoriedade do sistema de competência e distribuição.

3 JUÍZO FALIMENTAR

Com a decretação da falência, estabelece-se um juízo que é, na letra do artigo 76 da Lei 11.101/05, indivisível e competente para conhecer todas as ações sobre bens, interesses e negócios do falido, ressalvadas as causas trabalhistas, fiscais e aquelas não reguladas naquela Lei em que o falido figurar como autor ou litisconsorte ativo. Essa força de atração (*vis atractiva*), criando um concurso de credores, justifica-se pelo reflexo que a insolvência empresária tem sobre múltiplas pessoas (credores, trabalhadores, Estado e mesmo terceiros), como estudado no Capítulo 3 deste livro. Para tanto, viu-se, o artigo 6º da Lei 11.101/05 prevê que a decretação da falência suspende o curso da prescrição e de todas as ações e as execuções em face do devedor, inclusive aquelas dos credores particulares do sócio solidário, embora tenham prosseguimento no juízo no qual estiver se processando a ação que demandar quantia ilíquida.

A bem da precisão, o juízo universal da falência deve ser compreendido como foro de uma liquidação judicial, resolvendo as relações patrimoniais do falido. Daí a indivisibilidade do juízo e sua força de atração, com competência para conhecer todas as ações sobre bens, interesses e negócios do falido. Não se desrespeitam as competências constitucionais de outros órgãos para ações de conhecimento, seja do Judiciário Trabalhista, seja do Judiciário Federal, nem a competência preventa de outros juízos para causas ilíquidas, como visto acima. No entanto, o recebimento dos créditos reconhecidos em tais feitos, assim como dos créditos fiscais reconhecidos nas respectivas demandas, faz-se obrigatoriamente no juízo da falência que, assim, unifica o acesso dos credores aos resultados da realização do patrimônio do empresário ou sociedade empresária falidos. Essa universalidade e indivisibilidade, ademais, é essencial para que se realizem dois mecanismos elementares do processo de falência, na versão que lhe dá a Lei 11.101/05: (1) a ordem de preferência nas formas de alienação do ativo (artigo 140), a privilegiar a preservação da empresa, por meio de sua venda em bloco ou de unidades produtivas autônomas, e (2) a ordem de preferência no pagamento dos credores concursais e extraconcursais (artigos 83 e 84).

Por isso todas as pretensões executórias contra a massa se reúnem no juízo universal (artigos 3º, 6º e 115 da Lei 11.101/05). Embora o juízo trabalhista conserve o poder sobre o mérito das questões sobre relações de trabalho (artigo 114, I, da Constituição da República), com a constituição do juízo universal, perde o poder de as executar. O mesmo aplica-se ao Judiciário Federal no alusivo às causas em que a União, entidade autárquica ou empresa pública federal forem interessadas na condição de autoras, rés, assistentes ou oponentes (artigo 109, I, da Constituição da República, que expressamente excepciona a falência). Some-se o juízo fiscal que, por força da Lei Complementar 118/05, não se submete aos juízos concursais. Em todos esses casos, os juízos especiais processam e julgam, mas não executam. Podem, isso sim, determinar a reserva da importância que estimem devida e, uma vez reconhecido líquido o direito, determinar seja o respectivo crédito incluído na classe própria. Sua competência é soberana para o mérito, mas não para a execução, submetida à universalidade e à indivisibilidade do juízo falimentar.

Todos os pedidos de falência deverão ser obrigatoriamente distribuídos, no juízo do local do principal estabelecimento do devedor ou da filial de empresa que tenha sede fora do Brasil, mas uma vez feita a primeira distribuição, estará preventa a jurisdição para qualquer outro pedido de recuperação judicial ou de falência, relativo ao mesmo devedor; em oposição, as ações que devam ser propostas no juízo da falência, a exemplo da ação revocatória, que se estudará adiante, sujeitam-se à distribuição por dependência (artigos 3º, 6º, § 8º, e 78 da Lei 11.101/05).

4 ESTADO FALIMENTAR

Não se exige, para a declaração da falência, uma demonstração inequívoca (contábil e matemática) de que o patrimônio ativo do empresário ou da sociedade empresária, por insuficiência, descrédito e/ou iliquidez, não é capaz de saldar, a tempo e modo, as obrigações do respectivo passivo. Seriam prova e demonstração pouco prováveis de se conseguir, mormente diante de incontáveis variáveis, bastando recordar que alguém com patrimônio líquido negativo pode gozar de crédito e, assim, conduzir suas operações por anos, pagando suas obrigações em dia, sem falir. O Direito não espera comprovação inequívoca de insolvência. Pelo contrário, salvo o pedido de autofalência, quando a insolvência é confessada pelo devedor, aceita-se que a demonstração do estado falimentar se faça por presunção relativa (*iuris tantun*), a partir de elementos externos que seriam indicadores da situação falimentar: (1) a impontualidade no adimplemento de obrigações, (2) a verificação de execução frustrada e (3) a prática de determinados atos, considerados falimentares. Vou examiná-las em separado:

4.1 Impontualidade

Será decretada a falência do empresário ou sociedade empresária que, sem relevante razão de direito, não paga, no vencimento, obrigação líquida materializada em título ou títulos executivos protestados cuja soma ultrapasse o equivalente a 40 salários mínimos na data do pedido de falência (artigo 94, I, da Lei 11.101/05). O *título executivo* poderá ser judicial ou extrajudicial, em conformidade com o novo Código de Processo Civil, devendo apresentar-se certo, líquido e exigível (artigo 786 do novo Código). Em face da gravidade do pedido falimentar, previu-se um *valor de alçada*: o pedido de falência por impontualidade deve fundar-se em título ou títulos executivos protestados cuja soma ultrapasse o equivalente a 40 salários mínimos na data da protocolização. *Títulos*, friso; o pedido pode fundar-se no inadimplemento de várias obrigações, mesmo que de naturezas diversas e representadas por títulos executivos de naturezas diversas, somando-as para alcançar o valor de alçada. Sequer se exige que as obrigações refiram-se a um mesmo credor; credores diversos podem se reunir em litisconsórcio para perfazer o limite mínimo de 40 salários mínimos e pedir falência com base na impontualidade (artigo 94, § 1º). Aos credores por valores inferiores a 40 salários mínimos resta a execução civil, sendo que o pedido de falência, neste caso, pode resultar da frustração da execução (artigo 94, II, da Lei 11.101/05), como se estudará.

Embora a *prova escrita sem eficácia de título executivo* possa instruir o pedido de ação monitória, não dá margem ao pedido de falência. É preciso haver título ou títulos executivos que atendam à exigência de liquidez, certeza e exigibilidade, exaustivamente estudadas pela teoria processual. Assim, se há dúvida verossímil sobre a existência da relação jurídica ou, nesta, sobre a existência de prestação jurídica, não se poderá decretar a falência; também não poderá haver falência se o valor do título não pode ser precisado, se não é líquido. Por exemplo, se o pedido fundar-se em título executivo judicial que contenha condenação genérica, proceder-se-á primeiro à sua liquidação para, então, ser lícito o pedido falimentar. Mas não é necessário que o valor esteja estampado no título, em sua expressão final. Basta que o valor final seja apurável por simples cálculos aritméticos, formulados para acolher a incidência de fatores como correção monetária, juros, multa etc. Nesse caso, apresenta-se, com a petição inicial, uma memória discriminada e atualizada do cálculo aritmético que dá a expressão final do valor da obrigação; de sua leitura, contudo, não pode resultar qualquer dúvida sobre o *quantum* final. Devem-se explicitar todos os elementos jurídicos e matemáticos utilizados, permitindo fácil compreensão de como se formou o valor final.

O título ainda deverá ser exigível, ou seja, a obrigação nele contida já venceu e já pode ser demanda pelo credor. A ausência de qualquer destes requisitos, certeza, liquidez ou exigibilidade, implicará o indeferimento do pedido de falência. A exigibilidade, na falência, pressupõe assimilar a existência de obrigações que não podem ser reclamadas no juízo universal (artigo 5º da Lei 11.101/05), como estudado no Capítulo 3 deste livro. Assim, o título não pode referir-se a obrigação a título gratuito, como os fundados em doações ou premiações, mesmo se reconhecidas por sentença (título judicial), embora permitam a execução singular. Aliás, nos termos já estudados, a objeção alcança o oferecimento de garantia pessoal (fiança ou aval) ou real (penhor ou hipoteca) a favor de terceiro, pois também se trata de obrigações a título gratuito. Somem-se títulos com despesas, judiciais e extrajudiciais, feitas pelo credor para tomar parte na recuperação judicial, salvo as custas judiciais decorrentes de litígio com o devedor (artigo 5º).

Por fim, os títulos executivos representativos de obrigações fiscais também não legitimam o pedido de falência, certo que o artigo 187 do Código Tributário Nacional afasta os créditos fiscais (federais, estaduais, distritais ou municipais) dos concursos de credores, restando à Fazenda Pública exclusivamente o pedido de execução fiscal. Entender o contrário desrespeitaria o Código Tributário Nacional e criaria uma situação hermenêutica paradoxal: o crédito fiscal não é atraído para o juízo concursal, mas poderia provocar a sua instauração, na hipótese de falência. Pior: a possibilidade de contestação do pedido falimentar, nos moldes do que se estudará no Capítulo 13, acabaria por trazer a discussão sobre o crédito fiscal para o juízo especializado da falência, o que também atentaria contra o artigo 187 do Código Tributário Nacional.

Em se tratando de título de crédito, o pedido será instruído, obrigatoriamente, com o original da cártula, com todos os requisitos legais de validade e eficácia, como a data da emissão, a indicação precisa dos direitos que confere e a assinatura do emitente (artigo 889 do Código Civil), além dos requisitos específicos de cada tipo cambial (artigo 903 do Código Civil). São elementos indispensáveis, sem os quais o título se desnaturará, escapulindo ao regime cambiário, passando a reger-se pelo regime ordinário das obrigações civis, devendo o credor buscar as vias processuais ordinárias para satisfazer seu crédito (artigo 888 do Código Civil). Dessa maneira, no momento da protocolização do pedido, o título precisa apresentar todos os requisitos essenciais, ainda que licitamente preenchidos pelo credor (artigo 891 do Código Civil), tudo conforme estudado no volume 3 desta coleção. Como o poder de preencher as partes em branco não é absoluto, o abuso poderá ser alegado e provado na contestação ao pedido, desde que o título não tenha circulado, hipótese na qual o credor, se em boa-fé, irá se beneficiar do princípio da autonomia.

São múltiplos os exemplos de pedidos de falência que foram indeferidos por defeitos nos requisitos cambiários dos títulos de crédito que instruíram a petição inicial. O Superior Tribunal de Justiça, diante do Recurso Especial 369.808/DF, não aceitou que o pedido fosse instruído com "boletos bancários protestados, protestos de duplicatas por indicação, comprovantes de entrega de mercadorias e triplicatas emitidas para substituir duplicadas nunca expedidas", certo que "boletos bancários não são títulos de crédito e não podem ser protestados. Em segundo, duplicatas podem ser protestadas por indicação apenas quando retidas pelo devedor, devendo ser comprovada tal retenção, o que não foi feito".

Remarco, alfim, que a cartularidade é característica dos *títulos de crédito próprios*, nomeadamente letra de câmbio, nota promissória, cheque e duplicata. Há, em oposição, *títulos de crédito impróprios*, submetidos a normas específicas, algumas já aceitando sua emissão sem base física (sem papel). Esses títulos escriturais, mesmo se têm existência meramente em registros eletrônicos, dão azo ao pedido de falência que, então, será instruído com o respectivo documento comprobatório do título, emitido pela instituição custodiante. Tudo, porém, em conformidade com lei autorizadora expressa.

4.1.1 Protesto

O pedido de falência fundado na impontualidade do empresário ou sociedade empresária deve ser instruído, por força do artigo 94, § 3º, da Lei 11.101/05, com os títulos executivos, exibidos no original ou por cópias autenticadas se estiverem juntados em outro processo, acompanhados, em qualquer caso, dos respectivos instrumentos de protesto para fim falimentar nos termos da legislação específica. Este *protesto para fim falimentar* faz-se segundo a Lei 9.482/97, estudada no volume 3 desta coleção. A competência para tirá-lo é privativa do Tabelião de

Protesto de Títulos. A norma não traz procedimento específico para o *protesto para fim falimentar*, embora seu artigo 23 afirme que os protestos serão anotados em *único livro*, contendo *as anotações do tipo e do motivo do protesto*. Portanto, o protesto é sempre o mesmo ato, embora suas finalidades possam ser distintas. Por isso, não se faz necessário repetição desnecessária (*bis in idem*), quando feito com uma finalidade e, depois, vá se aproveitar a outra finalidade. No Recurso Especial 245.648/SP, julgado pela Quarta Turma do Superior Tribunal de Justiça, o Ministro Barros Monteiro esclareceu que o protesto para fim falimentar – *alias dictus* protesto especial – "diz respeito àqueles títulos não sujeitos a protesto obrigatório", razão pela qual, para os demais, é suficiente "protesto comum, demonstrativo da impontualidade do devedor". No Recurso Especial 237.419/PR, julgado pela mesma Turma e com mesmo relator, cuidava-se de um cheque, reconhecendo-se que o protesto cambial "evidenciou *quantum satis* a impontualidade da emitente".

Apresentado para protesto, o título executivo será examinado em seus caracteres formais e terá curso se não apresentar vício (artigo 9º da Lei 9.482/97), sendo que, em se tratando de protesto com fim falimentar, constitui irregularidade a não submissão do devedor ao procedimento falimentar, certo que somente poderão ser protestados, para fins falimentares, os títulos ou documentos de dívida de responsabilidade das pessoas sujeitas às consequências da legislação falimentar (artigo 23, parágrafo único, da Lei 9.493/97). Se não há vícios, o Tabelião expedirá a intimação ao devedor, no endereço fornecido pelo apresentante do título ou documento, considerando-se cumprida quando comprovada a sua entrega no mesmo endereço (artigo 14 da Lei 9.493/97). O § 1º desse mesmo artigo 14 permite que a remessa da intimação seja feita por portador do próprio tabelião, ou por qualquer outro meio, desde que o recebimento fique assegurado e comprovado através de protocolo, aviso de recepção (AR) ou documento equivalente.

Realce-se, aqui, a Súmula 361 do Superior Tribunal de Justiça: "A notificação do protesto, para requerimento de falência da empresa devedora, exige a identificação da pessoa que a recebeu." Esse entendimento já fora esposado pela Quarta Turma no julgamento do Recurso Especial 683.230/MG, embora com uma variante: considerou-se regular, para o protesto especial para falência, "a intimação feita pelo correio, com indicação clara de quem recebeu a correspondência, não se exigindo que seja um gerente ou outra pessoa que tenha, formalmente, poderes de representação da sociedade". O acórdão transcreveu – e ratificou – fundamentos do julgado recorrido: "Saliente-se, ainda, que não há requisitos específicos no que tange ao meio da entrega, sendo de se aceitar perfeitamente o recurso ao serviço de correios, que fornece o 'Aviso de Recebimento', documento apto a comprovar que houve a entrega no endereço apontado. Com isto, impede-se qualquer alegação no sentido de que o aviso de protesto tenha que ser recebido por pessoa determinada, como por exemplo, o sócio, o diretor ou o representante legal da empresa, uma vez que a lei é clara, apenas exigindo a entrega, sem especificar quem deve receber o aviso, o que se justifica inclusive pela celeridade e pela necessidade de evitar, na vida mercantil, que se protele a consumação do protesto, o que se faria facilmente com uma tal exigência. [...] A entrega, desta forma, tem-se como feita desde que o carteiro encontre alguém no local indicado como endereço da empresa e, por esta razão, a lei considera que a simples entrega perfaz a intimação, pois se presume feita a alguém que tenha relação com a empresa, dispensando maiores qualificações, o que tornaria morosa e difícil a intimação, contrariamente aos princípios que regem a vida comercial."

Outra questão fundamental em relação ao protesto com fim falimentar refere-se à competência territorial para tirá-lo, predominando o entendimento de que, também em relação a essa formalidade, aplica-se a regra inscrita no artigo 3º da Lei 11.101/05. Julgando o Recurso Especial 418.371/SP, a Quarta Turma do Superior Tribunal de Justiça examinou demanda na qual o credor tirou o protesto especial, para fim falimentar, no foro de eleição estabelecido entre as partes e não no foro do principal estabelecimento da sociedade devedora. A Corte entendeu ser irregular o processo: "O protesto especial de contrato com cláusula financeira, com o objetivo de constituir o devedor em mora falimentar, deve ser tirado no domicílio da empresa devedora, ainda que outro seja o foro de eleição do contrato." O entendimento parece-me correto.

Por fim, lembre-se que o Superior Tribunal de Justiça decidiu quando examinou o Agravo Regimental no Recurso Especial 1.124.763/PR: "(1) Para decretação da falência, é imperioso que todos os títulos executivos não pagos sejam protestados ou, pelo menos, caso o protesto se refira a apenas alguns desses títulos, que perfaçam o valor de 40 (quarenta) salários mínimos, conforme expressa disposição legal. (2) No caso em exame, o protesto realizado pelo ora agravante foi de apenas um dos títulos executivos, sem que fosse alcançado o valor estipulado em lei."

4.2 Execução frustrada

O artigo 94, II, da Lei 11.101/05 prevê a possibilidade do pedido de falência fundado em execução frustrada, ou seja, quando o empresário ou sociedade empresária é executado por quantia líquida, em qualquer valor, e (1) não paga, (2) não deposita ou (3) não nomeia, (4) nem tem penhorados, dentro do prazo legal. O artigo 914 do novo Código de Processo Civil, no entanto, prevê que o executado, independentemente de penhora, depósito ou caução, poderá se opor à execução por meio de embargos.

Poder-se-ia afirmar que essa alteração limitou-se ao processo executivo, não alcançando o Direito Concursal, mantendo-se íntegra a previsão inscrita no artigo 94, II, da Lei 11.101/05. O problema é que, tendo sido recebidos os embargos do devedor, sem a garantia do juízo, a matéria neles posta está submetida ao juízo da execução individual; aceitar que pedido e defesa fossem repetidos no juízo falimentar implicaria admitir que uma mesma questão jurídica estivesse submetida a dois juízos e, assim, correr o risco de decisões conflitantes. Romper-se-ia, destarte, com o princípio jurídico da competência e da prevenção, cujo corolário é a recusa de jurisdição às pretensões litispendentes.

Neste quadro, assoma-se a irresponsabilidade do legislador, revelando-se inábil para cuidar do Direito em sua totalidade, ou seja, para compreender os reflexos das alterações que determina. À doutrina e à jurisprudência, nesses sítios, cabem construir uma alternativa coerente que, respeitando a norma, ainda vigente (artigo 94, II, da Lei 11.101/05), dê-lhe interpretação coerente com o restante do sistema. No caso, torna-se forçoso reconhecer que, com a reforma processual, sendo recebidos os embargos do devedor sem a garantia do juízo, os eventos inscritos no inciso II (não pagar, não depositar ou não nomear bens à penhora) não se interpretam no princípio do processo de execução, mas no trânsito em julgado de decisão de improcedência total ou parcial dos embargos do devedor. Neste momento, não haverá mais falar em litispendência, permitindo a constituição do juízo falimentar. Mais do que isso, não poderá o devedor, em sua contestação (artigo 98 da Lei 11.101/05), reacender as questões já decididas nos embargos, certo que experimentarão os efeitos da coisa julgada (artigo 5º, XXXVI, da Constituição da República).

O pedido de falência com base em execução frustrada exige apenas a certidão do juízo de execução de que, não tendo sido interpostos embargos do devedor ou tendo transitado em julgado a decisão que não os acolheu, no todo ou em parte, não houve pagamento, depósito ou penhora de bem para praceamento. Como reconheceu a Quarta Turma do Superior Tribunal de Justiça, julgando o Recurso Especial 6.782/RS, não é necessário o protesto nesta hipótese; afinal, o protesto é "medida extrajudicial destinada a comprovar a apresentação do título para pagamento e, não vindo este a ocorrer, a atestar a impontualidade do devedor", o que já estará cabalmente demonstrado com a frustração da execução judicial. O debate dos fatos no juízo dos embargos, ademais, torna também despicienda a justificação da origem do débito, como esclareceu a Terceira Turma do Superior Tribunal de Justiça, em face do Recurso Especial 742.446/DF.

Portanto, o pedido de falência que tenha por base a frustração de ação executória, em oposição àquele fundado em mero inadimplemento, será instruído apenas com o título e a certidão expedida pelo juízo em que se processa a execução. Não se faz necessário sequer sentença extinguindo a ação executiva, em razão da desistência do exequente, conforme posição expressa pelo Superior Tribunal de Justiça, julgando o Recurso Especial 493.518/SP. Se não houve apresentação de embargos, sem pagamento, depósito ou constrição, havendo mera suspensão do processo executivo, o ajuizamento posterior do pedido falencial com base no artigo 94, II, da Lei 11.101/05 sequer demanda extinção da execução, embora seja nulo eventual processamento simultâneo das demandas. É o que se lê do Recurso Especial 174.966/MG, julgado pela Quarta Turma do Superior Tribunal de Justiça. No corpo do acórdão, o relator, Ministro Aldir Passarinho Junior, foi ainda mais ousado, aceitando a suspensão de fato da execução: "Ainda que não haja a extinção do prévio processo executivo, e até mesmo a suspensão oficial do feito, o que ocorreu no caso, inegavelmente está configurada a paralisação do primeiro processo, nada impedindo que o pedido de falência contra a devedora seja analisado no juízo competente, pois se porventura o credor tomar a iniciativa de impulsionar novamente o processo executivo em concomitância com o ora em comento, seus atos serão nulos de pleno direito, em face da litispendência e da suspensão automática das execuções individuais." A mera suspensão, de resto, parece-me solução bem adequada, sendo satisfatória para o aforamento do pedido falimentar. Justifica-o a economia processual, assim como o princípio da instrumentalidade das formas, sempre se recordando de que os procedimentos são meios para a realização do direito material. Destarte, pedida e decretada a falência, a execução suspensa será atraída ao juízo universal, preservando-se os direitos e os interesses de devedor, credores e terceiros, nos moldes já reiteradamente estudados neste livro.

4.3 Atos de falência

Por fim, o artigo 94, em seu inciso III, traz uma relação de atos que, se praticados pelo empresário ou pela sociedade empresária, permitem a decretação de sua falência. A construção da relação de atos falimentares orienta-se pelo princípio da segurança das relações mercantis, princípio este que mantém lastros com os princípios da boa-fé e da probidade, bem como o princípio da função social de atos e faculdades jurídicas, do qual é subprincípio o princípio da função social da empresa. Mais do que a presunção de que, ao praticar tais atos, o devedor demonstra indícios fortes de que estaria insolvente, a sua prática, em si, não é compatível com o exercício seguro, duradouro, prudente, de atividade negocial. Esse limite qualitativo no exercício da faculdade jurídica empresarial tem suas raízes no princípio da socialidade: a ação e a faculdade jurídica se compreendem no plano maior da comunidade e do Estado. Tem-se, portanto, (1) a concessão do direito de exercício pleno (*uso*) da faculdade, mas (2) a vedação do *abuso* no exercício da faculdade, ou seja, a proibição da prática de atos além dos limites de suas finalidades sociais e econômicas, bem como vencendo os limites da probidade e da boa-fé.

Com efeito, é preciso reconhecer que determinadas ações (comissivas ou omissivas) praticadas no exercício da empresa representam grande risco de solvabilidade – mesmo quando a empresa não esteja em situação de efetiva insolvência –, legitimando credores ou, mesmo, sócios que não estejam no exercício da administração societária, de recorrerem ao pedido de falência. Justamente por isso, o artigo 94, § 5º, da Lei 11.101/05 não satura as exigências para o pedido falimentar fundado na prática de ato falimentar. Como indicado neste dispositivo, o pedido de falência descreverá os fatos que caracterizam a prática do ato falimentar, juntando-se as provas que houver e especificando-se as que serão produzidas. Mas deverá, ainda, demonstrar e provar o interesse jurídico do autor em obter a decretação da falência do empresário ou da sociedade empresária, ou seja, a sua condição de credor, mesmo que por obrigação ainda não vencida, ou, em se tratando de sociedade empresária, a sua condição de sócio quotista ou acionista, respeitado o contrato ou estatuto social, bem como as normas do Direito Societário.

Um último aspecto deve ser frisado, antes do exame dos atos falimentares listados pelo artigo 94, III, da Lei 11.101/05, qual seja, a exceção legal feita à sua prática quando o ato faça parte do plano de recuperação judicial. A ressalva é óbvia, mas, ainda assim, o legislador viu por bem expressá-la, evitando equívocos hermenêuticos que são, aliás, comuns na prática jurídica cotidiana. Como estudado no Capítulo 9, são amplos os meios que podem ser propostos pelo devedor e acordados com a assembleia geral de credores. Tais operações, uma vez aprovadas, tornam-se atos devidos, obrigações que devem ser voluntariamente cumpridas pelo empresário ou sociedade empresária, sob pena de ser decretada sua falência. Sua execução, portanto, é expressão dos princípios da segurança mercantil, boa-fé, probidade (e licitude), mesmo que se amoldem às definições constantes das alíneas do artigo 94, III, da Lei 11.101/05.

4.3.1 Liquidação precipitada de ativos, pagamento ruinoso ou fraudulento

Será decretada a falência do empresário ou sociedade empresária que (1) procede à liquidação precipitada de seus ativos para realizar pagamentos, (2) lança mão de meio ruinoso para realizar pagamentos ou (3) lança mão de meio fraudulento para realizar pagamentos. As três hipóteses, embora distintas, constam da mesma alínea *a* do artigo 94, III, da Lei 11.101/05, e todas têm por elemento comum a finalidade da prática do ato: efetuar pagamento de obrigações.

Há liquidação precipitada de ativos quando o empresário, desejando adimplir suas obrigações presentes, passa a converter, destabalhoadamente, bens de seu ativo em pecúnia para, assim, evitar o inadimplemento. *Liquidar*, aqui, é dar expressão pecuniária à relação jurídica ativa: vender coisas (bens materiais), ceder bens imateriais, descontar títulos etc. Para que se caracterize como ato falimentar, é preciso que haja precipitação, quero dizer, é preciso que se trate de operação apressada, desordenada ou, mesmo, que se apresente como inexplicavelmente ampla, a alcançar parcela significativa do ativo patrimonial da empresa. Mas é preciso, igualmente, que seja comportamento de todo injustificável, desarrazoado, motivo pelo qual não deve se qualificar como ato falimentar a liquidação justificada, como tal compreendida aquela que se explica pelo contexto e situação da empresa ou da economia, traduzindo operação própria do exercício da livre-iniciativa.

Assim, não há liquidação precipitada na alienação de bens que estejam submetidos a risco de deterioração, destruição ou depreciação iminente, como na cessão onerosa de títulos que estão experimentando forte tendência de queda no mercado de valores mobiliários. É apenas um exemplo, entre tantos outros possíveis. Substancialmente, é preciso que da controvérsia estabelecida entre o autor do pedido falimentar e o réu (empresário ou sociedade empresária) afira-se que a liquidação se mostra injustificável e, mais que isso, que há efetivo risco para a solvabilidade, sem o que o pedido deverá ser indeferido. A previsão legal, neste sentido, não pode ser utilizada, de forma alguma, como um cerceamento ilegítimo do *ius disponendi* (do direito de dispor, de alienar, mesmo que gratuitamente, de remir, até), que é próprio da titularidade das relações jurídicas, a exemplo da propriedade.

A mesma proteção à solvabilidade patrimonial leva à previsão de que a realização de pagamentos por meio ruinoso ou por meio fraudulento é ato falimentar. Em ambos os casos, atenta-se ao enfraquecimento do patrimônio ativo em atos específicos e, até, próprios da pessoa: o pagamento de suas dívidas. No entanto, está-se atento para o efeito que este pagamento terá sobre os demais credores, por não se adequar aos padrões de normalidade da operação. Também aqui não se tem – e não se poderia ter – um cerceamento à liberdade de dispor dos próprios bens em operações voltadas ao adimplemento de obrigações, não sendo possível limitar, sequer, o direito à prática de liberalidades: o empresário ou sociedade empresária pode pagar uma obrigação de R$ 100.000,00 entregando R$ 150.000,00 ao seu credor, o que não é tão raro, lembrando-se ser comum a prática das gratificações, bônus e premiações. Um consultor que foi contratado por R$ 100.000,00 pode ter feito um trabalho tão esplendoroso que justifique o pagamento a maior, mesmo no valor de R$ 150.000,00. Tais vantagens são habituais e tendem a criar uma relação mais próxima que pode ser – e comumente é – vantajosa para a empresa no futuro. O problema, portanto, está no efeito que têm sobre os demais credores – seu interesse e seu direito ao adimplemento – o pagamento por meio ruinoso ou o pagamento por meio fraudulento.

Há pagamento por meio ruinoso quando o adimplemento da obrigação faz-se de forma excessivamente onerosa, não por liberalidade do empresário ou sociedade empresária, mas por falta de alternativa viável. Instado ao adimplemento, o devedor usa de meios que acabam por criar impactos negativos em seu patrimônio, muito superiores ao valor da obrigação saldada. Em muitos casos, é situação que se passa com empreendimentos que não possuem valor em caixa em montante suficiente para fazer frente às obrigações que vão vencendo, tendo que recorrer à alienação precipitada e desvantajosa de bens de seu ativo ou outras operações que acabam por enfraquecer os direitos e os interesses dos credores que ainda estão por serem pagos. E é justamente para a proteção desses credores futuros, em face do risco real de não haver valores e bens suficientes para preservar-lhes os direitos e os interesses, que a falência será decretada.

É situação bem distinta do meio fraudulento, ainda que o objetivo do legislador, em ambos os casos, seja a proteção dos demais credores. Assim, declara-se a falência daquele que lança mão de meio fraudulento para realizar pagamentos, pois essa fraude conduz ao enfraquecimento do patrimônio ativo e, destarte, à garantia genérica de solvabilidade das obrigações constantes do respectivo patrimônio passivo. Não se tem aqui um devedor que, premido pela necessidade, age desatinadamente, arruinando-se para pagar as obrigações já vencidas, no que acaba prejudicando os credores cujas direitos tenham vencimento no futuro, recomendando-se a decretação da falência para impedir vantagem extremada para os credores de títulos com vencimento anterior em desproveito daqueles que tenham títulos com vencimento posterior. Lançar mão de meio fraudulento para realizar pagamentos é aproveitar-se da necessidade de adimplir determinada obrigação para praticar uma fraude, ou seja, para enfraquecer o patrimônio ativo, em prejuízo dos credores. A situação também não é rara, infelizmente: o empresário ou sociedade empresária, para *esvaziar* o patrimônio, vale dizer, para transferir bens do patrimônio especificado para outro patrimônio (próprio ou de terceiros, como parentes e pessoas em conluio), criam relações jurídicas inexistentes ou utilizam-se de relações existentes para, sob a justificativa do adimplemento, transferirem em valor superior, indevido, bens do ativo, criando um risco de solvabilidade para os demais credores.

É preciso muito cuidado na investigação dos pedidos de falência fundados em liquidação precipitada de ativos, pagamento ruinoso ou fraudulento. Em fato, é preciso haver demonstração e prova de que se está diante de um quadro que, efetivamente, oferece risco para a coletividade dos credores, designadamente daqueles que sejam titulares de prestações vincendas, incapazes de ainda as exigir. Em hipótese alguma se pode admitir que tais pedidos se tornem indevida ingerência sobre o negócio alheio, certo que a função social da propriedade, bem como os direitos da titularidade creditícia, não são elementos jurídicos que admitam despropositada intervenção, pública ou privada, no direito de propriedade (titularidade) da empresa, da liberdade de agir econômica e juridicamente, do direito de livre disposição dos próprios bens, desde que exercidos de forma proba e de boa-fé.

4.3.2 Atos para retardar pagamentos ou fraudar credores

A alínea *b* do artigo 94, III, da Lei 11.101/05, lista diversos atos falimentares, misturando situações distintas e diversas. No núcleo do dispositivo está o objeto do comportamento que se considera falimentar: (1) negócio simulado ou (2) alienação (a) de parte ou (b) da totalidade de seu ativo a terceiro, credor ou não. Começo a análise pelo aspecto mais fácil: haja negócio simulado, haja alienação do ativo, no todo ou em parte, é indiferente se a contraparte é credor ou não. O fato de ser um credor, ou ser terceiro que não titularize crédito contra o empresário ou sociedade empresária, é simplesmente indiferente, não devendo ocupar a atenção do exegeta/aplicador. Resta, portanto, examinar o núcleo jurídico da previsão: os atos falimentares em si, descartada a relevância do exame subjetivo; a parte é, obrigatoriamente, empresário ou sociedade empresária sujeitos ao regime falimentar e a contraparte pode ser qualquer um.

Há *negócio simulado*, segundo a definição do artigo 167, parágrafo único, do Código Civil, quando (1) aparente conferir ou transmitir direitos à pessoa diversa daquela à qual realmente se confere ou transmite; (2) contenha declaração, confissão, condição ou cláusula não verdadeira; (3) seja celebrado por instrumento particular antedatado ou pós-datado. Fica claro, da interpretação do dispositivo, que a simulação nada mais é do que falseamento, imitação, fingimento, aparência enganosa. Para que haja simulação, é preciso que o ato jurídico aparente determinado conteúdo e finalidade, ao passo que, em verdade, tenha finalidade diversa, ilícita, o que pode dar-se (1) no plano subjetivo, ou seja, das pessoas envolvidas (artigo 167, parágrafo único, I, do Código Civil), (2) no plano objetivo, ou seja, do objeto do negócio, seja ele principal ou acessório (artigo 167, parágrafo único, II, do Código Civil), ou (3) no plano cronológico, vale dizer, na situação do negócio no tempo (artigo 167, parágrafo único, III, do Código Civil). O Código Civil, todavia, faz uma diferença entre o negócio simulado e a mera dissimulação em negócio jurídico, caso em que não lhe atribui nulidade; essa hipótese deve ser igualmente excluída da definição do artigo 94, III, *b*, da Lei 11.101/05, aplicado o princípio latino *ratio ubi est eadem, debet esse eadem iuris dispositio* [se mesma (igual) é a razão, mesma (igual) deve ser a disposição jurídica], lembrando-se de que *ratio est anima legis* (a razão é a alma da lei). Em fato, o artigo 167 do Código Civil diz *ser nulo o negócio jurídico simulado*, mas ressalta que *subsistirá o negócio que se dissimulou, se válido for na substância e na forma*. A marca característica da *dissimulação* jurídica, alçada à condição de variação conceitual da *simulação*, é o contexto fático, volitivo e jurídico do simulacro engendrado pela pessoa, no ato jurídico unilateral, ou pelas partes, nos negócios jurídicos. Em ambos os casos, tem-se a concretização de um ato (unilateral ou negocial) no qual a aparência não corresponde, no todo ou em parte, à realidade (ao que se passa ou ao que se pretende). Na dissimulação, porém, tem-se um simulacro que não revela, na intenção das partes, no contexto dos fatos ou no amplo sistema das normas jurídicas, fins contrários ao Direito, nem, em sentido amplo, aos costumes contratuais e à boa-fé, respeitados, assim, os artigos 112, 113, 421 e 422 do novo Código Civil.

A *alienação do ativo, no todo ou em parte*, atenta contra o princípio da solvabilidade jurídica, ou seja, contra a percepção de que o patrimônio econômico ativo de uma pessoa garante as obrigações constantes de seu patrimônio passivo. Basta recordar que, diante do inadimplemento, o credor que detém um título executivo tem a faculdade de ajuizar uma execução e obter a penhora de um bem a ser levado a hasta pública, pagando-se com o resultado desta alienação forçada.

Em ambos os casos, não é a prática em si do negócio simulado ou da alienação do ativo, no todo ou em parte, que caracteriza a prática de ato falimentar. É indispensável que tais atos tenham por objetivo (1) retardar pagamentos ou (2) fraudar credores. Não constituem atos falimentares a elisão fiscal, a sonegação fiscal; não dá azo à falência a sentença de que o fornecedor fraudou uma venda ou prestação de serviço, em desproveito do consumidor, ou que o empregador simulou um contrato de terceirização para esconder uma relação de emprego. A caracterização do ato falimentar, no comportamento descrito no artigo 94, III, *b*, da Lei 11.101/05, exige dolo específico: a intenção consciente de criar uma situação de insolvência, em prejuízo dos credores. O fundamento específico da decretação da falência é a má-fé do empresário ou administrador societário, enfraquecendo a garantia genérica dos credores, qual seja, o patrimônio ativo da empresa, transferindo-o a terceiros por meio de negócios simulados ou fraudulentos, bem como por atos que, mesmo não construindo-se como imitações ou falseamentos, revelam a intenção clara de esvaziar e enfraquecer o patrimônio ativo, tornando provável que as obrigações constantes do patrimônio passivo não sejam satisfeitas.

Dois últimos pontos merecem atenção na interpretação do dispositivo: a equiparação legal das hipóteses de concretização do ato e da mera tentativa. É o que fica claro na abertura da alínea, que se refere *realizar ou tentar realizar*. Mas, em ambos os casos, é fundamental para a caracterização do ato falimentar e, via de consequência, para a decretação da *quebra*, que a realização ou tentativa de realização apresente-se por *atos inequívocos*. Portanto, não basta o simples intuito (a intenção) para a caracterização da hipótese legal; não há ato falimentar se o empresário ou administrador societário (1) pensa em praticar o ato, (2) diz que vai praticar o ato ou (3) simplesmente planeja realizar o ato. É preciso demonstrar, por atos inequívocos (por ações), que ele realizou ou tentou realizar. Do contrário, estarão afastadas as condições para a decretação da falência.

4.3.3 Transferência irregular do estabelecimento

Será decretada a falência do empresário ou sociedade empresária que, segundo o texto do artigo 94, III, *c*, da Lei 11.101/05, transfere estabelecimento a terceiro, credor ou não, sem o consentimento de todos os credores e sem ficar com bens suficientes para solver seu passivo. O núcleo do comportamento, aqui, está representado pela expressão *transfere estabelecimento*; uma vez mais, o complemento *a terceiro* mostra-se amplo, já que é indiferente tratar-se de *credor ou não*. Portanto, a expressão *a terceiro, credor ou não*, cumpre no dispositivo uma função universalizante, deixando claro ser indiferente a quem seja o estabelecimento transferido, não se eximindo da decretação da falência aquele que o transferiu para um credor, até por ser esse ato de preferir um credor aos demais um comportamento contrário às finalidades específicas da proteção conferida pela legislação falimentar que, como visto, visa a garantir um tratamento equitativo entre todos aqueles que são alcançados pelos efeitos da insolvência empresária, não sem reconhecer, como se verá adiante, haver privilégios creditícios que são legítimos, justificando pela distinção de natureza entre as diversas faculdades afirmadas sobre o patrimônio do devedor.

O conceito de estabelecimento empresarial (artigo 1.142 do Código Civil) não se confunde com o conceito de patrimônio do empresário ou da sociedade empresária. O empresário e a sociedade empresária podem ter bens que não constem do complexo organizado para o exercício da empresa, a exemplo dos bens que estejam no ativo como investimento; basta recordar que no *balanço patrimonial*, uma das rubricas do *ativo permanente* é, justamente, *investimentos*: ações ou quotas de outras sociedades e direitos de qualquer natureza, não classificáveis no ativo circulante e que não se destinem à manutenção da atividade da empresa: imóveis (incluindo os destinados a aluguel), móveis e direitos (a exemplo de marcas e patentes) que não sejam empregados na atividade empresarial. São parte do patrimônio do empresário ou sociedade empresária, constam de seu ativo, mas não compõem seu estabelecimento, isto é, não compõem o complexo organizado de bens para o exercício da empresa. Como se só não bastasse, é forçoso reconhecer que o patrimônio empresarial que é empregado no exercício da atividade pode estar dividido em diversos estabelecimentos.

Neste contexto, é preciso investigar se a expressão *transfere estabelecimento*, inscrita no dispositivo, refere-se ao *estabelecimento global*, vale dizer, a todo o *conjunto organizado de bens* para o exercício da empresa, mesmo que experimente divisões de fato ou formais, ou se alcança a transferência de cada estabelecimento, cada *conjunto organizado de bens* tomado como unidade de exercício empresarial. A solução é dada pelo artigo 140 da Lei 11.101/05, quando, nos incisos I e III, emprega o termo *estabelecimentos* para se referir a divisões havidas no âmbito do *conjunto organizado de bens* tomado em sua totalidade (expressão global do estabelecimento). O legislador não foi, definitivamente, cuidadoso com a questão; mesmo o Código Civil se refere, em diversas passagens, a estabelecimentos de uma mesma pessoa, como se lê nos seus artigos 75, § 1º, 649, parágrafo único, além do artigo 969, que utiliza a expressão *estabelecimento secundário*, deixando clara a existência de um estabelecimento principal ou primeiro (a *matriz*). Portanto, pratica ato de falência o empresário ou sociedade empresária que *transfere estabelecimento* (o estabelecimento ou um estabelecimento), desde que sem o consentimento de todos os credores e sem ficar com bens suficientes para solver seu passivo.

Com efeito, o estabelecimento empresarial é garantia genérica, não especializada, das obrigações assumidas no desempenho das atividades empresariais. Se com aquele que transfere o estabelecimento não restam bens suficientes para solver o seu passivo, ou seja, para atender às obrigações empresariais, a alienação só será considerada plenamente eficaz se todos os credores forem pagos ou se consentirem com a transferência (artigo 1.145 do Código Civil), como estudado no volume 1 desta coleção. Daí a qualificar como ato falimentar o trespasse irregular: (1) não obter o consentimento de todos os credores e, se assim ocorrer, (2) sem ficar com bens suficientes para solver seu passivo. O trespasse será regular – e, consequentemente, não se qualificará como ato de falência – em duas situações específicas: (1) se o empresário ou sociedade empresária trespassante obtiver o consentimento de todos os credores, mesmo que, com o trespasse, não lhe restem bens suficientes para solver seu passivo; (2) se, apesar do trespasse do estabelecimento, restem ao empresário ou sociedade empresária bens suficientes para solver seu passivo, sendo indiferente a obtenção, ou não, do consentimento de todos os credores. Esta última situação, aliás, é muito comum. Há incontáveis empresas cujo vasto conjunto de credores tornaria no mínimo improvável a obtenção da anuência de todos para o trespasse de um estabelecimento; no entanto, seu patrimônio é suficiente para satisfazer a suas obrigações, tornando o trespasse um fato normal na vida da empresa.

Justamente por isso, o pedido de falência fundado na alegação de que o devedor transferiu estabelecimento a terceiro, credor ou não, sem o consentimento de todos os credores, não prescinde, de forma alguma, da prova da insolvência daquele. Sem provar que o empresário ou sociedade empresária, em virtude do trespasse, tornou-se insolvente, não há falar em falência. A prova da insolvência, por seu turno, será suficiente para a procedência do pedido. Não se faz necessário, em acréscimo, demonstração ou prova de má-fé por parte do empresário ou sociedade empresária trespassante, nem de conluio com o trespassatário. O artigo 94, III, *c*, da Lei 11.101/05, cuida de uma hipótese objetiva, ou seja, que se afere no universo do ato praticado e não no universo volitivo, na intenção da parte ou das partes envolvidas.

4.3.4 Transferência simulada do estabelecimento

Se a alínea *c* do artigo 94, III, da Lei 11.101/05 expressa uma hipótese objetiva para a decretação da falência, nos moldes acima estudados, a alínea *d*, que agora se estudará, expressa uma hipótese subjetiva, ou seja, um ato de falência a partir da consideração do universo volitivo do empresário ou administrador societário, da intenção com que é praticado. Em primeiro lugar, na expressão *simula a transferência* não se tem um *trespasse*; transferir, aqui, não é negócio jurídico de alienação onerosa (*trespasse*), mas mera mudança. A *transferência de seu principal estabelecimento*, portanto, é sua mudança de lugar, mudança de domicílio, portanto, visando alterar a configuração geográfica das relações jurídicas a ele relacionadas, considerando-se o problema da competência administrativa ou jurisdicional para a prática de determinados atos.

Lembrando-se de que o artigo 3º da Lei 11.101/05 define como competente para homologar o plano de recuperação extrajudicial deferir a recuperação judicial ou decretar a falência o juízo do local do principal estabelecimento do devedor ou da filial de empresa que tenha sede fora do Brasil, na forma como se estudou no Capítulo 2 deste livro, a mudança deste *principal estabelecimento* é forte indício de que o empresário ou a sociedade empresária está em situação falimentar e, destarte, prepara-se para criar uma condição que julgue mais vantajosa. Há clara identificação hermenêutica entre o artigo 3º e o artigo 94, III, *d*, da Lei 11.101/05. Mas essa identificação não resolve, por si, a *quaestio iuris* envolvida no dispositivo analisado; vale dizer, o dispositivo é mais rico e demanda melhor exploração.

De início, é preciso expungir com veemência equívocos que podem levar a uma aplicação distorcida da norma. A simples transferência do principal estabelecimento do empresário ou sociedade empresária, mesmo se feita para *o cafundó*, é ato jurídico regular e não se qualifica como ato falimentar. É direito seu transferi-lo para qualquer lugar, desde que o faça de forma lícita, proba e de boa-fé. Para que se possa decretar a falência do devedor, será preciso que a transferência tenha por objetivo burlar a legislação ou a fiscalização ou prejudicar credor. E ao autor do pedido falimentar cumpre demonstrá-lo e prová-lo de forma inconteste. Em fato, a transferência de empresas de centros excessivamente populosos para localidades mais distantes e tranquilas é uma constante, refletindo apenas a tendência moderna de reversão do processo concentrador urbano experimentado pelo país no século XX, mormente após o fim da Segunda Grande Guerra, e cujos efeitos nefastos são experimentados cotidianamente nas metrópoles brasileiras.

Note-se, no entanto, que por expressa disposição legal, a regra somente se aplica à transferência do *principal estabelecimento* do empresário ou sociedade empresária. Não se aplica à sua sede, se não é o principal estabelecimento, nem a outros estabelecimentos secundários, razão pela qual se torna de todo irrelevante, para fins falimentares, investigar a transferência dos mesmos, ainda que sob a alegação de que a motivação da mudança foi burlar a legislação ou a fiscalização ou para prejudicar credor.

4.3.5 Dação irregular de garantia real

Dar ou reforçar garantia a credor por dívida contraída anteriormente sem ficar com bens livres e desembaraçados suficientes para saldar seu passivo também é ato falimentar (artigo 94, III, *e*, da Lei 11.101/05). A norma e a situação nela prevista revelam-se como corolário imediato da própria fundamentação jurídica do juízo universal, que é a constituição de um foro de convergência de todos as relações jurídicas do empresário ou sociedade empresária, cunhado com o objetivo de dar tratamento equitativo a todos aqueles que são afetados pela insolvência empresária, tratando de forma igual aos iguais e de forma desigual aos desiguais, segundo um gradiente de prioridades legalmente inscrito nos artigos 83 e 84 da Lei 11.101/05. O problema inerente à hipótese de incidência normativa ora examinada é justamente a quebra dessa compreensão equitativa dos credores, certo que, ao dar ou reforçar garantia deste ou daquele credor, nos parâmetros que aqui explorarei, está-se fraudando o juízo universal, concedendo a ele uma situação mais vantajosa, em desproveito dos demais.

No núcleo do comportamento hipotético guindado à condição de ato falimentar está a ação de *dar ou reforçar a garantia a credor*. *Garantia*, no dispositivo, é termo que se interpreta restritivamente, tendo obrigatoriamente em linha de consideração a ordem de classificação dos créditos na falência, anotada no artigo 83 da Lei 11.101/05. O ato falimentar, portanto, configura-se obrigatoriamente por uma alteração da posição do credor neste gradiente de preferências. Se à dação de garantia não corresponde qualquer alteração nesta posição, não há ato falimentar; o grande exemplo é a concessão de garantia pessoal: não pratica ato falimentar o empresário ou a sociedade empresária que oferece garante para uma obrigação sua – um avalista ou um fiador, conforme a natureza jurídica do título materializador da obrigação, título de crédito ou não – ainda que se trate de *dívida contraída anteriormente*, nos termos do dispositivo estudado. Pior: a frase *sem ficar com bens livres e desembaraçados suficientes para saldar seu passivo* limita ainda mais o alcance do dispositivo. Em fato, somente nas garantias reais tem-se uma supressão dos bens do ativo do concurso de credores – supressão essa que não alcança os créditos acidentários, em sua totalidade, e os créditos trabalhistas, até 150 salários mínimos por trabalhador, como se estudará adiante. Portanto, somente há ato falimentar quando do comportamento do devedor resultar, vantagem ao credor: a inscrição do seu crédito na classe dos *créditos com garantia real até o limite do valor do bem gravado*, aí incluído o reforço de garantia, ou seja, ampliar a garantia real de um credor que já a tenha (oferecer outro bem ou bens ou maior parcela sobre o bem cuja propriedade foi gravada com o ônus real), já que sua vantagem está limitada ao *valor do bem gravado*.

Para que haja ato falimentar, é ainda indispensável que a dação de garantia real, ou o reforço da garantia já dada, beneficie *dívida contraída anteriormente*. O legislador fala em dar garantia a credor, mas a garantia real é dada à obrigação, vinculando obrigação garantida e bem garantidor; se o crédito é transferido, a garantia o acompanha, pois não beneficia o credor, mas o crédito em si.[1] O ato falimentar não está na contração de obrigação para a qual se dê garantia real; não há ato falimentar nisto. Só há ato falimentar em *dar ou reforçar a garantia* a *dívida contraída anteriormente*. Não é só. Num segundo plano, de adição obrigatória, é ainda preciso que essa dação ou reforço de garantia a dívida contraída anteriormente tenha por resultado deixar o devedor *sem bens livres e desembaraçados suficientes para saldar seu passivo*. Se lhe restam *bens livres e desembaraçados* em valor suficiente *para saldar seu passivo*, não há ato falimentar. Justamente por isso, o pedido de falência fundado no artigo 94, III, *e*, da Lei 11.101/05 exige a demonstração e a comprovação, pelo autor, de que não restaram bens livres e desembaraçados suficientes para saldar o passivo do empresário ou sociedade empresária, o que é ônus processual do autor, devendo ser julgado improcedente o pedido se dele não se desonera adequadamente.

---

1 Conferir MAMEDE, Gladston. *Código civil comentado*: penhor, hipoteca e anticrese: artigos 1.419 a 1.510. São Paulo: Atlas, 2003. v. 14.

4.3.6 Ausência, abandono do estabelecimento ou ocultação

Outros atos que o legislador considerou característico de um estado de insolvência, a justificar a decretação da falência do devedor, são (1) a ausência do estabelecimento, sem deixar representante habilitado e com recursos suficientes para pagar os credores, (2) o abandono do estabelecimento ou (3) a tentativa de ocultar-se de seu domicílio, do local de sua sede ou de seu principal estabelecimento. Uma vez mais, tem-se uma única alínea cuidando de situações hipotéticas diversas, ainda que enfeixadas sobre um único mote: considera-se cenário presumivelmente caracterizador de insolvência empresária o afastamento físico e jurídico da empresa, tomando-se por afastamento jurídico a inexistência de representante com poderes suficientes para o exercício da empresa.

A empresa, considerada como atividade negocial, presume a existência de um responsável pela condução de suas atividades. O legislador não compreende a empresa anencéfala, ou seja, a empresa sem um responsável jurídico com poderes suficientes para sua condução, seja seu titular, seja *representante habilitado*, face ao risco que tal situação ofereceria ao negócio, a seus trabalhadores, aos credores, à comunidade em geral e ao Estado. Mais do que isso: representante que tenha poderes para o exercício da empresa e que disponha de *recursos suficientes para pagar os credores*, embora a ausência desses recursos interprete-se restritivamente, ou seja, em conformidade com o inciso I, do artigo 94, da Lei 11.101/05, a afastar a decretação da falência quando o crédito que não foi satisfeito pelo representante for inferior a 40 salários mínimos.

Para além desta ausência, sem representante habilitado e com recursos suficientes para pagar os credores, duas outras situações caracterizadoras de estado falimentar se colocam. Em primeiro lugar, o *abandono do estabelecimento*, como tal compreendido o abandono do local onde foi estruturado o complexo organizado de bens para o exercício da empresa, a traduzir, uma vez mais, o abandono da própria atividade empresária, deixada sem comando, sem cabeça. Com razão, o legislador entende que a vigília cotidiana da atividade negocial é elemento próprio do exercício profissional da empresa, ou seja, elemento próprio da atuação do empresário ou da sociedade empresária, por meio de seu representante/administrador. Abandonar a empresa, ou seja, abandonar o estabelecimento (dimensão estática da empresa) e o acompanhamento de suas atividades cotidianas (dimensão dinâmica da empresa) é comportamento considerado ilícito, definido como ato falimentar.

Por fim, tem-se a situação do empresário que tenta ocultar-se de seu domicílio, do local de sua sede ou de seu principal estabelecimento. O ato de ocultar-se é por si forte indício de que o devedor procura fugir de suas obrigações e, principalmente, do assédio de seus credores. A norma é perigosa não em sua previsão, nem em sua hermenêutica, mas em sua aplicação, nomeadamente na interpretação dos fatos para aferir-se se há, ou não, ocultação, ou seja, ato e intenção de esconder-se, de fugir de suas obrigações. Se não há prova cabal de ocultação, não estará caracterizado o ato de falência.

4.3.7 Desrespeito ao plano de recuperação

Como estudado nos capítulos anteriores, a recuperação judicial é benefício que tem por objetivo viabilizar a superação da situação de crise econômico-financeira do empresário ou sociedade empresária, para que assim possa manter a fonte produtora, o emprego dos trabalhadores, e garantir os interesses dos credores. Trata-se de benefício que se justifica pela necessidade de preservação da empresa, sua função social e o estímulo à atividade econômica. A recuperação faz-se segundo as previsões de plano de recuperação apresentado pelo devedor em juízo, discriminando pormenorizadamente os meios pelos quais pretende superar sua crise econômico-financeira. Esse plano deverá ser aprovado pelos credores, seja deixando de manifestar sua objeção ao plano apresentado, seja expressamente pela assembleia geral de credores, havendo objeção de qualquer credor, alterando-o (para o que se faz necessária a anuência do devedor) ou não. Com a aprovação do plano, o devedor apresentará certidões negativas de débitos tributários e o juiz concederá a recuperação judicial do devedor; também pode haver concessão excepcional, na forma do artigo 58 da Lei 11.101/05. O plano de recuperação judicial implica novação dos créditos anteriores ao pedido e obriga o devedor (empresário ou sociedade empresária) e todos os credores a ele sujeitos, sendo certo que a decisão judicial que conceder a recuperação judicial constitui título executivo judicial.

A partir da decisão concessiva, o devedor permanecerá em recuperação judicial até que se cumpram todas as obrigações previstas no plano que se vencerem até dois anos depois da concessão da recuperação judicial, segundo previsão do artigo 61 da Lei 11.101/05, sendo que, durante este período, o descumprimento de qualquer obrigação prevista no plano acarretará a convolação da recuperação em falência. Após esse biênio, o descumprimento de qualquer obrigação prevista no plano de recuperação judicial permite requerer a execução específica ou a falência, diz o artigo 62 da Lei 11.101/05, que expressamente faz remissão ao artigo 94 da mesma lei. É esta, portanto, a hipótese sobre a qual versa o inciso III, *g*, do artigo 94 da Lei 11.101/05, ora examinado.

A aplicação da norma, todavia, demanda cautela. Com efeito, em se tratando de obrigação que tenha titular certo, o pedido de falência exige pedido por ele formulado, já que lhe é lícito perdoar o devedor (remissão) ou conceder-lhe dias de perdão, isto é, não exigir de imediato o cumprimento da obrigação. Somente em se tratando de obrigação genérica, a exemplo da cisão, incorporação, fusão ou transformação de sociedade, alteração do controle societário, substituição total ou parcial dos administradores do devedor e outras, o pedido poderá ser formulado por qualquer credor, indistintamente.

13

Pretensão e Contrapretensão Falimentar

1 LEGITIMIDADE PARA A AÇÃO FALIMENTAR

A legitimidade para a ação falimentar é questão que comporta abordagem por três ângulos diversos. Em primeiro lugar, a legitimidade para falir – ou seja, para pedir a própria falência (*autofalência*) ou para ter sua falência pedida por outrem – é matéria que se estudou no Capítulo 2 deste livro, ao qual remeto o leitor. Sob outro enfoque, pode-se questionar a legitimidade para estar no processo de falência, ou seja, a legitimidade para habilitar seu crédito e pretender o seu recebimento, conforme a ordem de preferência nos pagamentos. Tal investigação nos conduz para a pesquisa sobre (1) as relações jurídicas cuja discussão são ou não atraídas para o juízo universal, o que se estudou tanto no Capítulo 3, quanto nos dois capítulos anteriores deste livro, (2) os créditos que são alcançados e os que estão excluídos do juízo universal, o que se estudou também no Capítulo 3, e, finalmente, (3) o próprio procedimento de habilitação de crédito, que é comum para a recuperação judicial e para a falência, conforme examinado no Capítulo 6 e no item 3 do Capítulo 7. Em terceiro lugar, pode-se questionar a legitimidade ativa para o pedido de falência, ou seja, investigar quem pode pedir a falência do empresário ou da sociedade empresária. No artigo 97 da Lei 11.101/05, esta questão encontra-se resolvida: podem requerer a falência do devedor:

1. o próprio devedor;
2. o cônjuge sobrevivente, qualquer herdeiro do devedor ou o inventariante;
3. o quotista ou o acionista do devedor na forma da lei ou do ato constitutivo da sociedade;
4. qualquer credor.

São hipóteses que envolvem questões interessantes, afirmadas em cada caso, a recomendar a análise doutrinária em itens apartados, o que farei. Investigação doutrinária, até, para reconhecer alguns lapsos do legislador.

1.1 O próprio devedor

Quando o próprio empresário ou sociedade empresária requer sua falência, há o chamado pedido de autofalência; seu procedimento é distinto do pedido à sentença (artigos 105 a 107 da Lei 11.101/05). Após a decretação da falência, todavia, não há mais distinção de procedimento entre as hipóteses de pedido formulado pelo próprio devedor e de pedido formulado por terceiro. Quando o devedor for uma sociedade empresária, particular atenção deve ser dada à representação, ou seja, à capacidade para pedir a autofalência, em nome da sociedade empresária. Será preciso haver atribuição de poder para tanto, pelo contrato social ou por deliberação dos sócios sobre o tema. Nas sociedades por ações, é competência privativa da assembleia geral autorizar os administradores a confessar falência, embora, nos casos de urgência, os administradores possam pedi-la, com a concordância do acionista controlador, se houver, convocando imediatamente a assembleia geral, para manifestar-se sobre a matéria (artigo 122, IX, da Lei 6.404/76).

Havendo empresário (firma individual) absolutamente incapaz, cuja empresa seja mantida por autorização judicial (artigo 974, § 1º, do Código Civil), como visto no volume 1 desta coleção, a autofalência poderá ser pedida pelo curador e pelo Ministério Público, na condição de curador legal dos incapazes. Contudo, a falência do incapaz, pedida pelo próprio curador ou por terceiros, conduz obrigatoriamente à investigação da responsabilidade civil do curador e, havendo, dos gerentes. Em se tratando de incapacidade relativa, o pedido de autofalência será formulado pelo empresário, devidamente assistido pelo curador, tutor ou genitor. Também poderá pedi-la, na condição de curador legal dos incapazes, o representante do Ministério Público. Não se pode descartar, contudo, que em ambos os casos, incapacidade absoluta ou relativa, a extinção da empresa, mesmo não havendo decretação da falência, pode decorrer da revogação da autorização judiciária para a sua manutenção, que é sempre precária. Nessa hipótese, determinado o encerramento das atividades, liquidando-se a empresa, a falência poderá ser reconhecida e pedida pelo liquidante, como se estudará na sequência.

1.2 Sucessores *causa mortis*

Morrendo o empresário, o cônjuge sobrevivente, qualquer herdeiro do devedor ou o inventariante poderão pedir a falência. Com a morte, sabe-se, inventaria-se o patrimônio do *de cujus* e, existindo saldo positivo de bens, será esse transferido aos herdeiros legítimos e/ou testamentários, havendo-os. Diante da percepção de que o patrimônio ativo não será suficiente para fazer frente às obrigações (o patrimônio passivo), a solução será o pedido de falência, garantindo-se uma solução equitativa e conforme os ditames legais para a insolvência do *de cujus*. Diante da gravidade da situação e da necessidade de proteção aos credores (no todo e, principalmente, àqueles que sejam titulares de créditos privilegiados), o legislador optou por uma legitimação ativa ampla, que não se limita à pessoa do inventariante – responsável que é pelo procedimento da sucessão *causa mortis* –, mas alcança o cônjuge sobrevivente (seja meeiro, seja herdeiro) e qualquer herdeiro do devedor.

Essa legitimação alargada pode conduzir a conflitos. Assim, se meeiro e herdeiros não estão acordes com o pedido, ele será contencioso, assumindo os discordantes a posição de réus, podendo contestar o pedido e demonstrar a inexistência da insolvência empresária, e utilizar-se, inclusive, da faculdade de pedir a recuperação judicial da empresa. Somente se processará como pedido de autofalência, nos moldes do artigo 97, I, cominado com os artigos 105 a 107, todos da Lei 11.101/05, o pedido formulado por todos os herdeiros e, havendo, meeiro(a), conjuntamente.

Friso, todavia, ser medida aplicável apenas à hipótese de empresário (pessoa natural com firma individual registrada na Junta Comercial). Não se aplica, isoladamente, ao cônjuge sobrevivente, qualquer herdeiro ou ao inventariante do sócio quotista ou acionista. Nestes casos, há particularidades que levam à aplicação conjunta dos incisos II e III do artigo 97 da Lei 11.101/05, bem como dos desdobramentos teóricos do pedido de falência pelo sócio, como se estudará em seguida.

1.3 Sócio

Na hipótese de sociedade empresária, é a pessoa jurídica a titular da empresa. Seus sócios, quotistas (sociedade contratual) ou acionistas (sociedade estatutária), são apenas titulares dos respectivos títulos sociais (quotas ou ações) que lhes garantem o exercício de direitos patrimoniais e instrumentais sobre a sociedade, como estudado no volume 2 desta coleção. Consequentemente, a legitimidade ativa definida pelo artigo 97, III, da Lei 11.101/05, permitindo que o sócio peça a falência da sociedade empresária da qual é quotista ou acionista, não se confunde, em nada, com o caso previsto no inciso I do mesmo artigo, no qual o pedido é formulado pelo próprio empresário ou sociedade empresária, caracterizando autofalência. A autofalência é pedida pela sociedade, na pessoa de quem a representa. Em oposição, o pedido formulado pelo sócio caracteriza pretensão da falência de terceiro, lembrando-se do princípio elementar da distinção de personalidade entre a pessoa jurídica e as pessoas de seus membros (no caso, a pessoa de seus sócios). Justamente por isso, são aplicáveis os artigos 94 e seguintes da mesma Lei 11.101/05, a exigir que a sociedade empresária seja citada e possa contestar o pedido, como se estudará a seguir.

Obviamente, o quotista ou acionista não poderá pedir a falência da sociedade por impontualidade ou por execução frustrada, exceto se o fizer na condição de credor, atendidos os respectivos requisitos legais. A impontualidade de obrigação alheia ou a execução frustrada movida por outrem não o autorizam a fazê-lo, não se estendendo a tais limites a legitimidade ativa conferida pelo artigo 97, III, da Lei 11.101/05. Basta recordar, nesse sentido, que a remissão (o perdão da dívida) é faculdade do credor, já que o crédito é direito disponível. É dele a faculdade de cobrar e de executar; consequentemente, também é dele a faculdade de pedir a falência, nas hipóteses dos incisos I e II do artigo 94 da Lei 11.101/05. Ninguém pode partir do crédito e do título de outrem para, com ele, fundamentar o pedido de falência, exceto se o faz na qualidade de representante legal ou convencional com poderes para tanto. Dessa maneira, restará ao sócio a possibilidade de pedir a falência com base na prática de atos falimentares, ou seja, por qualquer uma das hipóteses listadas nas alíneas do artigo 94, III, da Lei 11.101/05. Por essa via, o direito de pedir a falência diante da prática de ato considerado como falimentar interpreta-se como um direito instrumental – embora com nítidos efeitos patrimoniais – da quota ou ação, uma faculdade do sócio.

Havendo morte do sócio quotista ou acionista, esse direito transmite-se ao herdeiro ou legatário que o substituiu na titularidade da quota ou ação. Até a conclusão da sucessão, o espólio titularizará excepcionalmente tais direitos instrumentais, impedindo-se, destarte, que a fase de liquidação do patrimônio do *de cujus* e consequente partilha de eventual saldo positivo traduza-se num injustificado cerceamento das faculdades decorrentes dos títulos societários.

1.4 Credor

Por fim, tem-se anotado no artigo 97, IV, da Lei 11.101/05 a hipótese mais comum: a legitimidade do credor para o pedido de falência, o que poderá ocorrer, como visto no Capítulo 12, nas hipóteses de impontualidade (títulos executivos com valor superior a 40 salários mínimos), execução frustrada ou prática de atos falimentares (artigo 94, III). Também se tem como expressão do pedido de falência por parte de credor aquele que é formulado pelo *agente fiduciário dos debenturistas*, sempre que se têm debêntures distribuídas ou admitidas à negociação no mercado (artigos 61, § 1º, e 68, § 3º, da Lei 6.404/76). Afinal, é sua função, como estudado no volume 2 desta coleção, representar a comunhão dos debenturistas perante a companhia emissora, nos termos da Lei 6.404/76 e da escritura de emissão. Para proteger direitos ou defender interesses dos debenturistas, o agente fiduciário pode usar de qualquer ação, inclusive o pedido de falência, o que fará em nome próprio e na condição de representante, *ex vi legis*, dos debenturistas.

Em se tratando de credor que seja empresário ou sociedade empresária, deverá apresentar certidão do Registro Público de Empresas que comprove a regularidade de suas atividades (artigo 97, § 1º, da Lei 11.101/05). Trata-se de um resquício de legislações passadas, quando o pedido de falência era exclusivo de comerciantes; não se justifica no estágio jurídico atual, mormente pelo fato de que os não inscritos (pessoas naturais e pessoas jurídicas não empresárias) não precisam atender a requisitos similares. Melhor seria afirmar tão somente que toda pessoa jurídica deve fazer a comprovação da regularidade de sua inscrição no registro competente, juntando o respectivo ato constitutivo.

Do credor que não tenha domicílio no Brasil exige-se, ademais, que preste caução relativa ao valor de custas, bem como relativa ao eventual pagamento de indenização, na hipótese de ser condenado a responder por perdas e danos decorrentes de pedido abusivo de falência (artigo 101 da Lei 11.101/05).

1.5 Liquidante

Embora o artigo 97 não se refira expressamente à figura do liquidante, também ele tem legitimidade ativa para o pedido de falência, como visto no volume 2 desta coleção. Aliás, não se trata apenas de uma faculdade, mas de um dever: diz o artigo 1.103 do Código Civil constituir dever do liquidante confessar a falência da sociedade. No âmbito das sociedades por ações, o artigo 210 da Lei 6.404/76 estipula ser dever do liquidante confessar a falência da companhia. Curiosamente, os dois dispositivos falam em pedir concordata (recuperação judicial, no regime atual), no que se equivocam. A recuperação é mecanismo voltado para a continuidade da sociedade empresarial, o que, a toda vista, não ocorrerá quando já se tenha a deliberação, pelos sócios, ou a determinação, pelo Judiciário, da dissolução da sociedade.

Assim, se durante o procedimento de liquidação verificar o liquidante que o ativo não é suficiente para o cumprimento de todas as obrigações do passivo, deverá pedir a falência da sociedade empresária ou a insolvência civil da sociedade simples. Como visto no volume 2, o liquidante deverá antes dar conhecimento do estado de insolvência empresária aos sócios, exigindo a integralização das quotas, quando ainda houver pendências dessa natureza. Obviamente, o pedido de falência poderá ser evitado se os sócios aceitarem contribuir com seu patrimônio particular para a solução do passivo. Essa participação, a evitar o procedimento falimentar, recomenda-se quando se tratar de sociedades sem limite de responsabilidade e, nas sociedades em comandita, para os sócios que não se beneficiam desse limite: os comanditados, na comandita simples, e os diretores, na comandita por ações. O liquidante, então, antes do pedido de falência, deverá notificá-los do valor em aberto do passivo e da responsabilidade de cada um sobre o montante total, apurado em proporção à respectiva participação nas perdas. Se os sócios adimplirem todo o passivo, a liquidação se concluirá ordinariamente, sem transmudar-se em procedimento falimentar. Se, por qualquer motivo, restarem obrigações não satisfeitas, o pedido de falência será obrigatório, devendo formulá-lo o liquidante.

2 JURISDIÇÃO FALIMENTAR VOLUNTÁRIA

A decretação da falência não está circunscrita ao exercício por terceiro (sócio ou credor) de um direito de ação contra o empresário ou sociedade empresária (*jurisdição falimentar contenciosa*). Há igualmente uma *jurisdição falimentar voluntária*. O pedido de autofalência será formulado pelo próprio empresário ou sociedade empresária quando, enfrentando uma crise econômico-financeira, julgue não atender aos requisitos para pleitear sua recuperação judicial. Esses *requisitos para pleitear sua recuperação judicial*, expressão inscrita no artigo 105, *caput*, da Lei 11.101/05, não se limitam aos *requisitos objetivos* elencados pelo artigo 48 e examinados no Capítulo 7 deste livro, mas, também, *requisitos subjetivos*, como tal entendidos a própria compreensão da viabilidade do negócio como elemento caracterizador do interesse de agir em busca da recuperação da empresa. Se não há caminhos viáveis para a superação da crise econômico-financeira, o pedido de autofalência serve ao devedor como caminho regular para a liquidação de seu patrimônio por meio de juízo concursal e preservando não só a isonomia entre seus credores, mas igualmente as preferências legais.

A petição inaugural da *jurisdição falimentar voluntária* deverá expor *as razões da impossibilidade de prosseguimento da atividade empresarial* (causa de pedir), como exigido pelo *caput* do artigo 105 da Lei 11.101/05, trazendo, ao final, o pedido de autofalência. Ademais, ainda segundo este mesmo dispositivo, deverá fazer-se acompanhar dos seguintes documentos:

1. demonstrações contábeis referentes aos três últimos exercícios sociais e as levantadas especialmente para instruir o pedido, confeccionadas com estrita observância da legislação societária aplicável e compostas obrigatoriamente de:
   a) balanço patrimonial;
   b) demonstração de resultados acumulados;
   c) demonstração do resultado desde o último exercício social;
   d) relatório do fluxo de caixa;
2. relação nominal dos credores, indicando endereço, importância, natureza e classificação dos respectivos créditos;

3. relação dos bens e direitos que compõem o ativo, com a respectiva estimativa de valor e documentos comprobatórios de propriedade;
4. prova da condição de empresário, contrato social ou estatuto em vigor ou, se não houver, a indicação de todos os sócios, seus endereços e a relação de seus bens pessoais;
5. os livros obrigatórios e documentos contábeis que lhe forem exigidos por lei;
6. relação de seus administradores nos últimos 5 (cinco) anos, com os respectivos endereços, suas funções e participação societária.

A lista é assemelhada aos documentos que devem instruir o pedido de recuperação judicial, a começar da exposição das *razões da impossibilidade de prosseguimento da atividade empresarial*, que guarda forte analogia com a *exposição das causas concretas da situação patrimonial do devedor e das razões da crise econômico-financeira*, inscrita como requisito formal do pedido recuperatório (artigo 51 da Lei 11.101/05). Isso para não falar nas demonstrações contábeis referentes aos três últimos exercícios sociais e as levantadas especialmente para instruir o pedido, exigência que se repete, razão pela qual remeto o leitor às considerações feitas no Capítulo 8 sobre o requisito. No alusivo ao relatório do fluxo de caixa, não se apresentará *relatório de projeção do fluxo de caixa*. Identidade também na relação nominal dos credores e seus elementos, a incluir os credores das verbas trabalhistas, prova do registro, cópia do ato constitutivo, indicação de todos os sócios e seus endereços. No alusivo à relação dos bens pessoais do sócio, remeto o leitor às considerações feitas sobre a inconstitucionalidade da exigência, nos moldes estudados no Capítulo 8 deste livro.

Não se exige, a exemplo do que faz o artigo 51, a apresentação de extratos atualizados das contas bancárias do devedor e de suas eventuais aplicações financeiras de qualquer modalidade, inclusive em fundos de investimento ou em bolsas de valores, emitidos pelas respectivas instituições financeiras (inciso VII); certidões dos cartórios de protestos situados na comarca do domicílio ou sede do devedor e naquelas onde possui filial (inciso VIII); a relação, subscrita pelo devedor, de todas as ações judiciais em que este figure como parte, inclusive as de natureza trabalhista, com a estimativa dos respectivos valores demandados (inciso IX). Mas as contas bancárias do devedor e de suas eventuais aplicações financeiras de qualquer modalidade, inclusive em fundos de investimento ou em bolsas de valores, deverão compor a relação de bens e direitos que compõem o ativo, com a respectiva estimativa de valor e documentos comprobatórios de propriedade. Os extratos, por seu turno, poderão ser providenciados pelo próprio administrador judicial, ainda que a pedido do Ministério Público ou credor, após a arrecadação dos bens do falido.

A relação de bens e direitos que compõem o ativo deverá ser exaustiva e criteriosa, organizando-se sob a forma de inventário, ou seja, listando os bens e os respectivos valores. A rigor, essa relação deveria atender ao valor contábil dos respectivos bens; todavia, em função do *princípio contábil do registro pelo valor original* (ou *princípio de custo histórico*), os negócios são contabilizados por seus valores efetivos, havidos na oportunidade de realização (*princípio da oportunidade*), como o preço de aquisição ou custo de produção, e que serão mantidos na avaliação das variações patrimoniais posteriores, como estudado no volume 1 desta coleção. Obviamente, há procedimentos de reavaliação dos ativos, seja para registrar depreciações (desvalorização do bem, desgaste da coisa, esgotamento da lavra etc.), seja para registrar valorização. Nem sempre, porém, a empresa recorre a tais procedimentos de reposicionamento do valor de seus ativos, situando-os no valor de mercado. Como se não bastasse, há situações jurídicas em que este reposicionamento não é sequer possível, bastando lembrar que há normas fiscais que limitam níveis de depreciação, proibições de uso de correção monetária, a exemplo do artigo 4º, parágrafo único, da Lei 9.249/95 etc.

A *relação dos bens e direitos que compõem o ativo* trará *a respectiva estimativa de valor* (artigo 105, III, da Lei 11.101/05). *Estimativa* é termo que nitidamente se opõe ao *valor de registro contábil*, ou seja, a *valor de custo histórico*. A relação deverá trazer o *valor atual*, *valor de mercado*, *valor venal*. Complementarmente, pode-se, em notas de esclarecimento (finais ou de rodapé) ou em coluna específica, indicar o respectivo valor contábil (aquele que reflete *princípio de custo histórico*, ainda que mitigado por reavaliações eventualmente realizadas). É o que se passaria, *verbi gratia*, com uma marca cujo valor contábil corresponda ao custo de desenvolvimento – por exemplo, singelos R$ 100.000,00 –, mas tenha valor de mercado muito superior, como R$ 20.000.000,00.

O peticionário deverá, ademais, apresentar os livros obrigatórios e documentos contábeis que lhe forem exigidos por lei (artigo 105, V). Assim, o Livro Diário, os livros especiais que eventualmente foram escriturados em obediência a leis específicas, a exemplo do Livro de Registro de Duplicatas, o Livro de Registro de Ações Nominativas e o Livro de Transferência de Ações Nominativas. Somem-se os livros que, embora facultativos, tenham sido adotados pelo empresário e a sociedade empresária, sendo levados à autenticação na Junta Comercial (artigo 1.179, § 1º, do Código Civil), como Livro de Fabricação ou Livro de Vendas. Embora sejam livros de adoção facultativa, sendo levados à autenticação pela Junta Comercial, incorporam-se à contabilidade da empresa, passando a submeter-se aos mesmos princípios que orientam a escrituração dos livros obrigatórios: requisitos intrínsecos e extrínsecos quanto à forma da escrituração, guarda e conservação adequada, além de submissão às regras sobre valor probante e o respeito ao princípio do sigilo escritural. Por isso, na hipótese de falência, tais livros deverão ser depositados no juízo falimentar, sendo interpretados como *livros obrigatórios:* obrigatoriedade de *guarda e conservação*, fruto da opção por adotá-los, com respectiva autenticação no Registro Mercantil.

Não se trata, aqui, de simplesmente os deixar à disposição do juízo, conservando-os em seu poder. É dever do falido depositar em cartório, no ato de assinatura do termo de comparecimento, os seus livros obrigatórios, a fim de serem entregues ao administrador judicial, depois de encerrados por termos assinados pelo juiz (artigo 104, II, da Lei 11.101/05). Na autofalência, essa obrigação prescinde da decretação da insolvência empresária, antecipando-se para o momento de constituição da jurisdição voluntária. Note-se, contudo, que a leitura do *caput* do artigo 105 pode levar à conclusão de que os livros são documentos que devem obrigatoriamente instruir a petição inicial; trata-se de interpretação despropositada, todavia, podendo conduzir ao absurdo de se protocolizarem no cartório de distribuição, junto com a inicial, dezenas ou centenas de caixas com documentos contábeis. Melhor será esperar a distribuição do pedido inicial e, uma vez definido o juízo, depositar os livros no respectivo cartório, sempre tomando o cuidado de guardar comprovação não só do ato de entrega, mas também do conteúdo do que foi entregue, da forma mais minuciosa possível, evitando-se dúvidas e discussões que inevitavelmente decorrem de eventuais extravios.

Como último requisito, exige-se que a petição inicial se faça acompanhar da relação dos administradores nos últimos cinco anos, com os respectivos endereços, funções e participação societária, obviamente se a tiveram. Espanta, em primeiro lugar, que o legislador não tenha exigido a apresentação de elementos de identificação pessoal mais exaustivos que apenas nome e endereço. Não exigiu qualificação (nacionalidade, estado civil e profissão), nem qualquer registro de identificação, a exemplo de número de registro geral (ou seja, da carteira de identidade) ou de cadastro fiscal (cadastro de pessoas físicas – CPF). O advogado cuidadoso, no entanto, não se furtará a fornecer tais informações, se as tiver, no mínimo por seu dever ético de atuação proba e de boa-fé. O endereço a ser fornecido é aquele conhecido pelo atual administrador; se desconhece o paradeiro de seu antecessor, listará o respectivo nome e o endereço que mantinha à época do exercício da função, não estando obrigado a engendrar investigações minuciosas e exaustivas com o objetivo de localizar quem tomou rumo incerto.

Recebendo o pedido, o juiz verificará se atende a todos esses requisitos legais; caso não esteja instruído, determinará ao autor que emende a petição inicial ou que apresente o documento ou documentos faltantes (artigo 106 da Lei 11.101/05), após o que decretará a falência do autor, empresário ou sociedade empresária. Essa sentença atenderá a todos os requisitos que o artigo 99 da mesma lei enumera para o decreto de falência em jurisdição contenciosa. Mais do que isso, a partir de tal decretação, aplicam-se integralmente os dispositivos relativos à falência requerida por terceiros (artigo 97, II a IV). Não há distinção entre pedido de autofalência ou falência requerida por terceiros no alusivo à fase executória, dedicada à liquidação patrimonial do falido e satisfação dos credores.

3 JURISDIÇÃO FALIMENTAR CONTENCIOSA

Na *jurisdição falimentar contenciosa*, o pedido é formulado por credor ou sócio, formando uma relação processual triangular, na qual o empresário ou sociedade empresarial assumirá a condição de réu, sendo citado e podendo contestar no prazo de dez dias (artigo 98 da Lei 11.101/05). Dez dias, friso. Será estabelecido, assim, um litígio judicial, cabendo ao Judiciário examinar a existência de pressupostos para a sua constituição válida, instruindo-o, se necessário, resolvendo incidentes processuais que eventualmente se apresentem para, alfim, dar julgamento de procedência, decretando a falência do réu, ou não.

Ainda que o procedimento falimentar contencioso, da petição inicial à sentença, oriente-se pelas regras do processo de conhecimento, não há uma identificação absoluta entre ambos. Esta realidade se faz sentir já na previsão de uma causa especial de extinção do processo sem julgamento do mérito: o ajuizamento tempestivo de pedido de recuperação judicial, do qual sobrevirá sucessão processual objetiva, como se estudará a seguir. Tem-se, ainda, uma causa especial de extinção do processo com julgamento do mérito, qual seja, o pagamento do crédito que instrui o pedido falimentar, elidindo-o. Essa elisão, aliás, pode decorrer de depósito que não se faça para pagar, mas apenas para garantir o juízo, hipótese na qual se experimentará uma transmutação da natureza processual da demanda, que deixa de versar sobre a falência, ou não, do empresário ou sociedade empresária, e passa a versar sobre a exigibilidade, ou não, do crédito que instrui o pedido inicial. Finalmente, é possível haver mera contestação da ação, arguindo-se matérias preliminares ou de mérito. São hipóteses que desafiam maior atenção do jurista, merecendo análises individuadas, o que se fará a seguir.

A especialidade do processo falimentar em relação ao procedimento ordinário faz-se sentir, igualmente, em outros aspectos, a principiar pela impossibilidade jurídica do pedido reconvencional, ainda que o devedor tenha pretensão contra o autor do pedido, conexa com a ação principal ou com o fundamento da defesa, como a pretensão de compensação de créditos, entre outras. Não é possível justamente pela extraordinariedade do pedido falimentar que, não obstante implique uma fase cognitiva e decisória, visa à pronta constituição de uma fase executiva e concursal. O processo falimentar interpreta-se pela lógica de brevidade e celeridade, apropriado à sua finalidade específica, distante da ideia de conhecimento de controvérsias jurídicas. O aproveitamento das regras do procedimento ordinário ao procedimento falimentar limita-se a questões como citação, contestação, exceções, revelia, julgamento conforme o estado do processo, instrução probatória, etc. Excetuam-se as pretensões fundadas na prática de atos falimentares (artigo 94, III, da Lei 11.101/05) que, por razões elementares, exigem cognição ampliada.

Essa especialidade, ademais, conduz à impossibilidade de formulação de pedido de ampla antecipação de tutela, ainda que haja prova inequívoca do alegado e o juiz se convença da verossimilhança da alegação, além de haver fundado receio de dano irreparável ou de difícil reparação ou que fique caracterizado o abuso de direito de defesa ou manifesto propósito protelatório do réu. Os efeitos da sentença falimentar são especialíssimos: afastamento do devedor de suas atividades, arrecadação de bens e documentos, e início da liquidação do ativo para satisfação do passivo empresarial. Mas é preciso fazer pedido acautelatório, ainda que sem audiência da parte contrária, se estiverem presentes os requisitos para tanto. Assim, é possível pedir – e obter – o afastamento do empresário ou administrador societário, substituído por um gestor judicial, provando-se, por exemplo, que está liquidando precipitadamente seus ativos com o objetivo de fraudar os credores ou que se entrega a administração ruinosa da empresa, entre outros objetivos. Podem-se, ademais, obter medidas específicas, como o arresto de bens, busca e apreensão de documentos etc.

3.1 Extinção em face de pedido recuperatório

No prazo de contestação, o réu de pedido falimentar poderá pleitear sua recuperação judicial (artigo 95 da Lei 11.101/05). Assim, a lei compreende o risco de crise econômico-financeira, inerente às atividades negociais, refletindo o princípio da função social da empresa e o seu corolário direto, o princípio da preservação da empresa. Justamente por isso, esse favor ao devedor (*favor debitoris*) não deve ser concedido quando o pedido se fundar na prática de atos de falência, já que as hipóteses listadas no artigo 94, III, traduzem comportamentos incompatíveis com a boa-fé e a probidade empresariais, e não apenas fatos que revelam uma crise econômica-financeira amoldada à lógica inscrita no artigo 47. Permitir o recurso à recuperação judicial como fator de extinção do processo falimentar àquele que liquida precipitadamente seus ativos, efetuando pagamentos ruinosos ou fraudulentos, que procede à dação irregular de garantia real, que se ausenta ou abandona o estabelecimento, entre outras situações elencadas como ato falimentar, seria premiar o comportamento desconforme ao Direito e à moral, extraindo os institutos jurídicos analisados de sua função social e econômica.

Assim, se o pedido falimentar fundar-se em impontualidade ou em execução frustrada, poderá ser obstado por pedido de recuperação judicial, desde que requerida no prazo de dez dias assinalado para a contestação. O pedido de recuperação será distribuído por dependência ao mesmo juízo em que se processa o pedido de falência (artigo 3º, cominado com o artigo 6º, § 8º). Simultaneamente, o réu do pedido falimentar protocolizará petição nos autos da ação falimentar, comunicando o ajuizamento da ação de recuperação judicial e pedindo a extinção do processo falimentar, sem o julgamento do mérito. Não se trata de uma transmutação processual, ou seja, não se assiste à transformação da ação de falência em ação de recuperação judicial, mas de sucessão processual objetiva: a ação de falência extingue-se, sem o julgamento do mérito, sendo sucedida pela ação de recuperação judicial. Pela mesma razão, o prévio ajuizamento da recuperação judicial impede o ajuizamento posterior de ação de falência. Quem tinha tal intenção verá sua pretensão obstada pela constituição do juízo universal recuperatório, sendo que somente dele poderá resultar a falência.

Mutatis mutandis, o ajuizamento anterior do pedido de falência cria igualmente uma situação de prejudicialidade, em ordem diversa, para a constituição posterior válida da ação de recuperação judicial ou extrajudicial da empresa. Com a citação válida do empresário ou sociedade empresária para a ação falimentar, a crise econômico-financeira da empresa já está afeta ao Judiciário. O pedido de recuperação, destarte, só será possível no contexto do artigo 95 da Lei 11.101/05, ou seja, se formulado no prazo da contestação. O ajuizamento da falência cria uma limitação temporal para o pedido recuperatório. Trata-se de hipótese *sui generis* de perda de um direito pela inércia de o exercer em tempo e modo adequados. *Sui generis*, explico-me, por exibir qualidades de preclusão, tomada sob o ângulo do processo falimentar, e de decadência, tomada sob o ângulo do processo de recuperação judicial.

A preclusão é instituto que tem por finalidade garantir ordem e seriedade à jurisdição, garantindo-lhe estabilidade (imutabilidade) e eficácia. Assim, veda-se à parte discutir, no curso do processo, as questões já decididas, a cujo respeito se operou a preclusão, regra que alcança mesmo as nulidades processuais (artigo 278 do novo Código de Processo Civil), que devem ser alegadas na primeira oportunidade em que couber à parte falar nos autos, sob pena de preclusão. Está-se, portanto, diante de um instituto que diz respeito menos ao processo e mais ao método de desenvolvimento da jurisdição. O processo é o caminho (em grego, οδός, ou seja, *odós*); tanto o caminho possível (o processo definido em abstrato), quanto o caminho havido em concreto (os atos efetivamente praticados pelas partes, juízo e demais pessoas, em determinada ação). Mas há questões e aspectos que não dizem respeito ao caminho em si, mas sobre a forma de caminhar, vale dizer, não sobre o processo em si (em abstrato ou em concreto), mas sobre a forma em que o processo pode ou deve desenrolar-se. Daí ter falado em método (μέθοδος), ou seja, em *metha* (μετά) + *odós* (οδός). A preclusão é uma questão e um aspecto sobre os atos processuais, buscando dar expressão definitiva ao processo havido em concreto, impedindo a perpetuação indesejada ou a subversão anárquica da controvérsia. A preclusão garante respeito à ordem legal de desenvolvimento processual, contextualizando a faculdade de praticar atos processuais e tornando impossível a sua prática quando já passado o momento ou contexto adequado para tanto.

Não se pode deixar de considerar que o ajuizamento do pedido de recuperação judicial não é ato do processo falimentar, mas estranho e prejudicial a este processo. Embora praticável *no prazo da contestação*, o ajuizamento do pedido de recuperação não é, por óbvio, uma contestação. Aliás, é medida que torna a contestação despicienda, já que conduz à extinção da ação falimentar, sem o julgamento do mérito; despicienda, todavia, não se interpreta como incompatível, devo frisar. Portanto, tomada sob um ângulo extrínseco – o ângulo do pedido de recuperação judicial –, tem-se uma hipótese de decadência: prazo para o exercício do direito à recuperação judicial se há anterior pedido falimentar.

Dessa maneira, com a juntada aos autos da ação falimentar do documento comprobatório da citação do réu (artigo 231 do novo Código de Processo Civil), dois prazos de igual duração (dez dias), mas para atos processuais diversos, passam a correr simultaneamente: (1) o prazo para contestar e apresentar exceções, de cujo decurso *in albis* decorre a preclusão para tanto; e (2) o prazo para ajuizar ação de recuperação judicial, de cujo decurso *in albis* decorre a decadência ou caducidade do direito a tanto. Decadência, todavia, não do amplo direito de pedir a recuperação judicial, mas do direito de a pedir como forma de impedir a decretação da falência com base naquele pedido específico, não em outros, formulados no futuro, se o pedido falimentar é indeferido.

Não me parece que o devedor está obrigado a optar entre contestar ou pedir a recuperação judicial. Pode fazer ambos para, assim, proteger-se do risco de uma falência decorrente da decisão que indefere o processamento do pedido de recuperação judicial. No entanto, ainda que apresente contestação quando, simultaneamente, ajuíza o pedido de recuperação judicial, a decisão que, na forma do artigo 52 da Lei 11.101/05, defere o processamento da ação recuperatória extinguirá a ação falimentar sem julgamento do mérito, prejudicando o conhecimento daquela defesa. Vale dizer: sobre as regras do princípio processual da eventualidade, o pedido recuperatório é prejudicial à contestação.

Mais do que o respeito ao prazo estipulado pelo artigo 95 da Lei 11.101/05, será igualmente necessário que o devedor, réu citado para o processo falimentar, atenda às exigências para a recuperação judicial (artigo 48) e atenda aos requisitos para a formulação do pedido (artigo 51): exposição das causas concretas da situação patrimonial do devedor e das razões da crise econômico-financeira, demonstrações contábeis (balanço patrimonial, demonstração de resultados acumulados, demonstração do resultado desde o último exercício e relatório de fluxo de caixa e de sua projeção), documentos de escrituração contábil e demais relatórios auxiliares, relação nominal de credores, relação nominal de empregados, documentos do registro no comércio, relação dos bens particulares dos sócios controladores e dos administradores do devedor, extratos de contas bancárias e aplicações financeiras, certidões dos cartórios de protestos e relação de ações judiciais. Aliás, o processamento desse pedido seguirá o curso estudado no Capítulo 8, incluindo a hipótese de indeferimento da inicial, embora, em atenção ao princípio da instrumentalidade das formas, seja recomendável que o magistrado apenas indique os documentos faltantes, ou aqueles que considera não atender aos requisitos legais, por estarem incompletos ou por não preencherem os requisitos formais, assinalando prazo razoável para que a parte os complete. Essa recomendação é ainda mais justificada no contexto do artigo 95 da Lei 11.101/05, considerando-se o exíguo prazo que se terá para providenciar todos os documentos exigidos para a instrução do pedido recuperatório.

Como a extinção do processo falimentar em face do deferimento do processamento do pedido de recuperação judicial traduz um *favor debitoris*, uma benesse processual e material (econômica) concedida ao devedor empresário tendo em vista os princípios da função social da empresa e da preservação da empresa, não me parece adequado afirmar a existência de vencedores ou vencidos na ação falimentar, não se justificando a imposição de honorários sucumbenciais contra qualquer das partes. Mas, por equidade, o devedor deverá arcar com as custas processuais antecipadas pelo autor do pedido falimentar.

3.2 Depósito elisivo

Se o pedido de falência fundar-se em impontualidade ou em execução frustrada (artigo 94, II, da Lei 11.101/05), o devedor/réu poderá, no prazo da contestação (dez dias), depositar o valor correspondente ao total do crédito (incluindo suas verbas contratuais, se legítimas e lícitas), acrescido de correção monetária, juros e honorários advocatícios, evitando a declaração de sua falência (artigo 98, parágrafo único). Não é hipótese que se aplique ao pedido baseado na prática de ato falimentar (artigo 94, III), vez que o fundamento deste é o desrespeito aos princípios da socialidade, eticidade e moralidade empresariais, incluindo a segurança do mercado. A impontualidade e a execução frustrada pressupõem uma incapacidade de adimplir, no tempo e modo devido, as obrigações. Mas não há insolvência se as obrigações são solvidas; o depósito elisivo descaracteriza o estado de insolvabilidade, tornando injustificado o pedido de liquidação do patrimônio empresarial. A falência do solvente é um paradoxo que somente o formalismo extremado pode cunhar, formalismo esse que não se harmoniza com os princípios da função social dos contratos e da empresa.

Entre os significados do verbo *elidere*, em latim, está extinguir. Assim, depositando o valor que sustenta a pretensão de decretação da quebra, o devedor demonstra solvabilidade e retira do pedido falimentar o seu fundamento nuclear. Esse depósito elisivo pode ter duas naturezas distintas: pagamento ou caução. Vale dizer, tanto se elide o processo falimentar (1) pelo pagamento do título que sustenta o pedido exordial, acrescido dos acessórios legalmente previstos, como também (2) depositando o respectivo valor para demonstrar solvabilidade, mas com o objetivo de afastar a decretação da falência pela caução do juízo, e passar à discussão judicial do crédito que sustenta o pedido. São hipóteses distintas e demandam, por certo, análise individuada nos subitens seguintes.

3.2.1 Elisão pelo pagamento

Haverá pagamento sempre que o réu efetuar o depósito elisivo para saldar a obrigação que dá sustentação ao pedido de falência, com os acessórios pedidos e os honorários advocatícios arbitrados pelo Judiciário. Esse pagamento extingue o processo falimentar já na fase de conhecimento, certo que a ação tem por fundamento justamente a inadimplência e não a mera impontualidade, como já se entendeu outrora. A importância e a relevância jurídica do pagamento não pode ser jamais olvidada, razão pela qual me parece incontestável, no mínimo por imperativo lógico, que, a qualquer momento antes da falência, mesmo após os dez dias da contestação, o devedor pode extinguir o processo pagando o(s) débito(s) que sustenta(m) o pedido, devidamente acrescido(s) das verbas acessórias: que compensam (correção monetária e honorários advocatícios), remuneram (juros) e, eventualmente, punem (multa) a impontualidade, além das verbas decorrentes do acionamento do aparato judiciário (custas e despesas processuais). Ademais, se há elementos suficientes para aferir-se a existência de má-fé processual, o Código de Processo Civil dá ao Judiciário instrumentos para punir o devedor, sem chegar-se ao extremo de decretar sua falência.

Somente a implicância com o devedor, abstrata ou concretamente considerado, explicaria a pretensão de, mesmo diante da apresentação de valores suficientes para o pagamento do principal, em sua totalidade, bem como a ampla gama de acessórios legítimos, insistir na declaração de sua insolvência empresária, desconsiderando o princípio da função social da empresa e o princípio da preservação da empresa. Tal atitude não reflete Justiça. Assim, o decênio previsto no parágrafo único do artigo 98 deve ser compreendido como restrito à hipótese de depósito para garantir o juízo, alicerçando a contestação. O princípio da preservação da empresa, assentado sobre sua função social, recomenda essa solução pois, simultaneamente, satisfaz o crédito e evita a dissolução da empresa.

Aliás, tamanha importância tem o pagamento do passivo nos procedimentos falimentares que, acredito, mesmo após a decretação da falência, ainda será possível ao empresário ou sociedade empresária, pagando ou negociando seus débitos com todos os credores (incluindo aqueles que experimentaram o vencimento antecipado de seus créditos face à decretação da *quebra*), encerrar o processo falimentar, dando fim à liquidação judicial do patrimônio empresário. A hipótese não é rara. É comum que a falência decorra de uma inadimplência forçada pela iliquidez ou, até, pelo inadimplemento por parte dos devedores do falido, incluindo pessoas jurídicas de Direito Público, protegidas pela regra constitucional do pagamento por meio de precatórios. Há empresas que veem sua falência decretada por milhares, enquanto assistem demandas de milhões arrastarem-se no Judiciário. Esse contexto não pode ser desprezado pelo formalismo processual exacerbado. Assim, é fundamental reconhecer a reversibilidade do procedimento liquidatório, quando o devedor (empresário ou sociedade empresária) ou seu sucessor oferecem-se para o pagamento de todo o passivo.

3.2.2 Elisão pela caução

A elisão da falência pode fazer-se por meio de depósito que não tem a finalidade de pagar, mas apenas de caucionar o juízo para permitir uma discussão sobre a pretensão creditícia em que se funda o pedido falimentar. Essa possibilidade fica clara da parte final do parágrafo único do artigo 98 da Lei 11.101/05 quando, após referir-se à faculdade de *depositar o valor correspondente ao total do crédito, acrescido de correção monetária, juros e honorários advocatícios*, esclarecendo que nesse caso *a falência não será decretada*, emenda: *caso julgado procedente o pedido de falência, o juiz ordenará o levantamento do valor pelo autor*. A distinção para a hipótese de depósito elisivo com natureza de pagamento é clara, já que neste não há falar em julgamento do pedido de falência, mas extinção da ação, pois o devedor concorda com o crédito alegado, reconhece-o e o salda, sendo despiciendo apresentar contestação. Importa observar que embora peça a falência por *impontualidade* ou *execução frustrada*, a pretensão central do autor é o recebimento do crédito inadimplido. Efetuado o pagamento, finda-se a inadimplência, viu-se acima. Portanto, a parte final do dispositivo cuida de outra hipótese: o depósito elisivo para garantir o juízo e evitar a decretação da falência, mas permitindo a discussão sobre o crédito que calça o pedido.

Há referência expressa a um julgamento de procedência ou improcedência da pretensão exordial, ou seja, a um julgamento de mérito, ainda que se tenha afastado, em face da elisão, a possibilidade de decretação da falência. Isso pressupõe a possibilidade de oferecimento simultâneo do depósito elisivo e da contestação, passando a demanda a versar sobre o crédito em que se fundamentou o pedido falimentar. O juízo falimentar, destarte, transmuta-se em juízo ordinário, independentemente da competência em função da matéria, excetuadas as hipóteses de se tratar de crédito trabalhista ou de ser credor a União, entidade autárquica ou empresa pública federal, hipóteses em que os autos deverão ser remetidos para a Justiça Especializada (artigos 109 e 114 da Constituição da República).

Excepciona-se, igualmente, a hipótese de execução frustrada, quando o depósito elisivo deverá ser colocado à disposição do juízo da execução, competente por anterioridade para decidir a controvérsia entre as partes. Foi o que se decidiu no julgamento do Recurso Especial 193.768/SP pela Quarta Turma do Superior Tribunal de Justiça: confirmou-se o pedido de levantamento do depósito elisivo, pois ficara claro que fora feito "apenas com o intuito de comprovar o seu estado de solvabilidade" e não para pagamento do crédito em que se fundara o pedido de falência. "Daí por que se afigura escorreita a decisão do magistrado singular de colocar a importância à disposição do juiz que preside a execução." Tal precedente, tomado à luz do Decreto-lei 7.661/45, mantém-se aplicável à legislação agora vigente. Havendo uma execução em curso, suspensa para o ajuizamento do pedido de falência (face à impossibilidade de trâmite simultâneo de feitos diversos com base no mesmo título executivo), o depósito elisivo da falência, feito apenas como caução e expressão de solvabilidade, deverá ser colocado à disposição do juiz da execução, já que tramita sob sua jurisdição a controvérsia respectiva. Somente se não há execução do título em curso caberá ao juízo da falência, em face da caução, examinar o juiz a controvérsia entre credor e devedor.

Com a sentença de mérito, decide-se o destino do depósito caucionador elisivo. Se o julgamento é favorável ao autor/credor, ele o levantará, não havendo falar em decretação da falência. Se favorável ao réu/devedor, será ele quem o levantará, fazendo jus, ademais, às verbas sucumbenciais. Havendo sucumbência recíproca, o levantamento se fará conforme a vitória de cada parte, mesma regra aplicável à distribuição dos ônus processuais (custas, despesas e honorários).

3.3 Contestação

Uma vez citado para a ação falimentar, o devedor poderá apresentar contestação no prazo de dez dias (artigo 98). Não só contestar, mas arguir, por meio de exceção, a incompetência, o impedimento ou a suspeição do juízo. A contestação poderá trazer alegações preliminares, a exemplo da inépcia da inicial ou da carência de ação e/ou matérias de mérito: o devedor/réu pode alegar toda matéria de defesa, expondo as razões de fato e de direito com que impugna o pedido do credor/autor, devendo especificar as provas que pretende produzir. Diz o artigo 96 da Lei 11.101/05 que não será decretada a falência requerida com base na impontualidade do devedor que, sem relevante razão de direito, não paga, no vencimento, obrigação líquida materializada em título ou títulos executivos protestados cuja soma ultrapasse o equivalente a 40 salários mínimos na data do pedido de falência, se o requerido provar:

1. falsidade de título;
2. prescrição;
3. nulidade de obrigação ou de título;
4. pagamento da dívida;
5. qualquer outro fato que extinga ou suspenda obrigação ou não legitime a cobrança de título;
6. vício em protesto ou em seu instrumento;
7. apresentação de pedido de recuperação judicial no prazo da contestação, observados os requisitos próprios (artigo 51 da Lei 11.101/05);
8. cessação das atividades empresariais mais de dois anos antes do pedido de falência, comprovada por documento hábil do Registro Público de

Empresas, o qual não prevalecerá contraprova de exercício posterior ao ato registrado.

O inciso V, permitindo arguir *qualquer outro fato que extinga ou suspenda obrigação ou não legitime a cobrança de título*, acaba por constituir um rol expressamente aberto a matérias não especificadas no artigo 96. Nos demais incisos, consequentemente, estão matérias que o legislador considera mais comuns, razão pela qual preferiu usá-las como exemplos de questões que podem ser postas para resistir à pretensão falimentar. Aliás, entre elas encontra-se inclusive o inciso VII que, como visto acima, não constitui propriamente uma contestação, mas uma hipótese de extinção da ação falimentar sem julgamento do mérito em face do recurso, a tempo e modo, ao benefício da recuperação judicial da empresa.

Em primeiro lugar, tem-se a alegação de falsidade do título que fundamenta o pedido falimentar. Essa falsidade poderá alcançar a totalidade do instrumento creditício, que traz assinatura falsa, ou de apenas algum elemento adjetivador (qualificador), como valor ou data de vencimento, situações analisadas no volume 3 desta coleção, ao qual remeto o leitor. A falsidade total ou parcial justifica a improcedência do pedido falimentar, remetendo-se as partes para o juízo ordinário, a fim de dar certeza à relação creditícia. Mas a defesa fundada na falsidade parcial do título ou de parte dos títulos que fundamenta o pedido não obsta a decretação de falência se, ao final, restarem obrigações não atingidas pelas defesas em montante que supere o limite de 40 salários mínimos; o mesmo se passa com defesas fundadas em prescrição, nulidade de obrigação ou de título e/ou pagamento da dívida (artigo 96, § 2º, da Lei 11.101/05).

Não se inclui no conceito de falsidade o preenchimento abusivo da cártula que foi entregue com partes em branco. Como estudado no volume 3 desta coleção, o artigo 891 do Código Civil deixa claro ser juridicamente possível a emissão de cártula contendo partes em branco, entendendo-se que o emitente, ao firmar e entregar o título com partes em branco, autoriza o portador a preenchê-lo, já que o título deverá apresentar-se completo no momento de sua exigência, destacadamente se essa tiver por palco uma demanda judiciária. Essa autorização de preenchimento não é absoluta, realçando o artigo 891 que o preenchimento deverá concretizar-se em conformidade com os ajustes havidos pela parte, razão pela qual a Quarta Turma do Superior Tribunal de Justiça, examinando o Recurso Especial 201.683/ES, entendeu não ser dado "ao credor preencher o título de crédito assinado em branco pelo devedor, de modo unilateral e a seu exclusivo talante".

O preenchimento abusivo é ato ilícito, mas não se confunde com a falsidade; a distinção está justamente na preservação dos direitos e interesses dos terceiros de boa-fé. Em fato, se o preenchimento se faz de forma abusiva, poderá o devedor opor tal exceção ao credor, desde que não tenha havido circulação do título, que esteja na posse de terceiro de boa-fé (artigo 891, parágrafo único, do Código Civil). Por isso, o réu/devedor só poderá contestar o pedido de falência alegando preenchimento abusivo se o título não circulou ou, havendo circulado, se o terceiro tinha conhecimento do preenchimento abusivo. Em se tratando de terceiro de boa-fé, restará ao devedor elidir a falência com o pagamento do valor cobrado ou, não o fazendo, a falência haverá de ser decretada, respeitados o *princípio da autonomia cambial*, que protege os endossatários de títulos de crédito (artigo 887 do Código Civil), como estudado no volume 3 desta coleção. O mesmo se diga sobre a alegação de nulidade da obrigação, pagamento da dívida (sem devolução da cártula, nem recibo que seja nela inscrito) ou qualquer outro fato que extinga ou suspenda obrigação ou não legitime a cobrança de título.

Não será decretada a falência de sociedade anônima após liquidado e partilhado seu ativo (artigo 96, § 1º, primeira parte, da Lei 11.101/05). Como estudado no volume 2 desta coleção, à determinação ou deliberação da dissolução (*de pleno direito*, *por decisão judicial* ou *por decisão de autoridade administrativa competente*) de uma companhia, segue-se a liquidação de seu patrimônio, judicial ou extrajudicial. Se o ativo for inferior ao passivo, o liquidante deverá requerer a falência da companhia. Se for superior, será rateado entre os acionistas. Na eventualidade de, após o encerramento da liquidação, descobrir-se um credor da companhia cujo crédito não foi satisfeito, terá ele o direito de exigir dos acionistas, individualmente, o pagamento de seu crédito, até o limite da soma por eles recebida; essa ação prescreve em um ano, contado o prazo da publicação da ata de encerramento da liquidação da companhia (artigo 287, I, *b*, da Lei 6.404/76).

Em se tratando de morte do empresário, é preciso separar duas situações diversas. Se houver transferência da empresa para outrem (herdeiro universal, um dos herdeiros ou o meeiro, por previsão testamentária ou partilha acordada, ou mesmo para mais de um herdeiro, hipótese para a qual se faz indispensável a constituição de uma sociedade empresária, como estudado no volume 1 desta coleção), a sucessão subjetiva na titularidade da empresa não afasta a responsabilidade por seu passivo, sendo possível cobrar os créditos anteriores do sucessor e, mesmo, pedir a sua falência; isso, a qualquer tempo, mesmo após um ano da morte do devedor, não se aplicando o § 1º do artigo 96 ao caso. Todavia, se diante da morte do empresário os herdeiros optarem por dar baixa no registro empresarial e liquidar o patrimônio especificado para o exercício da empresa, não há falar em sucessão empresária (específica); a empresa se desfaz, havendo apenas sucessão patrimonial, ou seja, sucessão em bens isolados, conforme estipulado na partilha.

Por meio do inventário, sabe-se, liquida-se o patrimônio do *de cujus*, ou seja, apura-se seu patrimônio positivo (o conjunto das relações jurídicas em que é titular ativo, em que é credor) e seu patrimônio passivo (o conjunto das relações jurídicas em que é titular negativo, em que é devedor). Os credores serão pagos com o patrimônio ativo, não se transferindo dívidas aos herdeiros (artigo 1.792 do Código Civil): o herdeiro não responde por encargos superiores às forças da herança; incumbe-lhe, porém, a prova do excesso, salvo se houver inventário que a escuse, demonstrando o valor dos bens herdados. Ademais, a herança responde pelo pagamento das dívidas do falecido (artigo 1.997 do Código Civil). Portanto, a sucessão se faz apenas sobre o saldo positivo eventualmente verificado no patrimônio do falecido; se o patrimônio líquido é negativo, faz-se necessário recorrer a juízos concursais de insolvência, entre os quais, viu-se, coloca-se a falência, em se tratando de empresário. Tendo havido saldo positivo e partilha, os herdeiros responderão pelas obrigações restantes do falecido, mas limitado ao que receberam e na proporção da parte que na herança lhe coube.

Frise-se que o § 1º do artigo 96 se refere à *falência do espólio*, que *não será decretada após um ano da morte do devedor*. A herança defere-se como um todo unitário, ainda que vários sejam os herdeiros, sendo que, até a partilha, o direito dos coerdeiros, quanto à propriedade e posse da herança, será indivisível, e regular-se-á pelas normas relativas ao condomínio (artigo 1.791 do Código Civil). Esse *todo unitário* é justamente o espólio, respondendo pelas dívidas do falecido (artigo 796 do novo Código de Processo Civil). Mas, feita a partilha, cada herdeiro responde por elas na proporção da parte que na herança lhe coube. Portanto, após *um ano da morte do devedor* caduca a faculdade de aforar a ação de falência contra o espólio. A solução será uma das anteriormente expostas: (1) tendo havido sucessão na empresa, exigir do sucessor o pagamento da obrigação, se ainda não prescrita, podendo, inclusive, pedir-lhe a falência; (2) tendo havido liquidação e partilha do patrimônio especificado para o exercício da empresa entre os herdeiros, o credor poderá exigir o seu pagamento de cada credor, na proporção da parte que na herança lhe coube e até o limite do que recebeu.

Tem-se, ainda, a hipótese de cessação das atividades empresariais mais de dois anos antes do pedido de falência, comprovada por documento hábil do Registro Público de Empresas, o qual não prevalecerá contra prova de exercício posterior ao ato registrado (artigo 96, VIII). A norma aplica-se apenas ao empresário (firma individual), não à sociedade empresária (firma social), já que para essas será necessário recorrer ao procedimento de liquidação para que haja baixa no registro. E, havendo liquidação e extinção da sociedade empresária, aplica-se o artigo 1.110 do Código Civil, segundo o qual, encerrada a liquidação, o credor não satisfeito só terá direito a exigir dos sócios, individualmente, o pagamento do seu crédito, até o limite da soma por eles recebida em partilha, e a propor contra o liquidante ação de perdas e danos. O artigo 96, VIII, da Lei 11.101/05, dessa maneira, interpreta-se em consonância com o artigo 32, II, *a*, da Lei 8.934/94 cominado com o artigo 968 do Código Civil: refere-se ao cancelamento da inscrição do empresário e, consequentemente, à extinção da firma mercantil individual. De acordo com o dispositivo comentado, enquanto não tenham sido providenciados tais cancelamentos da inscrição e extinção da firma individual, o empresário estará sujeito ao pedido de falência. Cancelamento e extinção são requisitos formais para o início da contagem do prazo bienal de decadência do direito dos credores de pedir a falência do empresário. A cessação *de fato* das atividades empresariais, neste sentido, não atende ao comando legal, não servindo como marco inicial do prazo decadencial inscrito no dispositivo, designadamente em face da insegurança que oferece a terceiros. *Mutatis mutandis*, o exercício de fato, posterior ao cancelamento da inscrição, é fator que afasta a decadência, já que a continuidade na empresa, mesmo de forma irregular (sem o respectivo registro), dá sustentação, por si só, à pretensão falimentar.

Se o pedido se funda em execução frustrada (artigo 94, II) também se poderão alegar questões preliminares e arguir exceções. Vencido esse plano, será necessário diferenciar as hipóteses de execução por título extrajudicial da execução por título judicial. Se o fundamento do pedido é título executivo extrajudicial, o rol de matérias alegáveis é mais amplo, alcançando *qualquer matéria que fosse lícito deduzir como defesa no processo de conhecimento*. Em oposição, se o fundamento do pedido falimentar é um título executivo judicial, não se define um âmbito tão largo para a defesa, o que implicaria desrespeitar a coisa julgada, repetindo-se indevidamente as discussões já havidas no processo no qual se formou o título judicial. Deve-se aplicar analogicamente o Código de Processo Civil quando limita as matérias sobre as quais podem versar os embargos à execução fundada em título judicial, incluindo-se a hipótese de nulidade do laudo arbitral, como se afere do artigo 33, § 3º, da Lei 9.307/96.

Finalmente, os pedidos falimentares sustentados na alegação de prática de ato falimentar não desafiam maiores cuidados. O rol de atos inscritos nas alíneas do artigo 94, III, da Lei 11.101/05 deixa claro tratar-se de matérias de fato, a permitirem ao devedor/réu alegar toda matéria de defesa, expondo as razões de fato e de direito com que impugna o pedido do credor/autor, devendo especificar as provas que pretende produzir. Isso para não falar, por óbvio, em todas as matérias preliminares que podem ser alegadas e exceções que, igualmente, podem ser arguidas.

4 REVELIA

Alfim, resta examinar a revelia. Duas situações apresentam-se comumente: (1) o réu/devedor, devidamente citado, simplesmente não comparece a juízo, deixando passar *in albis* o prazo para contestar, pedir sua recuperação judicial ou efetuar o depósito elisivo; (2) o réu/devedor não é encontrado pelo oficial de justiça, tendo que ser citado por edital ou por hora certa, não respondendo a tal citação. Se o réu é devidamente citado e não contesta a ação, não pede sua recuperação judicial, nem efetua o depósito elisivo, reputar-se-ão verdadeiros os fatos afirmados pelo autor (artigo 344 do novo Código de Processo Civil). É a chamada confissão ficta, resultante da presunção de desinteresse pela defesa, manejando-a tempestivamente. Confissão, todavia, é conceito que não se confunde com reconhecimento da procedência do pedido, como reconheceu a Quarta Turma do Superior Tribunal de Justiça, diante do Recurso Especial 94.193/SP. Assim, "não conduz, necessariamente, à procedência do pedido inicial, que dependerá do exame pelo juiz, com base nas circunstâncias dos autos, das consequências jurídicas dos fatos". Afinal, "a consequência processual da revelia é semelhante à da confissão, bem diversa, portanto, daquela própria do reconhecimento do pedido". Não foi outra a posição adotada no Recurso Especial 2.846/RS: "A presunção de veracidade dos fatos alegados pelo autor em face à revelia do réu é relativa, podendo ceder a outras circunstâncias constantes dos autos, de acordo com o princípio do livre convencimento do juiz." Cito, ainda, o Recurso Especial 211.851/SP: "a presunção de veracidade dos fatos afirmados na inicial, em caso de revelia, é relativa, devendo o juiz atentar para a presença ou não das condições da ação e dos pressupostos processuais e para a prova de existência dos fatos da causa".

Portanto, mesmo diante da revelia, deverá o juiz examinar os elementos que foram trazidos pelo autor. Assim, deve verificar se o pedido está devidamente instruído com título ou títulos executivos, judiciais ou extrajudiciais, preenchendo todos os requisitos legais, e se estão acompanhados, em qualquer caso, dos respectivos instrumentos de protesto para fim falimentar nos termos da legislação específica. Se o pedido funda-se em execução frustrada, deve verificar se foi instruído com certidão expedida pelo juízo em que se processa a execução, igualmente preenchendo todos os requisitos legais. Mesmo quando o pedido se funde na prática de ato falimentar (artigo 94, III, da Lei 11.101/05), é preciso que descreva os fatos que a caracterizam, de forma minimamente verossímel e, se necessário, que se faça acompanhar das provas documentais indispensáveis, a exemplo da condição de credor, sócio ou herdeiro.

Se o devedor/réu não for encontrado no endereço indicado pelo credor/autor, a citação será feita por edital (artigos 256 e 257 do novo Código de Processo Civil). Se transcorrido o prazo para defesa, o devedor/réu não comparecer aos autos, o juiz lhe dará curador especial, medida que também deverá ser tomada caso a citação se faça por hora certa (artigos 252 a 254 do novo Código de Processo Civil). O Superior Tribunal de Justiça, quando sua Quarta Turma julgou o Recurso Especial 180.349/SP, destacou ser cabível a designação de curador especial ao revel no processo falimentar, na hipótese de a citação ter se efetivado por edital. Reconheceu, assim, a "nulidade da respeitável sentença declaratória de falência e de todos os atos dela decorrentes, sendo anulado o processo a partir do momento em que, citada a falida por edital e decretada a revelia, não lhe foi nomeado curador especial". O relator, Ministro César Asfor Rocha, em seu voto, afastou a tese de que a Lei de Falência é norma especial e não prevê a nomeação de curador especial para o revel. "Penso não ser essa a melhor exegese do tema, cujo regramento deve ser interpretado sistematicamente, para que não se olvidem os princípios do contraditório e da ampla defesa, essenciais à maior segurança de qualquer julgamento."

14

Instrução e Julgamento

1 INSTRUÇÃO

A Lei 11.101/05 não especifica o procedimento entre a contestação e a sentença, aplicando-se o Código de Processo Civil, quando cuida do procedimento ordinário, certo que a fase inicial do processo falimentar tem natureza cognitiva. Isso quer dizer, antes de mais nada, que o juiz proferirá o julgamento conforme o estado do processo se há causa de extinção do processo sem o julgamento do mérito (indeferimento da petição inicial, falta de condição da ação etc.) ou com o julgamento do mérito (reconhecimento da procedência do pedido, ocorrência de prescrição ou decadência etc.). Poderá, ainda, conhecer diretamente do pedido, proferindo sentença, quando a questão de mérito for unicamente de direito, ou, sendo de direito e de fato, não houver necessidade de produzir prova em audiência, bastando para formar-lhe o convencimento as provas documentais juntadas pelas partes; o julgamento antecipado da lide também se fará quando ocorrer revelia.

Não sendo hipótese de julgamento antecipado da lide, coloca-se a questão da audiência de conciliação ou mediação (artigo 334 do novo Código de Processo Civil). A meu ver, trata-se, sim, de procedimento plenamente aplicável ao processo falimentar, mormente considerando o princípio da preservação da empresa, corolário de sua função social. Tal audiência cumpre a importante função de fase conciliatória, sendo que o juiz e seus auxiliares podem obter um acordo entre credor/autor e devedor/réu, evitando a necessidade da dilação probatória e, mesmo, da decretação da falência, com todos os seus custos sociais.

O processo falimentar, em sua fase de instrução probatória, submete-se ao Código de Processo Civil, definidor das balizas aplicáveis às provas: são admitidos todos os meios legais, bem como moralmente legítimos, ainda que não especificados na legislação processual, e a distribuição do ônus de provar corresponde àquela inscrita no artigo 373 da nova Lei de Ritos. Aplicáveis, igualmente, as disposições gerais sobre fatos que não dependem de prova (artigo 374), as regras da experiência comum (artigo 375), produção preferencial de provas testemunhais em audiência (artigo 449), prova de direito municipal, estadual ou estrangeiro (artigo 373), depoimento pessoal (artigo 139, VIII), exibição de documento ou coisa (artigo 396 e seguintes), provas documentais (artigo 405 e seguintes), inclusive no alusivo à prova testemunhal (artigo 442 e seguintes) e prova pericial (artigos 464 e seguintes, sempre do novo Código de Processo Civil).

Não há, nesse particular, qualquer diferença geral entre a fase cognitiva do processo falimentar e o procedimento ordinário, inclusive quanto à possibilidade de interposição de agravos contra as decisões interlocutórias. Há, porém, uma diferença específica: o comando inscrito no artigo 75, parágrafo único, da Lei 11.101/05, a determinar que processo de falência atenda aos princípios da celeridade e da economia processual. A demora na resolução do litígio falimentar corrompe por completo a sua finalidade e deve ser evitada.

2 SENTENÇA DE PROCEDÊNCIA

A sentença que decreta a falência tem natureza jurídica híbrida: *constitutiva* e *declaratória*. Por um lado, constitui um novo estado econômico para o devedor, sendo que, no caso das sociedades empresárias, decorrerá igualmente um novo estado civil, já que haverá a extinção da personalidade jurídica ao fim da liquidação resultante do decreto falimentar. Mas a sentença constitutiva tem efeito *ex nunc*, ou seja, da constituição em diante, ao passo que o decreto falimentar retroage (efeito *ex tunc*), já que o magistrado deverá fixar o termo legal da falência em até 90 dias anteriores ao pedido de falência. Isso se deve ao fato de se declarar a insolvência.

A sentença deverá atender tanto aos requisitos do Código de Processo Civil (artigo 489 e seguintes), quanto ao artigo 99 da Lei 11.101/05. No plano dos requisitos genéricos, em obediência ao artigo 489 do novo Código de Processo Civil, é elemento essencial da sentença o relatório, que conterá os nomes das partes, a suma do pedido e da resposta do réu, bem como o registro das principais ocorrências havidas no andamento do processo; em se tratando de sentença de falência, se fará necessário, ademais, que o relatório traga os nomes dos que forem a esse tempo seus administradores. Na sequência, a sentença trará seus fundamentos, passagem na qual o juiz analisará as questões de fato e de direito. Arrematará com o dispositivo, no qual serão resolvidas as questões que as partes submeterem ao Judiciário. Já no plano dos requisitos específicos, o artigo 99 da Lei 11.101/05 dela exige:

1. conter a síntese do pedido, a identificação do falido e os nomes dos que forem a esse tempo seus administradores;

2. fixar o termo legal da falência, sem poder retrotraí-lo por mais de 90 dias contados do pedido de falência, do pedido de recuperação judicial ou do primeiro protesto por falta de pagamento, excluindo-se, para esta finalidade, os protestos que tenham sido cancelados;
3. ordenar ao falido que apresente, no prazo máximo de cinco dias, relação nominal dos credores, indicando endereço, importância, natureza e classificação dos respectivos créditos, se esta já não se encontrar nos autos, sob pena de desobediência;
4. explicitar o prazo para as habilitações de crédito;
5. ordenar a suspensão de todas as ações ou execuções contra o falido, ressalvadas as hipóteses previstas nos §§ 1º e 2º do artigo 6º da Lei 11.101/05;
6. proibir a prática de qualquer ato de disposição ou oneração de bens do falido, submetendo-os preliminarmente à autorização judicial e do Comitê, se houver, ressalvados os bens cuja venda faça parte das atividades normais do devedor se autorizada a continuação provisória das atividades do falido;
7. determinar as diligências necessárias para salvaguardar os interesses das partes envolvidas, podendo ordenar a prisão preventiva do falido ou de seus administradores quando requerida com fundamento em provas da prática de crime definido na Lei 11.101/05;
8. ordenar ao Registro Público de Empresas que proceda à anotação da falência no registro do devedor, para que conste a expressão "Falido", a data da decretação da falência e, em decisão fundamentada, a inabilitação para exercer qualquer atividade empresarial a partir da decretação da falência e até a sentença que extingue suas obrigações;
9. nomear o administrador judicial;
10. determinar a expedição de ofícios a órgãos e repartições públicas e outras entidades para que informem a existência de bens e direitos do falido;
11. pronunciar-se a respeito da continuação provisória das atividades do falido com o administrador judicial ou da lacração dos estabelecimentos, sempre que houver risco para a execução da etapa de arrecadação ou para a preservação dos bens da massa falida ou dos interesses dos credores;
12. determinar, quando entender conveniente, a convocação da assembleia geral de credores para a constituição de Comitê de Credores, podendo ainda autorizar a manutenção do Comitê eventualmente em funcionamento na recuperação judicial quando da decretação da falência;
13. ordenar a intimação do Ministério Público e a comunicação por carta às Fazendas Públicas Federal e de todos os Estados e Municípios em que o devedor tiver estabelecimento, para que tomem conhecimento da falência.

Algumas dessas determinações têm conteúdo claro, sem desafiar maiores investigações e considerações. Outras, porém, merecem atenção mais cuidadosa para seus detalhes e suas implicações, motivo pelo qual as examinarei em separado na sequência. De qualquer sorte, lembre-se de que o juiz ordenará a publicação de edital contendo a íntegra da decisão que decreta a falência e a relação de credores, como determina o parágrafo único do artigo 99. Essa publicação será feita preferencialmente na imprensa oficial e, se o devedor ou a massa falida comportar, em jornal ou revista de circulação regional ou nacional, bem como em quaisquer outros periódicos que circulem em todo o país. É o que determina o artigo 191 da Lei 11.101/05, demandando que a publicação contenha a epígrafe "falência de".

2.1 Termo legal da falência

A ideia de um *termo legal da falência* (artigo 99, II, da Lei 11.101/05) fortalece a natureza declaratória da sentença falimentar. Reconhece-se que o falido não se tornou insolvente – de fato – no momento da sentença ou da distribuição da ação. É óbvio que a insolvência é um processo gradual que se inicia antes de a questão ser levada ao Judiciário. Por vezes muito antes, por vezes pouco antes. Seria um erro pretender que os efeitos do decreto se fizessem apenas *ex nunc*, ou seja, da sentença (ou do pedido) em diante, desprezando os momentos que lhes antecederam. Há um período anterior em que as relações jurídicas extraordinárias travadas pelo falido devem ser postas em dúvida, motivo pelo qual esse período, a partir do termo legal fixado, é chamado de *período suspeito*.

O termo legal é, destarte, o marco inicial, o *dies a quo* do estado (ainda que presumido) de insolvência empresária do devedor, dando ao decreto falimentar a sua dimensão retroativa (efeitos *ex tunc*). Sua fixação tem importância vital pois, presumindo-se que o falido já se encontrava em situação de insolvência desde então, todos aqueles que com o devedor mantiveram relações jurídicas extraordinárias no período suspeito deverão submeter-se ao concurso de credores e às consequências da quebra. *Relações extraordinárias*, friso, pois se excluem, por óbvio, as relações ordinárias, como as que os clientes mantêm com o comerciante, adquirindo suas mercadorias. Portanto, a força atrativa (*vis atractiva*) do juízo universal alcança até as relações jurídicas anteriores à decretação da falência, e seu marco inicial é o *termo legal*, a data que, por presunção, será determinada pelo Judiciário, funcionando, também neste aspecto, como mediador dos interesses conflitantes que gravitam em torno à *quebra*. Segundo o Ministro Antônio de Pádua Ribeiro, no julgamento do Recurso Especial 299.111/GO pela Terceira Turma do Superior Tribunal de Justiça, "a fixação do termo legal é de fundamental importância no processo falimentar, por servir de marco para se determinar a partir de quando o procedimento incorreto do devedor falido passou a perturbar seus negócios. Serve para determinar desde quando o devedor falido passa a ser atingido pelos efeitos da falência".

Essa fixação é obrigatória e deverá concretizar-se de acordo com os elementos que, instruindo os autos, formam a convicção do magistrado para tanto. A ausência desses elementos não autoriza ao juiz deixar de fixar o termo legal. O Decreto-lei 7.661/45 falava em fixar, *se possível*, o termo legal da falência (artigo 14, parágrafo único, III); o artigo 99, II, da Lei 11.101/05 fala: ***fixará*** *o termo legal da falência*. Há uma inequívoca determinação na previsão legal, que prevê a fixação como obrigatória, exibindo-se indiferente às dificuldades que o magistrado possa encontrar para tanto. Mais do que isso, o Decreto-lei 7.661/45, em seu artigo 22, permitia que o termo legal fosse fixado, ou retificado, até o oferecimento da exposição do síndico. A Lei 11.101/05 não traz previsão igual. Por consequência, o termo legal deverá ser fixado na sentença e não poderá ser retificado pelo próprio magistrado, exceto se o fizer no âmbito do juízo de retratação do agravo de instrumento. Mesmo que surjam novos elementos a indicar que a fixação foi equivocada, a maior ou a menor, essa retificação pelo próprio magistrado não será possível, vigendo também para as sentenças que decretam a falência o princípio da irretratabilidade das decisões judiciárias.

O termo legal será fixado num dos 90 dias anteriores (1) ao pedido de falência, (2) ao pedido de recuperação judicial ou (3) ao primeiro protesto por falta de pagamento, excluindo-se, para esta finalidade, os protestos que tenham sido cancelados (artigo 99, II, da Lei 11.101/05). Mais não pode retrotrair, ainda que haja elementos objetivos que demonstrem que a crise econômico-financeira fosse anterior. Há uma limitação legal expressa, a refletir o interesse estatal na preservação da segurança das relações jurídicas. Essa segurança seria enfraquecida se fosse possível ampla e ilimitada definição do *período de insolvabilidade presumida*. Imagine-se, por exemplo, o que representaria para incontáveis pessoas se o termo legal da falência fosse fixado em cinco anos antes do pedido falimentar, criando um dilargado e assustador período suspeito. Basta recordar que o artigo 129 da Lei 11.101/05 afirma serem ineficazes em relação à massa falida, tenha ou não o contratante conhecimento do estado de crise econômico-financeira do devedor, seja ou não intenção deste fraudar credores, diversos atos que enumera, se praticados a partir do termo legal da falência. Justifica-se assim a limitação temporal. Detalhe: os atos praticados fora do período suspeito podem, sim, ser declarados nulos ou anulados, conforme o caso, mas pelo recurso aos meios processuais ordinários, como se apura dos artigos 130 a 138 da Lei 11.101/05.

A opção por fixar o termo legal a partir (1) do pedido de falência, (2) do pedido de recuperação judicial ou (3) do primeiro protesto por falta de pagamento não se faz segundo a avaliação do magistrado: será aquele que primeiro se verificou, já que são demonstrações objetivas de crise econômico-financeira. No entanto, é preciso particular atenção para situações jurídicas superadas: (1) pedidos de falência extintos sem o julgamento do mérito, que tenham merecido depósito elisivo ou julgados improcedentes, e situações similares, (2) recuperação judicial deferida e devidamente encerrada por sentença (artigo 63 da Lei 11.101/05), ou (3) *protestos que tenham sido cancelados*, na expressão do próprio legislador, o que inclui, mesmo, a hipótese de cancelamento em função do pagamento. Julgando o Recurso Especial 226.382/SP, a Quarta Turma do Superior Tribunal de Justiça afirmou que "o protesto irregular de um título que já fora pago no seu vencimento não pode servir de marco inicial para que se conte regressivamente, a partir dele, o período de sessenta dias para se estabelecer o termo legal de quebra".

Em qualquer dos casos, as situações jurídicas superadas não atestam crise econômico-financeira e, portanto, não se amoldam à ideia de um *período suspeito*. O entendimento contrário, por seu turno, acabaria por ferir a *mens legis* da limitação da faculdade de retrotrair o termo legal da falência e, via de consequência, espalharia insegurança não apenas no mercado, mas também em toda a sociedade. Ninguém teria segurança de negociar com quem já tivera, em algum momento, aforado contra si um pedido falimentar, formulado um pedido de recuperação judicial ou tido um título protestado, já que tal fato poderia ser tomado pelo Judiciário como marco para a fixação do período suspeito, ainda que já passados anos.

Já a definição da quantidade de dias da retroação é, sim, uma faculdade do juiz, que não está obrigado a fixá-la em 90 dias, podendo, mesmo, fixá-la no mesmo dia do pedido de falência, do pedido de recuperação judicial ou do primeiro protesto por falta de pagamento, se há elementos para tanto. Imagine-se uma sociedade empresária que tenha um patrimônio líquido de R$ 250.000,00, mas que seja judicialmente condenada ao pagamento de uma indenização no valor de R$ 1.500.000,00, muito superior à sua capacidade, razão pela qual, dois dias após, formula o pedido de autofalência. Se não há outros elementos, nada impede que o juiz fixe o termo legal no próprio dia da protocolização da autofalência ou no dia em que se passou em julgado a decisão condenatória etc. Contudo, infelizmente, a prática judiciária é fixar o termo legal no máximo permitido em lei (90 dias; artigo 99, II, da Lei 11.101/05), sem qualquer fundamentação. Em boa medida, isso se deve ao fato de que, na jurisdição falimentar contenciosa, o juiz não tem elementos e referências à sua disposição para a fixação. São elementos que serão trazidos ao juízo falimentar após a sentença. Assim, o máximo que se pode esperar do magistrado, neste contexto, é prudência e cautela, percebendo os efeitos sobre direitos de terceiros, mesmo que de boa-fé, advindos da simples fixação do termo legal da falência, como se estudará no Capítulo 18 deste livro.

2.2 Relação nominal de credores

Na sentença, o juiz ordenará ao falido que apresente, no prazo máximo de cinco dias, relação nominal dos credores, indicando endereço, importância, natureza e classificação dos respectivos créditos, se esta já não se encontrar nos autos, sob pena de desobediência. Nesta listagem, serão especificadas as obrigações jurídicas, comerciais ou não; obrigações de pagar, de dar coisa certa ou coisa incerta e mesmo obrigação de fazer. Serão listados todos os credores, por créditos de qualquer natureza, incluindo créditos trabalhistas e acidentários. Somente na recuperação judicial apresentam-se, em separado, a relação de credores e a de empregados. Em contraste, obrigações morais, entre outras não passíveis de merecerem expressão econômica, não serão listadas, obviamente.

Reitero aqui o que foi visto no Capítulo 8: só serão listadas as relações jurídicas certas. Para as relações jurídicas incertas, duas hipóteses se colocam: (1) se já há, entre as partes, um litígio judicial para discutir o direito controverso, o devedor listará a demanda numa *relação de ações judiciais*, ressalvando-se a hipótese de haver parcela incontroversa, com discussão sobre acessórios que devam ou não incidir, formando o valor final; neste caso, o falido fará constar da relação nominal de credores o valor que considera devido, sendo recomendável fazer menção, em nota explicativa (*nota de pé de página* ou *nota final*), à existência da demanda, com remissão à relação de ações judiciais. Por outro lado, (2) se não há sequer litígio entre as partes, o crédito potencial, por exemplo, danos advindos de acidente de trânsito sem que tenha havido, ainda, ajuizamento de ação pedindo a sua condenação a indenizar os respectivos danos, simplesmente não será relacionado.

A relação será organizada tendo por entrada o nome de cada um dos credores (já que se fala em *relação nominal*), e não as obrigações e, em cada uma, o respectivo titular, o que dificultaria o procedimento de verificação e habilitação de créditos, inclusive a comunicação aos credores da decretação da falência (obrigação do administrador judicial segundo o artigo 22, I, *a*, da Lei 11.101/05). Assim, listam-se os credores e as obrigações que titularizam (uma ou mais), em detalhes. Mas será preciso especificar cada crédito, certo que haverá credores com um só crédito e outros com mais de um crédito (relações jurídicas diversas), devendo, ademais, dizer-lhes a natureza, a classificação e o valor atualizado do crédito, discriminando sua origem, o regime dos respectivos vencimentos e indicando os registros contábeis de cada transação pendente. A classificação se fará tendo em vista o gradiente constante do artigo 83 da Lei 11.101/05, segundo a avaliação – de boa-fé – do devedor, embora o Judiciário possa concluir de forma distinta.

Já no que diz respeito à origem, cada crédito listado deverá trazer discriminado o negócio jurídico de base, que fundamenta e dá existência ao crédito, mesmo em se tratando de título de crédito, certo que o princípio da autonomia cambiária não se aplica ao juízo falimentar, exceto em se tratando de credor que recebeu, como terceiro, o título. Se houve circulação, o negócio jurídico que fundamenta a existência do crédito é justamente o seu endosso. Se não houve circulação, será preciso dizer da relação originária, permitindo, assim, impugnação pelo administrador judicial ou outros credores, afastando o risco de fraude.

É obrigação do devedor indicar o nome de cada credor, pessoa natural ou jurídica, de modo que permita a sua identificação, ainda que omitidos elementos desconhecidos, designadamente partes do nome. O legislador não exigiu qualificação do credor (nacionalidade, profissão, estado civil etc.), dados documentais (número no Cadastro de Pessoas Físicas – CPF, número da Carteira de Identidade, número no Cadastro Nacional de Pessoas Jurídicas – CNPJ ou número da inscrição estadual ou municipal), embora seja recomendável ao devedor informá-los, se os tem. O endereço deverá vir completo, de modo a permitir que o credor possa receber a comunicação enviada pelo administrador judicial; não se exige a indicação do domicílio, nem a sede (constante do respectivo ato constitutivo).

Na recuperação judicial do empresário (pessoa natural) não se listam os credores pessoais do titular da empresa, como visto no Capítulo 8, mas apenas os devedores da empresa (do patrimônio especificado para o seu exercício e das respectivas atividades). Não é o que ocorre na falência do empresário (pessoa natural), na qual listam-se a todos: credores da empresa e credores pessoais. Mais do que isto: se foi decretada, junto com a falência da sociedade empresária, a falência de sócio ou sócios com responsabilidade ilimitada, se pessoas naturais, também serão relacionados os seus credores pessoais. Afinal, foi constituído um juízo universal para a liquidação do patrimônio da pessoa natural, ou seja, para a realização de seu patrimônio ativo e pagamento, no que for possível, do respectivo patrimônio passivo, não sendo legítimo pretender excluir os credores pessoais, muitos dos quais com créditos preferenciais, a exemplo de pensões alimentícias, trabalhadores domésticos e outros. Todos experimentam a força atrativa (*vis atractiva*) do concurso de credores constituído sobre o patrimônio da pessoa natural. Em oposição, na recuperação, tais créditos pessoais são afastados, certo que o objeto do benefício é a empresa e não a pessoa do seu titular (o empresário). Eis a diferença. A falência é da pessoa e, destarte, implica a atração de todos os seus débitos, mesmo pessoais, que também deverão ser listados, ainda que não advindos de relações jurídicas mantidas no exercício da empresa.

O descumprimento da obrigação de apresentar a relação de credores, no prazo máximo de cinco dias, implica a caracterização do crime de desobediência (artigos 99, II, e 104, XI e parágrafo único, da Lei 11.101/05). Trata-se de tipo penal doloso, a presumir a intenção de omitir-se na prática de ato legalmente determinado. Como se trata de ato processual, o falido ou administrador societário que desconheça a obrigação não agirá, por certo, com dolo: não desejará, intencionalmente, abster-se do ato. Nem se invoque, aqui, a regra segundo a qual o desconhecimento da norma jurídica penal não exime o apenamento do agente, pois mesmo tal regra não prescinde da aferição da vontade deliberada de praticar o ato comissivo ou omissivo, ou mesmo a assunção do risco de vê-la concretizada, o que aqui não se verifica. Assim, se a relação não vem aos autos, o juiz deverá mandar intimar pessoalmente o empresário falido ou o administrador da sociedade empresária falida para que o faça, advertindo-o das consequências de não atender à ordem. Persistindo a recusa, o juízo oficiará o Ministério Público da ocorrência do fato, para que proponha a ação penal.

Em algumas empresas, designadamente por seu porte, a confecção de uma *relação nominal dos credores, indicando endereço, importância, natureza e classificação dos respectivos créditos*, em apenas cinco dias, pode ser impossível ou, no mínimo, improvável, inviável. Para tais casos, deve-se aceitar que o devedor formule ao juízo, ainda dentro do curso do prazo, pedido de dilação do mesmo, apresentando elementos suficientes que demonstrem a necessidade do deferimento de tal pedido. Embora o legislador não tenha feito expressa previsão dessa possibilidade, a aplicação dos princípios da razoabilidade e da proporcionalidade – em tudo incompatíveis com determinações que traduzam impossibilidade ou inviabilidade – alicerçará o deferimento.

2.3 Diligências para salvaguardar os interesses das partes

De acordo com o artigo 99, VII, da Lei 11.101/05, a sentença que decretar a falência do devedor determinará as diligências necessárias para salvaguardar os interesses das partes envolvidas, podendo ordenar a prisão preventiva do falido ou de seus administradores quando requerida com fundamento em provas da prática de crime definido na Lei 11.101/05. Trata-se, com pequenas alterações, do texto do artigo 14, VI, do Decreto-lei 7.661/45: falava-se que a sentença *providenciará*, tendo sido adequadamente alterado por *determinará*, que é função jurisdicional; ao administrador judicial, bem como demais serventuários da justiça, cabe *providenciar* o que foi *determinado*. A norma anterior fala em *diligências convenientes ao interesse da massa*, tendo sido nisto alterada para *os interesses das partes envolvidas*, a revelar uma ampliação do poder jurisdicional: o juiz não deverá observar apenas *os interesses da massa*; seu olhar deverá ser maior, mais amplo, considerando também outros *interesses das partes envolvidas*, direta ou indiretamente, no juízo universal.

O poder para determinar as diligências necessárias para salvaguardar os interesses das partes envolvidas é mais uma expressão do caráter *sui generis* da sentença que decreta a falência. Em fato, se considerarmos a fase cognitiva do processo falimentar, a sentença que decreta a quebra deveria limitar-se a declarar a insolvência, constituindo um novo estado econômico e, no caso das pessoas jurídicas, um novo estado civil. No entanto, permite-se à sentença ir além, bem além. No interesse da massa e de todas as partes envolvidas, o juiz poderá superar tais provimentos elementares para *determinar medidas de salvaguardas*, na letra da lei. Tais medidas não precisam ser pedidas pelo autor; habitualmente, a petição inicial resume-se a pretender a decretação da falência. O legislador não espera, aliás, que tenha havido pedido específico de tais *salvaguardas*. Por isso a norma utiliza o verbo *determinará*: quer chamar a atenção para o fato de que tais medidas, numa situação processual inusitada, expressam amplo poder acautelatório que se concede ao juiz na falência, tornando inaplicável à sentença de quebra, neste aspecto específico, a vedação que o juiz profira sentença, a favor do autor, de natureza diversa da pedida (artigo 492 do novo Código de Processo Civil). Trata-se de situação particular, com motivações próprias, sendo exceção legal expressa à norma que veda sentenças *ultra* ou *extra petita*. O juiz pode – e, mais, deve – ir além do pedido: não apenas decretar a falência, como se pediu, mas também determinar as diligências necessárias para salvaguardar os interesses das partes envolvidas, como lhe impõe a lei.

Não há uma definição legal, nem mesmo uma limitação legal, para *as diligências necessárias para salvaguardar os interesses das partes envolvidas*. Um amplo universo se descortina. Podem ser determinadas medidas comuns, que decorram diretamente do próprio decreto de falência, como o pronto encerramento das atividades da empresa, o depósito imediato dos livros e documentos contábeis na serventia do juízo, entre outros. Mas se pode ir além, dependendo do substrato fático, incluindo mesmo medidas acautelatórias, como o arresto de bens, busca e apreensão de documentos, entre outras. Mas a decisão deverá trazer os fundamentos de fato e de direito que sustentam a determinação desta ou daquela salvaguarda (artigo 93, IX, da Constituição da República, sendo indispensável que as medidas determinadas guardem estrita relação com os fatos aferidos e apontados pelo julgador a partir dos elementos colacionados na instrução até então realizada e, sempre, tendo em vista os momentos seguintes: uma projeção do que se apurou sobre o que deve realizar nos procedimentos seguintes.

A Lei 11.101/05 conservou a previsão do Decreto-lei 7.661/45 (artigo 14, VI) de que a sentença que decreta a falência pode *ordenar a prisão preventiva do falido* ou *de seus administradores*. Essa disposição inscrita na parte final do artigo 99, VII, da Lei 11.101/05, todavia, não se sustenta juridicamente. Definitivamente, o juiz que decreta a falência não pode *ordenar a prisão preventiva do falido ou de seus administradores* na *sentença que decretar a falência do devedor*, mesmo quando requerida com fundamento em provas da prática de crime definido na Lei 11.101/05. Explico-me: de acordo com o artigo 183 da mesma Lei 11.101/05, compete ao juiz criminal da jurisdição onde tenha sido decretada a falência, concedida a recuperação judicial ou homologado o plano de recuperação extrajudicial, conhecer da ação penal pelos crimes previstos na legislação falimentar. Seguem-lhe o artigo 184, estabelecendo que os crimes previstos naquela lei são de ação penal pública incondicionada, e o artigo 185, mandando observar, quanto ao seu processamento, o Código de Processo Penal.

Fica claro, portanto, que os aspectos penais da falência, tanto quanto aqueles que exsurjam da recuperação da empresa, têm desenvolvimento em ambiente processual próprio: o juízo criminal, seguindo as regras do Código de Processo Penal. Falece ao juízo falimentar – que é jurisdição cível (*ius privatum*) – o poder para cuidar de aspectos penais, ainda que se esteja em comarcas sem divisões de competência em virtude da matéria. Será indispensável constituir a jurisdição penal para nela obter uma prisão cautelar – designadamente, a prisão preventiva – do empresário falido ou dos administradores da sociedade falida, a partir de pedido formulado pelo Ministério Público (quando não se tenha ação penal privada subsidiária da pública, na forma do parágrafo único do artigo 184 da Lei 11.101/05). O equívoco do legislador deve-se à cópia da norma anterior, sem compreender os efeitos das alterações dispostas em outros pontos da lei.

2.4 Registro da falência

Uma vez decretada a falência, tem-se a constituição de um novo estado econômico e civil para o falido, nos termos já estudados, sendo suficiente recordar que o devedor estará afastado de suas atividades (artigo 75 da Lei 11.101/05). A anotação da falência e da data da decretação da falência no registro mercantil do devedor, neste sentido, é medida impostergável, dando publicidade à medida decretada e, dessa maneira, preservando os interesses de terceiros. Atende-se, assim, à função primordial do registro público: preservar e dar publicidade a informações essenciais, preservando a segurança das relações interindividuais. Por isso, por força do artigo 196 da Lei 11.101/05, os Registros Públicos de Empresas manterão banco de dados público e gratuito, disponível na rede mundial de computadores, contendo a relação de todos os devedores falidos ou em recuperação judicial. Para tanto, prevê o parágrafo único do artigo, deverão promover a integração de seus bancos de dados em âmbito nacional.

Não é só. A partir da decretação da falência, o nome empresarial do devedor – empresário ou sociedade empresária – receberá termo indicativo de tal condição, falando o legislador na expressão *Falido*, no que apenas exemplifica; outras expressões tradutoras da mesma ideia podem ser utilizadas, designadamente *massa falida*: *Exemplo S.A. – massa falida* ou *Massa falida de Exemplo S.A.* Essencialmente, deve-se dar a clara informação do estado falimentar do devedor. Na hipótese de empresário, ou seja, de pessoa natural, a expressão passará a compor a sua firma individual, mas obviamente não o seu nome civil. Assim, se Caius Iulius Caesar registrou-se como empresária, adotando por firma *Caius Iulius Caesar – comércio de enxovais* –, com o decreto, sua firma passará a ser *Caius Iulius Caesar – comércio de enxovais – Falido*, mas o seu nome civil se conservará Caius Iulius Caesar, podendo firmá-lo assim (sem a expressão *falido*) nas relações civis cotidianas.

A inabilitação do falido, por seu turno, é matéria que será analisada adiante, quando se estudarem os efeitos da sentença declaratória da falência.

2.5 Continuação provisória das atividades e lacração dos estabelecimentos

A sentença que decreta a falência deve pronunciar-se sobre a continuação provisória das atividades do falido com o administrador judicial, ou sua cessão, com a lacração dos estabelecimentos (artigo 99, XI, da Lei 11.101/05). Trata-se, uma vez mais, de matéria que não demanda provocação por qualquer das partes, nem mesmo prévio debate; examiná-la é obrigação legal do Judiciário, sendo parte necessária do decreto de falência. Mesmo que haja oposição de todos os envolvidos, o Juiz poderá deferir a *continuação provisória das atividades do falido*, já que está obrigado pelo artigo 75 da Lei 11.101/05 *a preservar e otimizar a utilização produtiva dos bens, ativos e recursos produtivos, inclusive os intangíveis, da empresa*, fins últimos da falência. *Mutatis mutandis*, se todos os envolvidos – devedor e credores – são favoráveis à *continuação provisória das atividades*, recomenda-se ao Judiciário deferir-lhes a pretensão, já que harmônica com os fins legais. Todavia, não está a tanto obrigado, mormente se considera os direitos e os interesses de terceiros, a exemplo da Fazenda Pública, ou os interesses difusos da comunidade local, que pode, sim, estar sendo prejudicada pela continuidade das atividades, conforme particularidades do caso em concreto.

A redação do dispositivo, quando fala em *continuação provisória* **ou** *lacração dos estabelecimentos*, permite alguma confusão, dando a entender que o juiz deverá deferir uma ou outra. Assim não é, todavia. O *indeferimento da continuação provisória das atividades do falido* não implica, necessariamente, sejam *lacrados* todos os seus estabelecimentos; a lacração é medida excepcional, como se analisará quando se estudar a *arrecadação de bens*, no Capítulo 15. Defere-se quando houver *risco para a execução da etapa de arrecadação ou para a preservação dos bens da massa falida ou dos interesses dos credores* (artigo 109 da Lei 11.101/05). Se não há tais riscos, mesmo que não se tenha deferido a *continuação provisória das atividades do falido*, não será necessário mandar lacrar o estabelecimento. Não é só; também é possível que se determine que alguns estabelecimentos sejam lacrados, face à existência de riscos, e que outros não o sejam, já que não experimentam qualquer risco. Chega a ser possível que ambas as medidas sejam deferidas: a *continuação provisória das atividades do falido* em alguns estabelecimentos e a *lacração* de outros estabelecimentos que não sejam alcançados pelo provimento de continuidade, desde que haja *risco para a execução da etapa de arrecadação ou para a preservação dos bens da massa falida ou dos interesses dos credores*.

Se a *lacração dos estabelecimentos* não é regra geral, mas medida que se justifica diante de um cenário específico (no caso, de risco), não menos excepcional é o deferimento da *continuação provisória das atividades do falido*. Embora seja inequívoco que a Lei 11.101/05 teve expresso intento de valorizar a função social da empresa e atender ao princípio da preservação das atividades empresariais, não se pode deixar de considerar, na aplicação de tais balizas, os princípios da razoabilidade e da proporcionalidade; mais precisamente, não se pode deixar de analisar cuidadosamente a viabilidade da medida. O magistrado deve considerar todos os aspectos envolvidos, ou seja, na preservação da empresa, mantendo-se a fonte produtora e os empregos dos trabalhadores, na comunidade local, que pode experimentar uma crise econômica grave com a interrupção das atividades; deve considerar, ademais, os interesses dos credores que, se por um lado podem ganhar com a alienação *da empresa, com a venda de seus estabelecimentos em bloco* (artigo 140, I), por outro, experimentam perdas com a continuação, já que, nos termos do artigo 150, as despesas cujo pagamento antecipado seja indispensável à administração da falência, inclusive na hipótese de continuação provisória das atividades, serão pagas pelo administrador judicial com os recursos disponíveis em caixa. São diversos, portanto, os interesses em conflito postos ao exame do julgador, que deve revelar a virtude de pesá-los, chegando a uma decisão que melhor atenda à *mens legis*, vale dizer, da qual decorram menos danos para todos os envolvidos direta (partes, trabalhadores) e indiretamente (a comunidade, o Estado) na falência.

Parece-me que três situações distintas básicas podem apresentar-se. (1) Empresas em que seja indiferente a continuidade ou não das atividades, não se revelando reflexos positivos na preservação, nem negativos na interrupção. Imagine-se, por exemplo, a falência de uma pequena oficina mecânica, bar ou butique. A preservação do estabelecimento, devidamente organizado, permite a sua alienação como um todo, atendendo ao artigo 140, I, da Lei 11.101/05, ou dos *bens individualmente considerados*, se for necessário utilizar-se do inciso IV do mesmo artigo. São inúmeros os casos em que um tal quadro se revelará: empresas cujo maquinário possa ser parado sem danos, que não tenham marcas ou outra propriedade intelectual que demande presença constante junto aos consumidores etc. Nestes casos, melhor será indeferir a continuidade, já que da interrupção não resultarão prejuízos e da continuidade não resultarão vantagens, em ambos os casos, desconsiderando-se a insignificância ou, *mutatis mutandis*, atendendo-se a prejuízos relevantes ou vantagens relevantes.

Em contraste, haverá (2) empresas cuja continuidade seja, *de per se*, um elemento agravador da crise econômico-financeira determinadora da insolvência, ampliando de sobremaneira o passivo e, destarte, prejudicando em muito aos credores. A existência de um amplo universo de situações que se amoldam a tal conceito nos remete à mera exemplificação de casos: empresas com mau aviamento, estrutura organizacional equivocada, maquinário e instrumental excessivamente desatualizado, com reflexo direto nos custos, ausência de mercado relevante; em suma, despesas que superam – e muito – os ingressos, defasagem, preservação inviável.

Finalmente, encontrar-se-ão (3) empresas cuja manutenção seja viável ou, mesmo, necessária, indispensável, no todo ou em parte. Em primeiro lugar, há indústrias nas quais o desligamento ou desativação de determinadas máquinas implica danos imediatos; seu funcionamento é pressuposto físico de preservação. Há outras cujo patrimônio ativo repousa em vantagens diretamente ligadas à manutenção do funcionamento, sendo de todo relevante citar Mandel quando se refere a um *caso emblemático*: a falência de uma grande rede de eletrodomésticos cujo principal ativo eram os pontos comerciais e a marca, que rapidamente se perderiam – e, de fato, se perderam – com a paralisação das suas atividades.[1] Finalmente, há empresas que certamente se amoldam à hipótese do artigo 140, inciso I ou II, da Lei 11.101/05, ou seja, cuja venda em bloco, de unidades produtivas (conjuntos de estabelecimentos) ou de estabelecimentos isolados, é de todo provável, sendo facilitada pela continuação das atividades, o que deverá ser deferido em cumprimento à *mens legis*.

A bem da precisão jurídica, é preciso atenção ao inciso XI do artigo 99 da Lei 11.101/05, pois a determinação legal não é para que a sentença decida, em definitivo, tais matérias. Com efeito, a lei fala em *pronunciar-se a respeito*, bem diferente de *decidirá* ou termo afim. Nesse sentido, se o magistrado tem elementos suficientes que o permita determinar, de imediato, a *continuação provisória das atividades do falido* ou a *lacração dos estabelecimentos*, poderá determinar tal medida. Se não há elementos suficientes – realidade que se apresenta na maioria esmagadora dos casos –, o juiz pode determinar que o administrador judicial ve-

---

1 MANDEL, Júlio Kahan. *Nova Lei de Falências e Recuperação de Empresas anotada.* São Paulo: Saraiva, 2005. p. 193.

rifique o estabelecimento ou estabelecimentos do devedor, apurando se há risco para a execução da etapa de arrecadação, hipótese na qual pedirá a lacração; assim sinaliza a interpretação conjunta dos artigos 22, III, letras *f* e *o*, cominado com o artigo 109 da Lei 11.101/05, destacando-se que o próprio inciso *f* do artigo 22, III, faz remissão aos artigos 108 a 110 daquela mesma lei.

O mesmo deve ser dito em relação à *continuação provisória das atividades do falido*; na grande maioria dos casos, quando não haja elementos *a priori* para deferir tal medida, melhor será indeferir, temporariamente, a continuação provisória das atividades do falido, determinando-se ao administrador judicial, após assinar o termo de compromisso e tomar ciência sobre a situação da empresa, apresentar parecer sobre a matéria, destacando, na hipótese de manifestação favorável à continuidade, os fundamentos que justifiquem o entendimento de que pode haver venda em bloco da empresa com mais facilidade se assim ocorrer, ou mesmo a demonstração de que o encerramento poderá agravar o prejuízo dos credores ou da economia em que a empresa estiver inserida. O parecer, ademais, deverá apresentar elementos que demonstrem a viabilidade dessa continuidade.

3 FALÊNCIA DOS SÓCIOS COM RESPONSABILIDADE ILIMITADA

Há tipos societários nos quais os sócios, todos ou alguns, respondem subsidiariamente pelas obrigações da sociedade, viu-se no volume 2 desta coleção: sócios comanditados na sociedade em comandita simples, sócios diretores na sociedade em comandita por ações, além de todos os sócios na sociedade em nome coletivo; é o que também se passa na sociedade simples em comum, mas não é empresária e, assim, não se submete à Lei 11.101/05. Nesses casos, os sócios são pessoalmente responsáveis pelo adimplemento subsidiário, ou seja, sócios devem adimplir as obrigações sociais com seu patrimônio pessoal – ilimitadamente, portanto –, quando a própria sociedade não o faça, sendo que o credor da sociedade, insatisfeito em seu crédito, pode dirigir a execução individual contra um, alguns ou todos, certo que são devedores solidários entre si; a subsidiariedade afirma-se apenas em relação à sociedade.

Se o credor de uma tal sociedade pede sua falência por impontualidade ou execução frustrada, a subsidiariedade da obrigação dos sócios constitui-se de imediato: se a sociedade não faz o depósito elisivo, os sócios (um, alguns ou todos) deverão fazê-lo. Se não o fazem, confessam-se insolventes como a própria sociedade e, destarte, sujeitar-se-ão à falência conjunta com a pessoa jurídica. A falência dos sócios ilimitadamente responsáveis é consequência necessária da decisão que decreta a falência da sociedade, ficando eles sujeitos aos mesmos efeitos jurídicos produzidos em relação à sociedade falida (artigo 81 da Lei 11.101/05). Por isto, os sócios ilimitadamente responsáveis deverão ser citados para apresentar contestação ao pedido de falência, se assim o desejarem. Tem-se, portanto, uma hipótese de litisconsórcio necessário, sendo obrigação processual do autor do pedido falimentar dirigir a ação não apenas contra a sociedade, mas também contra a pessoa dos sócios ilimitadamente responsáveis, pedindo a sua citação para o feito. Obrigação processual cujo descumprimento implicará a extinção da ação sem julgamento do pedido, sempre que o magistrado verifique que a ação de falência foi dirigida contra sociedade em nome coletivo, sociedade em comandita simples ou sociedade em comandita por ações.

De acordo com o § 1º do mesmo artigo 81, a decisão que decreta a falência da sociedade com sócios ilimitadamente responsáveis também acarreta a falência do sócio que tenha se retirado voluntariamente ou que tenha sido excluído da sociedade, há menos de dois anos, quanto às dívidas existentes na data do arquivamento da alteração do contrato, no caso de não terem sido solvidas até a data da decretação da falência. Uma vez mais, há uma hipótese de litisconsórcio passivo necessário.

4 FALÊNCIA DO ESPÓLIO

A constituição da jurisdição falimentar voluntária, na hipótese de haver morrido o empresário, pode ser feita pelo cônjuge sobrevivente, pelo herdeiro ou pelo inventariante (artigo 97, II, da Lei 11.101/05). Também pode haver constituição de jurisdição falimentar contenciosa contra o espólio, desde que (1) o *de cujus* fosse empresário e (2) esteja presente qualquer das hipóteses que autorizem a decretação da quebra (artigo 94). Voluntária ou contenciosa a jurisdição, o julgamento da procedência do pedido determinará a falência do espólio, nunca do *de cujus*, já que este não tem personalidade jurídica, extinta com a morte. A decretação da falência tem por efeito imediato a suspensão do processo de inventário (artigo 125). Portanto, com a decretação da falência do espólio, a solução das relações patrimoniais do *de cujus* abandona o sistema da sucessão *causa mortis*, segundo as regras do Código Civil e Código de Processo Civil, passando a seguir o sistema do Direito Falimentar. Perceba-se que o inventário, a insolvência civil e a falência são, todos eles, juízos concursais. No entanto, enquanto o inventário constitui-se sobre a expectativa da existência de um saldo patrimonial transmissível aos herdeiros, a insolvência civil e a falência constituem-se sobre lógica inversa, qual seja, a expectativa de que (1) não haverá sucessão e, mais, (2) que sequer há patrimônio ativo suficiente para cobrir o patrimônio passivo. Eis o motivador da preferência do procedimento que cuida da falência àquele que se ocupa da sucessão *causa mortis*.

O processo de inventário, no entanto, não será extinto. Será suspenso. É preciso concluí-lo para dar expressão final à questão da sucessão, nem que seja para declarar a existência de saldo negativo, verificado no processo falimentar. É medida que protege os herdeiros, como se afere do artigo 1.792 do Código Civil, segundo o qual prevê que *o herdeiro não responde por encargos superiores às forças da herança; incumbe-lhe, porém, a prova do excesso, salvo se houver inventário que a escuse, demonstrando o valor dos bens herdados*. Portanto, suspende-se apenas o processo de inventário, cabendo ao administrador judicial *a realização de atos pendentes em relação aos direitos e obrigações da massa falida* (artigo 125 da Lei 11.101/05). Findo o processo falimentar, a verificação de um saldo positivo, caberá ao administrador judicial, na conclusão de seus trabalhos, peticionar ao juízo falimentar para que a coloque à disposição do juízo falimentar, procedendo este à partilha entre os herdeiros, conforme as regras do Código Civil e do Código de Processo Civil; restando créditos não satisfeitos e esgotado o patrimônio, o administrador judicial comunicará tal resultado ao juízo falimentar.

5 FALÊNCIA DO EMPRESÁRIO INDIVIDUAL DE RESPONSABILIDADE LIMITADA

Como consta do volume 1 desta Coleção, a Lei 12.441/11 alterou o Código Civil para permitir a constituição de empresa individual de responsabilidade limitada, por alguns chamada a partir de sua abreviação: Eireli. Segundo o artigo 44, VI, do Código Civil, cuida-se de uma pessoa jurídica de direito privado que, aliás, seria distinta da sociedade, listada no inciso II do mesmo dispositivo, o que leva alguns a compreender a figura como uma pessoa jurídica *sui generis*. Não é o que me parece, contudo. Tenho firme convicção de que as pessoas jurídicas de Direito Privado podem ter três naturezas jurídicas essenciais: associações, sociedades e fundações. Assim, organizações religiosas e partidos políticos têm a natureza jurídica de associações, embora com particularidades que justificaram fossem elencados, em apartado, nos incisos IV e V do citado artigo 44. Na mesma linha, a empresa individual de responsabilidade limitada é uma sociedade unipessoal (sociedade de um só sócio), particularidade que justificou seu tratamento em separado, por meio do inciso VI, deixando claro que a ela se submetem os princípios que são próprios das pessoas jurídicas: personalidade jurídica distinta da pessoa de seu sócio (o empresário), patrimônio distinto da pessoa do empresário e existência distinta da pessoa do empresário.

Essencialmente, a empresa individual de responsabilidade limitada é constituída por uma única pessoa que será a titular da totalidade do capital social (artigo 980-A do Código Civil). Essa única pessoa será um ser humano. Não desconheço a existência daqueles que, fundados numa interpretação literal do dispositivo, pretendem que também pessoas jurídicas (associações, sociedades ou fundações) poderiam constituir tais empresas. Contudo, o legislador encartou a figura no Título I do Livro de Direito de Empresa do Código Civil, título esse que é dedicado ao empresário, inequivocamente uma pessoa natural (conferir artigos 967 a 969). Apesar das dúvidas que surgiram em face da interpretação literal do dispositivo, a interpretação sistemática, bem como a *mens legislatoris* (a intenção do legislador), atestam que a figura foi criada para albergar a titularidade do capital por pessoa natural exclusivamente.

Como facilmente se percebe, a falência da empresa individual de responsabilidade limitada não implica a falência de seu titular, ou seja, da pessoa natural que é titular da quota única da pessoa jurídica. Ainda assim, a decretação implicará no seu afastamento da administração dos bens que compõem a empresa e na arrecadação desses pelo administrador judicial. Mais do que isso, o empresário estará inabilitado e deverá atender a todos os deveres do falido que serão estudados no Capítulo 15. O grande desafio estará na arrecadação dos bens, tema que será tratado no Capítulo 17.

6 SENTENÇA DE IMPROCEDÊNCIA E ABUSO NO PEDIDO

Obviamente, o juiz poderá julgar improcedente o pedido de falência. A sentença de improcedência, por força do artigo 101 da Lei 11.101/05, abre ao julgador a oportunidade para examinar se o requerimento da falência foi doloso ou não; se o foi, deverá condenar o autor a indenizar o devedor. Trata-se de questão que se examina de ofício, independentemente de pedido formulado pelo réu em sua contestação. Com efeito, o artigo 101 interpreta-se harmonicamente com o artigo 99, ambos da Lei 11.101/05, estipulando os elementos que são próprios à sentença que resolve a fase cognitiva da ação falimentar. Se há a decretação da falência, a sentença deverá conter os elementos do artigo 99, independentemente de constarem do pedido exordial, já que aquelas medidas são inerentes à fase executória que se seguirá, sendo indispensáveis ao seu bom andamento. Por seu turno, se o pedido é julgado improcedente, o juiz deve examinar se o seu ajuizamento foi doloso, ou não, condenando o autor a indenizar o devedor, na primeira hipótese. A medida reflete norma de polícia processual, visa à preservação da seriedade e excepcionalidade do juízo falimentar, bem como procurando garantir o império da boa-fé processual, mormente em ação cujos efeitos são assim tão graves.

O caráter de providência que se toma de ofício apura-se no próprio texto normativo, pois afirma que, *na sentença que julgar improcedente o pedido*, será condenado *a indenizar o devedor quem por dolo requerer a falência*. Uma redação bem distinta daquela do § 2º do mesmo artigo 101, esse sim referindo-se à medida que pressupõe iniciativa da parte: por ação própria, o terceiro prejudicado também pode reclamar indenização dos responsáveis. Portanto, se o juiz julga improcedente o pedido, deverá examinar se houve ou não dolo no ajuizamento da ação e, havendo, poderá condenar o autor a indenizar o devedor. No entanto, o fato de se tratar de provimento *ex officio* não afasta a necessidade de demonstrar e/ou comprovar o comportamento doloso por parte do autor, ou seja, do comportamento deliberado, consciente, adotado com o objetivo de lesar o empresário ou sociedade empresária, usando da ação para fins ilícitos, abusando do pedido.

A decretação da falência do empresário ou sociedade empresária é ato de suma gravidade por todas as suas implicações. O mercado bem o sabe: a falência é uma ameaça constante que paira não apenas sobre os devedores, pois seria a decretação do fim da exploração empresarial, mas igualmente sobre os credores, que podem se ver privados de seu direito à satisfação de seus créditos. Esse horror à falência permite que alguns a utilizem não por seu fim próprio, mas como instrumento para ameaçar ou para lesar empresários. Caio Mário da Silva Pereira, em parecer sobre uma pessoa que por três vezes requereu a falência de um comerciante, tendo seu pedido indeferido nas duas primeiras, deferido na terceira, decisão que foi posteriormente reformada, fala de um "homem desapiedado e rancoroso" que "quis aniquilar o seu adversário e o conseguiu, valendo-se dos caminhos judiciais, para desta forma aparentar boa-fé".

O simples pedido de falência causa desconfiança ao mercado e, dessa forma, lesa a imagem pública do empresário ou sociedade empresária. Sua notícia leva muitos parceiros negociais – a exemplo dos fornecedores – a temerem a possibilidade de virem a sofrer prejuízos, passando a evitar operações com o empresário ou sociedade empresária. Portanto, é preciso que seja adequadamente manejado, punindo-se aquele que o utiliza com fins ilícitos. Eis por que diz Pereira: "às vezes apura-se que o réu foi acionado com o propósito evidente de ser prejudicado, e, então, na atitude dirigida do autor, neste rumo, está o dolo, característico do exercício abusivo do direito, causador do dever de indenizar. Outras vezes é a natureza do processo, pela desonra que causa, pelo abalo que provoca, pelas consequências sobre o bom nome do réu, que aconselha o autor a ser mais discreto, a não ir a juízo senão após maduramente pesar o seu próprio direito, e não se afoitar, para não provocar a desmoralização do contendor, o seu desprestígio público, o abalo de seu crédito".[2] Mas se não houve dolo no manejo da ação, a simples improcedência do pedido não atende à exigência legal, dela não resultando mais que a obrigação de suportar as condenações sucumbenciais.

A afirmação de que o juiz, na sentença de improcedência, poderá, *ex officio*, examinar se o requerimento da falência foi doloso, hipótese na qual condenará o autor a indenizar o devedor pelas perdas e danos experimentados, independentemente de pedido neste sentido, não se interpreta como afirmação de uma obrigação de exame expresso sobre o tema, sempre que se tenha sentença de improcedência. O manejo doloso da ação é exceção e não regra, razão pela qual o silêncio do magistrado sobre o tema, sempre que não tenha sido provocado a manifestar sobre o mesmo, interpreta-se como reconhecimento de normalidade, de regularidade no manejo da ação. Somente se o réu houver alegado o dolo e

---

[2] PEREIRA, Caio Mário da Silva. Abuso de direito – requerimento de falência – perdas e danos (Parecer). *Revista Forense*, Rio de Janeiro, ano 52, v. 159, p. 106-109, maio/jun. 1955.

feito pedido expresso de condenação do autor a indenizá-lo pelo requerimento doloso da falência estará o magistrado obrigado a examinar a questão, ainda que para indeferir aquele pedido. Consequentemente, a afirmação de que tal condenação é própria à sentença de improcedência interpreta-se restritivamente, não significando que o exame da questão é indispensável.

Considerando o julgador estarem presentes os elementos que demonstram e/ou provam a existência de dolo no ajuizamento de pedido falimentar improcedente, condenará o autor a indenizar o réu pelos prejuízos por esse experimentados, lendo-se na parte final do *caput* do artigo 101 que *as perdas e danos* serão apuradas *em liquidação de sentença*. Os danos, aqui, interpretam-se em consonância com o artigo 186 do Código Civil: podem ser econômicos e/ou morais, lembrando-se que o artigo 52 daquele mesmo Código prevê aplicar-se às pessoas jurídicas, no que couber, a proteção dos direitos da personalidade; isso inclui o direito *ao bom nome* e *à boa imagem pública*, destacando-se uma vez mais que o pedido de falência causa desconfiança ao mercado e, dessa forma, lesa a imagem pública do empresário ou sociedade empresária. A indenização, neste aspecto, faz-se por arbitramento do próprio magistrado que, assim, poderá antecipar-se à liquidação e determinar o *quantum* indenizatório, arbitrando-o na sentença. Já os danos econômicos exigem demonstração e prova de que (1) ocorreram e (2) qual foi o seu valor, razão pela qual será necessário recorrer ao procedimento de liquidação de sentença, sendo possível, até, que não tenham decorrido prejuízos econômicos ou que não possam ser esses demonstrados ou provados, hipótese na qual a condenação se resumirá aos danos morais. Justamente em função dessa particularidade é lícito ao devedor, contentando-se com a indenização pelos danos morais, renunciar à condenação por eventuais danos econômicos, renunciando ao procedimento liquidatório e passando, de imediato, à execução da sucumbência e do valor fixado a título de indenização pelos danos morais.

Havendo mais de um autor do pedido de falência, serão solidariamente responsáveis pela indenização do devedor aqueles que se conduziram dolosamente (artigo 101, § 1º, da Lei 11.101/05). O dispositivo não pode ser interpretado extensivamente: a solidariedade na obrigação de indenizar pressupõe concurso na prática do ilícito civil e processual; sem tal concurso, não se pode condenar, mesmo solidariamente, quem se comportou de forma lícita e de boa-fé. Não há no dispositivo uma hipótese de responsabilidade por fato de outrem. Imagine-se, por exemplo, diversos credores que, somando os seus créditos, como é permitido pelo artigo 94, § 1º, reúnam-se em litisconsórcio a fim de perfazer o limite de 40 salários mínimos, indispensável para o pedido de falência com base na impontualidade. Entre esses, um apenas apresenta título executivo falsificado, sem que os demais tenham conhecimento; ainda assim, em valor suficiente para levar à improcedência do pedido. Haveria uma subversão da *mens legis* e uma violação direta dos artigos 186, 187 e 927 do Código Civil falar-se em solidariedade no pagamento da indenização por abuso no pedido de falência. O dolo foi de um só e, destarte, a condenação deve atingir apenas a este, sob pena de corromper o instituto. De resto, havendo coparticipação, haverá solidariedade; o réu no processo falimentar terá, na condição de credor da indenização, direito a exigir e receber de um, de alguns ou de todos os condenados (coautores do pedido doloso e improcedente de falência), parcial ou totalmente, a dívida comum; se o pagamento tiver sido parcial, todos os demais devedores continuam obrigados solidariamente pelo resto (artigo 275 do Código Civil), não importando renúncia da solidariedade o manejo da execução apenas contra um ou alguns dos devedores.

Ao contrário do que se passa em relação ao réu do pedido de falência, o direito de terceiros prejudicados com o ajuizamento doloso do pedido falimentar não é matéria cujo exame decorra do simples julgamento de improcedência. O terceiro prejudicado também pode reclamar indenização dos responsáveis pelo ajuizamento doloso da ação falimentar procedente, mas deverá fazê-lo por meio de *ação própria*, ou seja, por meio de ação de reparação de danos (artigo 101, § 2º). Seriam exemplos de terceiros interessados os sócios (quotistas ou acionistas), representantes comerciais, franqueados, entre outros, desde que atendidos os requisitos para a afirmação da responsabilidade civil.

7 RECURSOS

Não há dúvida de que o pedido de falência é decidido por uma sentença, ainda que o artigo 100 da Lei 11.101/05 possa criar alguma confusão, já que fala em (1) *decisão que decreta a falência* e (2) *sentença que julga a improcedência do pedido*. Entretanto, o artigo 99, *caput*, fala em *sentença que decretar a falência do devedor*. Assim, o recurso cabível seria a apelação. Contudo, para evitar prejuízos da protelação recursal, o artigo 100 prevê caber agravo contra a sentença que decreta a falência e apelação, se julga o pedido improcedente. Tem-se portanto, por meio de lei especial, uma exceção à regra comum que estipula que *da sentença caberá apelação*. Mas é pedida excepcional, justificada pela especialidade da decretação da falência. Se houve *depósito elisivo caucionador*, ou seja, depósito feito para garantir o juízo e afastar a falência (artigo 98, parágrafo único), passando as partes a discutir a existência ou não do crédito, cabe apelação.

Não só há dois recursos possíveis, conforme a decisão terminativa, seu conteúdo e seu dispositivo, como também dois prazos distintos. Havendo sentença de improcedência ou, diante do *depósito elisivo caucionador*, sentença de procedência, sem decreto de falência, o recurso cabível será apelação, devendo ser interposto em 15 dias, submetendo-se ao Código de Processo Civil, inclusive quanto ao mero efeito devolutivo. Se há sentença de decretação da falência, o recurso cabível será o agravo de instrumento (não há qualquer fundamento que justifique a modalidade de agravo retido), atendendo aos respectivos requisitos do Código de Processo Civil. Como o agravo é oferecido contra um processo de conhecimento com decisão de mérito, o instrumento deverá ser formado com cópia de todas as peças, isto é, todas as folhas dos autos, excetuadas, eventualmente, repetições indevidas, devidamente certificadas pela serventia judiciária. Não se tem aqui, todavia, um injustificado *bis in idem*, certo que nos autos originários prosseguirão os procedimentos falimentares. Mas, por se tratar de sentença, ainda que submetida excepcionalmente à irresignação por meio de agravo de instrumento, não se permite ao juiz reformar parcial ou inteiramente a decisão.

O procedimento a ser adotado nos tribunais para tais agravos é um pouco distinto do ordinário, previsto no Código de Processo Civil. Não é lícito ao relator converter o agravo de instrumento em agravo retido, pois tem-se inequívoca provisão jurisdicional de urgência, sendo incontestável a existência de lesão grave e de reparação impossível, representada pela continuidade do processo falimentar, em sua fase executória. Mas é possível ao magistrado não conhecer do recurso ou negar-lhe provimento, nas hipóteses do artigo 932 do novo Código de Processo Civil. O agravo terá efeito meramente devolutivo, mas o relator a quem for distribuído poderá atribuir-lhe efeito suspensivo ou deferir antecipação de tutela (artigo 1.019, I, do novo Código de Processo Civil).

Lembre-se de que, de acordo com o artigo 346 do novo Código de Processo Civil, os prazos contra o revel que não tenha patrono nos autos fluirão da data de publicação do ato decisório no órgão oficial. A Corte Especial do Superior Tribunal de Justiça, julgando os Embargos de Divergência no Recurso Especial 318.242/SP, não esposou outro entendimento: "mesmo nas hipóteses em que a sentença não for proferida em audiência, e houver sua publicação na imprensa oficial para a parte regularmente representada nos autos, a contagem do prazo para interposição de recurso contra o referido ato do juiz, para o revel, terá início com a sua publicação em cartório. Precedentes: REsp 549.919/MG, Rel. Min. José Delgado, *DJU* 20.10.2003; REsp 318.381/MG, Rel. Min. Aldir Passarinho Júnior, *DJU* 1.9.2003; REsp 399.704/PR, Rel. Min. Luiz Fux, *DJU* 4.11.2002, e REsp 236.421/DF, Rel. Min. Barros Monteiro, *DJU* 19.11.2001".

8 DESCONSIDERAÇÃO DA PERSONALIDADE JURÍDICA E RESPONSABILIZAÇÃO CIVIL

A desconstituição da personalidade jurídica é instituto que corresponde à evolução do tratamento das pessoas morais, como estudado no volume 2 desta coleção. A atribuição de personalidade jurídica a seres escriturais é um artifício jurídico notável, do qual se retira a distinção de personalidade, patrimônio e existência entre seus membros e a pessoa jurídica. Outro passo remarcável foi a definição, para certas sociedades, de um limite entre as obrigações da pessoa jurídica e o patrimônio de seus membros, afastando a responsabilidade subsidiária. A medida respondeu a uma necessidade de estímulo aos investimentos em atividades negociais, estudou-se naquele volume. Contudo, a distinção de personalidade e a limitação de responsabilidade exigem que os membros atuem em conformidade com a lei e o ato constitutivo, agindo com boa-fé e probidade. Se há abuso de direito, com o manejo da personalidade jurídica moral para a prática de atos ilícitos (contra a lei) ou fraudatórios (em fraude à lei), lesando terceiros, vencem-se as finalidades legais, devendo o Direito reagir ao abuso. A desconsideração da personalidade jurídica, estudada no mesmo volume 2, é uma dessas reações, permitindo atribuir a responsabilidade por obrigação(ões) sociais aos sócios, administradores e, até, a terceiros (como sociedades coligadas ou, até, os verdadeiros responsáveis pela atividade negocial, quando usados agentes para a fraude).

Na falência, o artigo 82 da Lei 11.101/05 prevê que a responsabilidade pessoal dos sócios de responsabilidade limitada, dos controladores e dos administradores da sociedade falida, estabelecida nas respectivas leis, será apurada no próprio juízo da falência, independentemente da realização do ativo e da prova da sua insuficiência para cobrir o passivo, observado o procedimento ordinário previsto no Código de Processo Civil. A previsão não se confunde com a desconsideração da personalidade jurídica, mas não a exclui: é lícito ao juízo falimentar desconsiderar a personalidade jurídica da falida para estender os efeitos da falência a outros. Aliás, como viu-se no Capítulo 3, a desconsideração da personalidade jurídica pode ser até decretada por outros juízos, no âmbito de relações jurídicas submetidas ao seu conhecimento, desde que demonstrado estarem os requisitos jurídicos para tanto. A responsabilização *será apurada no próprio juízo da falência* (artigo 82), seguindo-se o *procedimento ordinário previsto no Código de Processo Civil*. Portanto, o pedido de responsabilização será demanda incidental ao *processo da falência*, sendo distribuído por dependência. Nesse feito, irá se apurar se controladores e/ou administradores praticaram atos ilícitos pelos quais podem ser condenados a indenizar.

Diferente é a desconsideração da personalidade jurídica, que poderá ser proposta como feito incidental ao processo de falência, observando-se os artigos 133 a 137 do novo Código de Processo Civil. A observância desse procedimento é obrigatória, como se afere do artigo 795, § 4º, também do novo Código de Processo Civil. De qualquer sorte, o incidente de desconsideração da personalidade jurídica é matéria tratada no volume 2 desta coleção, para o qual remeto o leitor.

Tanto a ação de responsabilização de sócios e/ou administradores, quanto a desconsideração da personalidade jurídica, poderão ser requeridas pela parte interessada ou pelo Ministério Público. Por parte interessada tem-se qualquer credor, além do administrador judicial, em nome da massa falida. Parece-me que mesmo os credores de obrigações a título gratuito podem formular os pedidos, já que sofrem danos com a inexigibilidade determinada em lei. A legitimidade passiva será daquele(s) sócio(s) e/ou administrador(es) a quem se atribui a prática do ato ilícito ou a utilização ilícita ou fraudatória da personalidade jurídica da sociedade falida. Em ambos os casos, haja responsabilização ou haja desconsideração, é preciso determinar aquele ou aqueles sobre os quais recairão os efeitos da desconsideração, além de quais obrigações serão alcançadas pela medida e quais os fundamentos de fato e de direito que justificarão a medida. Nem a responsabilização, nem a desconsideração têm efeitos genéricos, ou seja, não alcançam indistintamente a todos os sócios e/ou administradores.

Nem a responsabilização, nem a desconsideração da personalidade jurídica podem ser encaradas como panaceias para atender a toda e qualquer situação de inadimplemento obrigacional pela pessoa jurídica. Preserva-se no Direito brasileiro a regra geral da distinção de personalidade jurídica e de patrimônios entre o membro e a sociedade, além da previsão de ausência de responsabilidade subsidiária dos sócios nas sociedades em comandita simples (sócios comanditários), sociedades limitadas, sociedade anônima e sociedade em comandita por ações (excetuados os administradores). A responsabilização e a desconsideração são medidas de exceção, a serem utilizadas apenas em hipóteses específicas, entre as quais se destacam o uso ilícito (doloso) ou o uso fraudulento da pessoa jurídica. A mera insolvência da sociedade não é causa, por si só, para responsabilizar terceiros, incluindo sócios e administradores.

No alusivo à desconsideração da personalidade jurídica, apenas em situações especialíssimas aceita-se que o pedido tenha efeito genérico, implicando responsabilizar sócios, administradores ou terceiros pela integralidade das obrigações da falida. Para tanto, faz-se necessário demonstrar que o abuso foi ato constante, alcançando plenamente todas as obrigações sociais. Se não há demonstração inequívoca de que o abuso espraiou-se por toda administração societária, implicando responsabilidade por todo o passivo (o que só poderá ser reconhecido pelo juízo falimentar), será imperativo manter a regra inscrita no artigo 50 do Código Civil: definir qual ou quais obrigações serão objeto de desconsideração, bem como quem suportará seus efeitos, listando os respectivos fundamentos de fato e de direito. Satisfeita aquela obrigação pelo terceiro sobre os quais recaíram os efeitos da desconsideração, o crédito será imediatamente retirado do quadro de credores, não havendo falar em arrecadação para a massa falida do valor daquela obrigação. Haverá arrecadação para a massa falida somente quando for ela, a massa, a credora da obrigação beneficiária da desconsideração. Por exemplo, quando a obrigação já tenha sido adimplida, pedindo o administrador judicial a desconsideração da personalidade jurídica para restituir o patrimônio social.

No alusivo à ação de responsabilização (artigo 82, § 2º), a *responsabilidade dos controladores e dos administradores da sociedade falida* não se afere apenas por meio de desconsideração da personalidade jurídica. Assim, será possível ao administrador judicial buscar a responsabilidade civil de sócios e administradores por atos dolosos ou culposos (artigo 186 do Código Civil), bem como abuso de direito (artigo 187 do Código Civil), pedindo a indenização da massa falida pelos prejuízos resultantes. Não se tem aqui uma sentença que declara a desconstituição da personalidade jurídica para determinar que *tal ou qual* sócio e/

ou administrador é o responsável por uma ou mais obrigações. Tem-se, isso sim, uma sentença condenatória, que declara a prática de ato ilícito e a existência de dano, econômico ou moral, que decorre, como causa eficaz, daquela ilicitude, determinando a respectiva indenização. Essa pretensão tem prazo prescricional de dois anos, contados do trânsito em julgado da sentença de encerramento da falência (artigo 82, § 1º, da Lei 11.101/05).

8.1 Indisponibilidade de bens

A desconsideração da personalidade jurídica, demonstrei-o no volume 2 desta coleção, comporta provimento acautelatório, por meio de medida liminar (mesmo sem audiência da parte contrária) ou por sentença cautelar, permitindo a preservação não do direito de qualquer das partes envolvidas no processo, mas do objeto da demanda. Assim, assegura-se que o provimento sentencial não se veja esvaziado por atos ou fatos havidos antes do seu trânsito em julgado. Assim, o autor do pedido de desconsideração da personalidade jurídica pode pedir ao juízo falimentar qualquer medida cautelar pertinente, demonstrando haver perigo na demora (*periculum in mora*) e plausibilidade e verossimilhança em sua tese (*fumus boni iuris*). Já para as hipóteses em que o administrador judicial tenha ajuizado *ação de responsabilização*, pedindo a *responsabilidade pessoal dos sócios de responsabilidade limitada, dos controladores e dos administradores da sociedade falida* por *dano provocado à sociedade* (e, portanto, à respectiva massa falida), o artigo 82, § 2º, da Lei 11.101/05 foi além, permitindo ao juiz, de ofício ou mediante requerimento das partes interessadas, ordenar a indisponibilidade de bens particulares dos réus, em quantidade compatível com o dano provocado, até o julgamento da ação de responsabilização.

Cuida-se de medida acautelatória, liminar ou não, que permite concessão *ex officio*, dispensada a formulação de pedido; é poder/dever do magistrado, verificando estarem presentes elementos para tanto, *ordenar a indisponibilidade de bens particulares dos réus*. Mas é medida que pressupõe o aforamento da *ação de responsabilização*; com efeito, o dispositivo afirma que a medida pode ser adotada *até o julgamento da ação de responsabilização*, bem como diz da *indisponibilidade de bens particulares dos réus*; ora, somente com o ajuizamento se têm *ação de responsabilização* e réu ou *réus*. Também não prescinde a medida da verificação dos requisitos processuais para tanto: perigo na demora (*periculum in mora*) e plausibilidade e verossimilhança jurídicas (*fumus boni iuris*), elementos que deverão fundamentar a decisão que determinar a indisponibilidade ou qualquer outra medida de segurança. Somente a *indisponibilidade de bens particulares dos réus*, todavia, tem permissão legal para ser determinada *de ofício*; as demais medidas deverão ser objeto de pedido por parte do autor, não se permitindo ao magistrado, neste particular, ir além do requerido pelas partes.

15

Efeitos da Decretação da Falência sobre as Pessoas

1 AFASTAMENTO DA ATIVIDADE

O efeito imediato da decretação da falência é afastar o devedor de suas atividades (artigo 75 da Lei 11.101/05). O empresário perde a administração da empresa, assim como a sociedade empresária a perde, o que implica não apenas o afastamento do administrador societário da condução dos negócios, mas igualmente a extinção do poder de os sócios de, em reunião ou em assembleia, deliberar sobre as atividades sociais. Todas as ações, inclusive as causas trabalhistas, fiscais e aquelas não reguladas pela Lei de Falência e Recuperação de Empresas, terão prosseguimento com o administrador judicial, que deverá ser intimado para representar a massa falida, sob pena de nulidade do processo (artigo 76). Todo o patrimônio econômico do devedor, empresário ou sociedade empresária, incluindo a própria empresa, torna-se essa massa falida: uma universalidade de relações jurídicas ativas e passivas, ou seja, de faculdades e obrigações, submetida à liquidação, visando à solução possível e legal do impasse econômico e jurídico criado pela insolvência.

O empresário (firma individual) conserva, todavia, a titularidade de seu patrimônio moral, ou seja, a titularidade de seus direitos de personalidade: físicos, psicológicos e sociais. A falência não lhe retira tal titularidade, não significando interdição total nem parcial de sua capacidade civil. Perde apenas a administração de seu patrimônio, até o encerramento do processo falimentar, mas pode praticar outros atos civis, como casar, testemunhar, reconhecer a paternidade etc. Pode, inclusive, mover ações judiciais, inclusive pretendendo indenização por danos morais – danos ao seu patrimônio moral, aos seus direitos de personalidade –, embora, se vencedor enquanto em trâmite o procedimento falimentar, o valor da condenação deva ser arrecadado pelo administrador judicial. Mais do que isso, o empresário pode e deve estar presente ao juízo falimentar, impugnando créditos, prestando informações etc. O falido é parte do processo falimentar.

Em oposição, na falência da sociedade empresária, o administrador judicial assumirá a representação e a condução da pessoa jurídica, ainda que sob a forma de massa falida e em processo de liquidação judicial, incluindo o patrimônio moral (direitos morais, aplicado o artigo 52 do Código Civil). Nem o administrador societário, nem a coletividade dos sócios (deliberando em reunião ou assembleia), nem qualquer sócio isoladamente, mesmo que controlador, conservará poder de buscar a proteção de tais direitos, embora possa peticionar ao juízo contra o administrador judicial quando este negligencie a obrigação de fazê-lo, faculdade que igualmente se outorga a qualquer credor.

A Primeira Seção do Superior Tribunal de Justiça, julgando o Recurso Especial 1.372.243/SE, sob a sistemática de recursos repetitivos, assentou que "a mera decretação da quebra não implica extinção da personalidade jurídica do estabelecimento empresarial. Ademais, a massa falida tem exclusivamente personalidade judiciária, sucedendo a empresa em todos os seus direitos e obrigações. Em consequência, o ajuizamento contra a pessoa jurídica, nessas condições, constitui mera irregularidade", passível de ser sanada. Prossegue o *decisum*: "por meio da ação falimentar, instaura-se processo judicial de concurso de credores, no qual será realizado o ativo e liquidado o passivo, para, após, confirmados os requisitos estabelecidos pela legislação, promover-se a dissolução da pessoa jurídica, com a extinção da respectiva personalidade. A massa falida, como se sabe, não detém personalidade jurídica, mas personalidade judiciária – isto é, atributo que permite a participação nos processos instaurados pela empresa, ou contra ela, no Poder Judiciário. Desse modo, afigura-se equivocada a compreensão segundo a qual a retificação da identificação do polo processual – com o propósito de fazer constar a informação de que a parte executada se encontra em estado falimentar – implicaria modificação ou substituição do polo passivo da obrigação fiscal". Note que o precedente, embora referente ao Direito Tributário, aplica-se a qualquer obrigação ou relação processual, aplicado o princípio *ubi eadem ratio ibi eadem legis dispositio*. Por fim, anota o mesmo precedente: "Por outro lado, atentaria contra os princípios da celeridade e da economia processual a imediata extinção do feito, sem que se facultasse, previamente, à Fazenda Pública oportunidade para que procedesse às retificações necessárias na petição inicial e na CDA".

1.1 Empresário e administradores

O falido é uma das partes do processo falimentar. Desde a decretação da falência ou do sequestro de seus bens, o devedor perde o direito de administrar os seus bens ou deles dispor, embora possa fiscalizar a administração da falência, requerer as providências necessárias para a conservação de seus direitos ou dos bens arrecadados e intervir nos processos em que a massa falida seja parte ou interessada, requerendo o que for de direito e interpondo os recursos cabíveis (artigo 103 da Lei 11.101/05). Assim, o falido (o empresário ou a coletividade dos sócios da sociedade empresária) fazem-se presentes em juízo, devendo constituir advogado para a sua representação judicial e podendo requerer medidas processuais e responder a medidas que sejam requeridas, impugnar atos do administrador judicial, recorrer de decisões judiciais etc.

Em se tratando de sociedades falidas, serão elas representadas na falência por seus administradores (diz o artigo 81, § 2º, da Lei 11.101/05); se a falência foi pedida ao longo do procedimento de liquidação – judicial ou extrajudicial, indiferentemente –, a representação caberá ao liquidante. Em ambos os casos, administrador ou liquidante terão os mesmos direitos e, sob as mesmas penas, ficarão sujeitos às obrigações que cabem ao falido. No entanto, é preciso atentar para o fato de que a esse administrador caberá a representação da comunidade de sócios quotistas ou acionistas, o que cria o desafio da necessidade de substituição, que pode até ser imperativa, a exemplo dos casos de morte ou interdição.

Parece-me que a falência não retira da coletividade dos sócios o poder de escolher, por voto tomado em conformidade com suas participações societárias, a quem cabe a representação civil da comunidade de sócios (daquilo que fora a sociedade, por seu aspecto *interna corporis*), ainda que voluntária. Socorre-lhes o princípio da legalidade (artigo 5º, II, da Constituição da República), recordando não haver norma que obrigue à coletividade dos sócios, quotistas ou acionistas, a conservarem à frente de seus interesses aquele que ocupava a condição de administrador no momento da decretação da falência, na mesma toada em que não há norma que obrigue àquele administrador a manter-se na representação dos interesses coletivos, embora, em oposição, haja norma que o obrigue a diversos atos no processo falimentar, fruto da sua condição ao tempo da falência (artigo 104 da Lei 11.101/05). Portanto, tanto é possível àquele que administrava a sociedade abandonar a representação da massa durante o processo falimentar, quanto é possível à coletividade dos sócios afastá-lo dessa representação.

Apenas representação da sociedade, reitero; a administração do patrimônio e, eventualmente, das atividades empresariais – tendo sido deferida sua continuação provisória – são atribuições do administrador judicial e dos auxiliares que o juízo lhe tenha deferido. É preciso estar atento a esse aspecto: está-se diante de uma questão civil com efeitos processuais. Trata-se de representação civil da coletividade dos sócios, distinta da representação processual, que cabe exclusivamente ao advogado, como se viu acima. Portanto, àquela mesma coletividade de sócios faculta-se destituir qualquer um e escolher qualquer um, sócios ou não sócios, desde que pessoas civilmente capazes. Mesmo os impedidos a empresariar podem ocupar tal função, já que deles não se espera o exercício da mercancia, mas apenas, reitero, a representação civil da comunidade de sócios quotistas ou acionistas, no âmbito do processo falimentar.

Por outro ângulo, afastar o administrador da condição de representante da sociedade falida não implica livrá-lo dos efeitos da falência, como a inabilitação empresarial, se a tanto foi condenado. Tais condenações são personalíssimas: aplicam-se à pessoa e não à função. Àquele que assume a representação da sociedade falida, em substituição ao administrador afastado, não se aplicarão sanções pessoais nas quais tenha sido condenado seu antecessor. Apenas lhe caberá a representação pessoal da sociedade falida, ou seja, da coletividade (ou comunidade) dos sócios. Mesmo afastado, portanto, aquele que estava à frente da administração da sociedade ao tempo da falência ainda estará sujeito a *persecutio criminis*, assim como a depoimentos pessoais e, eventualmente, à ação de responsabilização civil ou à ação de desconsideração da personalidade jurídica. Também estará sujeito a uma série de obrigações que não estão diretamente ligadas à condição de representante da coletividade de sócios da falida, podendo mesmo ser processado por crime de desobediência, caso não cumpra tais deveres.

1.2 Sócios

A existência de uma representação para a sociedade falida, ou seja, para a coletividade – ou comunidade – de sócios (quotistas ou acionistas), nos moldes acima estudados, não traduz impedimento para a atuação pessoal de cada um dos sócios, por menor que seja a sua participação societária, já que são titulares de direitos patrimoniais sobre a massa falida. Se forem satisfeitos todos os credores e pagas todas as despesas processuais, a existência de uma sobra determina um rateio entre os sócios, na proporção de sua participação no capital social. É hipótese pouco provável, mas possível. Portanto, também os sócios podem peticionar ao juízo falimentar. Fazem-no em nome próprio e no seu exclusivo interesse, ou seja, para a proteção de seus direitos individuais, não os da coletividade de sócios, que tem representação própria. Podem, inclusive, ajuizar ação revocatória ou ação pedindo a desconstituição da personalidade jurídica, com efeitos sobre outro sócio, o administrador ou terceiro. Em ambas as medidas, há redução do total do passivo. Também podem impugnar, em nome próprio, as habilitações de crédito, recorrer das respectivas decisões etc., embora suportando os respectivos ônus sucumbenciais, se vencidos. São apenas exemplos de algumas das intervenções judiciais a si facultadas.

Para além deste aspecto, os sócios são diretamente afetados pela decretação da falência, a principiar pelo fato de serem afastados do poder de, em reunião ou assembleia, deliberarem sobre o futuro da atividade empresarial e do patrimônio titularizado pela sociedade falida. Todos esses assuntos, com a constituição do estado falimentar, passam a submeter-se diretamente ao juízo falimentar, contando com a atuação, a serviço dele, do administrador judicial. Mais do que isso, a decretação da falência suspende o exercício do direito de retirada ou de recebimento do valor de suas quotas ou ações, por parte dos sócios da sociedade falida (artigo 116 da Lei 11.101/05). Suspensão até a conclusão do procedimento, sendo que, se tal conclusão se fizer com a extinção da sociedade empresária falida, extintos estarão os direitos societários.

Com a falência, os sócios não podem exercer o direito de recesso, retirando-se da sociedade. Mas podem ceder suas ações ou quotas. Apesar da falência, aos títulos societários continuam correspondendo direitos patrimoniais e sociais. O mais comum é a transmissão *causa mortis* dos títulos societários aos herdeiros do sócio falecido. Mas pode haver transmissão *inter vivos*, se alguém se interessar pelos títulos, o que não é de todo impossível e pode, mesmo, mostrar-se como oportunidade valiosa de negócios. Aquele que cede quotas ou ações, no entanto, cede apenas a titularidade patrimonial da mesma, não se livrando das consequências jurídicas que podem advir da condição de sócio ao tempo da falência, como a responsabilização pessoal (artigo 82 da Lei 11.101/05). Aliás, a pessoalidade conduz, igualmente, ao fato de o cessionário não ter de responder, nem solidária, nem subsidiariamente, por uma eventual condenação do cedente. É o mesmo que se passa com a responsabilidade criminal: é pessoal e não se altera com eventual cessão do título.

2 INABILITAÇÃO DO FALIDO

A sentença que decreta a falência deve se pronunciar sobre a inabilitação do falido para o exercício de empresa, ou seja, para atuar como empresário ou administrador de sociedade empresária (artigo 99, VIII, da Lei 11.101/05). Essa inabilitação pode decorrer de sentença civil (artigos 99, VIII, e 102) ou penal (artigo 181, I). No plano civil, tem-se uma pequena confusão no tratamento jurídico da matéria, composta a partir de determinações que parecem se opor entre si, numa estranha sequência trinária: (1) o artigo 99, VIII, fala que a sentença *ordenará ao Registro Público de Empresas que proceda à anotação*, dentre outras matérias, *da inabilitação de que trata o artigo 102*. (2) Esse artigo 102, por seu turno, estabelece expressamente que *o falido fica inabilitado para exercer qualquer atividade empresarial a partir da decretação da falência e até a sentença que extingue suas obrigações*; mas, ao final, determina respeito ao § 1º do art. 181. (3) Esse dispositivo, para arrematar, prevê que *os efeitos da condenação por crime* previsto na Lei 11.101/05 *não são automáticos, devendo ser motivadamente declarados na sentença,* perdurando *até cinco anos após a extinção da punibilidade, podendo, contudo, cessar antes pela reabilitação penal.*

De abertura, é preciso destacar que a inabilitação do falido é um efeito automático do decreto de falência. A própria condição de insolvência, declarada e constituída pela sentença que decreta a falência, torna a inabilitação um efeito automático. Ainda assim, a questão merece ser desdobrada, reconhecendo haver particularidades em duas situações diversas: (1) falência do empresário (firma individual) ou (2) falência da sociedade empresária. No que tange ao empresário falido, a situação é bem simples. Desde a decretação da falência ou do sequestro de seus bens, o empresário perde o direito de administrar os seus bens ou deles dispor (artigos 75 e 77 da Lei 11.101/05). Assim, embora não esteja interditado, isto é, embora não tenha perdido – nem total, nem parcialmente – a sua capacidade civil, a pessoa natural registrada como empresário e com falência decretada perde a administração de seu patrimônio. A inabilitação, até o encerramento do processo falimentar, destarte, tem como fundamento a própria indisponibilidade do patrimônio econômico. Como se não bastasse, após o encerramento da falência e até a sentença que extingue suas obrigações, embora não se tenha mais uma massa falida e um administrador judicial como responsável pela sua condução e solução, perdura a situação de um patrimônio líquido negativo, de obrigações insatisfeitas, o que, por si só, justifica a inabilitação.

Já em relação às sociedades empresárias, tem-se que considerar a distinção de personalidade, patrimônios e existência entre a pessoa jurídica e a pessoa de seus membros. Se há sócios com responsabilidade pessoal subsidiária (responsabilidade ilimitada), sua falência será declarada conjuntamente com a falência da sociedade (artigo 81 da Lei 11.101/05). Assim, os mesmos fundamentos que sustentam a inabilitação do empresário falido sustentam a inabilitação dos sócios nesses casos. Falida que está a pessoa natural, sua inabilitação para o exercício da empresa – inclusive na condição de administrador societário – é efeito necessário, findando-se apenas com a sentença que extingue suas obrigações. Se os sócios não têm responsabilidade subsidiária, a falência da sociedade não implicará a sua falência. Não estão afastados da gerência do próprio patrimônio, apenas da administração e/ou deliberação sobre a sociedade falida.

Assim, a inabilitação de sócios e/ou administradores não será um simples efeito da falência. Entender o contrário seria vencer a sistemática, lógica e mecanismo que compreendem os títulos societários como bens jurídicos e não exclusivamente como títulos de participação em deliberações e atividades societárias. Não se pode esquecer que, no sistema jurídico brasileiro, quotas e ações societárias podem ser titularizadas, de fato, como simples bens jurídicos, isto é, como investimentos, por quem não quer cuidar de afazeres mercantis; mesmo incapazes, associações, fundações e pessoas jurídicas de Direito Público podem titularizá-los com intuito meramente patrimonial e absolutamente esvaziado de uma intenção social/mercantil. O próprio limite de responsabilidade, é bom sublinhar, foi instituído com a finalidade de estimular investimentos em empreendimentos produtivos, o que não se dá exclusivamente por meio do mercado aberto de títulos mobiliários. Uma interpretação reducionista, que compreendesse a inabilitação dos sócios como efeito automático da falência da sociedade, conduziria a um enfraquecimento da economia nacional, desestimulando investimentos produtivos, sem os quais o desenvolvimento econômico não seria possível, desrespeitando o artigo 3º, II, da Constituição da República.

Nas sociedades com limite de responsabilidade, também é preciso ter cautela em relação aos administradores societários, sejam ou não sócios. Em fato, a falência é tomada pelo legislador como uma demonstração de inabilidade para o exercício da empresa e, via de consequência, como fator objetivo para a respectiva inabilitação, a ser decidida na sentença de falência e anotada no Registro Público de Empresas. No entanto, cada sociedade empresária pode definir em seus atos constitutivos (contrato ou estatuto sociais) uma estrutura própria de administração na qual podem estar previstas, mesmo, funções diretivas *de mera aparência*, ou seja, esvaziadas de efetivo poder de decisão e administração, a exemplo de cargos exclusivamente consultivos, cargos honoríficos, bem como cargos ao qual se atribuam empreitadas menores, laterais, em nada relacionadas com as atividades empresárias propriamente ditas, do que seriam exemplos aqueles cargos ao qual se deferisse o relacionamento com a comunidade local, com instituições de caridade e outros tantos. São, comumente, funções que se justificam pela mera necessidade de acomodar – e remunerar – sócios afastados da efetiva gerência mercantil da empresa. A inabilitação, uma vez mais, não atenderia aos requisitos legais.

Fica claro, vê-se, que em relação aos sócios e/ou administradores de sociedades com limite de responsabilidade (designadamente as sociedades limitada e anônima), será preciso atender à parte final do artigo 102 da Lei 11.101/05, combinado com o § 1º do seu artigo 181, ou seja, a inabilitação para o exercício de atividade empresarial não será efeito automático da sentença de falência, devendo ser motivadamente declarada na sentença. A sentença, nesses casos, deverá dizer e fundamentar quem, entre sócios e administradores, fica inabilitado para exercer qualquer atividade empresarial a partir da decretação da falência e até a sentença que extingue suas obrigações, explicitando as razões de fato e de direito da imputação de tal restrição (artigo 93, IX, da Constituição da República). Mesmo a inabilitação em decorrência de sentença criminal condenatória, fundada em tipo penal anotada na Lei 11.101/05, não é efeito imediato – ou automático, como preferiu o legislador. O próprio rol de crimes, bem como das particularidades de cada caso concreto, exigem atenção a elementos como tentativa, grau de culpabilidade etc. Veja-se como exemplo o tipo anotado no artigo 169 da Lei 11.101/05: nem sempre quem divulga, sem justa causa, sigilo empresarial ou dados confidenciais sobre operações ou serviços, contribuindo para a condução do devedor a estado de inviabilidade econômica ou financeira, deve ser inabilitado para o exercício da atividade empresarial; dependerá do caso concreto, o que a sentença criminal deverá examinar para decidir, ou não, pela inabilitação.

Por outro ângulo, é preciso reconhecer que a inabilitação de que tratam os artigos 99, VIII, e 102 da Lei 11.101/05 não deve ser limitada pela aparência desenhada pelos fatos e, juridicamente, pelos atos constitutivos. Tal entendimento criaria uma via fácil para a prática de fraudes. O juiz deve prender-se aos fatos efetivamente havidos, ou seja, deve procurar a essência da realidade, recusando tentativas de fraudar a lei.

Sobre a duração da inabilitação, duas alternativas se apresentam. Na inabilitação fruto da jurisdição civil, resultante da decretação da falência, durará a partir da decretação da falência, até a sentença que extingue suas obrigações. Havendo sentença penal condenatória, prevendo a inabilitação como seu efeito, iniciará com a condenação, perdurando por cinco anos após a extinção da punibilidade, podendo, contudo, cessar antes pela reabilitação penal. A frase *respeitado o disposto no § 1º do art. 181*, inscrita no artigo 102, interpreta-se como indicativo das hipóteses de cumulação: a sentença que extingue as obrigações do falido não tem o condão de afastar a inabilitação, se há sentença penal que igualmente a determina, não havendo decurso do prazo de cinco anos após a extinção da punibilidade ou reabilitação penal. *Mutatis mutandis*, a sentença penal que deixa de condenar o réu à inabilitação não prejudica, em nada, a inabilitação determinada pela sentença que decreta a falência, que perdurará, como visto, até a sentença que extingue as obrigações do falido. Em ambos os casos, porém, findo o período de inabilitação, o falido poderá requerer ao juiz da falência que proceda à respectiva anotação em seu registro (artigo 102, parágrafo único).

2.1 Efeitos e alcance da inabilitação

O fato de a inabilitação ser determinada em jurisdição civil ou em jurisdição penal não lhe altera a natureza jurídica, que é sempre a de norma de Direito Econômico com efeitos no Direito Empresarial: caracteriza intervenção estatal no domínio privado, cerceando legitimamente o direito de livre-iniciativa (artigos 1º, III, e 170, *caput*, da Constituição da República), limitando o acesso da pessoa natural à exploração empresarial de atividade econômica. Cerceamento constitucional, legítimo e lícito, friso, pois se apoia na própria Carta Política, que não dá à livre-iniciativa um *status* de princípio absoluto. A inabilitação reflete a função social da empresa e do direito de empresariar, ainda que por uma perspectiva inversa: o reconhecimento de que algumas pessoas não revelam condições pessoais para cumprir a socialidade empresarial. É crime apenado com reclusão de um a quatro anos, e multa, *exercer atividade para a qual foi inabilitado ou incapacitado por decisão judicial*, nos termos daquela lei (artigo 176 da Lei 11.101/05).

A inabilitação não é interdição civil do inabilitado, que não se torna absoluta ou relativamente incapaz. O inabilitado conserva todas as suas faculdades civis, inclusive as patrimoniais: pode comprar, vender, onerar seus bens etc., salvo durante o empresário falido, durante a falência, quando o seu patrimônio econômico será constituído em massa falida e, como tal, entregue à resolução pelo Judiciário. Seu único efeito é vedar o exercício empresarial, pessoalmente ou na qualidade de administrador/representante de sociedade empresária. Mais não se lhe veda. Pode ser proprietário de bens, incluindo quotas ou ações de sociedades empresárias, que são direitos pessoais com expressividade econômica. Não há sequer norma a lhe vedar ser sócio controlador de sociedade de qualquer tipo, embora, friso, não possa ocupar cargos em sua administração, que, assim, deverá ser ocupada por outrem. A inabilitação também não lhe impede de exercer os direitos sociais das quotas ou ações, podendo participar de deliberações sociais (em reunião ou assembleia geral) e mesmo eleger o(s) administrador(es) societário(s).

A inabilitação também não traduz um cerceamento da garantia constitucional da liberdade de exercer qualquer trabalho, ofício ou profissão. Veda o exercício da empresa, ou seja, veda a exploração de atividade empresarial, o que é distinto. Justamente por isso, a inabilitação não implica perda das qualificações profissionais: o inabilitado pode, sim, trabalhar como empregado, mesmo de empresário ou sociedade empresária. E essa atividade profissional pode, sim, ser exercida em sociedade cujo objeto social seja o mesmo daquela desempenhada ao tempo da falência. O engenheiro que era empresário ou administrador societário de uma construtora que faliu, tendo sido inabilitado, pode ser empregado, como engenheiro, em outra sociedade que se dedique à construção civil, ainda que no mesmo setor. Aliás, ele até pode ser sócio dessa pessoa jurídica, inclusive controlando-a. Apenas não se lhe permite a *administração empresária*.

3 DEVERES DO FALIDO

Como efeito automático da decretação da falência, o falido torna-se obrigado à realização de prestações legalmente estatuídas, listadas no artigo 104 da Lei 11.101/05, quais sejam:

1. assinar nos autos, desde que intimado da decisão, termo de comparecimento, com a indicação do nome, nacionalidade, estado civil, endereço completo do domicílio, devendo ainda declarar, para constar do dito termo:
   a) as causas determinantes da sua falência, quando requerida pelos credores;
   b) tratando-se de sociedade, os nomes e endereços de todos os sócios, acionistas controladores, diretores ou administradores, apresentando o contrato ou estatuto social e a prova do respectivo registro, bem como suas alterações;
   c) o nome do contador encarregado da escrituração dos livros obrigatórios;
   d) os mandatos que porventura tenha outorgado, indicando seu objeto, nome e endereço do mandatário;
   e) seus bens imóveis e os móveis que não se encontram no estabelecimento;
   f) se faz parte de outras sociedades, exibindo respectivo contrato;
   g) suas contas bancárias, aplicações, títulos em cobrança e processos em andamento em que for autor ou réu;
2. depositar em cartório, no ato de assinatura do termo de comparecimento, os seus livros obrigatórios, a fim de serem entregues ao administrador judicial, depois de encerrados por termos assinados pelo juiz;
3. não se ausentar do lugar onde se processa a falência sem motivo justo e comunicação expressa ao juiz, e sem deixar procurador bastante, sob as penas cominadas na lei;
4. comparecer a todos os atos da falência, podendo ser representado por procurador, quando não for indispensável sua presença;
5. entregar, sem demora, todos os bens, livros, papéis e documentos ao administrador judicial, indicando-lhe, para serem arrecadados, os bens que porventura tenha em poder de terceiros;
6. prestar as informações reclamadas pelo juiz, administrador judicial, credor ou Ministério Público sobre circunstâncias e fatos que interessem à falência;
7. auxiliar o administrador judicial com zelo e presteza;
8. examinar as habilitações de crédito apresentadas;
9. assistir ao levantamento, à verificação do balanço e ao exame dos livros;
10. manifestar-se sempre que for determinado pelo juiz;
11. apresentar, no prazo fixado pelo juiz, a relação de seus credores;
12. examinar e dar parecer sobre as contas do administrador judicial.

Em se tratando de empresário, as obrigações dizem-lhe respeito. Já na hipótese de sociedade empresária, haverá obrigações que são da sociedade – vale dizer, da coletividade dos sócios –, devendo ser exercidas pelo respectivo representante, na mesma toada em que há obrigações atribuíveis àquele ou àqueles que o juiz considerar responsáveis, de direito ou simplesmente de fato, pela administração da pessoa jurídica falida. Exemplo é a obrigação de não se ausentar do lugar onde se processa a falência sem motivo justo e comunicação expressa ao juiz, e sem deixar procurador bastante. Aquele que falta ao cumprimento da obrigação, tendo sido regularmente intimado pelo juiz a fazê-lo, responderá por crime de desobediência (artigo 104, parágrafo único).

3.1 Assinar o termo de comparecimento

Logo após a decretação da falência, o empresário falido ou o administrador que estava à frente da sociedade empresária, quando da falência, será intimado para vir ao juízo *assinar nos autos* o termo de comparecimento. Para tanto, friso, deverá ser regularmente intimado, embora não exija o legislador que tal intimação seja pessoal, ou seja, por meio de oficial de justiça. Assim, será bastante que o juízo mande-o intimar por meio de publicação na imprensa oficial, formulada à pessoa de seu advogado ou advogados constituídos nos autos, ou por carta registrada, nas comarcas em que não haja publicação do expediente forense. Apenas se o falido não atende à convocação, nem apresente justificativa para sua omissão, a exemplo de grave convalescença, deverá o juízo determinar seja providenciada sua intimação pessoal, evitando-se equívocos quanto ao recebimento da ordem judicial para comparecer a juízo e assinar o termo de comparecimento.

Do termo de comparecimento constarão informações a serem fornecidas pelo falido para a sua confecção (o falido as deverá *declarar para constar do dito termo*: artigo 104, I). Portanto, será necessário que o juízo, em primeiro lugar, intime o procurador do falido para que apresente as informações demandadas pela lei. Note-se, todavia, que *constar do termo de comparecimento* não implica necessariamente *constar do corpo do termo*, ou seja, não demanda obrigatória transcrição de textos que podem se apresentar longos, como a narrativa das *causas determinantes da falência*. A serventia poderá compor o termo com os elementos mínimos (*indicação do nome, nacionalidade, estado civil, endereço completo do domicílio*), acrescentando outros, a exemplo do *nome do contador encarregado da escrituração dos livros obrigatórios* ou *nomes e endereços de todos os sócios*, quando poucos (o que provavelmente não ocorrerá nas companhias abertas), fazendo expressa remissão às peças juntadas pelo procurador nas quais estejam inscritas as demais informações, *que passam a fazer parte integrante do termo*.

O termo de comparecimento ainda trará *a indicação do nome, nacionalidade, estado civil, endereço completo do domicílio*, seja do empresário (pessoa natural), seja do administrador ou administradores societários, sociedade empresária. Essa parte fundamental do termo de comparecimento, qualificando o falido ou o administrador societário, é elemento que desempenha um papel vital nos autos da falência pela indicação do *endereço completo do domicílio*, já que muitos atos judiciais, cíveis ou criminais, irão se referir por aquela declaração. Daí a importância de comunicar ao juízo eventuais alterações de endereço, evitando os riscos de uma alegação de evasão ou ocultamento. Já alterações de estado civil ou nome civil (na hipótese de alteração resultante de casamento ou de retificação de registro judicialmente determinada), embora possam ser comunicadas ao juízo, não têm reflexo maior sobre o andamento do feito.

3.1.1 Causas determinantes da falência

O empresário ou o administrador societário deverá ser intimado para apresentar um relatório sobre *as causas determinantes da sua falência*, caso em que estará obrigado a fazê-lo. O documento relatará a formação da crise econômico-financeira, identificando suas causas primeiras, bem como a sua dinâmica, o seu desenvolvimento, até alcançar o decreto de falência. No pedido de autofalência, o devedor está obrigado a apresentar razões da *impossibilidade de prosseguimento da atividade empresarial* (artigo 105, *caput*); são relatórios similares, mas não se confundem, já que tais *razões* são relatório mais amplo, compreendendo tanto os vetores e a dinâmica da crise econômica financeira, quanto a própria opção pelo requerimento da falência, recusando a possibilidade da recuperação, judicial ou extrajudicial, da empresa. Na jurisdição contenciosa, a apresentação voluntária do relatório não é obrigatória, já que se prevê apresentação *quando requerida pelos credores* (artigo 104, I, *a*). O usual é que o próprio Judiciário, *ex officio*, determine sua apresentação.

A obrigatoriedade da apresentação do relatório das causas determinantes da falência ainda comporta outra questão relevante: o direito de o empresário falido ou administrador societário omitir-se na apresentação da mesma. Não se pode olvidar que as informações constantes de tal relatório não fazem prova a favor do declarante, mas apenas contra si, inclusive podendo ser utilizadas para a instrução criminal, o que não é raro. Ora, como resultado de uma interpretação larga das garantias inscritas nos incisos LV e LXIII do artigo 5o da Constituição da República, reconhece-se um direito da pessoa de não produzir prova contra si mesmo que é, no Direito Penal, um princípio jurídico, resultado do reconhecimento do absurdo que é exigir que alguém se autoincrimine. O artigo 5o, LXIII, da Constituição, neste sentido, fala de direitos, entre os quais o de permanecer calado, ou seja, o direito a silenciar-se. Parece-me certo, portanto, ser direito do falido ou do administrador societário recusar-se a manifestar-se sobre as causas determinantes da sua falência, invocando em seu socorro o fato de que tal peça pode ser usada contra si em eventual processo penal, o que lhe permite o exercício da garantia de permanecer calado.

A narrativa das *causas determinantes da falência* deve apresentar-se séria, coerente, lógica, o que não acontecerá se forem apresentados textos lacônicos, esquivos, incongruentes, ilógicos, a revelar que houve uma preocupação em não atender ao comando legal. Contudo, não deixa de atender à lei a apresentação da versão do falido ou do administrador societário da sociedade falida para os fatos, ou seja, a sua compreensão e pretensão de como tudo tenha se passado. Não constitui, também no plano cível, uma obrigação de confissão.

3.1.2 Sócios, administradores e atos constitutivos

Tratando-se de sociedade empresária, o seu administrador societário estará obrigado a apresentar uma relação dos *nomes e endereços de todos os sócios, acionistas controladores, diretores ou administradores* (artigo 104, I, *b*, da Lei 11.101/05). Também apresentará o *contrato ou estatuto social e a prova do respectivo registro, bem como suas alterações*. No alusivo aos sócios, a norma é um pouco confusa, falando em *sócios* e *acionistas controladores*. Ora, os sócios podem ser quotistas ou acionistas. A redundância parece indicar que somente será obrigatória a relação completa de sócios, com respectivos endereços, quando se tenha sociedade por quotas (sócios quotistas), ao passo que, nas sociedades por ações bastará indicar os *nomes e os endereços de todos os acionistas controladores*, havendo mais de um. Os demais se apurarão do *livro de registro de ações nominativas*, que deverá ser depositado em juízo (artigo 104, II). Contudo, melhor será, sempre que se tenha número reduzido de sócios acionistas, listar a todos, com os respectivos endereços.

Será também necessário informar *nomes e endereços de todos os diretores ou administradores*. O informante declinará *nomes e endereços* tal qual os conheça. Eventuais mudanças de nome (incluído de pessoas jurídicas) ou de endereço (domicílio ou sede) que não lhe tenham sido comunicadas, não lhe podem prejudicar. O dispositivo exige a indicação de *todos os diretores ou administradores*; a maioria das sociedades só tem um, titular de todas as funções de condução da atividade empresarial e de representação da pessoa jurídica. Havendo mais de um, não cabe ao administrador societário (Presidente ou Diretor-Presidente ou qualquer outro rótulo que se lhe tenha atribuído) especular sobre relevância de participação, ou não, no efetivo poder de decisão dos rumos da atividade da sociedade falida. Tal investigação cabe ao Judiciário, exclusivamente. Mas não se incluem na expressão *diretores ou administradores*, por razões primárias, os gerentes, ou seja, os prepostos permanentes no exercício da empresa, na sede desta, ou em sucursal, filial ou agência, nos termos do artigo 1.172 do Código Civil.

3.1.3 Contador

O artigo 104, I, *c*, da Lei 11.101/05, impõe ao falido a declaração do *nome do contador encarregado da escrituração dos livros obrigatórios*. Nada fala sobre o endereço, número de registro no Conselho Regional de Contabilidade (CRC) ou qualquer outra informação similar, mas são dados que, refletindo o princípio da boa-fé processual, além dos princípios da celeridade e economia, devem ser igualmente apresentados. A matéria tem relevância em face da obrigação de manterem registros contábeis regulares, sob a responsabilidade de contabilista legalmente habilitado (artigos 1.179 e 1.182 do Código Civil), como estudado no volume 1 desta coleção. Aliás, os lançamentos feitos pelo contabilista nos livros empresariais consideram-se, salvo má-fé, os efetuados pelo próprio empresário ou administrador societário; ademais, os profissionais da contabilidade são pessoalmente responsáveis, perante os preponentes, pelos atos culposos, e, perante terceiros, solidariamente com o preponente, pelos atos dolosos (artigo 1.177 do Código Civil). Como se não bastasse, alguns dos atos praticados pelo *contabilista* são definidos como crimes pela Lei 11.101/05.

Se a contabilidade da empresa foi entregue a uma sociedade dedicada à prestação de serviços de contabilidade, deverão ser indicados tanto o nome da pessoa jurídica contratada, como o nome do contador ou contadores responsáveis pela escrituração; sendo uma equipe, o respectivo chefe. Essa declaração, no entanto, não é, por si só, fator que implique a responsabilidade civil ou penal daquele que foi indicado, nem a exclusão da responsabilidade de outros. Em qualquer caso, a responsabilização deve decorrer de demonstração e comprovação da prática de ato ilícito.

A indicação deliberadamente errônea (dolosa), com o objetivo de dificultar os trabalhos do Judiciário, do administrador judicial, dos credores e do Ministério Público, não só descaracterizará o cumprimento da norma legal, permitindo concluir-se pela prática do crime de desobediência; no plano cível, tal indicação errônea caracteriza ato ilícito e, se dele resultar, como causa efetiva, dano econômico ou moral a terceiros, haverá a obrigação de indenizá-los.

3.1.4 Mandatos

Também deverão ser informados ao juízo todos *os mandatos* que o empresário ou sociedade empresária porventura tenha outorgado, *indicando seu objeto, nome e endereço do mandatário* (artigo 104, I, *d*). Embora todo mandato implique, no limite dos poderes outorgados, representação do outorgante, nem toda representação decorre de um mandato, em sentido estrito, do que é exemplo eloquente o contrato de distribuição, o contrato de agência e, como espécie deste, o contrato de representação comercial. Nessa senda, o dispositivo estudado comporta uma interpretação restritiva: apenas mandatos em sentido estrito, civis (mercantis) e processuais, adiantando-se o que se estudará no Capítulo 16: a representação judicial do devedor continua em vigor até que seja expressamente revogada pelo administrador judicial. Dessa maneira, somente se questionado, o devedor/falido estará obrigado a listar os contratos que tenha estabelecido e que impliquem representação (atuação em seu nome), além de contratos nos quais haja atuação em nome alheio, mas à sua conta, a exemplo dos contratos de comissão, agência e representação comercial.

Também no que diz respeito ao alcance da estipulação no tempo, a interpretação deve ser restritiva. As informações devem limitar-se aos mandatos ainda em vigência. Note-se, porém, que o declarante pode ser questionado, pelo administrador judicial, pelo Ministério Público ou pelo juízo, inclusive a partir de provocação de credores ou outros interessados (como sócios minoritários) sobre mandatos anteriores, já extintos. Essa obrigação de prestar informações sobre outros contratos que impliquem representação ou atuação à conta do devedor, bem como informações sobre mandatos anteriores, já extintos, alicerça-se no mesmo artigo 104, VI, ou seja, fora do âmbito específico do termo de comparecimento.

3.1.5 Bens fora do estabelecimento, participação em outras sociedades e contas bancárias

Nas três últimas alíneas – *e*, *f*, *g* – do artigo 104, I, da Lei 11.101/05, comanda-se a declaração (1) de *seus bens imóveis e os móveis que não se encontram no estabelecimento*; (2) *se faz parte de outras sociedades, exibindo respectivo contrato*; e (3) de *suas contas bancárias, aplicações, títulos em cobrança e processos em andamento em que for autor ou réu*. A análise conjunta desses três pedidos faz-se em virtude do seu alcance subjetivo. Na falência do empresário, tais informações se referiram à sua pessoa. Na falência de sociedade empresária, a determinação também deve ser interpretada como referindo-se exclusivamente à pessoa jurídica. Como disse no Capítulo 8, a pretensão de exigir informações sobre bens, direitos e outras relações jurídicas de sócios e administradores desrespeita o princípio da distinção entre a pessoa jurídica e as pessoas de seus membros. Trata-se de metanorma basilar do Direito Privado: a personalidade, o patrimônio e a existência da pessoa jurídica não se confunde com a personalidade, o patrimônio e a existência de sócio ou administrador. Uma interpretação contrária seria não só desarrazoada, mas igualmente inconstitucional, nos termos estudados naquele Capítulo 8, ao qual remeto o leitor.

Feitas tais considerações, examinam-se as exigências dispostas nas alíneas: (1) *bens imóveis e os móveis que não se encontram no estabelecimento*; (2) *eventual participação em outras sociedades, exibindo respectivo contrato*; (3) *contas bancárias, aplicações, títulos em cobrança*; e (4) *processos em andamento em que for autor ou réu*. No comum dos atos de arrecadação de bens do falido, atenta-se para os bens que compõem o seu estabelecimento. Porém, pode haver bens que, sendo titularizados pelo empresário e, mesmo, pela sociedade empresária, não componham o complexo organizado para o exercício da empresa. São esses bens os visados pela disposição. Atente-se para o fato de que, nas sociedades empresárias, mesmo esses bens devem constar do inventário que orienta a elaboração do balanço, como estudado no volume 1 desta coleção. A disposição é mais útil na falência do empresário, na qual há bens que, por extrapolarem o patrimônio especificado para o exercício da empresa, não estarão escriturados. A obrigação será igualmente útil quando se tenha a falência simultânea de sócios com responsabilidade subsidiária (artigo 81 da Lei 11.101/05), já que também em relação a esses haverá bens que não comporão o inventário e a escrituração contábil da sociedade falida.

Se o empresário ou sociedade empresária falidos *fazem parte de outras sociedades*, tais participações deverão ser indicadas. *Sociedades*, aqui, tomam-se em sentido amplo, a incluir sociedades civis, no mínimo em virtude dos aspectos patrimoniais envolvidos. No entanto, apenas participações societárias atuais; não é preciso listar ações ou quotas cedidas ou de sociedades já liquidadas, embora o devedor possa ser questionado sobre as mesmas (artigo 104, VI). Exige-se ainda a apresentação do ato constitutivo, ou seja, contrato ou estatuto social, embora a lei, equivocadamente, fale apenas em *respectivo contrato*; a interpretação extensiva impõe-se. Deverá ser indicada a quantidade e a qualidade da participação societária: número de quotas ou ações, o percentual a que correspondem no capital social e o seu valor. Em se tratando de participação em sociedade estrangeira, o valor absoluto será expresso na moeda utilizada no respectivo ato constitutivo, recomendando-se a conversão do valor em moeda nacional pelo câmbio oficial do dia, com indicação da data em que se efetuou a conversão. Havendo distinção qualitativa na participação, como ocorre entre sócios *comanditários* e *comanditados*, bem como entre acionistas *ordinaristas* e *preferencialistas*, deverá ser ela igualmente informada.

Por *contas bancárias, aplicações, títulos em cobrança* (artigo 104, I, *g*) interpretam-se todas as operações financeiras mantidas pelo empresário ou sociedade empresária falida: contas correntes, contas de poupança, fundos de renda fixa, fundos de ações, aplicações em títulos mobiliários, a exemplo de debêntures, bônus e outras quaisquer. Deverão ser listadas todas as contas ainda ativas, mesmo que estejam negativas ou zeradas. A mesma alínea *g* demanda a apresentação de uma lista de *processos em andamento em que for autor ou réu*.

3.2 Depositar livros obrigatórios

Com a falência, os livros obrigatórios deverão ser depositados em juízo. Assim, o Livro Diário, outros livros que tenham a escrituração demandada por legislação específica, a exemplo do *Livro de Registro de Duplicatas*, obrigatório quando adotado regime de vendas ou prestação de serviços com extração de fatura e a emissão de correspondente duplicata (artigo 19 da Lei 5.474/68), além de livros facultativos que tenham sido adotados, sendo levados à autenticação na Junta Comercial, como faculta o artigo 1.179, § 1º, do Código Civil; a partir do registro, incorporam-se à contabilidade da empresa e passam a se submeter aos mesmos princípios que orientam os livros obrigatórios. Uma vez depositados em cartórios, os livros serão encerrados por termos assinados pelo juiz e, após, entregues ao administrador judicial, como estudado no Capítulo 4 deste livro.

3.3 Não se ausentar

É dever do empresário falido e daquele que exercia a administração societária, quando da falência, *não se ausentarem do lugar onde se processa a falência sem motivo justo e comunicação expressa ao juiz, e sem deixar procurador bastante* (artigo 104, III). Se o fazem, submetem-se às *penas cominadas na lei*. A norma deve ser lida e aplicada com cautela, mormente na atualidade, quando a locomoção tornou-se não apenas fácil, mas também regular: vivemos num tempo de mobilidade intensa. Qualquer um que frequente salas de embarque nos aeródromos percebe, principalmente nas segundas e sextas-feiras, pessoas que trabalham num lugar e moram em outro, pessoas que trabalham em diversos lugares, pessoas que têm parentes em regiões distantes.

As facilidades contemporâneas do transporte público tornam uma situação comum a manutenção de atividades em cantos opostos do país, fazendo com que o par conceitual ausência/presença perca a gravidade que exibia no passado. Essa previsão é uma reiteração do artigo 34, III, do Decreto-lei 7.661/45, refletindo as condições materiais de 60 anos passados, quando não se experimentava tamanha mobilidade.

Parece-me ser deslocar a interpretação da regra no tempo, ou seja, não a aplicar tendo os olhos nos contextos sociais da primeira metade do século passado, mas atentando para as práticas sociais contemporâneas. Assim, inexistindo restrição de outra natureza – designadamente fruto da instauração de processo criminal –, melhor será que a frase *não se ausentar do lugar onde se processa a falência* seja interpretada de forma complacente, traduzindo apenas ausências prolongadas e que impliquem o não comparecimento do empresário falido ou administrador da sociedade falida a ato ao qual deveria estar pessoalmente presente, bem como omissão na prática de ato obrigatório, por si ou por representante, quando permitam realização por pessoa interposta. Uma alternativa intermediária às interpretações literal (rígida) e complacente do dispositivo seria a prévia indicação ao juízo das localidades por onde o falido ordinariamente transite, bem como a indicação do procurador que pode localizá-lo com presteza para atender imediatamente às determinações do juízo e do administrador judicial.

Para os que preferem uma interpretação literal do texto, a expressão *lugar onde se processa a falência* é tomada como tradutora da comarca onde se situa o juízo processante, embora deva-se aceitar, por ser razoável, a movimentação pelas comarcas contíguas. Qualquer outra movimentação deveria ser precedida de pedido de autorização ao juízo, informando a localidade para onde pretende ir, onde poderá ser ali encontrado, a finalidade da viagem e o tempo de sua duração. Ademais, seria necessário informar – ou ratificar – quem será o procurador bastante que ficará na comarca para atender ao juízo. Recebendo o pedido, o juiz poderia deferi-lo ou, motivadamente, indeferi-lo, cabendo agravo de instrumento desta decisão. Também é lícito ao juízo deferir o pedido em parte, limitando a ausência no tempo, bem como condicionar a autorização a determinada prestação legítima e lícita, a exemplo da complementação dos poderes outorgados ao procurador para que, assim, possa efetivamente cumprir as funções dele esperadas durante a ausência.

Para o descumprimento da obrigação de se manter no lugar da falência, o legislador prevê *as penas da lei*. Trata-se de norma de péssima técnica legislativa, já que lhe caberia determinar as *sanções cabíveis* e não remeter genericamente à lei, criando um perigoso *jogo de adivinhações* ou remetendo os intérpretes/aplicadores para o instável terreno das opiniões, no qual não é raro ouvirem-se soluções abusivas, sendo a mais comum *mandar prender o ausente*. A meu ver, o primeiro passo na interpretação do dispositivo é destacar a existência de uma expressão idiomática: *penas da lei* interpreta-se como *consequências legais* e não como *sanções específicas* ou *penas*, em sentido estrito. Estas consequências são duas, distintas na jurisdição criminal e na cível. O juízo criminal poderá determinar prisão temporária ou preventiva, conforme estejam presentes os elementos para tanto, desde que seguindo todos os requisitos constitucionais e legais que orientam tais medidas. Já o juízo cível não tem igual poder de mandar prender o falido ou administrador da sociedade falida, temporária ou provisoriamente. Deverá, isto sim, oficiar ao Ministério Público sobre o fato para que este se encarregue da denúncia pelo crime de desobediência (artigo 104, parágrafo único, da Lei 11.101/05), atendidos assim os princípios da jurisdição competente, do devido processo legal e da ampla defesa.

3.4 Comparecer aos atos da falência

A natureza *sui generis* do processo falimentar também se revela na presença obrigatória do falido ou do administrador societário no feito. Não há apenas submissão obrigatória à jurisdição, aos efeitos do *decisum* jurisdicional. Há mais: uma submissão obrigatória aos atos processuais em concreto, ou seja, participação obrigatória. É um dever *comparecer a todos os atos da falência, podendo ser representado por procurador, quando não for indispensável sua presença* (artigo 104, IV); o descumprimento desta obrigação caracterizará crime de desobediência (artigo 104, parágrafo único). A participação obrigatória compreende-se em dois tipos de atos. Em maior número estão os *atos processuais ordinários* ou *atos processuais comuns*, que, na maioria das situações, podem ser praticados por representante processual, ou seja, por advogado; por exemplo, a manifestação sobre as impugnações aos créditos habilitados. Em contraste, há um conjunto de atos personalíssimos, ou seja, atos que devem ser praticados pessoalmente pelo falido ou administrador societário da pessoa jurídica falida, como assinar o termo de comparecimento ou prestar depoimentos pessoais ao juízo.

É preciso muito cuidado na pretensão penal adjetiva. É indispensável haver intimação pessoal do falido ou administrador societário, não só convocando-o para a prática do ato em prazo determinado, constante do mandado, como igualmente advertindo-o para as consequências da ausência. Como se está diante de consequência penal para a abstenção, a intimação por meio da imprensa ou por carta, ou a intimação por meio do advogado constituído nos autos, não atenderão à perfeita caracterização do tipo, já que faltará a intenção livre e consciente de desobedecer ao comando judiciário.

3.5 Entregar bens e documentos

Com a decretação da falência, o administrador arrecadará, e passará a deter, não só os bens e direitos do falido, mas também todos os documentos que digam respeito à sua atuação mercantil, cabendo-lhe mesmo inventariá-los, investigá-los, verificar créditos e débitos, regularidades e irregularidades. Assim, é dever do falido e do administrador da sociedade falida *entregar, sem demora, todos os bens, livros, papéis e documentos ao administrador judicial, indicando-lhe, para serem arrecadados, os bens que porventura tenha em poder de terceiros* (artigo 104, V). No plano dos bens, sua retenção é ato criminoso, subtraindo dos credores – já prejudicados com a insolvência empresária – o valor correspondente, ampliando o seu prejuízo; é crime *desviar ou ocultar bens pertencentes à massa falida, inclusive por meio da aquisição por interposta pessoa* com pena de reclusão de dois a quatro anos, e multa (artigo 173 da Lei 11.101/05). Criminosa também será a *aquisição, recebimento ou uso ilegal de bens* por terceiros, com igual pena (artigo 174).

Nem todos os bens, todavia, devem ser entregues. Excluem-se bens impenhoráveis, se não há créditos que excepcionem a impenhorabilidade, cabendo requerer ao juiz o reconhecimento da impenhorabilidade. O juiz examinará e decidirá a questão, fundamentadamente, cabendo agravo de instrumento contra sua conclusão. Ademais, só deve ser considerado *bem*, nos termos do inciso estudado, a coisa ou direito que tenha valor pecuniário e esteja no comércio, ou seja, aquilo que possa ser alienado. Tudo o que não tenha valor econômico – incluindo o que tenha valor insignificante – e os bens que devam ser considerados fora de comércio, não devem ser entregues. A questão pode parecer simples, mas não o é. Um bom exemplo está em documentos familiares que tenham valor de mercado em leilões especializados; imagine-se se o pai do falido fosse um famoso literato, tendo deixado cartas, entre outros manuscritos. Por mais valiosos que sejam no mercado especializado de *colecionismo*, não seria legítimo pretender a sua entrega, já que são bens de valor afetivo e sua detenção reflete, mesmo, um direito da personalidade, compreendendo-se as relações afetivas, familiares, como parte do patrimônio moral de cada pessoa. Outro bom exemplo são túmulos, criptas, mausoléus e afins, nos quais estejam inumados parentes ou entes queridos, por mais valiosos que tais bens imóveis possam ser.

Há ainda a obrigação de *entregar, sem demora, todos os livros, papéis e documentos ao administrador judicial*. Por *documentos* interpretam-se todos os registros materiais que sirvam como meio de prova, sejam instrumentos ou não. Para evitar o risco duma discussão sobre o que se aproveita ou não como prova, o legislador referiu-se também a *papéis*, conceito que é mais amplo: nem todo *papel* é um *documento*, ou seja, não se aproveita como prova de fato jurídico. Assim, a discussão sobre o que seja ou não aproveitável como prova torna-se inócua e não poderá ser invocada em juízo, nem mesmo como argumento de defesa, para justificar a omissão no dever de entrega. Observe-se que o conceito de documento não está limitado ao de papel, incluindo *reproduções fotográficas, cinematográficas, os registros fonográficos e, em geral, quaisquer outras reproduções mecânicas ou eletrônicas de fatos ou de coisas* (artigo 225 do Código Civil). Também esses deverão ser entregues. Já no conceito de *papéis*, devem ser incluídas as cópias fotográficas de documentos, mesmo que não autenticadas por tabelião, aproveitando-se igualmente para os trabalhos realizados pelo administrador judicial e seus eventuais auxiliares. Somem-se cópias de memorandos, correspondência expedida (cópias, se existentes) e recebida etc.

No que diz respeito ao conceito de *livros*, é preciso realçar não haver confusão com a estipulação inscrita no artigo 104, II. Não se trata, aqui, dos livros de conservação obrigatória, como estudado acima, mas de livros não autenticados mantidos pelo empresário ou pela sociedade empresária, servindo não como instrumento de escrituração, em sentido estrito, mas como mecanismo facilitador de gerência, ainda que não respeitem requisitos contábeis, apresentando rasuras, sobrelinhas etc. Em qualquer hipótese, tenha-se em linha de consideração o que se encontra estipulado no artigo 171 da Lei 11.101/05, a tipificar o crime de *indução a erro*, para o qual comina a pena de reclusão de dois a quatro anos, e multa. Assim, é crime *sonegar ou omitir informações ou prestar informações falsas no processo de falência, com o fim de induzir a erro o juiz, o Ministério Público, os credores, a assembleia geral de credores, o Comitê ou o administrador judicial*. Detalhe: em face dessa previsão específica, não haverá falar em caracterização do crime de desobediência, mas o tipo específico para a hipótese: *desvio ou ocultação de bens*, no primeiro caso, *indução a erro*, no segundo.

O artigo 104, V, da Lei 11.101/05 ainda relaciona como dever do empresário falido e do administrador da sociedade falida indicar *ao administrador judicial, para serem arrecadados, os bens que porventura tenha em poder de terceiros*. A norma se compreende no âmbito do dever de informar, lembrando-se, uma vez mais, ser crime de indução a erro *sonegar ou omitir informações*. Portanto, tem-se não só o dever de entregar, quando esteja consigo, mas também o dever de indicar onde está, quando esteja em poder de terceiros. Aliás, a aplicação conjunta do artigo 173 da Lei 11.101/05, definindo o crime de *indução a erro*, deixa claro que tal obrigação de indicação não se limita aos *bens que porventura tenha em poder de terceiros*, mas alcança os documentos (*livros, papéis e documentos*) que estejam em poder de terceiros.

A determinação de *entregar todos os livros, papéis e documentos ao administrador judicial*, assim como indicá-los, quando estejam em poder de terceiros, não atenta contra o princípio jurídico que veda obrigar uma pessoa a produzir provas contra si, ainda que tais documentos possam ser utilizados como prova contra o falido, os sócios ou o administrador societário da falida em denúncia pela prática de crimes previstos na Lei 11.101/05. Com a decretação da falência, toda a empresa submete-se ao juízo universal: não apenas os bens, como também todo o complexo de relações jurídicas estará submetido ao Judiciário. Por isso, aqueles que foram afastados da empresa pela decretação da falência (artigo 75) têm o dever de entregar ao administrador judicial os elementos empresariais, incluindo *livros, papéis e documentos*, pois registram o desenvolvimento das atividades empresárias, provando suas relações jurídicas. Portanto, não se trata de *produzir prova*, mas literalmente de *entregar*, a quem de direito (o administrador judicial, na qualidade de auxiliar do juízo), *bens, livros, papéis e documentos* da empresa.

Ainda que do ato possa decorrer, indiretamente, a aferição de elementos probatórios contra o empresário falido, o administrador societário ou os sócios da sociedade falida, sua finalidade não é essa, fugindo, portanto, à proteção constitucional acima referida. Diga-se o mesmo da indicação ao administrador judicial de documentos que estejam em poder de terceiros. Tais obrigações apenas refletem elemento vital para a viabilização do concurso de credores e solução da insolvência empresária. O entendimento contrário, ademais, atenta contra o princípio da razoabilidade e o princípio da proporcionalidade, lembrando-se de que, se *todos os livros, papéis e documentos* não forem entregues ao Judiciário, ainda que na pessoa do administrador judicial (auxiliar do juízo), o juízo universal simplesmente se inviabiliza, criando grande imbróglio entre relações jurídicas as mais diversas: cíveis, trabalhistas, fiscais etc.

3.6 Prestar informações

É obrigação do empresário falido, do administrador societário e mesmo dos sócios da sociedade falida *prestar as informações reclamadas pelo juiz, administrador judicial, credor ou Ministério Público sobre circunstâncias e fatos que interessem à falência* (artigo 104, VI). Na sociedade empresária, a obrigação não atinge apenas o administrador societário, mas igualmente os sócios; muitas das *circunstâncias e fatos que interessam à falência* dizem respeito não àquele que estava à frente das atividades empresariais, mas àqueles a quem cumpria a deliberação dos assuntos societários, detendo, ademais, o poder de eleger o administrador. Também eles estão obrigados a prestar informações, podendo ser processados e condenados por *indução a erro*, com pena de reclusão de dois a quatro anos, e multa. Em fato, o artigo 171 da Lei 11.101/05), quando tipifica a conduta de *sonegar ou omitir informações ou prestar informações falsas no processo de falência com o fim de induzir a erro o juiz, o Ministério Público, os credores, a assembleia geral de credores, o Comitê ou o administrador judicial*, não qualifica o agente, vale dizer, não limita a norma ao empresário ou administrador societário da falida. O sócio e, mesmo terceiros (gerentes, empregados etc.), podem ser agentes deste tipo penal.

No alusivo à legitimidade para reclamar a informação, a norma fala, genericamente, em *informações reclamadas pelo juiz, administrador judicial, credor ou Ministério Público*. Contudo, credores não têm a faculdade de reclamar informações diretamente ao empresário falido, ao administrador societário ou aos sócios da sociedade falida. Tal competência não foi atribuída, sequer, ao comitê de credores (conferir o artigo 27 da Lei 11.101/05). Desejando uma informação, o credor – ou mesmo o comitê de credores – poderá requerê-la ao administrador judicial ou ao juiz. Entretanto, o administrador judicial tem poder jurisdicional; receberá o pedido e, considerando-o relevante, formulará a questão em nome próprio, no exercício da faculdade que lhe atribui o artigo 22, I, *d*. Se não a considera relevante, simplesmente não usará de seu poder a favor do credor que, assim, deverá formular requerimento ao juízo; esse requerimento não tem como requisito a recusa do administrador, nem sequer a prévia formulação da solicitação àquele. O credor pode, de imediato, ignorar o administrador judicial e dirigir ao juiz o requerimento de determinada informação, cabendo ao juiz deferir ou não a formulação da questão ao empresário falido, ao administrador societário ou aos sócios da sociedade falida, decisão esta que será recorrível.

O legislador não atribuiu ao Ministério Público igual poder de formulação direta de questionamentos, no plano cível. Se o órgão desejar informações, portanto, deverá formular requerimento ao juízo, que poderá deferir ou não a formulação ao empresário falido, ao administrador societário ou aos sócios da sociedade falida. A formulação de questionamentos diretamente pelo Ministério Público àquelas pessoas deve ser interpretada como simples solicitação; do desatendimento, não restará qualquer consequência. No plano criminal é diferente, creio. O Ministério Público, na condição de titular da ação penal pública, tem competência para instaurar procedimento administrativo para investigar a prática, ou não, de ato definido como crime – da mesma forma que pode requerer a instauração de inquérito policial para tanto. No âmbito destes procedimentos administrativos investigatórios, é-lhe legítimo reclamar informações diretamente ao empresário falido, ao administrador societário ou aos sócios da sociedade falida. Mas, como se verá logo a seguir, é garantia constitucional do investigado, nessas circunstâncias, invocar o direito de permanecer calado e, até, de mentir em benefício de sua própria defesa. Tais comportamentos não caracterizam crime.

A competência do administrador judicial para *reclamar informações sobre circunstâncias e fatos que interessem à falência* está positivada no artigo 22, I, *d*, da Lei 11.101/05, e não se limita ao empresário falido, administrador societário ou sócios da falida; alcança também os próprios credores. O dispositivo usa a frase *exigir quaisquer informações*. Todavia, como o administrador judicial é mero auxiliar do juízo, não detendo poder jurisdicional, diante da recusa daquele de quem se exigiu as informações, caber-lhe-á requerer ao juiz que intime a pessoa para comparecer à sede do juízo, sob pena de desobediência, oportunidade em que o juiz a interrogará na presença do administrador judicial, tomando seu depoimento por escrito. Nada impede, porém, que o magistrado, antes de intimar para o comparecimento em juízo, intime para fornecer a informação em prazo razoável, sem o que, então sim, será intimada, *sob pena de desobediência*, a comparecer à sede do juízo para ser interrogada.

A lei fala em *informações sobre circunstâncias e fatos que interessem à falência*, no que já faz uma limitação inicial do questionamento. Empresário falido, administrador societário ou sócios da falida somente podem ser questionados sobre matérias que interessem *diretamente* à falência, nunca sobre outros assuntos. Os questionados também não estão obrigados a produzir provas contra si, ou seja, não estão obrigados a prestar informações que impliquem autoincriminação. A interpretação e a aplicação dos incisos LV e LXIII do artigo 5º da Constituição da República conduzem à afirmação de um direito da pessoa de não produzir prova contra si mesmo; *mutatis mutandis*, reconhece-se legítimo o comportamento de quem busca proteger-se e, destarte, fugir a uma condenação penal. Destaca-se, aqui, o artigo 5º, LXIII, da Constituição, garantindo o direito de *permanecer calado*, ou seja, o direito a silenciar-se. A regra tem plena validade na hipótese focada, embora caiba um único reparo: não obstante a previsão criminal de que o *silêncio poderá ser interpretado em prejuízo da própria defesa* não ter sido recepcionada pela Constituição de 1988

(Recurso Extraordinário 199.570/MS), o mesmo não ocorre no plano cível, no qual o silêncio pode, sim, ser interpretado desfavoravelmente ao silente.

Por derradeiro, é preciso atentar para o fato de que não atender ao dever de *prestar as informações reclamadas* caracteriza crime de desobediência (artigo 104, inciso VI e parágrafo único), com pena de detenção de 15 dias a seis meses, e multa. Mais grave será a conduta de *indução a erro*, ou seja, de *sonegar ou omitir informações ou prestar informações falsas no processo de falência, com o fim de induzir a erro o juiz, o Ministério Público, os credores, a assembleia geral de credores, o Comitê ou o administrador judicial* (artigo 171). Se o comportamento visa a *indução a erro*, a pena será de reclusão de dois a quatro anos, e multa.

3.7 Auxiliar o administrador judicial

É obrigação do empresário falido, do administrador da sociedade falida e mesmo de seus sócios *auxiliar o administrador judicial com zelo e presteza* (artigo 104, VII). Em termos gerais, estão todos obrigados a não atrapalhar o trabalho do administrador judicial, não dificultando sua atuação; é um dever de portar-se com boa-fé e probidade. Para além desse dever geral, vê-se que a norma é excessivamente genérica: aplicando o seu texto, poder-se-ia chegar a um universo infinito de prestações positivas (ações) ou negativas (omissões) exigíveis dos seus sujeitos passivos. Assim, a busca de limites é uma necessidade hermenêutica, definindo balizas para a aplicação. Obviamente, o dever de auxiliar o administrador está limitado pelos assuntos da empresa e da falência. O administrador só pode demandar prestações positivas (ações) ou negativas (omissões) que guardem estrita relação com a sua atuação no feito falimentar. Comportamentos que não mantenham relação direta com o feito, mesmo que indireta, não podem ser exigidos. Se houve, por exemplo, deferimento da continuidade provisória das atividades, o empresário, sócio ou administrador societário pode ser chamado a ensinar os procedimentos de funcionamento do negócio, máquinas etc. Mas o administrador judicial não pode pedir-lhe igual ajuda ou orientação quando não tenha relação direta com o negócio.

Ademais, o auxílio requerido deve ser legítimo e lícito, ou seja, deve respeitar as normas jurídicas e, mesmo, a moral (os usos, a probidade) e a boa-fé. Assim, no plano das regras constitucionais, não podem ser pretendidas, a título de auxílio, prestações positivas ou negativas indignas (artigo 1º, III), degradantes (artigo 5º, III), que atentem contra a liberdade de crença (artigo 5º, VI), que violem a intimidade, vida privada, honra, imagem (artigo 5º, X), entre outros. O administrador judicial não pode pretender ser auxiliado no sábado se o empresário, sócio ou administrador societário professa religião para a qual tal dia deva ser guardado, não podendo realizar atividades produtivas, o que ocorre com judeus e cristãos adventistas. Também não poderá, sob o pretexto de auxílio, submeter o empresário, sócio ou administrador societário a trabalho não remunerado (artigo 7º). Auxílio não se confunde com prestação de serviço, nem com cumprimento de jornada de trabalho, embora, dependendo da prestação positiva, possa alongar-se no tempo; o administrador judicial responsável pela massa falida de uma grande empresa pode precisar de alguns dias para tomar conhecimento de todas as particularidades do negócio, ao que estará obrigado o empresário ou administrador societário e, eventualmente, mesmo o sócio (por exemplo, o controlador que, embora não ocupasse formalmente função de administração, era quem efetivamente se encarregava das atividades empresariais).

A pretensão de auxílio deve ser razoável e proporcional, princípios que traduzem, comumente, uma virtude jurídica indispensável. Não se admitem pretensões absurdas, a revelar simples deleite, caprichos, apego a picuinhas. Também não se devem considerar devidas prestações que sejam excessivamente onerosas (moral, física ou economicamente) para o destinatário, principalmente quando haja alternativa menos onerosa a que possa recorrer o administrador judicial. Há mais. O auxílio pretendido deve apresentar características pessoais: o administrador judicial só pode pedir prestações que digam respeito àquele destinatário, entre empresário, sócio ou administrador societário, por sua relação com a empresa. Não pode haver uma eleição subjetiva do destinatário do requerimento de auxílio. Assim, somente se pode requerer o auxílio por ser ato ou omissão que devam ser praticados por aquela pessoa e não por outra, o que se apurará em cada caso, conforme as particularidades dadas em concreto.

Por fim, o requerimento deve ser inequívoco, seja em seu conteúdo, seja no prazo ou na data em que a prestação deva ser realizada. Se o requerimento não for atendido por seu destinatário, que se recusa expressa ou tacitamente a *auxiliar com zelo e presteza*, o administrador judicial pedirá ao juízo para que determine àquele destinatário o cumprimento da prestação positiva ou negativa requerida. Trata-se de uma faculdade e nunca de uma obrigação. Diante da recusa, o administrador pode simplesmente desistir do auxílio, buscando forma alternativa para solucionar a questão. Se optar por levar a questão ao juízo, o juiz deverá examinar da pretensão: sua pertinência, legitimidade e licitude de conteúdo, proporcionalidade e razoabilidade, pessoalidade, prazo e/ou data para execução, deferindo ou não a determinação judicial da prestação ativa (ação) ou negativa (omissão), requisito essencial para a caracterização do crime de desobediência. A questão também poderá ser levada ao juiz por petição do destinatário, peticionando contra a pretensão, hipótese na qual a decisão interlocutória mantendo a determinação será recorrível por meio de agravo de instrumento.

Neste contexto, é preciso redobrada cautela com a criminalização proposta pelo artigo 104, parágrafo único. A generalidade da previsão é fator que por si só oferece um desafio à caracterização do crime de desobediência, no caso. Um dos elementos intrínsecos do princípio da tipicidade que orienta o Direito Penal moderno é a precisão na definição em abstrato do comportamento definido como criminoso, o que não ocorreria na hipótese.

3.8 Examinar habilitações de crédito

Deve o falido ou administrador societário da falida *examinar as habilitações de crédito apresentadas* (artigo 104, VIII), regra que deve ser compreendida de forma ampla, a incluir os créditos que constem da *relação de pretensos* credores em virtude da verificação procedida pelo administrador judicial. É seu dever examinar a lista e, encontrando lançamentos indevidos (no todo ou em parte), impugná-los (artigo 8º). Sua obrigação ainda alcança a manifestação sobre as habilitações apresentadas, pelo prazo de cinco dias (artigo 12), bem como o dever de comparecer a juízo, se pedido for o seu depoimento pessoal, quando se tenha instaurado procedimento de instrução, com deferimento de audiência de oitiva de testemunhas, para a solução do incidente de impugnação de crédito. A obrigação não inclui um dever de agravar da decisão que julga a impugnação, mesmo quando contrária à sua manifestação. Mas alcança o dever de participação nas *habilitações de crédito retardatárias*, posteriores à homologação do quadro geral de credores, bem como os procedimentos que visem à retificação do quadro geral de credores (artigo 19).

3.9 Assistir a atos escriturais

O empresário ou o administrador da sociedade empresária está obrigado a *assistir ao levantamento, à verificação do balanço e ao exame dos livros* (artigo 104, IX). *Assistir*, no sentido etimológico, entende-se por *estar presente*: presenciá-lo. Provém do latim *adsistere*, donde *assistere*, que significa *conservar-se de pé junto a* alguém ou algo.[1] Mas, hodiernamente, a ideia de assistência não está diretamente ligada à presença física, mas ao acompanhamento e, mesmo, auxílio. A questão passa a ser: é preciso estar fisicamente presente *ao levantamento, à verificação do balanço e ao exame dos livros*? Sim e não, *modus in rebus*. *Assistir*, no sentido do texto normativo, traduzirá obrigação de estar fisicamente presente sempre que tal presença seja indispensável; mesmo assim, poderá permitir, conforme o ato, a presença por meio de representante com poderes suficientes. Se não há necessidade de presença física, personalíssima ou por interposta pessoa, compreender-se-á como mero dever de acompanhamento e auxílio.

O *exame dos livros* é, mui provavelmente, um exemplo clássico de situação na qual se faz necessária presença física; mas, dependendo da finalidade do exame, bastará a presença do contador – que a tal estará obrigado – ou de um representante que possa esclarecer os lançamentos. No entanto, se o administrador judicial ou o auxiliar que contratar para tal finalidade necessitar de esclarecimentos que só

---

1 HOUAISS, Antônio; VILLAR, Mauro Salles. *Dicionário Houaiss da língua portuguesa*. Rio de Janeiro: Objetiva, 2001. p. 321.

possam ser prestados pelo falido ou administrador da falida, deverá este comparecer para prestá-los. Já o *levantamento* e a *verificação do balanço*, salvo qualquer particularidade extraordinária, são atos que não demandam participação física simultânea. Pelo contrário, o mais comum é serem feitas pelo contador e submetidos ao falido, administrador ou sócio da sociedade falida, para que faça reparos ou objeções. Também a assistência na resposta às informações que tenham sido pedidas, o que não implica uma indispensável entrevista presencial.

3.10 Manifestar-se, quando determinado

Deve o falido ou administrador societário da falida *manifestar-se sempre que for determinado pelo juiz* (artigo 104, X). É obrigação processual que revela a natureza *sui generis* do processo falimentar, justificada pela gravidade da situação econômica e jurídica verificada com a insolvência empresária e a constituição do juízo universal, afetando múltiplos interesses, direta e indiretamente. Por isso, não há apenas uma faculdade de manifestação, mas um dever. Não basta submeter-se à jurisdição, ou seja, aos efeitos do *decisum* jurisdicional, o que ocorreria mesmo na hipótese de revelia, no plano cível. Há uma submissão obrigatória aos atos processuais havido, ou seja, *participação obrigatória*, configurando crime de desobediência a recusa em atender à determinação judicial (artigo 104, parágrafo único). A manifestação determinada pelo juiz poderá ser de dois tipos. A mais comum é a manifestação processual ordinária, que será realizada por meio de representante processual: um advogado (artigo 1º, I, da Lei 8.906/94). O outro tipo é a manifestação pessoal do falido ou administrador societário da falida, por si e em nome próprio, se o fim do ato exigir tal pessoalidade, a exemplo do testemunho.

Também aqui é preciso cautela na condenação criminal. Verificado que não houve a manifestação determinada, é indispensável haver prévia intimação pessoal do falido ou administrador societário, não só determinando que se manifeste em prazo determinado, bem como fazendo constar do mandado a advertência das consequências de não atender à ordem. Somente assim estará caracterizado o dolo específico necessário para a caracterização do crime. Persistindo a recusa, o juízo oficiará o Ministério Público da ocorrência do fato, para que proponha a ação penal.

3.11 Apresentar relação de credores

Deve o devedor *apresentar, no prazo fixado pelo juiz, a relação de seus credores* (artigo 104, XI, da Lei 11.101/05). Essa relação nominal de credores (artigos 99, III, e 105, II) é o ponto de partida dos procedimentos de verificação de crédito e composição do quadro geral de credores, definindo aqueles que têm pretensão sobre o produto realizado com a realização do patrimônio ativo. No pedido de autofalência, não havendo relação de credores, o juiz deverá determinar que sejam completados os documentos que devem acompanhar o requerimento (artigo 106). Quando a falência resulte de jurisdição contenciosa, a sentença *deverá ordenar ao falido que apresente, no prazo máximo de cinco dias, relação nominal dos credores, indicando endereço, importância, natureza e classificação dos respectivos créditos, se esta já não se encontrar nos autos, sob pena de desobediência* (artigo 99, II).

Para a caracterização do crime de desobediência no descumprimento da obrigação de apresentar a relação de credores, no prazo máximo de cinco dias, o juiz deverá mandar intimar pessoalmente o empresário falido ou o administrador da sociedade empresária falida para que o faça, advertindo-o das consequências de não atender à ordem. Somente se persistindo a recusa, o juízo oficiará o Ministério Público da ocorrência do fato, para que proponha a ação penal. Afinal, cuida-se de tipo penal doloso e a relação pode não ter sido apresentada por falha do advogado. É um ato processual, técnico, e se o falido ou o administrador societário o desconhece, não agirá, por certo, com dolo: não terá a intenção de desobedecer. O empresário ou administrador societário, desconhecendo a necessidade de praticar o ato, não quis omitir-se. Não há intenção, não há prática de ato visando a determinado resultado. Não há crime.

No que toca ao *prazo máximo de cinco dias, relação nominal dos credores, indicando endereço, importância, natureza e classificação dos respectivos créditos*, reitero o entendimento de que, dependendo do vulto da empresa, a tarefa pode tornar-se impossível ou, no mínimo, inviável e improvável. Será preciso considerar, no caso concreto, tal possibilidade, a descaracterizar, uma vez mais, a omissão intencional no cumprimento do dever. De qualquer sorte, se tal situação se apresentar, cumpre ao devedor, por si ou por seu advogado, peticionar ao juízo a prorrogação do prazo, apresentando elementos suficientes que demonstrem a necessidade do deferimento de tal dilação probatória.

3.12 Examinar contas do administrador judicial

É dever do empresário falido ou administrador societário da falida *examinar e dar parecer sobre as contas do administrador judicial* (artigo 104, XII). É norma estranha e desarrazoada, mormente considerando-se que o falido responderá por crime de desobediência se faltar ao cumprimento de quaisquer dos deveres impostos pela lei, após intimado pelo juiz a fazê-lo (artigo 104, parágrafo único). Tem-se uma consequência desarrazoada e desproporcional para um ato de menor monta, considerando-se que o parecer requerido sequer é elemento vital para a solução do processo falimentar, sendo que as contas do administrador são examinadas por credores, Ministério Público e, mesmo, pelo juízo.

16

Efeitos da Decretação da Falência sobre as Obrigações

1 UNIFORMIZAÇÃO DAS OBRIGAÇÕES

Com a decretação da falência, constitui uma situação jurídica distinta dos pares obrigacionais diáticos (relações entre dois polos opostos), cujo destino é a execução voluntária ou forçada, em conformidade com o *princípio geral da solvabilidade*. A falência sujeita o devedor e todos os credores – todos –, que se veem atraídos para um juízo universal. Nesse cenário, não há mais espaço para execuções individuais, voluntárias ou forçadas, substituídas por um concurso, a implicar um procedimento de apuração e realização do ativo, a apuração de seu passivo (o valor global efetivo de suas dívidas) e, enfim, o pagamento do que for possível, tendo em vista dois critérios distintos: (1) o interesse público em que determinadas obrigações, por sua natureza, sejam satisfeitas preferencialmente, em desproveito de outros créditos que, também por sua natureza, mostram menor relevância; e (2) a preocupação em garantir que todos os credores, titulares de créditos de mesma natureza, sejam tratados em igualdade de condições (*par conditio creditorum*, ou seja, princípio do tratamento dos credores em igualdade de condições).

Para que possa liquidar eficazmente o patrimônio do falido, empresário ou sociedade empresária, da-se expressão uniforme às suas obrigações no alusivo ao seu vencimento, expressão monetária e juros. Com a decretação da falência, vencem-se as dívidas que ainda estavam submetidas ao tempo para se tornarem executáveis, os valores em moeda estrangeira são convertidos para moeda nacional e interfere-se no cômputo de juros. É o que se estudará agora.

1.1 Vencimento antecipado das dívidas

Um dos efeitos da decretação da falência é *o vencimento antecipado das dívidas do empresário ou sociedade empresária*, bem como, neste último caso, *das dívidas dos sócios ilimitada e solidariamente responsáveis* (artigo 77 da Lei 11.101/05 e artigo 333 do Código Civil). O legislador poderia ter optado por mandar reservar, nos rateios que se realizassem, os valores devidos àqueles cujos créditos ainda não estivessem vencidos. Optou, porém, por uma solução mais simples: antecipar no tempo a produção dos efeitos da relação jurídica obrigacional, considerando que há um procedimento liquidatório, voltado para saldar, no que possível, o patrimônio passivo. Entretanto, o vencimento antecipado ocorre apenas em relação às obrigações do(s) falido(s). Não alcança terceiros; havendo solidariedade passiva no débito, a obrigação não se reputará vencida em relação aos codevedores solventes (artigo 333, parágrafo único, do Código Civil), regra plenamente aplicável à falência.

Haverá vencimento antecipado mesmo quando o pagamento da obrigação estiver submetido à condição suspensiva, ou seja, quando o adimplemento da obrigação esteja vinculado à ocorrência de fato futuro, cuja verificação no tempo seria incerta. A obrigação é certa, existe, caracterizando dívida em sentido estrito; mas o pagamento foi sobrestado, sem prazo ou termo definidos; submete-se a uma condição. Um exemplo seria o financiamento da compra de insumos para a produção de determinados bens, mas cujo adimplemento fosse ajustado para a ocasião do pagamento pelas primeiras vendas, o que jamais ocorrerá pela ocorrência anterior da falência. Mas se a obrigação em si – e não o mero pagamento – estiver submetida à condição suspensiva, quando esta não seja a falência (em previsão lícita e legítima, devo frisar), não haverá obrigação, já que não ocorreu a condição suspensiva.

O vencimento antecipado não pode ser aplicado em prejuízo da massa e dos demais credores. O tempo, sabe-se, tem um custo nas relações pecuniárias, o que comumente é traduzido na ideia de juros remuneratórios, ou seja, de um sobrevalor sobre o montante do principal da obrigação, a incidir para remunerar o credor pelo tempo que se privou do pronto adimplemento. Os juros são *como o aluguel* pago pela *locação do dinheiro*. Neste quadro, a antecipação do vencimento conduz a uma redução do impacto do tempo sobre o valor total devido, devendo ser feito um *abatimento proporcional dos juros* (artigo 77 da Lei 11.101/05); isso impede o enriquecimento ilícito do credor beneficiado pelo vencimento antecipado. Faz-se uma subtração (abatimento) dos valores que seriam devidos a título de juros pelo período entre a data do vencimento antecipado (data do decreto de falência) e a data do vencimento programado, conforme termo ou prazo ajustado entre as partes.

Na situação mais simples, os juros estão destacados do valor principal da dívida, permitindo o cálculo do abatimento proporcional. Se o valor não destaca a existência de juros, será preciso verificar se, em concreto, há ou não prática de *juros embutidos*, ou seja, se o valor total fixado para o negócio não é o somatório do principal e da remuneração pelo tempo consumido até a satisfação do crédito (juros). É o que se passa em vendas que podem ser feitas pelo valor total, para vencimento em prazos longos, com certo desconto, para prazos parciais, e descontos maiores, para pagamento a vista ou contraentrega. Também, nestes casos, será devido o abatimento dos juros. No entanto, se o valor da obrigação não se alterou em face da concessão de prazo, maior ou menor, nenhum abatimento será devido, fazendo o credor jus ao valor total da obrigação, não podendo ser prejudicado pela antecipação, já que nada ganhou com ela.

1.2 Conversão monetária

Submetida a falência à jurisdição brasileira, o pagamento dos credores se fará aplicando a legislação nacional e utilizando a moeda corrente no país. Como se constituiu o juízo universal, salvo eventuais conflitos de competência que permitam simultâneo e eficaz estabelecimento de litígio no exterior, também os credores estrangeiros deverão habilitar no juízo brasileiro os seus créditos, participando do rateio do produto obtido com a venda do ativo segundo as regras inscritas na legislação falimentar nacional. Entre tais regras está o artigo 77 da Lei 11.101/05 a prever que, para todos os efeitos daquela mesma lei, *a decretação da falência converte todos os créditos em moeda estrangeira para a moeda do País, pelo câmbio do dia da decisão judicial.*

Tal regra não é exclusiva de credores estrangeiros, mas alcança mesmo credores nacionais que tenham, legitimamente, créditos expressados em moeda estrangeira. Em fato, há negócios jurídicos que admitem a utilização de moeda estrangeira. Essa legitimidade e licitude é objeto de alguma controvérsia no Direito Brasileiro, lembrando-se prever o artigo 318 do Código Civil serem nulas as convenções de pagamento em ouro ou em moeda estrangeira, bem como para compensar a diferença entre o valor desta e o da moeda nacional, excetuados os casos previstos na legislação especial, no que é harmônico com o Decreto-lei 857/1969. No entanto, o Superior Tribunal de Justiça, julgando o Agravo Regimental no Agravo de Instrumento 612.405/MG, por sua Quarta Turma e sob a relatoria do Ministro Jorge Scartezzini, afirmou que "é legítimo o valor do título expresso em moeda estrangeira, desde que o pagamento efetive-se mediante a conversão em moeda nacional. E, conforme salientou o v. acórdão, em suas conclusões, os valores foram devidamente convertidos".

Também no Recurso Especial 402.071/CE, julgado pela Terceira Turma e relatado pelo Ministro Carlos Alberto Menezes Direito, afirmou-se que a jurisprudência daquela Corte "já assentou a melhor interpretação do art. 1º do Decreto-lei nº 857/69, admitindo a contratação em moeda estrangeira, desde que o pagamento seja realizado pela conversão em moeda nacional"; citam-se neste último acórdão os seguintes precedentes: Recurso Especial 194.629/SP, Recurso Especial 90.875/RJ, Recurso Especial 86.124/SP, Recurso Especial 57.581/SC. Mais do que isto, no julgamento do Recurso Especial 270.674/RS, também sob a relatoria do Ministro Carlos Alberto Menezes Direito, decidiu-se que, "quando o título requer, apenas, a elaboração de cálculos aritméticos, não há falar em falta de liquidez, aí incluída a conversão de moeda estrangeira". Some-se o Agravo Regimental no Recurso Especial 466.801/RJ, relatado pelo Ministro Sálvio de Figueiredo Teixeira, à frente da Quarta Turma do Superior Tribunal de Justiça, no qual se examinava um contrato de cessão de direito de imagem firmado entre clube de futebol e um atleta profissional, no qual aquela Alta Corte decidiu que "é válida a contratação em moeda estrangeira, desde que o pagamento seja efetuado mediante a devida conversão em moeda nacional".

1.3 Juros

Contra a massa falida não são exigíveis, de imediato, juros vencidos após a decretação da falência (artigo 124 da Lei 11.101/05). A regra alcança tanto os juros convencionais (contratados), quanto os legais. Somente se o *ativo apurado bastar para o pagamento dos credores subordinados*, que são os últimos na classificação inscrita no artigo 83 da Lei 11.101/05, passa-se ao pagamento dos juros vencidos após a decretação da falência. Portanto, incidem juros após a decretação da falência, embora não sejam exigíveis de imediato, certo que constituem crédito com classificação própria, distinta da verba principal (sob a qual incidem). Frise-se que a regra alcança apenas os juros devidos após a decretação da falência; os juros vencidos até a decretação da falência são, sim, exigíveis. Tal interpretação preserva a isonomia entre os credores, reconhecendo o direito daquele cujo crédito já estava vencido à respectiva remuneração pelo capital do qual ficou privado. Foi o que decidiu a Primeira Seção do Superior Tribunal de Justiça, diante dos Embargos de Divergência em Recurso Especial 631.658/RS: "impõe-se a diferenciação entre as seguintes situações: (a) antes da decretação da falência, são devidos os juros de mora, independentemente da existência de ativo suficiente para pagamento do principal, sendo viável, portanto, a aplicação da taxa SELIC, que se perfaz em índice de correção monetária e juros e (b) após a decretação da falência, a incidência da referida taxa fica condicionada à suficiência do ativo para pagamento do principal". No mesmo sentido, os Recursos Especiais 798.136/RS, 704.232/SP, 798.136/RS e 306.052/RS.

Essa regra não excepciona a Fazenda Pública, como reconheceu a Primeira Turma do Superior Tribunal de Justiça, diante do Recurso Especial 611.680/PR. Também não são excepcionados os créditos trabalhistas, como reconheceu sua Terceira Turma, julgando o Recurso Ordinário em Mandado de Segurança 16.110/SP, além do Recurso Especial 448.633/MG, julgado pela Quarta Turma daquela

Alta Corte: "na sistemática legal, os juros, ainda que trabalhistas, como acessórios que são da dívida, somente fluem até a decretação da quebra e, a seguir de então, incidem apenas na hipótese de o ativo suportar o pagamento do principal, elemento de que não se dispõe por agora".

Os juros das debêntures e dos créditos com garantia real não são alcançados por essa regra, embora por eles responda, *exclusivamente, o produto dos bens que constituem a garantia* (artigo 124, parágrafo único). A regra despreza o princípio da isonomia; a suspensão da exigência dos juros tem por finalidade privilegiar o acesso de uma maior quantidade de credores ao produto da massa falida, impedindo que aquele acessório, contado a favor de créditos com maior preferência, reduza as chances dos credores menos privilegiados de receber ao menos uma parte do que lhes é devido. Trata-se de medida de justiça distributiva, minimizando os efeitos da classificação de créditos sobre aqueles que estão em níveis inferiores. Essa regra foi casuisticamente rompida apenas para os créditos com garantia real, desprezando mesmo os créditos de maior privilégio, que são os acidentários e os trabalhistas até 150 salários mínimos. Uma lástima.

A regra alcança os *créditos com garantia real*, inclusive as *debêntures com garantia real*; não outras debêntures. A exceção está limitada àquilo que se apurar com a alienação dos bens que constituem a respectiva garantia real. Se tal valor não for suficiente para cobrir os juros vencidos após a decretação da falência, tais valores se submeterão à regra geral do *caput*, ou seja, somente serão pagos se o ativo apurado bastar para o pagamento dos credores subordinados. Não se pagarão os juros sobre *créditos com garantia real* antes dos demais, já que o limite do privilégio é o produto arrecado com a alienação dos bens que constituem a garantia. Vencido tal valor, a preservação de valores em aberto, ou seja, de saldo a pagar (*reliquum*), deverá ser tratada como crédito quirografário, como se apura do artigo 83, VI, *b*, da Lei 11.101/05; é referência que se aplica tanto ao principal, quanto aos acessórios, ou seja, alcança os juros devidos após a decretação da falência, que se pagam em conjunto com os juros devidos sobre créditos quirografários, indistintamente.

2 CONTRATOS

Os contratos bilaterais não se resolvem pela falência, por si só; sua continuidade ou não é uma faculdade da massa, representada pelo administrador judicial: os contratos bilaterais *podem ser cumpridos pelo administrador judicial se o cumprimento reduzir ou evitar o aumento do passivo da massa falida ou for necessário à manutenção e preservação de seus ativos, mediante autorização do Comitê* (artigo 117 da Lei 11.101/05). A intervenção estatal sobre o patrimônio do falido é suficiente para excepcionar o princípio *pacta sunt servanda* e permitir a denúncia pelo administrador judicial. Mas se a decretação da insolvência empresária excepciona o dever de cumprimento do contrato pelo falido, o mesmo não se passa com a contraparte: desde que se cumpram as prestações que lhe são devidas, não poderá ele recusar cumprir a sua. Compreende-se sobre tais bases a regra inscrita no *caput* do artigo 117, a facultar ao administrador judicial dar cabo ou conservar o negócio.

A previsão alcança (1) contratos nos quais o contratante possa exigir do falido prestação diversa do mero pagamento; (2) contratos nos quais ainda pendentes da prestação da contraparte, que se tornará devida quando executada a prestação devida pelo falido; e (3) contratos de trato sucessivo (contratos de duração). No primeiro caso, listam-se habitualmente as obrigações de fazer, comuns quando o falido dedicava-se à prestação de fazer, de não fazer, de dar coisa certa ou coisa incerta. Assim, se falido arrendara o pátio de suas instalações industriais para a realização de uma festa em certa data, pode ser interessante para a massa falida cumprir tal obrigação, já que o espaço estará disponível e sem utilização à época e, por outro lado, deixar de cumprir a obrigação implicaria aumentar o passivo, conduzindo o contratante à condição de credor. A Terceira Turma do Superior Tribunal de Justiça, julgando o Recurso Especial 172.367/PR, julgou improcedente o pedido de restituição de um torno desfolhador de madeiras com eixos telescópicos, alienado fiduciariamente, considerando que o bem era essencial para a continuidade da atividade principal da empresa, determinando apenas que o respectivo crédito fosse incluído no Quadro Geral de Credores.

No segundo caso, listam-se negócios nos quais se tenha estipulado que a prestação ou as prestações devidas pelo falido antecedem-se à prestação ou às prestações devidas pela contraparte. Imagine-se, para exemplificar, o contrato de opção de compra de algumas aeronaves, no qual se tenham estipulado pagamentos semestrais até a disponibilização dos aparelhos para entrega, data final para o exercício da opção de adquiri-las. O preço das aeronaves constante da opção é menor que o valor de mercado, havendo interessados em negociar a cessão daquele direito, com pagamento de ágio; em contraste, a desistência implicaria perda do direito à compra, bem como das prestações até então efetuadas. Será interessante efetuar o pagamento semestral, mantendo a validade da opção, para então cedê-la e, assim, obter mais recursos para a satisfação dos credores.

No terceiro caso, estão os contratos que se alongam no tempo, cabendo às partes prestações sucessivas. Havendo denúncia do contrato, cessa-se a execução das prestações pela contraparte, o que pode ser desinteressante para a massa falida. Por exemplo, a manutenção do contrato de locação pode ser meio para reduzir o passivo da massa, considerando os valores que se auferirão com a transferência do ponto para outrem; pode também ser necessário quando se pretenda a venda da empresa em bloco, constituindo os pontos de venda a grande vantagem que se oferecerá aos interessados nesta aquisição. Outro exemplo é o contrato de manutenção de máquinas, evitando a sua deterioração, ou o contrato de serviços de vigilância, impedindo a subtração do patrimônio até a sua alienação.

Note-se que o cumprimento, ou não, do contrato é uma faculdade da massa falida, representada pelo administrador. É ela quem é a beneficiária das prestações devidas pela contraparte. O administrador age no interesse da massa, limitado pelo Comitê de Credores e, enfim, pelo Poder Judiciário. Se não houver comitê de credores constituído, o administrador submeterá seu parecer pela continuidade do contrato diretamente o juiz, expondo as razões pelas quais pretende o cumprimento da obrigação devida pela massa falida e esse, após abrir prazo para a impugnação pelo falido, sócios, administrador societário ou credores, autorizará, ou não, seu cumprimento. A atuação desses órgãos, ademais, deve atender balizas expressas em lei: o contrato deve ser preservado se (1) *reduzir o passivo da massa falida*, (2) *evitar o aumento do passivo da massa falida* ou (3) *for necessário à manutenção e preservação de seus ativos*. A decisão deverá pautar-se por tais referências, fundamentando-as adequadamente, ou seja, demonstrando inequivocamente o efeito que justifica a preservação do negócio. Trata-se de fundamentos objetivos, a toda vista. No primeiro e segundo casos, uma simples operação matemática, contábil, bastará para demonstrar como o passivo é reduzido ou deixa de aumentar com o cumprimento da obrigação contratual. No terceiro caso, um relatório, se necessário com demonstração contábil anexada, deverá deixar claro como o cumprimento da obrigação contratual permite preservar os ativos.

Uma leitura rasa do *caput* do artigo 117 da Lei 11.101/05 pode levar à conclusão de que a recusa de autorização para o cumprimento do contrato bilateral pelo comitê de credores implicaria resolução do contrato. Essa interpretação não se harmoniza com o artigo 5º, XXXV, da Constituição da República, certo que se teria uma lesão ou ameaça a direito excluída do exame do Poder Judiciário. Diante da negativa de autorização pelo comitê de credores, creio ser lícito ao administrador judiciário submeter a questão ao juiz que se pronunciará sobre a matéria, respondendo aos argumentos de ambas as partes, cabendo agravo de instrumento contra tal decisão interlocutória. Pelo mesmo fundamento, não me parece que a proposição do cumprimento do contrato bilateral seja medida exclusiva do administrador judicial. Quando o dispositivo diz que os contratos *podem ser cumpridos pelo administrador judicial*, usa o verbo *cumprir* como ato de execução dos assuntos da massa, feito na representação da mesma. Assim, falido, sócios, administrador societário, comitê de credores e credores isolados podem submeter ao juízo a pretensão de que esse ou aquele contrato seja cumprido, demonstrando que isso *reduz ou evita o aumento do passivo da massa falida ou é necessário à manutenção e preservação de seus ativos*.

Importa atender aos interesses da massa, ou seja, o interesse da coletividade das partes envolvidas no juízo universal, dando solução mais econômica e eficaz, o que inclui a redução dos prejuízos coletivos. Via de consequência, também me parece que falido, sócios, administrador societário e credores, a exemplo do que se reconheceu para o administrador judicial, têm poder processual para insurgir-se contra a negativa de autorização pelo comitê de credores, pedindo ao juízo que conceda autorização para tanto, mesmo quando o administrador judicial silencie-se sobre a matéria. Em todas essas hipóteses, a questão passará obrigatoriamente pelo juízo. Mesmo quando o administrador judicial proponha o cumprimento do contrato bilateral e o comitê de credores o autorize, falido, sócios, administrador societário e credores detêm o poder de insurgir-se contra tal medida, demonstrando ao juízo que não estão presentes as condições para tanto. Tornada a matéria controversa por tal via, caberá ao juízo decidi-la fundamentadamente, cabendo agravo de instrumento de sua manifestação.

2.1 Resolutividade contratada

Uma questão interessante é levantada pela doutrina já assentada sobre o tema: os efeitos da existência no contrato de cláusula resolutiva. Ricardo Tepedino coloca-a muito bem: é comum contratos preverem que a falência é causa de resolução de pleno direito do contrato, em aparente antinomia com a prescrição geral de que *contratos bilaterais não se resolvem pela falência*. Segundo o autor, Trajano Valverde apenas afirma, genericamente, que a validade da cláusula é aceita por doutrina e jurisprudência; Carvalho de Mendonça concorda, justificando sua posição ante o justo temor quanto à incerteza, demora e dificuldades representadas pela falência; Manoel Justino e, ele próprio, Ricardo Tepedino, entendem o contrário, lembrando que a contraparte tem a seu favor os artigos 476 e 477 do Código Civil.[1] O primeiro artigo garante que, nos contratos bilaterais, nenhum dos contratantes, antes de cumprida a sua obrigação, pode exigir o implemento da do outro. Portanto, a massa não pode exigir que a contraparte cumpra sua obrigação sem que, por seu turno, cumpra a que lhe compete e tal regra não é excepcionada pelo artigo 117, *caput*, da Lei 11.101/05. O segundo artigo, também não excepcionado por esta lei, estabelece que, se depois de concluído o contrato, sobrevier a uma das partes contratantes diminuição em seu patrimônio capaz de comprometer ou tornar duvidosa a prestação pela qual se obrigou, pode a outra recusar-se à prestação que lhe incumbe, até que aquela satisfaça a que lhe compete ou dê garantia bastante de satisfazê-la.

Coelho, por seu turno, adere à posição de Valverde e Mendonça: se as partes ajustaram cláusula de rescisão por falência, seria esta válida mesmo diante dos órgãos falimentares, já que "o direito falimentar, como capítulo do direito comercial, tem normas contratuais de natureza supletiva da vontade dos contratantes; seus preceitos sobre obrigações contratuais só se aplicam se as partes não convencionaram diferentemente. Assim, o contrato se rescinde não por força do decreto judicial, mas pela vontade das partes contratantes que o elegeram como causa

---

1 TOLEDO, Paulo F. C. Salles; ABRÃO, Carlos Henrique (Coord.). *Comentários à lei de recuperação de empresas e falência*. São Paulo: Saraiva, 2005. p. 311.

rescisória do vínculo contratual". O autor vai além, entende igualmente válida cláusulas que elejam "como causa rescisória do contrato não a decretação da falência, mas sim a mera distribuição de pedido contra qualquer dos contratantes".[2]

Entre as posições, parece-me mais adequada aquela que afirma a invalidade da cláusula resolutiva pela falência. Em primeiro lugar, não me parece que, em hipótese alguma, a simples distribuição do pedido de falência pode ser transformada em causa resolutiva do contrato. O direito de ação é direito público subjetivo, ou seja, é faculdade outorgada a todos os cidadãos de levar ao judiciário suas pretensões jurídicas, mesmo que não tenham razão no mérito dessas pretensões. Transformar esse ato de terceiros em causa de extinção de negócios seria submeter o contrato ao puro arbítrio daquele, o que é, no mínimo, contrário à ordem pública (assentada sobre o amplo acesso ao Judiciário, *ex vi* no artigo 5º, XXXV, da Constituição da República) e aos bons costumes: não se trata de cláusula que reflita a função social dos contratos que, como se afere do artigo 421 do Código Civil, é razão e limite da faculdade de contratar. Mais do que isso, fere a boa-fé, como a compreende a sociedade, pois torna a pessoa refém do imponderável, podendo ser lesada sem dar causa a tanto. Pior é observar que tal cláusula explica-se justamente como tentativa de fraudar a lei, ou seja, de fraudar o artigo 117 da Lei 11.101/05, nas suas íntimas relações com os seus artigos 75 e 115, e são justamente esses dispositivos que, como se verá abaixo, sustentam a invalidade da cláusula resolutiva pela falência.

Com efeito, a *falência visa a preservar e otimizar a utilização produtiva dos bens, ativos e recursos produtivos, inclusive os intangíveis, da empresa*. Essa finalidade legal, aliás, embasa a substituição da antiga ordem falimentar pela presente, do que é demonstração inequívoca o artigo 140 e seguintes da Lei 11.101/05, criando mecanismos para a preservação da empresa e, assim, manutenção de sua função social. É medida, aliás, que se sustenta na ideia de estímulo à atividade econômica e, como tal, instrumentaliza um dos objetivos fundamentais da República que é, segundo o artigo 3º, II, da Constituição, garantir o desenvolvimento nacional. Esse mote serve, inclusive, para a compreensão da sujeição de todos os credores (aqui tomados em sentido amplo, ou seja, todos os que têm direito a prestações jurídicas do falido) à massa falida e ao processo falimentar, a partir da decretação da quebra (artigo 115 da Lei 11.101/05). A cláusula resolutiva pela falência atenta contra essas bases. Vejam-se exemplos: se está anotada num contrato de locação empresarial para lojas de varejo, esvazia completamente a ideia de preservação e otimização da *utilização produtiva dos bens, ativos e recursos produtivos, inclusive os intangíveis, da empresa*, e inviabiliza *a alienação da empresa, com a venda de seus estabelecimentos em bloco*, forma preferencial de realização do ativo (artigo 140, I).

---

2 COELHO, Fábio Ulhoa. *Comentários à nova lei de falências e de recuperação de empresas (Lei nº 11.101, de 9-2-2005)*. São Paulo: Saraiva, 2005. p. 317.

Mais do que isso, a decretação da falência é uma intervenção estatal (judiciária) no universo das relações privadas, afastando a prevalência da vontade privada a bem do interesse público. Por isso não se pode convencionar que um crédito não se submete ao juízo concursal, cláusula que seria nula por ser ilícita. Também não se pode estipular que certo credor, apesar de quirografário, seria o primeiro a receber o pagamento no caso de falência. Aliás, o artigo 119 e seguintes são prova cabal de que o direito falimentar não *tem normas contratuais de natureza supletiva da vontade dos contratantes* e que *seus preceitos sobre obrigações contratuais* devem ser aplicados mesmo se as partes convencionaram diferentemente. A formação coercitiva, por mandamento judicial, do *concursus creditorum* é a prevalência do interesse coletivo sobre o interesse individual, nos limites em que não atente contra Constituição, nomeadamente contra as garantias fundamentais individuais e sociais.

Por fim, reitero que a aplicação do *caput* do artigo 117 da Lei 11.101/05 não pode ser compreendida fora dos limites dos artigos 476 e 477 do Código Civil, não permitindo que se exija do contratante que realize nova prestação se a massa não pretende cumprir o que lhe é devido, *conditio sine qua non* para a aplicação do dispositivo, como inscrito em seu texto.

2.2 Interpelação pela contraparte

A faculdade outorgada à massa falida de dar cumprimento ao contrato bilateral ou denunciá-lo, em face da falência, cria insegurança e dúvida para os contratantes, razão pela qual é-lhes facultado interpelar o administrador judicial, no prazo de até 90 dias, contado da assinatura do termo de sua nomeação, para que, dentro de dez dias, declare se cumpre ou não o contrato (artigo 117, § 1º). Trata-se de prazo decadencial para o exercício da faculdade de, interpelando o administrador judicial, dele exigir uma definição sobre o contrato. No julgamento do Recurso Especial 172.367/PR, a Terceira Turma do Superior Tribunal de Justiça afirmou que "se, até a data da quebra, as respectivas obrigações estavam sendo rigorosamente cumpridas, a massa falida pode optar pelo cumprimento do contrato; antes da interpelação do *síndico* [*administrador judicial*, na Lei 11.101/05] para que declare se cumpre ou não o contrato, o pedido de restituição do bem alienado fiduciariamente é prematuro".

Uma vez exercido tempestivamente o direito de interpelação, o administrador terá dez dias para declarar se cumpre ou não o contrato; a declaração negativa ou o silêncio do administrador judicial confere ao contraente o direito à indenização, cujo valor, apurado em processo ordinário, constituirá crédito quirografário (artigo 117, § 2º). O *silêncio do administrador*, portanto, tem o mesmo efeito da recusa (*declaração negativa*). *Silenciar-se é negar* o cumprimento do contrato. Para dar cumprimento, será preciso *declaração positiva*, com autorização do comitê de credores ou, na falta deste, autorização judicial, como estudado acima. Essa necessidade torna os dez dias parcos para a finalidade, devendo ser compreendidos, então, como prazo para a manifestação do administrador, ainda que submetida à autorização do comitê de credores e deliberação do juízo, condições suspensivas da *declaração positiva*.

Aparentemente, o dispositivo atribui amplo poder ao administrador judicial: seu *silêncio* ou *declaração negativa* seriam, *de per se*, motivos para a solução do contrato, produzindo efeitos diretos sobre a massa e, assim, sobre o interesse de seus credores. Não se pode desprezar a competência e o poder que foram atribuídos ao administrador judicial e a responsabilidade civil que lhes corresponde. O administrador está obrigado a bem exercer suas funções, ou seja, há uma obrigação jurídica de eficiência, como se afere do artigo 22, III, da Lei 11.101/05, que lhe exige *praticar todos os atos conservatórios de direitos e ações* (alínea *l*) e *requerer todas as medidas e diligências que forem necessárias para o cumprimento da Lei 11.101/05, a proteção da massa ou a eficiência da administração* (alínea *o*). Essa alínea *o*, aliás, positiva a obrigação de *eficiência da administração*, a partir da qual se edifica a percepção da responsabilidade civil do administrador judicial pela ineficiência de seus atos (comissivos ou omissivos). Essa percepção aproveita-se adequadamente à hipótese, certo que a decisão de cumprimento do contrato tem por referência legal *reduzir ou evitar o aumento do passivo da massa falida ou for necessário à manutenção e preservação de seus ativos*. Obviamente, não caracterizarão ato ilícito – negligência e/ou imprudência revelados pela ineficiência no exercício das funções – as decisões justificáveis, ainda que, por fatores imponderáveis, tenham se mostrado equivocadas. A obrigação de bem administrar é uma obrigação de meio e não de resultado, ou seja, a responsabilidade civil apura-se não apenas no exame do resultado de suas ações e omissões, mas principalmente na investigação das próprias ações e omissões, que devem revelar diligência, denodo, probidade, acuro etc.

2.3 Indenização e liquidação

Se o contrato é resolvido, confere-se *ao contraente o direito à indenização, cujo valor, apurado em processo ordinário, constituirá crédito quirografário* (artigo 117, § 2º). A norma se aplica (1) quando haja dúvida sobre a existência ou não de direito a indenização, (2) quando o contrato seja ilíquido quanto ao valor devido ou (3) quando o crédito não seja, por qualquer forma, privilegiado. Em primeiro lugar, o processo ordinário será necessário se há que discutir a existência, ou não, dos pressupostos jurídicos da indenização, certo ser possível que da resolução do contrato não resulte qualquer prejuízo. Aliás, a contraparte pode até lucrar com a resolução. Havendo dúvida, será preciso apurar o direito em processo ordinário. No segundo caso, o dever de indenizar resulta claro da relação jurídica, mas não se tem o valor; por exemplo, a indenização do empreiteiro pela obra em curso cuja continuidade foi obstada, sem que nada recebesse. Nesse caso, o procedimento ordinário será necessário apenas para dar liquidez ao valor indenizatório. Por fim, pode ocorrer que a responsabilidade da massa e o valor já estejam certos, cabendo apenas inscrever o crédito na respectiva classe.

Nem sempre o valor apurado constituirá crédito quirografário; é preciso atentar para a natureza do crédito e, somente assim, definir em qual classe será inscrito, entre as listadas nos incisos do artigo 83 da Lei 11.101/05. Assim, benfeitorias necessárias ou úteis constituem *crédito com privilégio especial* (artigo 83, IV, da Lei 11.101/05, e artigo 964, III, do Código Civil). Pode mesmo ocorrer de o contrato ter garantia real e, assim, ser inscrito nessa classe.

2.4 Contratos unilaterais

Havendo contrato no qual somente o falido esteja obrigado (*contrato unilateral*), o administrador judicial, mediante *autorização do comitê de credores*, poderá dar-lhe cumprimento se esse fato reduzir ou evitar o aumento do passivo da massa falida ou for necessário à manutenção e à preservação de seus ativos, realizando o pagamento da prestação pela qual está obrigada (artigo 118 da Lei 11.101/05). A regra é de aplicação limitada, mas útil, alcançando não apenas os contratos que sejam unilaterais, em si, como também aqueles que, pela execução plena da obrigação devida por uma das partes, passou a apresentar o aspecto da unilateralidade. A licença está submetida às mesmas referências, acima estudadas, para os contratos bilaterais: se o cumprimento *reduzir ou evitar o aumento do passivo da massa falida ou for necessário à manutenção e preservação de seus ativos*, bem como exigindo a autorização do comitê de credores. Remeto o leitor, portanto, às considerações feitas acima.

3 COMPRA E VENDA

Também o contrato de compra e venda sofre efeitos da decretação da falência (artigo 119 da Lei 11.101/05), conforme a sua situação (fase) e considerando dois ângulos diversos: a falência do vendedor e a falência do comprador. As regras que agora serão estudadas também podem ser aplicadas, em alguns casos, à prestação de serviços; o próprio artigo 119, em seu inciso III, faz esta ponte analógica, referindo-se a não ter *o devedor entregue coisa móvel ou prestado serviço que vendera ou contratara a prestações*. A situação mais simples, indubitavelmente, é aquela na qual nenhuma das partes executou a sua obrigação, ou seja, o falido não entregou o bem vendido e o comprador não pagou o respectivo preço. Aplica-se o artigo 117, há pouco estudado: o negócio poderá ser executado se o cumprimento da prestação devida pela massa *reduzir ou evitar o aumento do passivo da massa falida ou for necessário à manutenção e preservação de seus ativos*, devendo haver autorização do comitê de credores ou suprimento judicial desta.

Na falência do vendedor que já entregou o bem (tradição), sem que tenha havido pagamento total do preço, o comprador será devedor da massa e deverá efetuar o pagamento que lhe é devido, voluntariamente. Se não o fizer, a massa, representada pelo administrador judicial, deverá processar-lhe, para o que lhe servem a execução (havendo título executivo), a ação monitória (havendo prova escrita sem eficácia de título executivo) ou a ação de cobrança. Se o comprador já pagou, mas o falido ainda não entregou o bem, o administrador judicial poderá dar cumprimento à prestação, se *reduz ou evita o aumento do passivo da massa falida ou seja necessária à manutenção e preservação de seus ativos* (artigo 118). Não havendo execução, o crédito do comprador será inscrito no quadro geral de credores, na classe que lhe corresponda, sendo habitual tratar-se de mero crédito quirografário. O artigo 119, III, cuida dessa hipótese, mas curiosamente se refere apenas à *coisa móvel que vendera a prestações*, limitando a abrangência de sua disposição, olvidando-se de que, mesmo não havendo venda a prestações, a regra seria a mesma: se resolve o administrador judicial não executar o contrato, o crédito relativo ao valor pago será habilitado na classe própria.

Se o falido vendeu coisa composta e o administrador resolver não continuar a execução do contrato, o comprador poderá pôr à disposição da massa as coisas já recebidas, pedindo perdas e danos (artigo 119, II). Com efeito, é composta a coisa que é constituída, natural ou artificialmente, de várias coisas (partes) que, tomadas em si, conservam sua individualidade e identidade; há duas situações, ambas alcançadas pela disposição: *partes integrantes* e *elementos componentes*. Mais simples será o caso de coisa composta à qual faltam partes integrantes. Um conjunto de quarto (coisa composta artificial) é constituído de cama, criados, penteadeira e guarda-roupa. Se o comprador recebeu apenas a cama e os criados, tem a faculdade de os devolver, portanto. Também a entrega de parte dos volumes de uma coleção de livros. Mas poderá acontecer de faltarem elementos componentes, como pintura ou determinadas substâncias que, ao tempo da falência, deixaram de ser acrescentadas, a tempo e modo, ao conjunto já entregue ao comprador.

Haja coisa composta por partes integrantes ou por elementos componentes, o comprador deverá interpelar o administrador judicial (artigo 117, § 1º), no prazo decadencial de 90 dias, contado da assinatura do termo de sua nomeação, para que, dentro de dez dias, declare se cumpre ou não o contrato, ou seja, se completa a entrega da coisa composta. Diante da declaração negativa ou o silêncio do administrador, o comprador poderá pôr à disposição da massa falida as coisas já recebidas, pedindo perdas e danos (artigo 119, II). É uma faculdade sua. Faculdade, aliás, que não interfere no direito de ser indenizado por perdas e danos que vier a sofrer. Mesmo optando por conservar o que já recebeu, terá crédito pelo restante, usando o procedimento ordinário para lhe dar expressão líquida. Se optar por *pôr à disposição da massa falida o que já recebeu*, também terá crédito a habilitar. Parece-me, contudo, que essa faculdade de devolver o que recebeu não se afirma quando já tenha havido execução quase integral da prestação devida pelo falido, sendo insignificante a parte ainda por executar; o princípio da proporcionalidade exige atenção ao adimplemento substancial. Parece-me, portanto, que a massa falida poderá resistir à devolução das *coisas já recebidas*, tornando litigiosa a questão, cabendo ao juiz pronunciar-se sobre a controvérsia.

3.1 Falência do comprador

Situações em parte diversas apresentam-se quando é decretada a falência do comprador. De abertura, simples é a hipótese de o vendedor, em cumprimento ao contrato de compra e venda, ter entregue os bens vendidos, mas o falido não ter efetuado o pagamento do preço, no todo ou em parte: o vendedor habilitará o crédito respectivo na falência, na classe que lhe corresponder.

O artigo 119, I, da Lei 11.101/05, estabelece que o vendedor não pode obstar a entrega das coisas expedidas ao devedor e ainda em trânsito, se o comprador, antes do requerimento da falência, as tiver revendido, sem fraude, à vista das faturas e conhecimentos de transporte, entregues ou remetidos pelo vendedor. O dispositivo excetua a aplicação dos artigos 476 e 477 do Código Civil, que cuidam da exceção do contrato não cumprido, impedindo que o vendedor, em face da falência do comprador que ainda não lhe pagou pelos bens negociados, obste a sua entrega. Mas o faz apenas quando presentes diversos requisitos. Antes de mais nada, é preciso que o objeto da compra e venda – as *coisas vendidas* – já tenha sido expedido, ou seja, que esteja em trânsito; o dispositivo reitera tal necessidade em três oportunidades; fala em (1) *coisas expedidas*, (2) *ainda em trânsito* e (3) *à vista das faturas e conhecimentos de transporte*. Portanto, se as coisas não foram ainda faturadas ou, mesmo se já o foram, ainda não foram expedidas, não se aplicará a regra do inciso I, sendo lícito ao vendedor lançar mão dos artigos 476 e 477 do Código Civil para se recusar a cumprir a sua prestação no ajuste, caso a massa não se disponha a cumprir a sua (artigo 117 da Lei 11.101/05).

Ademais, a aplicação do artigo 119, I, exige que o comprador, antes do requerimento da falência (e não da decretação, friso), já tenha revendido os bens, sem fraude, à vista das faturas e conhecimentos de transporte, entregues ou remetidos pelo vendedor. A frase *revender os bens*, no contexto da norma, interpreta-se em sentido restrito, a alcançar apenas a prática mercantil da compra para revenda, ou seja, da aquisição de produtores, distribuidores, entre outros, com a finalidade específica de revender os bens. Não se aplica o dispositivo quando os bens são adquiridos para outras finalidades, inclusive para se incorporarem ao estabelecimento do falido, ainda que venham a ser revendidos, já que essa situação foge da *mens legislatoris*. Contudo, é dispensável que a revenda se faça no mesmo estado em que as coisas foram adquiridas, incluindo-se na proteção legal do artigo as situações em que se empreguem os bens na produção de outros, como parte integrante ou elemento componente, já que também aí tem-se compra para revenda. Mas é indispensável que a operação não seja fraudulenta, ou seja, que haja boa-fé de revendedor/falido e comprador.

Se o falido efetuou o pagamento do preço, mas o vendedor ainda não entregou os bens vendidos, deverá entregá-los voluntariamente ao administrador judicial ou será réu em ação movida pela massa, representada pelo administrador judicial.

3.2 Venda com reserva de domínio

As partes podem ter ajustado um *contrato de compra e venda com reserva de domínio* (artigos 521 a 528 do Código Civil), modalidade possível na venda de coisa móvel, permitindo ao vendedor reservar para si a propriedade, até que o preço esteja integralmente pago. Sua validade perante terceiros exige que o instrumento, estipulando a cláusula e caracterizando perfeitamente o objeto de venda, estremando-o de outras coisas congêneres, seja levado a registro no domicílio do comprador. A transferência da propriedade ao comprador dá-se no momento em que o preço esteja integralmente pago, embora o comprador responda pelos riscos da coisa já a partir de quando lhe foi entregue. Se verificada a mora do comprador, o vendedor poderá optar entre mover ação de cobrança das prestações vencidas e vincendas e o mais que lhe for devido ou recuperar a posse da coisa vendida, hipótese na qual lhe é lícito reter as prestações pagas até o necessário para cobrir a depreciação da coisa, as despesas feitas e o mais que de direito lhe for devido, devolvendo o excedente ao comprador; se, no entanto, o valor da depreciação, despesas e o que mais seja devido ao vendedor supere as prestações pagas, o que faltar será cobrado do comprador (artigo 527 do Código Civil).

Uma modalidade um pouco diversa é a compra e venda com financiamento do preço e reserva de domínio (artigo 528 do Código Civil). Nesta modalidade, tem-se uma terceira pessoa que comporá a relação contratual, o financiador. Assim, o vendedor transfere a posse da coisa vendida para o comprador, embora a propriedade seja transferida ao financiador, a quem caberá pagar-lhe. O comprador recebe apenas posse da coisa comprada, estando obrigado a pagar ao financiador; uma vez saldada a obrigação, a propriedade lhe será transferida. O financiador, por expressa disposição, deverá ser *instituição do mercado de capitais*, sendo que a *esta caberá exercer os direitos e as ações decorrentes do contrato, a benefício de qualquer outro*, lembrando-se de que a operação financeira e a respectiva ciência do comprador constarão do registro do contrato.

Comumente, de acordo com o artigo 525 do Código Civil, o vendedor somente poderá executar a cláusula de reserva de domínio após constituir o comprador em mora, mediante protesto do título ou interpelação judicial. Essa regra, todavia, não se aplica à falência do comprador (artigos 117, I, e 119, IV, da Lei 11.101/05): o vendedor deverá interpelar o administrador judicial, no prazo de até 90 dias, contado da assinatura do termo de sua nomeação, para que, dentro de dez dias, declare se cumpre ou não o contrato. O administrador judicial, ouvindo o comitê de credores, restituirá a coisa móvel comprada, se resolver não continuar a execução do contrato, exigindo a devolução, nos termos do contrato, dos valores pagos. Essa devolução dos valores pagos, aliás, é obrigatória, ainda que haja depreciação da coisa, despesas e outros prejuízos; não se aplica o artigo 527 do Código Civil, já que se está no âmbito do concurso de credores, a suspender inclusive os direitos de retenção (artigo 116, I, da Lei 11.101/05). Ademais, a devolução é medida necessária para que se preserve a classificação dos créditos inscrita no artigo 83 da Lei 11.101/05. Dessa maneira, havendo despesas e outros prejuízos, o vendedor, após receber a coisa do administrador judicial, deverá mover ação ordinária contra a massa para, assim, obter seu direito de indenização.

Essa solução aplica-se à falência do comprador. Se fale o vendedor, o comprador deverá efetuar os pagamentos, conforme ajustado, junto à massa falida, consolidando a propriedade. Se não o faz, a massa deverá constituí-lo em mora (artigo 525 do Código Civil), por meio de protesto do título ou de interpelação judicial, optando entre (1) mover contra ele ação de cobrança das prestações vencidas e vincendas e o mais que lhe for devido ou (2) recuperar a posse da coisa vendida; neste último caso, a massa poderá reter as prestações pagas até o necessário para cobrir a depreciação da coisa, as despesas feitas e o mais que de direito lhe for devido, devolvendo o excedente ao comprador (artigo 527 do Código Civil). Ademais, como já visto, se o valor da depreciação, despesas e o que mais seja devido ao vendedor supere as prestações pagas, o que faltar será cobrado do comprador em ação movida pela massa falida, representada pelo administrador judicial.

3.3 Venda a termo de bens cotados em bolsa ou mercado

Havendo *venda a termo* (compra e venda em que se ajuste termo ou prazo para a execução das prestações contratadas), tratando-se de coisas vendidas a termo, que tenham cotação em bolsa ou mercado, e não se executando o contrato pela efetiva entrega daquelas e pagamento do preço, prestar-se-á a diferença entre a cotação do dia do contrato e a da época da liquidação em bolsa ou mercado (artigo 119, V, da Lei 11.101/05). Três tipos de negócios distintos se encaixam na definição de *venda a termo*: (1) *vendas a crédito*, ou seja, operações nas quais a entrega da coisa precede o pagamento do respectivo preço, no todo ou em parte; (2) *vendas a descoberto*, que são operações nas quais o pagamento precede a entrega (tradição) da coisa comprada; e (3) a *venda a termo* propriamente dita, na qual o contrato é celebrado a um tempo, mas a execução de ambas as prestações – pagamento e entrega da coisa – se faz no futuro.[3] O artigo 119, V, refere-se especificamente à terceira modalidade (*vendas a termo em sentido estrito*). As vendas a crédito e as vendas a descoberto resolvem-se segundo as regras estudadas acima.

A aplicação do dispositivo não prescinde da incidência subsidiária do artigo 117 da Lei 11.101/05: a massa falida, na forma acima estudada, pode cumprir sua prestação, forçando a parte contrária a cumprir a sua, desde que, assim, reduza-se ou evite-se o aumento do passivo da massa falida ou desde que seja necessário à manutenção e à preservação de seus ativos. Mais do que isso, o contratante pode interpelar o administrador judicial, no prazo de até 90 dias, contado da assinatura do termo de sua nomeação, para que, dentro de dez dias, declare se cumpre ou não o contrato. Diante da declaração negativa ou o silêncio do administrador judicial, aplicar-se-á o artigo 119, V, da Lei 11.101/05; verificar-se-á a variação do preço, segundo a cotação existente em bolsa ou mercado, apurando-se se a massa deve ao contratante ou, *mutatis mutandis*, se este deve à massa. Por exemplo: Agropecuária Exemplo S.A. e Torrefadora Tipo Assim Ltda. celebraram contrato por meio do qual a primeira vendeu à segunda, a termo, 10.000 sacas de 60 kg de café arábica; quando o negócio foi celebrado, a saca estava cotada, na Bolsa de Mercadorias e Futuros (BM&F), a US$ 110,00. Sobreveio, todavia, a decretação da falência da Torrefadora Tipo Assim Ltda.; se, ao tempo contratado para a execução do contrato (ou seja, a *época da liquidação*), a cotação estivesse em US$ 117,00, a Agropecuária Exemplo S.A. experimentaria um ganho de US$ 7,00 por saca, devendo o mesmo ser convertido em reais pela cotação do dia e habilitado no quadro geral de credores, na respectiva classe. Em oposição, caso o mercado estivesse em baixa ao tempo da execução, com a saca de 60 kg de café arábica cotada a US$ 105,00, a massa falida da Torrefadora Tipo Assim Ltda. teria um crédito contra a Agropecuária Exemplo S.A., podendo mover-lhe a ação cabível para o recebimento.

3.4 Promessa de compra e venda de bens imóveis

Segundo o artigo 119, VI, da Lei 11.101/05, na promessa de compra e venda de imóveis aplicar-se-á a legislação respectiva. Mediante *promessa de compra e venda*, em que se não pactuou arrependimento, celebrada por instrumento público ou particular, e registrada no Cartório de Registro de Imóveis, adquire o promitente comprador *direito real à aquisição do imóvel* (artigo 1.417 do Código civil). Nesse caso, o promitente comprador, titular de direito real, pode exigir do promitente vendedor, ou de terceiros, a quem os direitos deste forem cedidos, a outorga da

[3] ACADEMIA BRASILEIRA DE LETRAS JURÍDICAS. *Dicionário jurídico*. 4. ed. Rio de Janeiro: Forense Universitária, 1997. p. 819.

escritura definitiva de compra e venda, conforme o disposto no instrumento preliminar; e, se houver recusa, requerer ao juiz a adjudicação do imóvel (artigo 1.418).

Em se tratando de venda de lotes em áreas urbanas, resultado do parcelamento do solo urbano (loteamento ou desmembramento), será aplicada a Lei 6.766/79, cujo artigo 25 estabelece serem irretratáveis os compromissos de compra e venda, cessões e promessas de cessão, os que atribuam direito a adjudicação compulsória e, estando registrados, confiram direito real oponível a terceiros. Emenda o artigo 30, prevendo que a sentença declaratória de falência ou da insolvência de qualquer das partes não rescindirá os contratos de compromisso de compra e venda ou de promessa de cessão que tenham por objeto a área loteada ou lotes da mesma. Se a falência ou insolvência for do proprietário da área loteada ou do titular de direito sobre ela, incumbirá ao administrador dar cumprimento aos referidos contratos; se do adquirente do lote, seus direitos serão levados à praça. Já o loteamento e venda de terras rurais para venda por oferta pública, mediante pagamento do preço a prazo em prestações sucessivas e periódicas, ainda são regulados pelo Decreto-lei 58/37. Seu artigo 4º, *b*, prevê a averbação nos cartórios do registro imobiliatório dos contratos de compromisso de venda e de financiamento, suas transferências e rescisões, estabelecendo o artigo 5º que a averbação atribui ao compromissário direito real aponível a terceiros, quanto a alienação ou oneração posterior, e far-se-á à vista do instrumento de compromisso de venda, em que o oficial lançará a nota indicativa do livro, página e data do assentamento. Mais do que isso, o artigo 12, § 2º, é expresso em prever que a *sentença declaratória de falência* não resolve o contrato; na falência dos proprietários, dar-lhe-á cumprimento o administrador; na falência dos compromissários, será o contrato arrecadado pelo administrador e vendido em hasta pública.

Aplica-se a Lei 4.591/64 quando se tenha contrato de promessa de compra e venda de unidades isoladas entre si, destinadas a fins residenciais ou não residenciais, em incorporação imobiliária, que a lei define como atividade exercida com o intuito de promover e realizar a construção, para alienação total ou parcial, de edificações ou conjunto de edificações compostas de unidades autônomas. De acordo com o artigo 29 daquela lei, considera-se incorporador a pessoa física ou jurídica, comerciante ou não, que embora não efetuando a construção, compromisse ou efetive a venda de frações ideais de terreno objetivando a vinculação de tais frações a unidades autônomas, em edificações a serem construídas ou em construção sob regime condominial, ou que meramente aceite propostas para efetivação de tais transações, coordenando e levando a termo a incorporação e responsabilizando-se, conforme o caso, pela entrega, a certo prazo, preço e determinadas condições, das obras concluídas. É dele, o incorporador, a iniciativa e a responsabilidade das incorporações imobiliárias.

A critério do incorporador, diz o artigo 31-A da lei, com a redação que lhe deu a Lei 10.931/04, a incorporação poderá ser submetida ao *regime da afetação*, pelo qual o terreno e as acessões objeto de incorporação imobiliária, bem como os demais bens e direitos a ela vinculados, manter-se-ão apartados do patrimônio do incorporador e constituirão *patrimônio de afetação*, destinado à consecução da incorporação correspondente à entrega das unidades imobiliárias aos respectivos adquirentes. Esse *patrimônio de afetação* não se comunica com os demais bens, direitos e obrigações do patrimônio geral do incorporador ou de outros patrimônios de afetação por ele constituídos e só responde por dívidas e obrigações vinculadas à incorporação respectiva. Assim, como afirma o artigo 31-F da Lei 4.591/64, igualmente resultado da intervenção da Lei 10.931/04, os efeitos da decretação da falência do incorporador não atingem os patrimônios de afetação constituídos, não integrando a massa concursal o terreno, as acessões e demais bens, direitos creditórios, obrigações e encargos objeto da incorporação. Assim, diz o § 11 do artigo 31-F da Lei 4.591/64 que, caso decidam pela continuação da obra, os adquirentes ficarão automaticamente sub-rogados nos direitos, nas obrigações e nos encargos relativos à incorporação, inclusive aqueles relativos ao contrato de financiamento da obra, se houver.

Nos demais casos, quando não se esteja diante de operações de loteamento, desmembramento e incorporação, aplicar-se-á a legislação comum. No julgamento do Recurso Especial 431.432/SP, o Ministro Fernando Gonçalves ressaltou que a Lei de Falências "manda aplicar a legislação respectiva, ou seja, a Lei de Registros Públicos, qual seja a Lei 6.015, de 31 de dezembro de 1973, cujo artigo 215 reza: 'são nulos os registros efetuados após sentença de abertura de falência, ou do termo legal nele fixado, salvo se a apresentação tiver sido feita anteriormente'". Neste precedente, aliás, a Quarta Turma do Superior Tribunal de Justiça afirmou que "a propriedade imobiliária transfere-se, entre vivos, mediante registro do título translativo no Registro de Imóveis. O direito real à aquisição do imóvel, no caso de promessa de compra e venda, sem cláusula de arrependimento, somente se adquire com o registro". Fica claro, portanto, que o compromisso de compra e venda de bem imóvel, quando prenotado, garante ao promissário comprador o direito à transferência da propriedade imóvel, bastando pedir adjudicação compulsória. Quando não haja prenotação anterior, a relação jurídica passa a padecer de insegurança, certo que o contrato de promessa de compra e venda é comumente celebrado por instrumento particular, dando margem a fraudes.

No citado Recurso Especial 431.432/SP, o recorrente argumentara que havia quitado sua prestação no ato de realização do contrato de promessa de compra e venda de imóvel, o que se deu antes da decretação da falência, razão pela qual teria direito ao imóvel; requereu, destarte, a expedição de alvará para a outorga da escritura definitiva. Em seu voto, o relator, Ministro Fernando Gonçalves, narrou que "a verdade é que, incontestavelmente, como reconhecido e afirmado pelas instâncias ordinárias, a transação – compromisso de compra e venda – foi efetivada muito antes da falência, bem como quitado o respectivo preço. Não houve o registro, nem prenotação anterior". Dessa base, concluiu que "o ponto crucial é o registro, que não foi feito no tempo devido, frustrando a atribuição de direito real ao recorrente, oponível *erga omnes*. Como destaca o venerando acórdão, invocando o Código Civil, os 'atos sujeitos à transcrição não transferem o domínio, senão da data em que se transcreverem'". Assim, indeferiu a pretensão do adquirente. Concordou com ele o Ministro Barros Monteiro que, após destacar que o juiz de Direito chegara a "duvidar acerca da própria existência do negócio jurídico", concluiu que, "não feito o registro da promessa de venda e compra, que asseguraria à recursante não só o direito real sobre os dois imóveis, mas também conferiria plena indenidade àquela transação, tem-se que, em princípio, a compromissária compradora é titular exclusivamente de um direito pessoal contra a promitente vendedora", atualmente uma massa falida.

Registre-se, no entanto, haver neste precedente um voto vencido, proferido pelo Ministro Aldir Passarinho Junior, destacando que "a tendência atual tem sido a de privilegiar as contratações, mesmo que celebradas em instrumentos particulares, desde que de boa-fé. Isso acontece, por exemplo, nos chamados *contratos de gaveta* do SFH; nos casos de alegada fraude à execução; ou quando a aquisição, mesmo por instrumento particular, é anterior à inscrição da penhora ou arresto; ou quanto à possibilidade de adjudicação compulsória originária de contrato particular; ou pela prevalência do contrato particular quitado perante a construtora, não registrado, frente à hipoteca dada pela construtora a um banco financiador; ou, ainda, pela força emprestada na Súmula nº 84 do STJ aos compromissos não registrados, como meio de defesa processual pela via dos embargos de terceiro. Enfim, vem-se pondo certo tempero, em situações especiais, à velha máxima *quem não registra não é dono*, sempre com o cuidado de que o exame seja feito individualmente, não genericamente, atentando-se às peculiaridades eventualmente presentes". Em seu voto, o magistrado citou o Recurso Especial 5.643/RS, no qual se disse, a propósito da viabilidade da adjudicação compulsória de imóvel prometido à venda por contrato não registrado, que o contrato de promessa de compra e venda tem por objeto uma obrigação de fazer, diferente da escritura pública, que tem por objeto a transferência do bem imóvel: "Dificilmente se pode explicar, com efeito, reste subordinada a execução compulsória de obrigação de fazer a uma formalidade que diz com a constituição de direito real e consequente oponibilidade a terceiros. A promessa de compra e venda tem por objeto um *facere*, constitui-se em vínculo que se traduz em direito pessoal. Seu cumprimento não se justifica esteja a depender do ingresso do título no Registro Imobiliário."

O Ministro Aldir Passarinho Junior ainda citou o Agravo 12.850/RS, no qual o Tribunal de Justiça do Rio Grande do Sul partira da afirmação de ser "incontroverso que a autora executou integralmente suas obrigações contratuais, com a satisfação do preço", embora não tenha levado a registro o seu contrato. "Esse registro, como é sabido, outorga eficácia real ao contrato em face de terceiros. Se inexistir (o registro), o promitente vendedor, que é contraente e não terceiro, deve, de qualquer modo, cumprir o pacto. Se faliu, a Massa, que se sub-roga nos mesmos direitos e obrigações, deverá também, é evidente, respeitar e adimplir a avença. É que a Massa, como se demonstrou e resulta dos textos citados, não se configura na posição de terceiro no tocante a esses contratos. Deve cumpri-los pontualmente por seu representante, o síndico. Daí o equívoco de condicionar esse cumprimento ao registro prévio do contrato." Examinando tais fundamentos, o Ministro Cláudio Santos disse: "Despiciendo aclarar-se mais, ante a lição posta no julgado e em virtude da evidência da legislação mencionada, que não permite outra razoável interpretação, a obrigação da Massa, por seu síndico [agora, administrador judicial], de dar cumprimento aos contratos de promessa de compra e venda firmados com a autora, vez que ela adimpliu, à integralidade, suas obrigações."

Escorado em tais precedentes, o Ministro Aldir Passarinho Junior arrematou: "Como visto deste último julgamento, o ponto nodal é o do cumprimento das obrigações pré-contratadas pela massa falida, que substitui o falido na avença. Com a falência, as obrigações não desaparecem, se já adimplidas pela outra parte contratante. Ela pode exigir que a massa seja adimplente com o que cabia ao falido. Sem isso, como bem observado no voto acima reproduzido, emprestar-se-á mais direitos à massa do que os tinha o falido em relação a terceiros. Ela o substitui, apenas. A nova situação jurídica, criada pela falência, não destrói as relações anteriores, quando a contraparte já fizera o que lhe cabia, qual seja, aqui, o pagamento da integralidade do preço do imóvel. [...] Portanto, sob essa ótica antes exposta, à qual me filio, não se torna a falência mais extensa do que deve ser. Não se lhe dá o efeito de atingir pessoas que adimpliram suas obrigações (pagando o preço do imóvel), e que, de certa forma, já estão prejudicadas pelo só fato de a falida não lhes ter outorgado a escritura definitiva a que faziam jus."

4 LOCAÇÃO

Os contratos de locação mantidos pelo empresário ou sociedade empresária são afetados de forma distinta pela decretação da falência (artigo 119, VII, da Lei 11.101/05), conforme o falido ocupe a condição de locador ou de locatário. No entanto, a regra geral é a mesma: *a falência não resolve o contrato de locação*. O inciso VII, em sua primeira parte, dá a impressão de que tal regra seria exclusiva da *falência do locador*; mas a parte final afirma que *o administrador judicial pode, a qualquer tempo, denunciar o contrato*, deixando claro que a falência do locatário também *não resolve o contrato de locação*; a denúncia pelo administrador judicial, ela sim, o resolverá.

Na falência do locador, portanto, o locatário continuará possuindo e usando a coisa locada, devendo efetuar o pagamento dos alugueis à massa falida. O locatário, todavia, não terá direito a se manter no imóvel durante todo o período contratado, nem conservará direitos acessórios, como a renovação do contrato empresarial. A relação jurídica é alcançada pela regra que sujeita todos aqueles que tenham direitos contra a massa aos efeitos da falência e ao juízo universal (artigo 115 da Lei 11.101/05). Assim, se o imóvel for alienado, isoladamente ou como parte de um bloco de bens ou, até, em conjunto com a empresa, o locatário não terá, contra o arrematante, direito de manter a relação locatícia, ainda que seu contrato esteja registrado. Afinal, a venda é judicial, pressupondo uma expropriação judicial do bem, cumprindo a arrematação judicial a natureza jurídica de aquisição originária, como já esclareceu a Quarta Turma do Superior Tribunal de Justiça no julgamento do Recurso Especial 40.191/SP. Neste precedente, o Ministro Dias Trindade afirmou: "a arrematação, que tem conteúdo de aquisição originária, empresta ao arrematante a propriedade do bem sem os ônus que, eventualmente, sobre o mesmo incidiam, antes da arrematação. No caso se dá uma verdadeira expropriação pelo Estado do bem penhorado, que passa, assim, ao arrematante inteiramente livre". Afastando qualquer dúvida, emendou: "O acórdão recorrido, ao manter sobre o imóvel levado à arrematação ônus hipotecário que o gravava, em realidade contrariou a norma do artigo 849, VII, do Código Civil *[atual artigo 1.499, VI]*, tanto mais quando, na hipótese, o credor hipotecário foi intimado, nos termos da lei processual, da arrematação, evidentemente para a defesa dos direitos que da hipoteca lhe adviriam." O arrematante ou adjudicante, mesmo que seja o credor daquele feito, receberá o bem desimpedido, sem ônus, afastada a obrigação de respeitar o ajuste locativo.

Também quando seja decretada a falência do locatário, viu-se, *não* se *resolve o contrato de locação*, embora *o administrador judicial* possa, *a qualquer tempo, denunciar o contrato* (artigo 119, VII). Se o falido estava em dia com os alugueis, o administrador judicial terá o poder de denunciar o ajuste ou mantê-lo – sempre no interesse da massa, ou seja, sempre tendo em vista a valorização do ativo, a bem da melhor e maior satisfação do passivo –, hipótese na qual deverá cuidar de efetuar o pagamento dos respectivos alugueis, compreendidos como *créditos extraconcursais* (artigo 84, V). Em fato, a manutenção do contrato de locação pode ser meio para reduzir o passivo da massa, considerando os valores que se auferirá com a transferência do ponto para outrem; pode também ser necessário quando se pretenda a venda da empresa em bloco, constituindo os pontos de venda a grande vantagem que se oferecerá aos interessados nesta aquisição. Aplica-se, aqui, o artigo 150 da Lei 11.101/05: as despesas cujo pagamento antecipado seja indispensável à administração da falência, inclusive na hipótese de continuação provisória das atividades previstas no inciso XI do artigo 99, serão pagas pelo administrador judicial com os recursos disponíveis em caixa.

Se o falido estiver atrasado com os alugueis e, mesmo, se já houver ação de despejo por falta de pagamento ajuizada contra si, tem-se uma situação mais interessante. Sob o pálio da Lei 11.101/05, voltada primordialmente para a preservação da empresa (artigo 75), permitir o despejo, ainda que por falta de pagamento, pode representar o fim da empresa, contrariando a *mens legislatoris*. Parece-me, portanto, que a ideia de que, *na falência do locatário, o administrador judicial pode, a qualquer tempo, denunciar o contrato*, mantém-se em parte válida, mesmo quando o falido estivesse atrasado com os alugueis. Explico-me: é preciso diferenciar (1) o crédito pelos alugueis não pagos até a decretação da falência do (2) direito de ser remunerado pela locação, após a decretação. Decidindo-se pela continuidade da locação, o crédito pelos alugueis não pagos até a decretação da falência deverá ser habilitado no quadro geral de credores, ao passo que o direito que o locador tem de ser remunerado pela locação, após a decretação, constituirá crédito extraconcursal, com pagamento submetido ao artigo 150.

4.1 Locação contratada após a falência

O *administrador judicial pode alugar ou celebrar outro contrato referente aos bens da massa falida, com o objetivo de produzir renda para a massa falida, mediante autorização do comitê de credores* (artigo 114, *caput*, da Lei 11.101/05). Trata-se de norma que se alinha com a compreensão da falência como meio para a *preservação e otimização da utilização produtiva dos bens, ativos e recursos produtivos, inclusive os intangíveis, da empresa* (artigo 75). É medida que não só trabalha a favor da satisfação do passivo, como também municia o administrador de recursos que, ingressando no caixa, permitem o adimplemento das *despesas cujo pagamento antecipado seja indispensável à administração da falência, inclusive na hipótese de continuação provisória das atividades* (artigo 150). Contudo, o estabelecimento de tais relações contratuais posteriores à falência, todavia, deve guardar vínculo direto com os interesses da massa falida, mesmo em prejuízo dos interesses do terceiro contratante – locatário ou arrendatário. Por isso, o contrato se estabelecerá segundo cláusulas submetidas e aprovadas pelo juízo, não havendo falar em instrumento particular de contrato, já que o administrador judicial não tem livre disposição dos bens arrecadados. A minuta do contrato será submetida ao juízo que abrirá vista para impugnação por interessados e, depois, irá aprová-lo ou não, decidindo eventuais controvérsias que tenham surgido.

A regra geral para a eleição de um terceiro contratante é o concurso, ou seja, a abertura de oportunidade para que interessados apresentem suas propostas pelo contrato, escolhendo-se a melhor. Não se deve afastar, todavia, a aplicação dos princípios de celeridade e economia processuais (artigo 75), sempre que se possa fazê-lo sem prejuízo às partes reunidas no juízo universal. Com efeito, em muitas ocasiões, tais locações ou arrendamentos podem constituir-se por lógica inversa, ou seja, serem sugeridas por terceiros: o vizinho do imóvel pertencente à massa que, encontrando com o administrador, diz que alugaria o imóvel, caso ele quisesse, os trabalhadores que se oferecem para arrendar as máquinas até a sua alienação, entre tantos outros exemplos. A solução, neste caso, é levar a proposta ao juízo que, por seu turno, ouvirá o comitê de credores e tornará pública a oferta e abrirá prazo para objeções, autorizando a contratação, se não houver resistência por parte dos atores falimentares, ou decidindo a matéria, caso haja.

Dependendo do vulto da operação, será recomendável convocar a assembleia geral para deliberar sobre o tema.

Em terceiro lugar, é preciso ter-se claro que tais relações jurídicas são provisórias por essência, constituídas a título precário, não tendo o arrendatário ou o locatário direito de pretender fazer-lhes valer contra eventuais arrematantes daqueles bens. Trata-se de situação jurídica decorrente do próprio *status* legal da relação jurídica. Assim, esclarece o § 1º do artigo 114 da Lei 11.101/05 que tal contrato *não gera direito de preferência na compra e não pode importar disposição total ou parcial dos bens*; emenda o § 2º estatuindo que o bem objeto da contratação poderá ser alienado a qualquer tempo, independentemente do prazo contratado, rescindindo-se, sem direito a multa, o contrato realizado, salvo se houver anuência do adquirente.

5 ACORDO PARA COMPENSAÇÃO E LIQUIDAÇÃO DE OBRIGAÇÕES

O artigo 30 da Medida Provisória 2.192-70/01 admite *a realização de acordo para a compensação e a liquidação de obrigações no âmbito do Sistema Financeiro Nacional, nas hipóteses e segundo as normas estabelecidas pelo Conselho Monetário Nacional*, prevendo o § 1º que a *realização da compensação e da liquidação, nos termos e nas condições acordados, não será afetada pela decretação de insolvência civil, concordata, intervenção, falência ou liquidação extrajudicial da parte no acordo*. Essa regra é repetida pelo artigo 119, VIII, da Lei 11.101/05, afirmando que, caso haja acordo para compensação e liquidação de obrigações no âmbito do sistema financeiro nacional, a parte não falida poderá considerar o contrato vencido antecipadamente, hipótese em que será liquidado na forma estabelecida em regulamento, admitindo-se a compensação de eventual crédito que venha a ser apurado em favor do falido com créditos detidos pelo contratante. De acordo com o artigo 30, § 2º, da Medida Provisória 2.192-70/01, se, após realizada a compensação dos valores devidos nos termos do acordo, restar saldo positivo em favor da parte insolvente, será ele transferido, integrando a respectiva massa, e se houver saldo negativo, constituirá crédito contra a parte insolvente.

Tais acordos são regulados por resolução do Banco Central, devendo atender aos requisitos estipulados na norma regulamentar para que sejam válidos, incluindo sujeitos licenciados a celebrá-los, forma, registro, cláusulas vedadas e condições obrigatórias.

6 MANDATO

Para o exercício da empresa, podem ser constituídos representantes, ou seja, pessoas autorizadas a atuar jurídica e economicamente em nome do empresário ou sociedade empresária. Com a decretação da falência, todas essas outorgas se extinguirão, cabendo ao mandatário prestar contas de sua gestão (artigo 120 da Lei 11.101/05). Mesmo havendo deferimento da continuidade provisória das atividades da empresa, a extinção se impõe, já que se trata de efeito automático e imediato da sentença, como se afere do dispositivo analisado. Desejando, o juiz poderá deferir que a massa outorgue poderes para um, alguns ou todos os mandatários que anteriormente atuavam para o empresário ou sociedade empresária. Mas são, *ex vi legis*, relações jurídicas novas. Se o mandatário tinha saldo positivo a receber por negócios anteriores à decretação da falência, deverá habilitá-los no quadro geral de credores, conforme sua classificação. Já a remuneração que lhe seja devida pelos atos praticados no exercício do mandato conferido após a falência constitui créditos extraconcursais (artigos 84, V, e 150). Apenas o *mandato conferido para representação judicial do devedor* é excepcionado (artigo 120, § 1º); a procuração outorgada a advogado para a postulação judicial *continua em vigor até que seja expressamente revogada pelo administrador judicial.*

Resta examinar o que se passará com a procuração em causa própria (*in rem suam*), mandato por meio do qual o mandatário fica autorizado, inclusive, a negociar consigo mesmo, ainda que em nome do mandante; por exemplo, no exercício de um mandato para venda de algo, comprá-la para si mesmo. Ora, como tive ocasião de demonstrar no volume 2 desta coleção, quando analisava a cessão de ações, deve-se distinguir a situação na qual o mandato foi concluído da situação na qual o seu objeto não se realizou, em relação ao mandatário ou a outrem. Reitero a recusa da tese de que procuração em causa própria represente verdadeira realização do negócio objeto da procuração com o mandatário; basta recordar que o mandatário está autorizado a negociar consigo mesmo, mas não está obrigado a tanto; pode negociar, em nome do mandante, com outrem. Por esses motivos, acredito que mesmo a procuração em causa própria é alcançada pela regra do artigo 120 da Lei 11.101/05.

Por fim, se o falido era mandatário (representando a terceiros), o mandato ou comissão que houver recebido antes da falência cessará com a decretação (artigo 120, § 2º). Excepcionam-se, apenas, os mandatos outorgados ao empresário (à pessoa natural, portanto) *que versem sobre matéria estranha à atividade empresarial*. Por exemplo, se o empresário for também advogado, os mandatos recebidos para postulação judicial em nome de terceiros se manterão válidos.

6.1 Prestação de contas

É obrigação do mandatário prestar contas de sua gestão, dever que se afirma, de imediato, com a decretação da falência, a dispensar mesmo a constituição em mora. Ainda assim, em face do princípio da informação, o administrador judicial deve oficiar o mandatário da cessação do mandato em face da falência e da obrigação de prestar contas de sua gestão. As contas prestam-se ao administrador judicial que, manifestando-se sobre elas, as juntará nos autos principais da falência. No entanto, será necessário recorrer à ação de prestação de contas, incidental ao juízo falimentar, em autos apartados, se (1) o mandatário não atender à solicitação de prestar contas; (2) houver negativa da condição de mandatário e, assim, da obrigação de prestar contas; (3) necessário produzir provas para aferir a adequação das contas; (4) houver dúvida sobre a adequação, ou não, das contas. Em todos esses casos, demanda-se decisão judicial fundamentada e recorrível.

A ação incidental de prestação de contas poderá ser ajuizada pela massa falida (quem tem o direito de exigir as contas), representada pelo administrador judicial, contra aquele apontado como seu ex-mandatário, assim como poderá ser aforada pelo ex-mandatório. Cuida-se de meio hábil para a afirmação de crédito a favor do mandatário que, assim, será inscrito no quadro geral de credores.

A demanda será distribuída para o juízo falimentar, por dependência, sendo autuada em apartado, tramitando segundo as regras do Código de Processo Civil sobre citação, prazo para contestação ou apresentação das contas, instrução do feito, julgamento (sobre a obrigação de prestar contas e/ou sobre a adequação das contas) e recurso. As contas deverão ser apresentadas em forma adequada (artigo 551 do novo Código de Processo Civil), considerando o tipo de relação havida entre as partes) e, tão logo venham aos autos, o juiz intimará o administrador judicial para dizer sobre elas no prazo de quinze dias (artigo 550, § 2º, do novo Código de Processo Civil).

Como o administrador judicial não detém poder de livre disposição dos direitos da massa (artigo 22, § 3º, da Lei 11.101/05), a ausência de sua manifestação (contestação ou declaração fundamentada da aceitação das contas oferecidas) caracterizará descumprimento aos deveres da função, implicando destituição (artigo 31). Após a manifestação do administrador, o juiz mandará intimar o devedor e o comitê de credores para se manifestarem, no prazo comum de cinco dias (artigo 12 da Lei 11.101/05); também devem ser aceitas manifestações isoladas de credores. Se não houver oposição, homologará as contas. Se houver, decidirá a lide, fundamentadamente.

O réu não pode ser preso por não apresentar contas. Se não atende ao comando judicial, o juiz abrirá prazo de dez dias para que o administrador judicial as apresente, sendo as contas julgadas segundo o prudente arbítrio do juiz, que poderá determinar, se necessário, a realização do exame pericial contábil. De qualquer sorte, indiferentemente da iniciativa processual, da massa ou do ex-administrador, o saldo credor aferido nas contas que forem reconhecidas como corretas pelo Judiciário produzirá efeitos sobre a massa: se o saldo declarado beneficiar o ex-mandatário, será inscrito no quadro geral de credores. Se, em oposição, beneficiar a massa falida, será cobrado em execução forçada.

7 CONTAS-CORRENTES

As *contas correntes com o devedor consideram-se encerradas no momento de decretação da falência, verificando-se o respectivo saldo* (artigo 121 da Lei 11.101/05). Se o saldo for favorável ao falido, o administrador judicial fará a cobrança extrajudicial (*amigável*) do valor ou, resistindo o devedor ao seu pagamento, à cobrança judicial, por execução, ação monitória ou ação de cobrança, conforme a existência de instrumentos e provas, bem como o atendimento aos requisitos de liquidez, certeza e exigibilidade. Se, ao contrário, o saldo for favorável ao outro contratante, deverá ele providenciar a habilitação de tal crédito na classe respectiva, conforme sua natureza.

Conta-corrente é expressão de múltipla significação; no plano da escrituração contábil, "tem a finalidade de registrar contas de diversas pessoas, quer sejam devedoras, quer credoras, da azienda" (da entidade objeto da escrituração, a exemplo da empresa), estando em desuso por não atender a necessidades técnicas.[4] O artigo 121 não está, contudo, referindo-se a essa *conta-corrente contábil*, mas ao *contrato de conta-corrente*, embora se deva reconhecer que aquele instrumento escritural serve como registro deste negócio jurídico. Essencialmente, o contrato de conta-correte traduz-se como o ajuste jurídico por meio do qual duas ou mais pessoas admitem a realização de operações à conta da outra ou outras, segundo as cláusulas que estipularam, registrando-se créditos e débitos para aferir, a cada momento, quem ocupa a condição de credor, quem ocupa a condição de devedor, ou se as partes estão quites. O contrato dará o contorno ao negócio, definindo sua finalidade, quem está autorizado a efetuar despesas e em que condições o está, quem está obrigado a adiantamentos ou reembolsos, entre outros fatores.

A forma mais usual de contrato de conta-correte havida em nossos dias é o *contrato de conta-corrente bancária*. Há quem prefira tratar tal negócio como *contrato de depósito bancário*, privilegiando o aspecto dos aportes de valores feitos pelo correntista ou a seu favor, bem como a obrigação da instituição de os guardar. Parece-me, todavia, que a distinção nos rótulos privilegia apenas aspectos distintos do mesmo negócio: o *depósito* (os aportes de valores na conta) ou o movimento corrente desta conta. Em ambos os casos, com alguns desconfortos teóricos, devo frisar; assim, no julgamento do Recurso Especial 504.300/MG, a Terceira Turma do Superior Tribunal de Justiça, sob a relatoria do Ministro Humberto Gomes de Barros, teve que enfrentar o argumento de que, "no contrato de depósito bancário, o banco não tem plena disponibilidade sobre o dinheiro dos seus depositantes, pois obriga-se a devolvê-lo, tão logo lhe seja solicitado pelo depositante, o que torna possível a sua restituição na falência".

---

4 SÁ, A. Lopes de; SÁ, Ana M. Lopes de. *Dicionário de contabilidade*. 9. ed. São Paulo: Atlas, 1995. p. 87.

Para afastar essa posição, expressada pelo Tribunal de Justiça de Minas Gerais, os ministros afirmaram que *o depósito bancário é espécie irregular*, funcionando *como mútuo*. "Assim, o dinheiro nominalmente depositado transfere-se a propriedade do depositário. Em caso de falência do banco, os valores nele depositados serão arrecadados pela massa, como patrimônio do falido. Aos depositantes não cabe o pedido de restituição. Devem habilitar o respectivo crédito, para que se integrem no quadro geral de credores." Para o Ministro Humberto Gomes de Barros, "a controvérsia resolve-se na resposta à seguinte questão: há, ou não, transferência de propriedade no depósito bancário?". Respondeu haver, já que o Código Civil prevê que o depósito de coisas fungíveis, em que o depositário se obrigue a restituir objetos do mesmo gênero, qualidade e quantidade, regular-se-á pelo disposto acerca do mútuo. E, no contrato de mútuo, o empréstimo transfere o domínio da coisa emprestada ao mutuário, por cuja conta correm todos os riscos dela desde a tradição. Embora o argumento seja irrepreensível, a percepção de que os depósitos bancários dão origem a uma *conta-corrente* também serviria à solução da controvérsia, na medida em que se perceberia que é próprio do negócio – havido no âmbito do Sistema Financeiro Nacional – o emprego dos valores creditados na conta-correte pela instituição recipiente, donde se afere que o correntista (remetente) não faz jus ao bem (dinheiro) que aportou (depositou), mas ao saldo da respectiva conta. Não é, portanto, um direito real (sobre as cédulas e moedas depositadas), mas um direito pessoal ao valor do saldo verificado, nos moldes do artigo 121 da Lei 11.101/05.

De qualquer sorte, lembra Ricardo Tepedino que, "na verdade, por sobre o contrato de conta-corrente haverá sempre uma relação contratual, como o fornecimento continuado de bens ou serviços, a agência ou representação comercial, a comissão, o *factoring*". Seria um pacto acessório, ou, tomando Valverde como apoio, um meio e não um fim em si mesmo, "um simples processo de liquidação de obrigações, pactuado entre pessoas que se acham em constante correspondência de negócios".[5] De qualquer sorte, a resolução desse *pacto acessório* ou *processo de liquidação de obrigações* faz-se pela forma estipulada no artigo 121 da Lei 11.101/05.

8 OBRIGAÇÕES COMPENSÁVEIS

As dívidas do devedor vencidas até o dia da decretação da falência, provenha o vencimento da sentença de falência ou não, compensam-se, com preferência sobre todos os demais credores, obedecidos os requisitos da legislação civil (artigo 122 do Código Civil). A compensação é instituto do Direito Obrigacional baseado no reconhecimento de que prestações equivalentes, em sentidos contrários, não justi-

---

5 TOLEDO, Paulo F. C. Salles; ABRÃO, Carlos Henrique (Coord.). *Comentários à lei de recuperação de empresas e falência*. São Paulo: Saraiva, 2005. p. 327.

ficam dupla execução, havendo simples extinção recíproca. Se duas pessoas forem ao mesmo tempo credor e devedor uma da outra, as duas obrigações extinguem-se, até onde se compensarem (artigo 368 do Código Civil). Para tanto, é preciso que as obrigações sejam líquidas e exigíveis, além de se referirem a coisas fungíveis, de mesma espécie e qualidade (artigos 369 e 370); por exemplo, dinheiro com dinheiro, sacas de arroz com sacas de arroz. A *preferência sobre todos os demais credores* não traduz subversão da regra que (1) garante o direito de restituição, mesmo em dinheiro, (2) privilegia o pagamento dos créditos extraconcursais e, na sequência, (3) divide os credores por classes, umas priorizadas às outras no acesso aos recursos da massa. Traduz apenas o reconhecimento de que o crédito da massa se extinguiu diante do crédito do terceiro, que era, simultaneamente, seu credor e devedor.

No entanto, não haverá compensação, aplicado o artigo 375 do Código Civil, se as partes, por mútuo acordo, a excluírem, ou no caso de renúncia prévia de uma delas. Também não haverá compensação (1) se os créditos tiverem sido transferidos após a decretação da falência, salvo em caso de sucessão por fusão, incorporação, cisão ou morte, ou (2) se os créditos, ainda que vencidos anteriormente, tiverem sido transferidos quando já conhecido o estado de crise econômico-financeira do devedor ou cuja transferência se operou com fraude ou dolo (artigo 122, parágrafo único, da Lei 11.101/05). Em ambos os casos, busca-se evitar práticas fraudulentas. Seria fácil para aquele credor que deseja subverter a ordem de pagamento (um credor quirografário, por exemplo) buscar devedores da massa, negociando para ceder-lhes seu crédito e, assim, driblar a classificação dos créditos, obtendo, pela compensação, a satisfação de seu crédito antes mesmo de se passar a restituições e pagamentos de créditos extraconcursais e concursais.

A pretensão de compensar deverá ser posta ao juízo e merecer provimento jurisdicional. Duas vias se apresentam possíveis: (1) recurso a uma ação declaratória incidental, aforada pelo credor junto ao juízo falimentar, ou (2) a alegação, demonstração e prova da existência do crédito recíproco no âmbito de defesa (contestação ou embargos do devedor) quando o devedor/credor seja executado ou cobrado pela massa falida, obtendo, destarte, declaração incidental da compensação. Na primeira hipótese, creio que o rito da ação de restituição (artigo 87 e seguintes da Lei 11.101/05), por sua simplicidade e eficácia, pode ser utilizado supletivamente: o pedido de compensação será formulado ao juízo da falência, devidamente fundamentado e com as provas documentais que o instruem. O juiz mandará autuar em separado o requerimento com os documentos e determinará a intimação do falido, do comitê de credores (se já houver), dos credores e do administrador judicial para que, no prazo sucessivo de cinco dias, se manifestem, valendo como contestação a manifestação contrária à restituição. Contestado o pedido e deferidas as provas porventura requeridas, o juiz designará audiência de instrução e julgamento, se necessária. Não havendo provas a realizar, os autos serão conclusos para sentença. A sentença que reconhecer o direito do requerente declarará a compensação, sendo que, caso não haja contestação, a massa não será condenada ao pagamento de honorários advocatícios. A sentença que negar a compensação, quando for o caso, incluirá o requerente no quadro geral de credores, na classificação que lhe couber. Por fim, da sentença que julgar o pedido de restituição caberá apelação sem efeito suspensivo.

9 CONCESSÃO DE SERVIÇO PÚBLICO

A decretação da falência das concessionárias de serviços públicos *implica extinção da concessão*, na forma da lei (artigo 195 da Lei 11.101/05). A concessão e a permissão da prestação de serviços públicos têm expressão constitucional no artigo 175 da Lei Fundamental, à sombra do qual se editou a Lei 8.987/95, que dispõe sobre o regime de concessão e permissão da prestação de serviços públicos e dá outras providências. Também seu artigo 35, VI, prevê que se extingue a concessão por falência, da mesma forma que pela extinção da sociedade empresária (firma social), ou o falecimento e a incapacidade *do titular, no caso de empresa individual* (firma individual, o que o artigo 966 do Código Civil chama de empresário). Extinta a concessão, diz o § 1º do referido artigo 35, retornam ao poder concedente todos os bens reversíveis, direitos e privilégios transferidos ao concessionário conforme previsto no edital e estabelecido no contrato, com imediata assunção do serviço pelo poder concedente, procedendo-se a levantamentos, avaliações e liquidações necessários, na forma do § 2º, autorizada, pelo § 3º, a ocupação das instalações e a utilização, pelo poder concedente, de todos os bens reversíveis, hipóteses nas quais, prevê o § 4º, o poder concedente, antecipando-se à extinção da concessão, procederá a levantamentos e avaliações necessários à determinação dos montantes da indenização que será devida à concessionária.

Esta norma aplica-se às permissões, embora só fale em *extinção da concessão*. O artigo 40, parágrafo único, da Lei 8.987/95, prevê aplicar-se às permissões o disposto nos momentos anteriores da norma, ou seja, a mesma disciplina das concessões. Assim, também a permissão se extinguirá com a decretação da falência. Contudo, a disposição *não se aplica a concessão, permissão e autorização para o serviço de radiodifusão sonora e de sons e imagens* (artigo 41 da Lei 8.987/95), não havendo falar em extinção da concessão em decorrência da decretação da falência, permitindo a preservação da empresa pela alienação em bloco de seus estabelecimentos, incluindo a concessão. Também não se aplica à chamada *concessão de lavra*, outorgada segundo o Código de Mineração, já que não se trata de concessão de serviço público. Não sem razão, William Freire defende que "o termo concessão é inadequado para designar o consentimento da União ao particular para explorar jazidas minerais, porque confunde esse ato administrativo de natureza especial com as concessões clássicas de Direito Administrativo. Melhor seria ter o legislador adotado a expressão *consentimento para lavra*, criando terminologia própria para designar esse ato administrativo de natureza eminentemente mineral".[6]

Na hipótese de concessão de serviço público a *empresas em consórcio*, prevê o artigo 19 da Lei 8.987/95, as consorciadas indicarão uma empresa responsável pelo consórcio, responsável perante o poder concedente pelo cumprimento do contrato de concessão, sem prejuízo da responsabilidade solidária das demais consorciadas, sendo que, uma vez vencedoras, deverão promover, antes da celebração do contrato, a constituição e o registro do consórcio. A falência de um dos consorciados, nesse caso, não implica necessária extinção da concessão. Desde que preencham os requisitos do edital e do contrato, a exemplo de capital social mínimo, capacidade técnica, entre outros, os demais membros do consórcio poderão manter a concessão entre si, afastado o falido; se não atendem aos requisitos, podem substituir a sociedade consorciária falida por outra, mas, para tanto, devem obter a autorização administrativa para a transferência de concessão (artigo 27 da Lei 8.987/95), devendo o pretendente: (1) atender às exigências de capacidade técnica, idoneidade financeira e regularidade jurídica e fiscal necessárias à assunção do serviço; e (2) comprometer-se a cumprir todas as cláusulas do contrato em vigor.

Se o consórcio vencedor constituir-se sob a forma de sociedade (artigo 20 da Lei 8.987/95), a aplicação dos artigos 195 da Lei 11.101/05 e 35, VI, da Lei 8.987/95 é mais simples: falindo a sociedade empresária organizada para dar personalidade ao consórcio, extinta estará a concessão; no entanto, falindo um dos seus sócios, conservar-se-á a concessão, exceto se da resolução do contrato social em relação àquele resultar perda dos requisitos para a concessão, a exemplo de capital social mínimo.

9.1 Parcerias público-privadas

Se a concessão fizer-se por meio da contratação de parceria público-privada, há disciplina específica (Lei 11.079/04), estudada no Capítulo 9 deste livro, ao qual remeto o leitor. O artigo 9º da Lei 11.079/04 estabelece que, antes da celebração do contrato, deverá ser constituída *sociedade de propósito específico*, incumbida de implantar e gerir o objeto da parceria. Assim, falindo a sociedade de propósito específico constituída para implantar e gerir o objeto da parceria público-privada, (i) a concessão do serviço será extinta, e (ii) o poder público concedente tomará todos os bens reversíveis, direitos e privilégios transferidos ao concessionário ou implantados em virtude da concessão, (iii) assumindo imediatamente a prestação do serviço público, (iv) procedendo-se a levantamentos, avaliações e liquidações

---

[6] FREIRE, William. *Natureza jurídica do consentimento para pesquisa mineral, do consentimento para lavra e do manifesto de minas no direito brasileiro*. Belo Horizonte: Editora Mineira, 2005. p. 127.

necessários à ocupação das instalações e à utilização, pelo poder concedente, de todos os bens reversíveis, tendo em vista, inclusive, a determinação dos montantes da indenização que será devida à massa falida, isso quando, na forma do artigo 36, ainda não amortizados ou depreciados.

Havendo falência de qualquer dos sócios da sociedade de propósito específico, aplicam-se as regras comuns da falência dos sócios, embora devendo-se destacar a hipótese de falência do sócio controlador, certo que, nos termos do artigo 9º, § 1º, da Lei 11.079/04, a transferência do controle da sociedade de propósito específico estará condicionada à autorização expressa da Administração Pública, nos termos do edital e do contrato, observado o disposto no § 1º do artigo 27 da Lei 8.987/95. Até que se passe tal transferência, o ente público concedente deverá intervir na sociedade para garantir a prestação do serviço público. Não lhe é lícito assumir as quotas ou ações, certo que o § 4º do artigo 9º da Lei 11.079/04 veda à Administração Pública ser titular da maioria do capital votante dessas sociedades, excetuada eventual aquisição da maioria do capital votante da sociedade de propósito específico por instituição financeira controlada pelo Poder Público em caso de inadimplemento de contratos de financiamento.

17

Arrecadação

1 ARRECADAÇÃO, AVALIAÇÃO E CUSTÓDIA DE BENS E DOCUMENTOS

Ato contínuo à assinatura do termo de compromisso, o administrador judicial efetuará a arrecadação dos bens e documentos e a avaliação dos bens, separadamente ou em bloco, no local em que se encontrem, requerendo ao juiz, para esses fins, as medidas necessárias (artigo 108 da Lei 11.101/05). São atos e questões jurídicas diversos: (1) arrecadação de bens e de documentos, (2) avaliação de bens e (3) custódia de bens e documentos, a merecer exame em apartado. Mas compreendem-se conjuntamente como expressões de um único momento processual, que é a formação, de fato, da massa falida, certo que, juridicamente, a constituição da massa falida é efeito automático e imediato da decretação da falência. Com a publicação da sentença, o empresário ou a sociedade empresária são afastados não só de suas atividades (artigo 75 da Lei 11.101/05), mas também da gestão de patrimônio econômico. Em face da insolvência, a constrição judicial não se faz sob um ou alguns bens do devedor, mas sobre a totalidade dos bens (coisas e direitos), arrecadados para a satisfação do passivo, no que for possível. Há uma intervenção judicial na titularidade, administração e disponibilidade do patrimônio ativo do falido que, aliás, é meio para que se encetem esforços para a preservação da empresa.

Em se tratando de empresário, a intervenção resumir-se-á a titularidade, administração e disposição de seu patrimônio econômico, ou seja, o controle e a administração das relações jurídicas que mantém, em qualidade ativa (faculdades) ou passiva (obrigações), o que inclui os seus elementos acessórios, entre os quais documentos e demais elementos que fazem prova do conteúdo daquelas relações. Esta intervenção sobre o patrimônio da pessoa natural em nada se confunde com a interdição, não retirando do falido a sua capacidade civil, em todo ou em parte. Ele manterá a titularidade de seu patrimônio moral (o conjunto dos seus direitos personalíssimos, em seus três grandes grupos: direitos físicos ou biológicos, direitos mentais ou psicológicos, direitos sociais ou morais), bem como o poder de praticar pessoalmente – sem representação, assistência ou autorização (designadamente do administrador judicial ou do juízo) – atos civis sem efeito patrimonial econômico, como casar-se, separar-se ou divorciar-se, testar, entre outros.

Nas sociedades empresárias, a intervenção é mais ampla, pois se faz sobre *a pessoa*, mais do que sobre *o patrimônio da pessoa*. Com a decretação da falência, afastam-se o(s) administrador(es) societário(s) e os sócios. O Judiciário assume a pessoa jurídica e seu patrimônio, para o quê serve o administrador judicial, na qualidade de órgão auxiliar do juízo falimentar. Mais do que isso, a falência da pessoa jurídica tem por termo suposto – caso não se verifique, ao final, saldo patrimonial positivo – a extinção da pessoa jurídica (artigo 1.044 do Código Civil). Assim, o afastamento de administradores e sócios das decisões societárias cria uma situação muito próxima da interdição, já que ao administrador atribui-se a administração e representação da massa falida, ainda que fiscalizado pelo comitê de credores, sócios e administrador societário, Ministério Público, e sob o controle judicial. Isso não excluirá o patrimônio moral da sociedade falida.

Será fundamental, portanto, estudar esses três aspectos da constituição da massa falida: (1) arrecadação, (2) avaliação e (3) custódia (ou guarda), a apontar para uma obrigação legal expressa do administrador judicial, como se afere do artigo 22, III, *f*, cominado com o artigo 108, ambos da Lei 11.101/05. Antes, porém, é fundamental atentar-se para o comando legal inscrito no *caput* desse artigo 108, no qual se afirma que o administrador providenciará a arrecadação e a avaliação do *ato contínuo à assinatura do termo de compromisso*. Há um comando legal cronológico, a exigir atenção por parte do administrador judicial, bem como do juízo. *Ato contínuo* traduz-se por *imediatamente*, *logo após*, a indicar que a lei não tolera um hiato temporal entre a assunção das funções de administrador judicial e a arrecadação dos bens e documentos (da qual decorrerá, necessariamente, a custódia, como *obrigação legal acessória*) e, mais, a avaliação dos bens. É a primeira obrigação do administrador judicial, aquela que deve realizar logo após a posse em suas funções. A demora na arrecadação total (e não apenas parcial) dos bens e dos documentos, e na avaliação dos bens, caracteriza ato ilícito omissivo, produzindo efeitos em duas órbitas jurídicas distintas: no âmbito processual e disciplinar, caracteriza desobediência aos preceitos da Lei 11.101/05, descumprimento de dever, omissão e negligência no exercício das funções, a justificar a destituição do administrador judicial pelo juiz, de ofício ou a requerimento de qualquer interessado (artigo 31). Ademais, se do ato resultar prejuízos para a massa ou para terceiros, o administrador estará obrigado a indenizá-los (artigos 32 da Lei 11.101/05 e 186 e 927 do Código Civil).

No entanto, a situação encontrada pelo administrador judicial não pode ser excluída da aferição, nos contextos processuais dados em concreto, da realização dessa obrigação legal acessória de arrecadação e avaliação *imediatas*, ou, na letra da lei, *ato contínuo à assinatura do termo de compromisso*. Obviamente, somente se pode exigir a concretização efetiva de arrecadação e avaliação imediatas à assunção das funções de administração quando não se verifiquem empecilhos a tanto. As dificuldades e as resistências enfrentadas pelo administrador judicial são, conforme o caso havido, motivo de força maior ou, mesmo, caso fortuito que podem justificar a demora e, assim, descaracterizar o ilícito disciplinar/processual e civil, afastando a aplicação dos artigos 31 e 32 da Lei 11.101/05 e 186 e 927 do Código Civil.

1.1 Lacre do estabelecimento

Se houver *risco para a execução da etapa de arrecadação* ou *para a preservação dos bens da massa falida ou dos interesses dos credores*, o estabelecimento ou estabelecimentos do falido serão lacrados (artigo 109 da Lei 11.101/05). Não se trata de matéria afeta, exclusivamente, a provimento judicial. Assim, o lacre poderá ser determinado pelo próprio administrador judicial, embora possa decorrer de decisão judicial tomada de ofício, não carecendo de fundamentação por não se apresentar como coisa controversa. Justamente por isso, não cabe recurso. Ressalva-se apenas a hipótese de indeferimento do pedido judicial para que o estabelecimento seja lacrado; como foge ao ordinário e refuta pedido formulado por interessado, a decisão deverá ser fundamentada e, sim, será recorrível.

A determinação pode ter por objeto um, algum ou todos os estabelecimentos do falido, distinguindo-se aqueles que estejam submetidos a risco daqueles que não o estejam. Também é lícito, no âmbito de um mesmo estabelecimento, lacrar determinadas instalações (o escritório ou o almoxarifado, por exemplo) e não todas. O lacre, comumente, é concretizado por adesivos e por afixação de cópia do ato de sua determinação, firmado pelo juízo ou pelo administrador judicial. Como tais elementos não constituem obstáculo físico eficaz para impedir a ocorrência efetiva de danos, podem ser determinadas outras medidas, como troca de chaves, usos de correntes e cadeados e, mesmo, recurso a segurança humana (contratação de empresa de vigilância, armada ou não) ou eletrônica (colocação de sensores e alarmes). Também é possível determinar a remoção de bens e documentos para local mais seguro, como um depósito, e mesmo confiá-los a terceiro.

O lacre pode ser determinado a qualquer momento: (1) na sentença, (2) no início, ao longo ou ao final da etapa de arrecadação ou (3) mesmo após o encerramento da etapa de arrecadação; basta que se verifiquem as condições para tanto.

Entre as condições lista-se, em primeiro lugar, *risco para a execução da etapa de arrecadação*; atenta-se não para os bens a serem arrecadados, mas para o próprio procedimento de arrecadação, ou seja, para o trabalho a ser exercido pelo administrador judicial e seus auxiliares. É o que se passará, por exemplo, quando haja risco para os documentos ou para a preservação de outros elementos que devam ser investigados, inclusive para a aferição da prática de ilícitos penais. Em segundo lugar, o que é mais comum, *risco para a preservação dos bens da massa falida ou dos interesses dos credores*. A preocupação, neste caso, é com o patrimônio ativo do falido, aquele que deve ser arrecadado e alienado para o pagamento dos créditos constantes do quadro geral de credores.

2 ARRECADAÇÃO DE BENS

A arrecadação é ato processual de constrição judicial, por meio do qual o administrador judicial toma posse, em nome da massa falida (da qual é representante), de bens e documentos do falido, permitindo assim a apuração do ativo e do passivo, a realização do ativo e, enfim, a satisfação do passivo, no que se revelar possível. Como visto, arrecadam-se bens e documentos. A arrecadação de bens é ato de imissão na posse dos itens que compõem o ativo do falido, o que se faz para (1) assegurar a sua preservação, garantindo os interesses dos credores, (2) permitir a sua avaliação e, destarte, o dimensionamento adequado do ativo a ser realizado e (3) otimizar os procedimentos de realização do ativo, incluindo a atenção aos preceitos legais que recomendam a utilização de formas voltadas preferencialmente à conservação da empresa. Essa imissão deve concretizar-se de fato e de direito. Não basta mera posse jurídica, expressada como ato formal que atenda aos requisitos legais, sem que haja simultânea posse de fato, ou, como preferiu o legislador, *custódia* ou *guarda* dos bens arrecadados, obrigações funcionais do administrador judicial que, consequentemente, responderá pelos danos advindos de sua desídia ou inabilidade no exercício desse dever.

Obviamente, a arrecadação se expressará – ou se concretizará – por formas diversas, considerando a natureza e a situação dos bens. Quanto à natureza, será distinta conforme se tenham bens materiais (coisas) ou bens imateriais (direitos pessoais com expressividade patrimonial econômica). Quanto à situação, distinta será a arrecadação se o falido tinha, ou não, a posse direta do bem, ou seja, se o conservava ou não em seu poder físico, mais que em seu poder jurídico. A arrecadação de bens imateriais é ato que prescinde de expressão física; é ato documental (escritural) por essência, a demandar, quando muito, apreensão de documentos comprobatórios, o que caracteriza, em sentido estrito, arrecadação de documentos. Não se praticam atos físicos de posse, embora pratiquem-se – e devam ser praticados – atos de conservação, como se verá adiante. Já a arrecadação de bens materiais pressupõe assunção física do controle da coisa (imóvel ou imóvel), concretizada por atos que exteriorizem essa posse, inclusive atos de conservação material (concretizados sobre a coisa em si) e jurídica (concretizados sobre terceiros que ameacem, total ou parcialmente, a titularidade do bem).

Arrecadam-se, também, os bens sobre os quais o falido – e, consequentemente, a massa falida – tenha mera posse indireta, isto é, bens que estejam na posse direta de outrem, do que são exemplos as coisas locadas ou dadas em comodato, valores dados em mútuo, bens imateriais cedidos provisoriamente (a exemplo da patente ou da marca) etc. Essa arrecadação também prescinde de atos físicos, isto é, de atos diretos sobre o bem. Em muitos casos, essa arrecadação é o primeiro passo para, em seguida, extinguir a relação jurídica que beneficia o terceiro e retomar a posse direta do bem: extinguir a locação ou comodato da coisa, a cessão temporária do bem imaterial etc.

Não apenas os bens de titularidade e propriedade do falido são arrecadados, mas também os bens que estavam em sua posse legítima, embora pertencentes a terceiros, não sendo obrigação do administrador judicial fazer uma checagem, bem a bem, da relação de propriedade ou titularidade. Assim, a coisa imóvel ou móvel que esteja locada ao falido, o bem imaterial que lhe esteja cedido, embora a preservação da posse, neste caso, implique a manutenção da relação contratual que lhe dá sustentação jurídica, nos termos estudados no Capítulo 16. Nos termos então estudados, não poderá o terceiro, proprietário da coisa ou titular do bem imaterial, opor-se a essa arrecadação, já que é faculdade da massa optar pela continuidade ou não da relação contratual que legitima a posse direta do bem, cumprindo a sua prestação no ajuste. Em muitos casos, como visto, essa manutenção da posse direta pode ser interessante para a solução do passivo, a exemplo da manutenção do imóvel locado, contando-se com os valores que se aferirão na transferência dos respectivos pontos, bem como para permitir a aplicação do princípio maior de preservação da empresa, no todo ou em parte, quando se recorra à realização do ativo pelas formas previstas nos incisos I e II do artigo 140 da Lei 11.101/05.

Lembre-se, por fim, de que a decretação da falência suspende o exercício do direito de retenção sobre os bens sujeitos à arrecadação, os quais deverão ser entregues ao administrador judicial (artigo 116, I, da Lei 11.101/05). O direito de retenção (*ius retentionis*), construção jurídica antiga, constitui garantia legal a favor de determinados credores; mas é garantia pessoal, já que se exerce por direito de posse, e não direito real de garantia. Essa garantia legal extingue-se com a decretação da falência, a pressupor o tratamento isonômico entre credores (*par conditio creditorum*) cujo crédito tenha as mesmas características objetivas. Resta ao credor/detentor entregar a coisa ao administrador judicial e habilitar o seu crédito.

2.1 Bens constritos

A viabilização do concurso de credores demanda que todas as pretensões de credores sobre o patrimônio do empresário ou sociedade empresária falidos sejam atraídas a um foro comum; por isso, a decretação da falência suspende o curso de todas as ações e as execuções em face do devedor, inclusive aquelas dos credores particulares do sócio solidário (artigo 6º da Lei 11.101/05). Assim, impede-se que os credores que têm feitos em estágio mais avançado experimentem vantagens em relação àqueles que os têm em estágios mais iniciais e, mesmo, em relação aos que ainda não ajuizaram demandas em busca da satisfação de seu crédito. A decretação da falência conduz a um indelével enfeixamento das pretensões individuais num juízo único, o juízo universal, que excepciona-se, quanto ao conhecimento e julgamento das pretensões creditícias, apenas em hipóteses precisas, anotadas na Constituição (juízos trabalhista e federal) ou na legislação (juízo fiscal), mas não quanto à execução dos créditos: todos executam-se no juízo universal, mesmo os créditos trabalhistas, os créditos da União (por sua administração direta ou indireta) e os créditos fiscais.

Ademais, por meio da arrecadação, essa força atrativa do juízo universal alcança bens e documentos da massa. Não se ajuntam só créditos e credores (passivo), mas também bens e direitos (ativo), procedimento indispensável para dar uma solução que atenda à pluralidade de interesses envolvidos na falência, incluindo o interesse público na preservação da empresa (da fonte produtiva). Como lembrei no Capítulo 3, o artigo 24 do Decreto-lei 7.661/45 trazia, em seu § 1º, a previsão de que, achando-se os bens já em praça, com dia definitivo para arrematação, fixado por editais, far-se-ia esta entrando o produto para a massa; se, porém, os bens já tivessem sido arrematados ao tempo da declaração da falência, somente entraria para a massa a sobra, depois de pago o exequente. Essa solução, reitero agora, não encontra amparo no regime da Lei 11.101/05, que, em momento algum, a repete. Afinal, ainda que os bens já estejam em praça, com dia definitivo para arrematação, fixado por editais, pode não ser interessante proceder-se à venda de bem ou bens isolados quando, atendendo ao princípio da preservação da empresa, haja planos de alienação judicial da empresa em bloco, forma preferencial de realização do ativo (artigo 140, I), ou de estabelecimentos ou unidades produtivas isoladas (artigo 140, II).

Portanto, mesmo achando-se os bens já em praça, com dia definitivo para arrematação, fixado por editais, haverá suspensão do processo – e, via de consequência, da praça –, salvo se o contrário for deliberado no juízo universal. Harmônico com esse entendimento, o artigo 99, V e VI, da Lei 11.101/05, prevê que a sentença que decretar a falência do devedor, dentre outras determinações, ordenará a suspensão de todas as ações ou execuções contra o falido, ressalvadas as hipóteses previstas nos §§ 1º e 2º do art. 6º daquela lei, além de proibir a prática de qualquer ato de disposição ou oneração de bens do falido, submetendo-os preliminarmente à autorização judicial e do comitê de credores, se houver, ressalvados os bens cuja venda faça parte das atividades normais do devedor se autorizada a continuação provisória da empresa.

Se a praça já foi realizada e o bem não parece essencial ao administrador judicial, o produto da arrematação será arrecadado, cabendo ao juízo falimentar solicitar ao juízo individual a remessa do numerário apurado. Em fato, por força do artigo 108, § 3º, da Lei 11.101/05, o produto dos bens penhorados ou por outra forma apreendidos entrará para a massa, cumprindo ao juiz deprecar, a requerimento do administrador judicial, às autoridades competentes, determinando sua entrega. Assim, examinando o Agravo Regimental no Conflito de Competência 88.620/MG, a Segunda Seção do Superior Tribunal de Justiça decidiu que "os atos de execução trabalhista devem ser praticados no Juízo Falimentar, mesmo que já realizada a penhora de bens no Juízo Trabalhista. Precedentes". Em seguida, emendou: "Em respeito aos princípios da economia e da celeridade processual, devem ser aproveitados os atos de arrematação praticados na execução singular, com a remessa do seu produto ao Juízo Falimentar, devendo o reclamante-exequente providenciar sua habilitação frente à massa falida."

Se já fora expedido o alvará para o levantamento pelo exequente individual do valor que lhe cabia no produto da praça, não mais há falar em aplicação do artigo 108, § 3º, da Lei 11.101/05; o processo de execução deverá ser considerado extinto, com três alternativas: (1) se o valor apurado com a venda dos bens constritos foi igual ao valor do crédito executado, nada mais há a fazer; (2) se o valor for superior, a sobra será remetida ao juízo universal; (3) se o valor for inferior, o exequente irá habilitar seu crédito restante (o valor não coberto pelo produto da praça) na falência.

2.2 Condomínio

Pode ocorrer de o falido ser copartícipe de uma mesma relação jurídica, nomeadamente ser condômino de alguma *coisa* (*res*) ou cotitular de algum direito (*ius*), incluindo neste último caso as hipóteses da denominada propriedade imaterial, seja intelectual (como os direitos autorais) ou industrial (como marca e patente). Havendo condomínio indivisível, o bem será vendido e deduzir-se-á do valor arrecadado o que for devido aos demais condôminos, facultada a estes a compra da quota-parte do falido nos termos da melhor proposta obtida (artigo 123, § 2º, da Lei 11.101/05). A bem da precisão jurídica, não há *condomínio indivisível*; há condomínio de bem indivisível, natural (por exemplo, um touro) ou jurídica (por exemplo, condomínio de quota social: artigo 1.056 do Código Civil); o condomínio é sempre divisível, independentemente de ser divisível ou não o seu objeto. A norma guarda harmonia com o artigo 1.322 do Código Civil, segundo o qual, quando o bem for indivisível, e os consortes não quiserem adjudicá-lo a um só, indenizando os outros, será vendido e repartido o apurado, preferindo-se, na venda, em condições iguais de oferta, o condômino ao estranho, e entre os condôminos aquele que tiver na coisa benfeitorias mais valiosas, e, não as havendo, o de quinhão maior.

No entanto, não há falar em *os consortes quererem adjudicá-lo a um só*, já que o administrador judicial não tem esse poder de transigência; o acordo com os consortes, o bem sem venda em leilão judicial, caracterizaria *modalidade de realização do ativo* (artigo 145 da Lei 11.101/05), a exigir homologação judicial, desde que aprovada pela assembleia geral de credores. Parece-me, portanto, que será preciso recorrer à alienação em leilão do bem, tomando a falência como elemento objetivo que impossibilita acordo quanto à adjudicação a um dos condôminos. A faculdade outorgada pelo artigo 123, § 2º, da Lei 11.101/05, *aos demais condôminos* de *compra da quota parte do falido nos termos da melhor proposta obtida*, será exercida preferindo-se, no leilão, (1) em condições iguais, o condômino ao estranho; (2) entre os condôminos, o que tiver benfeitorias de maior valor; (3) o condômino proprietário de quinhão maior, se não houver benfeitorias. Verificada a alienação de bem comum sem observância dessas preferências legais, o condômino prejudicado poderá requerer, antes da assinatura da carta, o depósito do preço e a adjudicação da coisa.

Em oposição, havendo condomínio de bem divisível, a solução será o ajuizamento de ação de divisão, meio que cabe ao condômino para obrigar os demais consortes a partilhar o bem comum. A ação de divisão tem suas regras especificadas nos artigos 588 e seguintes do novo Código de Processo Civil e, por meio dela, não se obtém apenas a extinção do condomínio, mas a definição geográfica dos quinhões, cada qual a constituir a propriedade exclusiva de cada um daqueles que, até então, eram condôminos da totalidade do bem. O quinhão que for definido para o falido será, então, arrecadado para a massa falida pelo administrador judicial.

Friso que, em ambos os casos, o meio adequado para colocar tais pretensões é a ação, nunca o simples pedido ao juízo falimentar. Não se pode olvidar que os demais condôminos deverão ser trazidos ao Judiciário, mesmo não podendo resistir à pretensão de se ver extinto o condomínio; não são, de forma alguma, parte no juízo falimentar que, com efeito, não só lhes é estranho, como também não lhes interessa, considerado sob o estreito prisma da relação condominial. Sublinhe-se que a extinção do condomínio somente interessa ao juízo falimentar por seu resultado, vale dizer, porque o bem por ela precisado (dinheiro, no leilão judicial do bem indivisível, ou o quinhão, na divisão do bem divisível) será arrecadado. Não é, portanto, pretensão que tem origem ou causa de pedir específicos no fato jurídico *falência*. Portanto, o administrador judicial deverá, representando a massa, ajuizar ação judicial pedindo a extinção do condomínio, com leilão do bem comum indivisível, ou ação de divisão do bem divisível havido em condomínio.

O juízo competente para o conhecimento desta demanda não é, acredito, o juízo falimentar. Como dito, a pretensão não tem origem ou causa de pedir específicos no fato jurídico *falência*. Aliás, a falência não lhe diz respeito em nada, e, *mutatis mutandis*, a ação não diz respeito à falência em nada. Os seus réus, por serem condôminos, não são credores do falido; podem sê-lo por outro motivo. A falência não lhes afeta, já que a extinção ou divisão é direito do condômino, independentemente da decretação da quebra. A ação, portanto, deverá ser distribuída no foro de situação da coisa, se imóvel, se o administrador judicial não optar pelo foro de domicílio do réu ou o foro de eleição (artigo 47, § 1º, do novo Código de Processo Civil) ou pelo foro do domicílio de qualquer dos réus, havendo dois ou mais, com domicílios diferentes (artigo 46, § 4º, do novo Código de Processo Civil).

2.3 Participações societárias

A decretação da falência do sócio é hipótese de exclusão de pleno direito da sociedade, simples ou empresária (artigo 1.030 do Código Civil), operando-se de pleno direito como resultado da própria formação da massa falida, independentemente de processo judicial com sentença constitutiva, como estudado no volume 2 desta coleção. Não cabe aos sócios, cientes da sentença declaratória, ir ao Judiciário pedir a exclusão do falido ou providenciar alteração contratual para fazê-lo. A expressão *exclusão de pleno direito*, anotada no citado artigo 1.030, não define faculdade que lhes diga respeito. A exclusão de pleno direito se dará como resultado da arrecadação e a liquidação da quota ou quotas (artigo 1.031 do Código Civil) será pedida pelo administrador da massa falida. Harmônico, o artigo 123 da Lei 11.101/05 prevê que, se o falido fizer parte de alguma sociedade como sócio comanditário ou quotista, para a massa falida entrarão somente os haveres que na sociedade ele possuir e forem apurados na forma estabelecida no contrato ou estatuto social. Se o ato constitutivo nada disciplinar a respeito, a apuração far-se-á judicialmente, salvo se, por lei, pelo contrato ou estatuto, a sociedade tiver de liquidar-se, caso em que os haveres do falido, somente após o pagamento de todo o passivo da sociedade, entrarão para a massa falida (artigo 123, § 1º).

Em se tratando de sociedade em conta de participação, duas situações se colocam (artigo 994 do Código Civil). A falência do sócio ostensivo acarreta a dissolução da sociedade e a liquidação da respectiva conta, sendo que, verificando-se saldo a favor dos sócios participantes (ocultos) – um, alguns ou todos –, o respectivo valor constituirá crédito quirografário (artigo 994, § 2º), exceção feita à regular constituição de direito real de garantia, obviamente. Falindo sócio participante, o contrato de sociedade em conta de participação fica sujeito às normas que regulam os efeitos da falência nos contratos bilaterais do falido, podendo o administrador judicial decidir o cumprimento de sua parte e, destarte, a conservação do negócio, da mesma forma que pode optar por denunciá-lo, exigindo a apuração de haveres; havendo saldo favorável ao falido, será ele arrecadado; havendo saldo desfavorável, será ele habilitado na classe respectiva.

Em se tratando de sociedade por ações, a falência do acionista não constitui hipótese de retirada, com reembolso das ações (artigo 45 da Lei 6.404/76), cuja forma de realização se aproxima daquela prevista no Código Civil para a resolução da sociedade em relação a um sócio. O administrador judicial, portanto, arrecadará as ações e deverá aliená-las judicialmente, ainda que haja disposição estatutária ou acordo de acionistas que vede tal alienação. Do contrário, ter-se-ia o interesse dos demais acionistas acordantes se sobrepondo aos interesses da massa falida, implicando maior e desarrazoada lesão nos direitos dos credores do insolvente. Em fato, os acordos de acionistas constroem-se no plano interno de deliberação dos desígnios sociais, plano no qual os acionistas exercem as faculdades políticas que detêm, segundo as definições legal e estatutária. São contratos, portanto, submetendo-se à regra geral de poderem ser denunciados pelo administrador judicial.

Neste contexto, há um ponto que merece atenção especial: a existência de acordo de acionistas que tenha por objeto a *compra e venda de ações*, a *preferência para adquiri-las*, o *exercício do direito a voto* ou do *poder de controle*, quando o ajuste tenha sido arquivado na sede da companhia (artigo 118 da Lei 6.404/76). O efeito desse arquivamento, diz a regra, é obrigar a própria empresa a observar o ajuste, embora não esteja vinculada a outros pontos que tenham sido legitimamente ajustados, fora de tais matérias. Contudo, mesmo aqui, acredito, tal ajuste é coisa havida entre terceiros (*res inter alios acta*) em relação à massa falida, não podendo cercear ou prejudicar, em nada, o princípio geral da falência: que a liquidação do ativo, nas melhores condições possíveis (daí o recurso ao leilão) para a satisfação, no que for possível, do passivo. Quando muito, deve-se reconhecer aos demais acionistas o direito de preferência na aquisição das ações na mesma condição que terceiros, ou seja, igualando o maior lanço que tenha sido dado pelas ações. Isso, mesmo quando o acordo traga definição de preço para a alienação de ações entre os acionistas acordantes. Entender o contrário seria – reitero – prejudicar os credores da massa falida, dando margem a fraudes, além de fazê-los, uma vez mais, suportar os efeitos patrimoniais da má condução, pelo devedor, de seus negócios.

2.4 Relações jurídicas controversas

O processo de arrecadação é, em alguma medida, facilitado pela obrigação legal definida para o empresário falido ou o administrador da sociedade empresária falida de *entregar, sem demora, todos os bens, livros, papéis e documentos ao administrador judicial, indicando-lhe, para serem arrecadados, os bens que porventura tenha em poder de terceiros* (artigo 104, V, da Lei 11.101/05). Essas entrega e indicação, todavia, não exaurem a arrecadação, ou seja, (1) não satisfazem ao administrador judicial a obrigação de arrecadação de bens e documentos, *incontinenti* à assinatura do termo de compromisso, simplesmente tomando posse do que lhe foi indicado pelo empresário falido ou administrador da sociedade empresária falida. *Mutatis mutandis, servatis servandis,* (2) o poder de arrecadação que o legislador confere ao administrador judicial não está, em nada, limitado ao rol de bens e documentos que tenham sido entregues ou indicados pelo empresário falido ou administrador da sociedade empresária falida. O administrador judicial tem o poder/dever de ir além, de investigar, de verificar, de perquirir e, assim, definir e dimensionar adequadamente seu ato de arrecadação, lembrando ser sua obrigação legal específica o melhor cumprimento de suas funções, servindo ao Estado, à coletividade de credores, bem como à comunidade em geral, beneficiária da utilização otimizada de bens e atividades produtivos.

De qualquer sorte, a arrecadação é ato de administração da massa, com efeitos judiciais mediatos. Em fato, não se pode esquecer que ao administrador judicial não se atribui poder jurisdicional (que é próprio dos membros do Poder Judiciário, ou seja, dos juízes). Seus atos são administrativos, quando de iniciativa própria; somente quando pratique atos a mando do juízo (de decisão ou mandado judicial), pratica ato judicial. Mas, então, não são *seus atos*, mas *atos do juízo*, do qual é apenas *executor*. Dessa forma, quando não aja a mando do juízo, como mero executor (a exemplo do que faz o oficial de justiça, como exemplo), o administrador judicial pratica atos administrativos, ainda que em contexto judiciário e com efeitos sobre o processo falimentar, o que se justifica pela sua natureza *sui generis*, a combinar atos decisórios (*iuris dictio*) com atos de administração da massa falida que se constituiu com a decretação/declaração da falência.

Nessa dicotomia entre jurisdição (e atos de execução jurisdicional) e administração (e atos de administração) sobre a massa falida, devem ser lembradas, igualmente, as garantias fundamentais que não excluem da apreciação do Poder Judiciário qualquer lesão ou ameaça a direito (artigo 5º, XXXV), sendo que só os órgãos judiciários, em sentido estrito (a excluir os órgãos auxiliares), atendem à definição de autoridade competente para processar e sentenciar alguém (artigo 5º, LIII). Não é só. Deve-se ter em linha de consideração, igualmente, que *ninguém será privado de seus bens sem o devido processo legal* (artigo 5º, LIV), bem como a elevação do devido processo legal à condição de direito fundamental (artigo 5º, LV). Assim, deve ser rejeitada a pretensão de reconhecer no poder de arrecadação de bens e documentos a faculdade de o administrador judicial arrecadar tudo quanto lhe pareça ser da titularidade ou da posse do falido, independentemente do aforamento de ações possessórias, reivindicatórias ou de medidas cautelares de busca e apreensão.

A arrecadação, por ser simples ato administrativo, deve realizar-se sobre bens que, inequivocamente, estejam sob o domínio, posse (direta ou indireta) ou detenção do falido (empresário ou sociedade empresária). Pairando dúvida sobre as relações jurídicas, o administrador estará obrigado a manejar a respectiva ação para, assim, resolver a *res controversa*, obtendo, ou não, a transferência do bem ao seu controle (ou seja, sua arrecadação, em sentido largo), por decisão judicial construída mediante devido processo legal, assegurado às partes ampla defesa, com os meios a ela inerentes, e proferida pelo juízo legalmente definido como competente. Não é só. É preciso cautela, também, para com os meios acessórios de que o administrador pode utilizar-se para arrecadar bens e documentos, caso encontre dificuldades e resistências. Pode se fazer necessário recorrer a comportamentos que materializem o poder coercitivo estatal, a exemplo do arrombamento de áreas fechadas, trancadas, a busca e apreensão, o uso de força policial, a prisão etc. Para cada situação, há um solução jurídica própria.

Curiosamente, o ato mais grave, que é a prisão (o cerceamento da liberdade alheia), tem solução simples: qualquer um pode prender em flagrante quem está praticando ato criminoso, levando-o à presença da autoridade policial competente. Afora esse caso, será preciso recorrer ao Ministério Público, que é titular da ação penal. Já no que diz respeito ao arrombamento de áreas fechadas, quando inequivocamente submetidas ao poder do falido (propriedade, posse ou detenção, nesta última incluído o mero direito de uso), é, sim, ato regular de arrecadação; com efeito, como esse poder do administrador judicial sobre os bens jurídicos é decorrente da própria decretação da falência, arrombar nada mais será do que exercício regular de um direito. Assim como o proprietário ou o possuidor podem arrombar para ingressar no imóvel que dominam ou possuem, o administrador judicial também o pode. Para além disso, não creio que o administrador judicial, na condição de auxiliar do juízo, detenha um poder amplo, como tal compreendido o poder de arrombar bem que não estivesse no poder jurídico do falido, ainda que para tomar posse de bem a ser arrecadado que esteja naquelas dependências, nem mesmo o poder de requisitar e usar do auxílio de força policial.

A solução será, sempre, requerer a medida ao juízo que, no exercício do poder jurisdicional, poderá determinar a realização daqueles atos e facultar o uso daqueles recursos. Assim, os meios serão empregados por determinação judicial, concretizando poder coercitivo estatal. Recorde-se, bem a propósito, de que o abuso no emprego dos meios judiciais para a realização de atos jurídicos tem uma solução jurídica diversa da solução para o abuso no emprego dos meios de administração. O simples ato de manejar indevidamente tais *instrumentos estatais de força* sobre terceiros caracteriza ato ilícito – e não mero abuso de direito – a implicar (1) destituição das funções, (2) responsabilidade civil e, eventualmente, (3) crime, se o comportamento do administrador estiver penalmente tipificado.

2.5 Expressividade econômica e comercialidade

Recorde-se aqui do que se viu no Capítulo 15, quando se estudou a obrigação de o empresário ou administrador societário *entregar, sem demora, todos os bens, livros, papéis e documentos ao administrador judicial*. Nem todos os bens e, em se tratando da falência de empresário (da pessoa natural, portanto), nem todos os documentos devem ser entregues pelo falido ou podem ser arrecadados pelo administrador judicial da falência. No âmbito dos bens, excluem-se aqueles que sejam legalmente definidos como impenhoráveis, desde que não haja créditos que excepcionem a regra que prevê a impenhorabilidade. É lícito ao falido insurgir-se contra a arrecadação de bens impenhoráveis, cabendo ao juiz deferir-lhe, ou não, a pretensão de os ver excluídos da massa. Não é só. Como igualmente estudado naquela oportunidade, somente deve ser considerado *bem*, a permitir a arrecadação pelo administrador judicial, a coisa (*res*) ou direito (*ius*) que tenha valor pecuniário, que tenha expressão econômica, e, ademais, esteja no comércio. Portanto, só se arrecadará aquilo que possa ser alienado, ainda que se trate de elementos que dão expressão a valores intangíveis da empresa, a permitir a sua alienação em bloco, atendendo ao artigo 140, I, da Lei 11.101/05, em suas íntimas relações com seu artigo 75. O tema foi explorado no Capítulo 15, ao qual remeto o leitor, evitando a repetição desnecessária dos argumentos.

2.6 Patrimônio de afetação

É juridicamente possível *afetar* certo patrimônio a determinada finalidade. O instituto jurídico do *patrimônio de afetação* constrói-se, conceitualmente, de forma interessante. A toda pessoa corresponde um patrimônio: a universalidade das relações jurídicas, morais e econômicas. No âmbito do patrimônio econômico, podem produzir-se secções, divisões; são patrimônios especializados, do que é exemplo o patrimônio empresarial do empresário (*firma individual*): um patrimônio especializado no âmbito do patrimônio da pessoa natural. Esse patrimônio especializado principia com o investimento do capital, devendo ser registrado em escrituração correspondente (artigo 1.178 e seguintes do Código Civil). Mas não há afetação, que é uma espécie do gênero especialização patrimonial. Há afetação quando a secção entre o patrimônio geral e o patrimônio especializado é rígida, havendo um vínculo necessário entre as porções ativa e passiva, com validade inclusive perante terceiros. Assim, o patrimônio ativo afestado (bens e direitos) vincula-se exclusivamente ao respectivo patrimônio passivo especificado (obrigações), não se comunicando com o restante do patrimônio universal da pessoa, nele incluídos, eventualmente, outro ou outros patrimônios de afetação.

Por suas implicações perante o direito de terceiros, a afetação não é regra, mas exceção em nosso Direito. A Lei 10.931/04, preocupada com a preservação dos interesses daqueles que, no mercado imobiliário, contratam a compra de unidades ainda em construção ou, mesmo, a serem construídas, institui uma hipótese de afetação patrimonial. Alterando a Lei 4.591/64 (artigo 31-A), prevê que, a critério do incorporador, a incorporação imobiliária poderá ser submetida ao regime da afetação, pelo qual o terreno e as acessões objeto de incorporação imobiliária, bem como os demais bens e direitos a ela vinculados, manter-se-ão apartados do patrimônio do incorporador e constituirão patrimônio de afetação, destinado à consecução da incorporação correspondente e à entrega das unidades imobiliárias aos respectivos adquirentes. O § 1º do dispositivo emenda, prevendo que o patrimônio de afetação não se comunica com os demais bens, direitos e obrigações do patrimônio geral do incorporador ou de outros patrimônios de afetação por ele constituídos e só responde por dívidas e obrigações vinculadas à incorporação respectiva.

Os patrimônios de afetação constituídos para cumprimento de destinação específica, na falência, obedecerão ao disposto na legislação respectiva, por força do artigo 119, IX, da Lei 11.101/05, a implicar um tratamento que, para cada situação, atenda à norma extraordinária que instituiu a hipótese de afetação. Destarte, permanecerão seus bens, direitos e obrigações separados dos do falido até o advento do respectivo termo ou até o cumprimento de sua finalidade, ocasião em que o administrador judicial arrecadará o saldo a favor da massa falida ou inscreverá na classe própria o crédito que contra ela remanescer.

2.7 Outras relações patrimoniais

A Lei 11.101/05, em seu artigo 126, traz uma regra geral, a disciplinar que, nas relações patrimoniais por ela não reguladas expressamente, o juiz decidirá o caso atendendo à unidade, à universalidade do concurso e à igualdade de tratamento dos credores, devendo observar ainda o disposto no seu artigo 75. Tem-se, portanto, uma norma aberta, de caráter eminentemente principiológico, voltada especificamente ao surgimento de controvérsias que não tenham merecido expressa disposição legal, funcionando a regra como norte para a colmatação de tais lacunas, lembrando-se, aqui, do princípio da indeclinabilidade da jurisdição, marca caracterizadora do poder jurisdicional.

Num primeiro plano, demanda-se do juiz considerar três princípios falimentares: (1) unidade, (2) universalidade do concurso de credores e do juízo universal (3) e igualdade de tratamento dos credores. *Unidade* é princípio de múltiplas facetas e consequências; traduz tratamento uno e único para todo o procedimento arrecadatório, bem como para o procedimento de execução coletiva. Mesmo que o conhecimento das controvérsias trabalhistas, fiscais e contra a administração federal direta e indireta tenham foro específico, a execução do crédito tem foro único, no qual as únicas distinções admitidas estão inscritas na lei. É a universalidade do concurso de credores e do juízo universal. Não se devem acatar argumentos e teses que pretendam construir dimensões especiais, recortadas da universalidade. Não se admite execução distinta da universal. Não se permitem soluções que fujam ao comum; é preciso dar tratamento isonômico, a refletir a *par conditio creditorum*, ainda que em seu contorno hodierno, ou seja, ainda que a refletir que os iguais têm tratamento igual e os desiguais têm tratamento desigual, próprios às distinções e às identidades de cada relação jurídica.

O norte da aplicação de tais princípios hermenêuticos é o artigo 75 da Lei 11.101/05: a percepção de que a falência *visa a preservar e otimizar a utilização produtiva dos bens, ativos e recursos produtivos, inclusive os intangíveis, da empresa*, bem como que o processo de falência deve atender *aos princípios da celeridade e da economia processual.*

2.8 Empresa individual de responsabilidade limitada

A falência da empresa individual de responsabilidade limitada é figura prevista no artigo 980-A do Código Civil. Como visto no Capítulo 14, como o legislador estabeleceu tratar-se de pessoa jurídica (artigo 44, VI, do Código Civil), a falência da empresa (sociedade unipessoal *sui generis* que é) não implicará a falência de seu titular. Essa distinção criará um desafio para o administrador judicial que, ao proceder à arrecadação, deverá acautelar-se de diferenciar o que pertence à pessoa do empresário e o que pertence à pessoa jurídica. Esse trabalho certamente conhecerá dificuldades práticas, embora deva-se reconhecer a presunção inerente ao registro público, no que se refere aos bens que estejam sujeitos a tal formalidade de domínio, a exemplo de imóveis (Cartório de Registro de Imóveis), patentes e registro de marcas (Instituto Nacional de Propriedade Industrial – INPI), veículos (Departamento de Trânsito – Detran), dentre outros. Contudo, é presunção relativa (*iuris tantum*); é possível demonstrar e provar a inadequação do registro, nos moldes que serão estudados no Capítulo 18.

No que se refere aos bens que não estejam sujeitos a registro, será preciso verificar o que pertence ao patrimônio do empresário e o que pertence ao patrimônio da empresa (pessoa jurídica), arrecadando apenas estes. Muitos bens estarão nessa categoria, entre maquinário, ferramental, instrumental, insumos, estoques etc. Para tanto deverão ser utilizados os registros contábeis, os inventários feitos ao final de cada exercício fiscal, bem como os documentos que comprovem a aquisição dos bens, a exemplo de notas fiscais e recibos. A meu ver, a existência de dúvidas em relação a certos bens interpreta-se favoravelmente à massa e em desproveito do empresário sempre que possa caracterizar *confusão patrimonial*, aplicando-se, por extensão, o paradigma inscrito no artigo 50 do Código Civil.

3 ARRECADAÇÃO DE DOCUMENTOS

A decretação da falência submete todo o patrimônio do falido ao juízo universal, com gestão pelo administrador judicial. Consequentemente, não só os bens que compõem o ativo patrimonial, mas também todos os documentos que registram a atividade patrimonial econômica do empresário ou sociedade empresária, devem ser transferidos ao administrador judicial, o que justifica a sua arrecadação. Por isso, é dever do empresário falido e do administrador da sociedade falida *entregar, sem demora, todos os livros, papéis e documentos ao administrador judicial*, indicando-lhe, para serem arrecadados, os que porventura estejam no poder de terceiros (artigo 104, V, da Lei 11.101/05). Os documentos são veículos indispensáveis para permitir ao administrador judicial o cumprimento de suas funções, já que lhe cumpre inventariá-los, investigá-los, verificar créditos e débitos, regularidades e irregularidades.

Por *documentos* interpretam-se todos os registros materiais que, inequivocamente, sirvam como meio de prova, sejam instrumentos ou não. Assim, os livros que compõem a escrituração formal da empresa, devidamente autenticados na Junta Comercial, bem como aqueles que componham uma escrituração informal, sem registro, a exemplo do livro de almoxarifado, livro de fabricação ou livro de ordens de fabricação, livro de matérias-primas, entre outros. Mas o conceito de documentos vai além, incluindo notas fiscais de bens recebidos, de serviços prestados, talonários de notas fiscais emitidas, instrumentos de contratos celebrados, pedidos, cópias de correspondências enviadas, correspondências recebidas, memorandos, projetos, relatórios. É indiferente tratar-se de originais ou de fotocópias, mesmo que não estejam estas autenticadas por tabelião, já que se aproveitam igualmente aos trabalhos realizados pelo administrador judicial e seus eventuais auxiliares.

Por outro ângulo, é preciso destacar, em acréscimo, que o conceito de *documentos* transcende a vinculação à celulose, ao papel (em sentido estrito), lembrando-se de que o artigo 225 do Código Civil expressamente aceita como prova os *documentos mecânicos e eletrônicos*, ou seja, as *reproduções fotográficas, cinematográficas, os registros fonográficos e, em geral, quaisquer outras reproduções mecânicas ou eletrônicas de fatos ou de coisas*. A arrecadação, consequentemente, atingirá disquetes, discos compactos (*compact discs*) – CDs, DVDs e CD-ROMs –, discos rígidos (*hard discs*), *pen drivers*, fitas magnéticas e quaisquer outros meios de registro de informações, inclusive os mais antigos, como películas, fotografias, negativos fotográficos etc. Mesmo computadores (CPUs), gravadores e outros aparelhos de registro, com as informações que contenham.

A arrecadação não está limitada aos documentos que estejam disponíveis nas instalações do falido ou que sejam entregues ao administrador judicial pelo devedor, seus administradores, sócios ou prepostos. Alcança também documentos que, pertencendo ao falido (empresário ou sociedade empresária), estejam no poder de terceiros, tenham sido indicados pelo falido ou seu administrador, tenham sido descobertos por iniciativa do administrador judicial. Os detentores de documentos da massa, salvo a ocorrência de qualquer elemento extraordinário, estão obrigados a entregá-los ao administrador judicial, já que este assume a gestão da massa, e essa gestão inclui a posse dos documentos pertinentes, como demonstrado. O administrador judicial ainda deve ter acesso a informações que sejam armazenadas em páginas da rede mundial de computadores (Internet) e junto a terceiros, que prestem esse serviço de guarda de dados.

A obtenção de documentos pode resultar do cumprimento voluntário pelo terceiro da obrigação de os entregar, atendendo à simples solicitação do administrador judicial. Se há resistência e/ou ocultação de documentos, a solução será pedir ao juízo a respectiva busca e apreensão. Em qualquer hipótese, contudo, a obtenção extrajudicial ou judicial dos documentos deve ser lícita, o que implica respeitar as resistências legítimas. Há limites ao poder de arrecadação, ou, como dito acima, há elementos extraordinários que justificam que os documentos sejam conservados na posse de terceiros e, mesmo, que não sejam sequer exibidos ao administrador judicial ou, mesmo, ao Judiciário. Um exemplo eloquente são os documentos protegidos pelo princípio da inviolabilidade dos registros do advogado, garantia da preservação do princípio do sigilo profissional. Se o advogado atuava para a sociedade empresária, não poderá invocar o sigilo profissional para eximir-se da prestação de informações que digam respeito àquela ao administrador judicial, já que este assume a sua gestão; todavia, se o advogado atuava para o empresário – mais do que para a empresa –, desbordando as atividades empresárias, no amplo leque das relações jurídicas mantidas pela pessoa natural, estará, sim, obrigado ao segredo profissional e haverá, em decorrência, incidência do princípio da inviolabilidade da advocacia. Diga-se o mesmo quando o advogado seja representante do sócio e/ou administrador da sociedade empresária falida e as informações e/ou documentos pretendidos digam respeito a este, e não à pessoa jurídica cuja falência se decretou.[1]

Mais do que mera arrecadação de documentos, haverá igualmente um levantamento de informações documentais pertinentes à massa falida, o que pode incluir procedimentos que, embora não visem à busca e apreensão de registro detido por terceiros, visam à obtenção de informações que estão legitimamente na titularidade de terceiros. Essa iniciativa se faz por meio de pedidos judiciais para exibição de documentos, designadamente o pedido de exibição integral ou parcial dos instrumentos de escrituração, o que somente se permite em decisão fundamentada, constituída a partir do respeito ao devido processo legal e ao contraditório. Aplica-se, aqui, o artigo 1.191 do Código Civil, a prever que o juiz só poderá autorizar a exibição integral dos livros e papéis de escrituração quando necessária para resolver questões relativas a sucessão, comunhão ou sociedade, administração ou gestão à conta de outrem, ou em caso de falência. Nem se diga que a previsão de exibição *em caso de falência*, por si só, autorizaria a pretensão de o administrador judicial do falido examinar livros alheios. Com efeito, a previsão de exibição integral dos livros e papéis de escrituração *em caso de falência* não tem

1 Conferir MAMEDE, Gladston. *A Advocacia e a Ordem dos Advogados do Brasil*. 3. ed. São Paulo: Atlas, 2008.

a massa como sujeito ativo, mas como sujeito passivo: são os livros do falido que se exibem integralmente a credores, sócios da sociedade falida e Ministério Público.

O administrador judicial, portanto, deverá calçar a sua pretensão de exibição integral de livros e documentos de escrituração alheios nas demais hipóteses autorizadas pelo *caput* do artigo 1.191 do Código Civil. Em primeiro lugar, demandas que versem sobre sucessão de direitos, o que engloba a sucessão *causa mortis* (hereditária) e/ou *inter vivos*, a exemplo das situações de alienação do estabelecimento, alienação de quotas de sociedade comercial, doação, arrematação judicial etc. Também se pode pedir a exibição total de livros e instrumentos de escrituração quando haja comunhão de direitos ou interesses jurídicos, a exemplo da existência de parcerias empresariais, consorciamento para realização de determinadas empreitadas (*joint venture*) etc.; da existência de sociedade, o que se interpreta em sentido amplo, personalizada ou não, a incluir a sociedade em conta de participação. Por fim, a administração ou gestão à conta de outrem, referindo-se, portanto, a litígios entre a sociedade e seus administradores ou gestores; também seria a hipótese de relações jurídicas na qual a própria sociedade desempenha a função de administrador ou gestor à conta de outrem, como se passaria em demanda aforada por lojista ou lojistas de *shopping center* contra a administradora, versando sobre temas que impliquem aferição contábil, a exemplo da previsão de rateio de despesas.

Deferida a exibição total dos livros e/ou documentos escriturais acessórios (notas fiscais, contratos etc.), os instrumentos deverão ser confiados ao Judiciário, esclarecendo o artigo 1.191, § 2º, do Código Civil, que, se tais instrumentos se encontrarem em outra jurisdição, nela se fará o exame, perante o respectivo juiz. Se o empresário ou sociedade empresária se recusa a apresentar os livros, diante da determinação judicial, poderá ser ordenada sua apreensão judicial (artigo 1.192 do Código Civil). O juiz, como se lê do § 1º deste artigo 1.191, poderá ordenar que o exame se faça na presença do empresário ou da sociedade empresária a que pertencem ou de pessoas por estes nomeadas. A confecção de apontamentos, bem como de cópias, deverá ser expressamente autorizada pelo Judiciário e, sempre, deverá estar limitada à questão em debate, realçando-se a imprescindibilidade de se preservar o sigilo empresarial (especificamente escritural, no caso), cuja exceção ali verificada justifica-se apenas nos limites do litígio, não além.

Também é possível ao administrador judicial requerer a exibição parcial da escrituração alheia, a incluir livros e documentos acessórios; cuida-se de medida que não se encontra limitada à casuística do artigo 1.191 do Código Civil, mas alcança todas as demais pretensões, desde que a exibição do lançamento correspondente possa ser útil aos trabalhos que devem ser desenvolvidos pelo administrador judicial. Um exemplo claro é a exibição dos lançamentos contábeis referentes ao crédito cuja habilitação se requereu. Neste caso, a recusa de apresentação do excerto não determina apreensão judicial do instrumento de escrituração, mas, na forma do artigo 1.192, § 1º, segunda parte, que se tenha como verdadeiro o alegado pela parte contrária para se provar pelos livros. Mas, como visto no volume 1 desta coleção, o legislador, contudo, hesitou, estabelecendo no parágrafo único desse artigo que a confissão ficta, resultante da recusa de exibição parcial, pode ser elidida por prova documental em contrário.

3.1 Limites

A exemplo do que se viu na arrecadação de bens, também no que toca à arrecadação de documentos atua o administrador judicial em âmbito específico, no qual seus poderes não são ilimitados. Também em relação a documentos não se lhe toleram comportamentos abusivos, como a pretensão de, evitando o provimento jurisdicional nas situações controversas, tomar coercitivamente documentos de outrem, sob o argumento de estar cumprindo sua obrigação de arrecadar. Reiteram-se aqui, portanto, os argumentos e os apontamentos feitos acima, quando me referi às relações jurídicas controversas.

O mesmo se diga em relação à natureza jurídica do documento que se pretenda arrecadar, nomeadamente quando se esteja diante da falência do empresário ou do sócio ilimitadamente responsável, declarada conjuntamente com a falência da sociedade (artigo 81 da Lei 11.101/05). Só podem ser arrecadados documentos que digam respeito à atuação econômica da pessoa natural; não se permite a arrecadação de documentos pessoais, já que são direitos e garantias fundamentais que *ninguém será submetido a tratamento degradante*, sendo *invioláveis a intimidade e a vida privada das pessoas*, bem como *o sigilo da correspondência e das comunicações telegráficas, de dados e das comunicações telefônicas* (artigo 5º, III, X e XII, da Constituição da República), o que se interpreta, por óbvio, excluindo o que diga respeito à empresa e à atuação negocial, mas aplica-se inteiramente ao que se refere à vida privada e à intimidade.

4 AVALIAÇÃO

Os bens que forem arrecadados pelo administrador judicial deverão ser avaliados pelo administrador judicial ou por avaliadores contratados mediante autorização judicial, caso o administrador não tenha condições técnicas para a tarefa (artigos 22, III, *g* e *h*, e 108 da Lei 11.101/05). O pedido de contratação de avaliador deverá expor as razões pelas quais o entende não ter condições técnicas para avaliar os bens arrecadados; o juiz, ao examinar a pretensão, deverá, em primeiro lugar, verificar a razoabilidade do requerimento, nomeadamente tendo em vista os bens que devem ser avaliados e a efetiva dificuldade para atribuir-lhes um *valor de mercado*. Deverá, também, verificar a capacidade financeira da massa, sendo de todo injustificado onerá-la em excesso quando seu ativo seja muito reduzido; será preferível nomear outro administrador judicial do que onerar em excesso à massa, em desproveito da coletividade de credores. Se deferida a medida, dar-se-á preferência para avaliadores oficiais, ou seja, aqueles que desempenhem comumente essa função para o Estado (a exemplo do Judiciário), preferencialmente por desempenharem função pública, como oficiais de justiça que procedem habitualmente a avaliações, evitando-se, assim, onerar a massa com honorários de avaliador.

A atribuição de valores levará em conta o preço médio pelo qual correntemente seria vendido cada bem, separadamente, embora seja possível avaliá-los em bloco (artigo 108). Essa licença para avaliar os bens *em bloco* não constitui exoneração das obrigações que são próprias da função de administrador judicial de inventariar e avaliar os bens. Tal alternativa deve ser compreendida por sua instrumentalidade, ou seja, por um exame atento das condições apresentadas em concreto e da conveniência de se reunirem bens num bloco ou de, em oposição, dar-lhes expressão particularizada. Tanto é assim que o artigo 110, § 3º, da Lei 11.101/05, quando fala no inventário dos bens e documentos arrecadados, prevê que, *quando possível, os bens serão individualizados*. Insofismavelmente, *possibilidade* é uma palavra forte; melhor seria dizer *viabilidade*. Assim, quando se tenham miudezas, ou seja, diversos bens de valor ínfimo (mercadorias ou insumos, como parafusos, engrenagens, juntas etc., bem como mobiliário – alfaias – usado, sem expressividade econômica singular), recomenda-se o uso do recurso de avaliação em bloco. Justamente por isso afirmei no Capítulo 4 que alguns bens podem ser avaliados em lotes, a exemplo de mercadorias, peças de reposição, mobiliário usado de escritório (cadeiras, mesas etc.). Nas demais situações, deve-se recorrer à avaliação por unidade ou, no mínimo, ao conjunto de itens de mesma identidade, garantida segurança ao juízo, mormente considerado o seu praceamento e a referência que é oferecida pela avaliação.

Ainda que haja avaliação em bloco, nas hipóteses em que seja possível ou indispensável recorrer a tal procedimento, havendo bem ou bens (incluindo direitos) que sejam objeto de garantia real, deverão ser eles avaliados em separado (artigo 108, § 5º). A medida se faz necessária para atender ao artigo 83, § 1º, da Lei 11.101/05, prevendo que o credor com garantia real receberá como valor do bem objeto de garantia real a importância efetivamente arrecadada com sua venda, ou, no caso de alienação em bloco, o valor de avaliação do bem individualmente considerado. Justamente por isso, a avaliação de tais bens é, sim, matéria que pode ser impugnada não apenas pelo respectivo credor, pedindo a majoração do valor apontado, mas igualmente pelo empresário, administrador societário da falida, sócios da falida e credores, pedindo a sua minoração. Em ambos os casos, a matéria se tornará controversa, a exigir do Judiciário decisões motivadas sobre o valor, incluindo o deferimento ou não da realização de perícia.

O falido pode acompanhar a arrecadação e a avaliação dos bens (artigo 108, § 2º). *Acompanhar*, aqui, não é apenas ato físico e passivo de estar junto; interpreta-

-se em sentido amplo, incluindo o ato de estar fisicamente presente, devendo ser devidamente notificado para tanto. O acompanhamento se faz, igualmente, na formulação de pedidos de explicação sobre critérios adotados e sobre valores apontados, na resistência a procedimentos em bloco (quando melhor seria a avaliação individual), no requerimento de que constem ressalvas no auto de arrecadação e avaliação etc. Em decorrência desse poder de acompanhar, aliás, há um poder de impugnar, não apenas em petição dirigida ao administrador judicial, mas igualmente em petição dirigida ao juízo, tornando controversa a questão, a exigir pronunciamento jurisdicional.

Não sendo possível a avaliação dos bens no ato da arrecadação, o administrador judicial requererá ao juiz a concessão de prazo para apresentação do laudo de avaliação, que não poderá exceder 30 dias, contados da apresentação do auto de arrecadação (artigo 110, § 1º). Reitero o que disse no Capítulo 4: não há relação direta entre o artigo 22, III, *h*, e o artigo 110, § 1º, ambos da Lei 11.101/05. Assim, há quatro hipóteses: (1) o administrador judicial reconhece-se capaz de fazer a avaliação e efetivamente a faz, concomitantemente à arrecadação; (2) o administrador judicial não se julga capaz de fazer a avaliação e, mesmo antes da arrecadação, com autorização do juiz, contrata avaliador, concluindo num único ato a arrecadação e a avaliação dos bens arrecadados; (3) o administrador considera não ser possível avaliar os bens no ato da arrecadação, requerendo ao juiz prazo não superior a 30 dias para que ele mesmo faça a avaliação; e (4) o administrador considera não ser capaz de fazer a avaliação dos bens arrecadados, nem considera que tal avaliação possa ser feita no ato da arrecadação, requerendo ao juiz autorização para contratar um avaliador e prazo não superior a 30 dias para que o avaliador contratado elabore o laudo de avaliação.

4.1 Auto de arrecadação, inventário e laudo de avaliação

Como decorrência dos procedimentos de arrecadação de bens e documentos e avaliação dos bens, o administrador judicial está obrigado a lavrar um *auto de arrecadação*, do qual constará um inventário dos bens arrecadados e, igualmente, um *laudo de avaliação dos bens* (artigo 110, *caput*, da Lei 11.101/05). O auto de arrecadação é um documento composto de três partes:

1. *Auto* (em sentido estrito): é a peça por meio da qual o administrador judicial declara a arrecadação dos bens e dos documentos do falido, informando as condições em que se processou o ato: dia ou dias em que as diligências foram realizadas, local ou locais em que ocorreram, atos praticados (a exemplo do lacre de estabelecimento, entre outros), incidentes e irregularidades verificadas, pessoas que estiveram presentes acompanhando as diligências. Deverá, ademais, fazer menção aos documentos que acompanham, designadamente, o *inventário* e o *laudo*

de avaliação dos bens. Arremata-se com a data em que foi passado, assinatura do administrador judicial, auxiliares (peritos, contadores etc.) e do falido ou seu administrador societário, se presente à arrecadação.

2. *Inventário*: é a descrição dos documentos e dos bens que foram arrecadados, nele devendo ser referidos (artigo 110, § 2º): (i) os livros obrigatórios e os auxiliares ou facultativos do devedor, designando o estado em que se acham, número e denominação de cada um, páginas escrituradas, data do início da escrituração e do último lançamento, e se os livros obrigatórios estão revestidos das formalidades legais; (ii) dinheiro, papéis, títulos de crédito, documentos e outros bens da massa falida; (iii) os bens da massa falida em poder de terceiro, a título de guarda, depósito, penhor ou retenção; e (iv) os bens indicados como propriedade de terceiros ou reclamados por estes, mencionando essa circunstância. Quando possível, os bens serão individualizados (§ 3º).
3. *Laudo de avaliação dos bens*: é a atribuição de valores para os bens que foram arrecadados. Nada impede que o inventário dos bens e o laudo de avaliação componham uma única peça, na qual se faça a descrição dos bens e, à frente, determine-se o respectivo valor. Essa forma, todavia, inviabiliza a menção a critérios utilizados, designadamente quando se esteja diante de bens de avaliação complexa, como propriedade imaterial (marca, patente etc.), obras de arte, entre outros.

Determina o artigo 110, § 4º, da Lei 11.101/05 que, em relação aos bens imóveis, o administrador judicial, no prazo de 15 (quinze) dias após a sua arrecadação, exibirá as certidões de registro, extraídas posteriormente à decretação da falência, com todas as indicações que nele constarem, devendo juntá-las aos autos.

5 CUSTÓDIA DE BENS E DOCUMENTOS

Mais do que arrecadar, inventariar e avaliar, o administrador judicial também está obrigado a dar adequada custódia a bens e documentos do falido. *Dar custódia* é guardar, e bem guardar. Para tanto, medidas diversas se fazem necessárias, conforme as particularidades de cada caso, a começar pelo lacre do estabelecimento, quando exposto a risco, a contratação de vigias, a colocação de cadeados ou dispositivos eletrônicos de controle etc. Em cada contexto, a obrigação exigirá procedimentos diversos; na falência de uma empresa agropecuária, manter alimentados, vacinados e bem tratados os animais, manter irrigadas e capinadas as plantações etc. Se há maquinários, implica adequada supervisão de seu estado e prática de atos de manutenção. A custódia se expressa, igualmente, em atos jurídicos, nomeadamente quando se têm direitos. Assim, tendo sido arrecadada patente de invenção ou de modelo de utilidade, é preciso cuidar para que seja feito o pagamento anual da retribuição devida ao INPI (artigo 84 da Lei 9.279/96), bem como para que não haja caducidade. Tendo sido arrecadado registro de marca, é preciso igualmente cuidar para que seja providenciado pedido de prorrogação, quando expire o prazo de vigência (artigo 133 da Lei 9.279/96), além de encetar esforços para que não haja, igualmente, caducidade (artigo 143). São apenas exemplos; muitas outras situações podem apresentar-se, exigindo atenção do administrador judicial.

Os bens arrecadados ficarão sob a guarda do administrador judicial ou de pessoa por ele escolhida. Ainda que se opte por terceirizar a custódia dos bens, a responsabilidade pela guarda será do administrador judicial (artigo 108, § 1º). Também é possível, diz o artigo 108, § 1º, a nomeação de depositário para os bens, incluindo o próprio falido ou qualquer de seus representantes. Outra possibilidade é a remoção dos bens, o que será feito *desde que haja necessidade de sua melhor guarda e conservação* (artigo 112). Nessa hipótese, os bens serão retirados de onde estavam (o estabelecimento do falido, o domicílio de terceiro etc.) e levados para um depósito, ali permanecendo sob responsabilidade do administrador judicial, mediante compromisso. O extravio ou dano aos bens, neste contexto, implicará responsabilização civil do administrador judicial, caracterizando ato ilícito a sua desídia no cumprimento da obrigação, bem como atos que revelem negligência ou imprudência, além dos atos dolosos, por certo, e os que caracterizem abuso de Direito.

5.1 Venda antecipada de bens

A obrigação de custódia, por vezes, assume um contorno um pouco distinto, revelando-se como obrigação de pronta alienação dos bens, evitando, assim, prejuízos para a massa falida. Reconhece-o o artigo 113 da Lei 11.101/05, facultando sejam vendidos antecipadamente os *bens perecíveis, deterioráveis, sujeitos à considerável desvalorização ou que sejam de conservação arriscada ou dispendiosa*. São cinco casos diversos:

1. *Perecibilidade*: característica dos bens que sofrem o efeito do tempo em sua existência, transformando-os em substâncias impróprias para suas finalidades mercantis, do que é exemplo o transcurso do prazo de validade, ou simplesmente extinguindo-os, do que é exemplo a morte de víveres. Em alguns casos, há situações que estão no limiar entre a perecibilidade e a deteriorabilidade: bens que não estão vivos, mas que perdem sua função pelo simples transcurso de tempo, vencendo-se prazo de validade: remédios, cosméticos, perfumes etc.
2. *Deteriorabilidade*: característica dos bens que estão propensos à degradação física, ou seja, sujeitos a assumirem condição inferior, a se estragarem, como resultado do transcurso do tempo, em face de elementos

intrínsecos (da sua natureza ou conformação) ou extrínsecos (a exemplo das circunstâncias de instalação etc.).

3. *Depreciação*: característica dos bens que estão propensos a se desvalorizarem, a exemplo de bens que podem se tornar tecnologicamente ultrapassados, o que é cada vez mais comum em nossos dias. Em fato, num único ano, um microcomputador usado em atividades profissionais, como o desenho industrial, está defasado para aquela finalidade específica. Somem-se mercadorias de determinada estação, que expressam qualidades de tendências de moda, entre outros.
4. *Conservabilidade arriscada*: não se está, aqui, diante de uma característica do bem ou bens, mas diante de uma avaliação da custódia desses bens, considerando o legislador a possibilidade de ser arriscado guardar os bens, sendo preferível aliená-los de imediato. Os riscos, aqui, podem ser de diversas naturezas: subtração ilícita, eventos naturais de ocorrência provável etc.
5. *Conservabilidade dispendiosa*: a custódia, aqui, não é analisada pelos riscos, mas pelos custos. Implica, portanto, uma avaliação de proporcionalidade entre o que se pretende gastar para guardar os bens e o proveito que resultará dessa guarda, contrastado com as vantagens ou as desvantagens da antecipação da venda.

Presente qualquer uma das hipóteses citadas, haverá o administrador de requerer ao magistrado a venda antecipada dos bens. Aliás, embora o dispositivo tenha utilizado a locução verbal *poderão ser vendidos*, a ocorrência de alguma das situações analisadas exige do administrador judicial requerer ao juízo a antecipação, podendo responder pelos danos decorrentes de sua negligência ou imprudência no exercício do dever de guarda. Recorde-se, bem a propósito, do artigo 22, III, *j*, da Lei 11.101/05, que define o requerimento da venda antecipada nesses casos como ato que compete ao administrador judicial na falência, entre *outros deveres* impostos pela lei. Fica claro, portanto, tratar-se de uma obrigação própria da função.

A venda antecipada deve ser compreendida na lógica do processo falimentar; a rigor, a atenção ao princípio da celeridade, inscrito no artigo 75, parágrafo único, da Lei 11.101/05, exige que a realização do ativo se dê o quanto antes. No entanto, após a arrecadação e a avaliação, espera-se que o administrador ocupe-se da verificação, habilitação e impugnação de créditos, o que, por si só, poderá tomar muito tempo de si e de sua equipe. Daí a excepcionalidade da alienação de parte do ativo após a arrecadação e a avaliação, antecipadamente, o que deverá se fazer mediante autorização judicial, ouvidos o comitê de credores e o falido, que terão um prazo comum de 48 horas para se manifestarem. Por fim, é preciso reconhecer que a venda antecipada de bens pode ser uma via eficaz para atender às necessidades urgentes da massa, como o pagamento de salários atrasados, embora com as restrições inscritas no artigo 151 da Lei 11.101/05, bem como para propiciar recursos para que a massa custeie suas próprias despesas.

5.2 Aluguel, cessão e outros contratos com bens arrecadados

A guarda dos bens não impede seu uso produtivo, desde que a favor da massa falida. Guardar e ter em custódia não são atos que impliquem fechamento e recesso, do que é exemplo patente a possibilidade de continuação provisória das atividades da empresa, quando os bens são, sim, arrecadados e conservados sob a custódia do administrador judicial, embora sendo empregados nas atividades empresárias. Nessa mesma linha, destaca-se o artigo 114 da Lei 11.101/05, a prever a possibilidade de a massa falida, por meio de seu administrador judicial, *alugar ou celebrar outro contrato referente aos bens da massa falida, com o objetivo de produzir renda para a massa falida*, para o que deverá contar com autorização do comitê de credores. Essa possibilidade traduz aplicação concreta da ideia de *preservação e otimização da utilização produtiva dos bens, ativos e recursos produtivos, inclusive os intangíveis, da empresa*, que o artigo 75 da Lei 11.101/05 erige como definição da falência, como igualmente atende às necessidades econômicas do procedimento falimentar, viabilizando o adimplemento, na forma do seu artigo 150, das *despesas cujo pagamento antecipado seja indispensável à administração da falência, inclusive na hipótese de continuação provisória das atividades*.

Diversos tipos de contratação podem ser estabelecidos no interesse da massa e tendo por finalidade produzir renda para si, bem como permitir melhor conservação de seus bens e direitos. O aluguel de imóveis e de maquinários, o arrendamento de estabelecimentos, licença para produção de bem objeto de patente (invento ou modelo de utilidade), licença para exploração de marca, licença para exploração da lavra da qual o falido seja titular do consentimento para minerar, entre tantos outros. Mesmo o arrendamento de toda a empresa, como forma específica de dar continuidade provisória às suas atividades, é juridicamente possível. Com o arrendamento da empresa, o administrador judicial pode dedicar-se aos procedimentos falimentares, enquanto outrem se encarrega da manutenção provisória das atividades, remunerando a massa como acordado: valores certos e/ou percentuais. Pagará trabalhadores, fornecedores (pelas compras efetuadas após a decretação da falência), manterá a atuação junto ao mercado etc., substituindo o empresário ou sociedade empresária, que, até a quebra, titularizavam a empresa (compreendida como *universitas iuris* e, simultaneamente, *universitas facti*).

Como visto no Capítulo 16, o estabelecimento de tais relações contratuais posteriores à falência deve ser visto com atenção. A contratação se estabelecerá a partir de cláusulas elaboradas pelo administrador judicial, devendo ser submetidas e aprovadas pelo juízo. Assim, o instrumento de contrato deve ter, obrigatoriamente, a estrutura constante dos autos, aprovada pelo Judiciário; se o instrumento firmado pela massa e pelo terceiro contratante for diverso, não será oponível à massa, caracterizando ato ilícito, ainda que por ter sido praticado com excesso de poder, sendo suas consequências atribuíveis exclusivamente ao administrador judicial e/ou ao auxiliar deste que foi responsável pela redação do documento. A regra para a determinação do terceiro contratante é, por óbvio, concorrencial: licita-se a oportunidade de contratar com a massa, abrindo-se a oportunidade, em prazo certo, para que interessados apresentem suas propostas pelo contrato, escolhendo-se a melhor. Se os credores, todavia, anuírem com sistemas diversos, por serem mais simplificados, devem esses ser aceitos, desde que não impliquem prejuízo para as partes reunidas no juízo universal. Como disse naquela oportunidade, em muitas ocasiões, essas contratações são viáveis com pessoas determinadas: o vizinho do imóvel, os ex-trabalhadores do falido, seu principal fornecedor ou consumidor etc.

Tais relações jurídicas são provisórias por essência, sendo constituídas a título precário (artigo 114, § 1º, da Lei 11.101/05). *O contrato não gera direito de preferência na compra e não pode importar disposição total ou parcial dos bens*. Também não terá o contratante o direito de pretender fazer valer o negócio contra eventuais arrematantes dos bens objeto do ajuste, já que há vedação legal para tanto: o § 2º daquele mesmo artigo 114, segundo o qual *o bem objeto da contratação poderá ser alienado a qualquer tempo, independentemente do prazo contratado, rescindindo-se, sem direito a multa, o contrato realizado, salvo se houver anuência do adquirente*.

18

Restituição, Ineficácia, Revogação e Embargos

1 RESTITUIÇÃO DE BENS

O proprietário de bem arrecadado no processo de falência ou que se encontre em poder do devedor na data da decretação da falência poderá pedir sua restituição (artigo 85 da Lei 11.101/05). Pode ocorrer que os procedimentos de arrecadação encetados pelo administrador judicial acabem por alcançar bens (coisas e direitos) que não pertençam ao falido, mas a terceiros. Isso não é raro, já que o complexo organizado de bens utilizado para o exercício da empresa não precisa compor-se apenas de bens pertencentes ao empresário ou sociedade empresária, podendo incluir bens de terceiros: coisas recebidas em comodato ou direitos cedidos temporariamente, entre outros. A ação de restituição instaura uma discussão de direito real, e não de Direito Obrigacional. O fundamento é a reconstituição de uma situação de titularidade sobre bem detido pelo falido, mas que não lhe pertencia. O autor do pedido de restituição não pretende satisfazer um crédito, mas receber de volta o que é seu; daí o termo *restituição*, que traduz a ideia de devolução, de reposição.

Também é possível a formulação do pedido de restituição de *coisa vendida a crédito* e *entregue ao devedor nos 15 dias anteriores ao requerimento de sua falência, se ainda não alienada* (artigo 85, parágrafo único). O dispositivo amplia a ideia de restituição, alcançando situações que, a rigor, não caracterizam entrega da coisa ao seu proprietário; houve um contrato de compra e venda e, mais, houve a tradição, completando a transferência de domínio dos bens alienados. Todavia, o exíguo espaço de 15 dias entre a celebração do negócio e a decretação da falência, bem como o fato de se tratar de venda a crédito, justifica a disposição. De qualquer sorte, a norma tem por mérito evitar que os fornecedores se tornem arredios a empresários com título protestado, o que tornaria inevitável a quebra. A existência de contrato de compra e venda a crédito é requisito do pedido de restituição, não se aplicando o instituto a outras formas de transferência de bens. No Agravo Regimental 1.022/MG, a Terceira Turma do Superior Tribunal de Justiça frisou tratar-se de "coisa vendida a crédito, e não a vista, aquela por cheque pós-datado e sem suficiente provisão de fundos".

A prova do negócio é de inteira total responsabilidade do autor do pedido de restituição, como decidiu a Quarta Turma do Superior Tribunal de Justiça no julgamento do Recurso Especial 147.256/RS: "não viola a lei o acórdão que indefere perícia requerida para comprovar a venda da mercadoria antes do pedido de restituição, entendendo que se tratava de fato comprovável por nota fiscal que a concordatária deixou de apresentar". O Ministro Ruy Rosado de Aguiar, relator do feito, destacou: "realmente, adquiridas coisas destinadas à comercialização, cabia ao comerciante demonstrar a operação através de documento hábil para tanto, ou ao menos indicar a sua existência e a dificuldade de reuni-los em tão curto espaço de tempo, já que invocou tal obstáculo. Diversamente, voltou-se para a perícia, procedimento demorado e dispendioso, para suprir a falta que decorreria de dificuldade que ela própria criara, sendo que até hoje nada trouxe aos autos para convencer do acerto de sua alegação". Mais do que isso, é preciso que o bem ainda não tenha sido alienado. Se já o foi, só restará ao alienante a habilitação de seu crédito na categoria respectiva, não havendo falar restituição, nem mesmo restituição em dinheiro (artigo 86, I), a ser estudada adiante.

Também é preciso que a mercadoria tenha sido *entregue ao devedor nos 15 dias anteriores ao requerimento de sua falência*. Friso: o *dies a quo* é o ajuizamento da ação falimentar e não a sua decretação. Os *15 dias anteriores ao requerimento da falência* não se contam, porém, do pedido das mercadorias, da celebração do contrato de compra e venda, nem da expedição das mercadorias. Contam-se estritamente da entrega das mercadorias no estabelecimento do falido. Note-se que a norma fala *nos 15 dias anteriores*, contagem regressiva que pode dar margem a alguma dúvida. Em primeiro lugar, por *requerimento da falência* interpreta-se a protocolização do pedido no Judiciário. Não a protocolização de qualquer pedido, mas do pedido que, ao final, restou deferido, determinando a declaração da falência. O artigo 132 do Código Civil aplica-se aqui, ainda que por lógica inversa. Assim, na contagem do prazo não se computa o dia do começo, qual seja, o dia da protocolização, sendo o dia anterior o primeiro dos 15 dias aludidos pela norma. Se o 15º dia cair em feriado ou domingo, deve-se prorrogar a contagem até o primeiro dia útil posterior.

Por fim, chamo a atenção para o fato de que, ao cuidar da restituição, o legislador olvidou-se da figura da continuação provisória das atividades do falido (artigo 99, XI), meio para preservar e otimizar a utilização produtiva dos bens, ativos e recursos produtivos, inclusive os intangíveis, da empresa (artigo 75), servindo mesmo à *alienação da empresa, com a venda de seus estabelecimentos em bloco* (artigo 140, I). Parece-me que, diante da determinação de continuidade provisória das atividades empresariais, será necessário repensar a ideia de restituição. Continuando a empresa, nem tudo pode ser restituído, a principiar das mercadorias compradas a crédito, ainda que entregues *nos 15 dias anteriores ao requerimento da falência*; entender o contrário seria simplesmente inviabilizar essa continuação provisória. Em oposição, não é possível dizer que a decisão de continuação provisória, por si só, implica a impossibilidade do pedido de restituição. Por certo, no contrato de comodato, o comodante ainda conserva tal direito, como também o conserva o consignante no contrato estimatório. Não é legítimo pretender que sejam cerceados na sua titularidade jurídica pela deliberação de continuidade provisória da empresa. O mesmo não se passará, todavia, com contratos em que haja o amalgamento de relações obrigacionais e reais, designadamente a compra e venda, com cláusula de retrovenda, ou a alienação fiduciária em garantia, como viu-se no Capítulo 16, quando citei o Recurso Especial 172.367/PR, no qual afastou-se o cumprimento do contrato por meio do qual se transferira ao estabelecimento da falida um torno desfolhador de madeiras com eixos telescópicos, determinando apenas que o respectivo crédito fosse incluído no Quadro Geral de Credores.

2 RESTITUIÇÃO EM DINHEIRO

Em algumas situações específicas, permite-se que a restituição se faça em dinheiro, o que, em boa medida, rompe com a lógica da constituição do juízo universal e do concurso de credores. Ainda assim, o legislador previu situações nas quais valores em dinheiro podem ser objeto de restituídos. Não é pagamento, friso, mas restituição. A Segunda Seção do Superior Tribunal de Justiça, julgando o Recurso Especial 32.959/SP, deixou claro que as restituições "devem efetivar-se antes do pagamento de qualquer crédito, ainda que trabalhista, pois os bens a que se referem não integram o patrimônio do falido". Não há falar em rateios ou preferências. Por isso, a restituição de dinheiro é excepcional. No julgamento do Recurso Especial 735.460/RS pela Primeira Turma do Superior Tribunal de Justiça, o Ministro José Delgado disse que não se podem ampliar as hipóteses cuidadas pela norma legal já que "constituem mitigação à ordem de preferência do pagamento fixada pela Lei de Falências", ordem essa que reflete uma valoração entre as pretensões creditícias, a refletir o que o legislador considerou atender ao interesse público.

Ainda que, em sentido estrito, não haja falar em concurso, quando se está diante de hipótese de restituição, o artigo 86, parágrafo único, prevê que as restituições em dinheiro somente serão efetuadas após o pagamento dos *créditos trabalhistas de natureza estritamente salarial vencidos nos três meses anteriores à decretação da falência, até o limite de cinco salários mínimos por trabalhador*, que, na forma do artigo 151 daquela lei, serão pagos tão logo haja disponibilidade em caixa. A previsão é justa, mas deixa claro que a restituição de parcelas em dinheiro nada mais é do que uma pequena subversão do concurso de credores, certo de que, diante da fungibilidade do dinheiro, não é possível, em sentido estrito, identificar o titular do papel-moeda.

2.1 Inexistência da coisa ao tempo da restituição

Se o bem não mais existir ao tempo do pedido de restituição, seu titular poderá requerer lhe seja entregue o respectivo valor, conforme avaliação, ou, no caso de ter ocorrido sua venda, o respectivo preço, atualizado (artigo 86, I). Mas é disposição que se interpreta restritivamente. Julgando o Recurso Especial 5.925/RS, a Terceira Turma do Superior Tribunal de Justiça, sob relatoria do Ministro Eduardo Ribeiro, destacou que "o bem há de ter sido arrecadado, para que se justifique o pedido de restituição. Poderá suceder, entretanto, que a coisa arrecadada venha a desaparecer, por culpa do *administrador judicial*, ou seja por ele alienada. Neste caso, a importância por que avaliada, ou a correspondente ao preço, deverá ser entregue ao que reclamou. [...] Situação diversa é a que se verifica quando a coisa não tenha sido arrecadada, por não mais existir, ou em virtude de alienação anterior à falência. Nesse caso, o interessado terá seu crédito incluído como quirografário". Esse entendimento foi repetido pela Quarta Turma, no julgamento do Recurso Especial 25.715/SP, no qual o relator, Ministro Sálvio de Figueiredo Teixeira, esclareceu que o dispositivo "estabelece que, inexistindo a coisa na época da restituição, poderá o reclamante obter o seu valor estimado, desde que o bem já tenha sido arrecadado pela massa, vale dizer, *a contrario sensu*, que, se a coisa não tiver sido arrecadada pela massa quando da decretação da quebra, o reclamante terá seu crédito, a rigor, inserido no rol dos quirografários". Some-se o julgamento do Recurso Especial 2.497/RJ e do Recurso Especial 176.011/SP.

Mas é preciso atenção para as particularidades de cada caso. A Terceira Turma do Superior Tribunal de Justiça, julgando o Recurso Especial 710.658/RJ, examinou um *contrato estimatório* (*venda em consignação*), no qual houve venda das mercadorias, sem restituição do dinheiro consignante. Segundo o precedente, "o que caracteriza o contrato de venda em consignação, também denominado pela doutrina e pelo atual Código Civil (artigos 534 a 537) de contrato estimatório, é que (i) a propriedade da coisa entregue para venda não é transferida ao consignatário e que, após recebida a coisa, o consignatário assume uma obrigação alternativa de restituir a coisa ou pagar o preço dela ao consignante". Assim, "os riscos são do consignatário, que suporta a perda ou deterioração da coisa, não se exonerando da obrigação de pagar o preço, ainda que a restituição se impossibilite sem culpa sua". Neste contexto, concluíram os ministros que, "se o consignatário vendeu as mercadorias entregues antes da decretação da sua falência e recebeu o dinheiro da venda, inclusive contabilizando-o indevidamente, deve devolver o valor devidamente corrigido ao consignante. Incidência da Súmula nº 417 do STF". Mais do que isso, afirmaram os julgadores que "a arrecadação da coisa não é fator de obstaculização do pedido de restituição em dinheiro quando a alienação da mercadoria é feita pelo comerciante anteriormente à decretação da sua quebra".

A bem da precisão jurídica, parece-me que as duas posições jurídicas apontam para situações diversas. Explico-me: na forma do artigo 534 do Código Civil, o bem consignado pertence ao consignante, devendo o consignatário devolvê-lo ou pagar o preço ajustado entre as partes. Falindo o consignatário, é este o fundamento do pedido de restituição do bem em si, se arrecadado, ou do dinheiro que corresponda ao preço ajustado. A simplicidade desta afirmação, todavia, pode levar o intérprete a não fazer a distinção entre momentos e modos diversos. Neste contexto, parece-me ser indispensável distinguir (1) créditos de pagamentos não adimplidos de (2) créditos de operações correntes. Se o consignatário/falido estava inadimplente com a obrigação de pagar por bens vendidos, o consignante não tem contra si meios ordinários para exigir o pagamento: ação de execução, monitória ou cobrança; é a qualidade do crédito quirografário. Em oposição, estão as operações correntes, ou seja, aquelas ainda em curso, nas quais o consignante ainda manifesta a legítima expectativa do sujeito descrito pelo citado artigo 534 do Código Civil: não sabe que a coisa foi vendida e/ou que o consignatário está inadimplente com a obrigação de pagar-lhe o valor devido. É a qualidade do autor do pedido de restituição, seja da coisa, seja do valor correspondente.

2.2 Contrato de câmbio

Também se fará a restituição em dinheiro da importância entregue ao devedor, em moeda corrente nacional, decorrente de *adiantamento a contrato de câmbio para exportação* (artigo 75, §§ 3º e 4º, da Lei 4.728/65), desde que o prazo total da operação, inclusive eventuais prorrogações, não exceda o previsto nas normas específicas da autoridade competente. O *contrato de câmbio* é negócio por meio do qual instituições financeiras autorizadas pelo Banco Central fazem a troca de moeda estrangeira por moeda nacional; fala-se, correntemente, em compra da moeda estrangeira, com pagamento em moeda nacional. Distinto é o *adiantamento a contrato de câmbio para exportação;* trata-se de operação financeira de estímulo à atividade exportadora, por meio da qual as instituições financeiras que trabalham com câmbio antecipam, no todo ou em parte, os valores em reais que serão devidos ao exportador quando receberem a moeda estrangeira por suas operações mercantis. Pode ser compreendido como um pagamento antecipado pela compra da moeda estrangeira, bem como – para os que recusam a ideia de compra e venda de dinheiro – uma antecipação da parcela devida pela instituição financeira na troca de moedas.

No julgamento do Recurso Especial 365.778/RS pela Primeira Turma do Superior Tribunal de Justiça, o Ministro Luiz Fux ensinou que tais operações de câmbio desdobram-se comumente em duas fases. "Primeira fase: concessão do adiantamento pelo banco em até 180 (cento e oitenta dias antes) do embarque da mercadoria, caracterizando-se como um financiamento à produção, embora perdendo a desvalorização cambial posterior que possa ocorrer. Segunda fase: a mercadoria já está pronta e embarcada, até 60 após o embarque. Entretanto, poderá o exportador (vendedor) requerer o adiantamento da obrigação do banco – antecipação do pagamento em moeda nacional, que deverá, obrigatoriamente, ser averbado no próprio instrumento do contrato de câmbio. [...] Deflui da dinâmica do referido contrato que se o negócio de exportação correr normalmente, o banco recebe de volta o valor adiantado, tão logo receba a moeda estrangeira remetida pelo banco do importador estrangeiro. No entanto, pode ocorrer que a exportação não seja efetuada por falência do exportador brasileiro [...], e, desta forma, o banco não receberá as divisas estrangeiras, que não serão pagas pelo importador estrangeiro, que não recebeu a mercadoria."

Essa matéria já mereceu exame reiterado do Superior Tribunal de Justiça. No julgamento do Recurso Especial 316.918/RS, a Segunda Seção (Terceira e Quarta Turmas) manifestou o entendimento de que o pedido de restituição do adiantamento em contrato de câmbio deve ser atendido antes do pagamento dos créditos trabalhistas. Condutor dos votos vencedores, o Ministro Ari Pargendler buscou fundamento no julgamento, pelo Plenário do Supremo Tribunal Federal, do Recurso Extraordinário 88.827/RS, do qual foi relator o Ministro Moreira Alves, quando se reconheceu a constitucionalidade do artigo 75, § 3º, da Lei 4.728/65, que prevê o direito de restituição do adiantamento em contrato de câmbio. Disse o Pretório Excelso: "não há dúvida de que o tratamento desigual de situações desiguais na medida de suas desigualdades atende ao princípio da isonomia, ao invés de infringi-lo. Ainda que se admita que os adiantamentos feitos pelas instituições financeiras aos exportadores, por conta do valor do contrato de câmbio, tenham, intrinsecamente, a natureza de mútuo, não se pode pretender que o § 3º do artigo 75 tenha atribuído a tais adiantamentos um privilégio que só se explicaria pelo tratamento discriminatório em função unicamente da pessoa do credor. Não é isso, com efeito, o que justifica o privilégio em causa. A finalidade evidente do mencionado dispositivo legal foi a de facilitar o financiamento das exportações do País, para cuja política de desenvolvimento é indispensável o estímulo e, consequentemente, a ampliação da exportação de seus produtos. Inexiste, pois, tratamento discriminatório entre mutuantes, mas desigualdade resultante do fim econômico a que visa o contrato em questão, e fim econômico esse cujo interesse público justifica tratamento diverso para o meio que facilita sua consecução". Ratificando tal posição, o Ministro Pargendler arrematou: "Portanto, o que, em casos concretos, parece vir em detrimento dos empregados, de um ponto de vista macroeconômico amplia o número de empregos, tão necessários na quadra atual do nosso desenvolvimento."

O Ministro Antônio de Pádua Ribeiro acompanhou tal posição, entendendo tratar-se de tema já pacificado, de longa data, naquela Corte. "Verifico que se trata de direito de restituição. O que se restitui é aquilo que não pertence ao falido – essa é a regra. Não se trata de concurso de preferência. Se estivéssemos diante de um concurso entre crédito trabalhista e um crédito dessa natureza, penso que, sem dúvida alguma, também caminharíamos em direção a essa interpretação. [...] Não há como harmonizar esses conceitos porquanto são muito diversos – restitui-se aquilo que não pertence à massa. Segundo visualizei, a empresa compra vários produtos para exportar. Então, a rigor, esse financiamento é apenas para permitir que haja entradas na empresa, mas com o fim de exportar, ou seja, não ocorre, propriamente, uma integração desse bem no patrimônio da empresa. Esse caso acontece muito, em um dos regimes tributários há o *drawback*, em que se importa para exportar, ou seja, há uma entrada de mercadorias estrangeiras que não influenciam na economia nacional, cuja finalidade é apenas a exportação." Dessa quadra, concluiu: "Procuro, como sempre, caminhar, na medida em que posso, diante dessa orientação. Jamais tenderia a dar pela preferência de um crédito de entidade financeira em detrimento de salário de trabalhador. Aqui, trata-se de pedido de restituição, não de concurso. Bem assinalou nosso prezado Ministro Ari Pargendler que essa política, ao contrário, vem em benefício do trabalhador, porque permite que a empresa, em tal situação, até mesmo exporte e, portanto, produza, dando ensejo a manter, com certas dificuldades, é verdade, contrato de trabalho."

Vencido, o Ministro Ruy Rosado de Aguiar ponderou que "a concessão de financiamento para exportação significa que o banco antecipa a entrega de numerário para o exportador, e essa situação não se distingue, substancialmente, do financiamento bancário comum. O que a lei veio atribuir a esse adiantamento – porque é um adiantamento – foi a possibilidade da restituição; mas me parece ser um benefício que pode ser confrontado com outros financiamentos bancários, mas não para derrogar a preferência que a Lei de Falência dispensa aos créditos trabalhistas. Por isso, a possibilidade da restituição não chega a alterar a classificação dos créditos da falência, a beneficiar o banco credor em detrimento dos salários. O crédito resultante do adiantamento do contrato de câmbio deve ser equiparado aos demais financiamentos bancários, que disso ele não passa, todos classificados na categoria dos quirografários". Neste contexto, o magistrado afirmou que "assegurar a restituição do financiamento bancário em prejuízo dos créditos salariais é contrariar o espírito que norteou a classificação dos créditos trabalhistas, cuja natureza alimentar não pode ser desconsiderada e merece ser mantida. A lei pode muito, inclusive denominar de restituição o que é cobrança; mas não pode dizer que o numerário objeto de um financiamento é igual à mercadoria que continua sendo de propriedade do vendedor e, por isso, restituível. A proteção ao crédito bancário certamente tem importância, mas ele não pode ser privilegiado a ponto de se socorrer da pura ficção para preterir o direito ao salário. Além disso, deve ser ponderado o dano social decorrente da falta de pagamento de pequenas parcelas de dinheiro que atenderiam às necessidades básicas dos operários e de seus também pequenos fornecedores, com reflexos graves sobre a economia local".

Um pouco adiante, no mesmo julgamento, o Ministro Ruy Rosado de Aguiar acentuou "a dificuldade que há para se incluir o produto de um mútuo no conceito de restituição". O magistrado destacou que o pedido de restituição, segundo a lei, serve a bem arrecadado ou que se encontre em poder do devedor na data da decretação da falência. "Então, quando existe um bem, que não é do falido, mas arrecadado indevidamente, o terceiro tem o direito de pedir a restituição. O terceiro é proprietário de uma coisa que foi indevidamente arrecadada. Assim, dá-se a simples restituição, antes de qualquer ponderação sobre créditos e classificação de créditos. Evidentemente, a antecipação do contrato de câmbio, feito em favor do exportador, é um financiamento e com ele dá-se a transferência do numerário, que passou a integrar o patrimônio do falido, como em todo o mútuo. Estes recursos, entregues ao falido, são de propriedade do falido, que deles dispõe como quiser. Então, é inconciliável o conceito de restituição com o de pagamento de financiamento, a não ser que se queira dar uma extensão para entender-se que, nesse caso, a restituição passa a ser um privilégio sobre privilégios no pagamento dos débitos do falido, com o que S. Exa., Sr. Ministro Antônio de Pádua Ribeiro, não concorda, mas que, na verdade, é o que acontece. Isto é, trata-se de um simples crédito quirigrafário classificado como uma restituição e, por isso, pago antes de todos." Essa posição minoritária do Ministro Ruy Rosado de Aguiar foi acompanhada pelos Ministros Sálvio de Figueiredo Teixeira e Cesar Asfor Rocha, para quem "o contrato de adiantamento de câmbio não passa de um mero financiamento – e é assim que penso deva ser tratado".

Prevaleceu, no entanto, o entendimento que, agora, é reiterado pelo artigo 84, II, da Lei 11.101/05. Cite-se, a propósito, precedente mais recente: o julgamento do Recurso Especial 439.814/RS pela Quarta Turma. No processo em questão, o Tribunal de Justiça do Rio Grande do Sul decidira que "em processo de falência o pagamento dos créditos trabalhistas tem prioridade sobre a devolução de valor adiantado ao falido à conta de contrato de câmbio". Aplicando o artigo 75, § 3º, da Lei 4.728/65, a Corte Federal entendeu em sentido contrário. Restaram, também aqui, votos vencidos.

2.3 Valores adiantados em contratos revogados ou ineficazes

Serão também restituídos os valores entregues ao devedor pelo contratante de boa-fé na hipótese de revogação ou ineficácia do contrato (artigo 86, III). Com efeito, reconhecida a ineficácia ou julgada procedente a ação revocatória, as partes retornarão ao estado anterior, e o contratante de boa-fé terá direito à restituição de bens ou valores entregues ao devedor (artigo 136). A norma interpreta-se restritivamente, não podendo servir como uma forma de fugir aos riscos do mercado, entre os quais se inclui a falência dos parceiros comerciais, vale dizer, a quebra das empresas com as quais se negocia. Sob a relatoria do Ministro Ruy Rosado de Aguiar, a Quarta Turma do Superior Tribunal de Justiça julgou o Recurso Especial 37.259/SP, no qual se examinava o caso de uma empresa que se comprometera a fabricar e vender um certo maquinário, recebendo numerário por antecipação, valor que foi objeto de pedido de restituição. Os julgadores, todavia, indeferiram a pretensão, afirmando que "o numerário recebido pela fabricante que veio a falir, na execução de contrato de fornecimento de maquinaria, não pode ser objeto de restituição"; para os julgadores, aplicam-se as regras relativas aos contratos do falido. A mesma posição, de resto, adotada pela Terceira Turma quando julgou o Recurso Especial 6.658/SP, do qual foi relator o Ministro Eduardo Ribeiro, no qual se entendeu não ensejar pedido de restituição de dinheiro o "contrato em que a falida assumiu a responsabilidade de fabricar determinado bem, recebendo, adiantadamente, parte do pagamento", não cumprindo o ajuste "pela superveniência da quebra".

Voltando ao texto do artigo 86, III, é preciso atentar que a restituição é dependente direta do reconhecimento de boa-fé do contratante alcançado pela declaração de ineficácia ou derrotado em ação revocatória. Se essa boa-fé não é reconhecida, não haverá direito à restituição, mas apenas direito à habilitação do crédito respectivo, se o Judiciário entender que o pagamento efetivamente ocorreu. Por meio do Recurso Especial 251.021/RJ, a Quarta Turma do Superior Tribunal de Justiça tomou conhecimento de um pedido de restituição em que se visava ao recebimento de valor relativo a contrato de compra e venda entre as partes, declarado ineficaz por sentença proferida em ação revocatória. A sentença julgara o pedido em parte, apenas para incluir o valor pago como dívida da massa, mandando inscrevê-lo no quadro de credores, com o que não concordou a parte, insistindo no direito à restituição. O Ministro Ruy Rosado de Aguiar afastou do direito à restituição, mantendo a inscrição do crédito: "A procedência da revocatória que teve por objeto o contrato de compra e venda do imóvel significa a ineficácia da alienação do bem em relação à massa falida, e por isso deve o bem ser restituído à massa, com todos os seus acessórios. Em contrapartida, a massa restituirá o que tiver sido prestado pelo contraente, [...] pois do contrário haveria seu enriquecimento injustificado."

Note-se que tal entendimento foi manifestado na vigência do Decreto-lei 7.661/45, que não continha previsão como a presente, o que, aliás, foi afirmado pelos julgadores. Na vigência da Lei 11.101/05, em contraste, o julgamento da procedência da ação revocatória dá margem à pretensão de restituição, o que, ainda assim, não mudaria a solução daquele caso, já que, como afirmado pelo acórdão, a sentença que declarou ineficaz o contrato de compra e venda do principal imóvel do patrimônio do falido, então um devedor insolvente, por metade de seu valor de mercado, reconhecera expressamente a existência de *concilium fraudis* entre as partes.

2.4 Contribuições previdenciárias

O direito de restituição de dinheiro pode estar previsto em outras normas que não a Lei 11.101/05. É o que se passa com a Lei 8.212/91, que dispõe sobre a organização da Seguridade Social, na qual o artigo 51, parágrafo único, prevê que o Instituto Nacional do Seguro Social (INSS) reivindicará, no juízo falimentar, os valores descontados pela empresa de seus empregados e ainda não recolhidos. O fundamento é o fato de que os valores das contribuições já pertencem à autarquia (e não apenas lhe são devidos) a partir do momento em que são descontados dos trabalhadores, mesmo que ainda não tenham sido recolhidos. A posterior edição da Lei 11.101/05 em nada prejudicou aquela norma, aplicando-se o princípio *gereralis non derrogat specialis* (a norma geral não derroga a norma especial).

Assim, no julgamento do Recurso Especial 526.648/RS, a Primeira Seção do Superior Tribunal de Justiça afirmou: "consolidou, há muito, entendimento no sentido de que as contribuições previdenciárias descontadas dos salários dos empregados, pelo falido, e não repassadas aos cofres previdenciários, devem ser restituídas antes do pagamento de qualquer crédito, ainda que trabalhista, posto que a quantia relativa às referidas contribuições, por motivos óbvios, não integra o patrimônio do falido". O entendimento em contrário encontra expressão na posição que os Ministros Sálvio de Figueiredo Teixeira e Ruy Rosado de Aguiar esposaram no julgamento do Recurso Especial 32.959/SP pela Segunda Seção (Terceira e Quarta Turmas) do Superior Tribunal de Justiça. O Ministro Sálvio de Figueiredo Teixeira afirmou a prevalência dos créditos salariais "tendo em vista a sua finalidade alimentar, em relação à qual até mesmo o texto constitucional, ao excluir tais créditos da ordem dos precatórios decorrentes de débitos de natureza distinta, no artigo 100, houve por bem tratar com excepcionalidade", reconhecendo assim "a preferência do crédito salarial em relação à restituição das contribuições previdenciárias", matéria que se estudará a seguir.

Realce-se que o fundamento da restituição não é o fato de tratar-se de verbas tributárias (impostos, taxas e contribuições fiscais ou parafiscais), mas a norma legal expressa. Nesse sentido, aliás, manifestou-se o Ministro Eduardo Ribeiro quando a Segunda Seção (Terceira e Quarta Turmas) do Superior Tribunal de Justiça julgou o Recurso Especial 32.959/SP: "Diversos tributos são hoje retidos por empresas para posterior recolhimento aos cofres públicos. Isso ocorre, sem dúvida alguma, com o imposto de renda retido na fonte. Sucede, entretanto, também com os impostos ditos indiretos, como IPI e ICMS, em que distinto o contribuinte de fato e de direito. Esse último, devedor do tributo, recebe seu valor de quem lhe adquire o bem, em virtude do fenômeno da repercussão. Deixando de recolher a importância que já recebeu, estará em situação análoga à do empregador que se abstém de repassar à Previdência o descontado do empregado. Não me consta, entretanto, que ao Fisco, em tais casos, se reconheça o direito de restituição. E se isso viesse a ocorrer, ficaria enormemente esvaziado o privilégio do crédito trabalhista. Mais uma razão para, em tais matérias, só se admitir seja hipótese de restituição quando a lei assim o determinar."

A exceção legal, percebe-se, interpreta-se restritivamente. No julgamento do Recurso Especial 735.460/RS, a Primeira Turma do Superior Tribunal de Justiça examinou pretensão do Instituto Nacional do Seguro Social (INSS) à restituição de "valores que integram as contribuições previdenciárias descontadas nas transações envolvendo a comercialização de produtos rurais entre produtor e empresa", ao argumento de que a massa falida apropriou-se indevidamente desses valores, retidos a título de Funrural. O Superior Tribunal de Justiça recusou: "A hipótese de que cuida o artigo 51, parágrafo único da Lei nº 8.212/91 não pode ser estendida às contribuições sociais decorrentes da comercialização de produtos rurais realizada entre os produtores e a empresa. Não há equivalência entre estas exações e aquelas descontadas dos salários dos empregados, motivo pelo qual as primeiras são cobradas mediante execução fiscal segundo a ordem do quadro geral de credores. A regra da restituição constitui mitigação à ordem de preferência do pagamento fixada pela Lei de Falências que, em observância ao princípio do valor social do trabalho e considerando o seu caráter alimentar, deu primazia à satisfação dos créditos trabalhistas. Interpretação extensiva que contemple hipóteses não previstas expressamente no dispositivo sob análise redundaria em significativa redução do alcance desse princípio."

2.5 Depósitos bancários

No julgamento do Recurso Especial 501.401/MG, os Ministros da Segunda Seção do Superior Tribunal de Justiça analisaram um pedido de restituição de depósitos realizado por correntistas de instituição bancária falida, entendendo, por maioria, que a restituição não é cabível. Relator do feito e condutor dos votos vencedores, o Ministro Carlos Alberto Menezes Direito chamou a atenção para a controvérsia doutrinária sobre a natureza jurídica do depósito bancário. "A verdade é que com o crescimento da atividade econômica e, em consequência, da circulação do dinheiro, os depósitos bancários ganharam especial interesse, alcançando todas as classes sociais. Com isso, o estudo da sua natureza jurídica passou a ter cada vez mais espaço na doutrina. E, como de hábito, várias teorias surgiram seja para considerá-los como depósito comum, seja como depósito irregular, seja como mútuo, seja, enfim, como contrato peculiar, que se não pode enquadrar em nenhuma das modalidades." O magistrado serviu-se do magistério de Orlando Gomes para concluir: "Não é mesmo possível, pura e simplesmente, enxergar no contrato de depósito bancário seja a figura do depósito irregular seja a figura do mútuo, porque tem ele pontos de contato com ambos, mas contém peculiaridades que não podem ser esquecidas." Recorreu a outros doutrinadores para, então, arrematar não haver "dúvida sobre a natureza peculiar do contrato de depósito bancário. Ele não é depósito comum, seguramente, contudo, guarda elementos tanto do depósito irregular quanto do mútuo, mas, é, essencialmente, depósito".

O ministro ainda abordou a pretensão de aplicação das regras do mútuo: "Poder-se-ia argumentar, como já tem sido feito, que a circunstância de ser o dinheiro uma coisa fungível, e disso não resta dúvida alguma, leva a aplicar-se diretamente o artigo 645 do Código vigente, artigo 1.280 do anterior. Como se trata de depósito e de depósito de coisa fungível, regula-se pelo disposto acerca do mútuo. E daí tiram-se todas a conclusões possíveis. Mas não me parece que deva ser assim. [...] É claro que sendo depósito de coisa fungível as regras do mútuo são aplicáveis, diante do comando legal. Ocorre que o problema preliminar é identificar a natureza jurídica do contrato de depósito bancário. Ora, se ele não é um contrato típico de depósito, nem de mútuo, mas, sim, um contrato de depósito irregular, com ingredientes do contrato de mútuo, distanciando-se, contudo, do depósito irregular em certos aspectos, e do mútuo em outros, é evidente que a incidência da regra do artigo 645 do Código Civil (artigo 1.280 do anterior) deve receber temperamento. Por exemplo, sendo modalidade de depósito a vista, não tem espaço o disposto no artigo 592 do Código vigente (artigo 1.264 do anterior), sobre o prazo de trinta dias para devolução. Na verdade, havendo depósito a vista, o banco se obriga a devolver a importância depositada imediatamente, isto é, quando solicitado pelo depositante, sendo ilegal qualquer forma de adiamento. [...] Se o depositante, nessa modalidade, exigir, deve o banco, portanto, entregar, sem mais delongas, o que foi pedido sacar. Da mesma forma, contendo ingredientes do depósito irregular e do mútuo, a entrega do dinheiro é também uma transferência do valor depositado para o banco depositário, que dele pode dispor como bem entender, por sua conta e risco, não tendo o depositante nenhuma ingerência no uso do dinheiro que depositou. Nesse cenário, na minha compreensão, há uma relação fiduciária entre o depositante e o banco. De igual forma, entregando o depositante ao banco o seu dinheiro, de que este pode dispor, sem a interferência daquele, e estando o banco obrigado, em se tratando de depósito à vista, a entregar o valor depositado no momento em que o depositante pedir, há também uma relação de crédito, com pronto resgate."

O Ministro Carlos Alberto Menezes Direito apontou outros precedentes no mesmo sentido. No julgamento do Recurso Especial 212.886/MA, relatado pelo Ministro Eduardo Ribeiro, a Terceira Turma afirmou: "Também não é dos clientes o dinheiro que se acha no banco. Já decidiu esta Corte que o depósito bancário é irregular, a que se aplicam as regras do mútuo. Assim, transfere-se a propriedade para o depositário, contra quem o depositante passa a ter um crédito." No julgamento do Recurso Especial 98.623/MG, de seu turno, a Quarta Turma, sob a relatoria do Ministro Sálvio de Figueiredo Teixeira, não discrepou no entendimento sobre a natureza da transferência do dinheiro depositado, assentando o voto condutor que, no "contrato de depósito bancário, diferentemente do depósito comum, no qual a coisa é entregue para posterior devolução, opera-se a transmissão de propriedade ao banco, que recebe as quantias, tendo em vista tratar-se de empréstimo de bem fungível, que ao mútuo se equipara". Também o Recurso Especial 101.926/SC, julgado pela Terceira Turma e relatado pelo Ministro Waldemar Zveiter, no qual se cuidou da reivindicação de juros e correção monetária sobre cruzados novos bloqueados: "em princípio, em todo e qualquer contrato de mútuo, ou de depósito em dinheiro, quem responde pelos juros e pela atualização do valor monetário é a parte que recebe a propriedade do bem fungível, que dele usufrui em proveito próprio, ou seja, o devedor ou o depositário, o qual, depois, deverá devolvê-lo, com aqueles acréscimos, ao credor, ou depositante".

Diante desse quadro, o Ministro Carlos Alberto Menezes Direito aponta: "o que se verifica é que o sistema do contrato de depósito bancário autoriza tanto a transferência do dinheiro depositado ao controle do depositário como o direito do depositante de pedir a restituição do que depositou, no todo ou em parte. Guarda, portanto, elementos do depósito irregular e do mútuo, mas, repita-se, é um contrato com características próprias e, por isso, não pode ser enquadrado nem naquele nem neste, pura e simplesmente, embora seja, essencialmente, um contrato de depósito, não de mútuo". Com isso, não via o julgador a possibilidade de se enquadrar o contrato de depósito bancário na disciplina do pedido de restituição. "Tanto a transferência do controle do dinheiro depositado quanto a natureza do crédito de que dispõe o depositante, crédito com pronto resgate, dependendo da modalidade do depósito efetuado, retiram a configuração própria que autoriza a cobertura do citado dispositivo. O dinheiro no caixa do banco falido está na disponibilidade deste, porque a propriedade, o controle, o uso, ao seu talante, sem a interferência do depositante, foi-lhe transferida no momento em que feito o depósito. Daí que ao depositante resta o crédito equivalente ao valor que lhe corresponde em razão do contrato de depósito bancário. Essa interpretação, na minha avaliação, está conforme ao que previsto na Súmula nº 417 do Supremo Tribunal Federal, ou seja: '*pode ser objeto de restituição, na falência, dinheiro em poder do falido, recebido em nome de outrem, ou do qual, por lei ou contrato, não tivesse ele a disponibilidade*'. Ora, no caso do contrato de depósito bancário, o banco tem a disponibilidade do dinheiro depositado, não sendo pertinente, portanto, que se lhe assemelhe aqueles casos em que o banco, efetivamente, não tem a disponibilidade, mas mera detenção ou custódia."

O entendimento da Ministra Nancy Andrighi, todavia, foi diverso. Para ela, a ação de restituição "volta-se para a tutela dos bens que, a despeito de arrecadados pela massa, estavam em poder do falido apenas em caráter provisório, isto é, não integravam o patrimônio jurídico desse, mas de outrem, seja em razão de direito real ou contrato". A possibilidade, ou não, de restituição de *dinheiro* em poder do falido, neste contexto, seria questão que suscita debate nos tribunais, lembrando-se de que o Supremo Tribunal Federal, em precedente de 1953 (Recurso Extraordinário 24.015, relatado pelo Ministro Orosimbo Nonato), "considerou admissível o pleito de restituição de dinheiro arrecadado em poder do falido, desde que a coisa (no caso, o dinheiro) seja identificável, por especificação de papel, metal (Recurso Extraordinário 27.163) ou ainda por escrituração contábil, capaz de individualizar o seu valor. [...] Editou-se, em conclusão, oriunda de causas em que se deferiu a restituição de dinheiro, arrecadado pelo falido sob a forma de contribuições previdenciárias devidas por seus empregados, a Súmula nº 417, segundo a qual *pode ser objeto de restituição, na falência, dinheiro em poder do falido, recebido em nome de outrem ou do qual, por lei ou contrato, não tivesse ele a disponibilidade*. E por disponibilidade, entenda-se aqui o 'poder de dispor', elemento que compõe, juntamente com os poderes de usar, fruir e reivindicar, o *direito de propriedade*. Nesses termos, se o dinheiro está individualizado (por exemplo, por meio de comprovante de depósito e também por escrituração contábil realizada pelo depositário) e se o falido dele não poderia *dispor*, é de se admitir a restituição".

A partir desse contexto, a julgadora afirmou que "a questão que se põe a desate, no processo em análise, consiste em saber, portanto, se, no contrato de depósito de bancário em conta corrente, possui o depositário, ou não, *poder de dispor* da quantia (dinheiro) depositada. Pacífica na doutrina e na jurisprudência a tese de que o contrato de depósito de dinheiro em conta corrente, por ser depósito de bem fungível, constitui depósito irregular, ao qual se aplica o regime jurídico do mútuo (Supremo Tribunal Federal, Recurso Extraordinário 94.125). Divergência há, entretanto, em se conferir ao depósito irregular a natureza jurídica de *contrato de depósito* ou a natureza jurídica de *contrato de mútuo*". Citou, então, o julgamento do Recurso Extraordinário 86.257, no qual o Ministro Moreira Alves ensinou que, "com exceção de Clóvis Bevilaqua [...] e de João Luiz Alves [...], que entendem que depósito de coisa fungível, para ser restituída por outra da mesma espécie, quantidade e qualidade, é mútuo, não havendo, portanto, no direito brasileiro, o depósito irregular no sentido do direito romano, é amplamente dominante na doutrina brasileira a opinião oposta, ou seja, a de que o depósito a que alude o artigo 1.280 é o depósito irregular, que não se confunde com o mútuo, embora a ele se apliquem, *no que couber*, as normas deste". Partindo dessa base, concluiu a Ministra Andrighi: "Distintos, assim, o depósito irregular do mútuo, questiona-se: qual o tratamento conferido ao depositário e ao mutuário acerca do *poder de dispor* da coisa ofertada? A resposta a esta indagação permeia a ideia de que o mutuário possui disponibilidade *plena* sobre a coisa, enquanto que o depositário possui apenas disponibilidade *limitada*, isto é, a *propriedade do depositário é limitada*, porquanto está sujeita ao *poder de dispor* (sobre a coisa ofertada) que remanesce no patrimônio jurídico do depositante, nos termos do artigo 1.265 do Código Civil de 1916 e do artigo 627 do Código Civil de 2002 (... *até que o depositante o reclame*). [...] Ora, se a disponibilidade do depositário está sujeita a uma *condição*, qual seja, a de respeitar o *direito de disponibilidade* do depositante, é forçoso concluir que, no depósito irregular, o depositário recebe a propriedade da coisa a título precário, isto é, adquire propriedade limitada [...]. Concluindo com base nos julgados mencionados e na doutrina, se, no contrato de depósito bancário em conta corrente, a propriedade do banco depositário sobre o dinheiro é precária, porque se sujeita ao poder de dispor do depositante, deve ser admitida, por consequência, a restituição, em seu favor, do dinheiro em poder do falido."

Junto à Ministra Andrighi, vencido também restou o Ministro Castro Filho, para quem "o depósito bancário constitui modalidade de depósito irregular, pois o seu objeto é um bem fungível, o dinheiro, regulando-se pelo disposto acerca do mútuo, consoante estatuído no artigo 1.280 do Código Civil. Argumentam os que defendem a tese da inadmissibilidade da restituição do dinheiro depositado em instituição financeira que, sendo o mútuo o empréstimo de coisas fungíveis (artigo 1.056 do Código Civil), é inquestionável a transferência de propriedade da coisa em poder do mutuário, segundo a regra do artigo 1.257 do código material. Por conseguinte, em razão de operar-se a transferência de propriedade do dinheiro depositado pelo cliente ao banco depositário, a restituição prevista *na* Lei de Falências é inviável, porquanto ela só é admitida quando devida em virtude de direito real ou de contrato, pertencendo a coisa ao terceiro, não ao próprio falido. [...] Mas, não se pode perder de vista que, no caso, trata-se de depósito em conta corrente. E, ao meu sentir, não obstante a autoridade dos citados juristas, o que caracteriza e diferencia o depósito bancário, na chamada conta corrente ou conta de movimento, é o fato de que o banco, sempre que instado pelo depositante, tem o dever de restituir a quantia depositada. Nem o fato da tradição ou do poder de utilizar-se do dinheiro depositado afasta a indispensabilidade de sua devolução, assim que solicitado". Para o magistrado, trata-se do denominado depósito bancário a vista, no qual "pode o depositante levantar, total ou parcialmente, a qualquer tempo, a seu bel-prazer, salvo se estiver penhorado ou bloqueado para certa finalidade. Por conseguinte, o depósito irregular, categoria na qual se inclui o depósito bancário, *não é mútuo*. Prevalece sobre o fato de o banco poder dispor do numerário depositado *a circunstância de que deve restituir a quantia sempre que o titular, ou seja, o real proprietário o solicitar*. O poder de dispor da instituição financeira é limitado pelo poder maior que detém o titular da conta-corrente, razão pela qual, ao que penso, é perfeitamente possível a restituição. A instituição financeira, é certo, utiliza-se dos depósitos para suas operações, mas deve estar em condições de restituir a quantia depositada sempre que o requerer o depositário. [...] Ao meu sentir, a se entender de outro modo, ou seja, a considerar-se que os correntistas possuem apenas um direito de crédito junto à instituição financeira, estar-se-ia transferindo mais um risco da atividade bancária aos meros depositantes em contas de movimento, considerados consumidores, cujos valores é que acabariam por garantir o pagamento de outros credores. [...] Em resumo, é fundamental para a economia garantir a boa-fé e a confiança dos depositantes nas instituições do mercado financeiro, sob pena de colocar em risco a própria atividade financeira, essencial ao desenvolvimento do país".

3 AÇÃO DE RESTITUIÇÃO

Pede-se a restituição de bem ou de dinheiro por meio de processo de conhecimento. É comum ler-se e ouvir-se a qualificação dessa ação como ordinária, o que não me parece adequado. Os artigos 87 a 90 da Lei 11.101/05, embora não a descaracterizem como processo de conhecimento, instituem um procedimento especial, com particularidades que se afastam do comum, já a partir da constituição da relação processual (que se faz por intimação e não por citação). Esse afastamento, todavia, não é absoluto, certo que as normas do procedimento ordinário têm aplicação supletiva ao rito especial da ação de restituição. Assim, a petição inicial deverá atender a todos os requisitos legais inscritos no Código de Processo Civil; especificamente, o *caput* do artigo 87 da Lei 11.101/05 exige que o autor (1) fundamente o pedido e (2) descreva a coisa reclamada. A descrição do bem reclamado é essencial já que o fundamento é a sua devolução, o que implica identificação precisa do que pertence ao autor. Sem isso, não haverá, efetivamente, uma restituição, tomada em sentido estrito, como é próprio do dispositivo.

O reclamo por fundamentação, por seu turno, não é específico, já que em toda ação espera-se que o autor apresente os fundamentos de fato (*quaestio facti*) e de Direito (*quaestio iuris*) para o deferimento de sua pretensão, embora, em relação a este último, admita-se certa fragilidade em face do princípio *da mihi factum dabo tibi ius* (dê-me o fato que te dou o direito), compreendido não só como expressão do princípio da indeclinabilidade da jurisdição, como também do princípio da instrumentalidade das formas. No entanto, a fundamentação essencial é a demonstração dos acontecimentos que conduziram à detenção ou posse do bem (incluindo dinheiro) pelo falido e, destarte, justificam o deferimento à restituição.

A ação será dirigida ao juízo falimentar, sendo a ele distribuída por dependência. Recebendo o requerimento e os documentos que o instruem, o juiz mandará autuá-los em separado, passando a tramitar como ação incidental à falência. O juiz determinará não a citação da massa falida, que é a ré, mas *a intimação do falido, do comitê de credores, dos credores e do administrador judicial* (artigo 87, § 1º). Essa intimação se fará por publicação e assinalará *prazo sucessivo de cinco dias para que se manifestem*. Não se trata, friso, de *prazo comum*, mas de *prazo sucessivo*: cinco dias para o falido, sucedidos por cinco dias para o comitê de credores e, após, os credores e o administrador judicial, em igual prazo. Os autos, todavia, não deverão ser retirados de cartório, exceto pelo administrador judicial, que, neste aspecto, recebe-os ao final do prazo e o faz tanto na qualidade de único representante da massa, estando obrigado a emitir o seu parecer, quanto por dever de ofício.

Manifestação, no sentido da norma, não é sinônimo de *contestação*. É oportunidade para que as pessoas referidas pelo dispositivo apresentem considerações ao pedido. Por exemplo, o falido pode reforçar a ocorrência dos fatos alegados. Havendo *manifestação contrária à restituição, valerá como contestação* (artigo 87, § 1º). Nessa hipótese, contestado o pedido e deferidas as provas porventura requeridas, o juiz designará audiência de instrução e julgamento, se necessária (§ 2º); não havendo provas a realizar, os autos serão conclusos para sentença. A sentença que reconhecer o direito do requerente determinará a entrega da coisa no prazo de 48 horas (artigo 88). A sentença que negar a restituição, quando for o caso, incluirá o requerente no quadro geral de credores, na classificação que lhe couber, na forma legal (artigo 89). Mas poderá concluir simplesmente não haver qualquer direito, hipótese na qual não haverá qualquer inclusão. Havendo julgamento de procedência, o requerente que tiver obtido êxito no seu pedido ressarcirá a massa falida ou a quem tiver suportado as despesas de conservação da coisa reclamada (artigo 92). Da sentença cabe apelação sem efeito suspensivo (artigo 90).

A ação de restituição está submetida ao princípio processual da sucumbência, ou seja, aquele que for vencido estará obrigado a pagar custas e despesas processuais, além de honorários advocatícios. O parágrafo único do artigo 88 da Lei 11.101/05 coloca a matéria de forma indireta, prevendo que, caso não haja contestação, a massa não será condenada ao pagamento de honorários advocatícios. Não é exatamente o que se passa. Caso o administrador judicial, em nome da massa, não se manifeste contrariamente à restituição, não será ela condenada na sucumbência, ainda que outrem conteste o pedido. A jurisdição processual litigiosa se constituirá, sempre, entre o autor do pedido e aquele que se manifestar em sentido contrário, a exemplo de qualquer credor. Consequentemente, também entre esses se farão sentir os efeitos acessórios da sentença, nomeadamente a determinação da sucumbência.

O pedido de restituição suspende a disponibilidade da coisa até o trânsito em julgado (artigo 91). Ainda assim, a segurança de que a coisa não será vendida não resolve a questão dos direitos do terceiro titular do bem, que tem, sim, a faculdade de pretender a restituição em antecipação de tutela (artigo 90, parágrafo único). O deferimento da tutela de urgência, contudo, não prescinde da aferição de que foram satisfeitos os requisitos inscritos no Código de Processo Civil, além de requisito próprio, inscrito no referido parágrafo único: o autor do pedido de restituição que pretender receber o bem ou a quantia reclamada antes do trânsito em julgado da sentença prestará caução.

As dificuldades oferecidas pelas hipóteses de restituição de dinheiro, há pouco abordadas, criam a possibilidade de não haver saldo suficiente para pagar integralmente os valores das ações julgadas procedentes. Assim, prevê o artigo 91, parágrafo único, da Lei 11.101/05 um concurso entre os beneficiários da restituição, fazendo-se um *rateio proporcional entre eles*.

4 EMBARGOS DE TERCEIRO

Nos casos em que não couber pedido de restituição, fica resguardado o direito dos credores de propor embargos de terceiros, observada a legislação processual civil, segundo o artigo 93 da Lei 11.101/05. A falência, aqui, é compreendida por sua faceta de processo executório – ainda que coletivo – e a arrecadação como uma forma de constrição, ou seja, como um constrangimento à faculdade de outrem; faculdade, porém, distinta da propriedade sobre a coisa ou da titularidade sobre o bem (direito pessoal com expressividade econômica), já que para tais situações há meio processual específico: a ação de restituição. É o que se passará, por exemplo, com o direito de posse, bem como com o direito à meação.

No julgamento do Recurso Especial 579.490/MA, a Terceira Turma do Superior Tribunal de Justiça afirmou: "Quem exerce o comércio em prédio que lhe foi locado pela falida tem legitimidade para opor embargos de terceiro contra o ato de arrecadação do imóvel, impedindo o prosseguimento da atividade empresarial." Em seu voto, o Ministro Ari Pargendler, relator do feito, afirmou que "a coisa julgada tem limites subjetivos. A recorrida não participou do processo de que resultou a falência da locadora, V. Rocha & Cia. Ltda. Aliás, é precisamente essa circunstância que lhe dá a condição de terceiro, legitimado a opor embargos contra a constrição judicial decorrente daquela sentença. [...] O voto que prevaleceu no tribunal *a quo* foi enfático no sentido de que *não se operou qualquer venda ou transferência do estabelecimento comercial, de modo a ensejar a insolvência do devedor falido. O que houve, na verdade, foi a locação do imóvel no qual a empresa do falido desenvolvia, anteriormente, sua atividade comercial*".

5 INEFICÁCIA DE ATOS ANTERIORES À FALÊNCIA

O decreto de falência, como já reiterei, tem natureza *sui generis*, pois tanto constitui um estado jurídico e econômico novo, que é a massa falida, como declara a insolvência empresária. Assim, a sentença de falência tem, simultaneamente, (1) efeitos *ex nunc*, expressão de seu viés constitutivo, e (2) efeitos *ex tunc*, expressão de seu viés declaratório. Por esse ângulo, coloca-se a possibilidade de que a sentença retrotraia seus efeitos, ou seja, que produza efeitos pretéritos, alcançando atos praticados antes da decretação da falência. Reconhece-se, assim, que o devedor por certo não se tornou insolvente – de fato – no momento da sentença, nem no momento em que, pela protocolização do pedido de falência ou de recuperação judicial, sua crise econômico-financeira foi trazida para o conhecimento do Judiciário. Ao contrário, reconhece-se que a insolvência é um processo gradual, anterior à sua discussão judiciária. Como visto no Capítulo 14 deste livro, a sentença deverá fixar o *termo legal da falência* (artigo 99, II, da Lei 11.101/05), com o que define o *dies a quo* do estado (ainda que presumido) de insolvência empresária.

Na vigência do Decreto-lei 7.661/45, o prazo mediando o *termo legal da falência* e o decreto da quebra era compreendido com *período suspeito*, permitindo a investigação sobre eficácia, ou não, dos negócios realizados então, para o que, segundo a jurisprudência pacífica, fazia-se necessário o manejo da ação revocatória. Assim, ineficácia e revocabilidade eram tratados como sinônimos, como, aliás, reconheceu a Terceira Turma do Superior Tribunal de Justiça quando do julgamento do Recurso Especial 594.609/SP, do qual foi relatora a Ministra Nancy Andrighi: "É indispensável a propositura de ação revocatória para que a massa obtenha a declaração de ineficácia da alienação, sem autorização judicial, levada a efeito durante a concordata. Não pode o Juiz simplesmente declarar ineficaz a alienação do bem ocorrida antes da decretação da falência, incidentalmente na sentença que julga os embargos de terceiro." Cite-se, ainda, o Recurso Especial 6.881/SP, no qual o Ministro Fontes de Alencar expressa a ideia de sinonímia entre os termos *ineficácia* e *revocabilidade*, além de reiterar a ideia de que a ação revocatória seria indispensável para a declaração da ineficácia.

Essa compreensão do problema foi completamente superada pela Lei 11.101/05, cujo artigo 129 prevê que os atos listados em seus incisos (conferir supra) são *objetivamente ineficazes* em relação à massa, ou seja, ineficazes (1) *tenha ou não o contratante conhecimento do estado de crise econômico-financeira do devedor*, (2) *seja ou não intenção deste fraudar credores*, ou seja, haja ou não *concilium fraudis* (ajuste com o fito de fraudar). Tanto é assim que estatui o parágrafo único do mesmo artigo 129 que a ineficácia poderá ser declarada de ofício pelo juiz, alegada em defesa ou pleiteada mediante ação própria ou incidentalmente no curso do processo. Em oposição, o artigo 130 estatui serem revogáveis os atos praticados com a intenção de prejudicar credores, provando-se o conluio fraudulento entre o devedor e o terceiro que com ele contratar e o efetivo prejuízo sofrido pela massa falida. Tem-se, portanto, nova solução para o problema, a exigir completa reformulação da compreensão dos atos pretéritos, sejam ineficazes, sejam revogáveis.

Portanto, por força do artigo 129, *caput* e parágrafo único, da Lei 11.101/05, o período que media o *termo legal da falência* e a *sentença declaratória da quebra* não deve ser compreendido como mero *período suspeito*, mas como *período de insolvência presumida* – ou *período de presunção* –, entendendo o legislador que certos atos jurídicos, então realizados, são *objetivamente ineficazes* em relação à massa falida, ou seja, que também as pessoas nele envolvidas deverão participar do concurso de credores como resultado da declaração de ineficácia. Vale dizer, atribuiu-se efeito retroativo absoluto para a força de atração (*vis atractiva*) do juízo universal. Assim, a declaração da ineficácia não exige a comprovação de *consilium fraudis* (de ajuste para fraudar credores), decorrendo simplesmente da realização do negócio durante o *período de insolvência presumida*, ou seja, da mera ocorrência de fato que se subsuma às hipóteses desenhadas nos incisos do artigo 129.

É neste sentido que se compreende o artigo 129 da Lei 11.101/05, quando, em seu *caput*, diz que o rol de atos jurídicos constantes dos incisos I a VII são (1) *ineficazes em relação à massa falida*, (2) *tenha ou não o contratante conhecimento do estado de crise econômico-financeira do devedor*, (3) *seja ou não intenção deste fraudar credores*. Não se trata de nulidade, mas apenas de ineficácia *em relação à massa falida*. Não se questiona a validade ou não do ato jurídico, nem sua licitude ou ilicitude. Apenas se retira seu efeito em relação à massa falida, que, assim, tem direito, ela, à restituição da prestação que foi realizada pelo empresário ou sociedade empresária cuja falência posteriormente se declarou. O negócio continua válido e eficaz em relação a terceiros, se os há, mas apenas ineficaz em relação à massa falida. Não se faz necessário que a crise econômica-financeira seja notória, nem mesmo que a contraparte dela tivesse conhecimento. A parte beneficiária dos atos listados nos incisos I a VII do artigo assume a mesma condição dos credores: não é o fato de conhecer o estado de insolvabilidade ou a crise econômico-financeira por que passa o empresário ou sociedade empresária que justifica a submissão ao juízo universal, mas o fato objeto da existência do crédito contra devedor cuja falência se decretou. Portanto, apenas se ampliou o âmbito das pessoas alcançadas pelo amplo risco social da insolvabilidade, estendendo as consequências da quebra para além das meras relações de crédito.

Coerentemente com essa compreensão objetiva da ineficácia dos atos praticados no período de insolvabilidade presumida, prevê-se que a declaração de ineficácia do ato ocorrerá *seja ou não intenção deste fraudar credores*. O universo subjetivo das partes não interessa para o desate da questão; apenas o universo objetivo da realização do negócio (1) descrito nos incisos do artigo 129 da Lei 11.101/05, (2) durante o *período de insolvência presumida*. A boa-fé, contudo, não é de toda desprezível, como se estudou há pouco: de acordo com o artigo 86, *proceder-se-á à restituição em dinheiro dos valores entregues ao devedor pelo contratante de boa-fé na hipótese de revogação ou ineficácia do contrato*. Portanto, a investigação da boa-fé é, sim, pertinente e tem por finalidade específica o deferimento do direito à restituição, fazendo com que a parte alcançada pela declaração de ineficácia não tenha que inscrever seu crédito no quadro geral dos credores, mas tenha acesso privilegiado ao montante arrecadado, sob a inteligência de que se está apenas restituindo o que é seu, em lugar de se estar pagando por crédito submetido ao juízo universal.

Seguindo essa linha de *expressão objetiva da ineficácia* dos atos praticados durante o período de insolvabilidade presumida, a ineficácia pode ser declarada de ofício pelo juiz, alegada em defesa ou pleiteada mediante ação própria ou incidentalmente no curso do processo (artigo 129, parágrafo único). Por exemplo, o juiz que julga embargos de terceiros poderá declarar ineficaz a alienação do bem na sentença, julgando improcedentes os embargos. Essa previsão, no entanto, entrechoca-se com a tradição hermenêutica brasileira, do que é exemplo o voto da Ministra Nancy Andrighi no julgamento pela Terceira Turma do Superior Tribunal de Justiça do Recurso Especial 594.609/SP, no qual se debateu justamente a declaração da ineficácia feita incidentalmente em embargos de terceiro. Para a magistrada, "tal declaração, incidentalmente, nos embargos de terceiro, fere frontalmente os princípios constitucionais do contraditório e do devido processo legal (artigo 5º, incisos LIV e LV, da Constituição Federal), bem como o princípio processual da adstrição (artigo 141 do novo Código de Processo Civil), caracterizando a decisão como *extra petita*, tendo em vista que o juiz está adstrito ao pedido formulado (na hipótese, a proteção da posse do recorrente sobre o automóvel adquirido da recorrida). E isso tudo é agravado ante o julgamento antecipado da lide".

No sistema instituído pela Lei 11.101/05, a controvérsia sobre a ineficácia está limitada a dois aspectos: (1) se o ato compreende-se ou não entre aqueles listados nos incisos do artigo 129 e (2) se ocorreu ou não durante o período de insolvabilidade presumida, o que, creio, não exige ação própria, podendo, sim, ser objeto de declaração incidental, afirmada como razão de decidir. Assim, julga-se improcedente a ação de restituição ou os embargos de terceiro justamente em face da ineficácia dos atos que sustentam a pretensão dos autores, o que é possível (artigo 129, parágrafo único). Não me parece haver qualquer obstáculo erigido pelo princípio da adstrição. Não há decisão *extra petita* em relação ao fundamento prejudicial que determina a improcedência do direito alegado pela parte; no caso, a ineficácia do ato jurídico em relação à massa. Como disse há pouco, tem-se simples atração do negócio para o juízo falimentar, como ocorre com os créditos contra o falido, igualmente a prescindir de ação própria para a expressão da submissão ao juízo universal. Não é só. Mesmo as nulidades – ainda que distintas em sua natureza jurídica – comportam declaração *ex officio*, incidentais ou por meio de ação.

Ilustra-se com o Recurso Especial 1.119.969/RJ, no qual o Superior Tribunal de Justiça examinou operação, ocorrida dentro do termo legal fixado para a falência, por meio da qual dois sócios da falida transferiram suas quotas para outrem, prevendo o negócio que a própria sociedade suportaria o valor da cessão dos títulos societários, fixado em R$ 290.000,00, mediante a entrega de bens e direitos do ativo da sociedade, como pontos comerciais, contratos de locação de imóveis, veículo automotor, linhas telefônicas, utensílios de escritório e mercadorias para a revenda. A operação foi declarada *ineficaz, em relação à massa*, sendo determinado que os sócios cessionários devolvessem os bens objeto da transação ou seu equivalente em dinheiro. Confirmando tal entendimento, aquela Alta Corte esclareceu que, "não se trata de anulação do negócio jurídico de cessão de cotas celebrado entre os sócios retirantes e os remanescentes. Na verdade, o acórdão recorrido declarou a ineficácia desse negócio somente em relação à massa falida, permanecendo incólumes os efeitos pessoais estabelecidos entre as partes, o que significa, em concreto, tornar insubsistente apenas o pagamento realizado pela falida em benefício dos contratantes".

5.1 Pagamento antecipado de obrigações

É ineficaz em relação à massa falida o *pagamento de dívidas não vencidas* realizado pelo devedor dentro do termo legal, por qualquer meio extintivo do direito de crédito, ainda que pelo desconto do próprio título (artigo 129, I, da Lei 11.101/05). Embora a obrigação exista desde a sua constituição válida, somente se torna exigível com o vencimento, diz o artigo 315 do Código Civil: as dívidas em dinheiro devem ser pagas no vencimento, em moeda corrente e pelo valor nominal. Seu artigo 901 não discrepa: fica validamente desonerado o devedor que paga o título de crédito ao legítimo portador, no vencimento, sem oposição, salvo se agiu de má-fé. A antecipação do pagamento constitui uma anormalidade, ou seja, um fato excepcional, verdadeira liberalidade por parte do devedor que, assim, efetua o desembolso do valor devido antes de estar obrigado a tanto. Aliás, essa anormalidade não é ilícita, nem ilegítima, em contextos de solvabilidade; no entanto, em contextos de insolvabilidade, rompe com o tratamento isonômico que deve ser dado a todos os credores.

Somente se considera ineficaz o pagamento de antecipado dentro do *período de insolvência presumida*, não alcançando desembolsos anteriores. Não se pode declarar a ineficácia de pagamentos antecipados feitos antes do termo legal da falência; mas se pode revogá-los, servindo-se do artigo 130 da Lei 11.101/05, provando que o ato foi praticado com a intenção de prejudicar credores, provando-se o conluio fraudulento (*concilium fraudis*) entre devedor e credor. De outra face, embora o pagamento antecipado, efetuado a partir do termo legal, prescinda de má-fé para a declaração de ineficácia, é preciso atentar para o fato de que somente são ineficazes os pagamentos que tenham por efeito direto retirar o credor do *concursus creditorum*. Portanto, não é a antecipação *em si*, mas o efeito da antecipação, que dá margem à ineficácia. Imagine-se que, fixado o termo legal da falência em 90 dias antes do primeiro protesto por falta de pagamento, descobre-se que, no *período de insolvência presumida*, o devedor antecipou, em três dias, o pagamento de uma duplicata. Ou mesmo num único dia. Por óbvio, não são hipóteses que se subsumam à ideia de *pagamento de dívidas não vencidas*, nos termos do dispositivo estudado.

O pagamento será objetivamente ineficaz, ainda que feito *por qualquer meio extintivo do direito de crédito*, o que nos conduz para uma infinidade de possibilidades: pagamento por meio da cessão de outros créditos, por meio do endosso de títulos de crédito emitidos por terceiros, dação em pagamento ou compensação. Mas não são alcançados, por óbvio, pagamentos que tenham sido feitos por devedor solidário, desde que não tenha tido sua falência decretada em conjunto (a exemplo do sócio com responsabilidade ilimitada), já que efetuam tal pagamento em interesse próprio, podendo, inclusive, tornarem-se credores do falido, dependendo das relações mantidas entre eles, do que é exemplo o pagamento feito pelo avalista que, como sabido, sub-roga-se nos direitos do credor contra o avalizado. Também não se incluem os pagamentos efetuados por terceiros, ainda que não interessados, certo de que sob o patrimônio – e sob suas liberalidades – não tem poder a massa. Imagine-se que o pai do sócio majoritário, preocupado com o fato de a sociedade empresária administrada por seu filho estar devendo a um grande amigo da família, efetue o pagamento antecipado da obrigação. A ineficácia do ato em relação à massa não produziria qualquer efeito, já que não pode ela pretender arrecadar o valor do pagamento respectivo, já que não lhe pertence, mas ao terceiro (no exemplo, o pai do sócio majoritário).

Por fim, cite-se Ricardo Tepedino quando afirma que "a norma subtrai eficácia ainda quando o pagamento se faz mediante o *desconto do próprio título*. A expressão vem sendo repetida nas legislações falimentares há quase um século, mas não prima pela clareza, por fazer confusão com desconto bancário, que nada tem que ver com a espécie. Quer dizer a norma que mesmo a dívida paga com desconto é apanhada pela sanção imposta no inciso I".[1]

Declarada a ineficácia do pagamento antecipado, o credor que o recebeu estará obrigado a devolvê-lo à massa falida, podendo habilitar o seu crédito no quadro geral de credores, na classe respectiva. A ineficácia não produz efeitos apenas contrários ao terceiro, mas igualmente benéficos. Se, em função do pagamento, houve liberação de hipoteca ou penhor, deverá ser ela reconstituída pela mesma decisão que, declarando a ineficácia do pagamento antecipado, determinará as medidas necessárias para que as partes retornem ao *status quo ante*, evitando que a massa – ou mesmo terceiros, na hipótese de garantia real prestada por outrem – se beneficie ilegitimamente da ineficácia declarada.

5.2 Pagamento alternativo de obrigações

Não será ineficaz o pagamento, no vencimento, de dívidas vencidas, ainda que realizadas no *período de insolvência presumida*. Tais pagamentos são, *a priori*, válidos. Mas podem ser objeto de ação revocatória, fundada no artigo 130 da Lei 11.101/05, se provado que foram praticados com a intenção de prejudicar credores, demonstrando-se o conluio fraudulento entre o devedor e o beneficiário, além do efetivo prejuízo sofrido pela massa falida.

Essa regra geral é excepcionada num caso. Para que o pagamento de dívida vencida, realizado no *período de insolvência presumida*, seja eficaz, é necessário que se concretize em conformidade com o que tenham contratado as partes, pois, de acordo com o artigo 129, I, da Lei 11.101/05, é ineficaz, em relação à massa falida, o pagamento de dívidas vencidas e exigíveis realizado dentro do termo legal, por qualquer forma que não seja a prevista pelo contrato. Essa hipótese de ineficácia compõe-se de três elementos objetivos: (1) haver pagamento de dívida vencida e exigível, (2) realizado no *período de insolvência presumida*, (3) por forma diversa da contratada. Note-se ser de todo indiferente a demonstração de prejuízo para a massa. Será preciso, portanto, estudar com mais atenção esses três elementos objetivos.

Em primeiro lugar, *dívidas vencidas e exigíveis*. Assim, se houve pagamento antecipado, subsume-se o caso à hipótese do inciso I do artigo 129, já estudado. Deve-se compreender, ademais, as hipóteses de pagamento antecipado de dívidas vencíveis no período suspeito, como tratado no item anterior: não é ineficaz o pagamento que se faz alguns dias antes do vencimento, desde que a obrigação não tenha vencimento

---

[1] TOLEDO, Paulo F. C. Salles; ABRÃO, Carlos Henrique (Coord.). *Comentários à lei de recuperação de empresas e falência*. São Paulo: Saraiva, 2005. p. 349. O autor chama a atenção para o fato de que, "se o abatimento pode ser favorável ao devedor, muitas vezes sacrifica os credores".

em data posterior à decretação da falência. Não basta, todavia, que a dívida esteja vencida. É preciso que seja exigível, ou seja, que o seu pagamento fosse devido. E não é devido o pagamento de duplicatas emitidas sem negócio subjacente, de contratos nos quais não houve o cumprimento da prestação devida pela parte contrária etc. Em segundo lugar, são alcançados apenas os pagamentos efetuados dentro do *período de insolvência presumida*, não os realizados anteriormente; esses podem ser revogados (artigo 130), provando-se o conluio fraudulento para prejudicar credores. Finalmente, será necessário que o pagamento tenha se feito por *forma diversa*, isto é, *por qualquer forma que não seja a prevista no contrato*. Assim, se o pagamento devia ser feito em dinheiro, será ineficaz se foi efetivado por meio da cessão de crédito, endosso de títulos de crédito emitidos por terceiros e *ainda não vencidos* ou dação de bens em pagamento. Se o contrato obrigava a entrega de determinados bens, será ineficaz o adimplemento por entrega de outros bens, a cessão de crédito, o endosso de títulos (vencidos ou não) ou o pagamento em dinheiro. Apenas se excetua a hipótese de devolução, pelo devedor, do numerário recebido do contratante, diante da possibilidade de cumprir o contrato. Não há, neste caso, pagamento por forma diversa, mas mero distrato, com restituição das partes ao estado anterior, embora possa ser apurado, em ação revocatória, a existência de conluio fraudulento e, com ela, ser revogado o ato jurídico.

Não são ineficazes formas diversas que se reduzem àquelas previstas pelo contrato. Por exemplo, o pagamento parcial do débito não é pagamento por outra forma, mas pagamento incompleto; não é, portanto, ineficaz, embora possa ser revogado, caso se atendam aos requisitos do artigo 130. Outro exemplo é a compensação entre obrigações líquidas, certas e exigíveis (artigo 368 e seguintes do Código Civil). A rigor, para que fosse respeitada a forma do contrato, o falido deveria ter desembolsado o dinheiro e o entregue ao seu credor/devedor e recebê-lo de volta, ou vice-versa. Todavia, exigir uma tal encenação seria tornar ridículo o Direito, fazendo-o voltar ao período das fórmulas solenes (sagradas), bastando a omissão de um gesto ou palavra para que o ato perdesse sua validade. Irá se passar o mesmo se o devedor, para efetuar o pagamento em dinheiro, endossar títulos vencidos; não é razoável exigir que ele os cobrasse de seus devedores para, de posse do numerário, pagar a seu credor, se pode simplesmente transferi-los àquele, desde que nada se perca nesta operação. Aqui também, o fato de não se tratar de hipótese de declaração de ineficácia não afasta a possibilidade de provar-se que o ato deve ser revogado.

De outra face, também é preciso excluir do alcance da norma ora examinada as hipóteses de pagamento efetuado, por qualquer forma (inclusive diversa da contratada) por terceiros, sejam devedores solidários (desde que não falidos) ou não, como demonstrado acima. É o que se passaria, por exemplo, se o pai de um dos sócios da sociedade falida efetuasse o pagamento de determinado credor, seu amigo, procurando manter boas relações com ele. O mesmo se daria havendo pagamento pelo avalista da dívida garantida. Não se pode declarar a ineficácia deste ato de terceiro, já que sobre eles os credores não têm interesse jurídico legítimo. Aliás, mesmo que o pagamento fosse declarado ineficaz em relação à massa, desse fato não decorreria qualquer vantagem para o juízo universal (muito antes pelo contrário), já que o valor ou objeto do pagamento não poderia ser revertido para a massa, já que não lhe pertence. A ineficácia implicaria devolução ao terceiro que adimpliu.

5.3 Constituição de direito real de garantia

Também haverá de ser declarada ineficaz em relação à massa falida a constituição de direito real de garantia, inclusive *direito de retenção*, dentro do termo legal, tratando-se de dívida contraída anteriormente; se os bens dados em hipoteca forem objeto de outras posteriores, a massa falida receberá a parte que devia caber ao credor da hipoteca revogada (artigo 129, III). As garantias reais são, na forma do Código Civil, hipoteca, penhor e anticrese. Curiosamente, o dispositivo fala em retenção, que não é um direito real de garantia; ademais, mesmo que houvesse a concessão de um direito de retenção, não teria ele qualquer validade perante a massa, certo que a decretação da falência suspende o exercício do direito de retenção sobre os bens sujeitos à arrecadação, os quais deverão ser entregues ao administrador judicial (artigo 116). Para além das garantias inscritas no Código Civil, deve-se incluir a alienação fiduciária, que é uma variante contratual do penhor e, destarte, deve ser alcançada pela previsão, designadamente quando se tenha alienação fiduciária de bem que já integrava o patrimônio do devedor, embora seja negócio lícito (Súmula 28 do Superior Tribunal de Justiça).

Com a constituição de garantia real para crédito que não a tinha, o credor aufere uma vantagem imediata: seu crédito reposicionado no gradiente instituído pelo artigo 83, passando a ocupar o segundo grau, até o limite do valor do bem gravado, sendo preterido apenas por créditos acidentários e trabalhistas, até 150 salários mínimos. É uma vantagem espetacular que, insofismavelmente, rompe com a *par conditio creditorum*, o que justifica a ineficácia da dação de garantia. Não se confunda, no entanto, a ineficácia ora estudada (artigo 129, III), com a anulabilidade inscrita no artigo 163 do Código Civil, que presume tratar-se de fraude contra (os outros) credores *as garantias de dívidas que o devedor insolvente tiver dado a algum credor*. Para começar, ineficácia e anulabilidade são institutos diversos. Ademais, a anulabilidade por fraude contra credores depende de prova da insolvabilidade, o que não ocorre na hipótese da ineficácia dos atos ocorridos no período de insolvência presumida, submetidos a uma compreensão objetiva, nos termos estudados. A anulação da constituição da garantia real por fraude contra credores, neste contexto, constituirá terceira via: não se confunde com a declaração de ineficácia (e seus requisitos), com a revogação (e seus requisitos): tem bases, fundamentação e requisitos próprios e, sob tal prisma, serve igualmente ao juízo universal.

Só será ineficaz a constituição de direito real de garantia (1) a partir do termo legal (isto é, dentro do período de insolvência presumida), (2) por *dívida contraí-*

da anteriormente a esse período. Se (1) a constituição do direito real de garantia por dívida já existente se der antes do termo legal da falência, ou se (2) houver constituição originária de direito real de garantia, ou seja, se houver constituição de uma dívida nova, contratada com garantia real, não há falar em ineficácia. Poderá, no entanto, haver revogação provando-se que o ato foi praticado com a intenção de prejudicar credores, em conluio fraudulento entre devedor e credor. De outra face, a constituição, antes do termo legal da falência, do direito real de garantia por dívida já existente poderá ser anulada, por fraude contra credores, provando-se que o credor já estava, então, insolvente, nos termos do artigo 163 do Código Civil, que presume a fraude nestas hipóteses, como visto. Neste contexto, deve-se atentar para a hipótese de novação, que pode ser abordada por dois ângulos diversos: (1) novando-se dívida que não era beneficiária de garantia real, não pode a dívida nova, contraída a partir do termo legal da falência, ter garantia real; se foi estipulada, será ineficaz (artigo 129, III); (2) se a dívida novada estiver vinculada à garantia real, todavia, a nova dívida poderá trazer a mesma garantia, mesmo que não se faça por simples ressalva do credor. Não poderá, todavia, haver agravamento (reforço) da garantia original, nem substituição, já que tal movimento tem incontestáveis contornos suspeitos, de todo incompatíveis com a posterior decretação da insolvência empresária.

5.4 Atos a título gratuito

A prática de atos a título gratuito, desde dois anos antes da decretação da falência, é ineficaz em relação à massa falida (artigo 129, IV). Um ato é gratuito – ou é praticado a título gratuito – quando a prestação nele concretizada não tem, para o seu beneficiário, uma contraprestação, um ônus. O empresário ou sociedade falida prestou mas não se beneficiou de uma contraprestação (uma vantagem jurídica). Gratuito, portanto, para o seu beneficiário, já que goza de uma vantagem sem assumir o ônus de contraprestar, ou seja, ônus de uma retribuição jurídica, como se dá nas relações jurídicas onerosas. Em oposição, nos atos onerosos, há mútua concessão e fruição de vantagens recíprocas, retribuindo-se, donde se falar em mútuo ônus de prestar, de garantir ao outro uma vantagem jurídica. Vantagem jurídica, friso. Um ato não deixa de ser gratuito simplesmente por haver ganhos não jurídicos (o que por certo inclui os benefícios econômicos). Não caracteriza onerosidade a *prestação* de vantagens morais, devocionais, religiosas, místicas, transcendentes por qualquer outra forma.

Obviamente, esta análise deve ser feita com redobrada cautela, considerando as particularidades da inserção hodierna da empresa na economia, na sociedade e no mercado. Isso implica considerar conceitos contemporâneos, como o de responsabilidade social. Muitos atos que haveriam de ser considerados gratuitos sob uma perspectiva clássica perdem tal qualificação quando compreendidos a partir dos referenciais demandados pela contemporaneidade. Veja: a doação de bens é ato jurídico gratuito; mas o que dizer da doação de um imóvel para a comunidade local, diretamente afetada pelas atividades da empresa, para a instalação ou construção de escola, creche ou entidade afim? E o que dizer da doação de área para preservação ambiental? A ortodoxia jurídica/econômica foi construída sem a consideração da função social dos atos jurídicos e, destarte, não consegue compreender a figura do *passivo social* ou *passivo ambiental*, entre outros que resultam do reconhecimento de uma obrigação de a empresa não servir apenas ao interesse de seu titular, dos sócios, dos credores, mas servir à sociedade como um todo. Declará-lo ineficaz, por seu turno, pode ser um ato de agressão social, rompendo com os fundamentos do Estado Democrático de Direito e os objetivos fundamentais da República, nos termos dos artigos 1º e 3º da Constituição da República. Cautela, portanto, é preciso.

Não é só. Há conceitos atuais de mercadologia que igualmente colocam em dúvida a compreensão clássica, ortodoxa, de ato jurídico gratuito. As práticas mercadológicas atuais exigem que as marcas estejam em evidência, o que implica a prática de atos como sorteios, distribuição de prêmios e vantagens. Isso para não falar no amplo leque de brindes e outras promoções que igualmente compõem o acervo das estratégias de valorização da marca e otimização das relações mercantis. Afastadas tais situações específicas, impera a regra da ineficácia da prática de atos a título gratuito, desde dois anos antes da decretação da falência, *período suspeito* para tal comportamento.

Os gratuitos anteriores não estão a salvo, apenas não podem ser objeto da declaração de ineficácia. Nada impede sejam revogados (artigo 130), ou anulados por fraude contra credores (artigo 158 e seguintes do Código Civil), lembrando que o prazo de decadência, neste último caso, é de quatro anos contados do dia em que se realizou o negócio jurídico (artigo 178, II, do Código Civil). A situação mais comum é a doação ou a cessão gratuita de bens, embora outras possam se apresentar, a exemplo da concessão de usufruto, da remissão (perdão) de dívidas etc. A gratuidade não é descaracterizada pela estipulação de encargos, nem mesmo por artifícios inconsistentes, como preços aviltados. Reitero aqui o que foi afirmado no Capítulo 3 sobre garantias prestadas a terceiros: fiança, aval, penhor e hipoteca que, a meu ver, caracterizam atos gratuitos e são, portanto, alcançados pela previsão de ineficácia, ora estudada.

Declarada ineficaz a prática do ato, a prestação realizada pelo empresário ou sociedade empresária deverá ser revertida: o bem doado ou cedido gratuitamente deverá ser restituído à massa; os serviços prestados gratuitamente deverão ser remunerados à massa, que poderá cobrá-los judicialmente; tendo havido remissão (perdão) de dívida, a massa poderá exigir o respectivo pagamento; feito o pagamento em nome de avalizado, poderá a massa voltar-se contra o credor que o recebeu, caso não tenha conseguido reembolsar-se do próprio avalizado ou de coobrigados anteriores.

5.5 Renúncia à herança ou a legado

Como preveem o artigo 1.804 e seguintes do Código Civil, é faculdade do herdeiro renunciar à herança a que tem direito, caso em que a transmissão de bens do *de cujus*, quando aberta a sucessão, tem-se por não verificada. Essa renúncia da herança, nos termos do artigo 1.806 do Código Civil, deve constar expressamente de instrumento público ou termo judicial; assim ocorrendo, a parte do renunciante na sucessão legítima acresce à dos outros herdeiros da mesma classe e, sendo ele o único desta, devolve-se aos da subsequente.[2] Na hipótese de falência de empresário ou de sócio com responsabilidade ilimitada, será ineficaz em relação à massa falida a renúncia à herança ou a legado, se feita até dois anos antes da decretação da falência, por força do artigo 129, V, da Lei 11.101/05.

5.6 Trespasse de estabelecimento

O estabelecimento, complexo organizado dos bens para o exercício da empresa (artigo 1.142 do Código Civil), é a base patrimonial da empresa, podendo ser objeto unitário de direitos e de negócios jurídicos, translativos ou constitutivos, que sejam compatíveis com a sua natureza, entre os quais a transferência (trespasse), o penhor, o arrendamento, o usufruto e mesmo a anticrese. O contrato que tenha por objeto alienação, usufruto ou arrendamento do estabelecimento só produz efeitos quanto a terceiros depois de averbado à margem da inscrição do empresário, ou da sociedade empresária, no Registro Público de Empresas Mercantis, e de publicado na imprensa oficial (artigo 1.444); contudo, se ao alienante não restarem bens suficientes para solver o seu passivo, a eficácia da alienação do estabelecimento depende do pagamento de todos os credores, ou do consentimento destes, de modo expresso ou tácito, em 30 dias a partir de sua notificação (artigo 1.145). Em harmonia, o artigo 129, VI, da Lei 11.101/05, prevê ser ineficaz em relação à massa falida a venda ou a transferência de estabelecimento feitas sem o consentimento expresso ou o pagamento de todos os credores, a esse tempo existentes, não tendo restado ao devedor bens suficientes para solver o seu passivo, salvo se, no prazo de 30 dias, não houver oposição dos credores, após serem devidamente notificados, judicialmente ou pelo oficial do registro de títulos e documentos.

Na vigência do Decreto-lei 7.661/45, tal regra (artigo 52, VIII) mereceu interpretação extensiva, não se limitando ao estabelecimento como um todo, mas alcançando mesmo o bem integrante do estabelecimento da falida, cuja alienação seria ineficaz se efetuada durante o período suspeito, ou seja, após o termo legal da falência. Nesse sentido, no Recurso Especial 33.762/SP, julgado pela Quarta

---

2 Sobre o tema, conferir VENOSA, Sílvio de Salvo. *Direito civil*. 5. ed. São Paulo: Atlas, 2005. v. 7.

Turma do Superior Tribunal de Justiça, disse o Ministro Ruy Rosado de Aguiar que "a lei quer impedir a desmontagem do estabelecimento do falido, em prejuízo dos credores, seja pela alienação do estabelecimento como um todo, seja pela transferência de parte substancial dele, descaracterizando-o como local de comércio ou indústria, o que pode ocorrer com a transferência de bens integrantes do seu ativo fixo, como a máquina referida nos autos".

Mais recentemente, no julgamento do Recurso Especial 628.860/SP, sob relatoria do Ministro César Asfor Rocha: "A alienação de imóvel necessário ao desenvolvimento da atividade empresarial da falida é ineficaz em relação à massa falida." Tratava-se, neste caso, de transferência de imóvel, composto de uma área de 7.857,76 m^2, situado na zona urbana de Dourados/MS, onde foi construído o mercado municipal, posteriormente adquirido pela falida e alienado no termo legal da falência e sem o consentimento expresso dos credores, deixando-a sem condições de saldar os débitos existentes à época, venda que foi considerada ineficaz aplicada à regra ora estudada. Frise-se que, neste caso em especial, houve interpretação alargada do conceito de estabelecimento, já que tal bem já não compunha o complexo organizado para o exercício da empresa pela falida, estando alugado para a empresa requerida na ação declaratória. Para tal particularidade, foi dito: "Não elide esta constatação o fato de que o referido imóvel estava alugado para a citada requerida, uma vez que o mesmo, embora temporariamente utilizado para aluguel, continuava essencial para a constituição do estabelecimento mercantil, e sua alienação representou desfalque substancial para o patrimônio desta, vale dizer, para o patrimônio da massa falida, em detrimento dos credores. Pouco importa se estava a requerida instalada no imóvel antes da alienação, porque, como dito, trata-se de bem necessário ao desenvolvimento da atividade empresarial de que se ocupava a falida, atividade que, vale dizer, não se extinguiu com o aluguel do imóvel." A leitura de tais fundamentos, todavia, deve ser calibrada pelo contexto dos fatos (a *quaestio facti*) revelada pelo acórdão, afastando excessos inadequados; nessa direção, observe-se que o acórdão reconhece a existência de operações realizadas "às vésperas de se concretizar a alienação do referido imóvel, e dentro do termo legal, período que sugere situação de pré-insolvência, numa clara manobra legal visando apenas a tornar menos reprovável um negócio que, a bem da verdade, desfalcava irremediavelmente o patrimônio de uma empresa que caminhava para a quebra". Os argumentos, portanto, devem ser lidos *cum grano salis*.

5.7 Registro ou averbação imobiliários após a falência

Por fim, o artigo 129, VII, afirma serem ineficazes em relação à massa falida os registros de direitos reais e de transferência de propriedade entre vivos, por título oneroso ou gratuito, ou a averbação relativa a imóveis realizada após a decretação da falência, salvo se tiver havido prenotação anterior. A norma harmoniza-se com o artigo 215 da Lei de Registros Públicos (Lei 6.015/73), segundo a qual são nulos os registros efetuados após sentença de abertura de falência, ou do termo legal nele fixado, salvo se a apresentação tiver sido feita anteriormente.

No julgamento do Recurso Especial 533.108/SP pela Terceira Turma do Superior Tribunal de Justiça, afirmou-se que tal previsão de ineficácia "não abrange arrematação de bem da falida". A Ministra Nancy Andrighi, relatora do feito, destacou que a alienação, nessa hipótese, não se faz entre o devedor e o terceiro comprador, mas entre o Estado exequente e o terceiro arrematante. A decisão é adequada; a alienação judicial do bem penhorado em execução não é negócio, é ato de expressão da soberania estatal: pela constrição e leilão, o Estado expropria o bem e o aliena judicialmente, dando realização coercitiva ao direito do credor. No Recurso Especial 681.798/PR, julgado pela Terceira Turma do Superior Tribunal de Justiça e relatado pelo Ministro Carlos Alberto Menezes Direito, esse entendimento foi expressamente reiterado. Neste feito, houve adjudicação judicial de um bem pertencente à massa falida durante o período suspeito, fundando-se o acórdão no fato de que a "carta de adjudicação dos imóveis se deu por imperativo estatal e antes do decreto falimentar, sendo certo que apenas o registro das mesmas é que se deu após a quebra".

Outra questão surgiu no julgamento do Recurso Especial 431.432/SP pela Quarta Turma do Superior Tribunal de Justiça. Por maioria de votos, afirmou-se que "a propriedade imobiliária transfere-se, entre vivos, mediante registro do título translativo no Registro de Imóveis. O direito real à aquisição do imóvel, no caso de promessa de compra e venda, sem cláusula de arrependimento, somente se adquire com o registro. Nessa perspectiva, malgrado a quitação de contrato de compra e venda de imóvel no ato de sua realização, não assiste direito à promissária compradora à expedição de alvará para outorga de escritura, após declaração de quebra da vendedora". Os julgadores, destarte, confirmaram o entendimento de ser "nulo o registro efetuado após a sentença de abertura de falência, ou do termo nela fixado, desinfluente, em consequência, a investigação acerca da existência do compromisso e de seu pagamento, temática a ser abordada em outra ação promovida pelo adquirente para haver *o preço até onde bastar o que apurar na venda do imóvel*".

O Ministro Fernando Gonçalves, em seu voto, destacou: "A verdade é que, incontestavelmente, como reconhecido e afirmado pelas instâncias ordinárias, a transação – compromisso de compra e venda – foi efetivada muito antes da falência, bem como quitado o respectivo preço. Não houve o registro, nem prenotação anterior. [...] O ponto crucial é o registro, que não foi feito no tempo devido, frustrando a atribuição de direito real ao recorrente, oponível *erga omnes*. [...] Em suma, a propriedade – seja pelo atual (art. 1.245) seja pelo Código Civil de 1916 (art. 530, I) transfere-se, entre vivos, mediante registro do título translativo no Registro de Imóveis. O direito real à aquisição do imóvel, no caso de promessa de compra e venda, sem cláusula de arrependimento, somente se adquire com o registro (art. 1.417 do atual Código Civil)." O acórdão do Superior Tribunal de Justiça ainda transcreve a seguinte passagem do acórdão paulista, objeto do recurso: "Não produzem efeito relativamente à massa, tenha ou não o contratante conhecimento do estado econômico do devedor, seja ou não intenção deste fraudar credores, os registros de direitos reais, de transferência de propriedade entre vivos, por título oneroso ou gratuito, ou a averbação relativa a imóveis, realizados após a decretação do sequestro ou a declaração da falência."

Restou vencido neste julgamento o Ministro Aldir Passarinho Junior: "Acontece, porém, que a tendência atual tem sido a de privilegiar as contratações, mesmo que celebradas em instrumentos particulares, desde que de boa-fé." No entanto, essa investigação era pertinente no âmbito da legislação anterior. No âmbito da atual, a investigação da boa-fé somente tem relevância para aferir o direito ou não à restituição em dinheiro, na forma do artigo 86, III, da Lei 11.101/05.

Exceção, todavia, deve ser feita às sociedades que procedam à alienação de unidade imobiliária como parte de sua atividade empresária. Aqueles que negociam com imobiliárias, construtoras, incorporadoras e outras empresas que tenham por objeto social a alienação de imóveis, não podem ser alcançadas por tal disposição, já que, nesses casos, a transferência dos bens faz-se como exercício regular da mercancia, não se exigindo dos consumidores (em sentido largo, excedente do regime consumerista) que tenham em vista a possibilidade de uma falência. O entendimento contrário implicaria dar tratamento desigual aos consumidores de tais empresas, em relação aos consumidores de outras: não se declara a ineficácia da venda de veículos, pela revendedora, durante o período de insolvabilidade presumida; também não são ineficazes, ainda que realizadas no período de insolvabilidade presumida, a venda de roupas pela confecção, pela butique ou pelo magazine, a venda de máquinas pesadas por seu fabricante ou revendedor etc. Por que somente os consumidores de unidades imobiliárias seriam assim penalizados? Ademais, não se pode olvidar que as pesadas – e, ao meu ver, injustificáveis – despesas com escritura e registro de imóveis exigem de muitos esperarem para providenciar tais atos no futuro, quando uma folga no orçamento familiar ou da entidade tanto lhes permitir.

5.8 Reembolso de ações

Como se estudou no volume 2 desta coleção, determinadas alterações societárias, quando deliberadas, dão aos dissidentes, por menor que seja a sua participação acionária, o direito à retirada e, assim, ao reembolso. Esse *reembolso* de ações é operação por meio da qual a companhia paga aos acionistas dissidentes de deliberação da assembleia geral o valor de suas ações (artigo 45 da Lei 6.404/76). Sobrevindo a falência da sociedade, antes que os dissidentes sejam reembolsados, seus créditos serão classificados como quirografários, embora em quadro separado, e os rateios que lhes couberem serão imputados no pagamento dos créditos constituídos anteriormente à data da publicação da ata da assembleia (artigo 45, § 7º, da Lei 11.101/05).

As quantias assim atribuídas aos créditos mais antigos não se deduzirão dos créditos dos ex-acionistas, que subsistirão integralmente para serem satisfeitos pelos bens da massa, depois de pagos os primeiros. No entanto, se quando ocorrer a falência, já se houver efetuado, à conta do capital social, o reembolso dos ex-acionistas – e estes não tiverem sido substituídos –, a insuficiência da massa para o pagamento dos créditos mais antigos determinará a possibilidade de se manejar ação revocatória para restituição do reembolso pago com redução do capital social, até a concorrência do que remanescer dessa parte do passivo. A regra está inscrita no § 8º que, ademais, estipula que a restituição será havida, na mesma proporção, de todos os acionistas cujas ações tenham sido reembolsadas.

6 AÇÃO REVOCATÓRIA

Os atos que tenham sido praticados com a intenção de prejudicar credores são revogáveis, provando-se o conluio fraudulento entre o devedor e o terceiro que com ele contratar e o efetivo prejuízo sofrido pela massa falida (artigo 130 da Lei 11.101/05). Diferentemente da declaração de ineficácia, a revogação de atos jurídicos em face da falência não revela uma característica objetiva, a dispensar a investigação do universo subjetivo das partes envolvidas. Sua verificação e afirmação não se fazem a partir da investigação de elementos objetivos, como na ineficácia, motivo pelo qual não se permite declaração *ex officio* ou incidental. A revogação, pelo contrário, exige a investigação do universo subjetivo das partes envolvidas no ato para aferir-se, como requisito necessário, a existência do *concilium fraudis*, além de um requisito objetivo, que é a prova do *efetivo prejuízo sofrido pela massa falida*, na letra da lei, sem o que não poderá haver revogação.

Tal investigação exige o ajuizamento de ação própria, nomeada de *ação revocatória*, que deverá ser proposta pelo administrador judicial, por qualquer credor ou pelo Ministério Público no prazo de três anos contados da decretação da falência (artigo 132). A distinção entre a ação revocatória e a ação de anulação do ato jurídico, nos moldes antes explorados, explicita-se também nos prazos decadenciais: para a ação revocatória há três anos contados da decretação da falência (de sua publicação, por certo, já que é ato que lhe dá existência social, alcançando tanto devedor, quanto credores); para a ação de anulação pela existência de defeito no negócio jurídico, quatro anos contados do dia em que se realizou o negócio jurídico (artigo 178, II, do Código Civil).

No que se refere à legitimidade passiva (artigo 133), a ação pode ser promovida (1) contra todos os que figuraram no ato ou que por efeito dele foram pagos, garantidos ou beneficiados; (2) contra os terceiros adquirentes, se tiveram conhecimento, ao se criar o direito, da intenção do devedor de prejudicar os credores; ou (3) contra os herdeiros ou legatários das pessoas indicadas nas hipóteses anteriores. A norma exige cautela em sua interpretação. Em primeiro lugar, na primeira e segunda hipótese listam-se pessoas que estão envolvidas no conluio fraudulento, direta (os que figuraram no ato) ou indiretamente (os que por efeito dele foram pagos, garantidos ou beneficiados, bem como aqueles que tiveram conhecimento, ao se criar o direito, da intenção do devedor de prejudicar os credores). Obviamente, em relação aos *que figuraram no ato* e aos que *tiveram conhecimento, ao se criar o direito, da intenção do devedor de prejudicar os credores*, são alcançados pela revogação em razão de sua má-fé.

Um pouco diferente é a hipótese *dos que por efeito dele foram pagos, garantidos ou beneficiados*. Não se exige deles a participação no *concilium fraudis*, mas o benefício direto deste, evitando-se manobras para impedir a revogação do ato, tais como praticá-lo a bem de terceiros (designadamente incapazes) que desconhecem tratar-se de fraude. Permitir o recurso a tal artifício seria criar uma via para que a fraude pudesse ser regularmente praticada; aliás, por sua via mais comum: a utilização de filhos e netos. Aliás, é preciso atentar para o fato de nos casos dos que *foram pagos, garantidos ou beneficiados* está implícita uma relação de gratuidade: não participam diretamente do ato fraudatório (não figuram do ato), mas sorvem dele uma vantagem. A previsão, por esse ângulo, harmoniza-se com o *caput* do artigo 158 do Código Civil.

Em oposição, preservam-se os direitos de terceiros que não conheçam a fraude, nem dela se beneficiam gratuitamente; são os *terceiros adquirentes* (artigo 133, II, da Lei 11.101/05), mas, aqui, quando não têm conhecimento de que, ao se criar o direito, a intenção do devedor era prejudicar os credores. Estão eles protegidos pelo princípio da segurança jurídica e, destarte, não são atingidos pela revogação. O mesmo não ocorrerá, todavia, em relação aos herdeiros daqueles que são alcançados pela previsão de revogação: (1) os *que figuraram no ato*, (2) os que *tiveram conhecimento, ao se criar o direito, da intenção do devedor de prejudicar os credores* e (3) os que *foram pagos, garantidos ou beneficiados* pelo ato fraudatório. Aqui não se investiga o universo subjetivo, mas apenas o objetivo: os herdeiros beneficiam-se do saldo eventualmente positivo do inventário do patrimônio do *de cujus*, ou seja, do encontro entre o seu patrimônio ativo e seu patrimônio passivo. Entretanto, os ônus próprios do patrimônio do *de cujus* não se exoneram, em regra, com a morte, embora possam haver hipóteses excepcionais em que isso ocorra. Não é o caso do *concilium fraudis*; se o herdeiro se beneficiasse da fraude do autor da herança, enriqueceria ilicitamente em relação aos credores daquele, o que não é legítimo.

A ação revocatória será ajuizada e correrá perante o juízo da falência e obedecerá ao procedimento ordinário previsto no Código de Processo Civil (artigo 134 da Lei 11.101/05). Comporta, mesmo, provimento assecuratório (artigo 137 da Lei 11.101/05), facultado ao juiz, a requerimento do autor da ação revocatória, ordenar, como medida preventiva, na forma da lei processual civil, o sequestro dos bens retirados do patrimônio do devedor que estejam em poder de terceiros. Se for julgada procedente, a sentença determinará o retorno dos bens à massa falida em espécie, com todos os acessórios, ou o valor de mercado, acrescidos de perdas e danos. Esse acréscimo de perdas e danos consta do próprio *caput* do artigo 136 da Lei 11.101/05, caracterizando acessório legal do *decisum*, a permitir provimento *ex officio*. Não prescinde, contudo, da prova e/ou demonstração da ocorrência do dano econômico e/ou moral a ser indenizado. Da sentença cabe apelação.

7 ASPECTOS COMUNS À INEFICÁCIA E À REVOGAÇÃO

Há pontos que são comuns à ineficácia e à revogação, a principiar pela sua afirmação, ou não, diante do deferimento da recuperação judicial da empresa. Quando tenham sido previstos e realizados na forma definida no plano de recuperação judicial, não serão declarados ineficazes, nem revogados, os seguintes atos (artigo 131): (1) pagamento de dívidas não vencidas realizado pelo devedor dentro do termo legal, por qualquer meio extintivo do direito de crédito, ainda que pelo desconto do próprio título; (2) pagamento de dívidas vencidas e exigíveis realizado dentro do termo legal, por qualquer forma que não seja a prevista pelo contrato; (3) a constituição de direito real de garantia, inclusive a retenção, dentro do termo legal, tratando-se de dívida contraída anteriormente; se os bens dados em hipoteca forem objeto de outras posteriores, a massa falida receberá a parte que devia caber ao credor da hipoteca revogada; e (4) a venda ou transferência de estabelecimento feita sem o consentimento expresso ou o pagamento de todos os credores, a esse tempo existentes, não tendo restado ao devedor bens suficientes para solver o seu passivo, salvo se, no prazo de 30 (trinta) dias, não houver oposição dos credores, após serem devidamente notificados, judicialmente ou pelo oficial do registro de títulos e documentos.

De outra face, reconhecida a ineficácia ou julgada procedente a ação revocatória, as partes retornarão ao estado anterior, e o contratante de boa-fé terá direito à restituição dos bens ou valores entregues ao devedor (artigo 136). A norma é estranha no alusivo à ação revocatória, na medida em que o artigo 130 define como revogáveis os *atos praticados com a intenção de prejudicar credores*, em *conluio fraudulento entre o devedor e o terceiro*, levando a *efetivo prejuízo* pela massa falida; tal conjunto de qualidades certamente não é compatível com a ideia de boa-fé. A disposição revela-se, quanto a este aspecto, impregnada pelo sistema anterior e, portanto, não aplicável para além da hipótese de, por equívoco, a decisão referir-se à revogação do ato, quando, na verdade, deveria tê-lo declarado ineficaz. De qualquer sorte, importa perceber que, mesmo diante da boa-fé, o ato será declarado ineficaz – ainda que isso seja feito equivocadamente por meio de sua revogação – e devolvendo-se à massa a prestação que por ela foi prestada.

No alusivo ao terceiro, verificando-se que seu comportamento revelou boa-fé, terá ele direito à restituição da coisa, se sua prestação consistiu em sua entrega (por exemplo, no contrato de permuta), ou à restituição em dinheiro, nos moldes do artigo 86, III, da Lei 11.101/05. Garante-se ao terceiro, ademais, o direito de, a qualquer tempo, propor ação por perdas e danos contra o devedor ou seus garantes (artigo 136, § 2º); a norma é estranha. Em primeiro lugar, por se tratar de responsabilidade civil, não há falar em condenação de *garantes*, exceto quando se tenha contrato em que seja prevista multa para a rescisão do ajuste, havendo fiadores ou garantes solidários para tanto. Ademais, se há falência do empresário (da pessoa natural), o direito à indenização não poderá ser exercido contra a massa; o terceiro prejudicado deverá esperar o encerramento da falência para, então, processar o empresário. Não terá, então, patrimônio ativo para fazer valer a condenação. Já em se tratando de sociedade empresária, poderá ajuizar a ação contra o administrador societário, mas, para tanto, deverá provar a prática de ato ilícito (dolo, culpa ou abuso de direito, *ex vi* dos artigos 186 e 187 do Código Civil) por parte dele, não havendo falar, de forma alguma, em responsabilidade objetiva, sob pena de atribuir-se à função risco que, legislativamente, não lhe foi conferido, ofendendo o princípio da reserva legal, inscrito no artigo 5º, II, da Constituição da República.

Em oposição, aferida a existência de comportamento de má-fé por parte do terceiro, como no *concilium fraudis*, não haverá direito à restituição em dinheiro, ainda que haja declaração de ineficácia. A massa, todavia, não pode se enriquecer ilicitamente em face dos valores que tenham sido desembolsados pelo terceiro e lhe transferidos. A má-fé tem por sanção a revogação, não a expropriação dos valores a favor da massa. A solução será mandar inscrever o respectivo valor como crédito no quadro geral de credores.

A hipótese de *securitização de créditos do devedor* é enfrentada pelo § 1º do artigo 136 da Lei 11.101/05. Ensina Uinie Caminha que a palavra *securitização* é um jargão criado no mercado norte-americano, pelo autor da primeira operação, quando questionado pelo *Wall Street Journal* sobre o nome daquele processo: partindo da palavra *security* (valor mobiliário) o operador *inventou* a palavra *securitisation*, tendo o jornal destacado que não se tratava de uma *palavra de verdade*. A autora destaca, ademais, que em Portugal usa-se o termo *titularização*, oriundo do francês *titrisation*, para dar a ideia de que a operação traduz uma *titularização de crédito*. Trata-se, em sentido estrito, de uma operação por meio da qual separa-se um patrimônio específico (podendo incluir, ou não, a cessão para uma pessoa jurídica distinta), com a emissão, no mercado mobiliário, de títulos lastreados neste *patrimônio segregado*. Mobilizam-se ativos – presentes ou futuros (como os chamados *recebíveis*, a exemplo de títulos de crédito com vencimento futuro) –, permitindo diluir riscos e, ademais, desintermediar o processo de financiamento, substituindo as formas tradicionais de financiamento bancário pelo financiamento por meio do mercado mobiliário.[3] A preocupação manifestada pelo legislador, no artigo 136, § 1º, é justamente com o mercado mobiliário, ou seja, com terceiros que adquirem títulos de securitização e que, portanto, não poderiam ser atingidos pela declaração de ineficácia, sob pena de criar-se descrédito para tais operações, hoje muito importantes. Portanto, não será declarada a ineficácia ou revogado o ato de cessão em prejuízo dos direitos dos portadores de valores mobiliários emitidos pelo securitizador, ainda que tenha havido má-fé na emissão dos títulos. Só poderá haver revogação se comprovado que os investidores que detêm os títulos emitidos participaram do *concilium fraudis*, incluindo a hipótese de terem inequívoco conhecimento da fraude perpetrada em sua emissão.

Por fim, um ato jurídico *pode ser declarado ineficaz ou revogado, ainda que praticado com base em decisão judicial*, desde que não tenha sido previsto e realizado na forma definida no plano de recuperação judicial; revogado o ato ou declarada sua ineficácia, ficará rescindida a sentença que o motivou (artigo 138). A norma precisa ser vista com redobrada cautela em seu conteúdo. Em primeiro lugar, excetuada a prova de fraude, não me parece que se devam declarar ineficazes arrematações judiciais de bens penhorados, como já afirmei, citando jurisprudência do colendo Superior Tribunal de Justiça. Em fato, a simples possibilidade jurídica da ineficácia conduziria a amplo esvaziamento dos feitos executivos anteriores à decretação da falência: só um apostador, desejando colher vantagens financeiras estremadas pelo risco da declaração de ineficácia, se apresentaria à praça de bens de devedores passíveis de terem sua falência decretada, o que trabalharia contra todos: credor, devedor, empresa e Judiciário. A norma, portanto, deve ser vista com cautela, alcançando, por exemplo, a transação que inclua pagamento de dívidas não vencidas ou pagamento de dívidas vencidas e exigíveis realizado por forma não prevista pelo contrato, a transação que caracterize prática de ato a título gratuito, a renúncia judicial à herança, entre outras.

3 CAMINHA, Uinie. *Securitização*. São Paulo: Saraiva, 2005. p. 35-39.

19

Créditos na Falência

1 VERIFICAÇÃO E HABILITAÇÃO

A massa falida é a própria expressão da universalidade de direito (*universitas iuris*), ou seja, do complexo de relações jurídicas, de uma pessoa, dotadas de valor econômico, nos limites de suas forças. Sua razão de ser é a apuração do *patrimônio ativo* e do patrimônio passivo (relações jurídicas nas quais o falido ocupa a posição de devedor), buscando uma liquidação possível, ainda que consciente da insatisfação como resultado geral: algumas obrigações não serão solvidas. Essa realidade justifica a constituição do juízo universal; todos os créditos e todas os débitos compõem um mesmo processo de liquidação judicial. Essa *intervenção estatal* preserva o interesse público de que todos os credores, titulares de créditos de mesma natureza, sejam tratados em igualdade de condições, ou seja, na satisfação preferencial de determinadas obrigações, por sua natureza, em detrimento de outras, igualmente por sua natureza, considerando a maior ou menor relevância pela avaliação do legislador. Soluciona-se assim o conflito multifacetado da insolvência: de um lado, interesses dos credores *versus* os interesses do devedor; de outro, os interesses dos próprios credores entre si, cada qual desejoso de ver-se pago e, via de consequência, encontrando em igual pretensão de outrem um obstáculo para tanto.

A formação do concurso de credores (*concursus creditorum*), portanto, é elemento essencial da falência. As obrigações e seus credores reúnem-se pela verificação e habilitação de créditos, da qual resulta o quadro geral de credores, nos moldes já estudados. Se a falência decorrer da rejeição, pela assembleia geral de credores, do plano de recuperação judicial da empresa (artigo 56, § 4º, da Lei

11.101/05), bem como se houver convolação da recuperação judicial em falência (artigo 73), os créditos remanescentes da recuperação judicial considerar-se-ão habilitados quando definitivamente incluídos no quadro geral de credores, tendo prosseguimento as habilitações que estejam em curso (artigo 80). Não se faz necessário, portanto, nova habilitação. Mas faz-se necessário abrir novo prazo de habilitação, permitindo a apresentação de credores por dívidas contraídas posteriormente à formação do quadro geral de credores para o processo recuperatório.

Lembre-se de que a decretação da falência do devedor não impede o credor de executar os coobrigados, existindo, a exemplo de avalistas, fiadores ou devedores solidários. É possível, inclusive, habilitar-se na falência e, concomitantemente em feito autônomo, executar o coobrigado ou coobrigados, o que, aliás, é implicitamente reconhecido pelo artigo 127 da Lei 11.101/05 quando aborda a decretação das falências de devedores solidários, permitindo ao credor concorrer, em cada uma delas, pela totalidade de seu crédito, até recebê-lo por inteiro. O que não se permite é receber mais do que lhe é devido, o que implica obrigação de devolver o excesso à massa (artigo 127, § 3º). O trâmite simultâneo da falência e da execução individual – feito autônomo – contra o coobrigado ou coobrigados justifica-se, até mesmo, pelas particularidades do juízo universal: o tempo de cada obrigação, certo que ao vencimento antecipado das dívidas do falido não corresponde igual e simultâneo vencimento antecipado das coobrigações, o tempo todo particular de organização e trâmite do juízo universal, bem como a sua forma de solução, na qual é forte a possibilidade de o credor, conforme a classe de seu crédito, não ser satisfeito. Comumente, um credor habilita-se e passa a uma longa espera que, não raro, não chega a lugar nenhum: as forças do ativo não são suficientes para pagar as três primeiras classes de credores com preferência.

Neste contexto, é interesse do coobrigado que o crédito esteja devidamente habilitado no concurso de credores. Por um ângulo, por beneficiar-se diretamente de cada pagamento que seja feito ao credor, o que reduzirá a sua obrigação. Por outro ângulo, quando paga a obrigação, no todo ou em parte, judicial ou extrajudicialmente (voluntariamente), o coobrigado tem o direito de substituir o credor no quadro geral de credores, pela totalidade ou apenas por parte do crédito, conforme a característica da coobrigação. Mera substituição no quadro geral de credores, repito e friso, e não habilitação originária e, portanto, tardia. O coobrigado apresentará petição ao juízo, provando o pagamento e, em face da sub-rogação, pedindo que lhe seja deferido substituir o credor original na titularidade do crédito habilitado e inscrito. Não se trata, é fundamental sublinhar, de uma retificação do quadro de credores; nada se está retificando: o crédito já está habilitado, apenas haverá a substituição do respectivo credor, em face da sub-rogação; substituição que também pode decorrer de outros eventos jurídicos, como a sucessão *causa mortis* ou *inter vivos*, do que é exemplo a cessão de crédito.

O interesse na habilitação do crédito conduz o artigo 128 da Lei 11.101/05 a permitir que os coobrigados solventes e os garantes do devedor ou dos sócios ilimitadamente responsáveis podem habilitar o crédito correspondente às quantias pagas ou devidas, se o credor não se habilitar no prazo legal. A matéria é muito interessante por suas diversas implicações. A norma, como visto, beneficia aos coobrigados solventes, e não àqueles ilimitadamente responsáveis, que tenham experimentado decretação conjunta de falência (artigo 81); havendo tal decretação conjunta, serão beneficiados os garantes dos sócios ilimitadamente responsáveis. Faculta-se habilitar o crédito correspondente (1) *às quantias pagas* ou (2) *quantias devidas*, se o credor não se habilitar no prazo legal. Se o coobrigado – aqui incluídos os garantes – já pagou ao credor, quando for o momento da habilitação, habilitará o crédito em nome próprio e originariamente, fazendo-o na qualidade de credor, já que nela sub-rogou-se com o pagamento. O artigo 128, aqui, faz uma pequena confusão, pois é claro que tal hipótese subsume-se à regra geral de habilitação de todos os créditos e credores e, uma vez pago, o credor originário perde tal condição. Não haveria falar, portanto, em pretender habilitar um crédito que já não titulariza. Será em relação às *quantias devidas* que a regra do artigo 128 mostrar-se-á efetiva: se o credor não se habilitar no prazo legal, os coobrigados solventes e os garantes do devedor ou dos sócios ilimitadamente responsáveis poderão fazê-lo, preservando, assim, seus interesses, em face da provável execução de seus patrimônios para a satisfação do crédito.

Por fim, tendo havido a decretação das falências de devedores solidários, o credor de tais coobrigados tem o direito de concorrer, em cada uma delas, pela totalidade do seu crédito, até recebê-lo por inteiro, quando então comunicará ao juízo, regra que, todavia, não se aplica ao falido cujas obrigações tenham sido extintas por sentença.

2 CLASSIFICAÇÃO DOS CRÉDITOS

A decretação da falência rompe com o princípio da solvabilidade presumida; não mais se espera que todas as obrigações da pessoa sejam solvidas, razão pela qual instaura-se um procedimento universal de liquidação de seu patrimônio, atraindo todos os direitos e todos os deveres com expressividade econômica do falido para um mesmo procedimento, permitindo (1) realizar o ativo e (2) pagar o passivo ou, pelo menos, parte deste. Dessa maneira, no juízo concursal, todos os credores assumem condição paritária (igualitária): eis as bases do princípio da *par conditio creditorum*. Essa paridade, contudo, não é absoluta, já que é princípio de justiça distributiva igualar os iguais e distinguir os diferentes. E há diferenças entre os créditos, por sua origem e natureza jurídica; alguns provêm do trabalho e têm por finalidade alimentar uma família, outros podem provir de juros. Assim, o princípio da paridade entre os credores (*par conditio creditorum*) evoluiu para reconhecer diferenças entre os credores, em função da natureza jurídica dos respectivos créditos.

Em outras palavras, o concurso de credores (*concursus creditorum*) e, como sua expressão judiciária, o juízo universal, compreende-se como ambiente jurídico cuja função é garantir que todos os credores, titulares de créditos de mesma natureza, sejam tratados em igualdade de condições, embora reconheça que, diante da probabilidade da ausência de patrimônio ativo em valor suficiente para atender a todos os credores, seja preciso preferir alguns crédidos/credores em desproveito de outros. O princípio da *par conditio creditorum* assume, destarte, outra expressão: tratamento dos credores iguais em igualdade de condições, aceitando-se que credores desiguais sejam tratados de forma desigual; é o princípio da *praeferentia creditorum in concursu*. Essas preferências são legalmente postas, segundo a definição do artigo 83 da Lei 11.101/05:

1. créditos derivados da legislação do trabalho, limitados a 150 salários mínimos por credor, e créditos decorrentes de acidentes de trabalho;
2. créditos com garantia real até o limite do valor do bem gravado;
3. créditos tributários, independentemente da sua natureza e tempo de constituição, excetuadas as multas tributárias;
4. créditos com privilégio especial;
5. créditos com privilégio geral;
6. créditos quirografários;
7. multas contratuais e penas pecuniárias por infração das leis penais ou administrativas, inclusive as multas tributárias; e
8. créditos subordinados.

Dessa maneira, por comando legislativo soberano, o juízo universal efetuará o pagamento dos credores por classes: apenas quando completamente satisfeita uma classe preferencial, passará ao pagamento da classe seguinte, assumindo o risco – senão a probabilidade – de que alguma ou algumas classes fiquem sem ser atendidas em nada, ao passo que outras sejam plenamente satisfeitas.

2.1 Créditos trabalhistas e acidentários

O grau superior na preferência nos pagamentos a serem realizados pela massa está ocupado por créditos derivados da legislação do trabalho, limitados a 150 salários mínimos por credor, e os decorrentes de acidentes de trabalho (artigo 83, I). Reconhece-se o valor social do trabalho, como fundamento do Estado Democrático de Direito (artigo 1º, IV, da Constituição da República), além de se preferir aqueles que necessitam do crédito para alimentar a si e suas famílias. Trata-se, no entanto, de benefício *ex personae*, ou seja, de preferência não ao crédito trabalhista em si; os créditos trabalhistas cedidos a terceiros são considerados quirografários, ou seja, perdem sua preferência (artigo 83, § 4º). O trabalhador pode ceder seu crédito, mas o cessionário não fará jus à preferência.

No Senado Federal, a limitação do crédito a 150 salários mínimos por credor trabalhista mereceu parecer favorável do Senador Ramez Tebet, para quem "o objetivo da limitação à preferência do crédito trabalhista é evitar abuso frequente no processo falimentar, pelo qual os administradores das sociedades falidas, grandes responsáveis pela derrocada do empreendimento, pleiteiam – por meio de ações judiciais milionárias e muitas vezes frívolas, em que a massa falida sucumbe em razão da falta de interesse em uma defesa eficiente – o recebimento de altos valores, com preferência sobre todos os outros credores e prejuízo aos ex-empregados que efetivamente deveriam ser protegidos, submetendo-os a rateios com os ex-ocupantes de altos cargos". Assim, prosseguiu, a limitação, "longe de piorar a situação dos trabalhadores, garante a eles maior chance de recebimento, pois reduz-se a possibilidade de verem parte significativa do valor que deveriam receber destinada ao pagamento dos altos valores dos quais os ex-administradores afirmam ser credores trabalhistas". Foram citados, ademais, dados do Tribunal Superior do Trabalho de que as indenizações trabalhistas julgadas seriam, na média, de 12 salários mínimos, razão pela qual "o limite superior de 150 salários mínimos afetará número reduzidíssimo de assalariados, entre os quais estarão, exclusiva ou primordialmente, os ocupantes de cargos elevados na hierarquia administrativa das sociedades."

A Corte Especial do Superior Tribunal de Justiça, julgando o Recurso Especial 1.152.218/RS, sob a sistemática dos recursos repetitivos, assentou: "Os créditos resultantes de honorários advocatícios têm natureza alimentar e equiparam-se aos trabalhistas para efeito de habilitação em falência, seja pela regência do Decreto-Lei 7.661/1945, seja pela forma prevista na Lei 11.101/2005, observado, neste último caso, o limite de valor previsto no artigo 83, inciso I, do referido Diploma legal".

Esteja-se atento para o fato de que, à sombra desse precedente, devem-se considerar submetidos à mesma lógica e parâmetro todos os outros pagamentos que, em sentido amplo, podem ser considerados "honorários", ou seja, pagamento pelo trabalho autônomo. Assim, honorários de peritos judiciais, contadores, auditores, consultores, pareceristas, *coachs* etc. Em todos os casos, há pagamento pelo trabalho, ainda que fora da relação de emprego. Seria odioso entender que o labor do causídico goza de alguma especialidade que justificasse a quebra de isonomia com o labor de outros autônomos que igualmente serviram à empresa.

2.1.1 Créditos acidentários

A proteção aos créditos *decorrentes de acidentes de trabalho* faz-se para garantir a tais pessoas o direito elementar à subsistência, em situação que suplanta, mesmo, os valores que sustentam os *créditos derivados da legislação do trabalho*. Os créditos acidentários derivam não apenas do serviço à empresa; derivam de danos decorrentes da atividade empresária, atendendo àqueles que sofreram consequências físicas dessa atividade, perdendo a vida ou a integridade física e/ou psicológica. Embora o crédito trabalhista deva, sim, ser privilegiado, os trabalhadores conservam sua força de trabalho, meio para o sustento próprio e de sua família. Os credores acidentários, não; seu crédito decorre de danos que podem dificultar ou mesmo impossibilitar o sustento próprio e da família. O pensionamento por acidente do trabalho tem por fundamento justamente a garantia da subsistência do trabalhador lesado e/ou de sua família, lembrando-se de que tais sinistros não raro consomem a vida da vítima. Por isso, o artigo 83, I, não limita o crédito acidentário a 150 salários mínimos e, ao fazê-lo, creio, expressa uma hierarquia interna: em primeiro lugar, pagam-se os créditos devidos por pensão alimentícia; depois, os créditos trabalhistas.

Mas há outros créditos alimentares que decorrem, igualmente, da atividade empresária e que manifestam as mesmas características de urgência e relevância, recomendando sejam tratados com a mesma lógica. Refiro-me especificamente àqueles que, não obstante não trabalharem na empresa, foram vítimas de acidentes que decorrem da atividade empresarial, dependendo de pensionamento alimentar para sobreviver. É o caso da vítima de um acidente de trânsito cuja responsabilidade seja do falido ou do consumidor que, consumindo produto ou serviço que se apresentou defeituoso, morre ou sofre lesões que lhe retiram, no todo ou em parte, a capacidade de trabalhar. Não me parece que haja razão para dar a tal crédito tratamento diverso daquele que se dá ao crédito decorrente *de acidente de trabalho*. Entender o contrário seria violar os princípios da dignidade da pessoa humana, da construção de uma sociedade justa e solidária, além da isonomia (artigos 1º, III, 3º, I, e 5º, *caput*, da Constituição da República): *ratio ubi est eadem, debet esse eadem iuris dispositio* [se mesma (igual) é a razão, mesma (igual) deve ser a disposição jurídica], diz uma máxima já vetusta. Como se não bastasse, tem-se o artigo 100, na primeira parte do *caput*, da Constituição da República, a sobre-elevar todo crédito alimentar.

Os mesmos fundamentos, parece-me, impõem a inclusão na mesma preferência dos créditos alimentares decorrentes das relações de Direito de Família: as pensões alimentícias (artigo 1.694 do Código Civil), na hipótese da falência do empresário individual. Como se só não bastasse, não se pode desconsiderar a Constituição da República, segundo a qual a família, base da sociedade, tem especial proteção do Estado, em especial os menores (artigos 226 e 227). Portanto, acredito que todos os créditos alimentares incluem-se na preferência inscrita na disposição do artigo 83, I, da Lei 11.101/05.

Por fim, é preciso atentar para o artigo 950, parágrafo único, do Código Civil, quando permite que o valor da indenização arbitrada sob a forma de pensionamento mensal seja arbitrado e pago de uma só vez. Numa situação de falência, ou seja, de execução coletiva de créditos contra o devedor, a utilização dessa alternativa legal impõe-se não apenas para os créditos acidentários, mas também para todos os créditos alimentares. Essa é a única via para garantir que os alimentados não sejam prejudicados pela quebra e, destarte, tenham ameaçada sua própria sobrevivência, sua dignidade e seu direito. Mesmo que a condenação judicial não tenha feito o arbitramento do valor completo da indenização mensal e mandado pagá-lo de uma só vez e, até, se houve pedido nesse sentido, mas foi indeferido pela sentença, diante da decretação da falência e constituição do juízo universal, será necessário efetuar-se tal transmutação: de indenização sob a forma de pensionamento mensal para indenização sob a forma de único pagamento, calculando-se a projeção dos valores devidos ao longo do tempo para determinar-se o valor total a ser pago ao beneficiário ou beneficiários. Neste sentido, na hipótese de se tratar de pensionamento vitalício à vítima de danos pessoais, incapacitada para o trabalho e autossubsistência, no todo ou em parte, será inevitável recorrer a um arbitramento da vida provável do beneficiário, única forma de preservar o seu direito em face da quebra.

2.2 Créditos com garantia real

Pagos os créditos acidentários, bem como, a meu ver, os demais titulares de créditos alimentares, além de satisfeitos os trabalhadores até o limite de 150 salários mínimos cada um, passa-se ao pagamento dos créditos com garantia real até o limite do valor do bem gravado (artigo 83, II), considerada a importância efetivamente arrecadada com sua venda, ou, no caso de alienação em bloco, o valor de avaliação do bem individualmente considerado (artigo 83, § 1º). A garantia real vincula uma obrigação a um direito de propriedade sobre coisas ou titularidade sobre direitos e créditos, com oposição *erga omnes*. Tem-se uma sujeição do bem dado em garantia, *por vínculo real, ao cumprimento da obrigação*, abstraindo-se quem seja, ao tempo da execução ou da medida cautelar, o dono do bem (art. 1.419 do Código Civil). O bem ou bens dados em garantia são como que *separados* juridicamente das demais obrigações eventualmente existentes, apenas lhes servindo se, uma vez satisfeita a dívida garantida, sobrem valores que retornarão ao patrimônio comum. A garantia é prestada a favor da dívida e não do credor. A pessoa beneficiada pela garantia real é o titular da obrigação garantida, seja ele quem for. Havendo uma cessão de crédito, o cessionário sucederá o cedente nesta condição, já que o vínculo acompanha a obrigação garantida em face da sequela constituída.[1]

Compreendem-se, assim, os artigos 1.422 do Código Civil e 83, II, da Lei 11.101/05; o credor hipotecário ou pignoratício tem o direito de excutir a coisa hipotecada ou empenhada, e preferir, no pagamento, a outros credores, observa-

1 Conferir MAMEDE, Gladston. *Código Civil comentado*: penhor, hipoteca e anticrese: artigos 1.419 a 1.510. São Paulo: Atlas, 2003. v. 14.

da, quanto à hipoteca, a prioridade no registro. A excussão é transformação da *garantia* em *satisfação*: a relação jurídica de propriedade na qual se inserira um vínculo com uma obrigação civil, diante do inadimplemento dessa obrigação, é *tragada* para os procedimentos de execução forçada do crédito, embora o mesmo artigo 1.422 do Código Civil, em seu parágrafo único, excetue dessa regra as dívidas que, em virtude de outras leis, devam ser pagas precipuamente a quaisquer outros créditos. É o que se passa com os créditos alimentares e os créditos derivados da legislação do trabalho, limitados a 150 salários mínimos por credor, na forma acima estudada.

É preciso excluir a anticrese. De acordo com o artigo 1.506 do Código Civil, pode o devedor ou outrem por ele, com a entrega do imóvel ao credor, ceder-lhe o direito de perceber, em compensação da dívida, os frutos e rendimentos. Isso é a *anticrese*. É, destarte, um meio que se opõe ao do empréstimo, portanto, um meio para o seu pagamento; um ato de cessão – de entrega – do devedor para o credor, como forma de permitir o pagamento do que se lhe emprestou ou do que lhe deve. Como se vê, a propriedade da coisa – o valor que se pode obter por tal faculdade – não está vinculada ao pagamento da dívida, não havendo previsão de execução do bem dado em anticrese. Retém-se a coisa (1) para usá-la e gozar de seus frutos, remunerando-se com eles, e (2) para forçar o pagamento, como nas demais retenções previstas no novo Código Civil. Não haverá, portanto, falar em *valor do bem gravado*, como tal compreendido, na forma do inciso II cominado com o § 1º do artigo 83 da Lei 11.101/05, *a importância efetivamente arrecadada com sua venda, ou, no caso de alienação em bloco, o valor de avaliação do bem individualmente considerado*. Se o credor anticrético não tem direito à excussão, não tem, igualmente, direito ao benefício de constar entre os beneficiários da regra ora examinada.

2.2.1 Créditos trabalhistas com garantia real

O artigo 1.419 do Código Civil prevê que, nas dívidas garantidas por penhor, anticrese ou hipoteca, o bem dado em garantia fica sujeito, por vínculo real, ao cumprimento da obrigação. *Dívida* é termo abrangente, alcançando todas as obrigações, designadamente as pecuniárias, ou seja, as obrigações de pagar. Assim, a vinculação entre o direito obrigacional e o direito real não encontra limitação qualitativa alguma, ou seja, não há vedação constitucional ou legal para que obrigações com *tal ou qual* conteúdo ou qualidade possam ser garantidas *por penhor ou hipoteca*. Basta que as partes contratem a garantia real – quando não se tem constituição *ex vi legis* – e atendam aos requisitos legais para que tenha validade perante terceiros para que, assim, o vínculo real entre obrigação (dívida) e bem garantidor (hipotecado ou empenhado) seja oponível não apenas *intra partes*, mas *erga omnes*.

Não havendo uma restrição qualitativa para as dívidas, parece-me certo ser possível a estipulação de garantia real em contrato de trabalho, individual ou coletivo. É perfeitamente possível que empregador e empregado ajustem que o contrato de trabalho será garantido pela hipoteca ou pelo penhor de determinado bem, da mesma forma que, negociando débitos já acumulados, podem estipular que o seu pagamento futuro (conforme acordado) esteja vinculado a uma garantia real. Aliás, o artigo 444 da Consolidação das Leis Trabalhistas diz que as relações contratuais podem ser objeto de livre estipulação das partes interessadas em tudo quanto não contravenha às disposições de proteção ao trabalho, aos contratos coletivos que lhes sejam aplicáveis e às decisões das autoridades competentes.

Se não há vedação para que dívidas oriundas de contrato individual de trabalho sejam garantidas por penhor ou hipoteca, igualmente não há vedação para que ajustes coletivos o sejam. Refiro-me aos *acordos coletivos*, celebrados entre sindicato e com uma ou mais empresas da correspondente categoria econômica, estipulando condições de trabalho, aplicáveis no âmbito da empresa ou das empresas acordantes às respectivas relações de trabalho (artigo 611, § 1º, da Consolidação das Leis do Trabalho). A constituição da garantia real pode constar de um acordo coletivo, já que se têm condições objetivas para atender à definição exigida pelo artigo 1.419 do Código Civil e, assim, determinar uma obrigação pecuniária – uma dívida – e garanti-la pela vinculação a um direito real: à propriedade de uma coisa ou titularidade de um bem ou crédito. Também poderá constar de um *contrato coletivo do trabalho*.

A figura do *contrato de trabalho* – individual ou coletivo (incluindo o *acordo coletivo*) – *com garantia real* permite ampliar, convencionalmente, a proteção constitucional e legal ao trabalho e ao seu caráter alimentar. Embora não limitada a tal situação, servirá principalmente para situações em que o trabalhador qualificado (no contrato individual de trabalho) aceite prestar serviços para empresa que, sabe, passa por crise econômico-financeira, havendo possibilidade de vir a falir. Como fazem os credores – designadamente as instituições financeiras – nessas horas, a estipulação da garantia real torna-se *conditio sine qua non* para a assunção do alto risco do contrato. Também será extremamente útil, pela via do *acordo coletivo de trabalho* ou, principalmente, do *contrato coletivo de trabalho*, quando a empresa pretenda a solidariedade dos trabalhadores para responder a dificuldades que, argumenta, são temporárias, retendo parte dos salários, deixando de pagar horas extras efetivamente trabalhadas, entre outras soluções heterodoxas que, embora não recomendadas pela doutrina trabalhista, são, sim, utilizadas na prática, onde a luta de classes é comumente substituída pelo comportamento compreensivo e colaboracional dos trabalhadores. A medida, ademais, pode ser extremamente interessante nos planos de recuperação de empresas, garantindo os trabalhadores para uma eventual decretação de falência.

A validade da estipulação, de qualquer sorte, submeter-se-á às regras gerais dos institutos do penhor e da hipoteca, listadas no Código Civil: só aquele que pode alienar poderá empenhar, hipotecar ou dar em anticrese; só os bens que se podem alienar poderão ser dados em penhor, anticrese ou hipoteca (artigo 1.422), devendo os contratos declarar, sob pena de não terem eficácia: (1) o valor do crédito, sua estimação, ou valor máximo; (2) o prazo fixado para pagamento; (3) a taxa dos juros, se houver; (4) o bem dado em garantia com as suas especificações. Pode-se, mesmo, ter a figura da garantia real prestada por terceiro a favor de dívida trabalhista alheia.

Havendo garantia real para o crédito trabalhista, o crédito será inscrito na primeira classe até o limite de 150 salários mínimos; no que ultrapassar esse valor, será inscrito na segunda classe. No entanto, essa inscrição, na primeira e segunda classes, se fará até o limite do valor do bem gravado; se o crédito em sua totalidade superar o valor do bem, será inscrito como quirografário. Imagine-se, portanto, um crédito trabalhista de 500 salários mínimos, garantido pela hipoteca de um imóvel alienado por 300 salários mínimos: o credor receberá, na primeira classe, os 150 salários mínimos ali deferidos. O bem garantidor, todavia, lhe provia uma garantia de 300 salários mínimos, restando 150, portanto, para serem recebidos na segunda classe. Os 200 salários mínimos restantes submetem-se à sexta classe, qual seja, a classe dos créditos quirografários. Não se pode inverter a operação, determinando que a garantia real incida sobre o que supere os 150 salários mínimos da primeira classe, exceto se a previsão contratual estabelecida entre as partes fizer tal previsão.

2.3 Créditos tributários

Pagos (1) os créditos alimentares, (2) os créditos derivados da legislação do trabalho, até o limite de 150 salários mínimos por credor, e, após esses, (3) os créditos com garantia real até o limite do valor do bem gravado, far-se-á o pagamento dos créditos tributários (ou seja, aos créditos decorrentes de impostos, taxas e contribuições), independentemente da sua natureza e tempo de constituição, excetuadas as multas tributárias (artigo 83, III). Esse privilégio justifica-se pelo fim do crédito fiscal, tomado como recurso essencial para a manutenção do Estado e, assim, para a realização de todas as suas funções constitucionais.

A preferência define-se, na letra do próprio dispositivo, *independentemente da sua natureza e tempo de constituição*. Portanto, não se distinguem, em primeiro lugar, tributos federais, estaduais e distritais, ou municipais; tais entes político-administrativos concorrem entre si pelo pagamento, em igualdade de condições. Também não se distinguem impostos, taxas e contribuições, sejam contribuições de melhoria, sociais ou corporativas. Também haverá um concurso entre tais créditos, em igualdade de condições, para o pagamento, conforme as forças que restarem à massa falida. Em qualquer das hipóteses, porém, excluem-se as multas que, por força do artigo 83, VII, da Lei 11.101/05, são pagas apenas após os créditos quirografários.

Friso, por fim, que a interpretação da expressão *créditos tributários* faz-se restritivamente, nos termos acima estudados. Não são alcançados outros créditos devidos ao Estado, mas com natureza diversa, vez que nem todo valor que ingressa nos cofres públicos é um tributo. Há empréstimos que o Estado toma aos particulares, fundos de operações administrativas onde permite, autoriza ou concede, onerosamente, a exploração de determinadas atividades por particulares, sanções pecuniárias etc. Nenhuma dessa rubricas submete-se à proteção do artigo 83, III, da Lei 11.101/05. O Estado, por sua administração direta ou indireta, conserva-se credor e, destarte, poderá pedir que o crédito seja inscrito no quadro geral de credores. Mas deverá fazê-lo na classe respectiva, o que variará caso a caso, dependendo da natureza do respectivo crédito. Poderão ser créditos quirografários, ou mesmo de classes inferiores, como ocorrerá com as multas, na forma que se estudará.

2.4 Créditos com privilégio especial

Resolvidas as preferências anteriores, passa-se ao pagamento dos *créditos com privilégio especial*, quais sejam (artigo 83, IV, da Lei 11.101/05): (1) os previstos no artigo 964 do Código Civil; (2) os assim definidos em outras leis civis e comerciais, salvo disposição contrária na Lei 11.101/05; (3) aqueles a cujos titulares a lei confira o direito de retenção sobre a coisa dada em garantia; e (4) aqueles em favor dos microempreendedores individuais e das microempresas e empresas de pequeno porte de que trata a Lei Complementar 123/06 (incluído pela Lei Complementar 147/14). Não há, entre esses, qualquer hierarquia ou preferência, todos merecendo igual preferência e, dessa maneira, concorrem entre si pelo pagamento.

No âmbito do Código Civil, estão incluídos na categoria de *créditos com privilégio especial* as seguintes relações jurídicas: (1) sobre a coisa salvada, o credor por despesas de salvamento; (2) sobre a coisa beneficiada, o credor por benfeitorias necessárias ou úteis; (3) sobre os prédios rústicos ou urbanos, fábricas, oficinas, ou quaisquer outras construções, o credor de materiais, dinheiro ou serviços para a sua edificação, reconstrução ou melhoramento; (4) sobre os frutos agrícolas, o credor por sementes, instrumentos e serviços à cultura ou à colheita; (5) sobre as alfaias (mobílias) e utensílios de uso doméstico, nos prédios rústicos ou urbanos, o credor de aluguéis, quanto às prestações do ano corrente e do anterior; (6) sobre os exemplares da obra existente na massa do editor, o autor dela, ou seus legítimos representantes, pelo crédito fundado contra aquele no contrato da edição. O inciso I do artigo 964 do Código Civil fala em privilégio sobre a coisa arrecadada e liquidada, o credor de custas e despesas judiciais feitas com a arrecadação e a liquidação; não se trata, porém, de norma aplicável ao procedimento de falência, em que tais despesas são computadas como créditos extraconcursais, como se estudará adiante. O artigo 964 do Código Civil ainda se refere ao privilégio especial do trabalhador agrícola, quanto à dívida dos seus salários, sobre o produto da colheita, para a qual houver concorrido com o seu trabalho, e precipuamente a quaisquer outros créditos, ainda que reais, bem como do credor por animais sobre os produtos do abate (incisos VIII e IX). No âmbito da legislação falimentar, porém, tais créditos incluem-se na regra do artigo 83, I, até o limite de 150 salários mínimos, como visto. Portanto, a classificação como crédito especial se fará apenas em relação ao que desbordar esse limite.

Note-se que os privilégios inscritos no artigo 964 do Código Civil definem-se não sobre o patrimônio como um todo do falido, mas sobre bens em especial. Assim, o privilégio do crédito por benfeitorias necessárias ou úteis faz-se *sobre a coisa beneficiada*, da mesma forma que a preferência do crédito do titular do direito autoral, pelo crédito fundado no contrato da edição, faz-se *sobre os exemplares da obra existente na massa do editor*. Vencidas as forças de bens ou direitos garantidores de tais relações, conforme o valor pelo qual tenham sido vendidos ou, se houve venda em bloco da empresa ou do estabelecimento, pelo valor de sua avaliação, o restante do crédito se classificará e será eventualmente pago como quirografário. Vale dizer, aplica-se também aqui, subsidiariamente, o inciso II e o § 1º do artigo 83 da Lei 11.101/05, acima estudado para tratar da preferência dos créditos com garantia real.

2.5 Créditos com privilégio geral

Segue-se o pagamento dos *créditos com privilégio geral* (artigo 83, V): (1) os previstos no artigo 965 do Código Civil; (2) os previstos no parágrafo único do artigo 67 da Lei 11.101/05; e (3) os assim definidos em outras leis civis e comerciais, salvo disposição contrária da Lei 11.101/05.

De acordo com o artigo 965 do Código Civil, gozam de privilégio geral sobre os bens do devedor, na seguinte ordem: (1) o crédito por despesa de seu funeral, feito segundo a condição do morto e o costume do lugar; (2) o crédito por despesas com o luto do cônjuge sobrevivo e dos filhos do devedor falecido, se foram moderadas; (3) o crédito por despesas com a doença de que faleceu o devedor, no semestre anterior à sua morte; (4) o crédito pelos gastos necessários à mantença do devedor falecido e sua família, no trimestre anterior ao falecimento; (5) os demais créditos de privilégio geral. Os quatro primeiros níveis, insofismavelmente, referem-se à hipótese de falência do empresário (pessoa natural) falecido. Já o quinto nível, por seu turno, compreenderá os créditos previstos no parágrafo único do artigo 67 da Lei 11.101/05; e os demais assim definidos em outras leis civis e comerciais, salvo disposição contrária da Lei 11.101/05, concorrendo entre si indistintamente.

Frise-se que o artigo 965 do Código Civil prevê alguns créditos que não se aplicam à falência, em face de suas normas específicas. Assim, no inciso II, fala-se em crédito por custas judiciais, ou por despesas com a arrecadação e liquidação da massa; na falência, trata-se de créditos extraconcursais. O inciso VI, por seu turno, diz do crédito pelos impostos devidos à Fazenda Pública, no ano corrente e no anterior; na falência, viu-se, o artigo 83, III, dá tratamento especial aos créditos tributários, pagos preferencialmente aos créditos com privilégio especial e aos com privilégio geral. Por fim, o inciso VII fala em crédito pelos salários dos empregados do serviço doméstico do devedor, nos seus derradeiros seis meses de vida; na falência, todavia, são os créditos com maior preferência, até o limite de 150 salários mínimos.

No âmbito dos créditos previstos no parágrafo único do artigo 67 da Lei 11.101/05, há os créditos quirografários sujeitos à recuperação judicial pertencentes a fornecedores de bens ou serviços que continuarem a provê-los normalmente após o pedido de recuperação judicial, aos quais se concedeu privilégio geral de recebimento em caso de decretação de falência, no limite do valor dos bens ou serviços fornecidos durante o período da recuperação. No que diz respeito a outras leis civis e comerciais (distinção, aliás, que não se sustenta, face à presente unificação do Direito Privado, como demonstrado no volume 1 desta coleção), há situações como o *crédito do comissário*, relativo a comissões e despesas feitas, que, por força do artigo 707 do Código Civil, goza de privilégio geral, no caso de falência ou insolvência do comitente. Somem-se as debêntures com privilégio geral (ou debêntures com garantia flutuante), na forma do artigo 58 da Lei 6.404/76, como estudado no volume 2 desta coleção. Para aqueles que não aceitam a tese da natureza alimentar dos honorários advocatícios, contratados e/ou sucumbenciais, na forma anteriormente examinada, seriam eles também incluídos como crédito com garantia geral.

2.6 Créditos quirografários

Se a massa falida ainda tiver forças, após os pagamentos dos créditos das cinco classes anteriores, o administrador judicial passará ao pagamento dos créditos quirografários, ou seja, créditos ordinários, sem garantia real ou qualquer forma de privilégio especial ou geral para o crédito. Sequer importa a tal qualificação o fato de o crédito ter garantia pessoal, ou seja, de estar garantido por fiança civil, fiança bancária, aval, assunção solidária da obrigação. Mesmo nesses casos, o crédito será definido como quirografário. O legislador os qualificou assim: (1) aqueles não previstos nos demais incisos do artigo 83 da Lei 11.101/05, a incluir as cinco primeiras classes, já estudadas, bem como as classes inferiores de crédito, a serem estudadas na sequência; (2) os saldos dos créditos não cobertos pelo produto da alienação dos bens vinculados ao seu pagamento; (3) os saldos dos créditos derivados da legislação do trabalho que excederem o limite de 150 salários mínimos.

É vasto o alcance da definição de créditos quirografários, em face da estipulação inscrita no artigo 83, VI, *a*, da Lei 11.101/05: títulos de crédito (letra de câmbio, nota promissória, cheque, duplicata etc.), incluindo aqueles que decorram do direito de regresso por parte de coobrigados (avalistas e endossatários) que, demandados pelo credor, tenham efetuado o pagamento, credores por título executivo judicial (se não forem beneficiários de hipoteca judicial), credores por contratos sem garantia real, credores que tenham seu crédito comprovado por prova escrita sem a qualidade de título executivo e, até, credores por relações jurídicas ilíquidas, entre outros. Já as alíneas *b* e *c* do dispositivo ocupam-se de um mesmo fenômeno: o *reliquum*, ou seja, o resto de crédito que não se adimpliu com o produto da alienação dos bens vinculados ao seu pagamento ou, na hipótese de alienação em bloco, o valor da obrigação que supera a avaliação dada ao bem, o que não se limita à segunda classe (créditos com garantia real), mas alcança a quinta classe, os créditos com garantia especial que, como visto, também estão marcados por uma referenciação entre a obrigação e um bem que por ela responderia. Em sentido largo, haverá também *reliquum* – ou dívida restante – em relação aos créditos trabalhistas, no que superem os 150 salários mínimos, limite da preferência inscrita no artigo 86, I, da Lei 11.101/05, na forma anteriormente estudada.

2.7 Multas e penas pecuniárias

Somente após terem sido pagos todos os créditos quirografários, passa-se ao pagamento das multas contratuais e das penas pecuniárias por infração das leis penais ou administrativas, inclusive as multas tributárias (artigo 83, VII). Os créditos pelas relações jurídicas que estão listados nas seis primeiras classes de preferência, dos trabalhistas aos quirografários, estão fundados em desvantagens experimentadas por seus credores originários, sendo onerosos por excelência: o trabalho, o mútuo, a prestação de serviço, a benfeitoria etc. Mesmo a verba indenizatória se faz como retribuição pelos danos causados pela atividade empresária. As multas e as penas pecuniárias, todavia, não expressam tal realidade: são, por definição, sanções a comportamentos ilícitos: descumprimento da lei ou do contrato, servindo mais à punição do devedor do que à contraprestação e/ou indenização do credor. Eis a razão pela qual o legislador condicionou o seu pagamento à satisfação completa das classes anteriores, incluídos os créditos quirografários. A percepção desta lógica, todavia, leva-me a lamentar que estejam listados em classe ainda inferior os *créditos subordinados em contrato*, como se aferirá no item 2.8, designadamente as debêntures subordinadas, já que o seu adimplemento tem, sim, caráter de contraprestação pelo falido.

Nesta categoria se incluirão o Estado e os credores privados. Ambos pelas multas contratuais, em primeiro lugar, certo de que o Poder Público também mantém relações contratuais nas quais podem estar previstas sanções pecuniárias para o descumprimento do ajuste. Mas o Estado primordialmente pelas *penas pecuniárias por infração das leis penais ou administrativas, inclusive as multas tributárias*. As hipóteses são múltiplas: penas pecuniárias oriundas da legislação penal, consumerista, ambiental, administrativa etc. Multas impostas pelo Conselho Administrativo de Direito Econômico (Cade), pelas Delegacias Regionais do Trabalho (DRTs), o Instituto Brasileiro do Meio Ambiente (Ibama), às Procuradorias do Consumidor (Procons), entre outros. Multas oriundas de autos de infração administrativa, autos de infração tributária etc. A condição de litígio judicial em nada altera tal classificação: é indiferente que tais obrigações estejam sendo – ou já tenham sido, em sentença transitado em julgado – discutidas em mandado de segurança, ação declaratória ou execução, com ou sem embargos do devedor. Importa atentar para a natureza jurídica do crédito. Mesmo as multas processuais, a exemplo da multa por litigância de má-fé ou a multa por embargos declaratórios oferecidos por protelação, alcançam-se pela previsão.

Note-se que o § 3º do artigo 83 da Lei 11.101/05 afirma que as cláusulas penais dos contratos unilaterais não serão atendidas se as obrigações neles estipuladas se vencerem em virtude da falência; portanto, quando se tenham contratos bilaterais, as multas pecuniárias decorrentes da falência serão, sim, atendidas, ainda que somente após o pagamento dos créditos quirografários.

2.8 Créditos subordinados

A última classe prevista pelo artigo 83 da Lei 11.101/05, a oitava, é ocupada pelos *créditos subordinados*, a saber: (1) aqueles que assim sejam previstos em lei ou em contrato e (2) os créditos dos sócios e dos administradores sem vínculo empregatício. Entre as subordinações previstas em lei ou em contrato, a mais típica são as debêntures subordinadas (artigo 58, § 4º, da Lei 6.404/76). Já os créditos dos administradores sem vínculo empregatício alcançam tanto o administrador que seja sócio, quanto aquele que não o seja. Estão alcançados pela previsão os créditos provenientes de verba *pro labore*, bem como aqueles decorrentes de premiações e bonificações. No âmbito do crédito dos sócios, incluem-se juros sobre capital próprio, bem como verbas que, devidas, foram retidas no balanço da empresa.

Não são incluídos na categoria de créditos subordinados os valores decorrentes de direito de sócio ao recebimento de sua parcela do capital social na liquidação da sociedade (artigo 83, § 2º). Esse direito constitui, como se estudará adiante, a última classe de valores a serem distribuídos (artigo 153): pagos todos os credores, o saldo, se houver, será entregue ao falido. Essa possibilidade será estudada a seguir. Portanto, a expressão *créditos dos sócios* interpreta-se restritivamente, excluindo a liquidação de suas quotas ou ações. A interpretação restritiva, de qualquer sorte, não se faz apenas em desproveito do sócio, mas igualmente a seu favor: somente se considera subordinado o crédito que o sócio tenha na qualidade de sócio; não os que tenha na qualidade de terceiro. Assim, se um trabalhador é acionista de uma companhia e sofreu um acidente do trabalho, não há *crédito de sócio*, mas crédito acidentário; se um quotista vendeu um veículo para a sociedade empresária, que não lhe pagou, não há, uma vez mais, *crédito de sócio*, mas crédito quirografário. Obviamente, o Judiciário deve ter redobrada cautela para evitar a prática de atos fraudatórios nessas operações.

2.9 Juros vencidos após a decretação

Se forem pagos até mesmo os créditos subordinados, o que é muito pouco provável, o restante do que se apurar com a realização dos ativos será utilizado para o pagamento de juros vencidos após a decretação da falência. Como estudado anteriormente, por força do artigo 124 da Lei 11.101/05, contra a massa falida não são exigíveis juros vencidos após a decretação da falência, sendo indiferente se sua previsão consta de contrato ou de lei, regra da qual estão excetuados apenas *os juros das debêntures e dos créditos com garantia real*, embora por eles responda, *exclusivamente, o produto dos bens que constituem a garantia*. Somente quando o *ativo apurado bastar para o pagamento dos credores subordinados*, que são os últimos na classificação inscrita no artigo 83 da Lei 11.101/05, se procederá ao pagamento desses juros.

2.10 Falido

Se após terem sido pagos todos os credores e mesmo os juros devidos após a decretação da falência restarem ainda bens e/ou valores, essa sobra será entregue ao falido (artigo 153 da Lei 11.101/05). Assim, embora o artigo 83, § 2º, fale não serem oponíveis à massa os valores decorrentes de direito de sócio ao recebimento de sua parcela do capital social na liquidação da sociedade, trata-se de meia verdade. Compreendendo-se a massa como o conjunto dos direitos do falido ou sociedade falida, aqueles direitos são, sim, oponíveis, embora apenas após a satisfação de todos os créditos. A inoponibilidade absoluta, extrema, implicaria recolher a sobra a favor da Fazenda, o que não é correto. A regra do artigo 83, § 2º, serve apenas para deixar claro que os sócios não são, por seus direitos patrimoniais societários, credores da massa, não havendo falar em habilitação.

3 CRÉDITOS EXTRACONCURSAIS

O Direito Concursal, ao longo dos séculos, evoluiu para reconhecer que há créditos que devem ser pagos mesmo antes dos credores em concurso, por lhes serem prejudiciais. São, portanto, créditos *fora da concurso* ou *extraconcursais*. Não é uma situação de preferência, mas de prejudicialidade: antes de passar aos *credores do devedor*, é preciso reconhecer a existência de *credores da massa falida*. A diferença é sutil: enquanto os *credores do devedor* mantiveram relações jurídicas com o empresário ou sociedade empresária, os *credores da massa falida* mantiveram relações jurídicas posteriores à quebra ou, no mínimo, ao deferimento da recuperação judicial, nos termos que se estudará na sequência.

No julgamento do Recurso Especial 32.959/SP pela Segunda Seção (Terceira e Quarta Turmas) do Superior Tribunal de Justiça, o Ministro Eduardo Ribeiro sublinhou que "um processo de falência, notadamente a realização do ativo, não se faz sem despesas. E não é razoável pretender que alguém contrate com a massa sem uma certa segurança de que irá receber o que lhe for devido. Daí a conveniência de que os débitos com essa origem sejam saldados preferencialmente, evitando-se óbices ao desenvolvimento do processo, sem o que não será possível o pagamento dos créditos admitidos à falência, inclusive trabalhistas". Pode não ser a solução mais justa (neste sentido, o voto do Ministro César Asfor Rocha no julgamento do Recurso Especial 32.959/SP; também o julgamento do Recurso Especial 23.642, todos pelo Superior Tribunal de Justiça), mas é a solução legal.

Os créditos extraconcursais são os seguintes:

1. remunerações devidas ao administrador judicial e seus auxiliares e créditos derivados da legislação do trabalho ou decorrentes de acidentes de trabalho relativos a serviços prestados após a decretação da falência;
2. quantias fornecidas à massa pelos credores;
3. despesas com arrecadação, administração, realização do ativo e distribuição do seu produto, bem como custas do processo de falência;
4. custas judiciais relativas a ações e execuções em que a massa falida tenha sido vencida;
5. obrigações resultantes de atos jurídicos válidos praticados durante a recuperação judicial ou após a decretação da falência e tributos relativos a fatos geradores ocorridos após a decretação da falência.

De acordo com o artigo 84, tais créditos interpretam-se *nesta ordem*, ou seja, há também classes preferenciais de créditos extraconcursais. A primeira classe preferencial de créditos extraconcursais é ocupada por (1) remunerações devidas ao administrador judicial e seus auxiliares, (2) créditos derivados da legislação do trabalho relativos a serviços prestados após a decretação da falência ou (3) créditos decorrentes de acidentes de trabalho ocorridos após a decretação da falência. A razão dessa precedência (ou prejudicialidade) extraconcursal – e, no âmbito dos créditos extraconcursais, dessa preferência – é o risco escancarado de se trabalhar para a massa. Essa proteção à remuneração devida pelo trabalho desempenhado a favor da massa como crédito extraconcursal funciona, destarte, como um estímulo à atuação de todos aqueles que são indispensáveis à conclusão do procedimento.

De qualquer sorte, mesmo entre as classes previstas no artigo 84, pode-se afirmar preferências internas, fundadas na estrutura axiológica da Lei 11.101/05. Assim, são preferenciais os créditos que caracterizem verbas alimentares em sentido estrito, como os pensionamentos alimentícios, sejam decorrentes de acidentes de trabalho, sejam decorrentes de sinistros com terceiros, dos quais resulte a obrigação de pensionar. Trata-se de danos decorrentes da atividade negocial, ainda que posterior ao decreto de *quebra*, atendendo àqueles que sofreram consequências físicas dessa atividade, perdendo a vida ou a integridade física e/ou psicológica. Os beneficiários de tais créditos são vítimas da empresa e, enquanto os demais credores mantêm a capacidade física de sustentarem-se e à sua família, tais credores a perderam. O pagamento se faz para sua mantença, para sua subsistência, para a sua mínima dignidade como pessoa humana (artigo 1º, III, da Constituição da República).

Lamento, e muito, a inclusão de *custas judiciais relativas às ações e às execuções em que a massa falida tenha sido vencida*. Trata-se de repetição do Decreto-lei 7.661/45, norma anterior à Lei 1.060/50 e à compreensão de que também as pessoas jurídicas podem ser beneficiárias de gratuidade judicial. Ora, a própria condição de massa falida demonstra a necessidade e a conveniência da concessão da gratuidade judicial, o que poderia ter sido previsto, em abstrato, na Lei 11.101/05.

Ainda há os créditos resultantes de atos jurídicos válidos praticados durante a recuperação judicial ou após a decretação da falência e tributos relativos a fatos geradores ocorridos após a decretação da falência. Em relação à recuperação judicial, o artigo 67, *caput*, da Lei 11.101/05, prevê que os créditos decorrentes de obrigações contraídas pelo devedor durante a recuperação judicial, inclusive aqueles relativos a despesas com fornecedores de bens ou serviços e contratos de mútuo, serão considerados extraconcursais, em caso de decretação de falência, respeitada, no que couber, a ordem estabelecida no artigo 83 da Lei de Falência e Recuperação de Empresas. Trata-se, portanto, de um estímulo a terceiros para que contratem com a empresa recuperanda, evitando alcançar-se uma situação de inevitável falência. A expressão *durante a recuperação judicial* interpreta-se restritivamente, traduzindo apenas o período que vai até a sentença que encerra o procedimento; mesmo que o plano de recuperação judicial aprovado desborde o biênio previsto no artigo 61, *caput*, da Lei 11.101/05, os atos ulteriores não serão alcançados pela previsão ora estudada. Em relação à falência, o artigo 84, V, da Lei 11.101/05, refere-se à hipótese de se ter deliberado pela continuidade provisória das atividades da empresa, como facultado pelo artigo 99, XI, da mesma lei.

Por fim, recorde-se que a Corte Especial do Superior Tribunal de Justiça, julgando o Recurso Especial 1.152.218/RS, sob a sistemática dos recursos repetitivos, assentou: "São créditos extraconcursais os honorários de advogado resultantes de trabalhos prestados à massa falida, depois do decreto de falência, nos termos dos artigos 84 e 149 da Lei n. 11.101/2005".

20

Realização do Ativo, Pagamento dos Credores e Encerramento da Falência

1 REALIZAÇÃO DO ATIVO

A realização do ativo será iniciada logo após a arrecadação dos bens, com a juntada do respectivo auto ao processo de falência (artigo 139 da Lei 11.101/05), independentemente da formação do quadro geral de credores (artigo 140, § 2º). Isto, é claro, sem prejuízo da venda antecipada de bens perecíveis, deterioráveis ou sujeitos a considerável desvalorização ou de conservação arriscada ou dispendiosa (artigo 113), já estudada. Também se permite ao juiz autorizar os credores, de forma individual ou coletiva, em razão dos custos e no interesse da massa falida, a *adquirir* ou *adjudicar*, de imediato, os bens arrecadados, pelo valor da avaliação, atendida a regra de classificação e preferência entre eles, ouvido o comitê de credores (artigo 111).

Adjudicação, no sentido empregado pelo dispositivo, traduz a transferência a credor ou credores, sem que seja necessário, por esses, participar de hasta ou efetuar desembolso, recebendo o bem em adimplemento de seus créditos. A norma deve ser interpretada com redobrada cautela, já que a execução coletiva e o concurso de credores tem particularidades no procedimento de alienação e no pagamento dos créditos habilitados. De qualquer sorte, o artigo 111 torna lícita a adjudicação ou a aquisição da totalidade dos bens arrecadados, de unidades produtivas isoladas, de conjuntos de bens ou bens isolados (um, alguns ou todos), como meio de abreviar os procedimentos de realização dos ativos.

A aquisição ou a adjudicação sumária fazem-se no interesse da massa (a coletividade de credores) e também para atender a função social da empresa, razão pela qual deve atender à estrutura do artigo 140, no qual se listam formas preferenciais de realização do ativo, com destaque para a alienação da empresa, em sua totalidade. É recomendável, até, sempre que a medida é meio para a preservação, no todo ou em parte, das atividades empresárias, a exemplo da pretensão dos trabalhadores de adjudicar unidades para manter a produção, organizando-se sob a forma de cooperativa ou associação, um fenômeno que tem se multiplicado no século XXI, recebendo o rótulo de *economia solidária*. Para além de tal baliza, o magistrado deverá considerar fatores complementares, como o custo de conservação da coisa ou do direito, os riscos a que esteja submetida, os custos de uma alienação convencional, os riscos de arrematação por valor inferior à avaliação, os termos da proposta apresentada (que pode oferecer pelo bem preço superior à avaliação), entre outros fatores.

Justamente por isso, determinou-se a oitiva do comitê de credores (artigo 111), embora pareça-me que a melhor solução seja abertura de prazo para a manifestação de todo e qualquer credor, bem como do empresário falido, administrador da sociedade falida ou qualquer sócio. Aliás, outros credores podem não só apresentar propostas mais interessantes, como também se qualificarem como adquirentes preferenciais. Neste sentido, não se pode olvidar que o artigo 111 manda atender à regra de classificação e preferência entre eles. Diversas questões, portanto, podem surgir. Se a proposta de um credor quirografário é igualada por credores trabalhistas, deve ser preferida a desses, não só por se tratarem de créditos preferenciais, como também pela valorização social do trabalho.

A adjudicação por um único credor, por seu turno, representará alguma dificuldade quando não se tratar de credor com garantia real em relação ao bem garantidor. Nos demais casos, a solução será combinar adjudicação com aquisição, ou seja, operação que implique desembolso para que haja pagamento dos demais credores de mesma classe preferencial.

2 FORMAS DE REALIZAÇÃO DO ATIVO

A preocupação com a preservação da empresa, para a manutenção de suas atividades e de sua função social também escora-se no sistema de realização dos ativos instituído pela Lei 11.101/05. Assim, em lugar de valorizar a venda de bens isolados, o legislador preferiu prestigiar a venda de bens coletivos, incluindo da empresa como um todo, em bloco, percebendo que quem faliu foi o empresário ou a sociedade empresária (sujeitos) e não a empresa (objeto). Assim, o artigo 140 determina que, para a alienação dos bens que compõem o ativo do falido, deve-se preferir, nessa ordem:

1. alienação da empresa, com a venda de seus estabelecimentos em bloco;
2. alienação da empresa, com a venda de suas filiais ou unidades produtivas isoladamente;

3. alienação em bloco dos bens que integram cada um dos estabelecimentos do devedor;
4. alienação dos bens individualmente considerados.

Assim, o Judiciário sempre deverá preferir a *alienação da empresa*, com a *venda de seus estabelecimentos em bloco*, forma por excelência para a preservação da atividade empresária e seus benefícios. A empresa, aqui, é tomada como bem coletivo, alienado de forma unitária. A transferência do patrimônio (aspecto estático da empresa) se faz em conjunto com a transferência das atividades (aspecto dinâmico). O mecanismo é louvável. Afasta-se o devedor insolvente e preserva-se a empresa. Quem foi cliente, por décadas, da Camisaria Exemplo, poderá continuar a sê-lo, indo ao mesmo endereço, sendo atendido pelos mesmos vendedores etc. Poucas pessoas se darão conta, todavia, de que não estão mais negociando com *Camisaria Exemplo Ltda.*, mas que, ao entrar e fazer compras na loja, estão agora negociando com *Camisaria Verbi Gratia Ltda*. Fornecedores mantêm seu canal de vendas, trabalhadores mantêm seu emprego, consumidores mantêm seu canal de compras, o Estado mantém um contribuinte etc. A massa, por seu turno, sai beneficiada por uma pronta e imediata liquidação dos ativos, evitando longos trâmites judiciais, nocivos aos interesses de todos. O adquirente sai beneficiado, pois assume um negócio que está montado, que tem clientela, mercado, e cuja crise econômico-financeira pode decorrer não de problemas estruturais, mas de problemas pontuais, a incluir a má administração, o que é muito comum.

De acordo com o § 3º do artigo 140 da Lei 11.101/05, a alienação da empresa terá por objeto o conjunto de determinados bens necessários à operação rentável da unidade de produção, que poderá compreender a transferência de contratos específicos. A regra interpreta-se conforme a particularidade de cada caso, certo de que nem todos os bens da empresa estão alocados na concretização de suas atividades. No ativo do falido, é possível encontrarem-se bens e direitos que estejam sendo empregados na empresa, que a compõem, ou que lhes sejam úteis ou necessários (mesmo que o falido não os estivesse empregando, por inépcia ou por qualquer outro motivo), assim como aqueles que não dizem respeito à empresa e, destarte, podem ser realizados em separado, a bem da satisfação dos créditos contra a massa: depósitos bancários, aplicações financeiras, créditos de recebimento imediato, participações permanentes em outras sociedades (ações ou quotas de sociedades empresárias que componham o patrimônio da empresa), imóveis que não se destinem à manutenção da atividade da empresa (incluindo os destinados a aluguel), marcas e patentes que não sejam empregadas nas atividades (apenas titularizadas pelo empresário e pela sociedade empresária), títulos da dívida pública etc. Em cada situação, portanto, caberá ao juiz delimitar bens (coisas e direitos), bem como contratos, que se transferem com a arrematação da alienação da empresa pela venda de seus estabelecimentos em bloco. Em alguns casos, como pequenas empresas (bares, restaurantes, confecções etc.), poderá ser a totalidade dos bens; em outros, apenas uma parte.

Registro por fim que, aplicado o artigo 141, II, da Lei 11.101/05, que se estudará a seguir, não há cuidar de transferência do *ativo diferido*. Em fato, sob tal rubrica contabilizam-se as aplicações de recursos em despesas que contribuirão para a formação do resultado de mais de um exercício social, inclusive os juros pagos ou creditados aos acionistas durante o período que anteceder o início das operações sociais (artigo 179, V, da Lei 6.404/76). Portanto, refere-se a gastos, ainda que efetuados como investimentos para beneficiar a empresa e a atividade empresarial, a exemplo de consultoria para estruturação ou reestruturação, publicidade e promoção, desenvolvimento de tecnologia etc. Como tais despesas beneficiam o empreendimento em prazo longo, são contabilizadas no ativo diferido e amortizadas em diversos exercícios. A finalidade desta operação é evitar que a sua escrituração como despesa produzisse resultado contábil desfavorável (redução dos lucros ou, mesmo, prejuízo). Como o passivo não se transfere junto com os bens alienados – inclusive a empresa em bloco –, não há falar em transferência do *ativo diferido*.

Não sendo interessante a venda da empresa em bloco, deve-se preferir a alienação de *filiais* ou *unidades produtivas isoladamente* (artigo 140, II). A ideia de complexo organizado de bens, tal como inscrita no artigo 1.142 do Código Civil, ganha aqui um contorno próprio, aproveitando as considerações que fiz no volume 1 desta coleção. Esse complexo pode ser tomado por sua totalidade ou por partes. Portanto, o Judiciário poderá definir a extensão de cada complexo que oferece para a alienação: uma loja, um conjunto de lojas etc. Apenas não se faz a alienação pela totalidade, nem pela unidade. Assim, o juiz definirá a(s) unidade(s) empresária(s): entre os múltiplos lotes de grupos de estabelecimentos (unidades produtivas) e estabelecimentos isolados alienados para diversos arrematantes, apenas num deles se encartará o título do estabelecimento – a implicar que os arrematantes dos demais lotes devam atuar sobre outro título e signos de identidade – ou marca. Se em nenhum deles se especificou a inclusão do título do estabelecimento e/ou da marca, nenhum deles terá o direito ao seu uso, procedendo-se ao leilão em separado de tais vantagens jurídicas.

A autorização legal é suficientemente aberta para permitir o recurso a operações mais complexas, como a constituição, a partir dos bens dispostos no ativo do falido, de uma empresa franqueadora, que venha a ser leiloada ou, mesmo, que tenham suas ações (se constituída sob a forma de sociedade anônima de capital aberto) emitidas na bolsa de valores, o que permitiria alienar os estabelecimentos na condição de franqueados. Apenas uma, entre tantas outras hipóteses. Em qualquer caso, porém, a eficácia da transferência submete-se às regras do Direito Econômico, não só o Direito Concorrencial, a implicar submissão do negócio à aprovação pelo Conselho Administrativo de Direito Econômico (Cade), mas igualmente por agências reguladoras e outros órgãos, conforme o caso dado em concreto. Dessa forma, pode-se ter uma alienação judicial cuja validade esteja condicionada à posterior aprovação pelo órgão competente, na forma da legislação concorrencial ou norma especial, hipótese na qual seus efeitos ficarão suspensos até a correspondente manifestação estatal.

No inciso III, o artigo 140 assume um contorno particularmente interessante, pois permite a *alienação em bloco dos bens que integram cada um dos estabelecimentos do devedor*; portanto, um conjunto de bens que não se confunde com o complexo organizado para uma unidade autônoma, sendo a ele inferior, mas que se organiza de alguma forma, permitindo expressão unitária que (1) seja possível, senão desejável, manter, como forma de garantir a perpetuação da utilização produtiva dos bens, e que (2) seja economicamente interessante, beneficiando a massa pelo maior ingresso de valores com a respectiva arrematação. Assim, na falência de uma editora, pode-se proceder à venda isolada de todos os bens de sua estrutura gráfica, inclusive para os respectivos funcionários – usando da faculdade inscrita no artigo 111 da Lei 11.101/05, há pouco utilizado. Igualmente, na falência de uma metalurgia, todos os bens que componham o setor de forjaria ou todos os bens que componham o setor de tornearia, entre outros. Essa venda em bloco tem por grande mérito evitar o aviltamento de preço que comumente se experimenta na venda item a item. Como se não bastasse, otimiza o próprio processo de alienação, facilitando-o e barateando-o.

Quando não for viável a utilização de qualquer das formas preferenciais de alienação do patrimônio do falido acima estudadas, poder-se-á recorrer à alienação dos bens individualmente considerados. Trata-se, porém, de forma que deve ser evitada, pois não atende à ideia de otimização da utilização dos meios de produção. Também é possível adotar formas alternativas que combinem tais hipóteses, desde que convenha à realização do ativo ou em razão de oportunidade (artigo 140, § 1º): vender uma ou algumas filiais, vender grupos de bens de outra ou outras filiais e, finalmente, vender o restante dos bens individualmente.

Nas transmissões de bens alienados por qualquer das formas estudadas, havendo necessidade de registro público, a exemplo do que se passa com bens imóveis, a este registro servirá como título aquisitivo suficiente o mandado judicial respectivo (artigo 140, § 4º), tornando despicienda a utilização de escritura pública ou outra forma determinada em lei.

2.1 Escolha da forma de alienação

Embora se refira às formas de alienação, bem como à preferência na adoção de uma forma sobre outras, o legislador nada dispôs sobre o procedimento para a definição da alternativa que será adotada em cada caso concreto. Não as elenca entre as matérias de competência da assembleia geral de credores (artigo 35 da Lei 11.101/05); quando muito, o inciso II, *c*, daquele artigo atribui à assembleia a competência para outra modalidade de realização do ativo; mas, como se verá adiante, o legislador fez uma distinção entre forma e modalidade de alienação.

Também não atribui esta escolha ao comitê de credores (artigo 27), nem ao administrador judicial (artigo 22). Portanto, trata-se de matéria a ser decidida pelo juiz, levando em conta os elementos dados em concreto.

Como há determinação legal expressa de que a alienação dos bens seja realizada observando-se a ordem de preferência inscrita no artigo 140, cria-se para o magistrado um dever de fundamentar sua decisão (artigo 93, IX, da Constituição da República), explicitando os motivos pelos quais adotou essa ou aquela forma: a razão pela qual considera viável a alienação da empresa, com a venda de seus estabelecimentos em bloco, ou as razões pelas quais não a considera; os motivos pelos quais opta, ou não, pela alienação de filiais ou unidades produtivas, bem como não adota a venda de bens em bloco. Parece-me que, embora não seja uma obrigação, melhor será se o magistrado abra vista às partes interessadas (falido, sócios, credores, comitê de credores e administrador judicial) para que se manifestem sobre a forma a ser adotada e, inclusive, sobre o interesse de exercer o direito inscrito no artigo 111 da Lei 11.101/05, qual seja, o de adquirir ou adjudicar, de imediato, os bens arrecadados, pelo valor da avaliação, em razão dos custos e no interesse da massa falida, podendo fazê-lo de forma individual ou coletiva, atendida a regra de classificação e preferência entre eles.

Para a concretização dos princípios inscritos no artigo 75 da Lei 11.101/05, podem ser adotadas formas heterodoxas. Assim, lembrando-se de que a realização do ativo terá início independentemente da formação do quadro geral de credores (artigo 140, § 2º), bem como considerando que raramente nas hastas públicas alcança-se sequer o valor de avaliação dos bens, parece-me ser lícito a qualquer interessado, mesmo que não seja credor do falido, peticionar ao juízo da falência formulando oferta (1) pelos estabelecimentos em bloco do falido, (2) por filial, filiais ou unidades produtivas ou (3) por determinado bloco de bens. Tais ofertas podem ser precisas quanto ao seu alcance (os bens implicados), o valor oferecido e o tempo de sua validade, bem como podem traduzir mera expressão do interesse pela aquisição, auxiliando o magistrado na opção por uma forma. Parece-me que o ideal seria, considerando-se que a oferta, quando precisa, é interessante para a massa, bem como para a comunidade em geral (trabalhadores, fornecedores, consumidores, fisco etc.), tomá-la como valor mínimo para procedimento concursal, por qualquer das modalidades previstas no artigo 142 da Lei 11.101/05, mantendo a lisura que é própria dos certames. Assim, não aparecendo oferta maior (permitindo-se ao ofertante concorrer com terceiros), os bens seriam alienados ao ofertante pelo valor da proposta formulada.

Não me passa despercebido que o recurso a tal procedimento teria por efeito imediato tornar as falências uma oportunidade atrativa de negócios para terceiros, permitindo, mesmo, o surgimento de *agentes* especializados em identificar tais oportunidades e procurar no mercado interessados em investir na aquisição dos ativos. Acredito, porém, que esse mecanismo é muito mais eficiente do que o sistema atualmente vigente, no qual o foro se vê invadido por *matilhas de lo-*

bos – senão *chacais* ou *abutres* – interessados na aquisição, por valor ínfimo, dos ativos da falida, tornando os procedimentos falimentares triste espetáculo de desperdício de esforços. A formulação aberta de uma oferta mínima por ativos em bloco – seja a empresa como um todo, sejam filiais ou unidades produtivas isoladas, sejam blocos de bens (parque gráfico, tornearia, setor de pintura etc.) –, principalmente quando feita no valor da avaliação ou com pequenos deságios, constituiria grande avanço para a concretização de um dos objetivos fundamentais da República, que é o desenvolvimento nacional. Assistiríamos ao encontro dos que querem investir com ativos que estão disponíveis para aquisição, atendendo aos múltiplos interesses jurídicos, econômicos e sociais que estão envolvidos no processo falimentar.

2.2 Efeitos da alienação dos ativos

Na alienação conjunta ou separada de ativos, inclusive da empresa ou de suas filiais, promovida sob qualquer das formas ou modalidades estudadas neste capítulo, todos os credores, observada a ordem de preferência definida no artigo 83, sub-rogam-se no produto da realização do ativo. Ademais, o objeto da alienação estará livre de qualquer ônus e não haverá sucessão do arrematante nas obrigações do devedor, inclusive as de natureza tributária, as derivadas da legislação do trabalho e as decorrentes de acidentes de trabalho. Criou-se, assim, um mecanismo legal que estimula a aquisição dos ativos do falido, mesmo em bloco, viabilizando a ideia de preservação da empresa pela alienação de seus ativos em bloco. Trata-se de medida controversa, que tem atraído a crítica de muitos, a meu ver, indevidamente, como procurei demonstrar.

Em 1993, foi decretada a falência da Engesa, uma empresa brasileira que produzia veículos blindados para combate, entre os quais os blindados leves Urutu e Cascavel, abastecendo o Exército Brasileiro, além de manter volume expressivo de exportações. Entre os projetos da empresa, estava o desenvolvimento de um veículo blindado pesado, projetado para ser um carro de combate principal: EE-T1, ao qual se deu o nome de Osório (patrono da cavalaria brasileira). O projeto de pesquisa consumiu, em valores das décadas de 1980 e 1990, aproximadamente 50 milhões de dólares, chegando a uma arma avançada, à altura dos concorrentes internacionais. Problemas com pagamentos e clientes, contudo, levaram a empresa à falência. Ausente uma legislação como a presente, a empresa foi fatiada, vendendo-se isoladamente os seus ativos. Engenheiros e trabalhadores altamente especializados perderem não apenas seus empregos, mas também o próprio mercado em que poderiam atuar, ausente qualquer concorrente nacional. Fornecedores de aço e peças para os veículos perderam seu cliente; findou-se a participação brasileira no importante mercado bélico internacional e, pior, o Brasil é hoje um importador de veículos blindados usados, descartados por países estrangeiros, ao passo que, pelo acordo mantido com a Engesa, a cada dez unidades vendidas do Osório, uma seria doada ao Exército Brasileiro. Todos, menos os concorrentes estrangeiros, perderam com a liquidação da empresa. A prova da ineficácia desse sistema foi dada, uma década após a falência, quando os dois protótipos do *Carro de Combate Principal EE-T1 Osório* estiveram para ser alienados por singelos R$ 300 mil (leilão marcado para 20 de novembro de 2002), quando o Ministério Público de São Paulo obteve o cancelamento do leilão e o Exército Brasileiro pôde encampar as unidades com base na legislação que regula a venda de material militar no país.[1]

No sistema da Lei 11.101/05, situações como essa não precisam se repetir. Não só o Judiciário deve dar preferência para a realização do ativo pela alienação da empresa, em bloco, como também a regra do artigo 141, II, estimula a participação e a aquisição por terceiros, já que desonera de qualquer ônus os ativos arrematados, mesmo em se tratando de todo o complexo de bens organizado para o exercício da empresa. As obrigações, portanto, mantêm-se na massa falida e não se transferem para o adquirente, não importa a sua natureza: obrigações trabalhistas, previdenciárias, tributárias, administrativas, cíveis etc. Os ativos da *Massa Falida de Mineradora Exemplo S.A.* (consentimento para lavra, marca, equipamentos, escritórios, veículos, ferramentaria etc.) foram judicialmente alienados em bloco, sendo arrematados pela *Companhia Verbi Gratia Mineração*. Assim, se a *Mineradora Exemplo S.A.* devia R$ 1.000.000,00 a seus fornecedores, a *Companhia Verbi Gratia Mineração* nada deverá; os fornecedores devem estar habilitados na falência e serão pagos conforme as forças da massa. Se *Fulano de Tal* sofreu um acidente enquanto trabalhava na *Mina Velha* para a *Mineradora Exemplo S.A.*, ficando totalmente incapacitado para o trabalho, seu direito à indenização por danos morais e pensionamento deverão ser exigidos da *Massa Falida de Mineradora Exemplo S.A.*, não tendo qualquer direito contra a *Companhia Verbi Gratia Mineração*, mesmo sendo essa a responsável pela atual exploração da *Mina Velha*, no exercício do mesmo consentimento para lavra, no uso da mesma marca e título de estabelecimento, mesmas instalações, veículos, equipamentos etc. Se a *Mineradora Exemplo S.A.* fora multada, pelo Instituto Brasileiro do Meio Ambiente (Ibama), em R$ 150.000,00, por danos ambientais, nenhum centavo desta multa poderá ser exigido da arrematante *Companhia Verbi Gratia Mineração*, mas apenas da *Massa Falida*. Diga-se o mesmo em relação a tributos e multas tributárias, direitos trabalhistas e quaisquer outros. Portanto, a *Companhia Verbi Gratia Mineração*, bem como todos os outros que tenham interesse na empresa que era tocada pela sociedade falida (*Mineradora Exemplo S.A.*), podem participar dos procedimentos de alienação, concorrendo entre si e oferecendo o melhor preço, sabendo que estão adquirindo apenas os ativos e, nunca, o passivo que até então se vinculava ao complexo de bens.

---

1 Disponível em: <http://www.defesanet.com.br/noticia/osorioentro/osorio.htm>. Acesso em: dez. 2005.

Com a regra da desoneração dos ativos do falido, em razão da alienação judicial, mesmo que em bloco – todos os estabelecimentos, filiais ou unidades produtivas isoladamente, bloco de bens que integram um estabelecimento –, abre-se a oportunidade para a preservação da empresa e a manutenção do cumprimento de sua função social. O princípio do vínculo – ou garantia genérica – entre patrimônio ativo e passivo está preservado; mas a constrição (pela arrecadação) e a alienação judicial não se fazem *bem a bem*, individualizadamente, mas como bens coletivos, somados às respectivas relações contratuais. Essa alienação se faz em ambiente judicial, a pressupor a desapropriação dos ativos e uma aquisição originária de direitos, sem os ônus da relação anterior, extinta pelo Judiciário. O mesmo que ocorre com a alienação de bens individuais pelo Judiciário; a diferença é que são bens coletivos (artigos 90 e 91 do Código Civil), ou seja, um complexo organizado de bens e relações jurídicas.

Quando a Quarta Turma do Superior Tribunal de Justiça, julgou o Recurso Especial 40.191/SP, o Ministro Dias Trindade afirmou: "a arrematação, que tem conteúdo de aquisição originária, empresta ao arrematante a propriedade do bem sem os ônus que, eventualmente, sobre o mesmo incidiam, antes da arrematação. No caso se dá uma verdadeira expropriação pelo Estado do bem penhorado, que passa, assim, ao arrematante inteiramente livre". Afastando qualquer dúvida, emendou: "O acórdão recorrido, ao manter sobre o imóvel levado à arrematação ônus hipotecário que o gravava, em realidade contrariou a norma do artigo 849, VII, do Código Civil *[atual artigo 1.499, VI]*, tanto mais quando, na hipótese, o credor hipotecário foi intimado, nos termos da lei processual, da arrematação, evidentemente para a defesa dos direitos que da hipoteca lhe adviriam." Essa regra e esse princípio não se limitam à venda judicial de um único bem ou de um pequeno conjunto de bens; alcançam mesmo a venda de todos os estabelecimentos do falido, de uma filial ou algumas filiais ou unidades produtivas isoladas, e mesmo de bloco de bens que integram um estabelecimento.

A regra alcança mesmo os contratos de trabalho, em relação aos quais também não haverá sucessão entre arrematante e falido, mesmo quando os trabalhadores sejam admitidos a prosseguir trabalhando na empresa ou no estabelecimento. É o que prevê o § 2º do artigo 141, estatuindo que os empregados do devedor contratados pelo arrematante serão admitidos mediante novos contratos de trabalho e o arrematante não responde por obrigações decorrentes do contrato anterior. Dispor ou compreender o contrário, aliás, seria excluir os empregados do benefício decorrente da preservação da empresa: à alienação deveria corresponder, obrigatoriamente, a demissão de todo o pessoal do falido e contratação de novos empregados. Inaceitável e injustificável. De outra face, a alienação dos ativos do falido, por qualquer de suas formas, também beneficia aos trabalhadores, até por serem a classe com maior preferência no recebimento dos valores auferidos com a operação. Pretender estender ao arrematante o saldo das obrigações laborais seria um *bis in idem*: executar duas vezes o mesmo patrimônio, em prejuízo do adquirente.

Para que se evitem fraudes e abusos de direito, em prejuízo de credores, o § 1º do artigo 141 exceptua da regra de exoneração das obrigações em face da alienação judicial, quando o arrematante seja (1) sócio da sociedade falida, ou sociedade controlada pelo falido; (2) parente, em linha reta ou colateral até o quarto grau, consanguíneo ou afim, do falido ou de sócio da sociedade falida; ou (3) pessoa identificada como agente do falido com o objetivo de fraudar a sucessão. Em primeiro lugar, é preciso refazer o conceito de *sócio da sociedade falida* ou *sociedade controlada pelo falido*. Essencialmente, procura-se impedir, com o dispositivo, situações absurdas, nas quais partícipes da administração da sociedade falida possam se beneficiar, ainda que indiretamente, da falência. Portanto, é preciso interpretar o conceito de *sócio da sociedade falida* de forma consentânea com a *mens legis*, o que implica desconsiderar a condição de sócio quando se trate de acionista detentor de número ínfimo de ações em companhia aberta. Já na hipótese do inciso II, é preciso incluir cônjuges e companheiros (na hipótese de união familiar estável), embora o legislador não o tenha feito. Não haveria razão para incluir parentes por afinidade, a exemplo da sogra, se não fosse incluído o cônjuge ou o companheiro (*convivente*). Por fim, o conceito de *pessoa identificada como agente do falido com o objetivo de fraudar a sucessão* deve-se reconhecer uma abertura jurídica, a exigir o exame de cada caso em concreto para determinar a hipótese de fraude e, assim, afastar a aplicação da regra.

3 MODALIDADES DE REALIZAÇÃO DO ATIVO

Para além da forma de realização do ativo, coloca-se a questão da modalidade de realização. O juiz, ouvido o administrador judicial e atendendo à orientação do comitê de credores, se houver, ordenará que se proceda à alienação do ativo em uma das modalidades seguintes, determinando a intimação pessoal do representante do Ministério Público, em qualquer delas (artigo 142): (1) leilão, por lances orais; (2) propostas fechadas; e (3) pregão. No leilão, por lances orais, aplicam-se, no que couber, as regras do Código de Processo Civil. Já a *alienação por propostas fechadas* ocorrerá mediante a entrega, em cartório e sob recibo, de envelopes lacrados, a serem abertos pelo juiz, no dia, hora e local designados no edital, lavrando o escrivão o auto respectivo, assinado pelos presentes, e juntando as propostas aos autos da falência.

A venda por pregão é modalidade híbrida das anteriores, comportando duas fases: (1) recebimento de propostas, na mesma forma da alienação por propostas fechadas, e (2) leilão por lances orais, de que participarão somente aqueles que apresentarem propostas não inferiores a 90% da maior proposta ofertada. Assim, recebidas e abertas as propostas, o juiz ordenará a notificação dos ofertantes, cujas propostas não sejam inferiores a 90% da maior proposta ofertada, para comparecer ao leilão; o valor de abertura do leilão será o da proposta recebida do maior ofertante presente, considerando-se esse valor como lance, ao qual ele fica obrigado; caso não compareça ao leilão o ofertante da maior proposta e não seja dado lance igual ou superior ao valor por ele ofertado, fica obrigado a prestar a diferença verificada, constituindo a respectiva certidão do juízo título executivo para a cobrança dos valores pelo administrador judicial (artigo 142, § 6º).

A alienação, em qualquer modalidade, será antecedida por publicação de anúncio em jornal de ampla circulação, com 15 dias de antecedência, em se tratando de bens móveis, e com 30 dias na alienação da empresa ou de bens imóveis, facultada a divulgação por outros meios que contribuam para o amplo conhecimento da venda. Aplicam-se aqui, subsidiariamente, as regras do Código de Processo Civil. Na hipótese de se recorrer aos incisos I, II ou III do artigo 141 da Lei 11.101/05 para, assim, efetuar a alienação de todos os estabelecimentos do falido, de filiais ou unidades produtivas isoladamente, ou mesmo de bloco de bens que integram um estabelecimento, far-se-á descrição de todos os elementos que estão incluídos, lembrando-se de que a alienação da empresa terá por objeto o conjunto de determinados bens necessários à operação rentável da unidade de produção, que poderá compreender a transferência de contratos específicos (artigo 140, § 3º). Isso implicará a descrição da situação, divisas e transcrição aquisitiva ou inscrição de bens imóveis, assim como dos característicos de coisas móveis e direitos, incluindo contratos que sejam cedidos com a alienação. Deve também haver menção ao lugar onde os bens possam ser examinados por interessados (na sede da empresa ou alhures, se tiverem sido removidos). O edital mencionará o valor da avaliação, bem como, se houver, a existência de prévia formulação de oferta por credor ou terceiro, nos moldes por mim sugeridos acima, além de dia, o lugar e a hora do leilão ou para apresentação das propostas.

Em qualquer caso, a alienação dar-se-á pelo maior valor oferecido, ainda que seja inferior ao valor de avaliação (artigo 142, § 2º). Ainda assim, respeitados os princípios processuais vigentes, não será aceito lanço que, em segundo leilão, ofereça preço vil. Também, em qualquer das modalidades de alienação, poderão ser apresentadas impugnações por credor, pelo devedor ou pelo Ministério Público, no prazo de 48 horas da arrematação (artigo 143 da Lei 11.101/05). Nesta hipótese, os autos serão conclusos ao juiz, que, no prazo de cinco dias, decidirá sobre as impugnações e, julgando-as improcedentes, ordenará a entrega dos bens ao arrematante, respeitadas as condições estabelecidas no edital. Também em qualquer modalidade de realização do ativo adotada, mesmo formas alternativas, a massa falida está dispensada da apresentação de certidões negativas (artigo 146).

3.1 Modalidades alternativas

Permite o artigo 144 da Lei 11.101/05 que o juiz autorize, mediante requerimento fundamentado do administrador judicial ou do comitê de credores, modalidades de alienação judicial diversas das previstas no artigo 142 daquela mesma lei. Mais do que isso, emenda o artigo 145, o juiz homologará qualquer outra modalidade de realização do ativo, desde que aprovada pela assembleia geral de credores, inclusive com a constituição de sociedade de credores ou dos empregados do próprio devedor, com a participação, se necessária, dos atuais sócios ou de terceiros.

A adoção de modalidades alternativas não é apenas uma possibilidade, mas será certamente uma necessidade em algumas situações nas quais se delibere pela preservação da empresa, optando-se pela sua alienação, com a venda de seus estabelecimentos em bloco ou com a venda de suas filiais ou unidades produtivas isoladamente, bem como, em algumas situações, a alienação em bloco de bens que integram cada um dos estabelecimentos do devedor, dependendo dos valores destes. Não se deve esquecer jamais que o recurso à alienação com pagamento a vista tem por grande desvantagem, diante de ativos de valores mais vultosos, limitar a concorrência de sobremaneira. Raramente, as operações havidas no mercado, a exemplo da aquisição de controle acionário ou trespasse de estabelecimentos, fazem-se com pagamentos em espécie, prevendo-se parcelamentos e outras facilidades que, ampliando o número de interessados, permite elevar o valor final obtido pelos bens. Por sorte, o legislador percebeu essa realidade em relação à falência, estabelecendo os artigos 144 e 145 que agora se estudam.

Muitas são as modalidades alternativas que se podem recorrer para otimizar a realização do ativo, auferindo valores maiores para o pagamento dos credores. Uma dessas formas é a constituição de sociedades de propósitos específicos, como se estudará no item 3.2. Para grandes empresas, por exemplo, pode ser interessante constituir com os ativos uma companhia aberta e levar os títulos a leilão por subscrição pública na Bolsa de Valores, recorrendo a empresas corretoras especializadas. Seria, por exemplo, a solução para a Engesa, cuja falência se descreveu acima. Pode-se, também, proceder à alienação diferida de um lote de ações ordinárias, correspondente ao controle acionário, e, em lotes menores, à alienação de lotes menores de ações – ordinárias e/ou preferenciais –, permitindo a pulverização dos títulos no mercado. Também é possível utilizar-se de formas modernas de captação de recursos no mercado financeiro, como a constituição de fundo imobiliário para os bens imóveis, entre outros recursos. Não é só. No conceito de modalidade diversa estão incluídas, mesmo, pequenas variações às modalidades previstas no artigo 142 da Lei 11.101/05, como a permissão para pagamento do valor da arrematação em parcelas mensais, entre outras.

O contraste entre os artigos 144 e 145 revela duas formas pelas quais se afirmará a adoção de modalidade diversa das legalmente estatuídas em seu artigo

142: (1) deferimento de modalidade alternativa sugerida, em requerimento fundamentado, pelo administrador judicial ou comitê de credores, desde que haja *motivos justificados* para tanto. O juiz deliberará sobre o deferimento ou não do pedido, em decisão fundamentada, na qual enfrentará os motivos apresentados pelo requerente. Dessa decisão, cabe agravo de instrumento. Em oposição, (2) se a assembleia geral de credores deliberar qualquer outra modalidade de realização do ativo, o juiz a homologará. Essa homologação não constitui uma faculdade do magistrado; trata-se de consentâneo necessário da deliberação soberana da coletividade de credores. Somente se detectar nulidades, o magistrado poderá/deverá negar a homologação. É o que se passará, por exemplo, havendo nítida prática de abuso de voto para determinar a aprovação de modalidade que beneficie aos interesses de um credor ou grupo de credores, mesmo utilizando-se de terceiro como arrematante, em prejuízo dos interesses da massa.

De outra face, é preciso perceber que o poder atribuído pelo legislador à assembleia geral é de tal dimensão que lhe é possível mesmo deliberar que não seja adotada forma sugerida pelo administrador judicial ou comitê de credores e deferida pelo magistrado (artigo 144). Essa conclusão, no entanto, é enfraquecida pela leitura do § 3º do artigo 145, segundo o qual, não sendo aprovada pela assembleia geral a proposta alternativa para a realização do ativo, caberá ao juiz decidir a forma que será adotada, levando em conta a manifestação do administrador judicial e do comitê de credores. No entanto, o legislador, ainda que de forma insólita, não considerou que a não aprovação de uma modalidade alternativa fosse rejeição de tal modalidade; tomou-a como não deliberação, em lugar de recusa. Essa conclusão é esdrúxula, mas necessária: somente assim se conciliam o *caput* e o § 3º do artigo 145, mitigando o poder deliberativo que o primeiro atribuiu à assembleia geral, registrado na expressão *o juiz homologará*, em oposição à expressão *o juiz poderá homologar* ou *poderá autorizar*. Consequentemente, deve-se compreender como válida e soberana a deliberação assemblear que veda, expressamente, a adoção de determinada modalidade alternativa. Não se trata apenas de *não aprovar*, *não deliberar*, mas de *recusar expressamente*.

3.2 Sociedade de propósito específico

Como modalidade alternativa de realização do ativo do falido, o artigo 145 da Lei 11.101/05 prevê, expressamente, a constituição de sociedade de credores ou dos empregados do próprio devedor, com a participação, se necessária, dos atuais sócios ou de terceiros. Cuida-se, via de consequência, da constituição de uma sociedade de propósito específico, ou seja, da constituição de uma sociedade para o fim específico de abarcar o ativo do falido, no todo ou em parte. A forma mais comum, reiterada nos procedimentos falimentares, são as sociedades ou associações de empregados, partícipes da chamada economia solidária, servindo para tal finalidade o disposto no artigo 111 da Lei 11.101/05. Aliás, segundo o § 2º do artigo 145, no caso de constituição de sociedade formada por empregados do próprio devedor, estes poderão utilizar créditos derivados da legislação do trabalho para a aquisição ou arrendamento da empresa.

No entanto, não se trata de hipótese única, deixa-o claro o artigo 145; podem ser constituídas sociedades de credores, sociedades de credores e empregados, sociedades para credores e terceiros e, mesmo, sociedades das quais tomem parte os então sócios, quotistas ou acionistas, da sociedade falida.

Mesmo nesses casos, aplicam-se a essa sociedade as regras do artigo 141 da Lei 11.101/05, quais sejam: (1) todos os credores, observada a ordem de preferência, sub-rogam-se no produto da realização do ativo; e (2) o objeto da alienação estará livre de qualquer ônus e não haverá sucessão do arrematante nas obrigações do devedor, inclusive as de natureza tributária, as derivadas da legislação do trabalho e as decorrentes de acidentes de trabalho. Isso, obviamente, se não se detectar fraude.

4 PAGAMENTOS

As quantias recebidas pela massa, a qualquer título, serão imediatamente depositadas em conta remunerada de instituição financeira, atendidos os requisitos da lei ou das normas de organização judiciária (artigo 147 da Lei 11.101/05). O recurso à *conta remunerada*, todavia, somente se faz necessário quando os valores não sejam imediatamente destinados ao pagamento de restituições, despesas extraconcursais ou aos credores. Note-se que, ao contrário do que constava do Decreto-lei 7.661/45, não se exige que o depósito se faça em instituição oficial, motivo pela qual serão aplicadas, em relação ao tema, as normas regulamentares estaduais, se existentes; em seu silêncio, caberá ao administrador judicial escolher a instituição financeira, respondendo por eventuais danos à massa por comportamento doloso ou culposo, se provado. No relatório a que está obrigado a apresentar ao juiz, para juntada aos autos, até o 10º dia do mês seguinte ao vencido, nos termos do artigo 22, III, *p*, contendo conta demonstrativa da administração, que especifique com clareza a receita e a despesa, o administrador judicial fará constar os valores eventualmente recebidos no mês vencido, explicitando a forma de distribuição dos recursos entre os credores (artigo 148).

Os valores que forem arrecadados pelo administrador judicial, no caixa da empresa, nas contas bancárias, a partir do pagamento de devedores, bem como os que resultarem da realização do ativo, constituem um fundo comum, utilizado pelo administrador judicial para efetuar os pagamentos devidos pela massa, nos limites de sua força. Esses pagamentos seguem uma ordem, apurada em diversos artigos da Lei 11.101/05:

Ordem dos Pagamentos pela Massa Falida			
Ordem	**Natureza**	**Beneficiário**	**Norma**
1º	Pagamento antecipado	Despesas indispensáveis à administração da falência	Artigo 150
2º	Pagamento antecipado	Verbas salariais imediatas	Artigo 151
3º	Restituição	Restituição em dinheiro	Artigos 86 e 149
4º	Crédito extraconcursal	Remuneração de trabalhadores, por serviços posteriores à falência, do administrador judicial e dos auxiliares	Artigo 84, I
5º	Crédito extraconcursal	Quantias fornecidas à massa pelos credores	Artigo 84, II
6º	Crédito extraconcursal	Despesas com arrecadação, administração, realização do ativo e distribuição	Artigo 84, III
7º	Crédito extraconcursal	Custas judiciais da massa	Artigo 84, IV
8º	Crédito extraconcursal	Atos jurídicos válidos praticados durante a recuperação e após a decretação da falência	Artigo 84, V
9º	Crédito concursal	Créditos acidentários e alimentares	Artigo 83, I
10º	Crédito concursal	Créditos trabalhistas	Artigo 83, I
11º	Crédito concursal	Créditos com garantia real	Artigo 83, II
12º	Crédito concursal	Créditos tributários	Artigo 83, III
13º	Crédito concursal	Créditos com privilégio especial	Artigo 83, IV
14º	Crédito concursal	Créditos com privilégio geral	Artigo 83, V
15º	Crédito concursal	Créditos quirografários	Artigo 83, VI
16º	Crédito concursal	Multas e penas pecuniárias	Artigo 83, VII
17º	Crédito concursal	Créditos subordinados	Artigo 83, VIII
18º	Crédito concursal	Juros vencidos após a decretação	Artigo 124
19º	Devolução de saldo	Empresário ou sociedade empresária	Artigo 153

Os créditos extraconcursais e os concursais foram estudados no Capítulo 19, ao passo que as restituições em dinheiro foram estudadas no Capítulo 18. Será proveitoso, portanto, estudar as antecipações para, depois, cuidar dos demais pagamentos.

4.1 Pagamentos antecipados

Os primeiros desembolsos serão feitos com despesas cujo pagamento antecipado seja indispensável à administração da falência (artigo 150), inclusive na hipótese de continuação provisória das atividades (artigo 99, XI). A expressão *pagamento antecipado* é do próprio legislador, determinando sejam pagas pelo administrador judicial com os recursos disponíveis em caixa. Impera, aqui, uma lógica realística: muito do que é preciso fazer para dar andamento aos procedimentos falimentares demanda gastos. Não estou me referindo, obviamente, aos atos processuais, que se praticam no uso da máquina judiciária, mesmo sem custos. Refiro-me à remoção física de coisas, troca de chaves, aquisição de cadeados, contratação de depósito ou vigias etc.

Ademais, tão logo haja disponibilidade em caixa, o administrador judicial procederá ao pagamento dos créditos trabalhistas de natureza estritamente salarial vencidos nos três meses anteriores à decretação da falência, até o limite de cinco salários mínimos por trabalhador (artigo 151), determinação que reconhece sua urgência, com impacto sobre a vida de famílias inteiras. Não se trata apenas de pagamento antecipado, mas de pagamento imediato, o que se afere da frase *tão logo haja disponibilidade em caixa*, inscrita na parte final do artigo. É obrigação do administrador judicial atuar com agilidade e presteza nesses pagamentos, não se admitindo haja valores disponíveis em caixa sem que a norma seja atendida, ainda que parcialmente, num primeiro momento. Daí a tríplice limitação legal: (1) *créditos trabalhistas de natureza estritamente salarial*, (2) *vencidos nos três meses anteriores à decretação da falência* e (3) *até o limite de cinco salários mínimos por trabalhador*. Embora o limite temporal (número 2) e o quantitativo (número 3) sejam de fácil compreensão, a expressão *créditos trabalhistas de natureza estritamente salarial* desafia o jurista. A solução deverá ser dada pela Consolidação das Leis Trabalhistas.

Por se tratar de um pagamento antecipado, os valores que forem entregues aos trabalhadores serão computados quando do pagamento dos créditos concursais. Quando se for efetuar o pagamento dos créditos derivados da legislação do trabalho, do limite de 150 salários mínimos se retirará o que já houver sido pago, a título de antecipação, saldando-se o restante.

Poder-se-ia argumentar que, como o legislador se referiu a *pagamento antecipado*, não se constituiria em favor dessas rubricas uma preferência sobre as demais, designadamente os créditos extraconcursais. Assim não me parece, todavia. O legislador nada prevê neste sentido. Pelo contrário, o artigo 151 determina este pagamento *tão logo haja disponibilidade em caixa*. Essa norma é harmônica com o artigo 86, parágrafo único, que determina que as restituições em dinheiro somente são precedidas pelo pagamento previsto no artigo 151 (que cuida das verbas salariais imediatas). Em contraste, o seu artigo 84, *caput*, prevê que os créditos extraconcursais apenas precedem os mencionados no artigo 83 daquela lei, ou seja, os créditos submetidos ao *concursus creditorum*. Também o artigo 149, por seu turno, repetirá essa sequência em sua abertura: *realizadas as restituições, pagos os créditos extraconcursais*, passa-se ao pagamento dos créditos constantes do quadro geral de credores.

Parece-me que o artigo 151 da Lei 11.101/05, cuidando da antecipação do pagamento às verbas salariais imediatas, constituiu um piso de remuneração ao trabalhador em face da falência, com pagamento imediato e antecipado (*tão logo haja disponibilidade em caixa*). Não sem razão, a matéria é reforçada pelo parágrafo único do artigo 86, que cuida das restituições; ou seja, esse piso mínimo remuneratório dos que estavam trabalhando na empresa ao tempo da quebra assume uma natureza muito próxima à restituição. Piso mínimo, aliás, definido em valor ínfimo, correspondente a cinco salários mínimos por trabalhador (por até três meses de trabalho). Afora as despesas imediatas, cujo pagamento seja *indispensável* (friso) à administração da falência, nada lhe pode preceder. Nada. A norma seria louvável por sua intenção, se não fosse amplamente criticável pela mesquinharia do valor previsto que, indubitavelmente, atenta contra a dignidade da pessoa do trabalhador, bem como contra o valor social do trabalho. Basta ler os incisos II e III do artigo 1º da Constituição da República.

4.2 Demais pagamentos

Após o pagamento das antecipações, passa-se à realização das restituições em dinheiro (artigo 149 da Lei 11.101/05). As antecipações de pagamentos são meramente eventuais: não havendo despesas imediatas indispensáveis à administração da massa, bem como não havendo salários em atraso, nenhum pagamento antecipado se fará. As restituições também são eventuais; podem simplesmente não ocorrer no caso em concreto, servindo os valores apurados com a realização dos ativos para o pagamento dos créditos extraconcursais e, então, o pagamento dos credores concursais, ou seja, dos credores submetidos ao *concursus creditorum*.

O pagamento dos créditos *in concurso* faz-se após a consolidação do quadro geral de credores, bem como o pagamento das antecipações, restituições e créditos extraconcursais. Feito isso, as importâncias recebidas com a realização do ativo serão destinadas ao pagamento dos credores, sempre atento ao princípio da *praeferentia creditorum in concurso*: efetua-se primeiro o pagamento dos créditos alimentares e, quanto satisfeitos estes, os créditos trabalhistas até 150 salários mínimos e assim por diante. Após satisfeita uma classe, passa-se à seguinte.

Resolvendo o Recurso Especial 1.300.455/SP, o Superior Tribunal de Justiça esclareceu que "a consolidação do quadro-geral de credores ocorre após o julgamento de todos os incidentes suscitados perante o juízo da falência, independentemente de trânsito em julgado". Assim, "a pendência de recurso sem agregação de efeito suspensivo contra decisão do juízo da falência não obsta a consolidação do quadro-geral de credores, não impedindo que se inicie o pagamento aos credores. Interpretação dos artigos 18 e 149 da Lei 11.101/05. Necessidade de se garantir a efetividade do processo de falência". No caso, recorreu-se de decisão que acolheu proposta do administrador judicial para iniciar o pagamento aos credores, utilizando-se das disponibilidades de caixa até então apuradas, o que foi impugnado pelo falido, argumentando com a impossibilidade de pagamento antes de homologado o quadro geral de credores, sendo necessário o trânsito em julgado de todas as habilitações e impugnações de crédito antes da realização de pagamento aos credores; essa tese foi rechaçada por aquela Corte Federal: "não é necessário aguardar o trânsito em julgado de todas as habilitações (retardatárias) e impugnações de crédito, pois essa cautela acabaria por sacrificar a efetividade do processo de falência. [...] Então, à medida que se posterga o pagamento aos credores, maior parcela do ativo é despendida com os gastos da própria massa, reduzindo-se a parcela destinada aos credores concursais. Como o pagamento do credores é um dos principais objetivos da falência, não se pode admitir que o ativo arrecadado seja gradual e continuamente consumido pelos gastos da massa, sob pena de se transformar o processo falência num fim em si mesmo, sem efetividade prática para os credores da empresa falida".

Como se não bastasse, os julgadores acrescentaram outro argumento fortíssimo para tal posição: "Outro motivo para se evitar a postergação do pagamento aos credores é que os juros vencidos após a decretação da falência, em regra, não são exigíveis, pois o art. 124 da Lei 11.101/05 somente permite o seu pagamento após o adimplemento dos créditos subordinados, o que raramente acontece na prática. Se a massa não paga juros, o custo pela indisponibilidade do capital é suportado por alguém. Na vida empresarial, como se sabe, tudo tem um custo, que se resume no brocardo econômico: '*no free lunch*'. Logo, no processo de falência, quem arca com o custo da indisponibilidade do capital é o credor, sendo certo que, quanto mais demorar o pagamento do crédito, maior será esse peso."

De outra face, não é preciso esperar atingir a totalidade do crédito para o pagamento. As importâncias recebidas com a realização do ativo serão destinadas ao pagamento dos credores por rateio (artigos 10, § 3º, e 16 da Lei 11.101/05); ou seja, procede-se a pagamentos proporcionais, na medida em que se reúne valor para tanto. Imagine-se que se esteja na fase de pagamento dos créditos com privilégio geral, já tendo sido satisfeitos os credores anteriores; nessa classe, os créditos consolidados no quadro geral de credores totalizam R$ 1.000.000,00, tendo sido apurados, com a venda de determinados bens, R$ 100.000,00: o administrador judicial pagará, a cada um dos credores desta classe, 10% do seu crédito. E, assim, fará tantos rateios quantos sejam necessários para o pagamento total dos créditos daquela classe, quando passará ao pagamento dos credores da classe seguinte; no exemplo, os quirografários. Obviamente, é legítimo ao administrador judicial esperar que se reúna montante razoável para o rateio, sendo de todo absurdo a pretensão de pagamentos excessivamente fracionados; por exemplo, 0,12% do valor dos créditos daquela classe.

Lembre-se aqui de que, tendo havido a decretação das falências de devedores solidários, o credor de tais coobrigados tem o direito de concorrer, em cada uma delas, pela totalidade do seu crédito, até recebê-lo por inteiro, quando então comunicará ao juízo, regra que, todavia, não se aplica ao falido cujas obrigações tenham sido extintas por sentença (artigo 127 da Lei 11.101/05). Se o credor ficar integralmente pago por uma ou por diversas massas coobrigadas, as que pagaram terão direito regressivo contra as demais, em proporção à parte que pagaram e àquela que cada uma tinha a seu cargo. Nesta mesma proporção, será devolvido às massas o que exceder o total do crédito na soma dos valores pagos ao credor em todas as massas coobrigadas. De outra face, esse excesso pertencerá às massas dos coobrigados que tiverem o direito de ser garantidas, conforme a ordem das obrigações, se os coobrigados eram garantes uns dos outros.

No pagamento de uma classe, deve-se ter particular atenção para as decisões judiciais que determinam reserva de importâncias (artigo 6º, § 3º), bem como os pedidos de reserva formulados por credores que fizeram habilitações retardatárias, se deferidos (artigo 10, § 4º), além da reserva de valores para os créditos objetos de impugnação (artigo 16). Havendo reserva de importâncias, os valores a ela relativos ficarão depositados até o julgamento definitivo do crédito e, no caso de não ser este finalmente reconhecido, no todo ou em parte, os recursos depositados serão objeto de rateio suplementar entre os credores remanescentes (artigo 149, § 1º).

Os credores que não procederem, no prazo fixado pelo juiz, ao levantamento dos valores que lhes couberam em rateio serão intimados a fazê-lo no prazo de 60 dias, após o qual os recursos serão objeto de rateio suplementar entre os credores remanescentes (artigo 149, § 2º). Sobre o tema, Rachel Sztajn é didática e precisa, como habitual: "a solução adotada pelo legislador corresponde ou equivale à exclusão de tal credor por suposta falta de interesse. O critério é o decurso de prazo para que se manifeste. O prazo de 60 dias fixado na lei é decadencial, corre sem interrupção, a partir da intimação judicial. Por isso, a falta de manifestação do interessado dentro do prazo assinalado gera o decaimento do direito ao valor que lhe fora atribuído no rateio, pelo que esse saldo é rateado, em caráter suplementar, entre os demais credores".[2]

Os credores restituirão em dobro as quantias recebidas, acrescidas dos juros legais, se ficar evidenciado dolo ou má-fé na constituição do crédito ou da garantia (artigo 152). Para tanto, o administrador judicial recorrerá a pedido de repetição de indébito, em ação autônoma, incidental ao processo de falência, nela pedindo não apenas a restituição do valor pago, acrescido dos juros legais e correção mone-

---

2 TOLEDO, Paulo F. C. Salles; ABRÃO, Carlos Henrique (Coord.). *Comentários à lei de recuperação de empresas e falência*. São Paulo: Saraiva, 2005. p. 403.

tária, mas também a condenação à repetição em dobro, *evidenciado dolo ou má-fé*. São dois pedidos, portanto, e duas causas de pedir: (1) a repetição se funda no pagamento indevido e será devida ainda que não se evidencie dolo ou má-fé; (2) a repetição em dobro se funda na verificação de *dolo ou má-fé na constituição do crédito ou da garantia*. Por isso, o magistrado pode deferir a primeira, sem deferir a segunda, segundo o que seja apurado no feito.

Pagos todos os credores, o saldo, se houver, será entregue ao falido (artigo 153). Trata-se de hipótese extremamente rara, mas que pode, sim, verificar-se. Esse *superfluum* é, por direito, bem de propriedade do falido, seja empresário ou sociedade empresária. A falência, neste caso, encerra-se sem que restem obrigações insatisfeitas, o que permite seja mantida a inscrição do empresário (se não houve condenação em crime, do qual decorra a inabilitação) e, no caso de sociedade empresária, sem a extinção desta, devendo o magistrado determinar ao Registro Público de Empresas que proceda à anotação do encerramento da falência no registro do devedor, sua data, retirando-se de seu nome empresarial o termo *falido*.

5 ENCERRAMENTO DA FALÊNCIA

Concluída a realização de todo o ativo, e distribuído o produto entre os credores, na medida do que foi possível, passa-se à fase de encerramento da falência, com a prestação das contas do administrador judicial e, ao fim, a sentença de encerramento.

O administrador judicial apresentará suas contas ao juiz no prazo de 30 dias, contado da conclusão da realização de todo o ativo e da distribuição do produto entre os credores (artigo 154 da Lei 11.101/05). Essas contas serão prestadas sob a forma mercantil (*forma contábil*), acompanhadas dos documentos comprobatórios, sendo processadas em autos apartados que, ao final, serão apensados aos autos da falência. Recebendo-as, o juiz ordenará a publicação de aviso de que as contas foram entregues e se encontram à disposição dos interessados, que poderão impugná-las no prazo de dez dias. Decorrido o prazo do aviso, o juiz intimará o Ministério Público para manifestar-se no prazo de cinco dias. Se não há impugnação ou parecer contrário, os autos serão conclusos para o sentenciamento. Se há, abrir-se-á vista ao administrador judicial para que se manifeste sobre a impugnação ou impugnações apresentadas, bem como, se também houver, sobre parecer contrário do Ministério Público. O administrador judicial poderá fazer correções e esclarecimentos ou, mesmo, *contestar* (termo que se usa, aqui, em sentido largo) o que foi impugnado. Observe-se que o § 3º do artigo 154 fala em *realizadas as diligências necessárias à apuração dos fatos*. Portanto, não apenas é possível que haja impugnações, como também pode ser necessário adotar procedimento de instrução para *apuração dos fatos*, incluindo *diligências necessárias*, entre as quais, por certo, inclui-se a produção de perícia. Finda a instrução, os autos serão conclusos para sentença. Aprovadas ou rejeitadas as contas, da sentença cabe apelação. Se rejeitadas, a sentença fixará suas responsabilidades, poderá determinar a indisponibilidade ou o sequestro de bens e servirá como título executivo para indenização da massa.

Julgadas as contas do administrador judicial, independentemente de seu resultado ou do eventual oferecimento de apelação, ele apresentará o relatório final da falência no prazo de dez dias, indicando o valor do ativo e o do produto de sua realização, o valor do passivo e o dos pagamentos feitos aos credores, e especificará justificadamente as responsabilidades com que continuará o falido (artigo 155). O juiz, então, encerrará a falência por sentença que será publicada por edital, dela cabendo apelação (artigo 156). Em se tratando de sociedade empresária, o encerramento da falência, sem que restem bens e/ou valores, implica a sua dissolução de pleno direito, conforme o artigo 1.044 do Código Civil, devendo o magistrado determinar ao Registro Público de Empresas que proceda à baixa de sua inscrição.

6 EXTINÇÃO DAS OBRIGAÇÕES DO FALIDO

A partir do dia em que transitar em julgado a sentença do encerramento da falência, o prazo prescricional relativo às obrigações do falido, suspenso com a constituição do juízo universal, recomeça a correr (artigos 6º, *caput*, e 157 da Lei 11.101/05). Em se tratando de sociedade empresária, a regra é de pouca valia, já que o encerramento da falência implica sua dissolução de pleno direito e, com ela, a extinção de sua personalidade jurídica. Assim, se não houve desconsideração da personalidade jurídica ou provimento em ação de responsabilidade de sócio, administrador ou terceiro, os credores não satisfeitos verão seus créditos serem extintos por ausência de sujeito passivo na relação jurídica obrigacional. Já em relação ao empresário falido, as obrigações não satisfeitas mantêm-se válidas após o encerramento da falência, recomeçando a correr seu prazo prescricional. Se o falido obtém qualquer valor patrimonial penhorável, poderá ele ser objeto de constrição para satisfazer, em execução individual, a seu crédito. Essas obrigações se extinguirão (artigo 158) nas seguintes hipóteses:

1. o pagamento de todos os créditos;
2. o pagamento, depois de realizado todo o ativo, de mais de 50% (cinquenta por cento) dos créditos quirografários, sendo facultado ao falido o depósito da quantia necessária para atingir essa porcentagem se para tanto não bastou a integral liquidação do ativo;
3. o decurso do prazo de cinco anos, contado do encerramento da falência, se o falido não tiver sido condenado por prática de crime previsto na Lei 11.101/05;

4. o decurso do prazo de dez anos, contado do encerramento da falência, se o falido tiver sido condenado por prática de crime previsto na Lei 11.101/05.

Olvidou-se o legislador de uma hipótese: a prescrição dos créditos, já que o prazo para tanto voltou a correr. Realce-se que o prazo fora suspenso e não interrompido: o curso só foi sobrestado temporariamente; quanto volta a correr, retoma-se a contagem do ponto em que parou. Assim, se faltavam 15 dias para o término do prazo prescricional, voltando a correr o prazo, a prescrição se verificará em 15 dias. Se já haviam transcorrido 2/3 do prazo prescricional, finda a causa suspensiva, retoma-se a contagem do 1/3 faltante. Coerentemente, não se deve interpretar os incisos III e IV do artigo 158, referindo-se ao *decurso do prazo de cinco anos* e *de dez anos*, como uma redefinição dos prazos prescricionais; trata-se apenas de um marco geral, quando não verificadas as hipóteses específicas, como o pagamento e, até, a prescrição de cada um dos créditos em aberto. Portanto, pode ocorrer, sim, de ter o falido direito à declaração de que suas obrigações estão extintas se prescritos todos os créditos não satisfeitos, bem como se prescritos uns e pagos os outros.

A forma regular (e moral) de extinção, no entanto, é o pagamento. O inciso I do artigo 158, portanto, lista uma forma ordinária de extinção da insolvabilidade. Esse pagamento poderá ocorrer tanto como decorrência da realização do ativo, declarando a própria sentença de encerramento da falência, a extinção das obrigações. Mas pode ser obtido após o encerramento da falência. Contudo, como o procedimento falimentar já exauriu o patrimônio do devedor, foram-lhe definidas benesses nos incisos II, III e IV do artigo 158. Em primeiro lugar, permitiu-se a declaração da extinção das obrigações do falido se, depois de realizado todo o ativo, houve pagamento, de mais de 50% dos créditos quirografários, ou seja, metade do valor desses créditos, mais R$ 0,01; isso mesmo: um centavo. Para tanto, é preciso, por óbvio, que os credores das classes com maior preferência (créditos: alimentares, trabalhistas até 150 salários mínimos, reais – até limite do bem gravado –, fiscais, com privilégio especial e com privilégio geral) tenham sido satisfeitos. A verificação desse percentual mínimo de pagamento dos créditos quirografários pode ocorrer, inclusive, no próprio processo falimentar, sendo a declaração da extinção das obrigações exarada na própria sentença de encerramento da falência, facultando-se ao falido até o depósito da quantia necessária para atingir essa porcentagem se, para tanto, não bastou a integral liquidação do ativo; também poderá ser feito por terceiro, em nome do falido.

Se o percentual definido no artigo 158, II, da Lei 11.101/05 não for alcançado no próprio processo de falência, é direito do falido tentar alcançá-lo após o encerramento daquele feito. Não poderá, todavia, dar tratamento não isonômico aos credores quirografários para tanto, excetuada, obviamente, a desnecessidade de pagamento àqueles cujos créditos tenham prescrito após o trânsito em julgado da sentença. De qualquer sorte, se assim for declarada a extinção das obrigações, nada mais poderá ser cobrado do falido: credores quirografários, pelos 49,99% não satisfeitos, credores subordinados, credores por juros havidos durante a massa terão seus créditos simplesmente extintos por previsão legal, assumindo um ônus que o legislador lhes atribuiu.

No inciso III do artigo 158 inscreve-se outro benefício para o falido: uma limitação do prazo prescricional das obrigações não satisfeitas a cinco anos, contado do encerramento da falência, se o falido não tiver sido condenado por prática de crime previsto na Lei 11.101/05. Ainda que reste alguma obrigação com prazo superior, será ela extinta com o decurso do prazo quinquenal, reconhecendo o legislador que a falência foi, por si só, um elemento limitador da prescrição, quando seu *quantum* temporal seja maior. Esses cinco anos, todavia, prestigiam o comportamento lícito do falido; se houve condenação pela prática de crime definido na Lei de Falência e Recuperação de Empresa, o benefício é menor, limitando-se os prazos de prescrição por ventura ainda em curso ao prazo global de dez anos, contado do encerramento da falência.

Configurada qualquer das hipóteses de extinção das obrigações, o falido poderá requerer ao juízo da falência que suas obrigações sejam declaradas extintas por sentença (artigo 159). O requerimento será autuado em apartado com os respectivos documentos e publicado por edital no órgão oficial e em jornal de grande circulação. No prazo de 30 dias contado da publicação desse edital, qualquer credor pode opor-se ao pedido. Findo esse prazo, o juiz, em cinco dias, proferirá sentença e, se o requerimento for anterior ao encerramento da falência, declarará extintas as obrigações na sentença de encerramento. A sentença que declarar extintas as obrigações será comunicada a todas as pessoas e entidades informadas da decretação da falência. Após o trânsito em julgado, os autos serão apensados aos da falência. Verificada a prescrição ou extintas as obrigações nos termos desta Lei, o sócio de responsabilidade ilimitada também poderá requerer que seja declarada por sentença a extinção de suas obrigações na falência (artigo 160).

Referências Bibliográficas

ACADEMIA BRASILEIRA DE LETRAS JURÍDICAS. *Dicionário jurídico*. 4. ed. Rio de Janeiro: Forense Universitária, 1997.

ÁLVARES, Walter T. *Direito falimentar*. 2. ed. São Paulo: Sugestões Literárias, 1968.

ANDRADE, Jorge Pereira. *Manual de falências e concordatas*. 5. ed. São Paulo: Atlas, 1996.

BARRETO, Cunha. Depósito elisivo do estado falimentar. *Revista Forense*, Rio de Janeiro, ano 35, v. 75, p. 106-109, jul./set. 1938.

BULGARELLI, Waldirio. *Contratos mercantis*. 14. ed. São Paulo: Atlas, 2001.

CALDAS AULETE (Org.). *Dicionário contemporâneo da língua portuguesa*. 4. ed. Rio de Janeiro: Delta, 1958.

CAMINHA, Uinie. *Securitização*. São Paulo: Saraiva, 2005.

CARLETTI, Amilcare. *Dicionário de latim forense*. 6. ed. São Paulo: Leud, 1995.

COELHO, Fábio Ulhoa. *Comentários à nova Lei de Falências e de Recuperação de Empresas (Lei 11.101, de 9-2-2005)*. São Paulo: Saraiva, 2005.

DI PIETRO, Maria Sylvia Zanella. *Direito administrativo*. 13. ed. São Paulo: Atlas, 2001.

EPSZTEIN, Léon. *A justiça social no antigo Oriente Médio e o povo da Bíblia*. Tradução de Maria Cecília de M. Duprat. São Paulo: Paulinas, 1990.

FARIA, Ernesto. *Dicionário escolar latino-português*. Rio de Janeiro: FAE, 1988.

FAZZIO JÚNIOR, Waldo. *Lei de Falências e Concordatas comentada*. 3. ed. São Paulo: Atlas, 2003.

________. *Nova Lei de Falência e Recuperação de Empresas*. São Paulo: Atlas, 2005.

FERREIRA, Aurélio Buarque de Holanda. *Novo dicionário da língua portuguesa*. 2. ed. Rio de Janeiro: Nova Fronteira, 1997.

FRANÇA, R. Limongi. *Enciclopédia Saraiva do direito*. São Paulo: Saraiva, 1977.

FRASÃO, Stanley Martins. *A responsabilidade civil do administrador da sociedade limitada*. Belo Horizonte: Faculdade de Direito Milton Campos, 2003.

FREIRE, William. *Natureza jurídica do consentimento para pesquisa mineral, do consentimento para lavra e do manifesto de Minas no direito brasileiro*. Belo Horizonte: Editora Mineira, 2005.

GALVÃO, Ramiz. *Vocabulário etimológio, ortográfico e prosódico das palavras portuguesas derivadas da língua grega*. Rio de Janeiro, Belo Horizonte: Garnier, 1994.

HOUAISS, Antônio; VILLAR, Mauro Salles. *Dicionário Houaiss da língua portuguesa*. Rio de Janeiro: Objetiva, 2001.

IUDÍCIBUS, Sérgio de; MARION, José Carlos. *Dicionário de termos de contabilidade*: breves definições, conceitos e palavras-chave de contabilidade e áreas correlatas. São Paulo: Atlas, 2001.

KELSEN, Hans. *Teoria pura do direito*. Tradução de João Baptista Machado. 2. ed. São Paulo: Martins Fontes, 1987.

LIMA, João Batista de Souza. *As mais antigas normas de direito*. 2. ed. Rio de Janeiro: Forense, 1983.

MAMEDE, Gladston. *A advocacia e a Ordem dos Advogados do Brasil*. 3. ed. São Paulo: Atlas, 2008.

_______. *Agências, viagens e excursões*: regras jurídicas, problemas e soluções. São Paulo: Manole, 2003.

_______. Cobrança de IPTU sobre túmulos e similares. *Opinião Jurídica*, Fortaleza: Faculdade Christus, ano 2, nº 4, p. 106-119, 2004.

_______. *Código Civil comentado*: penhor, hipoteca e anticrese: artigos 1.419 a 1.510. São Paulo: Atlas, 2003. v. 14. (Coleção coordenada por Álvaro Villaça Azevedo.)

_______. *Contrato de locação em* shopping center: abusos e ilegalidades. Belo Horizonte: Del Rey, 2000.

_______. *Direito do consumidor no turismo*: Código de Defesa do Consumidor aplicado aos contratos, aos serviços e ao marketing do turismo. São Paulo: Atlas, 2004.

_______. *Direito do turismo*: legislação específica aplicada. 3. ed. São Paulo: Atlas, 2004.

_______. *Direito empresarial brasileiro*: empresa e atuação empresarial. 2. ed. São Paulo: Atlas, 2007. v. 1.

_______. *Direito empresarial brasileiro*: sociedades simples e empresárias. 3. ed. São Paulo: Atlas, 2008. v. 2.

_______. *Direito empresarial brasileiro*: títulos de crédito. 4. ed. São Paulo: Atlas, 2008. v. 8.

_______. *IPVA*: imposto sobre a propriedade de veículos automotores. São Paulo: Revista dos Tribunais, 2002.

_______. *Manual de direito para administração hoteleira*: incluindo análise dos problemas e dúvidas jurídicas, situações estranhas e as soluções previstas no direito. São Paulo: Atlas, 2002.

_______. *Semiologia do direito*: tópicos para um debate referenciado pela animalidade e pela cultura. 2. ed. Porto Alegre: Síntese, 2000.

_______. *O trabalho acadêmico no direito*: monografias, dissertações e teses. Belo Horizonte: Mandamentos, 2001.

MANDEL, Julio Kahan. *Nova Lei de Falências e Recuperação de Empresas anotada*. São Paulo: Saraiva, 2005.

MARTINS, Sergio Pinto. *Direito do trabalho*. 21. ed. São Paulo: Atlas, 2005.

MATA-MACHADO, Edgar de Godoi da. *Elementos de teoria geral do direito*: introdução ao direito. 3. ed. Belo Horizonte: UFMG, 1986.

MENDES, Octavio. *Fallencias e concordatas*: de acordo com o Decreto 5.746, de 9 de dezembro de 1929. São Paulo: Saraiva, 1930.

MICHAELIS. *Moderno dicionário da língua portuguesa*. São Paulo: Melhoramentos, 1998.

MORAES, Alexandre de. *Constituição do Brasil interpretada e legislação constitucional*. São Paulo: Atlas, 2002.

_______. *Direito constitucional*. 11. ed. São Paulo: Atlas, 2002.

NEGRÃO, Theotonio; GOUVEA, José Roberto Ferreira. *Código de Processo Civil e legislação processual em vigor*. 35. ed. São Paulo: Saraiva, 2003.

NUNES, Gilson; HAIGH, David. *Marca*: valor do intangível, medindo e gerenciando seu valor econômico. São Paulo: Atlas, 2003.

NUNES, Pedro. *Dicionário de tecnologia jurídica*. 13. ed. Rio de Janeiro: Renovar, 1999.

PEREIRA, Caio Mário da Silva. Abuso de direito – requerimento de falência – perdas e danos (Parecer). *Revista Forense*, Rio de Janeiro, ano 52, v. 159, p. 106-109, maio/jun. 1955.

_______. *Lesão nos contratos*. 6. ed. Rio de Janeiro: Forense, 1994.

REQUIÃO, Rubens. *Curso de direito falimentar*. 13. ed. São Paulo: Saraiva, 1989.

RODRIGUES, Silvio. *Direito civil*. 32. ed. São Paulo: Saraiva, 2002.

RODRIGUES JUNIOR, Otavio Luiz. *Revisão judicial dos contratos*: autonomia da vontade e teoria da imprevisão. São Paulo: Atlas, 2002.

ROTH, Martha T. *Law collections from Mesopotamia and Asia Minor*. 2. ed. Georgia: Scholars Press, 2000.

SÁ, A. Lopes de; SÁ, Ana M. Lopes de. *Dicionário de contabilidade*. 9. ed. São Paulo: Atlas, 1995.

SANTANA, Jair Eduardo. *Limites da decisão judicial na colmatação de lacunas*: perspectiva social da atividade judicante. Bel Horizonte: Del Rey, 1997.

SANTOS, J. M. de Carvalho. *Repertório enciclopédico do direito brasileiro*. Rio de Janeiro: Borsoi, [s.d.].

SARAIVA, F. R. dos Santos. *Dicionário latino-português*. 11. ed. Rio de Janeiro, Belo Horizonte: Garnier, 2000.

SCHMIDT, Paulo; SANTOS, José Luiz dos. *Avaliação de ativos intangíveis*. São Paulo: Atlas, 2002.

SENA, Adriana Goulart de. *A nova caracterização da sucessão trabalhista*. São Paulo: LTr, 2000.

SHAW, George Bernard. *Socialismo para milionários*. Tradução de Paulo Rónai. Rio de Janeiro: Ediouro, [s.d.].

SILVA, De Plácido e. *Vocabulário jurídico*. 10. ed. Rio de Janeiro: Forense, 1987.

TAVARES, André Ramos. *Constituição do Brasil integrada*: com a legislação e a jurisprudência do STF. São Paulo: Saraiva, 2005.

THEODORO JUNIOR, Humberto. *A insolvência civil*: execução por quantia certa contra devedor insolvente. 3. ed. Rio de Janeiro: Forense, 1986.

TOLEDO, Paulo F. C. Salles; ABRÃO, Carlos Henrique (Coord.). *Comentários à Lei de Recuperação de Empresas e Falência*. São Paulo: Saraiva, 2005.

VALVERDE, Trajano de Miranda. *A falência no direito brasileiro*. Rio de Janeiro: Freitas Bastos, 1931.

VENOSA, Sílvio de Salvo. *Direito civil*. 5. ed. São Paulo: Atlas, 2005.

_______. *Direito civil*. 5. ed. São Paulo: Atlas, 2005, v. 7.

_______. *Novo Código Civil*: texto comparado. São Paulo: Atlas, 2002.

Índice Remissivo

A

B

C

D

E

F

G

H

I

J

L

Q

R

T

U

V

Cód.: 4217661

Gráfica: Santuário – 2018/01